Für Leezy . . .
Für ihre Unterstützung und ihre Liebe

Inhaltsverzeichnis

Einleitung

Durch die Glaswand meines Büros konnte jeder sehen, daß wir intensiv in ein Gespräch vertieft waren. Steve Jobs, das brillante Computer-Wunderkind, der Mitbegründer von »Apple Computer«, und ich. Eigentlich war es ein gewohnter Anblick. Er war mein engster Freund geworden, mein Seelenverwandter, mein ständiger Begleiter.

Aber jeder, der uns an diesem Tag beobachtete, hätte sehen können, daß etwas nicht in Ordnung war. Da waren kein Lächeln, keine angeregten Gesten, keine Anzeichen von Humor, Begeisterung oder Unternehmungslust. Wir sprachen sehr ruhig und niedergeschlagen miteinander. Das Ende unserer Zusammenarbeit schien unvermeidlich. Unsere Freundschaft würde darunter leiden, unser Unternehmen würde darunter leiden, und mein Selbstvertrauen hatte bereits darunter gelitten.

Einen Monat zuvor, am 11. April 1985, hatte der Verwaltungsrat meinen Vorschlag gebilligt, Steve Jobs aus seiner Machtposition im Unternehmen zu entfernen. Die Durchführung dieser Entscheidung hatte ich schon einige Male vertagt, aber inzwischen konnte ich sie nicht länger aufschieben.

Nur ein Jahr zuvor hatte ich noch einen Toast ausgebracht: »Apple hat nur einen Chef: Steve und mich.« Und er hatte mir anvertraut: »Es ist, als ob auch du zu den Firmengründern gehörst. Woz und ich haben das Unternehmen in der Vergangenheit aufgebaut, aber wir beide gemeinsam legten den Grundstein für die Zukunft.« Das einzige, was uns noch geblieben war, waren völlig divergierende Vorstellungen darüber, wie wir unserem in die Krise geratenen Unternehmen eine Zukunft bieten könnten.

Über eine Stunde lang versuchte Steve, mir das Zugeständnis abzuringen, noch einmal eine Chance zu erhalten. Als er damit keinen Erfolg hatte, versuchte er, wenigstens noch etwas Zeit herauszuschlagen. Wieder und wieder versuchte er es. Ich weigerte mich nachzugeben.

Dann verließ er, plötzlich und unvermittelt und von seinen Gefühlen überwältigt, den Raum. Ich war allein und hatte nur noch den Wunsch, ebenso zu verschwinden. Mit gesenktem Kopf suchte ich einen Winkel des Raumes auf, um meinen Schmerz nicht sichtbar werden zu lassen. Ich wandte mein Gesicht der Wand zu. In meinem Kopf klang noch immer Steves Vorwurf, daß ich die Ursache für Apples Problem sei. »Du bist der Falsche für Apple ... Ich bin der einzige, der das Unternehmen retten kann.« Der einzige ... der einzige ..., diese Worte ließen mich nicht los, mir kamen die Tränen, und ich fragte mich, wie es so weit hatte kommen können.

Ich schickte meine Gedanken auf eine Reise in die Vergangenheit, zurück in jene Wunderwelt von vor zwei Jahren. Damals war Silicon Valley ein Unternehmens-Camelot: Apple war der runde Tisch und Steve Jobs König Arthur. Alles war so anders, als ich es kannte. Sechzehn Jahre lang hatte ich bei PepsiCo mit dem Unternehmens-Establishment Amerikas im Wettbewerb gestanden – wo Macht an der Größe des Büros ablesbar war. Ich hatte die Werbekampagne »Pepsi-Generation« begründet, die zum erstenmal Coke als Nummer eins auf dem wichtigsten Markt der USA entthront hatte. Ich stand kurz davor, alles zu erreichen, wofür ich so hart gearbeitet hatte: ein ernsthafter Anwärter auf den Topjob in dem Unternehmen, das ich für das Topunternehmen der »Alten Welt« hielt.

Dann rief auf einmal Steve an. Wie so viele andere ließ auch ich mich vom Traum dieses brillanten, faszinierenden Jungen begeistern.

Wir beide zusammen, er als Chairman und ich als Chief Executive, würden ein unschlagbares Team bilden und in fast jedem Haushalt und fast jedem Klassenzimmer einen Personalcomputer aufstellen. Damit würden wir die Welt verändern. Ich würde eine »Apple Generation« schaffen und neue Märkte für die »wahnsinnig guten« Produkte des Unternehmens erschließen.

Was ich bei Apple entdeckte, war eine Gesellschaft ohne Grenzen. Ein Environment freier Formen, eine Künstlerwerkstatt. Bei Pepsi waren wir Krieger. Wir kämpften verbissen um jedes zehntel Prozent Marktanteil, und wir verkauften, was Steve verächtlich »Zuckerwasser« nannte. Bei Apple dagegen sind wir Träumer, Visionäre. Wir werden von dem Drang getrieben, die Welt zu verändern, aus ihr einen Planeten zu machen, auf dem jeder einzelne besser und kreativer leben kann. Und wir verkaufen keine Erfrischungen für die Kehle, sondern Werkzeuge für den Geist. »Ein Mensch, ein Computer«, das war unser Traum.

Es gelang uns beinahe, diesen Traum zu realisieren. Eines Tages waren wir das »dynamische Duo« geworden. Aber schon am nächsten Tag, wie es schien, waren wir nur noch die »Marx Brothers«, unfähig, auch nur eine Sache richtig zu machen. Unsere Verkaufszahlen sanken – wie unsere Hoffnungen. Ein allgemeiner Nachfragerückgang bei Computern, der übermächtige Schatten von IBM, eine Mischung aus falscher Einschätzung und schlichtem Pech – und Apple war in ernsthafte Probleme geraten. Alles geschah mit dramatischer Plötzlichkeit.

Nanette Buckhout, meine Assistentin seit mehr als zehn Jahren, fand mich, als ich mich in den äußersten Winkel des Büros zurückgezogen hatte.

»John«, rief sie beim Eintreten. »Was ist los? Was ist passiert?«

Langsam drehte ich mich zu ihr um und ließ sie mein Gesicht voller Trauer sehen. Sie war fassungslos. Bei Pepsi hatte sie mich immer nur als belastbaren, dynamischen und unerschütterlichen Manager erlebt. Doch sie kannte mich beinahe so gut, wie ich mich selbst kannte – für sie war ich nicht der kühle, distanzierte Macher, wie die Presse mich sah, sondern ein empfindsamer, zurückhaltender, immer beherrschter Mensch. Aber auf einmal war es, als ob ich mich nicht mehr zusammennehmen könnte.

Ich schloß die Tür von meinem Büro, ließ mich in einen Sessel fallen und schlug meine Hände vors Gesicht.

»Steve möchte Zeit gewinnen, um zu zeigen, daß er das Steuer herumwerfen kann. Ich habe ihm gesagt, daß alles vorbei ist. Aber, um Himmels willen, ich bin nur wegen Steve hierhergekommen, weil ich mit ihm zusammenarbeiten wollte. Und nun ist er fort. Ich bin hier ganz allein übrig. Was ist mir geblieben? Vielleicht bin ich gar nicht gut oder qualifiziert genug?«

»John, ich habe Sie noch nie so gesehen, Sie sind ja ein gebrochener Mann«, sagte Nanette Buckhout mitleidsvoll. Ihre Worte trafen mich wie ein Geschoß. Sie hatte recht. Ich war ein gebrochener Mann. Zum erstenmal in meiner Laufbahn drohte ich zu versagen. Mein Selbstvertrauen war dahin. Finanziell stände ich vor dem Ruin, wenn ich Apple verlassen würde. Meine Aktienoptionen waren weniger als nichts wert, weil der Börsenkurs ins Bodenlose gefallen war, und ich war hoch verschuldet. Mit all meinen Problemen bei Apple würde mir höchstwahrscheinlich kein anderes Unternehmen in Amerika jemals wieder einen Job anbieten.

Und als Krönung des Ganzen mußte ich den visionären Gründer aus seinem eigenen Unternehmen heraussetzen. Seit Monaten hatte ich diese Entscheidung vor mir hergeschoben, weder wollte ich sie herbeiführen noch fühlte ich mich dazu in der Lage.

Als ich schließlich das Band zerschnitten hatte, fühlte ich mich sehr verloren in einer Welt, die ich kaum kannte.

Eine Anmerkung für den Leser

Ich hoffe, daß dieses Buch genausoviel über die Macht von Informationen und Ideen enthüllt wie über mich und Apple. Bei Apple arbeiten wir mit beidem, mit Informationen und mit Ideen. Unsere Produkte können nur so gut wie unsere Ideen sein. In den Worten von Walter Wriston: »Ideen sind die neue Währung in der amerikanischen Unternehmenswelt.« Silicon Valley ist nicht nur der Spitzenreiter der Produktentwicklung, sondern auch der »New-Age«-Managementprinzipien.

Deshalb wollte ich mit diesem Buch nicht nur eine beliebige Lebensgeschichte erzählen, sondern vor allem die Geschichte der Ideen, die mein Leben veränderten. Um das zu erreichen, mußte ich mit den Beschränkungen kämpfen, die das lineare Format eines Buches jedem auferlegt.

Jeder Buchleser befindet sich in einem gewissen Status der Passivität — entweder er folgt den Ausführungen des Autors kontinuierlich, in dem Tempo, das der Autor vorgibt, oder er überfliegt die Seiten und pickt sich mehr zufällig das eine oder andere heraus. Mit diesem Buch hoffe ich, eine aktivere Lesemethode anbieten zu können: Es gibt keinen eindeutigen Anfang, keine Mitte und kein Ende, statt dessen alle möglichen Umwege und Abschweifungen, und eine besonders wichtige Rolle spielen die »Lektionen«.

Sie können sich also während des Lesens auf die »Lektionen« konzentrieren — kurze Essays, die auf jedes Kapitel folgen und ausführliche Erklärungen zu einzelnen Management- oder Marketingprinzipien bieten, die in den jeweils vorangegangenen Kapiteln angesprochen wurden. Sie können aber auch statt dessen erst einmal die zusammenhängende Geschichte lesen und später auf die »Lektionen« zurückkommen. Kurz, es gibt mehrere Einstiegsmöglichkeiten.

Mein Vorbild für dieses Buch und die Möglichkeiten, es zu lesen, ist »personal computing«: Der Benutzer kann jederzeit jede Information, die er benötigt, in der von ihm gewünschten Menge abrufen. Ich hoffe, daß die Geschichte und die Lektionen des Buches zusammen Ihnen eine Vielzahl von Fenstern eröffnen, um Zugang zu diesem Buch zu gewinnen. Ich habe versucht, Möglichkeiten zu finden, um aus dem Lesen dieses Buches mehr als nur eine passive Erfahrung zu machen.

Der ideale Leser, zu dieser Ansicht bin ich gekommen, ist ein Skeptiker. Die Zukunft gehört dem Skeptiker − nicht dem Zyniker −, und eine Kultur, in der Computer bald ebenso unentbehrlich und üblich wie Telefone sein werden, wird seinen Aufstieg fördern. Der Skeptiker übernimmt nichts gutgläubig, er benutzt eine Vielzahl von Informationen, um zu vergleichen oder gegenüberzustellen. Diese Informationen macht der Computer für jeden einfach zugänglich und in großer Zahl verfügbar.

Auf dieser Vorstellung aufbauend, habe ich versucht, Anhaltspunkte und Anregungen für Managementsysteme der Zukunft aus neuen Disziplinen und neuen Paradigmen zu gewinnen − aus der biologischen Zelltheorie, aus dem Taoismus, aus der Architektur und der Kunst.

Wenn ich auf Metaphern aus diesen Disziplinen zurückgreife, biete ich dem Leser neue Gesichtspunkte, die die eigene Vorstellungskraft und Deutungsfähigkeit erweitern. Der Text selbst wird mehr Fragen aufwerfen als Antworten bieten, Fragen, von denen ich hoffe, daß sie Ihre Neugier wecken und Sie ermutigen, nach ganz neuen Perspektiven Ausschau zu halten.

Was mich am meisten von allem Neuem, das ich bei Apple lernte, fasziniert, ist die Tatsache, daß ein Computer mehr als nur ein Werkzeug ist, er ist ein Medium. Genauso wie einst die Drucktypen uns von einer Gesellschaft, in der Informationen auf die Mönche beschränkt waren, die Schriften mit der Hand kopierten, in eine faktenbegeisterte Gesellschaft verwandelten, in der Tatsachenberichte beliebter als Romane sind, so wird auch der Computer unsere Einstellung zur Welt verändern. Eine Renaissance des 21. Jahrhunderts, angeregt von einer neuen Klasse der Informierten? Ich kann nur darauf hoffen. Deshalb habe ich mir auch die Mühe gemacht, die Technologie im einzelnen zu beschreiben und ihre Romantik darzustellen. Sie ist nämlich ein wesentlicher Teil der Geschichte, ihrer Struktur und ihrer Bedeutung.

Wir wollen, daß die Technologie neue Mittel entwickelt, mit denen wir eine neue Welt schaffen können. Diese neue Welt, die wir schon bei Apple geschaffen haben, wo Kreativität in jeder Facette unserer Arbeitsatmosphäre zum Ausdruck kommt, ist nur ein kleines Beispiel dafür, wie ein aufregendes neues Unternehmen im Informationszeitalter aussehen kann.

Die Geschichte, die ich in diesem Buch erzähle, handelt von einer persönlichen Reise ins 21. Jahrhundert, dessen Samen bereits ausgesät sind und dessen Ideen bereits ausgebrütet werden. Es handelt sich um eine wahre Odyssee, voll Abenteuer und Romantik, voll Risiken und Überraschungen.

Und vor allem handelt die Geschichte von der dramatischen Veränderung der Persönlichkeit eines Menschen, dem die Möglichkeit geboten wurde, beide Welten zu erleben: die alte und die neue, die der Ostküste und die der Westküste, die lineare und die multidimensionale.

Kapitel 1

»Feldlager«

Bei Pepsi waren kleinste Einzelheiten für unser Leben bedeutsam.

In dem Moment, als ich an jenem Tag den Konferenzraum betrat, wußte ich, daß es sich um eine folgenschwere Sitzung handeln würde. Jahrelang waren diese Sitzungen der Geschäftsleitung nach einem sorgfältig durchdachten und einstudierten Ritual durchgeführt worden. Aber an diesem Tag gab es einen kaum spürbaren, doch bedeutsamen Unterschied.

Normalerweise wurde die zirka sieben Meter lange Platte des Konferenztisches, die so blank poliert war, daß sie eher wie Glas als wie seltenes karpathisches Wurzelholz aussah, nur von den Mitgliedern des PepsiCo-Verwaltungsrates berührt, und das auch nur zwölfmal im Jahr. Doch heute war die maßgeschneiderte Lederauflage, die die glänzende Oberfläche sonst immer bedeckte, ebenfalls entfernt, obwohl es sich nur um eine Sitzung der Geschäftsleitung handelte.

Ich war schon mindestens hundertmal in diesem Raum gewesen. Ich hatte schon mit großen Sorgen an diesem Tisch gesessen, aber auch in hochfliegender Stimmung. Ich hatte miterlebt, wie Kollegen — Freunde — von allen anderen wegen unbefriedigender Leistungen niedergemacht wurden und wie ihnen für gute Verkaufsstrategien Beifall gezollt wurde — genau wie es mir auch geschehen war.

Aber diese Sitzung war anders. Das zeigte schon die entblößte Tischplatte. Dadurch wirkte der geräumige, fensterlose Konferenzraum noch eindrucksvoller. Wie fast alles bei PepsiCo Inc. bewirkte auch die herrschaftliche Eleganz dieses Raumes, daß man gleich etwas aufrechter stand. In der mit Bronzeplatten verkleideten Raumdecke, die vielleicht besser zu einer Kirche gepaßt hätte, spiegelten sich die Mahagonipaneele der Wände. Beigefarbene Lederstühle mit hohen Lehnen, so eindrucksvoll, daß sie selbst fast wie Direktoren wirkten, standen um den Konferenztisch.

Alle zwei Monate trafen sich in diesem Raum die Marketing-Gurus von Pepsi — die das Herz und die Seele des Unternehmens ausmachten — hier auf Stockwerk 4/3, der Chefetage der Zentrale von PepsiCo in der

New Yorker Vorstadt Purchase, zu einem Ritual unter Eingeweihten im offen ausgetragenen Cola-Krieg zwischen Pepsi und Coke. A. C. Nielsen Co., die angesehenste Marktforschungsfirma des Landes, legte dann offiziell ihren Bericht vor – allgemein bekannt als die »Nielsens« –, streng gehütete Zahlen über Marktanteile, die zeigten, wie wir uns im harten Wettkampf mit Coca-Cola hielten. Die Nielsens definierten die Grundregeln des Wettbewerbs für jeden bei Pepsi. Sie waren das Epizentrum, um das sich all unser Handeln drehte. Sie waren die nichtöffentlichen Verlustlisten der Cola-Kriege.

Wie alle Sitzungen, war auch diese eine zeremonielle Veranstaltung. Schon Wochen im voraus vermerkten wir den Termin in unseren Kalendern. Jeder Teilnehmer trug die inoffizielle Unternehmensuniform: einen gestreiften blauen Anzug, ein weißes Hemd und eine leuchtendrote Krawatte. Keiner von uns wäre auf den Gedanken gekommen, sein Jackett auszuziehen. Wir waren genauso gekleidet und benahmen uns genauso, als ob es sich um eine Verwaltungsratssitzung handelte.

Die Nielsen-Leute kamen als erste. Ihnen folgte Pepsis unteres Management aus dem Marktforschungs- und Produktbereich, dem die Aufgabe zufiel, Einzeldaten abrufbar bereitzuhalten, wenn die Abteilungsleiter und Vizepräsidenten sie benötigten, die als nächste eintrafen.

Jeder im Sitzungssaal befand sich auf der Überholspur, die bei Pepsi einer Rennstrecke glich. Das Topmanagement bestand aus den Besten der Besten. In diesem Unternehmen, das bevölkert war von Tüchtigen, Ehrgeizigen und Erfolgreichen, hatten sie sich durchgesetzt. Sie hatten bewiesen, daß sie intellektuell und physisch die Leistungsfähigsten waren, diejenigen, die im Marinekorps der amerikanischen Unternehmen überleben konnten.

Als Präsident von Pepsi-Cola betrat ich als nächster den Raum. Es gab festgelegte Regeln, wo jeder Platz zu nehmen hatte. Die Topmanager sammelten sich vorne am Tisch, das untere Management hatte seinen Platz weiter hinten. Für die Stabsleute gab es Stühle entlang der Wände. Als jeder seinen Platz eingenommen hatte, ging ich durch die Eingangshalle, um dem Präsidenten von PepsiCo, Andrall E. Pearson, Bescheid zu sagen, der daraufhin ebenfalls in den Sitzungsraum kam.

Alle unterhielten sich so lange, bis sich die schweren Holztüren noch einmal öffneten. Dann herrschte Stille, und ein kräftig gebauter Mann mit dichtem weißen Haar trat ein. Donald M. Kendall, 57, Chairman und Chief Executive von PepsiCo, war zwar nicht auffallend groß, aber ein Mann von enormer Ausstrahlungskraft, der von seinen Mitarbeitern geachtet und gefürchtet wurde. An diesem Tag war Kendall guter Laune. Er behandelte die Anwesenden wie ein Politiker im Wahlkampf, schüttelte Hände, klopfte Schultern und umarmte sogar ab und zu jemanden – eine Geste der Stärke und der Zuneigung, die Kendall nur wenigen Auserwählten zukommen ließ.

Die Sitzung begann sofort, sobald Kendall seinen Platz eingenommen und ein schwarzer Butler mit weißem Jackett ihm seinen Drink auf einem Silbertablett serviert hatte: Eine Pepsi in einem großen Kristallbecher von Tiffany wurde vor ihm auf den Tisch gestellt. Die indirekte Beleuchtung im Raum wurde schwächer, als sich an einer Wand elektrische Schiebetüren öffneten, um eine Projektionsleinwand freizugeben. Ein Nielsen-Mann projizierte unter Kendalls wachsamen Blicken die neuesten Zahlen auf die Wand und erklärte die Bedeutung der Daten, für deren Sammlung Pepsi jährlich fast zehn Millionen Dollar ausgab.

An diesem Tag würde es keine strengen Verwarnungen, keine kurzen, scharfen Befehle an das um den Tisch versammelte Management geben. Kendalls offensichtlich gute Laune wirkte ansteckend. Schon recht früh öffnete er eine Kiste mit seinen kubanischen Lieblingszigarren und ließ sie am Konferenztisch herumgehen. Rauchwolken und sogar Gelächter füllten den Raum, als die Zahlen ein Ergebnis enthüllten, das man fast zehn Jahre lang angestrebt hatte: Pepsi hatte Coke überholt, die Verkaufszahlen zeigten, daß Pepsi der führende Soft Drink in den Supermärkten der Nation war.

»Das habe ich mir während meiner ganzen Laufbahn gewünscht«, freute sich Kendall, »Coke klar und eindeutig zu schlagen.«

Endlich, im Frühjahr 1978, war Pepsi zur Nummer eins geworden, zum Spitzengewinner unter den Produzenten von mehr als 20 000 Produkten, die in einem Supermarkt angeboten wurden. Die Zahlen auf der Leinwand zeigten, daß wir einen inländischen Marktanteil von 30,8 Prozent erlangt hatten, gegenüber Cokes 29,2 Prozent – eine Scheibe, die drei Milliarden Dollar wert war. Schon vor einem Jahr hatten wir in mehreren Zweimonatsperioden knapp die Nase vor Coke gehabt, aber jetzt konnten wir einen deutlichen Ganzjahressieg anmelden, an dem es nichts zu rütteln gab.

Es war einer jener Augenblicke, für die man sein ganzes Leben lang arbeitet. Wir hatten seit Anfang der siebziger Jahre, als Pepsi allgemein als die ewige Zweite angesehen wurde, immer daran geglaubt, daß wir es einmal schaffen würden. Alle von uns hatten sich dieses Ziel gesetzt, und wir verloren es nie aus den Augen.

Ich hatte mich schon 1967, als ich als Trainee in das Unternehmen eintrat, auf dieses Ziel konzentriert. Mein Erfolg und mein Ruf als Marketingzauberer hing vor allem davon ab, die sieben Anteilspunkte zu erlangen – das entsprach etwa 700 Millionen Dollar zusätzlichem

Umsatz –, die uns an die Spitze bringen würden. Im Alter von dreißig Jahren war ich 1970 gerade Pepsis jüngster Marketing-Vizepräsident geworden, als ich öffentlich darüber sprach, wie wir Coke entthronen würden. Die meisten Leute, unsere eigenen Abfüller eingeschlossen, hielten uns für verrückt. Aber Coke lebte vor allem von seinem Image – es war so überwältigend, daß kaum jemand es für möglich hielt, daß das Unternehmen Schwachstellen zeigen könnte, wenn man nur neue Ideen einsetzte. Teilweise aufgrund solcher neuer Ideen wurde ich sieben Jahre später zum jüngsten Pepsi-Cola-Präsidenten ernannt.

Wenn ich auf meinem Weg zur Spitze arrogant oder rücksichtslos war, kümmerte mich das wenig. Ich war ein ungeduldiger Perfektionist. Ich war zu rücksichtslosem Arbeitseinsatz entschlossen. Wer die Ergebnisse nicht liefern konnte, die ich verlangte, dem zeigte ich meine Unzufriedenheit. Mich trieben nicht Machtgelüste oder brennender Ehrgeiz, sondern eine unstillbare Neugier und eine Skepsis gegenüber anerkannten traditionellen Geschäftsgepflogenheiten. Ich sah mich selbst als Baumeister, als jemanden, dessen Erfolg im Aufbau von Produkten und Märkten lag, in der Änderung der Grundregeln der Industrie, nicht nur im reinen Wettbewerb. Ich hatte das Gefühl, ein Architekt neuer Ideen und Konzeptionen zu sein. Dennoch war ich froh, mich auch Wettbewerbstests unterziehen zu können, und bei Pepsi gab es dazu oft Gelegenheit.

Alle zwei Monate trafen wir uns in jenem eleganten Konferenzraum mit Kendall und Pearson, um unsere Fortschritte schwarz auf weiß zu begutachten. Diese Sitzungen dienten auch zur regelmäßigen Erinnerung daran, daß Pepsi nicht der übliche gesichtslose Konzern war. Hier gab es an der Spitze mit Kendall und Pearson zwei strenge Meister, die einmal vom Magazin »Fortune« als die hartgesottensten Bosse ganz Amerikas ausgewählt worden waren. Sie sorgten dafür, daß unsere Fußsohlen ständig im Feuer »Wettbewerb« brannten.

Diese Sitzungen verliefen nicht immer frohgemut. Oft raubte uns die Anspannung im Raum beinahe die Luft zum Atmen. Alle Augen richteten sich auf Kendall, um seine Reaktionen auf jeden Anstieg oder Fall unserer Marktanteile, auch wenn es sich nur um Zehntel-Bruchteile handelte, registrieren zu können. Es waren große Summen, die auf dem Spiel standen: Ein einziger Prozentpunkt bedeutete 100 Millionen Dollar Umsatz. Keine stillschweigende Geste, kein Kommentar blieb unbemerkt. Ab und zu wechselten Kendall und Pearson, die immer am Kopfende des Konferenztisches saßen, einige geflüsterte Bemerkungen, und alle Anwesenden bemühten sich angestrengt, diese Worte mitzubekommen.

Wenn die Nielsens schlecht waren, gab es kein Schulterklopfen, keine Zigarren. Kendalls stahlblaue Augen durchbohrten fast diejenigen, deren Nielsens hinterherhinkten. Kendall war immer sehr direkt.

Dies waren die Tage der Abrechnung bei Pepsi-Cola. Hatte man eine gute Leistung erbracht, wurde man mit der Anerkennung der Kollegen, mit der Übertragung größerer Verantwortung, mit beträchtlicher Gehaltserhöhung und späterer Beförderung belohnt. Hatte man aber versagt, wurde der Druck fast unerträglich. Wir alle wußten, daß unsere Karriere vom Auf und Ab weniger Bruchteile von Prozentpunkten abhing.

Ein Manager, in dessen Bereich ein Einbruch stattgefunden hatte, mußte Rechenschaft geben und − ganz genau − darlegen, was er zu tun gedachte, um diese Schlappe wieder auszubügeln. Er konnte keine Zweifel daran haben, daß bei seinem nächsten Auftreten in diesem Sitzungsraum seine Zahlen besser aussehen mußten. Eine derartige Erfahrung wollte niemand gerne mehrmals machen. Tatsächlich gab es dazu auch keine Gelegenheit. Wem es nicht gelang, schnell die Probleme in seinem Verantwortungsbereich auszuräumen, erhielt nie eine dritte Chance, Erklärungen abzugeben. Entweder die Zahlen gingen hoch und blieben hoch, oder es blieb einem nichts anderes übrig, als sich im Stellenanzeigenteil der Zeitung nach einem anderen Job umzusehen. Für jeden Manager im Konferenzraum gab es schon einen anderen, der nur darauf wartete, die freigewordene Position zu übernehmen.

Wir kannten alle die Regeln. Und weil wir alle nach denselben Grundregeln spielten, beschwerten wir uns auch nicht über den Druck, unter dem wir standen − wie Olympiakämpfer, die sich auch nicht über den Wettbewerbsdruck beschweren, ihn im Gegenteil genießen. Wir kämpften, als befänden wir uns im Krieg, und der öffentlich ausgetragene Konkurrenzkampf zwischen Pepsi und Coke trug auch die entsprechende Bezeichnung: Man sprach von den »Cola-Kriegen«.

Die »Cola-Kriege« berührten das Leben jedes einzelnen, vom Lebensmittelhändler an der Ecke bis zu den Bewohnern des Weißen Hauses. Als Präsident Nixon an der Pennsylvania Avenue einzog, verschwanden die Coke-Automaten. Als Präsident Carter kam, mußten die Pepsi-Automaten abgebaut werden. Robert Woodruff, der Patriarch von Coca-Cola, war sein Leben lang Demokrat, Kendall dagegen war Republikaner, der es genoß, enge Kontakte zu den Parteigrößen zu pflegen. Die politische Einstellung der Bosse durchdrang auch ihre Unternehmen. Cokes Wurzeln lagen im Süden, die Manager des Unternehmens waren echte Herren aus den Südstaaten. Pepsi dagegen war ein republikanischer Selfmade-Konzern von der Ostküste mit harten Fäusten.

Es wäre uns nie gelungen, Coke zu überholen, wenn unsere Unternehmenskultur nicht so aggressiv und hart im Nehmen gewesen wäre. Wir wurden auf einen Goliath angesetzt, nach dem Motto: »Aufspüren und Vernichten.« Dieselbe aggressive Stimmung herrschte auch bei unseren Abfüllfirmen, die ebenfalls weitaus hungriger als die von Coke waren. Im Gegensatz zu den Abfüllern, die für Coca-Cola bereits in der dritten Generation arbeiteten, hatten unsere Geschäftspartner noch keine Vermögen ansammeln können. Ähnlich war es auch im Management: Während die Coke-Manager eher umgänglich und freundlich waren, waren die Pepsi-Manager viel ehrgeiziger und rücksichtsloser. Pepsi-Manager werden gegeneinander ausgespielt, um größere Marktanteile zu erreichen, um härter zu arbeiten und höhere Gewinne aus dem Geschäft zu ziehen. Siegen heißt die Devise. Ewige Zweite müssen schon bald feststellen, daß es ihre Jobs nicht mehr gibt. Nur um seinen Platz behalten zu können, muß man schon siegen, und um weiter voranzukommen, muß man die Konkurrenz gänzlich am Boden zerstören.

Die Unternehmenskultur verlangte von jedem, daß er ständig in Spitzenkondition war, physisch und intellektuell. Während der Mittagspausen war das Fitneßzentrum des Unternehmens mit seinen Glaswänden immer überfüllt mit potentiellen Aufsteigern. Wie ich waren auch sie Leute, die lieber im Marinekorps als beim Heer dienten. Sogar unsere Gesundheitsübungen wurden Teil des ständigen Konkurrenzkampfes. Am Schwarzen Brett wurde die sportliche Leistung jedes einzelnen Managers genau vermerkt.

Charakteristisch für die Unterschiede in der Unternehmenskultur bei Pepsi und Coke war auch die Bedeutung, die jeweils den Nielsens zugemessen wurde. Bei Coke gelangten die Daten nur selten bis ins Topmanagement, mit ihnen arbeiteten vor allem die Marketingleute. Bei Pepsi dagegen hatte jeder Topmanager in seiner Brieftasche eine Liste mit den neusten Nielsen-Zahlen. Diese Zahlen wurden ein so wesentlicher Teil meines Lebens, daß ich sie für jedes Produkt auf jedem Markt auswendig wußte. Wir stürzten uns geradezu auf diese Daten, versuchten mit ihrer Hilfe die Schwachpunkte von Coke zu finden, an denen wir unsere Attacken ansetzen konnten, oder bemühten uns herauszufinden, warum Pepsi den Bruchteil eines Prozentpunktes im Spiel verloren hatte.

Oft wußten wir schon drei Wochen im voraus, wie die Stimmung bei der nächsten Sitzung sein würde, und zwar von dem Tag an, an dem wir den ersten Blick auf eine kurzgefaßte Nielsen-Vorausmeldung werfen konnten. Wo auch immer ich mich gerade befand, wenn diese Nielsen-Kurzmeldung eintraf, ich wollte der erste sein, der die Zahlen sah. Probleme habe ich nie gescheut, aber ich haßte Überraschungen. Das letzte, das ich mir wünschte, war, daß Kendall von mir eine Erklärung für eine unbefriedigende Zahl verlangte, ohne daß ich sie vorher gesehen hatte. Ich pflegte mir Einzelheiten aus der Vorausmeldung auf einem Briefumschlag oder irgendeinem anderen Stück Papier, das gerade zur Hand war, zu notieren. Innerhalb einer Stunde kannten noch sechzig bis siebzig andere bei Pepsi die neuen Zahlen und begannen, damit zu arbeiten. Von da an wußten wir, ob die nächsten drei Wochen furchtbar oder herrlich würden, ob uns ein Lob oder ein harter Tadel von Kendall bevorstand.

Eine Woche nach der Vorausmeldung traf das gesamte Nielsen-Paket bei uns ein, ein etwa acht Zentimeter dicker Packen von Computerausdrucken mit einer Riesenmenge an Detailinformationen. Im einzelnen war darin zu lesen, wie Pepsi im ganzen Land in fast 2200 Supermärkten als Marke, als Einzelprodukt oder in Großpackungen abgeschnitten hatte. Es gab auch Vergleichszahlen − nicht nur zu anderen alkoholfreien Getränken, sondern auch zu Snacks und Waschmitteln −, so daß wir gleichzeitig über alle Anomalitäten des Marktes, wie Streiks oder Preiskriege, Bescheid wußten.

Ich war geradezu besessen von der Idee des Siegens. Mich trieb nicht nur der Konkurrenzkampf, sondern auch der Ehrgeiz, immer bessere Ideen zu liefern. Ich forderte mir immer mehr Spitzenleistungen ab. Wenn ich nach Erledigung einer Aufgabe nicht völlig erschöpft und ausgelaugt war, hatte ich ein schlechtes Gewissen. Dutzende waren unter diesem Druck schon zusammengebrochen, aber ich fühlte mich bei Pepsi wohl.

Unsere Feier am großen Konferenztisch àn jenem Tag war keine Siegesfeier im Kampf gegen Coca-Cola, sondern markierte nur das Erreichen eines Meilensteins. Pearson wies nachdrücklich darauf hin, daß dieser Sieg über Coke noch nicht genug sei. Zwar sei nun bewiesen, daß Pepsi ein »gutes Unternehmen« sei, aber wir müßten weiterhin daran arbeiten, daß es auch ein »großes Unternehmen« werde wie die vielbewunderten Konzerne IBM oder Procter & Gamble.

»Wir sollten uns nicht auf unseren Lorbeeren ausruhen«, stimmte ich ihm zu, »wir dürfen diesen Erfolg nicht als endgültigen Sieg sehen, sondern nur als einen strategischen Grundstein, auf dem wir weiterbauen müssen.«

Anschließend debattierten wir darüber, wie wir unseren Sieg in den Supermärkten zu einem Großangriff gegen Coke ausbauen könnten − auf den internationalen Märkten und in den Bereichen der Verkaufsautomaten und Trinkhallen, Märkte, auf denen wir unserem Gegner immer noch unterlegen waren. Wir mußten noch mehr Menschen davon überzeugen, daß der Verbraucher — wenn er die Wahl hat — Pepsi vorzieht.

Nach dieser Diskussion hatte jeder Blut geleckt. »Wir dürfen uns nicht zurücklehnen und uns entspannen«, warnte Kendall abschließend. »Wir müssen alles erreichen. Wir müssen Coke auf jedem Markt schlagen. Der heutige Erfolg beweist nur, daß wir dazu in der Lage sind.«

*

Nicht immer war das Unternehmen so aggressiv. Erst der Mann am Kopf des Tisches hatte es dazu gemacht. Don Kendalls Persönlichkeit prägte den Konzern und seine Kultur. Jahrelang war Pepsi immer nur Zweiter im Cola-Rennen gewesen, und das auch noch mit großem Abstand zum Sieger. Als Kendall 1963 Chief Executive bei Pepsi-Cola wurde, hatte es sich noch um ein mäßig gewinnbringendes Unternehmen mit einem Umsatz von 300 Millionen gehandelt. Als er 1986 als Chairman zurücktrat, machte der Konzern acht Milliarden Dollar Umsatz, brachte hohe Gewinne und nahm eine beherrschende Position auf dem Markt für Getränke, Snacks und Fertiggerichte ein. Dieses Wachstum hatte Kendall durch Risikobereitschaft und Aggressivität erreicht. 1965 hatte er eine der erfolgreichsten Fusionen der amerikanischen Unternehmensgeschichte mit Frito-Lay, dem Snack-Produzenten aus Dallas, eingefädelt, und daraus entwickelte sich PepsiCo.

Der ehemalige »Golden-Gloves«-Boxer Kendall war 1947 als Sirupverkäufer für den Trinkhallensektor in das Unternehmen eingetreten. Ein Jahrzehnt später hatte er sich bis auf den Posten des Präsidenten der internationalen Division hochgearbeitet. In dieser Position wurde er 1959 plötzlich weltbekannt, als er sich bereiterklärte, in der Sowjetunion eine Verkaufsausstellung durchzuführen, nachdem Coca-Cola die Einladung abgelehnt hatte. Kendalls Boß mißbilligte diese Entscheidung allerdings, er hielt sie für Geldverschwendung.

In Moskau gelang es Kendall, mit Hilfe des Zeitungsverlegers William Randolph Hearst, der mit einer Cousine seiner Frau verheiratet war, Kontakt mit Vizepräsident Richard Nixon aufzunehmen. Hearst und Kendall bedrängten Nixon, mit Chruschtschow den Pepsi-Cola-Stand zu besuchen.

Nixon kam der Bitte nach. Ein Glücksfall wollte es, daß Nixon und Chruschtschow gerade mitten in einem ihrer berühmten »Küchengespräche« waren, als sich ein lächelnder Kendall mit einer Pepsi-Flasche in der Hand zwischen sie schob. Fotografen aus aller Welt waren da, um den Augenblick im Bild festzuhalten. Am nächsten Tag erschien das Foto auf der Titelseite jeder Zeitung. Die Publizität rettete Kendall nicht nur seinen Job, sondern half ihm auch bei seiner weiteren Karriere.

Kendall und Pearson gelang es, tüchtige und wettbewerbsorientierte Leute zu Pepsi zu holen. 1979 verlegte Kendall die Zentrale des Unternehmens von Manhattan nach Purchase bei New York auf ein Grundstück von über 56 Hektar. Er selbst überwachte den Aufbau eines Skulpturengartens und half bei der Auswahl der Plastiken. Er stattete das Firmengelände mit den Symbolen der Macht aus, die Pepsi einmal repräsentieren sollte. Vor ihrer Landung auf dem Flughafen von Westchester flogen die Firmenjets routinemäßig eine Schleife über die Konzernzentrale und ermöglichten ihren Passagieren einen Blick auf den P-förmigen künstlichen See inmitten des großzügig angelegten Anwesens. Am Flughafen stand eine Limousine bereit, um die Besucher in die Konzernzentrale zu bringen. Ich empfand immer wieder das Gefühl, einer elitären Bruderschaft anzugehören, und war überzeugt, es gäbe kein Unternehmen, für das ich lieber arbeitete.

Der größte Gag aber war ein Knopf auf Kendalls Schreibtisch, mit dem er die Pepsi-Fontänen kontrollieren konnte, die elf Meter hoch aus dem See empor schossen.

Don hinterließ auch auf Menschen einen unauslöschlichen Eindruck. Er wurde mir ein enger Freund und Berater. 1960, ein Jahr bevor ich mein Examen an der Brown University ablegte, heiratete ich seine Stieftochter. Eigentlich wollte ich Architektur studieren und Industriedesigner werden, mit dem Ziel, eines Tages meine eigene Designfirma zu führen. Doch noch während meines Studiums an der Architekturschule der University of Pennsylvania ließ ich mich von Kendall überzeugen, daß meine Zukunft nicht in der Architektur, sondern im Marketingbereich läge. Ich besuchte ihn oft zu Hause und hörte seinen Gesprächen mit Pepsi-Kollegen zu, von denen eigentlich immer einige anwesend waren. Oft saßen er und ich danach noch bis spät in die Nacht zusammen und redeten. Kendall meinte, ich hätte gute Instinkte für Marketing, und glaubte, daß eine praktische Arbeit im Marketingbereich mir auch als Industriedesigner behilflich sein könnte.

Als Praktikant während der Sommerferien in einem New Yorker Industriedesign-Unternehmen war mir schon aufgefallen, daß es die Marketingleute eines Unternehmens waren und nicht die Designer am Zeichenbrett, die die großen Geschäftserfolge brachten. Kendalls Rat fiel deshalb auf fruchtbaren Boden, und ich wechselte über nach Wharton, dem betriebswirtschaftlichen Zweig der Universität. Ausgerüstet mit meinem MBA, Master of Business Administration, begann ich 1963 als Trainee bei einer New Yorker Werbeagentur.

Dieser Job bei McCann-Erickson führte mich bereits, ohne daß ich es beabsichtigt hätte, in Kendalls Welt ein. Der einträglichste Kunde der Agentur war Coca-Cola. Weil man in der Agentur mit meiner Arbeit zufrieden war, wurde ich mit einem geheimen Projekt betraut: der Analyse von Cokes A.-C-Nielsen-Marktforschungsunterlagen.

Coca-Cola erwartete von der Agentur eine Prognose über das Potential des gerade entstehenden Marktes für Diätgetränke. Erst vor kurzem hatte Coke sein erstes Diätgetränk herausgebracht, »Tab«, und auch Pepsi hatte mit einer Versuchsreihe für »Diet-Pepsi« begonnen, das das frühere »Patio Diet-Cola« ersetzen sollte, welches ein Flop gewesen war. Das Coke-Management war überzeugt, daß Pepsi mit seiner »Diet-Pepsi« einen weiteren Reinfall erleben würde, weil das Produkt den Markennamen trug. Man glaubte damals bei Coke, daß ein Diätgetränk unter dem Namen »Coca-Cola« den Umsatz des richtigen Coke unterminieren würde. Außerdem gab es ein jahrealtes, in seiner Form einzigartiges Abkommen mit der Thomas Co. in Tennessee, wonach Coke Thomas für jede zwischen Chattanooga und Buffalo im Staat New York verkaufte Gallone Soft-Drink-Konzentrats unter dem Namen »Coca-Cola« zehn Cent zahlen mußte.

Pepsi dagegen wollte seinen Firmennamen noch weiter dadurch aufwerten, daß es auch sein Diätgetränk mit seinem Markennamen bezeichnete. Meine Analyse bestätigte nicht nur die Befürchtungen von Coca-Cola, daß »Diet-Pepsi« auf Kosten der Umsätze von Pepsi verkauft wurde, es stellte sich auch heraus, daß es weit mehr Gewinne einbrachte als das normale Pepsi, unter anderem, weil Zyklamate billiger als Zucker waren. Die Studie prognostizierte eine explosionsartige Entwicklung für den Diätgetränkemarkt, der damals nur fünf Prozent der Umsätze der ganzen Industrie betrug. Heute hält er ein Drittel des Marktes.

Erst kurz zuvor hatte Coke sich mit seinem »Tab« stark engagiert und wollte deshalb gerne hören, daß es für derartige Produkte einen vielversprechenden Markt gebe. Die Werbeagentur wollte ihrerseits Coke dazu bringen, das neue Produkt mit einem großen Werbeetat zu unterstützen. So stürzte ich mich mit großer Begeisterung auf die Unterlagen, oft zergliederte ich die Zahlen bis ein Uhr nachts mit einem geräuschvollen Friden-Rechner. Die Tatsache, daß das Projekt geheim war, machte es um so reizvoller. Wochenlang begann ich jeden Arbeitstag damit, daß ich am Morgen die Unterlagen gegen Hinterlegung meiner Unterschrift aus dem Tresor holte. Bis zum Bruchteil eines Prozents verfolgten sie die Marktanteile von Coke und dem »Imitator« – nicht dem Konkurrenten –, wie Pepsi bezeichnet wurde, ein Nachahmer, der versuchte, Coke das, ihrer Ansicht nach, von Gott gegebene Zugriffsrecht auf dem Markt zu stehlen. Jeden Abend ließ ich die Unterlagen wieder einschließen. Als die furchtbare Nachricht kam, daß Präsident John F. Kennedy erschossen worden war, saß ich über einem Nielsen-Dokument. Wir versammelten uns um ein Radio und hörten betroffen die Nachricht über das Attentat. Ganz New York stellte an diesem Tag die Arbeit ein, und ich ging nach Hause.

Natürlich hatte ich zu diesem Zeitpunkt keine Ahnung, daß ich mit meiner Arbeit eine Einführung in das erhielt, was fast zwanzig Jahre lang mein Leben bestimmen sollte. Was die Agentur damals nicht wußte, war, daß ich während meiner Arbeit an dem geheimen Coke-Projekt gleichzeitig auch der Schwiegersohn des Chairman von Pepsi war. Wenn jemand davon gewußt hätte, hätte ich nie Zugang zu diesen Dokumenten erhalten. Doch auch Kendall hatte nie eine Ahnung, womit ich beschäftigt war. Er wäre außer sich geraten, wenn er davon erfahren hätte. Aber da ich nie vertrauliche Angelegenheiten diskutierte, hatte ich kein schlechtes Gewissen.

Als ich zu McCann-Erickson kam, ließen sich noch die meisten großen Unternehmen ihre Marketingstrategien von Werbeagenturen erstellen. Doch ab etwa 1967 begannen immer mehr Firmen damit, ihre eigenen Marketingabteilungen aufzubauen. So schien es mir 1967 an der Zeit zu sein, von der Agentur zu einem ihrer Kunden zu wechseln.

1965 hatte ich mich von Kendalls Stieftochter scheiden lassen, und im selben Jahr trennte sich auch Kendall von der Mutter meiner Exfrau. Wir waren nun nicht länger durch die Heirat verbunden, aber wir blieben gute Freunde. Ich sprach zu Don über meine Absicht, für einen Kunden der Agentur zu arbeiten. »Warum führst du kein Gespräch mit Pepsi?« fragte er mich.

»Don«, entgegnete ich ihm, »ich glaube nicht, daß das geht. Die Leute wissen, daß wir sozusagen miteinander verwandt waren. Auch wenn wir heute beide geschieden sind, bin ich überzeugt, daß das noch immer ins Gewicht fällt.«

Doch er schlug vor: »Du solltest wenigstens einmal mit Pepsi-Leuten sprechen. Danach kannst du machen, was du willst.«

Er erklärte sich bereit, ein Gespräch zu arrangieren. Danach — darin waren wir uns beide einig — sollte ich selbständig handeln. Ich wollte keinesfalls, daß mich jemand verdächtigte, der Boß begünstige mich.

So kam ich zu Pepsi-Cola, dem Getränkebereich des Konzerns PepsiCo, und war im Jahre 1967 eine Seltenheit: der erste MBA des Unternehmens. Wie jeder neue Rekrut wurde ich zuerst in ein unternehmenseigenes Abfüllwerk in Pittsburgh gesteckt, die erste Station meines sechsmonatigen Ausbildungsprogramms. Ich durchlief jede Phase des

Abfüllprozesses, von der Kontrolle und Auswahl wiederverwendbarer Flaschen bis zur Flaschenwaschanlage. Ich mußte auch in Fahreruniform mit einem Pepsi-Lastwagen Flaschen ausliefern.

Als ich die Flaschen in die Keller von Pittsburgher Kneipen trug, treppauf, treppab, mußte ich feststellen, daß ich den körperlichen Anstrengungen nicht gewachsen war. Kendall, selbst ein Vorbild an Fitneß, verlangte von seinen Managern, daß sie auch physisch stark belastbar waren. Eines Abends hatte er einen seiner leitenden Mitarbeiter aus Mexiko betrunken gemacht und ihn am nächsten Tag in der Frühe wieder aus dem Bett geholt – zu einem Dauerlauf. Der Manager, kein begeisterter Jogger, brach schließlich am Straßenrand zusammen. Kendall aber lief in seinen Armeestiefeln weiter und war sehr zufrieden, daß er mehr Ausdauer besaß als dieser Mann, der zudem noch einige Jahre jünger war.

Ich war nur ein Schatten im Vergleich zu den großen, kräftigen Männern polnischer Abstammung in Pittsburgh. Ihr wettergebräuntes Aussehen stand in deutlichem Gegensatz zu meiner Blässe. Deshalb ging ich abends in ein Fitneßstudio und hob Gewichte, um mir die nötige Kraft anzutrainieren, die ich brauchte, um mühelos ein halbes Dutzend Flaschenkästen auf einem zweirädrigen Karren in die Pittsburgher Keller schaffen zu können.

Das waren meine ersten Vertriebserfahrungen. Ich war der Ansicht, erst einmal die Grundregeln des Geschäfts kennenlernen zu müssen, wie Schritt für Schritt der Wertzuwachs stieg, von dem Moment an, in dem das Konzentrat mit Zucker, Wasser und CO_2 vermischt wurde; wie es dann in Flaschen abgefüllt wurde, wie die Flaschen in Kästen und Kartons verpackt wurden, wie sie zu den Läden transportiert und wie sie mit Preisen ausgezeichnet, schließlich verkauft wurden und wie das Geld hereinkam – kurz: alle Feinheiten des Geschäfts.

Ich konnte auch Chuck Mangold, den Leiter des Werkes in Pittsburgh, der mein Lehrer wurde, dazu bringen, mich auf Werksebene ebensolche Daten sammeln zu lassen und ihm zur Verfügung zu stellen, wie sie die Manager von Coke von Nielsen erhielten. Gemeinsam verglichen wir dann die Ergebnisse unterschiedlicher Verkaufsmethoden in verschiedenen Läden. Wir analysierten Werbekampagnen. Das war etwas ganz Neues, denn bis dahin hatte Pepsi immer nach Gefühl, »aus dem Bauch heraus«, operiert.

Außerhalb der Arbeitszeit behandelte mich Chuck, der acht Kinder hatte, wie einen seiner eigenen Söhne. Er lud mich abends in sein Haus und am Wochenende zu einem Krocketspiel mit seiner Familie und einem gemeinsamen Essen ein. Manchmal fuhren wir zusammen zu einem Campingplatz in Pennsylvania, wo sich die Fahrer und Auslieferer des Unternehmens trafen, um zu grillen, Bier zu trinken und in einem kleinen See zu schwimmen, dessen Hauptattraktion ein Seil war, das von einem Baum in das Wasser hing. Ich tauchte nicht nur ganz in eine neue Aufgabe ein, sondern auch in eine Gesellschaft anderer Menschen. Alles war ganz anders als das Leben, das ich von New York gewöhnt war.

Doch war es nichts im Vergleich zu dem Leben, das mir noch bevorstand. Nach vier Monaten in Pittsburgh wurde ich nach Phoenix, Arizona, geschickt, zur zweiten Station meiner Ausbildung. Ich wurde Mitglied der sogenannten »Blitz-Teams«, die um zwei Uhr nachts in die Supermärkte kamen und die Getränkeabteilungen umbauten, denn Pepsi mußte deutlich sichtbar auf den Regalen vertreten sein. Manchmal befestigte ich auch im Freien mit einigen Mexikanern große Pepsi-Schilder an Hauswänden. Wir mußten alle möglichen Gefälligkeiten übernehmen, um die Leute dazu zu bewegen, daß wir unsere Schilder auf ihren Grundstücken anbringen durften. Ich reparierte Türen und manchmal auch Scheunendächer. Mittags herrschten oft Temperaturen von knapp fünfzig Grad in der Sonne, und bei dieser Hitze kletterten wir auf Metalldächern herum und stellten Pepsi-Schilder auf. Ich mußte mir nasse Tücher um die Schläfen wickeln, um in der Sonne nicht ohnmächtig zu werden. Sogar das Wasser im Schwimmbad des »Caravan Inn«, wo ich für 5,21 Dollar pro Nacht wohnte, war zu warm, um darin zu schwimmen.

Ich war immer davon überzeugt, daß jeder seines eigenen Glückes Schmied ist. Ich versuchte, alles in mich aufzunehmen. Ich beobachtete genau, wie die Leute arbeiteten und wie sie ihre Zeit verbrachten. Ich machte mich mit der Basis des Geschäfts vertraut und lernte dabei die Fachsprache des Gewerbes. Diese Kenntnisse sollten später für mich überaus wertvoll werden, wenn ich schnell Kontakt zu den Abfüllern finden mußte. Ich konnte ihre Sprache sprechen und ihre Probleme verstehen, weil ich sie am eigenen Leib erlebt hatte.

Als ich mein Ausbildungsprogramm durchlaufen hatte, kehrte ich in die Pepsi-Zentrale, ein zehnstöckiges Glas- und Betongebäude an der Park Avenue 500 in New York, zurück. Dort erwartete mich eine Überraschung. Der Posten im Bereich »Neue Produkte«, den man mir zugesagt hatte, war nicht frei. Statt dessen kam ich in die Marktforschungsabteilung, die auf der anderen Straßenseite, gegenüber vom Hauptquartier des Unternehmens, untergebracht und als Ausweichquartier gedacht war, bis man etwas Neues gefunden hatte.

Der Anfang war nicht sehr vielversprechend. Mein MBA-Diplom erwies sich eher als hinderlich. Viele meiner neuen Kollegen hatten gar keine Collegeausbildung, geschweige denn einen akademischen Grad. Bald sprach sich auch herum, daß ich mit Kendalls Stieftochter verheiratet gewesen war, und jeder paßte genau auf, ob ich eine Sonderbehandlung erfuhr. Wenn überhaupt, dann wurde ich aber eher härter herangenommen, denn Kendall legte bei mir besonders strenge Maßstäbe an.

Ich war enttäuscht, aber entschlossen, meine Zeit gut zu nutzen. Jeden Tag erschien ich pünktlich und tat nichts anderes, als dazusitzen und zu lesen. Ich las begierig jedes Stück Papier, das ich in der Marktforschungsabteilung finden konnte. Die meisten Unterlagen betrafen das Verbraucherverhalten. Schnell wurde mir klar, daß ich mich in einer höchst bedeutungslosen Abteilung befand. Kaum etwas, das hier erarbeitet wurde, wurde an höherer Stelle beachtet. Die Marktforscher betrieben ihre Marktforschung, aber die Leute aus dem Verkauf und der Marketingabteilung trafen ihre eigenen Entscheidungen.

Es war eine harte Zeit. Ohne den Posten, den man mir zugesagt hatte, und von meinen Kollegen geschnitten, fühlte ich mich bitter enttäuscht. Wenn dies ein Vorgeschmack auf das Leben bei Pepsi sein sollte, war ich sicher, daß dieses Leben für mich kaum in Frage käme.

Eines Tages, bei einem Spaziergang auf der Fifth Avenue, faßte ich den Entschluß zu kündigen. Im selben Moment hielt neben mir am Bordstein eine große schwarze Limousine, und das hintere Wagenfenster senkte sich, im Wagen saß ein lächelnder Kendall. Auf seine Aufforderung hin stieg ich zu ihm ein.

»Wie geht's?« fragte er mich.

»Es ging schon besser«, antwortete ich ihm. »Ich bin nicht sicher, ob ich die richtige Entscheidung getroffen habe.«

Kendall wurde ernst. Er hielt mir einen strengen Vortrag. »Du bist zu ungeduldig«, erklärte er mir. »Warte nur ab. Es wird schon werden.«

*

War es eine göttliche Fügung? Glücklicher Zufall? Was auch immer, Kendalls Rat half. Trotz meiner Unzufriedenheit mit meinem Job hielt ich weiter durch, und endlich – neun Monate später – erhielt ich den mir versprochenen Posten, ich konnte mich um die Entwicklung neuer Produkte kümmern. Günstige Zeitumstände und etwas Glück verhalfen mir zu mehreren Erfolgen, mein Verantwortungsbereich wurde erweitert, ich wurde befördert.

Pepsi-Cola befand sich allerdings in einer Krise. Seit fast vier Jahren gingen ständig Marktanteile verloren. Selbst Kendall hatte Zweifel, ob es dem Management gelingen könnte, das Steuer noch herumzureißen. Er beauftragte die Beratungsfirma McKinsey & Co. mit einer Studie über das Unternehmen und sein Management. Doch 1969 stand McKinsey kurz davor, den Auftrag wieder zurückzugeben, weil die Pepsi-Cola-Soft-Drink-Division nicht zur Kooperation mit den Beratern bereit war. McKinsey benötigte für die Studie dringend Zahlen aus dem Marktforschungs- und dem Finanzbereich, aber die Pepsi-Cola-Manager fürchteten, diese Zahlen könnten sie bloßstellen, und gaben sie deshalb nur ungern heraus.

Monatelang hatte ich viele Stunden als unbedeutender Mitläufer in der Marktforschungsabteilung verbracht und eine Unmenge von Informationen über Pepsi-Cola gespeichert. Damals hatte ich keine Ahnung gehabt, daß diese Informationen einmal wertvoll sein könnten. Aber auf einmal brachten sie mir den entscheidenden Durchbruch. Ich wußte genau, wo die wichtigen Unterlagen über das Soft-Drink-Geschäft zu finden waren, und ich wußte, wie man an sie herankam. Ich wurde von meiner Arbeit an neuen Produkten freigestellt, um mit den Beratern von McKinsey zusammenzuarbeiten. Erst Monate später erkannte ich, wie wichtig diese Zusammenarbeit mit McKinsey für mich sein sollte.

In der Zwischenzeit gelang mir ein weiterer Durchbruch. Am 19. Oktober 1969 verbot die Regierung den Gebrauch von Zyklamaten, und die Fernsehgesellschaft CBS bat Kendall, in den Abendnachrichten eine Erklärung als Sprecher der Getränkeindustrie abzugeben, weil der Chef von Coca-Cola, Paul Austin, auf einer Auslandsreise war. Kendall hatte jedoch schon einen anderen Termin, und weil er wenig Vertrauen in die Leitung der Soft-Drink-Division hatte, verdonnerte er mich, für ihn zu sprechen.

Er rief mich zu sich und teilte mir mit: »John, heute abend trittst du im Fernsehen auf.«

»Ich war noch nie im Fernsehen, was soll ich da machen?«

»Du bist geschickt. Gib ihnen nur offene Antworten, sieh ihnen in die Augen, und höre nie auf zu lächeln.«

Auf meiner Fahrt ins Fernsehstudio gaben mir die Pepsi-Leute reichlich Ratschläge. Der Rechtsberater des Unternehmens saß zu meiner Rechten und fütterte mich unablässig mit Antworten auf mögliche Fragen, als ob ich ein Politiker auf dem Weg zu einer Pressekonferenz wäre. Ich bemühte mich, nicht auf ihn zu hören und nur an das zu denken, was Kendall mir gesagt hatte.

Mein erster Fernsehauftritt mit Walter Cronkite dauerte nicht länger als dreißig Sekunden. Mir gelang es, keine Fehler zu machen und immer zu lächeln, so daß am nächsten Tag all unsere Abfüller anriefen und fragten: »Wer ist John Sculley?« Sie hatten noch nie von mir gehört. Mit einem Mal war ich zum Sprecher der Soft-Drink-Industrie aufgestiegen. Die Krise, in die die Industrie durch das Zyklamatverbot geriet, brachte mir noch einen weiteren wichtigen öffentlichen Auftritt.

Kendall hatte schon drei Tage vorher von dem Regierungsverbot erfahren und mich sowie einige andere Manager in sein Büro gerufen, um einen Plan auszuarbeiten, wie der Krise zu begegnen sei. Er wollte Coke eins auswischen, indem er schon wenige Stunden nach Bekanntgabe des Regierungsverbots ein neues »Diet-Pepsi« auf den Markt brachte.

Mir, dem neuen Direktor für Marktentwicklung, fiel die Aufgabe zu, nach nur 48 Stunden Vorbereitung am Montag morgen eine Präsentation vor dem Verwaltungsrat zu halten. Wir hatten die Zyklamate herausgenommen und sie mit einer Mischung aus Saccharin und Zucker ersetzt, was zwar nicht ganz so gut schmeckte, aber doch besser als nichts war.

Ich arbeitete das ganze Wochenende über, immer bis tief in die Nacht hinein, machte eine telefonische Umfrage bei Verbrauchern und fragte sie nach ihrer Meinung zu dem Verbot von Zyklamaten und zu unserem neuen Rezept. Mein Vortrag vor dem Verwaltungsrat über die Folgen des Regierungsverbots und über unsere Reaktion darauf gewannen mir beträchtliches Ansehen.

Noch am selben Tag, dem 22. Oktober 1969, nur drei Tage nach der Bekanntgabe des Verbots, annoncierten wir ganzseitig in der »New York Times«, daß ein neues zyklamatfreies »Diet-Pepsi« in den Supermärkten zu kaufen sei. In den folgenden zehn Tagen konnten wir all unsere Märkte mit dem neuen Produkt versorgen. Es war ein richtiger Coup – auf dem Markt und im Verwaltungsrat.

Vier Monate später war aus dem unbedeutenden Mitarbeiter in der Marktforschungsabteilung der jüngste Vizepräsident für Marketing in der Geschichte Pepsis geworden. Meine zahlreichen Erfolge, u. a. in der Zyklamatkrise, sowie meine Hilfe für die McKinsey-Berater hatten diesen Aufstieg bewirkt. Hätte ich mich von meinen Anfangserfahrungen in der Marktforschungsabteilung entmutigen lassen, wäre ich nie so weit gekommen.

Die McKinsey-Studie brachte große Veränderungen, genau wie die Pepsi-Cola-Manager befürchtet hatten. Victor Bonomo, Präsident von United Vintners und früher Manager bei General Foods, wurde angeworben, um das neuorganisierte Unternehmen zu führen, und er machte mich zum Vizepräsidenten für Marketing. Bonomo, Kettenraucher und kaffeesüchtig, war ein hochgewachsener Mann von äußerster Integrität. Er verlangte höchst exakte Arbeit. Anfangs hatte ich Zweifel, ob ich seinen Ansprüchen genügen würde. Ich hatte keine Erfahrungen in leitender Position, aber meine Kenntnisse der Industrie und der Situation bei Pepsi waren umfassend. Dennoch hatte ich immer allein gearbeitet, noch nie hatte ich andere führen müssen. Und das lernt man auch nicht auf dem College. Aber da war ich nun, mit dreißig Jahren der jüngste der 75 Mitarbeiter in der Abteilung, und ich war der Mann an der Spitze. Die meisten meiner Mitarbeiter kannte ich. Einige hatten mich eingeschüchtert, als ich noch in der Marktforschung arbeitete. Nun hatten sich ihre schlimmsten Befürchtungen bewahrheitet.

Zu meinem Antritt brachte ich Bonomos Auftrag mit, die Kosten zu senken. Einen Monat lang zeigte ich wenig Hemmungen, die Lohnliste zu kürzen. Die Marktforschungsabteilung verkleinerte ich von 31 Leuten auf nur vier, die Public-Relations-Abteilung von 33 auf drei und die Plakatwerbung von zwölf auf zwei.

Es sprach sich schnell herum, daß Sculley mit dem Beil vorging. Ich kündigte jedem einzeln, danach teilte der so Entlassene seinen Kollegen natürlich mit, was sie erwartete. Es war, als ließe ich sie der Reihe nach vor meiner Tür Schlange stehen. Viele von ihnen waren sehr verärgert. Es nützte nur wenig, daß ich mit Verspätung begriff, daß man nicht einfach »Auf Wiedersehen und viel Glück« sagen konnte; man mußte auch Entschädigungszahlungen in Betracht ziehen. So saß ich viele Abende da und mußte mich mit jedem Fall einzeln beschäftigen.

Es konnte nicht überraschen, daß mein Vorgehen mir den Ruf eintrug, völlig gefühllos zu sein. Damals hatte ich noch gar keine Vorstellung davon, was Teamarbeit bedeutete. Und Pepsis neue Kultur, die sich unter Kendall und Pearson entwickelte, ließ mich um so gefühlloser handeln.

Als ich mit Chuck Mangold sprach, der erst wenige Monate zuvor als Vizepräsident für Verkauf nach New York gekommen war, war er fassungslos: »Du mußt noch eine Menge darüber lernen, wie man mit Leuten umgeht«, ließ er mich wissen. In der Folgezeit richtete ich mich sehr nach Chucks Ratschlägen, denn ich war jung, überheblich und unerfahren. Er versuchte mir einzuimpfen, daß der wirkliche strategische Vorteil des Unternehmens seine Mitarbeiter waren. Ich erinnerte mich, daß er in Pittsburgh viele Tage bis neun Uhr abends im Werk verbracht hatte, um mit seinen Leuten über ihre Kinder oder ihre Eheprobleme zu sprechen.

Chuck sprach nicht die analytische Sprache der MBAs und der Unternehmensberater, die von Pearson in zunehmender Zahl eingestellt wurden, aber er wußte instinktiv, was Menschen für ein Unternehmen bedeuteten. Mein Sinnen und Trachten dagegen war auf Zahlen und Marktstrategien ausgerichtet, als ob sie mit Menschen gar nichts zu tun hätten. Ich war von der Vorstellung besessen, daß die Organisation mehr zählte als der einzelne. Das ist das Los vieler MBAs, die mit verschobenen Maßstäben vom College kommen. Viel zu wenige von ihnen haben jemals Gelegenheit, zusammen mit anderen und mit Hilfe von anderen zu arbeiten. Und wenn sie doch einmal die Chance erhalten, versagen sie meist. Durch diese harte Schule mußte ich schneller gehen als mir lieb war.

Chuck konzentrierte sich vor allem darauf, unsere Abfüller, die er kannte und die er motivieren konnte, auf den Kampf gegen Coke einzuschwören. Er hatte recht: Unsere Abfüller bildeten die versteckte Reserve des Unternehmens. Sie waren es, die es uns ermöglichten, Coke in den Supermärkten zu überflügeln.

Doch ich war oft stur und befolgte auch nicht immer Chucks Ratschläge. Inzwischen war ein knappes Jahr vergangen, seit wir Vizepräsidenten geworden waren. Obwohl es uns gelungen war, den Fall der Nielsens aufzuhalten, indem wir die Pepsi-Abfüller zu einer aggressiveren Verkaufspolitik angeregt hatten, hatte ich hinter den auf den ersten Blick beruhigenden Zahlen ein großes Problem entdeckt. Die Verbesserung unserer Marktanteile war vor allem auf gestiegene Verkäufe in unabhängigen Läden zurückzuführen, diese Art Läden befanden sich aber landesweit auf dem Rückzug. In den wichtigsten Supermarktketten dagegen sahen unsere Zahlen beunruhigend schlecht aus. Ich zeigte Chuck meine Analyse und schlug ihm vor, daß wir das Problem Pearson am folgenden Tag in einem privaten Gespräch unterbreiteten.

Chuck war dagegen, er meinte: »John, wenn du Pearson das Problem mit den Supermarktketten vorträgst, wird er sich nur aufregen, weil wir dafür noch keine Lösung parat haben.«

»Mach dir keine Sorgen, Chuck«, antwortete ich, »ich bin überzeugt, er wird froh sein, daß wir die wirklichen Probleme aufgedeckt haben. Das PepsiCo-Management möchte schließlich genau die Lage kennen. Wir können zeigen, daß wir wissen, worauf es ankommt.«

»John, ich finde, du solltest dieses Problem noch nicht ansprechen«, sagte Chuck, »wahrscheinlich hat Pearson keine Ahnung, wie ernst es damit ist.«

Ich aber widersprach: »Er wird es gut finden, daß wir es entdeckt haben.«

Am nächsten Morgen, nach unserer Eröffnung, war Pearson keineswegs zufrieden.

»Nun gut«, schnauzte er, »das ist wirklich eine feine Sache, in die wir da geraten sind. Wenn ihr beide das Problem nicht schnellstens aus der Welt schafft, werden wir uns zwei andere holen, die es können.«

Mit diesen Worten wandte er seine Aufmerksamkeit einem Stapel

Papiere auf seinem Schreibtisch zu, und wir verließen niedergeschlagen sein Büro. Wir hatten keine Zweifel, daß Pearson seine Drohung ernst meinte. Er war immer sehr direkt — ganz kategorisch. Wir standen vor einer schweren Aufgabe. Ich hatte aus dieser Unterredung mit Pearson gelernt, daß man bei einem Unternehmen, das so wettbewerbsorientiert wie Pepsi ist, Probleme nur dann ausspricht, wenn man bereits die Lösungen kennt.

Ich begriff, daß Pepsi dringend einige radikale Lösungen benötigte. Oder Wunder. Das Problem bestand ganz einfach darin, Coke dort vom Thron zu stoßen, wo es eine unangefochtene Marktposition innehatte. Noch niemandem war das bisher gelungen, obwohl schon alles versucht worden war — von Preisreduktionen über neues Flaschendesign bis zu großen Werbekampagnen.

Zum erstenmal in meiner Laufbahn kam mir der Gedanke, daß ich scheitern könnte.

Lektion zu Kapitel 1

»Die Grundregeln werden geändert«

Die meisten Marketingfachleute unterschätzen ihre Konkurrenten gewaltig. Sie sind immer schnell dabei, sich über andere lustig zu machen und ihre Fehler herauszustreichen, und genauso schnell setzen sie auch die Erfolge der anderen herab. Scott Paper rümpfte zu Anfang nur die Nase über Procter & Gamble, als sie Charmin, den Papiertücherhersteller, kauften; und Pillsbury spottete ebenso, als P & G Duncan Hines, den Backmischungsproduzenten, übernahm. Keiner von beiden nahm Procter & Gamble ernst, als die einstige Seifenfirma in das Geschäft mit Papier und Lebensmitteln einstieg. Und beide zahlten einen hohen Preis für ihre Überheblichkeit — in Form verlorener Marktanteile.

Mein Ziel ist es immer gewesen, mehr über meinen Konkurrenten zu wissen, als er selbst über sich weiß. Dafür ist eine unstillbare Neugier auf alles, was der Konkurrent tut, notwendig, darauf, wie er von anderen eingeschätzt wird und wie man auf ihn reagiert. Mein Ansatzpunkt ist zunächst immer das Produkt, und ich versuche herauszufinden, wo die Stärken und Schwächen dieses Produktes auf dem Markt liegen. Dann stelle ich mir selbst einige Fragen, zum Beispiel: »Wieviel wäre es mir wert, wenn ich eine dieser Stärken ausschalten könnte?«

Im allgemeinen ist es nur möglich, die Stärke eines Konkurrenten zu verringern, wenn man die Wettbewerbsregeln ändert, nicht dadurch, daß man den Gegner auf seinem eigenen Feld nach seinen eigenen Regeln angreift.

Viel zu viele Marketingfachleute halten sich an die vorgegebenen Grundregeln. Wirklicher Konkurrenzkampf aber verlangt harten Wettbewerb. Wenn ein Unternehmen sich darauf beschränkt, seine eigenen Ressourcen gegen die seines Konkurrenten auszuspielen, kann diese Strategie bei einem größeren, stärkeren Rivalen wie zum Beispiel Coca-Cola oder IBM nur von Anfang an zum Scheitern verurteilt sein.

Ändert man dagegen die Wettbewerbsregeln, kann man dem Konkurrenten Wettbewerbsvorteile nehmen, indem man ihn zwingt, den Kampf ohne seine besonderen Stärken zu führen. Man kann einem Rivalen seine Vorteile rauben, wenn man ihn auf ein Kampffeld zwingt, das er nicht kennt oder auf dem er sich nicht wohl fühlt. Darin liegt die wirkliche Macht der Kreativität im Marketingbereich.

Coca-Cola zum Beispiel besitzt in seiner 6½-Unzen-Flasche, die wie eine Sanduhr geformt ist, eines der bekanntesten Warenzeichen der Welt. Die Form der Flasche ist fast schon das Produkt. Diese Art Flasche ist handlich, leicht zu verstauen und kann nicht so leicht aus Automaten herausfallen. Die Coca-Cola-Flasche wurde zum Symbol für Amerika, das einzige Warenzeichen, das man in die Hand nehmen kann.

In der Einsicht, daß die Flaschenform Cokes wichtigster Wettbewerbsvorteil war, gab Pepsi Millionen von Dollar für ein eigenes Flaschendesign aus – ohne jeden Erfolg. 1958 wurde die »Spiralenflasche« entwickelt, aber sie blieb nur eine schwache Nachahmung. Anstatt die Verbraucher direkt zu fragen, was sie wollten, beschränkte sich der Wettbewerb für das Pepsi-Management einzig auf die Flaschenform. Fixiert auf den Konkurrenten, ging jede Marktperspektive verloren.

In meinem Bemühen, die Grundregeln zu verändern, sah ich unsere Marktchance nicht in der Flaschenform, sondern in der Flaschengröße. Als ich den Marketingbereich übernahm, ließ ich die erste großangelegte Verbraucherstudie durchführen, 350 Familien wurden auf ihre Trinkgewohnheiten untersucht. Sie erhielten die Möglichkeit, mehrere Wochen lang Pepsi und andere Soft Drinks zu Sonderpreisen zu beziehen. Zu unserer Verblüffung konnten wir feststellen, daß sie jede Pepsi-Flasche, die sie erhielten, auch leertranken. Es dämmerte mir schon bald die Erkenntnis, daß wir vor allem unsere Verpackungsform ändern mußten: Die Verbraucher mußten in der Lage sein, größere Mengen Pepsi kaufen zu können. Anfang der siebziger Jahre gab es in den Supermärkten alle Soft Drinks nur als Einzeldose, als Sechserpackung von kleinen Flaschen oder als 28-Unzen-(0,8-l-)Großflaschen zu kaufen. Unsere Studie aber bewies nun, daß es kaum Grenzen des Verbrauches gab, wenn erst die Getränke einmal in das Haus des Verbrauchers gelangt waren.

Anstatt also unserer Standardflasche ein neues Design zu verpassen, mußten wir die Grundregeln des Wettbewerbs völlig ändern. Wir mußten neue, größere und vielfältigere Verpackungsarten auf den Markt bringen. Unsere Studie bewies es. Dasselbe hatte ich auch schon während meiner Ausbildungszeit in einem Supermarkt in Pittsburgh erfahren. Durch den Umbau eines Pepsi-Standes, an dem statt Sechserpackungen Achterpackungen angeboten wurden, hatten wir deutlich unsere Verkaufszahlen gesteigert. Die Käufer wollten mehr, aber sie wollten vor allem in der Lage sein, diese Großpackungen auch nach Hause tragen zu können.

Die besten Verkaufskonzeptionen sind oft verblüffend einfach und werden deshalb leicht übersehen. Erfolgreiche Strategien nutzen die vorhandenen Vorteile und verringern gleichzeitig die gegebenen Nachteile. Die Erkenntnis, daß wir unseren Konkurrenzkampf auf eine neue Ebene verlagern mußten, entsprach beiden Forderungen. Wir konnten unseren Nachteil, keine so attraktive Flaschenform zu besitzen, dadurch in einen Vorteil ummünzen, daß wir unsere Verpackungen variierten, vor allem vergrößerten.

In dem Moment, in dem wir begannen, mit unseren Verpackungsformen die Grundregeln zu verändern, begann Cokes Marktvorteil der einzigartigen Flaschenform zu schwinden. Neue Verpackungen mit geraden Formen, die preiswert zu produzieren waren, erlaubten es uns, uns auf ein vierfarbiges Label, unabhängig von der Flaschenform, zu konzentrieren. Wir entsprachen genau dem Verbraucherwunsch, Soft Drinks in größeren Verpackungen kaufen zu können, Coca-Cola dagegen hatte nur wenig Erfolg mit einer großen Plastikflasche. Das Ergebnis: Ein seit drei Generationen bekanntes Markenzeichen wie die Coca-Cola-Flasche verlor seine Anziehungskraft!

Andere Unternehmen operierten mit ähnlichen Erfolgen wie wir nach der gleichen Methode. So beklagten sich in den sechziger Jahren zum Beispiel die Verbraucher, daß Heinz-Ketchup so zähflüssig aus der Flasche kam – im Unterschied zu Konkurrenzprodukten. In diesem Dilemma überlegte das Heinz-Management, ob ein neues Rezept oder eine neue Flaschenform helfen könnte. Beide Möglichkeiten wären konventionelle Lösungen für ein Verkaufsproblem gewesen – den Wettbewerber auf seinem eigenen Feld anzugreifen, seiner Attacke eine Gegenattacke zu liefern.

H. J. Heinz aber entdeckte eine neuartige Lösung, indem er sich entschloß, die Wettbewerbsregeln zu ändern. Die Marketingfachleute starteten eine Werbekampagne, die darauf abzielte, die Verbraucher davon zu überzeugen, daß Heinz-Ketchup nur deshalb so zäh floß, weil es gehaltvoller war – und deshalb einfach besser schmecken mußte. Mit dem Slogan »Das Ketchup, das besonders langsam aus der Flasche fließt« stieg der Marktanteil von Heinz-Ketchup im Laufe der Jahre von neunzehn Prozent auf über eindrucksvolle fünfzig Prozent an. Dem Unternehmen war es gelungen, einen Nachteil in einen Wettbewerbsvorteil umzumünzen – durch Änderung der Grundregeln.

Manchmal bedarf es allerdings einer besonders geschickten Produktlancierung, um mit dieser Marketingstrategie Erfolg zu erringen. Als Lever Brothers das Waschmittel »All« auf den Markt brachte, bestand der objektive Vorteil dieses Produktes darin, das es doppelt so konzentriert war wie Procter & Gambles Marktführer »Tide«. Um diesen Unterschied zu unterstreichen, wurde »All« in vergleichsweise kleinen Packungen angeboten, die Verbraucher sollten erkennen, daß sie von »All« weniger für ihre Wäsche benötigten. Aber die Verbraucher begriffen diesen Hinweis offenbar nicht – oder falls sie ihn begriffen, beeindruckte er sie nicht. Sie wollten ein wirksames Waschmittel, konzentriert oder nicht. Lever Brothers hatte zwar die Grundregeln geändert, indem ein neuartiges Produkt auf den Markt gebracht wurde, aber konnte den Verbrauchern diese Neuigkeit nicht vermitteln. Wenn die Verbraucher sich überhaupt Gedanken machten, dann offenbar nur die, daß ihnen für dasselbe Geld weniger geboten wurde – weil die Packungen kleiner waren.

Erst als »All« in Großpackungen angeboten wurde, besserte sich die Lage. Der Verbraucher merkte, daß ein Meßbecher »All«, das gewohnte Maß für eine Waschmaschinenfüllung, die Wäsche sauberer werden ließ als andere Waschmittel. Als sich diese Nachricht in Verbraucherkreisen herumsprach, stiegen »Alls« Marktanteile explosionsartig an.

Traditionelle Marketingspezialisten vertreten die Einstellung, daß Marketing ein quantitativer Prozeß ist, in dem der Erfolg von Aufmerksamkeit, Reichweite und Häufigkeit abhängt, den drei Sakramenten des Berufs. Erfolgreiches Marketing aber verlangt mehr und kann nicht nur in quantivativen Maßstäben gemessen werden. Durch Aufmerksamkeit, Reichweite und Häufigkeit können zwar große Fehler vermieden werden, aber sie sind nur ein schwacher Ersatz für kreative Visionen.

Kreative Visionen können nur diejenigen liefern, die sich geistig mit ihren Produkten auseinandersetzen, wirklich kreative Baumeister. Man muß von der Kraft der eigenen Ideen überzeugt und entschlossen sein, diese Ideen auch umzusetzen. Das kann manchmal ein langer, harter Weg sein. Visionäre müssen ständig gegen die konventionellen Erfahrungsmaßstäbe ankämpfen, denn sie sehen die Zukunft, wie sie sein könnte, wenn man nur bereit wäre, neue Blickwinkel auszuprobieren. Per definitionem verlassen sie sich mehr auf ihre Instinkte. Visionäre geben ihre Lebenskraft für ein Produkt, versenken sich völlig in seine Einzelaspekte. Sie sind im allgemeinen schwierig, stur, verlangen viel und schließen keine Kompromisse. Aber wenn sich ihre Instinkte mit Durchsetzungskraft paaren, dann sind sie erfolgreich.

Diese Form des Marketings hat dann nichts mehr mit der traditionellen Wettbewerbsphilosophie zu tun, die mit veraltetem Handwerkszeug versucht, auf den heutigen Märkten zu bestehen. Diese Wettbewerber alten Stils glauben immer noch daran, daß jede Schlacht zählt, vor allem die letzte, und deshalb konzentrieren sie sich viel zu stark auf ihre jeweiligen Monats- oder Quartalsergebnisse. Visionäre dagegen sind weitblickend, sie blicken über den Horizont des nächsten Tages hinaus. Wenn ihre Vision zielgenau ist, kann sie den Markt ändern und langfristig großen Erfolg bringen — selbst wenn auf dem Weg dahin einige Schlachten verloren werden.

Kapitel 2

»Die Cola-Kriege«

Bei Pepsi galten wir als besessene Außenseiter, zusammengewürfelt durch den Zufall. Wir waren sechs ganz verschiedene Charaktere, aber Anfang der siebziger Jahre sollten wir die Marketingstrategie des Unternehmens gründlich auf den Kopf stellen und einen Angriff auf unseren Gegner in Atlanta starten.

Drei von uns, die Brüder Chuck und Jim Mangold sowie Larry Smith, hatten sich vom Abfüllgeschäft ins Management hochgearbeitet. Die anderen drei, Harry Hersh, ehemals Finanzanalytiker bei General Electric, John Corbani, früher Werbefachmann, und ich, wir waren neu im Unternehmen.

Draußen auf dem Markt standen wir vor der Riesenaufgabe, Coca-Cola Marktanteile abzunehmen. Innerhalb des Unternehmens waren wir einem ständigen Druck von oben ausgesetzt, besonders von PepsiCo-Präsident Andrall Pearson, der nur wenig von unserer Gruppe hielt. Das PepsiCo-Management hatte sich lange Zeit beinahe ausschließlich aus Leuten aus dem Abfüllgeschäft zusammengesetzt, erst Pearson hatte mit der Tradition gebrochen. Er wollte Manager mit unfassender Marketingerfahrung haben und holte sie sich von General Foods, General Mills, Procter & Gamble, Ford und ITT. Unsere gemischte Gruppe paßte überhaupt nicht in seine Vorstellungen von einem neuen Image des Unternehmens.

Ständig mußte ich dafür sorgen, daß die hervorragenden Leistungen von Smith und den beiden Mangold-Brüdern nicht vorzeitig bekannt wurden, da sie dem traditionellen Marketingstil nicht entsprachen. Pearson und Vic Bonomo durften ihre Ergebnisse erst in meiner gehobenen MBA-Interpretation vorgelegt werden.

Sowohl während meines Studiums als auch während meiner Arbeit in der Marktforschung, war ich in den traditionellen Marketingmethoden ausgebildet worden. Ich kannte die Methoden von Procter & Gamble, die aus dem Marketing einen systematischen Prozeß gemacht hatten. Nach ihrer Definition war Marketing keine Kunst, sondern eine Disziplin, ein im voraus berechenbares, quantitatives, analytisches System.

Meine eigenen Vorstellungen vom Marketing dagegen waren mehr kreativ und intuitiv, weniger streng analytisch. Ich war zum Marketing durch die Hintertür gekommen, nicht mit dem dringenden Wunsch, ein Marketingspezialist zu werden, sondern nur in der Absicht, ausreichend Erfahrungen zu sammeln, um nach einiger Zeit meine eigene Designfirma aufbauen zu können. Deshalb konzentrierte ich mich von Anfang an auf die kreative Seite und arbeitete vor allem mit den Kollegen gut zusammen, die ebenfalls nur wenig von den traditionellen Marketingmethoden hielten.

Wir sechs ähnelten uns darin, daß wir neue Ideen schätzten und den gemeinsamen Wunsch hatten, die Soft-Drink-Industrie von Grund auf umzukrempeln. Jeder von uns brachte unterschiedliche Talente mit, um dieses Ziel zu erreichen. Chuck, der Pfeifenraucher, war ein unermüdlicher Kämpfertyp und konnte gut mit Menschen umgehen – eine Fähigkeit, die ich nicht besaß. Larry, ein belesener Zyniker mit sarkastischem Humor, verfügte über einen scharfen Intellekt. Chucks jüngerer Bruder Jim war ein hervorragender Analytiker, der komplizierte Rechnungen im Kopf durchführen konnte. Harry Hersh von General Electric vervollständigte unser Team mit seinen Finanzkenntnissen, und John Corbani war unser Verbindungsmann zur Werbewelt. Anfang der siebziger Jahre standen wir vor einem Problem, das nicht mit landläufigen Methoden gelöst werden konnte: Wir sollten einen Spitzenreiter vom Thron stoßen, der nicht nur seit Jahrzehnten die Nummer eins, sondern gleichzeitig auch ein amerikanisches Heiligtum war. Coca-Cola stand stellvertretend für das gute Leben, für den amerikanischen Traum. Schon in Friedenszeiten war Coke zu einer Form der Selbstdarstellung geworden, und während des Krieges, in fremden Ländern, fanden die heimwehkranken GIs Trost am rot-weißen Firmenzeichen, das von allen Abfüllstationen herabwinkte, die General Eisenhower entlang der meisten Frontlinien hatte errichten lassen.

Als Pepsi-Colas neuer Vizepräsident für Marketing und im Alter von erst dreißig Jahren hing meine ganze berufliche Zukunft davon ab, ob ich es schaffte, uns aus der zweiten Position an die Spitze zu bringen. Man sollte meinen, daß die zweite Stelle hinter einem Goliath gar nicht so schlecht ist, aber in einem Rennen, an dem nur zwei Pferde teilnehmen, ist der zweite Platz gleichzeitig auch der letzte Platz. Seit im Jahre 1886 ein Drogist in Atlanta in seiner Hinterstube das erste Coke zusammengebraut hatte, hatten wir immer zu der Gruppe »ferner liefen« gehört, erst zwölf Jahre später hatte ein gewisser Caleb D. Bradham, ein Apotheker aus North Carolina, das erste Pepsi-Cola zusammengemischt.

Alle von uns hatten keinen dringenderen Wunsch, als Coca-Cola zu schlagen. Ich war noch sehr jung für die Position eines Marketing-Vizepräsidenten, und ich hatte noch keine Gelegenheit gehabt, mich gegenüber meinen Kollegen zu bewähren. Ich wollte ihr Vertrauen gewinnen. Aber hier handelte es sich nicht um einen gewöhnlichen Marketingwettkampf — es war wie damals im Bürgerkrieg, und der Süden war auf dem Vormarsch. Wenn Pepsi jemals die Nummer eins werden wollte, mußten wir drei wichtige Ziele erreichen: Wir mußten das beste Image, den besten Geschmack und die besten Abfüller haben. Mir war klar, daß Coca-Colas überlegener Erfolg vor allem eine Frage des Image und nicht der besseren Qualität war. Pepsi würden nie in der Lage sein, seinen Marktanteil zu erhöhen, wenn sich nicht das Image verbesserte. Deshalb machte es Sinn, von diesem Ausgangspunkt aus den Angriff zu starten.

Ich stellte mir zunächst die Frage, wie wir aus Zeitströmungen, die die ganze Welt beeinflußten, Vorteil ziehen könnten. Die sechziger und auch die frühen siebziger Jahre waren eine Zeit von Turbulenzen und Veränderungen. Ein Präsident war ermordet worden, ein anderer steckte in großen Schwierigkeiten. Es kam zu Unruhen in den Städten und den Universitäten. Die Menschen zogen demonstrierend durch die Straßen, sie protestierten gegen einen Krieg, an den sie nicht glaubten, und ich war mitten unter ihnen. Diese Ereignisse verursachten Angst und Unruhe in der Bevölkerung. Ich fragte mich, ob wir diese Entwicklungen nicht in positiver Weise nutzen könnten, um den sagenhaften Giganten in Atlanta zu entthronen. Ich änderte meinen Blickwinkel und beobachtete genau die Entwicklungen auf der Suche nach neuen Ideen, die weit über die landläufigen, klassischen Marketingmethoden hinausgingen.

Eine Rede von Margaret Mead, der berühmten Anthropologin, erregte meine Aufmerksamkeit. Darin stellte sie unter anderem fest, daß das wichtigste Einzelereignis seit dem Ende des Zweiten Weltkrieges für jeden Anbieter darin bestehe, daß sich eine wohlhabende Mittelklasse entwickelt habe. Ich begann, darüber nachzudenken, wie wir uns die Kinder dieser Generation, die »Baby Boomers«, als Kundenkreis erschließen könnten.

Rein demographisch gesehen, befanden wir uns noch in der Mitte des Babybooms, viele dieser Kinder waren aber schon im Teenageralter. Sie hatten viel Taschengeld zur Verfügung, aber weder sie noch ihre Eltern hatten Erfahrung darin, wie dieses Geld ausgegeben werden konnte. Diesen jungen Leuten einen attraktiven Lebensstil vorzuzeichnen, könnte ein erfolgreicher Marketingeinfall werden.

Als ich mir alte Pepsi-Werbefilme aus den vergangenen zehn Jahren ansah, beeindruckte mich besonders die »Pepsi-Generation«-Kampagne aus dem Jahr 1963. Sie war von der Werbeagentur B.B.D.O. entwickelt worden, die damit ein ganz neues Werbegenre geschaffen hatte: Ein bestimmter Lebensstil wurde mehr propagiert als das Produkt selbst. Mit dem Slogan »Genieße das Leben, du gehörst zur Pepsi-Generation« zeigten diese Werbespots jugendlichen Überschwang im Bild, da planschten junge Leute in den Wellen des Ozeans, warfen Frisbeescheiben durch die Luft und kurvten mit Buggys über Sanddünen. Unmißverständlich war die Botschaft: Zu diesem Lebensstil gehörte Pepsi-Cola. Im Jahre 1965 stellte jedoch der damalige Pepsi-Cola-Präsident Jim Somerall diese Werbekampagne ein, statt dessen hieß von da an der Slogan für Pepsi: »Der Geschmack, der alle anderen schlägt – eiskalt.«

Die Entscheidung, die »Pepsi-Generation«-Kampagne aufzugeben, war für mich ganz unverständlich, denn sie schien – neben anderem – genau da zu greifen, wo wir, allen Untersuchungen zufolge, Coca-Cola gegenüber einen großen Wettbewerbsnachteil zu verzeichnen hatten. Wenn die Leute ihren Freunden einen Soft Drink anboten, dann füllten sie Pepsi schon in der Küche in die Gläser, während sie dagegen Coca-Cola ohne Zögern in der Flasche auf den Tisch brachten. Coke hatte das positive Image. Unsere Hauptaufgabe mußte zunächst darin bestehen, die Leute dazu zu bringen, Pepsi aus der Küche zu holen und auch im Wohnzimmer vorzuzeigen.

Die Zeit schien reif für eine neue »Pepsi-Generation«. Ich war der Auffassung, daß wir mit unserem neuen Werbefeldzug sogar Blasphemie begehen sollten: Wir sollten ganz offen das Unerhörte verkünden – daß Coca-Cola altmodisch und überholt sei. Wir sollten Coke an seiner stärksten Stelle packen – seiner großen Tradition und seiner langen Geschichte – und den Verbrauchern klarmachen, daß diese Stärke vielmehr eine Riesenschwäche sei, die größte Schwäche unseres Konkurrenten. Die konnte aber nur gelingen, wenn wir uns auf den Lebensstil der potentiellen Käufer konzentrierten. Wir mußten sagen: Ja, wir sind zwar der Kleinere, aber die neue Generation stürzt sich auf uns.

Die Idee war vielversprechend. Zum einen zwang sie Coke in die Defensive. Zum anderen arbeitete die Bevölkerungsentwicklung zu unseren Gunsten. Wir würden eine ständig wachsende Gruppe junger Leute mit hohem Soft-Drink-Verbrauch ansprechen. Diese Gruppe zu Pepsi-Käufern zu machen, war deshalb so erfolgversprechend, weil sie pro Kopf etwa dreimal soviel tranken wie der Durchschnittsbürger. Die Eßkultur dieser jungen Leute bestand nicht aus drei ordentlichen Mahlzeiten am Tag, was noch bei der Generation der Eltern, die die große Wirtschaftskrise miterlebt hatten, als Zeichen für Sicherheit und Stabilität galt. Dies war die Generation, die die Snacks, den kleinen Imbiß zwischendurch, erfand und die Limonade zum Massenkonsumgut erhob.

Auch die Positionierung war überzeugend. Coca-Cola würde beträchtliche Schwierigkeiten haben, gleichzuziehen und den Konsumenten klarzumachen, warum ein Getränk, das seit Jahrzehnten von allen Generationen getrunken wurde, auf einmal ein Getränk vor allem für junge Leute sein sollte. Im Fall von Pepsi wußten die meisten Käufer nur sehr wenig über das Produkt. Pepsi konnte diese Kampagne als beinahe unbeschriebenes Blatt beginnen.

Die alten »Pepsi-Generation«-Werbefilme waren wohl nie in dieser Absicht gedreht worden. Doch als ich sie genau studierte, merkte ich, wie unglaublich vorausschauend sie waren. Die Entscheidung, diesen Werbefeldzug nach nur zwei Jahren schon wieder einzustellen, war völlig unerklärlich. Aber viele Marketingfachleute stolpern immer wieder in zwei überall gegenwärtige Fallen. Einmal neigen sie oft zu der irrigen Ansicht, eine Werbung verliere schneller ihre Wirkung, als das tatsächlich der Fall ist. Sie selbst sehen und hören die Werbeslogans ständig, täglich. Aber kein Verbraucher ist einer Werbung derartig ununterbrochen ausgesetzt. Deshalb sind die Marketingspezialisten zu schnell dazu bereit, eine Kampagne einzustellen und durch eine neue zu ersetzen. Zum anderen möchte jeder, der einen neuen Verantwortungsbereich übernimmt, schnell und sichtbar seine persönliche Prägung hinterlassen und führt allein aus diesem Grund Änderungen durch. Falls die »Pepsi-Generation«-Kampagne Anfang der sechziger Jahre kein großer Erfolg war, lag es vielleicht daran, daß sie zu gekünstelt wirkte – in der Art jener simplen, gestellten Werbespots, in den »Marge« und »Madge«, keine normalen Verbraucherinnen, sondern Schauspielerinnen, darüber streiten, wessen Wäsche weißer ist. Aber wir brauchten uns nun nicht mehr auf billige »Marge-und-Magde-Spots« zu beschränken, wie sie von Procter & Gamble gesendet wurden, wir brauchten uns auch nicht mit kurzen Slogans zufriedenzugeben. Als Unternehmen, das nur eine Marke produzierte, konnten wir große Summen für die Vermarktung dieser einen Marke ausgeben. Wir wollten aus der »Slogan-Ära« in die »Image-Ära« vorstoßen, das Image sollte stärkere Gefühle wecken, als es geringfügige Produktunterschiede erreichen konnten.

Mir war klar, daß Pepsi es niemals schaffen würde, Coke zu entthronen, wenn wir nicht auch wie die Nummer eins auftraten. Unter dem Motto »You've Got a Lot to Live and Pepsi's Got a Lot to Give« (»Ihr habt noch eine Menge Leben vor Euch, und Pepsi kann Euch eine Menge geben«) begannen wir einen großangelegten Werbefeldzug mit umfangreichem Budget und Sechzig-Sekunden-Spots im Fernsehen, in denen

Bürger jeden Alters aus allen Bevölkerungsschichten auftraten, die an die Gefühle der Zuschauer appellierten.

Wir gingen an unsere Spots heran, als ob es sich um kleine Spielfilme handelte, und engagierten die besten Regisseure und Kameraleute Hollywoods. Damals gaben die meisten Firmen für ihre Werbespots zwischen 15 000 und 75 000 Dollar aus. Pepsi war das erste Unternehmen, das für einen einzigen Spot zwischen 200 000 und 300 000 Dollar investierte. Das war damals beinahe unfaßbar. Aber wir mußten aus Pepsi ein Vorzeigeprodukt machen, eines, das die Leute stolz aus ihrer Küche ins Wohnzimmer trugen.

Gutes Marketing ist im Grunde wie Theater. Eine Produktion wird auf einer Bühne vorgestellt. Um Käufer zu motivieren, muß man sie zuerst einmal für das Produkt interessieren, man muß sie unterhalten und das Produkt zu einem einzigartigen, bedeutsamen Ereignis hochstilisieren. Genau das erreichte unser »Pepsi-Generation«-Werbefeldzug in einem gewaltigen Ausmaß, noch nie hatte es dergleichen gegeben. Fast jede Nacht arbeitete unser sechsköpfiges Team bis zum frühen Morgen an dieser Kampagne. Wir landeten nicht nur bei Coca-Cola einen Überraschungscoup, wir schockierten auch das Establishment bei Pepsi. Traditionelles Marketing war auf einmal auf den Kopf gestellt, heilige Kühe waren geschlachtet worden, die Methoden eines Gentleman galten nicht mehr.

Die wiedererweckte »Pepsi-Generation« war auf Anhieb erfolgreich und erhielt zahlreiche Auszeichnungen. Auf einmal verfügten wir über ein attraktives Produkt, und wir hatten eine gesellschaftliche Gruppe in der Hand, die sich mit Pepsi identifizierte, als ob es sich um eine neue Religion handelte. Der Erfolg unserer Werbespots beruhte darauf, daß sie ein Leben zeigte, wie es sich die neue heranwachsende Generation Amerikas wünschte, eine Generation, die natürlich Pepsi trank: ein Leben ohne Sorgen, ohne Probleme: ein Junge, der mit drolligen kleinen Hunden auf einer Wiese spielte, ein niedliches kleines Mädchen, dem ein Stück Wassermelone aufs Kleid fällt. Dieses Einfangen der »zauberhaften Augenblicke des Lebens«, wie John Bergin und Phil Dusenberry von der Agentur B.B.D.O. es nannten, begeisterte die Vorstellungskraft der Amerikaner. Die Wertmaßstäbe des Durchschnittamerikaners wurden unmittelbar angesprochen, die Liebe zur Familie, die kindliche Unschuld. Unterschwellig wurde dabei Pepsi als der moderne amerikanische Soft Drink vorgestellt − im Gegensatz zum altmodischen Coke.

Der »Pepsi-Generation«-Werbefeldzug erreichte die Köpfe der Verbraucher auf dem Weg über ihre Herzen. Ihre Phantasie wurde zu einer Zeit angesprochen, als sie sich dringend nach der Bestätigung sehnten, daß es immer noch Grund genug gebe, an Amerika zu glauben. Unsere Kampagne kam gerade rechtzeitig in dem Moment, als Amerika einen optimistischen Schub brauchte.

Genauso erging es auch meinem Team. Bei Pepsi wurden wir zwar wie Helden gefeiert, das änderte aber nichts daran, daß wir immer noch als Außenseiter galten. Der Erfolg unserer Spots gab uns nur die Erlaubnis, eine noch schnellere Gangart einzuschlagen – nicht mehr. Pepsi hatte noch keine Ergebnisse gesehen – und Coke auch nicht.

*

Werbung allein ist schon schwierig, doch Marketing besteht nicht allein aus Werbung, hinzu kommt noch die Umsetzung. Ohne die nötige Infrastruktur, um unsere bahnbrechenden Ideen auch im Bereich der Verpackung und des Vertriebs unterstützen zu können, wären alle Ideen zum Scheitern verurteilt gewesen.

Mein Team durchforstete Pepsi, zu weiteren Änderungen entschlossen. Wir wollten möglichst überall die konventionellen Marketingkonzepte verschwinden lassen. In einem Unternehmen wie Procter & Gamble mit einer klassischen Produktmanagement-Struktur, bei der verschiedene Produkte auch verschiedene Markennamen führten, hatten die einzelnen Produktmanager großen Einfluß. Fast wie der Präsident eines eigenen kleinen Unternehmens konnte sich der Produktmanager ausschließlich auf ein Einzelprodukt oder auf eine Produktgruppe konzentrieren. Alles fiel in seinen Verantwortungsbereich, von der Marktforschung und der Fabrikation bis hin zum Verkauf, zum Verpackungsdesign und der Werbung.

Jeder Produktmanager trug auch die Gewinn-und-Verlust-Verantwortung in seinem Bereich. Obwohl es sich bei Procter & Gamble um ein Riesenunternehmen handelte, wurden kleine unternehmerische Enklaven gefördert. Die Manager besaßen »Eigentum« an einem Teil des Unternehmens, und das war der Grund dafür, daß Procter & Gamble weitaus flexibler und innovativer arbeiten konnte als die meisten Großunternehmen.

Bei Pepsi war alles ganz anders. Unternehmen und Produkt waren eins. Als Produzent nur einer Marke war Pepsi um das Zwanzigfache größer als die meisten Produktbereiche bei Procter & Gamble. Es hatte auch eine weitaus größere Verbreitung, etwa 95 Prozent der amerikanischen Bevölkerung tranken zumindest einmal im Jahr Cola. Wenn ein Produktbereich so riesig ist, macht es Sinn, ihn in Einzelbereiche zu zerlegen, um die individuellen Anstrengungen zu stärken.

Ein neues Produkt von Procter & Gamble war schon ein großer Erfolg, wenn es auf seinem Markt gerade einmal zwei Prozent ergattern konnte. Aber allein die Aufmachung eines neuen Soft Drinks konnte schon über drei bis vier Prozent Marktanteil entscheiden. Unsere Folgerung war deshalb ganz einfach: Wenn für die Soft-Drink-Industrie die Verpackung eines Produkts so wichtig war wie in anderen Industrien ein ganz neues Produkt, sollte die Struktur des Unternehmens dieser Erkenntnis auch Rechnung tragen.

Genau wie Procter & Gamble einen neuen Produktmanager für neue Produkte, zum Beispiel »Head & Schoulders Shampoo« oder das Waschmittel »Cheer«, ernannte, so müßte Pepsi eigene Manager für Verpackung, Vertriebsausrüstung und Distributionskanäle haben. Und es müßte darüber hinaus buchhalterisch ermöglicht werden, die Einzelleistungen eines jeden Sektors mit Umsatz- und Gewinnzahlen zu belegen, wie das auch in den einzelnen Produktionsbereichen bei Procter & Gamble geschah. Ich stellte viele Procter-&-Gamble-Leute mit Produktmanagement-Erfahrung ein und machte sie beispielsweise zu Managern des Bereichs »16-Unzen-Flaschen« oder »Supermarkt-Produktpräsentation«.

Diese Neuorganisation und unsere Guerillataktik halfen uns, gegen Coke einen Blitzkrieg zu führen. Jeder konnte nun in seinem Verantwortungsbereich ein »Eigentumsgefühl« empfinden, und die Nielsens gaben Aufschluß über die Leistungen. Unsere Konzentration auf Produktpräsentation, die zum Beispiel zu freistehenden Pepsi-Ständen in Supermärkten führte, brachte uns in speziellen Werbewochen eine Umsatzsteigerung von 800 bis 1200 Prozent.

Unsere stärkere Konzentration auf Einzelbereiche erlaubte uns, auch auf einzelne Markterscheinungen gezielter zu reagieren. So waren beispielsweise in den siebziger Jahren Drugstore-Ketten entstanden. Ihr stetiges Anwachsen und der gleichzeitige Niedergang des traditionellen Drugstore an der Straßenecke, dessen Limonadenausschank meist fest in den Händen von Coca-Cola gewesen war, verhalfen Pepsi zu einer großen Marktchance. Seit wir über einen Bereichsmanager für Drugstore-Ketten verfügten, konnten für die Ketten maßgeschneiderte Werbe- und Verkaufskampagnen entwickelt werden. Auf einmal sprachen wir die Sprache des Einzelhändlers, und er vertraute auf unsere Worte.

Nach all diesen Änderungen – der wiederbelebten Werbekampagne, einem neuen Pepsi-Markenzeichen auf allen Produkten und Verpackungen, der Einführung neuer Großpackungen und der Anpassung der Managementstruktur – sahen wir endlich Ergebnisse. Die Nielsens waren auf ihrer Talfahrt zum Stillstand gekommen, und ein langer, gleichmäßiger Aufstieg begann. Eine genaue Untersuchung der Zahlen zeigte sogar, daß Pepsi in einigen Gegenden Coke bereits eingeholt hatte. Allmählich, als unsere Änderungsmaßnahmen landesweit griffen, begannen sich auch die nationalen Zahlen zu verändern. Für jeden in unserem Team war es eine Ermunterung. Von 1970 an stiegen die Bewertungen 64 aufeinanderfolgende Erhebungszeiträume lang an, das bedeutet: etwa dreieinhalb Jahre lang. Das war die längste Wachstumsperiode, die A. C. Nielsen jemals für ein einzelnes Produkt verzeichnen konnte.

Als wir unseren Abstand zu Coca-Cola stetig verringerten, entdeckten wir ironischerweise, daß der Gigant aus Atlanta ein schlafender Riese war. Dort berechnete man die Marktanteile immer noch auf der Basis verkaufter Flaschen, nicht nach dem Inhalt. So zählte eine 48-Unzen-Flasche genausoviel wie eine 6½-Unzen-Flasche. Weil das Hauptgeschäft noch immer mit den kleinen 6½-Unzen-Flaschen gemacht wurde, wurden die tatsächlichen Fortschritte, die Pepsi erzielte, von den Nielsens bei Coke gar nicht korrekt erfaßt. Wir hatten unsere Zahlen schon längst angepaßt, wir zählten in 8-Unzen-Einheiten, um auch den Trend zu größeren Flaschen korrekt registrieren zu können. Das machte allein schon deshalb Sinn, weil wir wie Coke das Konzentrat verkauften, und je mehr Unzen Cola verkauft wurden, desto mehr Konzentrat kauften uns die Abfüller ab.

*

Chuck Mangold blieb mein Mentor und Berater. Er war der einzige, der Einfluß auf mich ausüben konnte, denn ich wollte am liebsten alles allein machen. Chuck gab mir Ratschläge, sagte mir, wann ich einen Haarschnitt brauchte, oder machte sich über meine braunen Wildlederstiefel lustig, die ich oft zu meinen Anzügen trug. Er erkannte, wie ungeduldig ich war – mit mir selbst und mit anderen. Ich jonglierte immer mit fünfzehn Bällen gleichzeitig, obwohl meistens zwei Drittel von ihnen wertlos waren. Chuck pflegte sich dann zurückzulehnen, an seiner Pfeife zu ziehen und zu bemerken: »John, ich weiß wirklich nicht, was ich mit dir machen soll. Du mußt einfach ruhiger werden, dich auf weniger Dinge konzentrieren. Wir können einfach nicht alles auf einmal anpakken, was dir in den Sinn kommt.«

Niemand konnte es mir recht machen. Mit Ausnahme meiner fünf Teamgefährten verschliß ich alle Mitarbeiter, einen nach dem anderen. In nur zwei Jahren verbrauchte ich allein vier Marktforschungs-Vizepräsidenten. Am Ende hatte ich alle entlassen und selbst die Arbeit übernommen. Ich hatte immer noch keine Führungsqualitäten entwickelt. Ich hatte keine Ahnung, wie wichtig es war, eine Organisation aufzubauen. Pepsi war damals noch sehr viel kleiner als heute, so daß ich trotzdem erfolgreich war. Aber ich kam schon bald in den Ruf, jemand zu sein, um den man am besten einen Bogen macht. Mich störte das nicht. Ich war überzeugt, alles richtig zu machen, ich wollte meine Marketingvorstellungen durchsetzen und duldete keine Einmischung. Chuck bildete das Gegengewicht zu mir. Wenn ich eine »noch bessere Idee« hatte und mich an ihrer Ausführung nicht hindern lassen wollte, dann kam Chuck zu mir, bestand darauf, daß ich mich erst einmal hinsetzte, schloß die Tür und sagte: »Warte eine Minute. Wie sollen wir es anpacken? Wie sollen wir die Leute einsetzen, und wie sollen wir vorgehen?«

Er gewöhnte sich an meine Ungeduld wie auch die anderen aus meinem Team. Als wir uns am Abend vor unserem ersten großen Auftritt vor dem PepsiCo-Management gemeinsam die Dias ansahen, die ich angefordert hatte, stellte sich heraus, daß sie nichts taugten. Unsere so mühsam erarbeitete Analyse war auf Graphiken dargestellt worden, die nichts von dem, was wichtig war, zeigten. Wir hatten gerade die Umstellung unserer Nielsen-Zahlen von Flaschen auf Unzen vollzogen, und die neuen Nielsens bewiesen, wie stark wir gegenüber Coke aufholten und wie fabelhaft unsere Zukunftsaussichten waren. Aber die Graphiken auf den Dias ließen nichts davon erkennen. Frustriert warf ich alle Dias zu Boden.

»Wir müssen die ganze Analyse noch einmal machen«, erklärte ich Chuck. »Die Tafeln und Graphiken kann ich selbst zeichnen, aber die Analyse müssen wir gemeinsam überarbeiten.«

Es war schon spät, und unsere Präsentation war für neun Uhr am nächsten Morgen angesetzt.

»Wie kannst du nur die Dias zwölf Stunden vor unserer Präsentation wegwerfen wollen?« Chuck konnte es kaum fassen. »Das geht doch gar nicht! Können wir nicht einfach diese Graphiken auf diesen Dias nehmen und zusätzliche Erklärungen abgeben?«

»Nein«, ich blieb hart, »das geht nicht.«

Hersh begann mit einem Taschenrechner alle Zahlen zu überprüfen. Zu Mittag hatten wir nur ein paar Brote gegessen. Unser Abendessen in dieser Nacht bestand nur aus ein paar Packungen Frito-Lay. Um zwei Uhr nachts schickte ich die anderen nach Hause – es waren nur noch die Tabellen fertigzustellen. Ich arbeitete die ganze Nacht daran, erst zehn Minuten vor unserem Zusammentreffen mit Kendall und Pearson wurde ich fertig. Es war nicht einmal mehr Zeit zum Duschen oder Umziehen. Aber das machte nichts, es kam auf unseren Vortrag an. Die Präsentation war ein voller Erfolg — das PepsiCo-Management konnte mit eigenen Augen sehen, welche riesigen Chancen sich für uns bei der Verwendung von Großflaschen ergaben.

Ich lebte nur für meine Arbeit. Ich war von ihr geradezu besessen. Jeden Tag fuhr ich frühmorgens mit dem Zug von meiner kleinen Wohnung in der New Yorker Innenstadt hinaus nach Purchase, nachdem ich meinen gewohnten Morgenlauf im Central Park absolviert hatte, und kehrte erst spätabends nach New York zurück. Auf dem Heimweg kaufte ich mir meist eine Pizza und nahm sie ein einem weißen Karton mit nach Hause. Meine ganze Wohnung roch schon bald nach Pizza. Gewöhnlich saß ich dann abends im Bett, mit einem Kissen im Rücken, einem Stück Pizza neben mir, und las ein Buch nach dem anderen, zum Beispiel Tom Wolfes »The Candy-Colored Tangerine-Flake Streamline Baby«. Mein Leben unterschied sich beträchtlich von dem meiner älteren Kollegen, die mit ihren Familien in den Vorstädten lebten. Ich war ja wieder Junggeselle, ein Einzelgänger, und fühlte mich wohl in New York. Ich genoß das Tempo der Stadt und die Anonymität, die sie ihren Einwohnern ermöglicht.

An den Wochenenden bummelte ich oft mit meinem jüngsten Bruder David, der damals als Produktmanager für Lever Brothers arbeitete, durch die Supermärkte. Wir tauschten unsere Marketing- und Werbeideen aus und hielten Ausschau nach guten Einfällen bei unseren Konkurrenten. Er pflegte Pepsis Verpackungen und Auslagen kritisch zu beurteilen, und ich tat dasselbe bei den Waschmitteln von Lever Brothers.

Für mich gab es keine Bindungen, die mich hätten hindern können, eine neue, aufregende Aufgabe bei Pepsi zu übernehmen. Vor meiner Abreise zu einem Pepsi-Treffen in der Schweiz beauftragte mich Pearson, meine Reise in Paris zu unterbrechen, um dort eine vor kurzem erworbene Kartoffelchips-Fabrik zu begutachten. Er wollte meine Meinung zu dieser Neuerwerbung hören.

Als ich dort ankam, traute ich meinen Augen nicht. Die Fabrikation war völlig aus den Fugen geraten. Auf dem Boden hatten sich Ölrückstände, Wasser und Kartoffelabfälle gesammelt, und wir mußten bei unserem Rundgang durch das Werk hohe schwarze Gummistiefel tragen. Öl tropfte aus der Welt größter Kartoffelchips-Friteuse und vermischte sich mit dem Wasser auf dem Boden. Man mußte sich an Wänden und Pfeilern festhalten, um nicht auszurutschen und in der schmutzigen Brühe zu versinken.

Die Firmenleitung hatte Umsätze in Höhe von zehn Millionen Dollar anvisiert, aber die Verkaufsabteilung brachte keine Aufträge herein. Unglücklicherweise hattte jedoch niemand der Produktionsabteilung den

Auftrag gegeben, die Rohstofflieferung zu drosseln oder sogar ganz einzustellen. So wurde eine Lastwagenladung Kartoffeln nach der anderen auf einem stillgelegten Eisenbahngleis gestapelt, und Waren im Wert von Hunderttausenden von Dollar verrotteten in einem Lagerhaus. Bei meinem Rundgang machte ich unablässig Fotos mit einer kleinen Minox-Kamera.

»Wie in aller Welt konnten wir jemals so etwas kaufen?« fragte ich den Werksleiter.

Er verdrehte nur die Augen und gab mir zur Antwort: »Ich habe keine Ahnung, wie wir hier wieder rauskommen sollen.«

»Na, viel Glück. Ich bin froh, daß ich nichts damit zu tun habe.«

Anschließend reiste ich weiter in die Schweiz. Doch schon am nächsten Tag erreichte mich dort ein Anruf von Pearson: »Wir haben eine großartige Sache für Sie.« »Oh, was denn?« fragte ich ahnungslos. »Nun«, antwortete er, »ich weiß doch, wie gerne Sie immer schon im Ausland arbeiten wollten. Wie würde es Ihnen gefallen, unseren International-Foods-Bereich zu übernehmen?«

»Wollen Sie damit sagen: auch diese Sache in Frankreich?«

»Ja, die auch«, antwortete Pearson. Das französische Kartoffelchips-Fiasko war nur der Anfang. Die International-Foods-Division von Pepsi bestand aus einer wüsten Ansammlung von verlustbringenden Firmen in der ganzen Welt: Da gab es eine Keksfabrik in Schweden, eine Nudelfabrik in Venezuela, Kartoffelchips- und Brezelfabriken in Brasilien, Snackhersteller in Mexiko, Japan, Kanada, Spanien und Puerto Rico. Alles in allem machte diese sonderbare Mischung jedes Jahr 16 Millionen Dollar Verluste.

Ich bat Pearson um Bedenkzeit. Nach meiner Rückkehr wollte ich zunächst klare Antworten auf drei Fragen haben, bevor ich einwilligte. Ich wollte wissen, ob Pepsi wirklich ernsthaft entschlossen sei, in das internationale Snackgeschäft einzusteigen, ob Pepsi bereit sei, in diesem Bereich noch weiter zu investieren, falls sich günstige Gelegenheiten böten, und ob ich mir aus der jüngeren Belegschaft des Unternehmens einen eigenen Mitarbeiterstab zusammenstellen dürfe. Pearsons Antworten waren zufriedenstellend. Ich übernahm den Job.

*

Allgemein herrschte die Auffassung, ich sei verrückt geworden. Fast jeder Pepsi-Manager, der sich bisher ins Ausland hatte schicken lassen, war auf Nimmerwiedersehen verschwunden. Ein Auslandsjob war wie eine Verbannung nach Sibirien, eine Sackgasse für jeden Manager. Und da kam ich, gab die zweithöchste Position bei Pepsi-Cola auf, im größten Einzelbereich des Unternehmens mit Umsätzen in Höhe von 700 Millionen Dollar, um den einzigen Bereich von Pepsi zu übernehmen, der in den roten Zahlen steckte. Viele waren der Ansicht, daß es sich um einen eindeutigen Rückschritt handelte. Es schien ein von Anfang an verlorener Posten zu sein, eine unlösbare Aufgabe, von der ich nicht lebend zurückkehren würde. Man vermutete sogar, daß mir bei meiner Arbeit ein großer Fehler unterlaufen sein müsse und man mir deshalb diese Position zugewiesen habe. Man war sicher, ich würde in die Wildnis geschickt, um endlich mein Eigenbrötlertum abzulegen.

In Wahrheit aber war ich glücklich über diese Chance. Es war mir egal, ob dieser Job, dem kaum Prestige anhaftete, meiner Karriere förderlich war. Schon immer hatte ich mir gewünscht, durch die Welt reisen zu können. Und hinzu kam die attraktive Herausforderung, aus einem Verlustgeschäft einen gesunden Unternehmenszweig zu machen.

Meine erste Entscheidung bestand darin, die französische Fabrik, die wir erst von zehn Monaten erworben hatten, zu schließen. Damit erntete ich keinen Beifall. Als ich dem Board vorgeschlagen hatte, die vierzehn Millionen Dollar für die Fabrik abzuschreiben, ließ Don Kendall mich in sein Büro rufen. Ich erinnere mich noch genau an seinen eisigen Blick und die Art, wie er mich an die Wand drängte. Er hatte eine recht einschüchternde Angewohnheit, andere geradezu körperlich zu bedrängen.

»Diese ganze französische Sache ärgert mich wahnsinnig«, erklärte er. »Wir hätten nie in Frankreich einsteigen dürfen. Aber grundsätzlich war es richtig, ins Ausland zu gehen. Und, verdammt noch mal, ich erwarte von dir, daß so ein Problem nie wieder auftaucht. Ich zähle auf dich, John, du hast mir dafür geradezustehen.«

Ich mußte nicht nur beweisen, daß wir Probleme lösen konnten, sondern auch, daß wir aus diesem Sammelsurium von Fabriken einen ordentlichen Geschäftszweig aufbauen konnten. Ich wußte genau, wenn es uns nicht gelänge, bis Ende der siebziger Jahre einen Umsatz von mindestens 500 Millionen Dollar vorzuweisen, dann würde sich niemand im Topmanagement für unsere Arbeit interessieren, weil dann der Beitrag zum gesamten Umsatz viel zu gering ausfiele.

Was Don Kendall nicht wußte, war, daß wir erst kürzlich zwei Firmen in Brasilien erworben hatten, denen ein ähnliches Schicksal wie der Kartoffelchips-Fabrik in Frankreich bevorstehen könnte: eine gerade noch profitabel arbeitende Brezelfabrik und ein weiteres unglückseliges Kartoffelchips-Werk.

Die Kartoffelchips-Fabrik befand sich in einem mehrstöckigen Haus auf einem Hügel von São Paulo. Oben luden Lastwagen 200-Pfund-Säcke mit Kartoffeln ab, unten luden sie Tüten mit Kartoffelchips auf. Dazwischen befand sich die Produktion stockwerkweise von oben nach unten.

In der obersten Etage begann der Produktionsprozeß. Arbeiter in Gummistiefeln leerten die Kartoffelsäcke in einen großen Trog, wo sie mit einem Schlauch abgespritzt wurden. Anschließend wurden sie mit Hilfe alter Waschschüsseln in eine altmodische Schälmaschine geworfen, die sie in feuchte Scheiben schnitt. Mit der Hand wurden dann die Kartoffelscheiben wieder in die Schüsseln gesammelt und in einen riesigen, mit heißem Öl gefüllten Bottich zum Fritieren geworfen. Erschöpfte Arbeiter, völlig in Schweiß gebadet, fischten anschließend die gebratenen Kartoffelscheiben mit Sieben, die an Besenstielen befestigt waren, aus dem heißen Öl und breiteten sie auf einem Holztisch zum Abtropfen und Trocknen aus. Junge Mädchen in blauen Kitteln und mit Kopftüchern streuten Salz über die Chips und wendeten sie, während ein Arbeiter die gesalzenen Chips durch ein Loch im Tisch schob, unter das ein anderer Arbeiter die geöffneten Zellophantüten hielt, um die Chips darin zu sammeln. Dann wurden die gefüllten Tüten auf einer Küchenwaage abgewogen, versiegelt und auf einen Haufen geworfen, um später in Kartons gepackt zu werden. Die vollen Kartons fielen schließlich durch ein Loch im Boden des Raumes ein Stockwerk tiefer in eine Art Lagerraum.

Das Ergebnis dieses Produktionsprozesses, der allen amerikanischen Hygienevorschriften spottete, waren die wohl ungenießbarsten Chips auf der ganzen Welt. Die verwendeten Kartoffeln enthielten zuviel Zucker, so daß die Chips dunkel wurden. Die Scheiben waren zu dick geschnitten. Das Fritieröl war ranzig. Die Zellophantüten hielten die fettigen Chips nicht frisch, und wenn sie in die Läden kamen, schmeckten sie meist schon alt und verdorben.

Bei dieser Fabrik – genau wie übrigens auch bei der Brezelfabrik – fehlte es an den elementarsten Geschäftsvoraussetzungen. Auf Werbung und Verkauf wurde kein Gedanke verschwendet. Ergebnis: Es gab für die Produkte keine Identität auf dem Markt. Es gab so gut wie keine Finanzkontrolle und nicht einmal einen Managementprozeß bei der Kartoffelchipsfabrik.

Die Aufgabe, das Geschäft neu zu organisieren, wurde durch die Instabilität der brasilianischen Wirtschaft noch erschwert. Wenn uns kein schneller Durchbruch gelang, würden beide Firmen bald Bankrott machen.

Um gründlich aufzuräumen, holte ich mir einige Frito-Lay-Manager, die neue Leute anwerben und ausbilden sollten. Wir fanden bessere Kartoffellieferanten und auch Tüten, in denen sich die Chips frisch hielten. Wir organisierten eine Buchhaltung und installierten ein Finanzkontrollsystem, kurz — wir strukturierten die Firma und ihre Belegschaft völlig um. Außerdem schafften wir neue Lastwagen an, entwarfen Werbe- und Verkaufsstrategien sowie neue Verpackungen, um ein Umsatzwachstum zu erreichen.

Den Kauf neuer Maschinen zu rechtfertigen, erwies sich als schwierig, denn die Mädchen arbeiteten für nur 2,60 Dollar den ganzen Tag. So machten wir uns in den USA auf die Suche nach gebrauchten Maschinen, zerlegten sie in ihre Einzelteile und schafften sie in unserem Gepäck über die Grenze — ein notwendiges Täuschungsmanöver, weil infolge der Ölkrise ein Embargo auf alle Güter verhängt worden war, die nicht für die Grundindustrie bestimmt waren.

Wir organisierten das Geschäft, als ob es unser eigenes gewesen wäre. In der Fabrik in São Paulo gab es zum Beispiel ein Abwasserproblem, das wir mit einem alten Trick lösten, den ich als Kind auf den Bermudas gelernt hatte. Wir kauften ein paar Goldfische, setzten sie in das Wasserbecken, und sie fraßen den Schmutz auf. Sie säuberten uns die Abflußrohre und halfen uns, die Regierungsauflagen zu erfüllen. Und das alles ohne die Anschaffung einer kostspieligen Reinigungsanlage.

Unsere Geschäftsreisen dauerten oft vier bis sechs Wochen, und meist reisten wir als geschlossene Mannschaft: Harry Dekard, Ron Bellamy, Norb Sobek und Ted Bonds, vier ehemalige Frito-Lay-Leute aus Texas, und Mauricio Pagés, der Sohn eines argentinischen Großgrundbesitzers. Ohne meine tüchtigen Mitarbeiter wäre es mir gar nicht möglich gewesen, das Geschäft auf Vordermann zu bringen. Dekard, mit über fünfzig Jahren der Älteste in unserer Gruppe, war unser Produktionsfachmann, und zusammen mit Bonds baute er unseren Maschinenpark auf. Bellamy, Sobek und Pagés waren unsere Finanzgenies, und ich entwarf mit Farbstiften und Papier neue Verpackungen, Werbebroschüren und Regale.

Dreieinhalb Jahre lang überquerte ich mindestens einmal in der Woche den Pazifik oder den Atlantik. Meine Freunde waren meine Begleiter, die mit mir um die Welt reisten. Ich hatte mein Leben selbst in der Hand. Ich liebte meine Arbeit. Ich führte kleine Unternehmen, gründete neue, und mir stand ein großartiges Team tüchtiger Leute zur Seite. Nach dreieinhalb Jahren konnte der Unternehmenszweig, der früher bei 83 Millionen Dollar Umsatz 16 Millionen Dollar pro Jahr Verlust gemacht hatte, einen Umsatz von über 300 Millionen Dollar und einen Gewinn von 40 Millionen Dollar vor Steuern vorweisen.

Währenddessen dachte in den USA Bonomo an seinen Rücktritt als Präsident von Pepsi-Cola, weil er sich erschöpft fühlte. Als Präsident stand er unter unablässigem Druck. Einen großen Teil seiner Zeit mußte er in schwierigen Verhandlungen mit der Vereinigung der Pepsi-Cola-Abfüller verbringen. Über jede Änderung der Preise, des Konzentrats oder der Verkaufsstrategien mußte gerungen werden. Das alles kostete viel Kraft. Weil die Abfüller mich kannten und Vertrauen zu mir empfanden, drängte mich Bonomo, sein Nachfolger zu werden.

Sechs Monate lang widersetzte ich mich diesem Angebot und lehnte alle Vorschläge von Bonomo, Pearson und Kendall ab. »Machen Sie schon, John«, drängten sie mich, »dreieinhalb Jahre lang hatten Sie Ihren Spaß. Nun ist es Zeit zurückzukommen.« Schließlich gab ich nach, aber nur sehr widerwillig, unter großem Protest.

Die Informalität im Umgang und der Gemeinschaftsgeist, an die ich nun seit Jahren gewöhnt war, schien es in Purchase nicht zu geben. Oft hatte mich Kendall gefragt, ob es keine Friseure in Barcelona oder São Paulo gäbe, weil meine Haare nicht seinen Vorstellungen entsprachen. Der Gedanke, nun wieder in den USA eingesperrt zu sein, war schrecklich demoralisierend für mich.

Ich hatte mich allerdings während meines Abstechers in das internationale Geschäft in eine sehr anziehende Frau verliebt, die ich eines Tages heiraten wollte. Zum erstenmal war ich ihr während einer Dinnerparty im Jahre 1971 begegnet. Damals war ich zum zweitenmal verheiratet, und sie war die Frau eines Pepsi-Managers. Sie beeindruckte mich als interessante und warmherzige Frau, die Freude an Kunst und Antiquitäten hatte. Ein Jahr später traf ich sie bei einem Abendessen wieder, das ich für Pepsi-Kollegen im New Yorker Restaurant »Sign of the Dove« gab. Inzwischen hatte ich mich wieder scheiden lassen, arbeitete aber eng mit ihrem Mann, Harry Hersh, einem der Spitzenleute in unserem Marketingteam, zusammen. Wir unterhielten uns für einige Minuten, aber dann wandte ich mich wieder meinen anderen Gästen zu.

Als Leezys Mann zu Frito-Lay nach Dallas wechselte, trennten sie sich und ließen sich schließlich scheiden. Bei der Rückkehr von einer meiner Auslandsreisen traf ich sie wieder und lud sie in ein Restaurant zum Essen ein. Ich entdeckte, daß sie nicht nur warmherzig und kreativ war, sondern auch gewandt und selbstbewußt. Wir begannen, häufiger zusammenzusein, auch wenn es oft schwierig war, weil ich manchmal sechs Wochen lang ununterbrochen auf Reisen verbringen mußte. Schließlich verliebte ich mich in Leezy, mußte aber gleichzeitig einsehen, daß wir nie richtig zusammenleben könnten, wenn ich weiterhin so wie bisher um die Welt reiste. Unsere Beziehung machte meine Entscheidung, nach Purchase zurückzukehren, leichter, als ich gedacht hatte.

Allerdings war ich eigentlich nicht darauf vorbereitet, noch einmal zu heiraten. Ich hatte wenig Zeit für ein Privatleben. Ich war so von meiner Arbeit angetan, daß ich mich ernsthaft fragte, ob ich überhaupt das Talent zu einem guten Ehemann hätte. Zweimal war ich schon gescheitert. Welche Garantien gab es, daß eine dritte Ehe nicht auch wieder in die Brüche gehen würde? Leezy jedoch hatte Verständnis für meine Arbeitswut. Sie verstand mich besser als die meisten anderen Leute. Ihr gefiel meine Sammlung von Landschaftsbildern und Porträts aus dem 18. Jahrhundert. Sie saß genauso gern wie ich abends mit einem Glas Wein vor dem lodernden Kaminfeuer und hörte dabei gute Musik. Und ihr sprühendes Temperament bildete einen guten Ausgleich für meine Zurückhaltung. Am 7. März 1978 gaben wir uns in meinem Haus in Anwesenheit eines befreundeten Friedensrichters das Eheversprechen.

Unsere Ehe erregte Aufsehen. Kollegenfrauen schalten Leezy opportunistisch und warfen ihr vor, sie habe einen Vizepräsidenten gegen einen Präsidenten eingetauscht, obwohl sie schon seit drei Jahren geschieden war, als unsere Freundschaft begann. Aber Leezy entsprach nicht dem typischen Bild einer zurückhaltenden, angepaßten Managerfrau. Sie war eine geistig unabhängige Frau und konnte sehr direkt sein. Ich bewunderte ihre Offenheit und ihre Courage.

Noch vor wenigen Tagen war ich ein Junggeselle gewesen, der durch die ganze Welt reiste. Doch schon einen Tag darauf, so schien es mir, war ich zum Familienvater geworden, steuerte einen Kombi, hatte eine neue Frau, eine zehnjährige Stieftochter, eine Katze, ein Hamsterpärchen und einen Golden Retriever, der auf den Namen »Duffy« hörte. Mein Berufsalltag bei Pepsi änderte sich natürlich genauso grundsätzlich.

Auf einmal war ich wieder in die formelle, berechenbare Welt der Zentrale in Purchase eingespannt. Ich war auf eine der wichtigsten Positionen im ganzen Unternehmen befördert worden. Damit kamen neue Anforderungen auf mich zu. Unter Bonomo waren die Nielsens weiterhin kontinuierlich angestiegen und belegten einen der eindrucksvollsten Erfolge in der Geschichte des Unternehmens. Hier gab es für John Sculley nichts Grundlegendes zu verändern.

Unsere Anstrengungen, Pepsi aus der Küche ins Wohnzimmer zu bringen, waren erfolgreich gewesen. Mitte und Ende der siebziger Jahre bestand die neue Herausforderung darin, aggressiv an Coke vorbeizugehen. Die Wettbewerbsstrategien, die wir bisher entwickelt und die uns Anfang der siebziger Jahre noch Vorteile gebracht hatten, reichten nicht mehr aus. Sie waren inzwischen von der ganzen Industrie übernommen worden. Jeder kleine Soft-Drink-Produzent kopierte sie.

Jeder Geschäftserfolg basiert auf einer Strategie zur Erlangung von dauerhaften Wettbewerbsvorteilen, darauf, dem Wettbewerber die Initiative aus der Hand zu nehmen und sie nicht mehr herzugeben. Als die ganze Industrie begann, unsere Methoden nachzuahmen, z. B. die Großpackungen oder die Vertriebsorganisation, schmolz Pepsis Vorsprung schnell dahin.

*

Die Informationen, über die meine neue Mannschaft und ich verfügten, waren soviel wert wie reines Plutonium: Pepsi schmeckte besser als Coke, und wenn sie direkt darauf angesprochen wurde, bestätigte die Mehrheit aller Verbraucher diese Feststellung. Das war genau das, was wir brauchten, um Coke endgültig vom Thron zu stürzen.

Diese Tatsache war eines der überraschenden Ergebnisse, das meine Marktforschungen schon 1971 erbracht hatten. Unsere Untersuchungen hatten gezeigt, daß eine überwältigende Mehrheit von Verbrauchern bei einem neutralen Test den Geschmack von Pepsi vorzog. Aber Pepsi gewann immer nur dann, wenn die Verbraucher nicht wußten, was sie probierten. Damals, 1971, hatten wir nur noch keine Ahnung gehabt, wie wir aus dieser Erkenntnis Wettbewerbsvorteile ziehen könnten, und deshalb unternahmen wir nichts. Pepsi hatte bis dahin noch nie vergleichende Werbung unternommen, und Coke konnte Pepsi immer noch leicht schlagen, wenn die Verbraucher wußten, was sie tranken. Deshalb hatten wir es damals für wichtiger gehalten, unseren Wettbewerbsvorteil auf dem Sektor der Flaschengrößen und des Vertriebs auszubauen.

Inzwischen brauchten wir aber schlagkräftigere Strategien, wenn wir aus Pepsi die ganz große Marke machen wollten. Wir mußten Coke frontal angreifen. Dazu sollte uns nun der Geschmacksvorsprung dienen. Wir entschlossen uns zu einer umfassenden Werbe- und Marketingkampagne, die alles bisher Dagewesene in den Schatten stellen sollte. Eine gewisse Ironie liegt allerdings darin, daß wir unsere kraftvolle Kampagne ursprünglich aus einer schwachen Position der Unterlegenheit heraus starteten, ganz ungewollt.

Die Cola-Kriege hatten nie die »Mason-Dixon-Linie« überschritten, die alte Grenze zwischen den Nord- und Südstaaten, weil Coke als Südstaatenunternehmen im Süden der USA eine unangefochtene Vormachtstellung innehatte. Und dort war kein Markt unangreifbarer als Texas. Der »Lone-Star-State« war Coca-Cola-Land. Hier nahm Pepsi nur eine bescheidene Mitläuferposition ein, es lag sogar erst an dritter Stelle hinter »Dr. Pepper«. Auf den Schlüsselmärkten von Houston und Dallas, wo wir zwei unternehmenseigene Abfüllwerke besaßen, mußte Pepsi schon hart kämpfen, um magere 7 Prozent gegenüber Cokes 37 Prozent zu halten. Es war kaum noch ein Wettbewerb zu nennen.

Aus reiner Verzweiflung verlangte damals Larry Smith, unser Vizepräsident für die unternehmenseigenen Abfüllanlangen, eine ganz neue Werbekampagne, noch durchschlagender als unsere »Pepsi-Generation«. Doch Pepsis Werbefachleute und auch die Agentur B.B.D.O. waren dagegen, weil überall im Land die »Pepsi-Generation« sehr gut ankam. Smith ließ sich aber nicht entmutigen. Er heuerte auf eigene Faust in Texas eine Werbeagentur an und sandte Harry Hersh, seinen Marketing-Vizepräsidenten, nach Dallas, um ein radikal neues, noch nie dagewesenes Konzept zu entwickeln. Das Ergebnis war eine der umwerfendsten Werbekampagnen, die es je gegeben hatte. Die texanische Agentur sprach nur von der »Pepsi-Herausforderung«.

Der erste Werbefilm, der gesendet wurde, zeigte einen alten Südstaatler, der zwei Colas schlürfte; eine Flasche trug ein Schild mit dem Buchstaben L, die andere ein Schild mit dem Buchstaben M. Als er fertig war, wurden die wirklichen Markennamen der Flaschen enthüllt, um zu zeigen, daß ihm Pepsi besser geschmeckt hatte, obwohl er zuvor bekanntgegeben hatte, sein Leben lang habe er nur Coke getrunken. »Pepsi-Cola«, rief er aus, »verdammt noch mal! Aber jetzt muß ich los, Millie wartet auf mich.« Er beeilte sich, zu Millie zu kommen, und wir beeilten uns, diesen Spot überall und immer wieder in ganz Texas zu zeigen. Das war der Beginn der »Pepsi-Herausforderung«.

Der Erfolg jeder Werbung hängt von ihrer Glaubwürdigkeit ab, und das gilt besonders für vergleichende Werbung. Damals führte »Brillo« gerade einen Feldzug gegen »SOS«, und jede Firma erhob Vorwürfe gegen die andere, ohne damit Erfolg zu haben. Das Problem der meisten vergleichenden Werbekampagnen besteht darin, daß fast immer der Produzent selbst auftritt und behauptet, die Qualität seines Produktes sei besser. Treten doch einmal Kunden auf, wirken die Szenen meist gestellt. In beiden Fällen ist es der Mangel an Glaubwürdigkeit, der schuld ist, daß die Werbekampagnen ihr Ziel, den Verbraucher von der Produktqualität zu überzeugen, verfehlen.

Unsere »Pepsi-Herausforderung« ging ganz anders vor. Ihre Stärke lag darin, daß wir in unseren Filmen Durchschnittsbürger zeigen konnten, die behaupteten, Pepsi schmecke besser. Es war überzeugend, wenn

Leute auftraten, die sagten: »Ich habe beides probiert, doch Pepsi schmeckt mir besser.« Hinzu kam auch, daß es sich um eine regional begrenzte, nicht um eine landesweite Kampagne handelte. Wer unsere Werbespots sah, kannte manchmal sogar die Leute persönlich, die auftraten, auf jeden Fall aber kannte er die Gegend, in der der Spot gedreht worden war. Kam er später selbst in den Supermarkt, war er motiviert, selbst den Geschmackstest durchzuführen. Werbung und Wirklichkeit wurden eins.

Mit unserer vergleichenden Werbung änderten wir auch die Wettbewerbsregeln. Unsere früheren Wettbewerbsvorteile, die wir durch Verpackungs- und Flaschendesign errungen hatten, waren im Laufe der Jahre verschwunden, und auch die »Pepsi-Generation« hatte mit der Zeit ihren Schwung verloren. Coca-Cola und andere Unternehmen hatten ähnliche Filme fürs Fernsehen drehen lassen, die ebenso einen besonderen Lebensstil propagierten. Die »Pepsi-Herausforderung« dagegen war etwa ganz Neues. Einer unserer ersten Werbespots zeigte drei Generationen einer texanischen Familie, Großmutter, Mutter und kleine Tochter, die zwei verschiedene namenlose Soft Drinks probierten. Als die verdeckten Markennamen enthüllt wurden, rief das kleine Mädchen: »Oma hat Pepsi gewählt!«, und die alte Frau sagte erstaunt: »Mein ganzes Leben lang trank ich Coke.« Noch nie hatte es eine solche Spontaneität in vergleichender Werbung gegeben.

Vielleicht noch bedeutungsvoller war, daß die Kampagne an natürliche amerikanische Instinkte appellierte: Sympathie mit dem Schwächeren. Als dem Schwächeren auf dem texanischen Markt galt uns die größere Anteilnahme, und wir gewannen mehr Marktanteile, als wenn wir auf herkömmliche Weise geworben hätten. Dies war ein Cola-Krieg, an dem ganz Amerika Anteil nahm, und er war unglaublich erfolgreich. Wenn wir Coke auch nicht aus seiner Spitzenstellung in Texas drängen konnten, so verzeichneten wir doch große Fortschritte. Regionen, die bisher immer nur Verluste melden mußten, erzielten auf einmal Gewinne. Ich war damals, als die »Pepsi-Herausforderung« in Texas begann, noch Vizepräsident für Verkauf und Marketing in den USA, doch Ende 1973 übernahm ich das internationale Geschäft von PepsiCo. Als ich vier Jahre später Präsident von Pepsi-Cola wurde, sah ich in der »Pepsi-Herausforderung« ein weitaus größeres Potential als nur ein Hilfsmittel zur Stützung schwacher regionaler Märkte. Wenn schon dort beträchtliche Erfolge möglich waren, würden dann nicht noch viel größere Erfolge auf Märkten zu erzielen sein, auf denen wir bereits stark im Sattel saßen und unsere Stärke in eindrucksvollen Werbe- und Verkaufskampagnen umsetzen konnten?

Die Zeit schien außerordentlich günstig zu sein. Während meiner Auslandstätigkeit hatte sich die Stimmung im Lande grundlegend geändert. Der Vietnamkrieg war zu Ende, ein Präsident war zum Rücktritt gezwungen, und ein Baptist war zum neuen Präsidenten gewählt worden. Amerika war dabei, sein soziales Gewissen wieder hervorzukehren. Die Leute legten wieder Wert auf Fairneß und ethische Grundwerte.

Als Marketingkampagne paßte die »Pepsi-Herausforderung« genau in das veränderte soziale Klima. Sie schien fair und anständig zu sein. Sie baute auf Bodenständigkeit, genau wie der Wahlkampf des neuen Präsidenten.

Irgendwie schien sie die neue Stimmung im Lande wiederzugeben. Sie schien widerzuspiegeln, welche Richtung Amerika einschlug — damit entsprechen sich Architektur und Marketing. Architektur ist ein Spiegelbild der Gesellschaft. Wie die mittelalterlichen Kathedralen das Leben in den Städten der damaligen Zeit widerspiegelten, so reflektieren im positiven Fall auch die Marketing-Methoden den Zustand der Gesellschaft.

Erfolgreiches Marketing spiegelt aber nicht nur den Ist-Zustand der Gesellschaft wider, sondern ahnt auch voraus, welche Richtung gesellschaftliche Strömungen einschlagen werden. Im Idealfall beeinflußt erfolgreiches Marketing sogar die Strömungen, die gesellschaftliche Veränderungen anzeigen.

Marketing ist wie Theater. Im Theater spielt auch das Publikum eine Rolle. Es lacht und klatscht Beifall, oder es steht auf und verläßt den Saal. Unsere »Pepsi-Generation« versuchte, die Gefühle der Bevölkerung anzusprechen, ihre Herzen zu rühren. Die »Pepsi-Herausforderung« versuchte, die Verbraucher einzubeziehen, die Grenzen zwischen Werbefilm und Wirklichkeit zu verwischen. Die Leute konnten unseren Spot im Fernsehen sehen, aber gleichzeitig hatten sie auch die Möglichkeit, in ihren Supermarkt zu gehen und selbst den Test zu machen.

Marketing ist eine Form von Kunst. Wenn ich durch das »Museum of Modern Art« in New York gehe, sehe ich nicht nur Bilder. Ich sehe auch die Künstler, die von großartigen Ideen besessen waren und denselben Prozeß durchliefen wie wir, wenn wir Marketing als Theater auffassen. Denn wir wollen keine Kopie der Wirklichkeit liefern, keine Fotografie, sondern eine Idee oder einen besonderen Moment einfangen und das Bild dieser Idee eindrucksvoll vermitteln.

*

Es war harte Arbeit, den »Pepsi-Herausforderungs«-Werbefeldzug landesweit auf die Beine zu stellen. Die »Pepsi-Generation« hatte jedem gefallen, es war einfach gewesen, dafür Zustimmung zu erhalten. Bei der »Pepsi-Herausforderung« dagegen war das nicht der Fall. Die Werbe-Gurus bei Pepsi und unsere Agentur B.B.D.O. warnten, daß auf diese Weise das jugendliche, herzerfrischende Image, das über Jahre aufgebaut worden war, verlorengehen könne, und das nur wegen eines kurzlebigen Gewinns von Marktanteilen. Ganz richtig wandten sie ein, daß jede Werbung als Beitrag zum Markenimage gesehen werden müsse, als langfristige Investition in das Charakterbild einer Marke. Deshalb ließen wir eine Marktforschungsstudie über die möglichen Auswirkungen der »Pepsi-Herausforderung« auf unser Image durchführen, aber wir fanden heraus, daß es keineswegs beeinträchtigt wurde.

Dennoch gab es die meisten Diskussionen auf den Märkten, wo Pepsi Coca-Cola bereits überholt hatte. Warum, so wurde gefragt, wollen Sie Coke da noch herausfordern, obwohl Sie doch schon Marktführer sind? Könnte die Kampagne in diesen Fällen nicht sogar Pepsis Vorrangstellung beeinträchtigen und das Gegenteil des gewünschten Erfolges hervorrufen — wie so viele vergleichende Werbefeldzüge —, weil der Konkurrent kostenlose Publizität erhält? Angesichts dieser Vorhaltungen entschlossen wir uns, auf einigen unserer stärksten Märkte die Probe aufs Exempel zu machen.

Der erste große Erfolg zeigte sich in Los Angeles. Wir konnten Studenten der University of Southern California dazu animieren, sich für uns dem Geschmackstest zu unterziehen. Wenn Pepsi gewinnen sollte, so garantierte uns die Verwaltung der Universität, würden wir einen Liefervertrag erhalten. Wir stellten unsere Probierstände auf und konnten wieder einmal unter Beweis stellen, daß Pepsi besser schmeckte. Wir drängten Coke aus der Universität. Kameraleute hielten das Ereignis im Film fest, und die darauffolgenden Fernsehspots erregten großes Aufsehen. In eineinhalb Jahren konnten wir unseren Marktanteil in Los Angeles verdoppeln. Die Los-Angeles-Kampagne wurde von Jack Pingeel geleitet, der später auch die landesweite »Herausforderung« dirigieren sollte.

Allerdings rief die »Pepsi-Herausforderung« große Unruhe unter unseren Abfüllern hervor. Viele fanden, daß wir uns zu sehr vom Wettbewerbsdenken beeinflussen ließen. Sie fürchteten, daß die direkten Angriffe auf Coke zu Preiskriegen führen könnten. War PepsiCo bereit, ihnen eventuelle Verluste zu ersetzen, falls Coca-Cola zurückschlug? Waren wir sicher, daß Pepsi auch dann noch gewinnen würde, wenn die Abfüller statt Rohrzucker Rübenzucker verwendeten? Coke gestattete seinen Abfüllern, eine preiswerte Zuckermischung auf Maisbasis zu benutzen. Wenn wir unseren Abfüllern nicht ebenfalls freie Hand ließen

– aus Furcht vor möglichen negativen Auswirkungen auf die »Pepsi-Herausforderung« –, wären wir dann wenigstens zu Preissenkungen bei unserem Konzentrat bereit, damit den Abfüllern keine finanziellen Nachteile entstünden? Waren wir wirklich sicher, daß Pepsi auch mit Plastikflaschen oder Dosen Coke überflügeln könne?

Unsere großen Abfüllfirmen versuchten oft, günstigere Bedingungen herauszuschlagen. Sie waren hart im Verhandeln, und für ihre Unterstützung der »Pepsi-Herausforderung« verlangten sie besonderes Entgegenkommen. Selbst wenn ein Abfüller schon fest seine Unterstützung zugesagt hatte, konnte es doch vorkommen, daß er nur wenige Tage später noch einmal anrief und erklärte, er habe schon viele schlaflose Nächte verbracht, weil er infolge der neuen Kampagne große Verluste befürchtete.

Diese Probleme waren deshalb besonders schwerwiegend, weil wir mindestens vier bis fünf benachbarte Abfüllbetriebe benötigten, die zu einer gemeinsamen Fernsehaktion bereit waren. Um nicht in Auseinandersetzungen mit der Abfüllervereinigung zu geraten, mußte ich ausdrücklich erklären, daß wir keinen Abfüller zwingen würden, an der »Pepsi-Herausforderung« teilzunehmen. Ein einziger Verweigerer in einer Region konnte so verhindern, daß die Kampagne in dieser Region durchgeführt wurde.

Aufgeregte Telefonanrufe von Abfüllern erreichten uns Tag und Nacht, sie drangen in uns, diesen »Wahnsinn zu stoppen«. Keiner bezweifelte zwar, daß die »Pepsi-Herausforderung« erfolgreich sein würde, aber Abfüller verdienen nicht allein an Marktanteilen. Sie befürchteten einen Preiskrieg, der trotz steigender Umsätze ihre Gewinne schmälern würde.

Die »Pepsi-Herausforderung« war keine gewöhnliche Werbekampagne. Sie mußte geplant und durchgeführt werden wie eine kriegerische Attacke. Ein Spezialteam kümmerte sich um jede Einzelheit: von der Anwerbung junger, attraktiver Mädchen, die an den Verkaufsständen die eigentlichen Tests durchführten, bis zu Sportereignissen unter unserer Fahne. Selbst unsere Lieferwagen wurden neu gestrichen – mit dem »Pepsi-Herausforderungs«-Slogan. Die Abfüller errichteten Verkaufsstände in Supermärkten, Einkaufszentren, Schulen und auf Kirmesveranstaltungen, wo die Verbraucher selbst den Geschmackstest machen konnten. Wir ließen überall Filme drehen, um daraus Fernsehspots für die jeweilige Region zu machen. Insgesamt gab es schließlich über 300 Werbespots: von »Houston wählt Pepsi« bis zu »San Diego wählt Pepsi«. Das Motto aller Spots war dasselbe: »Immer mehr Coke-Trinker mögen Pepsi lieber als Coke.«

Jede einzelne lokale Werbeaktion betrachteten wir als besonderes Ereignis, eine Schlacht im Krieg gegen Coke. Schon Wochen im voraus begannen wir, das Produkt auf seine Qualität zu überprüfen. Wenn sie zu wünschen übrig ließ, wurde der Geschmack verbessert, so daß ein Nebenprodukt der Kampagne darin bestand, daß landesweit die Produktqualität angehoben wurde. Am Abend vor einer lokalen »Pepsi-Herausforderung« flog ich oft mit dem Firmenjet in das betreffende Gebiet und hielt vor einer Versammlung von Abfüllern mit ihren Familien eine anfeuernde Rede. Einmal ließ Coke von seinen Lieferwagen ein Pepsi-Gebäude umzingeln, in dem eine solche Versammlung stattfand. Coke wollte unsere Abfüller einschüchtern, aber diese Aktion erreichte das Gegenteil dessen, was sie bezweckte: Die Aufmerksamkeit der lokalen Medien wurde geweckt, und wir erhielten noch mehr Publizität.

Der Geschmacksunterschied zwischen Pepsi und Coke war natürlich nur geringfügig. Selbst mir unterlief während des »Daytona-500«-Autorennens in Florida eine Panne, als ich den Fehler machte, mich selbst dem Test zu unterziehen. Wir hatten in Florida einen großangelegten Werbefeldzug gestartet, der zeitlich mit dem Autorennen zusammenfiel, das ebenfalls von Pepsi gesponsert wurde, um auch aus diesem Sportereignis eine »Pepsi-Herausforderung« zu machen. Ich nahm die »Herausforderung« an und wählte ... Coke. Glücklicherweise waren weder Zeitungsleute noch das Fernsehen in der Nähe, um diese Panne zu registrieren. Alle Pepsi-Leute waren allerdings höchst beunruhigt, daß jemand erfahren könne, daß der Präsident des Unternehmens Coke vorgezogen hatte!

Einige Wochen später in Hawaii forderte mich eine Fernsehreporterin auf, doch selbst den Geschmackstest zu machen. Eingedenk meiner schlechten Erfahrungen setzte ich ihr auseinander, daß es sich dann nicht mehr um einen fairen Test handele. »Es geht schließlich darum, daß die Verbraucher herausfinden sollen, welches das bessere Produkt ist, und nicht der Produzent«, erklärte ich ihr und fragte sie: »Warum probieren Sie nicht einmal?« Sie tat es, und wie Tausende andere stellte sie fest, daß Pepsi besser als Coke schmeckte.

... Der »Pepsi-Herausforderungs«-Feldzug verschärfte unseren Konkurrenzkampf. Da gab es keine Zurückhaltung mehr, es handelte sich um einen Frontalangriff auf einen sehr starken Wettbewerber. Und er war deshalb besonders wirkungsvoll, weil sich die Grenzen zwischen kommerzieller Eigenwerbung und öffentlicher Aufmerksamkeit immer mehr verwischten. Unsere Werbefilme waren nicht gestellt, sie waren aus dem wirklichen Leben gegriffen. Die Kampagne war ein Riesenerfolg – ein nationales Marketingphänomen.

Schon bald begann Coca-Cola unsere Herausforderung ernst zu nehmen. Jahrelang hatte es als ungeschriebenes Gesetz gegolten, daß in Gegenwart von fremden Besuchern in der Coke-Zentrale in Atlanta der Name »Pepsi« nicht fallen durfte, aber jetzt wurde zurückgeschlagen, unser Name wurde genannt. Wir wurden unmoralischer Werbemethoden bezichtigt, es wurde sogar der Vorwurf erhoben, wir ruinierten die ganze Industrie. Coca-Cola geriet fast außer sich bei der Vorstellung, ein anderer habe ein wohlschmeckenderes Produkt anzubieten. Streng geheimgehaltene Untersuchungen wurden angestellt, die ergaben, daß Pepsi wirklich besser schmecke – eine Entdeckung, die Jahre später zu einem neuen Coca-Cola führen sollte.

Ich war über die heftige Reaktion unseres Konkurrenten sehr erstaunt. Coke versuchte, uns mit allen legalen Mitteln zu attackieren. Man bemühte sich, Fernseh- und Rundfunkstationen davon abzubringen, unsere Spots zu senden, man drehte eigene Spots, die unsere lächerlich machen sollten: So wurde zum Beispiel eine Gruppe Schimpansen vorgeführt, die einen Cola-Geschmackstest machten; es wurden, um dem Wettbewerb einen völlig absurden Anstrich zu geben, Leute gezeigt, die Gläser voll Tennisbälle probierten. Coca-Cola versuchte sogar, eine eigene »Herausforderungs«-Kampagne auf die Beine zu stellen: Der Football-Spieler Mean Joe Green wurde angeworben und mußte mit einem Vorschlaghammer Pepsi-Automaten zertrümmern, dabei standen Coke-Fahrer um ihn herum und jubelten ihm zu. Aber nichts half, Coke konnte unseren »Pepsi-Herausforderungs«-Feldzug nicht stoppen.

Als alle Anstrengungen fruchtlos blieben, änderte Coca-Cola seine Strategie und begann, unsere Abfüller zu beeinflussen. Donald Keough, damals Präsident von Coca-Cola USA, hielt eine vielbeachtete Rede, in der er behauptete, die vergleichende Werbung habe alle Grenzen des Anstands überschritten. Um den Interessen der Industrie zu dienen, so erklärte er, werde Coca-Cola jede vergleichende Werbung einstellen. Er hoffe, daß Pepsi genug Mut und Anstand besitze, um diesem Beispiel zu folgen, bevor die Verbraucher ihr Vertrauen in die ganze Industrie verlören. Das war ein geschickter Schachzug, der großes Erschrecken in den Reihen der Abfüller hervorrief.

Wenn Coke genauere Untersuchungen angestellt hätte, wäre dem Unternehmen allerdings nicht verborgen geblieben, daß die Verbraucher sich nur dann mit überwältigender Mehrheit für Pepsi entschieden, wenn sie nicht wußten, welches Produkt sie jeweils tranken. Coke hatte Millionen von Dollar und viele Jahre darauf verwandt, ein positives Qualitätsimage aufzubauen. Das reichte aus, daß der Verbraucher im allgemeinen Coke vorzog, unabhängig vom Geschmack. Aber da Coke keine Marktuntersuchungen durchführte, konnten sie diesen Schwachpunkt unserer Kampagne nicht ausfindig machen. Auch eine genaue Untersuchung der Nielsens hätte ergeben, daß unsere Marktanteilsgewinne weitgehend nicht auf Kosten von Coke, sondern zu Lasten anderer, kleinerer Marken erreicht wurden. Coca-Cola-Kunden waren immer noch mit dem Geschmack ihres Getränks zufrieden. Aber dennoch half unsere Kampagne, die Zuwachsraten von Coke zum Stillstand zu bringen, nur wir konnten zulegen.

Schließlich entwickelte Coke eine neue Gegenstrategie. Anfang der achtziger Jahre, unter einem neuen Management für den US-Markt, begann man, sehr viel aggressiver vorzugehen. Ironischerweise war der neue Mann an der Spitze von Coke USA mir ziemlich ähnlich. Brian Dyson, ein angloargentinischer Intellektueller, war ein ehrgeiziger und tüchtiger Manager und besaß ein ausgezeichnetes strategisches Denkvermögen. Er ließ gezielte Angriffe auf unsere Abfüller starten, die an der »Pepsi-Herausforderung« teilnahmen. Die Botschaft an alle Pepsi-Abfüller war unmißverständlich: »Wenn du die ›Pepsi-Herausforderung‹ unterstützt, kommen wir und bringen dich um.« Coke überrollte die lokalen Märkte geradezu blitzkriegartig, betrieb großangelegte Werbekampagnen, senkte die Preise und versetzte auf diese Weise die Pepsi-Abfüller derart in Angst und Schrecken, daß unsere »Pepsi-Herausforderung« nie mehr als 75 Prozent des Landes erreichen konnte.

Dennoch, die »Pepsi-Herausforderung« hatte uns hochgebracht, im Bereich der Supermärkte konnten wir Coke vom Thron stürzen. Dieser Sieg stärkte unsere Kampfmoral beträchtlich, denn er wurde auf dem freien Markt errungen, dem Markt der freien Wahl, wo der Kunde Coke oder Pepsi aus demselben Regal herausholen konnte. Das war etwas ganz anderes als bei Automaten oder Imbißstuben, wo der Kunde diese Wahl nicht hatte. Die Erlangung der Spitzenreiterposition in den Supermärkten änderte unsere Wettbewerbssituation in den Cola-Kriegen deutlich. Jetzt konnten wir zum Beispiel auch im Gaststättenbereich ganz anders auftreten. Wir konnten auf unsere Nielsens verweisen, auf unsere »Pepsi-Herausforderung« und auf die Imbißketten zugehen: »Warum bieten Sie Ihren Kunden nicht das Cola an, das sie auf dem freien Markt bevorzugen?«

*

Nach jahrelanger intensiver Arbeit, nach einer harten Periode des Lernens, nach der Übernahme von Führungsaufgaben in Krisenzeiten und Zeiten der Veränderung, war endlich mein Berufsleben mit meinem Privatleben in Einklang gekommen. Im Jahre 1982, im Alter von 44

Jahren, hatte ich das Gefühl, daß ich beruflich alles erreichen konnte, was ich nur wollte. Manche begannen bereits zu spekulieren, daß ich eines Tages die Nachfolge Don Kendalls als Chef des Unternehmens antreten würde. Für Headhunter, die Pepsi als ertragreichen Jagdgrund betrachteten, galt ich als »unantastbar«. Viele meiner jungen Kollegen aus den frühen siebziger Jahren waren inzwischen in hohe Positionen aufgestiegen. Meine Freundschaft mit Kendall war enger geworden — auch wenn wir wegen unserer früheren verwandtschaftlichen Beziehungen immer Wert auf Abstand gelegt hatten. Mein Leben mit Leezy schien gefestigter und glücklicher als je zuvor.

Was ich aber nicht wußte, war, wie unruhig ich geworden war. Die »Pepsi-Herausforderung« war zwar immer noch ein wichtiger Wettbewerbsfaktor; inzwischen hatten wir auch eine neue Division für Fast-Food-Ketten aufgebaut und ein neues erfolgreiches Produkt entwickelt, »Pepsi-Free«, ein koffeinfreies Cola, mit dem wir ein Jahr früher als Coke auf den Markt kamen. Aber den größten Teil meiner Zeit als Pepsi-Cola-Präsident mußte ich darauf verwenden, finanzielle Mittel von PepsiCo-Präsident Pearson loszueisen oder Verhandlungen mit unseren Abfüllern zu führen.

Doch eines Tages, kurz vor dem Erntedankfest 1982, als ich gerade mein Büro verlassen wollte, erhielt ich einen Anruf von einem Bekannten. Es war ein kurzes Gespräch, das in Eile geführt wurde, aber es sollte mein ganzes Leben auf den Kopf stellen

Lektion zu Kapitel 2

»Warum gibt es so wenig gute Marketingspezialisten?«

Diese Frage wird mir oft gestellt. So oft, daß ich schon selbst davon überzeugt bin, daß es nur wenige gute Marketingspezialisten gibt. Grundvoraussetzung ist, daß sich eine Chance bietet. Einen großen Teil meines Erfolges führe ich auf reines Glück zurück, ich war zur richtigen Zeit an der richtigen Stelle. Von den Universitäten kommen in Mengen Finanzspezialisten, aber nur wenige Marketingfachleute. Die Hälfte aller MBAs von Harvard, Stanford und Wharton gehen in den Finanzbereich, vielleicht auch, weil es so wenig Marketing-Ausbildungsstellen gibt. Die meisten Großunternehmen bilden ihre Leute selbst aus.

Ein weiterer Grund dafür, daß es so wenig gute Marketingleute gibt, liegt darin, daß diese Disziplin meistens als Wissenschaft verstanden wird, während sie doch in Wirklichkeit eher eine Kunst ist. Marktanalysen, um nur eine der falschen Vorstellungen aufzugreifen, konnten die hochinteressanten, ungeheuer wichtigen technologischen Innovationen des 20. Jahrhunderts nicht voraussagen. Sie haben versagt, weil sie immer nur auf Trends achteten. Aber es gibt keinen Trend, der von der Eisenbahn zum Flugzeug führt. Es gibt keinen Trend von der Kutsche zum Auto, vom Tischrechner zum Taschenrechner, vom Durchpauspapier zum Xerox-Kopierer, vom Großrechner zum Personalcomputer.

Schon der berühmte Mathematiker Leonhard Euler sagte: »Wissenschaftliche Entwicklung besteht in dem, was man tut, wenn man richtig geraten hat.« Dasselbe gilt auch für das Marketing.

Deshalb ist Marketing auch weniger eine geradlinige Disziplin, sondern mehr eine geistige Grundhaltung, eine Denkweise. Ein guter Marketingmann muß über eine intuitive Auffassungsgabe verfügen, er muß neue Perspektiven für die Lösung alter Probleme finden können. Er muß traditionelle, lineare Denkgewohnheiten abschütteln und die Welt unter ganz neuen Aspekten betrachten können.

Auf der Suche nach neuen Perspektiven muß er darüber hinaus ungeheuer erfindungsreich sein. Es ist entscheidend, daß er über eine extreme Bandbreite verfügt, um neue Möglichkeiten in bezug auf Qualität, Funktionalität und Nutzen in allen Bereichen des Unternehmens entdecken zu können – zum Beispiel in der Maßfertigung, im Design und in der Fabrikation. Das gilt für Dienstleistungsunternehmen in gleichem Maße wie für Produktionsunternehmen.

Um diese Bandbreite zu erreichen, muß ein tüchtiger Marketingmann die Fähigkeit besitzen, sich sowohl in kleinste Einzelheiten vertiefen zu können, wo oft die eigentlichen Antworten versteckt sind, als auch sich großräumige Überblicke verschaffen zu können, um grundsätzliche Änderungen im Kaufverhalten aufzuspüren, die auf einer monatlichen oder jährlichen Übersicht nie zu erkennen wären.

Aber das genügt noch nicht: Ein guter Marketingmann muß auch den Mut zu grundsätzlichen Veränderungen haben. Viele neigen dazu, Sicherheit über alles zu stellen und Entscheidungen anderen zu überlassen. Doch diejenigen, die den Mut zum Risiko haben, sind meist auch die Überlegenen.

Die besten Marketingideen kommen oft von Leuten, die selbst wenig Marketingpraxis haben, dafür aber ein gutes Einfühlungsvermögen besitzen. Ich höre gerne auf Leute, die viel von Produkten und Dienstleistungen verstehen. Wenn ich mich mit meinem Apple-Kollegen Alan Kay unterhalte, fühle ich mich oft intellektuell herausgefordert. Er stellt ganz neue Fragen zu Problemen, die ich schon gelöst zu haben glaubte, und bringt mich dazu, alles noch einmal zu überdenken. Ein guter Marketingmann sollte in der Lage sein, schnell seine Perspektiven umstellen zu können, und möglichst alle Aspekte in Betracht ziehen, unter denen der Kunde sein Produkt oder seine Dienstleistung bewertet.

In jüngster Zeit ist erfolgreiches Marketing immer schwieriger geworden. Früher konnte ein Unternehmen wie Procter & Gamble acht bis zehn Jahre auf die Entwicklung eines Produktes verwenden. Damals herrschten noch andere Zeitvorstellungen, systematisch wurden Werbekampagnen aufgebaut, viel Zeit wurde in Forschung und Verkaufsförderung gesteckt. Heute muß alles viel schneller gehen. Soviel Zeit, wie früher zum Beispiel auf die Marktforschung verwendet wurde, steht nicht mehr zur Verfügung. Marginale Veränderungen sucht kaum jemand mehr. Statt dessen werden dramatische Änderungen in wenigen Monaten angestrebt. Heute liegt das Schwergewicht auf Intuition – die jedoch auf umfassenden Kenntnissen und Erfahrung in einem bestimmten Industriezweig aufbaut.

Dennoch ist gegenwärtig das Marketing für erfolgreiche Unternehmen noch wichtiger als früher, denn es spielt eine zunehmende Rolle für den Wertzuwachs des Produkts und bei der Annahme des Produkts durch den Verbraucher. Wenn ein Unternehmen es vermeiden will, daß seine Produkte nur undifferenzierte Verbrauchsgüter sind, dann muß gleichzeitig mit dem Produkt auch der Eindruck von Qualität, Funktionalität und Nutzen verkauft werden.

Wir sind von einer Orientierung auf Massenproduktion zu einer Orientierung auf Massenspezialfertigung übergegangen, wie Alvin Toffler es formuliert. Je mehr wir in der Lage sind, maßgeschneiderte Produkte für bestimmte Bevölkerungsgruppen und regionale Bedürfnisse herzustellen, desto mehr spalten sich die Märkte auf. Es gibt viele verschiedene Automodelle – und man kann sich sein maßgeschneidertes Wunschmodell mit viel Extrazubehör anfertigen lassen. Es gibt nicht mehr nur einen Automarkt. Die Verbraucher lassen sich nicht mehr in eindeutige Kategorien wie Mittelklasse oder Oberklasse einordnen, es gibt nur noch Mischformen.

Heute kann es vorkommen, daß ein Kunde eine billige Digitaluhr kauft, obwohl er einen BMW fährt, oder ein anderer fährt mit seinem Mercedes zu einem Fast-Food-Restaurant. Um diese neuen Verbraucher zu erreichen, müssen wir versuchen, einen »Bewußtseinsanteil« statt des herkömmlichen Marktanteils zu gewinnen. Dafür müssen wir nicht nur das Produkt richtig positionieren, sondern auch unser Unternehmen – wir müssen deutlich machen, wer wir sind und warum wir für den Verbraucher wichtig sind, auch über die Lebensdauer unserer einzelnen

Produkte hinaus. Das gelang uns bei Pepsi mit der »Pepsi-Generation«, und dasselbe versuchen wir bei Apple.

Bei Marketingfachleuten lege ich Wert auf dieselben Fähigkeiten, die ich auch von einem Topmanager verlange. Tatsächlich wäre es am besten, wenn ein Marketingfachmann während seiner Ausbildung einige Jahre lang eine leitende Position innehätte und dann erst eine verantwortliche Position im Marketingbereich übernähme – leider ist das nicht möglich. Es braucht Jahre, bis ein Topmanager die Erfahrung gesammelt hat, die seine Position verlangt, aber von einem Marketingspezialisten wird von Anfang an dieselbe Erfahrung verlangt. Und sobald ein Marketingfachmann seine Leistungsfähigkeit unter Beweis gestellt hat, wird er befördert, in einen anderen Bereich versetzt, und schon ist er oder sie für das Marketing verloren.

Kapitel 3

»Ein Telefonanruf«

Oft genug erhielt ich Anrufe. Als Präsident von Pepsi-Cola erhielt ich auch oft welche von Headhunters, von Kopfjägern aller Art. In der amerikanischen Geschäftswelt hatte ich mir eine vielbeachtete und vielbeneidete Position geschaffen. Ich war erst 34 Jahre alt, als im Mai 1973 mein Bild auf dem Titelblatt des Magazins »Business Week« erschien. Oft wurde ich von Zeitungen und Magazinen im Wirtschaftsteil zitiert. Und mir machte es Freude, den Bereich zu leiten, der damals PepsiCos größter Einzelbereich war. Oft rief ich die Headhunters nicht einmal zurück. Ich hatte nicht das geringste Interesse daran, Pepsi zu verlassen.

Nur einem einzigen Headhunter schenkte ich Aufmerksamkeit, Gerry Roche, dem Chairman von Heidrick & Struggles Inc. in New York. Mit seinem Charme und seiner geselligen Art ist Roche ein ganz außergewöhnlicher Headhunter, der Spezialist für Topmanagement-Positionen par excellence. Er hat mehr Präsidentenpositionen in den größten US-Unternehmen, von CBS bis RCA, besetzt als jeder andere seiner Kollegen. Fast zwei Jahrzehnte seines fünfzigjährigen Lebens verbrachte Gerry damit, Zugang zu jedem Boardroom eines jeden Großunternehmens zu finden.

Als Gerry mich anrief, wußte ich, daß es sich um etwas besonders Wichtiges handeln mußte. Schon seit Jahren kannte ich ihn, sowohl als Headhunter, aber auch als Freund. Anfang 1977 hatte er versucht, mich für die Präsidentschaft von Norton Simon Inc., dem Kosmetikunternehmen, zu interessieren. Später versuchte er es noch einmal mit der Position des Chairman bei NBC, und noch Anfang dieses Jahres hatte er mir die Spitzenposition bei Warner-Amex, der Kabelfernsehgesellschaft von Warner Communications und American Express, angeboten.

Ich war an keiner dieser Positionen interessiert gewesen. Pepsi war mein Leben. Ich war so in meine Arbeit vertieft, daß ich nur selten aufblickte und mir die Frage stellte, ob sie mir auch wirklich alles bot, was ich mir von meiner beruflichen Karriere erhoffte. Meine Bindungen zu Kendall und seinem Unternehmen waren eng. Die Firma war für mich wie eine große Familie. An eine Trennung hatte ich nie gedacht.

Gerry aber ist eine einnehmende Persönlichkeit. Er kann interessante Geschichten aus der Welt der Großunternehmen erzählen und einen mühelos stundenlang unterhalten. So haben wir im Laufe der Jahre Freundschaft geschlossen, und nur ab und zu machte er eine Routine-kontrolluntersuchung bei mir, wie es um mich und meine Karriere stehe. Als er mich also vor dem Erntedankfest 1982 bei Pepsi anrief, dachte ich zunächst, es handele sich nur um einen seiner freundschaftlich gemeinten Kontrollanrufe. Nachdem wir einige nette Belanglosigkeiten ausgetauscht hatten, kam er jedoch schnell zum Kernpunkt seines Anrufes.

»John«, begann er, »Sie und ich, wir kennen uns schon lange. Ich weiß, daß Sie eigentlich immun und nicht an einem anderen Job interessiert sind. Aber Sie wissen auch, daß ich Sie nicht ansprechen würde, wenn es sich nicht um etwas sehr Wichtiges handelte. Es gibt etwas, das ich Ihnen sagen möchte, und Sie sollten mich anhören.«

Roche teilte mir mit, daß er nach einem Chief Executive für Apple Computer Inc. in Silicon Valley suchte. Ich wußte nicht viel über dieses Unternehmen. Ich hatte einen seiner Computer, einen Apple II Plus, für mein Büro gekauft und versuchte, für meine Abfüller ein Informationsnetz aufzubauen, damit wir Umsatz- und Verkaufsförderungsinformationen austauschen könnten. An der von Roche angebotenen Position war ich allerdings überhaupt nicht interessiert, und das sagte ich ihm auch.

»Ich weiß, daß Sie nicht von Pepsi fortgehen wollen, und es fällt mir auch schwer, Sie um einen Gefallen zu bitten«, meinte er daraufhin, »aber bitte, haben Sie Vertrauen zu mir. Würden Sie wenigstens einmal nach Kalifornien fliegen und mit den Leuten dort zusammentreffen?«

»Geben Sie mir etwas Zeit zum Nachdenken, Gerry«, bat ich.

Kurze Zeit nach unserem Gespräch erhielt ich per Boten von Roche einen Stapel Informationsmaterial über Apple ins Haus geschickt. Oben auf meiner Post lag an diesem Abend ein großer Umschlag von Heidrick & Struggles. Ich öffnete ihn nicht gleich. Ich nahm ihn mit in meine Bibliothek, wo ich oft abends saß, ein Feuer im Kamin anzündete, klassische Musik hörte und dabei las. Ich legte den Umschlag unter einen ganzen Stapel Lesestoff, noch unter ein »Yankee«-Magazin, einige andere Briefe und einige Pepsi-Unterlagen, die ich mit nach Hause genommen hatte.

Erst nach dem Abendessen öffnete ich den Umschlag. Darin befanden sich ein Exemplar des letzten jährlichen Geschäftsberichtes sowie ein zehn Monate altes »Time«-Magazin. Auf dem Titelblatt war ein jungenhaft aussehender Steve Jobs abgebildet, auf dem Kopf ein roter Apfel, der von einem pfeilförmigen Laserstrahl durchbohrt wurde.

Die Titelgeschichte über »Amerikas risikofreudige Unternehmer« beschrieb überschwenglich, wie der schnurrbärtige Jobs die Personalcomputer-Industrie geradezu aus dem Boden gestampft hatte. Es war die beinahe unglaubliche Geschichte eines Volkshelden, dessen Traum immer darin bestanden hatte, dem einzelnen Individuum zu derselben Macht zu verhelfen, über die bisher nur Großunternehmen und Institutionen verfügt hatten. Diesen Traum hatte er Wirklichkeit werden lassen, indem er den Computer »personalisierte«, der früher eine kaum greifbare, fast unheimliche Abstraktion gewesen war, und ihm menschliche Maßstäbe gab, so daß er auf jedermanns Schreibtisch aufgestellt werden konnte.

Noch vor sechs Jahren hatte sich der Sitz des Unternehmens Apple in Jobs' Schlafzimmer und in der Garage seines Elternhauses in Los Altos in Kalifornien befunden. Inzwischen stand Apple auf der Liste der 500 größten Unternehmen Amerikas, die das Magazin »Fortune« jährlich veröffentlichte. Aber Jobs entsprach kaum dem Bild eines »Fortune«-Managers. Er war schlaksig, trug lange Koteletten, abgetragene Jeans und Cowboyhemden statt wie wir gestreifte Anzüge. Er sah aus wie ein Collegestudent.

Der Junge aus dem Silicon Valley hatte sich schon als Schüler an der Homstead High School in Los Angeles für Technologie begeistert. Er besuchte Abendkurse bei Hewlett-Packard, dem Elektronikgiganten im Tal. Zur Verblüffung seines Elektroniklehrers an der Schule besaß Jobs eines Tages sogar die Kühnheit, William Hewlett persönlich anzurufen, um ihn um einige Bauteile zu bitten, die er für seine Projekte brauchte.

1972, nachdem Jobs das College ohne Abschluß verlassen hatte, nahm er eine Stelle bei Atari an und entwarf Videospiele. Nach Feierabend besuchte er regelmäßig den »Homebrew Computer Club«, ein Paradies für Elektronikbastler und Computer-Hacker. Dort traf er auch häufig mit Stephen Wozniak zusammen, der es als Autodidakt zum Ingenieur gebracht hatte und bei Hewlett-Packard angestellt war. »Woz«, wie er überall hieß, und Jobs wurden Freunde und Kumpel. Sie konstruierten zusammen »Blue Boxes«, mit deren Hilfe man illegal kostenlos Ferngespräche führen konnte, und verkauften sie.

Wozniak war ein Computerzauberkünstler. Er entwickelte einen kleinen, einfach zu bedienenden Computer, den er zu den Clubabenden mitbrachte, um ihn den anderen Computerenthusiasten vorzuführen. Woz hatte nur wenig Geschäftssinn, Jobs aber erkannte sofort das Potential und konnte schließlich seinen Freund überreden, Hewlett-Packard zu verlassen und aus dem Hobby ein Geschäft zu machen. Jobs verkaufte seinen Volkswagenbus, und Wozniak trennte sich von seinem

Hewlett-Packard-Rechner. Auf diese Weise kamen 1300 Dollar zusammen, mit denen die beiden eine Kleinproduktion in einer Garage eröffneten: Computerbaukästen für Elektronikbastler.

A. C. »Mike« Markkula, ehemals Marketingmanager bei Intel, brachte schließlich die nötige Geschäftserfahrung in diese Partnerschaft ein. Über Nolan Bushnell, den Gründer von Atari, hatte Jobs ihn kennengelernt. Markkula hatte sich ein Jahr zuvor, im Alter von nur 33 Jahren, aus dem Geschäft zurückgezogen, nachdem er kurze Gastspiele bei Fairchild und Intel gegeben hatte, zwei der erfolgreichsten Computerchip-Produzenten des Landes. Als begeisterter Familienvater wollte er mit seinen Intel-Aktienoptionen, die ihn zum Multimillionär gemacht hatten, ein geruhsames Leben führen.

Diesen Gedanken gab er aber wieder auf, nachdem Jobs ihm seine Garage gezeigt hatte. Fasziniert von dem, was er dort sah, erklärte Markkula sich bereit, den beiden dabei zu helfen, einen Geschäftsplan aufzustellen, einen Kredit bei der »Bank of America« zu beantragen und einige Kapitalgeber dafür zu interessieren, in Apple zu investieren. Es dauerte nur wenige Monate, und er hatte selbst 91 000 Dollar investiert und war als De-facto-Chef in das Unternehmen eingetreten.

Das erste offizielle Produkt der Firma Apple, das 1977 ausgeliefert wurde, war ein verbesserter Prototyp von Wozniaks Entwurf in einem leichten, attraktiven Plastikgehäuse, das den Namen »Apple II« trug. Im Dezember 1980 ging Apple an die Börse. Der Geschäftsbericht, den Roche mir geschickt hatte, war erst der zweite, den das Unternehmen vorlegte, aber er dokumentierte bereits die außergewöhnliche Entwicklung des Unternehmens. Nettoeinkommen: ein Zuwachs von 56 Prozent auf 61,3 Millionen Dollar im Geschäftsjahr, das am 24. September 1982 endete. Umsatz: ein Zuwachs von 74 Prozent auf 583,1 Millionen Dollar.

Außer diesen Zahlen beeindruckte mich auch die elegante Aufmachung des Geschäftsberichts. Sie war herausfordernd schlicht. Auf dem Titelblatt stand nur ein zwanzig Jahre altes Zitat von Präsident John F. Kennedy: »Der Mensch ist immer noch der erstaunlichste Computer.« Auf den Innenseiten wies der Bericht darauf hin, daß Apples Technologie und Produkte von den außergewöhnlichsten Computern entwickelt worden seien: den Mitarbeitern des Unternehmens. Einige von ihnen waren abgebildet, auf sachlichen Schwarzweißfotos, und sie vermittelten den Eindruck, wirklich anders zu sein als Angestellte anderer Unternehmen, sie wirkten wie engagierte Individuen, die sich einer hohen Aufgabe verschrieben hatten.

Auf einem Foto waren Jobs und Markkula zu sehen. Jobs, mit weißem Hemd und Krawatte und lebhaft gestikulierend, schien etwas zu erklären, und Markkula, in einem Tweedjackett und mit ausgebeulten Hosen, hatte die Hände in den Hosentaschen vergraben und hörte ihm aufmerksam zu. Die Bildunterschrift erläuterte die anspruchsvolle Aufgabe, die man sich bei Apple gestellt hatte: »Wir glauben, daß das interessanteste Geschäft dieses Jahrzehnts darin besteht, mit dem Personalcomputer jedem einzelnen den Zugang zur Technologie zu eröffnen.«

Dieser Geschäftsbericht erregte mein Interesse, wenn auch nur, weil ich so wenig über Silicon Valley und Computer wußte. Am nächsten Tag rief mich Gerry an, aber ich war noch nicht darauf eingestellt, mich mit ihm zu treffen. Wir verabredeten eine Zusammenkunft während des Erntedankwochenendes in New York.

Wir trafen uns im Restaurant »Sky Club« im obersten Stockwerk des Pan-Am-Building, einem der Lieblingsplätze von Gerry. Es war kein unauffälliger, verschwiegener Ort, aber ich kam schließlich nicht als potentieller Kandidat für einen neuen Job, der sich heimlich aus seinem Büro stehlen muß, damit niemand etwas merkt.

Gerry verschwendete keine Zeit und beschrieb mir sogleich die Einzelheiten seines Auftrags. Der Verwaltungsrat von Apple Computer hatte ihn beauftragt, einen Nachfolger für Markkula zu finden, der nur interimsweise das Präsidentenamt übernommen hatte, nachdem der frühere Präsident unerwartet gekündigt hatte. Markkula hatte seiner Familie versprochen, daß er das Amt sofort wieder abgeben würde, wenn das Unternehmen erneut Tritt gefaßt habe und ein Nachfolger gefunden sei. Der Verwaltungsrat sei der Ansicht, daß Steven Jobs, der 27jährige Mitgründer und Chairman des Unternehmens, noch zu unerfahren sei, um die Verantwortung allein zu übernehmen.

»Wie findet Jobs das?« fragte ich Gerry.

»Er ist derselben Meinung. Er möchte jemanden an seiner Seite haben, der wirklich etwas kann und der ihm etwas beibringt. Steve beschäftigt sich vor allem mit der Produktentwicklung. Ich habe die Leute bei Apple kennengelernt«, fuhr Gerry fort, »und eine Menge Zeit mit ihnen verbracht. Ich glaube, ich weiß genau, was sie suchen. Sie wollen jemanden, der smart ist, viel von Marketing versteht, der flexibel genug ist, in einer ganz anderen Unternehmenskultur zu arbeiten, und dazu noch über internationale Erfahrung verfügt. Wenn er von Elektronik keine Ahnung hat, sollte er wenigstens keine Angst vor Computern haben. Schon seit einiger Zeit sind sie auf der Suche, seit vielen Monaten, und sie haben sich auch schon eine Menge Leute angesehen. Aber ich muß Ihnen sagen, John, Sie sind der einzige, der alle Kriterien erfüllt. Ich kenne keinen anderen. Doch selbst wenn Sie an dem Job nicht interessiert sind, sollten Sie wenigstens einmal mit den Apple-Leuten zusammentreffen. Sie werden Unternehmer kennenlernen, die etwas auf die Beine gestellt haben, was vor ihnen noch niemand geschafft hat: in weniger als fünf Jahren ein Unternehmen aufzubauen, das heute zu den 500 größten Amerikas gehört. Und wenn auch sonst nichts anderes dabei herauskommt, es wird Ihnen wirklich Spaß machen, diese Leute kennenzulernen.«

Als junger Mann hatte ich mich für Technik und Erfindungen jeder Art begeistert. Während meiner Pepsi-Zeit hatte ich diese Begeisterung irgendwie verdrängt. Ich freute mich immer über eine Gelegenheit, besonders brillante oder erfolgreiche Menschen kennenzulernen, und ich hatte ohnedies schon eine Reise an die Westküste geplant, um Meg und Jack, meine Kinder aus erster Ehe, zu besuchen, die bei ihrer Mutter in Los Angeles lebten. Deshalb versprach ich Gerry einen Abstecher zu Apple, aber nur unter der Voraussetzung, daß es sich um mein privates Vergnügen handle, für das ich selbst die Kosten übernehme. Ich wollte mich zu nichts verpflichten, ich suchte keinen neuen Job, und niemand sollte einen falschen Eindruck bekommen.

Am Samstag, dem 18. Dezember, flog ich nach Los Angeles, und es kostete mich keine Mühe, Meg, 19 Jahre, und Jack, 17 Jahre, zu überreden, mit mir in einen Computerladen zu gehen. Wir fanden einen auf dem Santa Monica Boulevard. Obwohl der Laden offiziell nicht geöffnet war, verkaufte man dort Taschenrechner. Im Schaukasten hatte man einen Apple II ausgestellt. Wir hielten uns ungefähr eine Stunde in dem Laden auf, und während dieser Zeit drängte ein endloser Strom junger Leute hinein. Es war ganz offensichtlich: Noch nie hatte jemand einen Gedanken darauf verwendet, wie man Computer richtig verkauft: Die Aufmachung war viel zu simpel, das Prospektmaterial war viel zu technisch abgefaßt, und es gab auch keine ansprechende Präsentation des Produkts. Die Begeisterung der jungen Leute im Laden erstaunte mich um so mehr. Ich kaufte ein paar Computermagazine, und wir gingen hinaus.

Auf der Rückfahrt fragten mich meine Kinder, warum ich mich auf einmal für Computer interessiere. Ich erzählte ihnen, daß ich mich mit Steve Jobs bei Apple verabredet hätte. »Steve Jobs?« fragte Meg aufgeregt. »Du hast dich mit Steve Jobs verabredet?«

Ich war über diese Reaktion eines meiner Kinder sehr erstaunt. Sie waren in Hollywood aufgewachsen, sie waren mit Kindern von Film- und Fernsehstars zur Schule gegangen. Bei Berühmtheiten drehten sie sich kaum noch um. Aber die bloße Erwähnung von Steve Jobs schien etwas Besonderes zu sein.

Als ich Sonntagabend am Flughafen von San Francisco ankam, mietete ich mir bei Hertz einen Wagen und fuhr in die Stadt. Die Nacht verbrachte ich im »Fairmont Hotel«. Früh am nächsten Morgen stand ich auf, um zu joggen. Ich lief Nob Hill hinunter, über die Taylor Street bis zu Fisherman's Wharf und dann zurück den Hügel hinauf, eine Strecke von fast zwei Kilometern mit einer Steigung von vierzig Prozent. Auf dem Weg nach oben sagte ich zu mir: »Wenn ich es nicht schaffe, ohne einmal anzuhalten, bis nach oben zu kommen, dann habe ich hier nichts verloren.« Aber ich schaffte es.

Mit einer Straßenkarte bewaffnet, versuchte ich anschließend, in einem gewaltigen Wolkenbruch, der sogar Erdrutsche verursachte, meinen Weg auf der Schnellstraße 280 nach Süden, ins Silicon Valley, zu finden. Die starken Böen fegten meinen Datsun beinahe von der Straße. Es waren fast 50 Kilometer durch Nebel und Regen bis Cupertino, dem Standort von Apple Computer. Die Stadt, so stellte sich heraus, war eine von mehreren aufstrebenden Orten des Santa Clara County, das als Silicon Valley bekannt geworden war. Noch vor einer Generation war das ganze Tal wenig mehr als ein großer Pflaumengarten gewesen, der die halbe Welt mit Trockenpflaumen versorgte. Inzwischen aber war es zum Zentrum technologischer Innovation geworden. Hunderte neuer Unternehmen waren wie die Pilze aus dem Boden geschossen.

Apples Hauptquartier befand sich in einem kleinen bescheidenen Gebäude am Bandley Drive, der mitten durch das Apple-Gelände führte. An einem Ende des Bandley Drive befand sich der »Any Mountain Ski Shop«, am anderen Ende ein Supermarkt. Dazwischen lagen niedrige, einstöckige, barackenähnliche Häuschen, über deren Eingängen Holzschilder mit dem regenbogenfarbenen Apfelzeichen hingen.

Ich war ziemlich fassungslos, als ich entdecken mußte, daß Jobs und Markkula auch nur in einem — wenn auch zweistöckigen — Holzhaus mit Schindeldach residierten. Es hätte für die Zweigstelle einer Versicherungsgesellschaft gepaßt, aber doch nicht für das Hauptbüro eines so schnell wachsenden Unternehmens. An der Außenwand des Gebäudes hing ein Schild, daß Arbeitskräfte gesucht wurden. Doch als ich meinen Wagen parkte, bemerkte ich eine überraschend große Zahl von Mercedes und Porsche auf dem Parkplatz, und einer trug das Nummernschild »THX APPL«.

Das braune Holzhaus war »Bandley Six«, das heißt, es war das sechste Gebäude auf dem Bandley Drive, das Apple gehörte. Kaum war ich eingetreten, wurde ich gleich wieder hinausgeschickt, um über eine Außentreppe in das zweite Stockwerk hinaufzugelangen. Im Inneren des Hauses gab es keine abgeschlossenen Büros, nur offene Kojen, eine neben der anderen. Es sah wie in einem Labyrinth aus. Die engen Flure, kaum einen Meter breit, verstießen gegen alle Brandsicherungsvorschriften. In jeder Koje stand auf einem Tisch ein Computer.

Markkula begrüßte mich, er war in Hemdsärmeln. Ich war der einzige auf dem Stockwerk, der einen Anzug trug. Ich war verblüfft und etwas peinlich berührt, daß die Mitarbeiter bei Apple lässiger gekleidet waren als sogar die Monteure bei Pepsi. Auch Mikes Büro war nur eine Koje am Ende eines Ganges, in der Mitte befand sich ein runder Tisch. Er war ordentlich aufgeräumt. In einer Ecke standen drei Apple-Computer, einer gab ständig Aktienkurse auf seinem Bildschirm wieder.

Mike ist ein kleiner, drahtiger Mann, ein typischer Kalifornier. Bescheiden und ohne große Formalitäten begann er, mir die Geschichte von Apple zu erzählen, wie die Anfänge ausgesehen hatten und wie die Entwicklung verlaufen war. Fast den ganzen Vormittag verbrachte ich mit ihm und berichtete ihm auch von meiner Laufbahn bei Pepsi. Der Kettenraucher Mike hatte beinahe zwei Packungen aufgeraucht, als wir unser Gespräch beendeten, um uns mit Steve zum Mittagessen zu treffen.

Steves Büro, das am anderen Ende des Flures lag, bildete einen starken Gegensatz zu Mikes Büro. Es schien das Epizentrum aller Aktivitäten zu sein. Eine lange Reihe von Leuten wartete auf dem Flur darauf, eintreten zu können. Das Telefon läutete unablässig. Erstaunlicherweise gab es in diesem Büro nicht einen einzigen Computer. Statt dessen lagen überall verstreut elektronische Bauteile und Gehäuse herum. Der Raum wirkte vollgestopft und unübersichtlich, und die Wände waren voll mit Bildern und Plakaten. Steve war gerade mit einem neuen Produkt aus Japan zurückgekehrt, das er in seine Einzelteile zerlegt hatte. Einige davon lagen auf seinem Schreibtisch. Ich sollte später noch öfters feststellen, daß Steve immer, wenn er auf etwas gestoßen war, das seine Neugier erregte, dieses Produkt sofort kaufte und es auseinandernahm, um herauszufinden, wie es funktionierte.

Er selbst saß in einem kleinen, etwa drei mal drei Meter großen Besprechungsraum neben seinem Büro und unterhielt sich mit vier anderen, die alle Anfang Zwanzig waren. Er gestikulierte heftig und trug Bluejeans und ein offenes kariertes Hemd mit aufgekrempelten Ärmeln. Mike und ich warteten einige Minuten am Eingang, bis er mit seiner Besprechung fertig war.

»Hallo«, sagte Steve dann, als er zu uns kam, »ich bin Steve Jobs. Es ist wirklich toll, daß Sie hierhergekommen sind. Ich freue mich wirklich, Sie kennenzulernen.«

Wir gingen zu »Anthony's-Pier-One«-Restaurant, das nur wenige Häuserblocks entfernt am Rande des Apple-Geländes lag.

»Hören Sie«, bemühte ich mich, gleich alles klarzustellen, »Sie sollten wissen, daß ich nicht wegen eines Bewerbungsgespräches gekommen bin.«

»Das wissen wir«, entgegnete Mike, »aber wir sind ganz begeistert, Sie und Ihre Marketingideen kennenlernen zu können.«

Steve bestellte sich etwas Vegetarisches, irgendeinen Salat. Während ich meine Seezunge aß, wiederholte ich vieles von dem, was ich schon mit Markkula besprochen hatte. Steve sprach in der ersten halben Stunde kaum. Er saß nur da und hörte zu, aber seine durchdringenden braunen Augen ließen mich nicht los.

Erst als ich darüber sprach, wie ich meinen Apple II Plus bei unseren Abfüllern einzusetzen gedachte, fiel Steve mir ins Wort: »Wir werden ihn noch verbessern,« warf er ein, »wir haben einige ganz unglaubliche Ideen, die die Anwendung von Computern völlig revolutionieren werden. Apple wird schon bald der bedeutendste Computerhersteller der Welt sein, weit bedeutender als IBM.«

Diese mitreißende, lebendige Sprechweise war typisch für Steve.

»Unser Ziel ist es, den Gebrauch von Computern auf der ganzen Welt zu verändern«, teilte er mir mit.

Er erläuterte, wie Personalcomputer den Arbeitsplatz verändern könnten, und behauptete, daß Apple in diesem Veränderungsprozeß die Führungsrolle übernehmen werde, weil es die Zukunft besser begriffe als jedes andere Unternehmen. Apple sei von Leuten aufgebaut worden, die ihre Produkte liebten.

»Ich kann jetzt noch nicht mehr sagen«, meinte er, »aber wir werden ein tolles neues Produkt herausbringen, worüber jedermann aus dem Häuschen geraten wird.«

Dieser neue Computer, der Lisa, sollte in einem Monat, auf der Jahreshauptversammlung des Unternehmens, der Öffentlichkeit vorgestellt werden. Anders als der Apple II, der Volkswagen unter den Computern, war der Lisa ausdrücklich für den Markt der Großunternehmen, den Markt der »Fortune 1000«, konzipiert, auf dem IBM seit 1981, seit der Einführung des IBM PC, beträchtliche Erfolge erzielt hatte.

»Ich verstehe zwar nicht viel von Computern«, gab ich zu, »aber ich kann Ihnen genau sagen, was Geschäftsleute von einem Computer erwarten.«

Ich beschrieb, was mein Apple II Plus leisten konnte und was nicht und daß in vielen Fällen sein Einsatz zuviel Mühe mache. Anschließend sprachen wir auch über Marketingmethoden, und da gab Steve zu, daß er nur wenig Ahnung habe.

»Ich würde Sie gerne einmal besuchen und mehr über Marketing lernen«, meinte er schließlich, »New York gefällt mir sehr, und ich überlege, ob ich mir nicht sogar dort eine Wohnung kaufen soll. Vielleicht könnten wir uns einmal in New York treffen.«

»Das wäre fabelhaft«, stimmte ich zu.

Nach dem Essen gingen wir zusammen zurück, ich stieg in meinen Wagen und fuhr noch am selben Nachmittag zum Flughafen. Es war nur ein kurzes Treffen gewesen, aber es hatte auf mich großen Eindruck gemacht. Apple war anders als alles, was ich jemals gesehen hatte. Während meines Fluges nahm ich Papier zur Hand und begann einen Brief an Markkula, in dem ich meine Vorstellungen im einzelnen darüber niederlegte, was meiner Ansicht nach ein Computer zu leisten in der Lage sein mußte. Das Vokabular und die Gedankengänge waren ganz neu für mich, aber ich war überzeugt, daß meine Anregungen hilfreich waren.

Zunächst ließ ich Markkula wissen, daß ich meine Pläne geändert habe, meinen Apple II Plus durch einen IBM PC zu ersetzen, und auf Apples neues Produkt am 19. Januar warten wolle. Anschließend skizzierte ich meine Gedanken und Überlegungen zu dem, was wir besprochen hatten. Das Ergebnis war ein acht Seiten langer Brief, voll von unterstrichenen Sätzen und Wörtern, mit Diagrammen und Kästen, in denen Denkentwürfe aufgeführt waren. Aus meiner eigenen Erfahrung bei Pepsi wußte ich, daß die hierarchische Struktur eines Unternehmens ein großes Hindernis für den Eintritt des Mikrocomputers in die Welt der Großunternehmen darstellte. Nun hatte Steve mir mitgeteilt, daß Apple einen Personalcomputer auf den Markt bringen wollte, der ausdrücklich für Unternehmen konzipiert worden war.

Damals verstanden »MIS«-(Management-Informations-Systems-) Manager oft nur wenig von Personalcomputern und hatten so gut wie keine Erfahrung mit ihnen. Als ich in Pepsis MIS-Abteilung um eine Beurteilung des Apple II Plus und des IBM PC gebeten hatte, konnte man mir viel über Hardware und Software erzählen, aber niemand konnte mir genau erklären, was man mit einem guten Personalcomputer alles machen konnte.

Deshalb schrieb ich in meinem Brief an Markkula: »Um das Topmanagement zu erreichen, müssen Sie *Entscheidungshilfen* versprechen, keine technischen Einzelheiten darlegen. Das Topmanagement muß begreifen, daß Mikros neben Minis und Großrechnern auch eine *Existenzberechtigung* besitzen. Jeder Spitzenmanager hat wenig Zeit, und ein Personalcomputer wird als zusätzliche *Arbeitsbelastung* angesehen. Sie müssen ganz deutlich machen, daß der Zeit-Kosten-Aufwand im Verhältnis zum Nutzen lohnend ist.«

Um die Personalcomputer in die Chefetagen zu bringen, war es meiner

Meinung nach unabdingbar, daß sie für strategische Planungsaufgaben, die Hauptaufgaben des Topmanagements, eingesetzt werden konnten. Im Idealfall müßte es möglich sein, die gesamte Datenbasis eines Unternehmens mit den strategischen Planungsmodellen des Topmanagements zu verknüpfen. Der Personalcomputer müßte in der Lage sein, Dokumente zu produzieren, die aus Texten und visuellen Modellen gleichzeitig bestanden.

»Konstruieren Sie deshalb visuelle Modelle, die auf dem Bildschirm hin und her bewegt werden können«, riet ich, »lassen Sie einen Würfel rotieren, sich zerteilen, explodieren. Wenn Ihnen das gelingt und Sie dem Topmanagement die Möglichkeit bieten, Daten und Optionen innerhalb eines Modells zu manipulieren, dann haben Sie etwas Großartiges anzubieten, davon bin ich überzeugt!«

Da ich nur sehr wenig von Computern verstand, hatte ich keine Ahnung, ob meine Vorschläge überhaupt realisierbar waren. Aber ich wußte, wie man Verbrauchern ein Produkt verkauft. Deshalb riet ich Mike und Steve, sich nicht nur auf die Innovation von Hardware und Software zu beschränken, sondern sich auch darum zu bemühen, die Technologie des Unternehmens zu verkaufen.

»Investieren Sie in die Verkaufsförderung!« schrieb ich in meinem Brief. »Faszinieren Sie die Kunden mit der Ankündigung, daß *Apple ihr Leben bereichern* kann! Das ist meiner Meinung nach genau der Punkt, an dem IBMs PC und Tandys TRS-80 verletzlich sind. Ihnen bietet sich die einmalige Gelegenheit, Apple aus der Menge der Anbieter herauszuheben, versäumen Sie sie nicht. Verwenden Sie bunte, bewegliche Graphiken, damit die Kunden außer sich vor Begeisterung geraten, wenn sie im Ausstellungsraum einen Apple ausprobieren. Lassen Sie den Computer und seine Technologie *sich selbst verkaufen*. Auch bei der Verkaufsförderung handelt es sich um ein wichtiges und teures Projekt, *deshalb verdient sie genausoviel Kreativität wie jedes Ihrer neuen Produkte*.«

Das war dieselbe Einstellung, die ich auch immer bei Pepsi vertreten hatte: Verpackung, Aufmachung und Verkaufsförderung benötigten denselben intensiven Einsatz wie die Entwicklung neuer Produkte.

Meinen Brief schloß ich mit den Worten: »Es hat mich wirklich sehr gefreut, Sie beide kennenzulernen, und ich möchte Ihnen für einen besonders interessanten Tag danken. Was Sie bisher geleistet haben, ist schon eindrucksvoll, aber Ihre Pläne für Apples Zukunft sind noch kühner und haben mich wirklich fasziniert.«

Ich war dennoch vorsichtig genug zu vermeiden, mich für einen ernsthaften Kandidaten halten zu lassen. Sollte ich Steve in New York wiedertreffen, wäre es nicht mehr als ein Treffen mit einem Bekannten, mit dem Geschäft hätte es nichts zu tun. Ich war überhaupt nicht daran interessiert, Pepsi zu verlassen, aber dieses junge, ungestüme Genie hatte mich beeindruckt.

Leezy und ich waren gerade in unserem Ferienhaus in Camden in Maine angekommen, um die Weihnachtstage dort zu verbringen. Ich war erst wenige Minuten im Haus, als Gerry Roche anrief. Anrufe dieser Art sollte ich in der nächsten Zeit noch viele bekommen.

»Wie hat Ihnen die Fahrt zu Apple gefallen?« fragte er.

»Es war wirklich interessant«, erwiderte ich, »ich habe es wirklich genossen, diese Leute kennenzulernen. Es war ganz anders, als ich es mir vorgestellt hatte. Ich habe zwar nicht viel gesehen, aber es hat mir große Freude gemacht, mit Markkula und Jobs zu sprechen.«

»Gut«, meinte Gerry, »ihnen hat es auch Freude gemacht, Sie kennenzulernen. Ich weiß, John, daß Sie an der Sache nicht interessiert sind, aber eigentlich sind Sie es sich selbst schuldig, mit diesen Leuten noch einmal zusammenzukommen. Sie sind ganz begeistert von Ihnen.«

»Aber Gerry«, entgegnete ich. »Wir waren doch übereingekommen, daß ich nur einmal hinfliegen und mir Apple ansehen würde. Ich habe Ihnen doch ganz klar gesagt, daß ich nicht an einem neuen Job interessiert bin. Ich meine auch, daß ich mich mit der Sache nicht weiter befassen sollte. Das könnte mir später nur Probleme bringen, und deshalb würde ich gerne jetzt einen Schlußstrich ziehen.«

Gerry ist bekannt dafür, daß seine Hartnäckigkeit schon den Widerstand vieler Manager gebrochen hat, und »Nein« gab es für ihn als Antwort überhaupt nicht. Statt dessen schlug er mir vor, ich sollte mir die Sache noch einmal einen Tag lang durch den Kopf gehen lassen. Nach 24 Stunden klingelte das Telefon wieder — Gerry war am anderen Ende. Offenbar hatte er in der Zwischenzeit mit Jobs gesprochen.

»Steve Jobs hat mir gesagt, daß er nach Weihnachten nach New York kommen wird«, teilte Gerry mir mit. »Er würde sich freuen, wenn er Sie für ein paar Minuten sehen könnte.«

»In Ordnung«, willigte ich ein. »Wenn ich dafür nicht extra bis nach Kalifornien fliegen muß, dann werde ich mich mit ihm treffen. Ich hatte es ihm sowieso zugesagt für den Fall, daß er nach New York käme.«

Wir verabredeten uns am 12. Januar 1983 im »Carlyle Hotel«. Es war ein kalter Abend, es lag sogar Schnee. Als ich nach Steve fragte, wurde mir an der Rezeption mitgeteilt, daß ich bereits erwartet würde. Ich nahm den Fahrstuhl ins 21. Stockwerk und hörte durch die angelehnte Tür seines Zimmers aufgeregte Stimmen nach außen dringen.

Auf mein Klopfen hin kam eine junge Frau an die Tür, die zu Steves Begleitung gehörte. Im Raum sah ich eine Gruppe junger Leute, alle um die Zwanzig, die um einen Computer herumstanden. Steve löste sich aus der Gruppe, er hatte seine Hemdsärmel aufgekrempelt, und seine Krawatte hing ihm lose um den Hals.

»Den ganzen Tag über hatten wir ›Schnuppertag‹«, begrüßte er mich.

»Was ist ein ›Schnuppertag‹?« fragte ich verständnislos.

Steve erklärte es mir. Presseleuten wurde auf vertraulicher Basis gestattet, ein neues Produkt im voraus in Augenschein zu nehmen, bevor es offiziell der Öffentlichkeit vorgeführt wurde. Apple zeigte seine neueste Errungenschaft, den Lisa, einigen ausgewählten Journalisten von »Time«, »Business Week«, »Fortune« und anderen wichtigen Magazinen und Zeitungen. Der Lisa war das Produkt, über das mir Steve vor einigen Wochen noch nichts Genaues hatte sagen wollen. Er war Apples erster Versuch, auf dem so wichtigen Unternehmensmarkt Fuß zu fassen. Zu einem Preis von 10 000 Dollar war der Lisa Apples teuerster Computer. Aber er war auch technologisch besonders weit entwickelt und erstaunlich leicht zu bedienen.

»Junge, es lief toll«, erzählte mir Steve. »Jeder war begeistert. Es ist einfach unglaublich. Kommen Sie, ich möchte Ihnen Lisa vorführen.«

Er stellte mich seinen Begleitern als Präsident von Pepsi-Cola vor und teilte ihnen mit, er ließe auch mich einmal »schnuppern«, weil Pepsi interessiert sei, als eines der ersten Großunternehmen mit dem Lisa zu arbeiten.

John Couch, ein mittelgroßer Mann mit kleinem Schnurrbart, der General Manager der Lisa-Division, führte mir den Computer vor. Er zeigte mir, wie man mit der sogenannten »Maus« alle Funktionen des Computers kontrollieren konnte. Die Maus vereinfachte die Handhabung des Computers gewaltig, man brauchte nur noch ein Sechzigstel der Zeit, die bei anderen Computern aufzuwenden war, um zu lernen, wie man mit dem Lisa umging.

»Warum versuchen Sie es nicht selbst einmal«, fragte mich Couch.

Ich setzte mich vor den Lisa, entwickelte mit Hilfe des Programms »LisaDraw« ein paar Parallelogramme und setzte sie zu einem Würfel zusammen. Dann zeigte mir Couch, wie ich die Graphik auf demselben Bildschirm mit Text unterlegen konnte. Ein Drucker spuckte in Sekundenschnelle mein Werk aus.

Steve unterbrach dabei ständig Couchs Erklärungen. Während Couch mir auseinandersetzte, was der Computer machte, erläuterte Steve, wie der Lisa damit das Leben und die Arbeit des einzelnen revolutionieren würde. Je gelassener die Erklärungen von Couch klangen, desto ungestümer und mitreißender waren Steves Kommentare.

»Wir werden IBM einfach wegpusten«, prahlte Steve. »Wenn dieser

Computer auf den Markt kommt, sind sie fertig. Er ist so revolutionär, das kann man sich gar nicht vorstellen.«

Ich spürte die Rivalität zwischen beiden Männern. Couch hatte früher als Ingenieur bei Hewlett-Packard gearbeitet und gehörte auch zur Gruppe der Multimillionäre bei Apple. 1980 war er mit der Leitung der Lisa-Division betraut worden, obwohl Steve gerne selbst diesen Posten übernommen hätte. Markkula und der damalige Präsident von Apple, Michael Scott, waren jedoch der Auffassung, daß Steve für diese verantwortungsvolle Position noch die nötige Erfahrung fehlte. Der enttäuschte Steve Jobs hatte sich daraufhin einem sehr viel kleineren Projekt zugewandt, der Entwicklung eines Computers unter dem Arbeitstitel »Macintosh«. Steve hatte mit Couch um 5000 Dollar gewettet, daß es seiner Gruppe gelingen würde, den Macintosh vor dem Lisa auf den Markt zu bringen. Er hatte diese Wette verloren.

Außer Steve und Couch befand sich in Steves Hotelzimmer auch noch Paul Dali, einer von mehreren Managern in der Apple Personal Computer System Division, die unter anderem den Apple II Plus produzierte. Dali versuchte, meine Aufmerksamkeit darauf zu lenken, daß in seiner Division zur Zeit der Apple II e hergestellt werde, eine verbesserte Version des Apple II Plus, aber jeder im Raum schien mehr am Lisa interessiert zu sein.

Steve schlug vor, daß wir zu viert zum Abendessen in das »Four Seasons Restaurant« gehen sollten. Der Oberkellner stellte ein vegetarisches Menü für Steve zusammen und nahm unsere Bestellung entgegen. Ich begann das Gespräch, indem ich von unserer »Pepsi-Generation« erzählte, von ihren Marketingauswirkungen, wie wir einer jungen Generation einen neuen Lebensstil vorstellten und wie Pepsi ein Teil dieses Lebensstils wurde. Ich beschrieb, wie diese Werbekampagne zu einem Phänomen heranwuchs, fast zu einer kulturellen Dimension der amerikanischen Gesellschaft wurde und die langen Haare, die Proteste gegen den Vietnamkrieg und alle Aufregungen und Veränderungen der sechziger und siebziger Jahre überdauerte.

Der Erfolg unserer Kampagne hatte darauf beruht, daß sie die positiven Seiten des Lebens unterstrichen hatte. Sie hatte eine Botschaft enthalten, nach der sich die Menschen nach einer Periode großer Verunsicherung gesehnt hatten. Wir hatten nur die angenehmen Seiten des Lebens gezeigt, und weil unsere Spots normale Bürger vorgeführt hatten, hatten sich die Leute mit ihnen identifizieren können.

Die Marketinglehre aus dieser Kampagne war nicht zu unterschätzen. Nachrichtenagenturen stürzen sich im allgemeinen auf schlechte Nachrichten, weil sie glauben, daß Unglück mehr Zuschauer und Leser anzieht. Im Grunde aber wollen die Menschen gar nicht immer etwas über Unglück hören. Viel lieber hören sie optimistische, positive Mitteilungen. Wenn Präsident Carter über das Elend im Lande sprach, stellten die Leute ihren Fernseher einfach ab. Als der demokratische Präsidentschaftskandidat Walter Mondale gegen Präsident Reagan antrat, sprach auch er meist nur über die Probleme, nicht über die Chancen, die das Land bot. Es war kein Zufall, daß dieselben Werbefachleute, die die »Pepsi-Generation« entwickelt hatten, auch an der Strategie mitwirkten, die Präsident Reagan zur Wiederwahl verhalf.

Aber wie sollte man High-Tech verkaufen? Um Eltern dazu zu bewegen, ihrem Kind einen Computer zu kaufen, warb ein Unternehmen mit einer Anzeige, die eine Familie mit einem Kind zeigte, das noch keinen Computer besaß. Damit sollte unterstrichen werden, daß ein Kind ohne Computer zum Außenseiter werden könne – eine negative Werbebotschaft. Warum zeigte man statt dessen nicht ein Kind, das schon einen Computer besaß und Spaß daran hatte, ihn zu benutzen? Unsere Untersuchungen bewiesen immer wieder, daß in beinahe jedem Fall ein positiver Ansatz mehr Erfolg als ein negativer Ansatz bringt.

»Als wir die ›Pepsi-Generation‹ konzipierten, wandten wir uns vor allem an Teenager«, berichtete ich. »Aber als diese Teenager zwanzig Jahre alt wurden, behielt die Kampagne weiterhin ihre Wirkung. Heute, da die Pepsi-Generation alt genug ist, um sich und ihren Kindern im Schulalter Computer zu kaufen, halte ich die Zeit für günstig, daß Apple eine ›Apple-Generation‹ anspricht.«

Meine Gesprächspartner waren sichtlich beeindruckt. Ich setzte ihnen auseinander, daß sie zunächst eine kritische Masse an Aufmerksamkeit auf sich lenken müßten, bevor die Leute Interesse zeigten. Ich erklärte ihnen, wie unser Werbefeldzug der »Pepsi-Herausforderung« auf einem Zusammenwirken von Öffentlichkeitsarbeit, Anzeigen und Marketing aufbaute, um Medienereignisse zu schaffen, die uns gewaltige Publizität brachten. Sie zogen Parallelen zu ihrem »Schnupper«-Angebot, das die Grundlagen für den erfolgreichen Start eines neuen Produktes legte. Dadurch, daß Reporter und Wallstreet-Finanzleute die Möglichkeit erhielten, vor der offiziellen Präsentation einen Blick auf den Lisa zu werfen, konnten sie umfassender Bericht erstatten und sogar mit anderen Spezialisten Interviews führen, wenn die offizielle Vorstellung stattgefunden hatte. Das Potential einer positiven Öffentlichkeitsreaktion wurde beträchtlich vergrößert.

Wir waren so in unser Gespräch über Marketingkonzepte vertieft, daß wir erst eine Viertelstunde vor Mitternacht bemerkten, daß wir inzwischen die letzten Gäste im Restaurant waren. Die Kellner wurden schon unruhig, sie wollten Feierabend machen. So brachen wir auf und gingen zurück zum Hotel.

»Dies war einer der interessantesten Abende meines Lebens«, sagte Steve, »ich kann Ihnen gar nicht sagen, wie sehr ich ihn genossen habe.«

Als ich nach Hause fuhr, kam auch mir in den Sinn, daß ich seit meiner Zeit bei International Foods keinen Abend mehr so genossen hatte. Der Abend mit den Apple-Leuten hatte mich sehr angeregt, er hatte wieder meinen alten Wunsch geweckt, ein Ideenarchitekt zu sein. In seltsamer Weise fühlte ich mich diesen jungen Apple-Revolutionären verwandter als meinen Kollegen bei Pepsi-Cola, mit denen ich seit Jahren zusammenarbeitete.

Immer mehr von meiner Zeit wurde von Verwaltungsaufgaben in unserer Zentrale in Purchase in Anspruch genommen. Ich mußte viel mehr Tage, als mir lieb war, für Verhandlungen mit unseren Abfüllern über Preise und Vertragseinzelheiten aufbringen. Ebenso zeitaufwendig war es, bei PepsiCo durchzusetzen, daß mehr finanzielle Mittel für den Soft-Drink-Bereich zur Verfügung gestellt wurden.

Auf Pearsons Veranlassung begann das Unternehmen nämlich, einen dritten Geschäftszweig aufzubauen, der unsere Umsätze auf dem Soft-Drink- und Imbißsektor noch vergrößern sollte. PepsiCo übernahm mehrere Fast-Food-Ketten, 1977 wurde »Pizza-Hut«, 1978 »Taco-Bell« gekauft. Doch das Interesse für diesen neuen Bereich verhinderte größere Investitionen auf dem Soft-Drink-Sektor.

Ich hatte immer zu den Kämpfern Kendalls gehört, die besonders wettbewerbsorientiert waren. Aber nach sechzehn Jahren ständigen Einsatzes mußte ich entdecken, daß mir der Konkurrenzkampf nur noch wenig Freude bereitete. Ich wollte lieber etwas Neues aufbauen.

In dieser Nacht konnte ich lange Zeit nicht einschlafen. Hinter mir lag ein interessantes Gespräch mit Menschen, die alles begeistert aufgenommen hatten, worüber ich gesprochen hatte. Ich mußte daran denken, wie schwer es mir fiel, bei Pepsi Begeisterung für den Aufbau von etwas Neuem zu wecken. Alles, was man dort aufzubauen bereit war, beschränkte sich auf das Gaststättengeschäft, da lag damals Pepsis Hauptinteresse. Für den Kauf neuer Abfüllterritorien konnte ich keine Begeisterung wecken.

Am nächsten Tag rief Gerry mich wieder an. »John«, begann er, »ich habe mit Steve gesprochen, der mir erzählte, er habe den fabelhaftesten Abend seines Lebens verbracht. Ich habe keine Ahnung, was Sie gestern abend gemacht haben, aber ich muß Ihnen sagen, daß Steve geradezu in Ekstase ist.«

Ich wiederholte, daß ich an der Position nicht interessiert sei, gab aber zu, daß auch mir der Abend Freude gemacht habe. Nicht lange nach diesem Telefongespräch wurde ein Frontalangriff auf mich gestartet. Alle drei oder vier Tage erhielt ich einen Anruf, mal von Steve, mal von Mike, mal von Gerry. Manchmal hatten die Anrufe gar kein besonderes Thema. Typisch für Steve war, daß er nur sagte: »Hallo, wie geht's?«

Anfangs begriff ich gar nicht, warum sie immer wieder anriefen. Aber bald dämmerte es mir, daß Gerry dahinterstecken mußte. Er mußte Mike und Steve geraten haben, den Kontakt zwischen uns unter allen Umständen und unter jedem nur möglichen Vorwand aufrechtzuerhalten, wenn sie auch nur die kleinste Chance wahrnehmen wollten, mich doch noch umzustimmen.

Ich begann, mir allmählich Gedanken zu machen, ob vielleicht meine anfängliche Neugier falsch ausgelegt worden sei, und rief Gerry an: »Allmählich geht es zu weit, Gerry«, sagte ich ihm. »Ich habe Ihnen ganz deutlich gesagt, daß ich an der Position nicht interessiert bin. Und jetzt bekomme ich auf einmal ständig Anrufe. Wir müssen den Jungs klarmachen, daß ich sie wirklich mag und ihr Unternehmen faszinierend finde, daß ich aber kein Interesse daran habe, für sie zu arbeiten. Ich möchte wirklich nicht den Eindruck entstehen lassen, daß ich sie hinhalte.«

Kurz darauf rief mich Mike an, um mir mitzuteilen, daß er Anfang Februar geschäftlich in New York sei und sich gerne mit mir treffen würde. Ich sah die Gelegenheit für gekommen, der ganzen Sache ein Ende zu setzen. Mike kam in seinem Privatflugzeug nach New York und besuchte mich bei PepsiCo. Als er mein Büro betrat, schien er verblüfft. Bei den meisten traditionsgebundenen Unternehmen entspricht die Größe des Büros der Machtposition seines Inhabers. Meine Suite bestand aus einem Raum, der etwa achtzig Quadratmeter groß war, vergleichbar dem »Oval Office« im Weißen Haus. Ein Perserteppich lag auf dem Parkettboden, an den Wänden hingen schöne alte Gemälde. Neun Fenster gaben den Ausblick in den Skulpturenpark und einen kleinen Privatgarten frei. Ich hatte ein eigenes Bad, und in meinem Vorzimmer saß meine Assistentin Nanette zusammen mit meiner Sekretärin. In einem weiteren Raum standen meine Computer.

Mike und ich nahmen Platz und plauderten ein wenig. Ich gratulierte ihm zu der großen öffentlichen Aufmerksamkeit, die Apple erregte. Gerade war der Lisa vorgestellt worden, und vor kurzem hatte die Jahreshauptversammlung stattgefunden. »Fortune« hatte Steve auf dem Titelblatt abgebildet, und »Time« hatte den Personalcomputer zum »Mann des Jahres« gemacht, das erste Mal in 55 Jahren, daß eine Maschine so geehrt wurde. Wohin ich auch blickte, überall schien man über Apple Computer zu schreiben. Dennoch versuchte ich, Mike klarzumachen, daß ich kein Kandidat für Apple sei.

»Sie müssen wirklich nach einem anderen Ausschau halten, Mike«, teilte ich ihm mit. »Es gibt nur eine minimale Chance, daß ich über die Position nachdenken könnte, deshalb sehen Sie sich am besten nach einem anderen um. Ich könnte Ihnen auch helfen, indem ich Ihnen ein paar Namen nenne. Aber ich selbst komme eigentlich nicht in Frage. Es machte auch gar keinen Sinn für mich. Ich habe eine fabelhafte Position. Ich habe ziemlich gute Zukunftsaussichten. Lassen Sie mich Ihr Freund und Berater bleiben. Aber arbeiten möchte ich nicht für Sie.«

Wenige Tage später rief Steve mich wieder an. Er erzählte mir, daß er sich eine Wohnung in New York kaufen wolle, und bat mich, ihm einige Ratschläge zu geben. Er wollte bei mir vorbeikommen, wenn er in New York sei.

An einem Sonntagnachmittag tauchte Steve in meinem Haus in Greenwich auf. Er sah immer noch eher wie ein Collegestudent als wie der Chairman eines Unternehmens aus, als er aus der überlangen Limousine stieg, in Bluejeans, Lederjacke und Turnschuhen. Ich stellte ihn Leezy vor und zeigte ihm unser Haus. Wir hatten es noch im Rohbau vor fünf Jahren gekauft, und ich hatte die Baupläne stark abgeändert, unter anderem hatte ich große Fenster einbauen lassen, die vom Boden bis zur Decke reichten. Steve zeigte sich vor allem an den maßgefertigten, fast 300 Pfund schweren Eichentüren interessiert. Wegen ihres Gewichtes hatten spezialgefertigte Messingscharniere angebracht werden müssen, die so perfekt konstruiert waren, daß man die Türen mühelos mit einem Fingerdruck öffnen oder schließen konnte. Steve war begeistert, denn er ist – wie auch ich – ein Perfektionist.

Wir gingen in meine getäfelte Bibliothek, einen Raum mit Rundbogenfenstern und offenem Kamin, und Steve, der sich immer alles genau ansehen mußte, schlenderte an den Bücherregalen entlang. Er bewunderte meine eklektische Sammlung – nicht nur Bücher über Wirtschaft und Management, sondern auch über Zen, Philosophie, Architektur, Kunst und Astronomie.

Dann setzten wir uns hin, und ich fragte ihn: »Warum wollen Sie immer wieder mit mir sprechen, Steve? Warum sprechen Sie nicht mit jemandem von Hewlett-Packard oder IBM? Warum wollen Sie jemanden aus dem Soft-Drink-Geschäft? Ich verstehe doch gar nichts von Computern.«

»Was wir machen, hat noch keiner von uns gemacht«, antwortete er. »Wir versuchen, ein ganz neuartiges Unternehmen aufzubauen, und dafür brauchen wir ganz besondere Leute. Mein Lebenstraum besteht darin, daß eines Tages jeder auf der Welt seinen eigenen Apple-Computer besitzt. Und um das zu erreichen, müssen wir gut im Marketing sein. Sie verstehen etwas von Marketing. Nach unserem gemeinsamen Abendessen in New York war ich ganz begeistert von der Idee einer ›Apple-Generation‹. Ich möchte gerne, daß wir uns besser kennenlernen, denn ich habe das Gefühl, daß das für uns alle sehr wichtig sein könnte.«

Steves Visionen gingen weit über das reine Computergeschäft hinaus. In Apple sah er ein Modell für das Unternehmen der Zukunft. Damals wollte er einen perfekten »Apple-Campus« schaffen, eine Unternehmensstadt der achtziger Jahre in Kalifornien, wo kluge Leute zusammenkämen, um gemeinsam eine neue Zukunft zu bauen. Er stellte sich einen großen Komplex aus vollautomatischen Fabrikationszentren, Angestelltenwohnungen, Freizeiteinrichtungen und sogar einer Kleinbahn im Disneyland-Stil vor, mit der man überall herumfahren könnte. Er wollte ein architektonisches Meisterwerk errichten lassen und dachte daran, einen berühmten Architekten für die Anlage zu verpflichten.

Wegen dieser Idee, einen »Apple-Campus« zu errichten, schlug ich ihm vor, das PepsiCo-Gelände zu besichtigen. Wir stiegen in Leezys 450 SL Cabrio und fuhren nach Purchase. Das PepsiCo-Gelände ist so luxuriös, wie das Apple-Gelände karg ist. Eine lange, geschwungene Auffahrt führt durch gepflegte Rasenflächen, den Skulpturenpark und an Brunnen vorbei bis zum eigentlichen Gebäudekomplex. Beim Anblick der Pepsi-Zentrale gewinnt man den Eindruck, vor dem bedeutendsten Unternehmen der Welt zu stehen, die luxuriöse Anlage strahlt beeindruckende Macht aus.

Don Kendall, dem Initiator dieser Anlage, schwebte die Vereinigung von drei Kunstformen vor: Architektur, Landschaftsgestaltung und Bildhauerei. Er hatte sich um jede Einzelheit selbst gekümmert, so wie Steve das auch bei Apple tat. Wenn er irgendwo im Lande einen außergewöhnlichen Baum entdeckte, ließ er ihn im Firmenjet heranschaffen und überwachte persönlich die Pflanzung. Eines Tages fand er eine Coca-Cola-Dose unter einem Busch. Es war ein Skandal, und Kendall setzte alle Hebel in Bewegung, um den Übeltäter zu finden, der es gewagt hatte, einen solchen Fremdkörper ins Pepsi-Land zu werfen. Sicherheitsbeamte wurden beauftragt, das Gelände nach weiterem Abfall zu durchkämmen.

Steve sah sich alles mit großen Augen an, als wir zu Fuß zum Haupteingang gingen. Dieser Eingang öffnet sich auf einen Innenhof in der Form eines griechischen Kreuzes, und in einem Wasserbecken steht eine Skulptur von David Wynne, eine Frau mit einem Delphin. Sie ist eine von fast vierzig Skulpturen von weltbekannten Künstlern, die

Kendall selbst einzeln ausgesucht hat. Er holte auch europäische Steinmetze nach Purchase, die die italienischen Pflastersteine im Innenhof mit der Hand bearbeiteten.

Der gesamte Gebäudekomplex, der von dem Architekten Edward Durrell Stone entworfen wurde, besteht aus sieben dreistöckigen Häusern, die an den Ecken miteinander verbunden sind. Sie bilden einen Kreis um den Innenhof und öffnen sich nur nach Norden, wo sich der Haupteingang befindet, durch den Steve und ich eintraten.

Ich zeigte Steve unser Fitneßzentrum und die getrennten Eingänge und Umkleidekabinen für Angestellte und Manager. Die Umkleideräume waren fast identisch, bis auf einen Whirlpools, der dem Management als besonderer Luxus zustand.

»Heißt das wirklich, daß die Manager eigene Räume haben?« fragte Steve erstaunt.

»Ja, aber mir gefällt das nicht. Ich hatte mich dagegen ausgesprochen, und auch heute noch trainiere ich manchmal in den Räumen der Angestellten. Das ärgert allerdings die anderen, weil sie denken, damit wolle ich mich wichtig machen.«

»Junge, Junge«, meinte Steve, »das ist wirklich verrückt, daß die Manager ihre eigenen Räume haben, aber es ist schon eine große Sache.«

Anschließend führte ich ihn auf die Chefetage, auf Stockwerk 4/3. Voll Erstaunen besah er sich die Büros — wie ein Kind, das zum erstenmal in das Büro seines Vaters kommt.

»Du meine Güte, arbeiten die Leute wirklich hier in diesen eleganten Räumen? Das ist wirklich etwas Besonderes.«

Ich begriff schnell, daß Steve immer dann etwas mit »besonders« bezeichnete, wenn er es nicht offen kritisieren wollte, obwohl es seinem Geschmack keineswegs entsprach.

In Erwartung seines Besuchs hatte ich einige Videos von Fernsehspots der »Pepsi-Generation« und der »Pepsi-Herausforderung« vorbereitet. Als wir uns diese Spots in meinem Büro ansahen, erklärte ich ihm, wie wichtig es für ein Unternehmen sei, sein Image durch Qualitätswerbung aufzuwerten. Wenn man die Nummer eins werden will, muß man schon frühzeitig wie eine Nummer eins denken und auftreten. Unsere Spots mußten genausogut, wenn nicht noch besser sein als die unserer Konkurrenten.

»Das ist genau, was wir auch machen wollen«, stimmt Steve zu, »die bestmögliche Werbung, die bestmögliche Qualität.«

Anschließend schlug ich Steve vor, auch noch zur IBM-Zentrale in Amonk zu fahren, die nur wenige Kilometer entfernt lag. Obwohl Steve fast ständig an IBM, Apples Hauptkonkurrenten, denken mußte, hatte er noch nie die IBM-Zentrale gesehen, und er war ganz begierig, einen Blick auf seinen großen Gegner zu werfen.

»Sie werden allerdings ziemlich erstaunt sein«, warnte ich ihn, »IBM sieht ganz anders aus als unser Hauptquartier.«

»Hier ist es«, verkündete ich, als wir auf das Gebäude zufuhren, einen schlichten Bau aus grauem Beton mit einer unauffälligen Gartenanlage. Die wenigen Apfelbäume auf dem Rasen wurden regelmäßig mit einer Chemikalie besprüht, damit sie nur blühten, aber keine Früchte trugen, denn das letzte, was IBM auf seinem Rasen sehen wollte, waren verdorbene Äpfel.

»Faule Äpfel sind verbotene Früchte in der Zentrale«, hatte ich noch kürzlich in einem Artikel über IBM gelesen. Der antiseptische Eindruck der Anlage setzte sich auch bei den Parkplätzen fort, die das ganze Gebäude umgaben, es gab keine pompöse Auffahrt – nichts vermittelte das Bild eines unbezwingbaren Siegers.

»Das ist alles?« fragte Steve ungläubig. »Das ist ihr Hauptquartier? Ich würde nur zu gerne eine 747 chartern und meine ganze Macintosh Division hierherbringen, damit sie sich das ansehen. Ich kann es kaum glauben.«

Den Rest des Tages sprach Steve über nichts anderes als die IBM-Zentrale. In Silicon Valley sah man IBM als ein monolithisches Riesenunternehmen, und Steve hatte ein eindruckvolles Gebäude erwartet, das diesem Image entsprach. Statt dessen sah die IBM-Zentrale wie ein ganz gewöhnliches Bürohaus aus. Steve war überzeugt, daß dieser Anblick die Moral seines Macintosh-Teams kräftig anheben würde, wenn er seine Leute hierherbrächte.

Steves Besuch endete um 16.30 Uhr, als seine Limousine vorfuhr, um ihn zurück ins »Carlyle« nach New York zu bringen.

»Steve«, sagte ich zum Abschied, »ich habe das Gefühl, daß sich zwischen uns eine gute Freundschaft entwickelt, aber bitte, suchen Sie weiter nach einem anderen. Ich halte es keineswegs für sinnvoll, jemanden aus dem Soft-Drink-Geschäft mit der Leitung Ihres Unternehmens zu beauftragen.«

»In Ordnung«, antwortete Steve, »aber ich möchte, daß Sie trotzdem noch weiter darüber nachdenken.«

Ich ging ins Haus zurück und war neugierig auf Leezys Reaktion. Sie verfügte über eine gute Menschenkenntnis und war immer ganz offen. Doch als ich sie nach ihrem Eindruck fragte, entgegnete sie mir, sie sei sich nicht sicher, was sie von ihm halten solle.

»Nun«, fragte ich sie, »magst du ihn?«

»Nein, ich kann es nicht sagen.«

»Dann magst du ihn also nicht?«

»Ich weiß es wirklich nicht«, gab sie zur Antwort. »Was hältst du denn von ihm? Hattet ihr einen unterhaltsamen Nachmittag?«

»Ich hatte einen fabelhaften Nachmittag«, erzählte ich. »Mir macht es großen Spaß, mit ihm zusammen zu sein, denn er versteht alles und schätzt alles, was auch mir wichtig ist. Er öffnet meine Augen für Dinge, von denen ich gar nicht wußte, daß es sie überhaupt gibt.« »Du überlegst dir dieses Angebot doch nicht ernsthaft?« fragte sie mich. »Nein, natürlich nicht. Aber er ist ein netter Kerl«, gab ich zur Antwort.

Doch inzwischen war es nicht nur das, es war mehr. Ich konnte es mir selbst oder einem anderen gegenüber nur noch nicht zugeben. Aber in meinem Innersten war ich bereits von der Möglichkeit fasziniert, nach Silicon Valley zu gehen, ein neues Leben zu beginnen und Steves Träume zu teilen. Meine Gespräche mit ihm hatten dazu geführt, daß ich Seiten an mir selbst wiederentdeckte, die bei Pepsi offenbar verschüttet worden waren.

Meine Vergangenheit war ganz anders als die von Steve verlaufen.

Ich war kein Kind des Silicon Valley, ich war in der geordneten traditionsgebundenen Welt der New Yorker Upper East Side aufgewachsen. Meine Mutter Margaret, eine sanfte Frau, die überall eine Spur ihres Lächelns hinterließ, trug immer Handschuhe, wenn sie ausging. Mein Vater, ein Wall-Street-Anwalt, zeigte sich nie ohne Hut. Als ich noch Schüler der Buckley School war, bestand meine Schuluniform aus einer blauen Mütze mit einem eingestickten »B«, einem Hemd mit weißem Kragen und Krawatte, einer Jacke ohne Revers und kurzen Hosen mit Kniestrümpfen. Jacketts und Krawatten waren auch auf dem Internat St. Mark's, einer episkopalischen Konfessionsschule in Southboro in Massachusetts, vorgeschrieben, das ich von meinem elften Lebensjahr an besuchte.

Mein Leben dort war strengstens geregelt: zweimal täglich Gottesdienst, sonntags dreimal. Morgens weckte uns eine Glocke, wir schliefen in eisernen Bettgestellen auf dünnen Matratzen in großen Schlafsälen, und es gab auch geregelte Zeiten für das Duschen. Es war ein ganz anderes Leben als das freie, ungezwungene Umhertollen, das ich als kleines Kind auf den Bermudas, der Heimat meiner Mutter, gekannt hatte.

In meinen Jugendjahren litt ich aber auch noch unter einer anderen schmerzlichen Einschränkung. Bis etwa zu meinem fünfzehnten Lebensjahr hatte ich einen schweren Sprachfehler. Als kleines Kind stotterte ich so stark, daß ich keinen einzigen Satz ohne Schwierigkeiten beenden konnte. Deshalb war ich gezwungen, mir eine eigene Phantasiewelt aufzubauen, in der ich dann davon träumte, mir ein eigenes Auto zu basteln oder wissenschaftliche Experiment durchzuführen. Meine Ideen schrieb ich nieder, denn ich konnte sie nicht aussprechen.

Es waren schmerzliche, frustrierende Jahre. Es gab so viel, worüber ich gerne gesprochen hätte, aber ich konnte nicht einmal ein Päckchen Kaugummi kaufen, ohne im Laden über die Worte zu stolpern. Mit Hilfe einer Hypnosetherapie gelang es mir schließlich, das Problem zu bewältigen. Wie immer war ich anschließend von der Kraft der Hypnose so fasziniert, daß ich nicht nur Autohypnose erlernte, sondern auch Experimente mit meinen Mitschülern in St. Mark's anstellte. Auf einen meiner Freunde konnte ich einen so starken Einfluß ausüben, daß er sich auf mein Kommando nicht mehr von der Stelle rührte.

Während eines Abendgottesdienstes in unserer Kapelle probierte ich meine Hypnosekraft aus und brachte die ganze Schülerprozession, die gerade in die Kapelle einzog, zum Stillstand. Ich mußte mich schließlich in den Eingang der Kapelle stellen, um ein neues Hypnosekommando zu geben und die Schüler dahingehend zu beeinflussen, weiterzugehen — beinahe wäre ich für dieses Kunststück von der Schule geflogen.

Mein Vater, der als Partner in der Anwaltssozietät Jackson, Nash, Brophy, Barringer & Brooks arbeitete, hielt große Stücke auf seine drei Söhne Arthur, David und mich. Er war zu den größten persönlichen Opfern bereit, um uns jede Chance bieten zu können. Wir waren sein ganzer Stolz, und er wünschte sich sehr, daß wenigstens einer von uns in seine Fußstapfen treten würde. Als ich noch ein Junge war, nahm er mich manchmal in den »Broad Street Club« mit, wo sich Wall-Street-Anwälte und Bankiers zu treffen pflegten. Ich aber war nur daran interessiert, mich so schnell wie möglich von ihm loszueisen, um in die Cortland Street zu kommen, wo es viele Geschäfte für Radioteile gab.

Als Junge war ich ein begeisterter Bastler. Alles, was mit Elektrizität zu tun hatte, faszinierte mich. Schon im Alter von fünf Jahren erhielt ich zu Weihnachten eine Batterie mit Draht und Klingel. In diesem Alter verursachte ich auch schon die ersten Kurzschlüsse in unserer Wohnung. Als ich zehn Jahre alt war, zerlegte ich mit meinen Freunden Radiogeräte und baute sie zu Sprechanlagen um, wir konstruierten auch elektrische Türöffner. 1954, als ich vierzehn Jahre alt war, führte meine Elektronikbegeisterung dazu, daß ich eine Farbfernsehröhre erfand. Mein Vater half mir, einen Patentanwalt zu finden, aber Dr. Lawrence von den Lawrence-Livermore-Laboratorien, der Erfinder des Zyklotron-Teilchenbeschleunigers, war einige Wochen schneller gewesen als ich. Sein Patent, das später Sony erwarb, legte die Grundlage für Sonys erfolgreiche »Trinitron«-Farbfernsehröhre.

Mein Vater war ein stolzer, korrekter und ehrgeiziger Mann – so ehrgeizig, daß er sich einmal sogar Cortison in den Armmuskel spritzen ließ, weil er an einem »Tennisarm« litt, aber im Tennisturnier in seinem Club teilnehmen wollte. Doch er teilte nie meine Technikbegeisterung. Ich dagegen hatte gar kein Interesse an der Juristerei, auch nicht an Golf, Tennis und am gesellschaftlichen Leben – alles Dinge, die für meinen Vater sehr wichtig waren. Er schätzte, daß ich Klassensprecher und Kapitän der Fußballmannschaft war, das waren für ihn sichtbare Leistungsbeweise.

Als ich nicht aufs College gehen und statt dessen die Kunstschule besuchen wollte, war er sehr enttäuscht. »Ich habe dich auf eine der besten Schulen des Landes geschickt«, hielt er mir vor. »Kein Opfer ist mir zu groß gewesen. Dir hat es im Leben an nichts gefehlt, und jetzt willst du nicht einmal ein College besuchen. Du willst Designer werden. Ich kann es einfach nicht glauben.«

Schließlich schlossen wir einen Kompromiß. Ich würde die Brown University besuchen, wenn ich Abendkurse an der Rhode Island School of Design belegen dürfte. Als ich nach meinem Diplom in die Werbung gehen wollte, hielt er diese Entscheidung für die schlechteste, die ich treffen konnte.

Keiner von uns dreien wurde Anwalt, aber den Drang nach Erfolg hatte uns unser Vater mitgegeben. Wir alle besaßen auch gesunden Menschenverstand, Kreativität und Vorstellungskraft. Mein Bruder David verlegte sich ebenfalls aufs Marketing, er wurde Präsident von H. J. Heinz, USA, während mein zweiter Bruder Arthur Vizepräsident für das internationale Privatbankengeschäft bei Morgan Guaranty wurde.

Meine Mutter, eine unverbesserliche Optimistin, deren Lebensprinzip darin bestand, »richtig zu handeln«, hatte in vieler Hinsicht einen weitaus größeren Einfluß auf mich als mein Vater. Sie war auf den Bermudas geboren und war eine außergewöhnliche Frau. Sie liebte die Kunst, Blumen und Tiere und war eine anerkannte und sogar preisgekrönte Gärtnerin. Auf den Bermudas hatte sie einen Affen mit Namen »Tarzan« als Haustier gehalten, ein Geschenk eines Kapitäns an meinen Großvater.

W. B. Smith, der Vater meiner Mutter, zeigte für alles, was sich tat, großes Interesse. Er war ein unwiderstehlicher Geschichtenerzähler und liebte das Abenteuer. Er sah auch wie ein Abenteurer aus, wie ein Seemann, der alle sieben Weltmeere befahren hatte, und sein Nasenbein war mehrfach gebrochen. Im Jahre 1875 war er auf den Bermudas geboren worden und hatte sich in Liverpool, in England, zum Schiffsbauer und Ingenieur ausbilden lassen. Er hatte das erste Unterseeboot, das um die Jahrhundertwende gebaut worden war, mit konstruiert. W. B. baute Schiffe aus Zedernholz, konstruierte Schiffspumpen, Brükken und Docks und entwarf sogar die Ausrüstung für eine Parfümfabrik, die er selbst aufgebaut hatte. Während der Sommer, die ich auf den Bermudas verbrachte, unterhielten wir uns stunden- und tagelang über alles mögliche, über östliche Mystik, Einsteins Relativitätstheorie, seine eigene Erfindung, aus Salzwasser Trinkwasser zu machen, und seine Atlantikreisen im 19. Jahrhundert. Besonders gern erzählte er mir, wie er während des Zweiten Weltkrieges Schmuggelgut von Barbados nach Bermuda auf seiner Vierzig-Meter-Jacht gebracht hatte.

Als Junge stand ich schon frühmorgens um vier Uhr auf, um mit ihm über die Zukunft zu reden. Seine Geschichte von einer fliegenden Untertasse, die er über den Inseln gesehen hatte, faszinierte mich so sehr, daß ich mich am nächsten Tag mit einem Fernglas auf eine Inselwanderung machte, um den Himmel nach Flugobjekten von fremden Sternen abzusuchen. Da ich keins entdecken konnte, konstruierte ich mir schließlich selbst eine fliegende Untertasse mit einem neuartigen runden Flügeldesign nach dem Prinzip von Bernoulli.

Irgendwie war bei Pepsi meine jugendliche Begeisterung für Erfindungen und Technologie meinem erfolgsorientierten Denken zum Opfer gefallen. Um mit meiner Karriere voranzukommen, hatte ich schon vor zwanzig Jahren meine Liebe zur Elektronik hintangestellt. Und nie war mir bewußt geworden, wie sehr sie mir fehlte. Doch meine Gespräche mit den Leuten von Apple erweckten meine Kindheitserinnerungen zu neuem Leben. Aber trotz dieses lange Zeit verdrängten Interesses für Elektronik unterschied ich mich sehr von Steve. Die Technologie, für die ich mich als Kind begeistert hatte, hatte nur noch sehr wenig mit dem gemeinsam, was in der Digitalwelt von Silicon Valley passierte.

Früher konnte man jedes Gehäuse öffnen, hineinsehen und erkennen, was darin vor sich ging. Aber als ich das Gehäuse meines Apple II öffnete, konnte ich gar nichts sehen. Ich fragte mich, was es überhaupt war, was dieses Unternehmen verkaufte. Der Silikonchip im Gehäuse meines Computers hatte keine Drähte, keine Röhren, nichts von dem, woran ich gewöhnt war. Ich hatte überhaupt keine Ahnung von dieser neuen Mikroelektronik. Aber dies war Steves Welt. Er pflegte zu sagen, daß meine Generation eine »BC«-Generation sei, »before computers«, aus der Zeit, als es noch keine Computer gab. Ich konnte mir einfach nicht vorstellen, wie wir beide jemals zusammenarbeiten sollten.

Dennoch fühlte ich mich von Steves Welt unwiderstehlich angezogen. Als das Drängen der Apple-Leute sich verstärkte, wurde meine Anspannung immer größer. Eine Woche nach Steves Besuch in meinem Haus sollte ich nach Hawaii zur jährlichen Zusammenkunft der Pepsi-Abfüller reisen. Ich verabredete ein weiteres Treffen mit Steve, und ich hatte mich schon entschlossen, meine Rede auf der Versammlung der Abfüller über Personalcomputer zu halten. Es sollte ein Test für mich selbst sein: Ich wollte herausfinden, ob es mir genausoviel Freude machen würde, über Personalcomputer wie über das Marketing von Soft Drinks zu sprechen.

Meine Rede mit dem Titel »The New Wave«, »Die Neue Welle«, die ich vor mehreren tausend Abfüllern im Ballsaal des »Sheraton Hotel« in Waikiki hielt, behandelte die Frage, wie durch den Einsatz von Personalcomputern in Zukunft auch bei den Abfüllbetrieben besseres Management erreicht werden könne. Damals hatte ich noch keine Ahnung, daß ich nur wenige Tage vor dieser Rede bereits meine letzte Präsentation vor dem Verwaltungsrat gehalten hatte: Ich hatte vorgeschlagen, fünfzehn Millionen Dollar für ein Hewlett-Packard-Computersystem für unsere unternehmenseigenen Abfüllbetriebe auszugeben. Dieses Computersystem sollte es uns ermöglichen, alle 300 000 Kundenkonten unserer Abfüllbetriebe ständig kontrollieren zu können. Ich war der Auffassung, daß auch die unabhängigen Abfüller, mit denen wir zusammenarbeiteten, mit Hilfe von Personalcomputern eine vergleichbare Datenkontrolle erreichen könnten. Dank der Erfahrungen, die ich in den Gesprächen mit den Apple-Leuten sammeln konnte, war ich in der Lage, die Leistungen von Lisa darzustellen und den Abfüllern eine Vorstellung davon zu geben, wie sie Computersysteme als strategische Waffe gegen Coca-Cola einsetzen könnten.

Nach meiner Rede kam Frank Rupp zu mir auf das Podium. Seit zwölf Jahren war er der Organisator dieser Veranstaltungen, seitdem ich ihn 1970 mit seiner ganzen Mannschaft von unserer Werbeagentur angeheuert hatte. Immer hatte ich eng mit ihm zusammengearbeitet. Am Ende eines jeden Arbeitstages war ich zu ihm in seine überaus kreative Abteilung gegangen, um zu erfahren, woran er gerade arbeitete. Diese Besuche boten mir die Möglichkeit, wenigstens für gewisse Zeit den beinahe endlos erscheinenden Sitzungen zu entrinnen, an denen ich als Präsident von Pepsi-Cola teilnehmen mußte. Die Abfüller klatschten immer noch Beifall, als ich schon hinter der Bühne verschwunden war. Meine Augen füllten sich mit Tränen.

»Was ist passiert?« fragte Frank.

»Ich fürchte, dies war das letztemal, daß wir zusammengearbeitet haben, Frank«, antwortete ich.

Er wußte nicht, wie er meine Antwort verstehen sollte. Aber ich konnte nicht mehr sagen, in meinem Innersten wußte ich, daß es mir überhaupt nicht mehr schwerfiel, über Computer zu sprechen, und daß es mir sogar Freude machte. Ich hatte in meinem Kopf bereits die Grenzlinie überschritten. Ich hatte eingesehen, daß es mir mehr Freude machte, über das Informationszeitalter zu reden als über Soft Drinks. Und diese Einsicht machte mir klar, daß ich emotional und psychisch für einen Wechsel bereit war. Die Ironie der Situation lag allerdings darin, daß mir diese Einsicht nicht bei Apple, sondern vor 1500 Abfüllern der Soft-Drink-Industrie gekommen war.

Vor meiner Rückkehr nach New York besuchte ich Steve in Cupertino, der wollte, daß ich einen Blick auf das neueste Apple-Produkt, den Macintosh, werfen sollte. Steve hatte die Entwicklung des Projekts seit 1981 geleitet, das ursprünglich von einem Programmierer namens Jeff Raskin entworfen worden war. Es schien zu diesem Zeitpunkt auf der Welt kaum etwas zu geben, wofür Steve sich mehr interessierte. Er lebte nur für seine Macintosh-Gruppe, mit der er versuchte, von neuem die Garagenatmosphäre aufleben zu lassen, aus der Apples erster großer Erfolg hervorgegangen war.

»Dieses Produkt bedeutet mir mehr als alles, was ich jemals in meinem Leben gemacht habe«, erklärte Steve. »Ich liebe dieses Produkt, und ich möchte es mit Ihnen teilen. Ich möchte, daß Sie der erste sind, der nicht zu Apple gehört, der dieses Produkt sieht.«

Steve führte mich in ein kleines Sitzungszimmer, verschloß die Tür und lächelte geheimnisvoll. Er stellte eine Vinyltasche auf den Tisch, öffnete den Reißverschluß und zog vorsichtig einen kleinen Computer heraus. Anschließend griff er noch einmal in die Tasche und holte ein Keyboard und eine Maus hervor, die er an den Computer anschloß. Dann griff er in seine Hosentasche, brachte eine Diskette zum Vorschein und schob sie in den Computer. Er glich mehr einem Varietékünstler auf einer Bühne als einem Geschäftsmann. Jede Bewegung schien berechnet, als ob sie vielfach geprobt worden sei, um ihre Wirkung nicht zu verfehlen.

»Dies ist der Macintosh«, verkündete er nicht ohne Anflug von Theatralik. Der kleine schwarzweiße Bildschirm leuchtete auf und zeigte einige Graphiken und Trickzeichnungen. Mich erinnerte das Gerät an eine Miniaturausgabe eines Fernsehapparates von 1952, eine kleine, etwas drollig aussehende Kiste. Ich versuchte, Begeisterung zu zeigen, war aber alles andere als überwältigt.

Dann führte Steve ein Programm mit dem Namen »MacPaint« vor. Er zeigte mir, wie er ein Bild zeichnete, es anschließend wieder ausradierte und es in einem Papierkorb auf dem Bildschirm verschwinden lassen konnte. Der kleine Computer verfügte über viele der Fähigkeiten des

Lisa, sollte aber nur tausend Dollar, ein Zehntel des Preises vom Lisa, kosten.

Nachdem ich mir den Computer und seine Möglichkeiten genau angesehen hatte, war auch ich beeindruckt. Steve erklärte mir, daß die Herstellungskosten so niedrig gehalten werden konnten, weil der Macintosh nicht soviel wie der Lisa speichern konnte und seine Konstruktion weniger komplex war. Er hatte zudem einen kleineren Bildschirm und nur ein Diskettenlaufwerk anstatt zwei.

Der Computer bedeutete sehr viel für Steve, und anschließend an die Demonstration wollte er mich mit seinen Mitarbeitern an diesem Produkt bekannt machen. Die Gruppe umfaßte etwa 35 Personen, und Steve stellte sie mir als die »Piraten« vor. Er sprach von seiner Mannschaft, die sich teils aus Apple-Mitarbeitern aus anderen Bereichen, teils aus Neuangeworbenen zusammensetzte, mit besonderem Stolz. »Ich habe mir ein Team der absolut Besten der ganzen Welt zusammengestellt«, sagte er. »Es gibt niemanden, der etwas besser machen kann, als sie es können.« Er führte mich zu ihren engen Kojen. Als ersten lernte ich Andy Hertzfeld kennen, einen kleinen, kräftig gebauten Programmierer Mitte Zwanzig. Hertzfeld hatte an meiner Alma Mater, der Brown University, Naturwissenschaften und Mathematik studiert, war dann aber nach Berkeley übergewechselt, um in Kalifornien zu leben. Sechs Monate nachdem Apple II 1977 auf den Markt gekommen war, hatte Hertzfeld sich einen dieser Computer gekauft und seine Freizeit in einem nahe gelegenen Computerclub verbracht, wo er Programme entwarf. Eigens für meinen Besuch hatte Hertzfeld eine kleine Vorführung vorbereitet: Auf dem Macintosh-Bildschirm erschienen Pepsi-Cola-Dosen, sie wirbelten herum, und Andy warf seine Arme vor Begeisterung in die Luft. Er grinste so breit wie die Tigerkatze in »Alice im Wunderland«. Noch nie hatte ich jemanden kennengelernt, der von einer Maschine so fasziniert war.

Als nächster wurde mir Bill Atkinson vorgestellt, ebenfalls ein junger brillanter Softwareexperte, der das »MacPaint«-Programm entwickelt hatte, das mir Steve vorgeführt hatte. Er hatte schon kurz vor seiner Promotion in Chemie gestanden, als er entdeckte, daß seine wahre Liebe den Computern gehörte. Bill trug eine randlose Brille, einen Schnurrbart und langes, lockiges Haar. Er war eine »Leihgabe« vom Lisa-Team. Ein weiterer Star der Mannschaft war Burrell Smith, ein technologischer Zauberkünstler, den Steve in Apples Kundendienstabteilung entdeckt hatte, wo er als Techniker gearbeitet hatte. Er war einer der ersten gewesen, die Steve für sein Team angeworben hatte. Smith bezeichnete seine Entwürfe selbst als »Gedichte«. Mit einem strahlenden Lächeln und voller Stolz überreichte er mir seine Geschäftskarte. Darauf stand die Berufsbezeichnung »Hardware-Zauberer«. Auf der Karte eines anderen Team-Mitglieds, die ich ebenfalls erhielt, stand der Titel »Software-Evangelist«. Noch nie in meinem Leben hatte ich derartige Berufsbezeichnungen gelesen.

Anschließend machte Steve mich mit Debi Coleman und Matt Carter bekannt, die mir erläuterten, wie sie die Pläne für den Macintosh entwickelt hatten. Er hatte Debi Coleman persönlich von Hewlett-Packard abgeworben und sie zum Finanzchef des Mac-Teams gemacht. Debi Coleman hatte ihren Master of Business Administration in Stanford gemacht, nachdem sie an der Brown University eine Examensarbeit über »Die Kunst in Nabokows Romanen« geschrieben hatte. Carter, ein lebhafter junger Mann mit schwarzen Haaren, war damit beauftragt, ein angemessenes Fabrikationsgebäude für den »Macintosh« zu errichten.

Der Lisa wurde von Hand gefertigt, aber Steve hielt diese Produktionsweise für völlig falsch. Er verlangte, daß der Macintosh vollkommen automatisch produziert werden sollte. Debi Coleman erklärte mir, daß man den Einsatz von Robotern und der fortgeschrittensten Fertigungstechniken plane, um ein Spitzenprodukt zu erzeugen.

Mike Murray, ein weiterer junger Mann aus dem Team mit lockigem Haar und einem kleinen Schnurrbart, war der Marketingmanager für den Macintosh. Steve wollte, daß ich mich mit ihm über Marketingideen unterhielte. Murray setzte mir auseinander, daß er den Mac als Zusatzgerät für den Haushalt, wie z. B. eine elektrische Küchenmaschine, verkaufen wollte – ein Produkt, ohne das man zwar auch leben, mit dessen Hilfe man aber ganz neue Möglichkeiten realisieren könnte. Der Mac sollte ein Schreibtisch-Zusatzgerät sein, mit dessen Hilfe man Informationen auf unterschiedlichste Weise aufbereiten konnte. Man konnte zwar ohne ihn leben, aber wenn man einmal mit ihm gearbeitet hatte, wollte man nie mehr ohne ihn sein.

Ich hatte nie verstanden, warum sich jemand unbedingt einen Computer kaufen wollte – es sei denn, er wäre ein Hacker. Und im stillen dachte ich auch bei Murrays Worten, daß Zusatzgeräte im Haushalt zwar nützlich seien, aber was sollte ein Durchschnittsbürger mit einem Computer machen? Niemand konnte mir eine befriedigende Antwort auf die Frage geben, was der Verbraucher von einem Computer für Vorteile hätte. Immer wenn ich danach fragte, erntete ich nur verwunderte Blicke. »Es ist eine richtige Revolution«, hieß es, »die Leute stehen Schlange, um sich Computer zu kaufen. Und weil der Macintosh besser und einfacher im Gebrauch als jeder andere Computer ist, werden ihn um so mehr Leute kaufen.«

Ich hatte das Gefühl, mich in einer völlig anderen Welt zu befinden. Jeder arbeitete in einer kleinen engen offenen Koje, nirgendwo gab es Schranken oder Trennwände. Ich war verblüfft, wie kreativ und durchlässig die Atmosphäre war. Sie vermittelte den Eindruck einer Universität, nicht den eines Geschäftsunternehmens.

Steve bezeichnete seine Mannschaft als Künstler, nicht als Ingenieure. Einige von ihnen waren noch im Teenageralter. Ich war der einzige, der schon lange nicht mehr zwanzig war. Fast jeder trug Jeans, T-Shirts und abgetragene Turnschuhe, aber ihre Augen leuchteten vor Begeisterung. Sie waren fasziniert, geradezu besessen von ihrer Tätigkeit — alle waren jung, begeistert, idealistisch und brillant. Sie wollten die Welt verändern. Wenn sie etwa zehn Jahre eher zur Welt gekommen wären, hätten sie sich der Kultur der sechziger Jahre angeschlossen, die in Kommunen lebte und gegen den Vietnamkrieg protestierte. Aber für diese jungen Leute gab es keinen Krieg, gegen den sie protestieren, oder einen Präsidenten, um den sie sich scharen konnten, statt dessen konzentrierten sie all ihre Energien darauf, die Welt durch neue Produkte zu verändern. Als ob sie einem Kult huldigten, gingen sie ganz in ihrer Arbeit auf, manchmal machten sie die Nächte zum Tag, nur um ein technisches Problem zu lösen.

Bevor ich Apple an diesem Tag verließ, machte Mike mir ein offizielles Angebot: 300 000 Dollar Jahresgehalt, ein zusätzlicher Bonus in derselben Höhe sowie Aktienoptionen auf 500 000 Apple-Aktien. Die Aktienoptionen, darauf wies Mike hin, waren dabei die Hauptattraktion: Zur Zeit stand eine Apple-Aktie bei 36 Dollar pro Stück, aber er war überzeugt, daß sie in absehbarer Zeit auf 150 bis 200 Dollar steigen würde. Dann wären die Aktienoptionen zirka 50 Millionen Dollar wert.

Zu diesem Angebot sagte ich weder ja noch nein, aber ich war erstaunt, wie niedrig das jährliche Grundgehalt war. Als Präsident von Pepsi-Cola verdiente ich im Jahr 500 000, hinzu kamen Hunderttausende von Dollar für Zusatzleistungen und Altersversorgung.

Am folgenden Tag, nachdem ich nach New York zurückgekehrt war, rief mich Gerry an.

»Gerry«, sagte ich ihm sofort, »ich bin unter keinen Umständen bereit, dieses Angebot in Betracht zu ziehen. Ich habe überhaupt nichts gegen Apple, und ich beschäftige mich auch in Gedanken mit dem Unternehmen, aber ich muß Ihnen ganz klar sagen, daß es da einiges gibt, was ich auf keinen Fall akzeptieren kann, zum Beispiel ist der Anreiz für mich, das aufzugeben, was ich habe, nicht groß genug. Ich habe mir inzwischen eine hohe Altersversorgung erworben und erhalte zahlreiche Zusatzleistungen, alles das gibt es bei Apple nicht. Pepsi für ein Gehalt zu verlassen, das sich von dem, was ich bisher verdiene, kaum unterscheidet, ist für mich nicht attraktiv. Einen solchen Tausch mache ich nicht.

Hinzu kommt, und das ist besonders wichtig für mich, daß ich immer hart gearbeitet habe. Ich hatte nie viel Zeit für mein Privatleben, und ich möchte ganz sicher sein, daß auch Leezy wirklich gerne nach Kalifornien umzieht. Ich möche ein Haus, das unserem in Greenwich vergleichbar ist. Das Leben in Kalifornien ist viel teurer als hier an der Ostküste, und ich möchte mir darüber keine Gedanken machen müssen.«

»Das sind ernst zu nehmende Punkte«, antwortete Gerry, »lassen Sie mich darüber mit Markkula sprechen.«

Später rief mich auch Steve an, der erfahren hatte, daß ich Markkulas Angebot abgelehnt hatte, und wollte sich noch einmal mit mir treffen. Wir verabredeten uns für Sonntag, den 20. März 1983, am frühen Nachmittag im »Carlyle Hotel«. Früher hatte ich mich mit ihm vor allem aus Neugier getroffen. Aber diesmal war es etwas anders, jetzt handelte es sich um etwas Ernsthaftes. Ein offizielles Angebot lag auf dem Tisch, und ich wußte, daß ich schnell eine Entscheidung treffen mußte. Wenn ich mich entschließen sollte, Pepsi zu verlassen, stand mir ein Gespräch unter vier Augen mit Kendall bevor.

Wir trafen uns etwa um 13.30 Uhr und einigten uns schnell, einen gemeinsamen Spaziergang durch den Central Park zu unternehmen. Kaum hatten wir das Hotel verlassen, trat ein Passant auf uns zu und fragte, ob der junge Mann an meiner Seite tatsächlich Steve Jobs sei. Wir überquerten die Madison Avenue, und schon wieder sprach ein Fremder Steve an.

»O mein Gott«, schoß es mir durch den Kopf, »da versuche ich, mich möglichst unauffällig zu verhalten, aber in Wirklichkeit spaziere ich an der Seite einer Berühmtheit durch New York.«

»Wie denken Sie eigentlich über uns?« fragte Steve.

»Ich bin wirklich davon fasziniert, was Sie und Ihre Leute machen«, gab ich zur Antwort. »Ich bin überzeugt, daß Sie die Welt wirklich verändern werden.«

»Nun, ich bin davon überzeugt, daß Sie genau der Richtige für uns sind. Ich möchte, daß Sie zu uns kommen und mit mir zusammenarbeiten. Ich kann noch so viel lernen.«

Im stillen wunderte ich mich, wie er so etwas sagen konnte. Steve hatte keineswegs die Geduld von Hiob. Er konnte sehr intolerant sein, wenn jemand oder etwas sich seinen Zukunftsvisionen in den Weg stellte. Er hatte keine Geduld mit Menschen, die nicht intelligent waren, denn Intelligenz war für ihn eine notwendige Voraussetzung für Leistung. Er hatte auch kein Verständnis für andere Computerfirmen, denn er war der Meinung, sie verwirrten die Leute nur, weil sie nicht in der Lage seien, das wahre Potential des Computers herauszustellen. Vor allem verachtete er die sogenannten MIS-Experten in Unternehmen. Er war überzeugt, daß diese Leute, die darüber entscheiden, welche Informationssysteme Großunternehmen erwerben, kaum eine Ahnung von Computern hatten. Er war der Ansicht, daß IBM den Einzelkunden nur als Verbindungsglied, als Überbrückung, zum Verkauf seiner Großcomputeranlagen ansah. Apple dagegen, so sah er es, stand und fiel mit dem Einzelverbraucher, nicht mit der Großindustrie. Für sein Alter besaß Steve außergewöhnliche Weitsicht.

Während unseres Spaziergangs durch den Park gestikulierte Steve mit Händen und Armen, um seine Worte zu unterstreichen, als ob er ein Orchester dirigierte. Seine Sprechweise war mal entwaffnend nonchalant, dann wieder bestimmt, fast streitsüchtig. Doch wie er auch sprach, er besaß die seltene Fähigkeit, auch den skeptischsten Zuhörer für sich einzunehmen. Ich war von ihm hingerissen. Er war einer der intelligentesten Menschen, denen ich jemals begegnet war. Wir hatten dieselbe große Leidenschaft für Ideen. Aber ich konnte nur staunen, wieviel er im Alter von nur 28 Jahren schon erreicht hatte. Er konnte seine Ideen in Produkte umsetzen, die die Welt veränderten, und eine völlig neue Industrie aus dem Boden stampfen. Bisher war ich immer derjenige gewesen, der seine Altersgenossen überflügelt und mehr als sie erreicht hatte. Doch hier war jemand, der fast sechzehn Jahre jünger war als ich und der seine großen Erfolge schon in viel jüngeren Jahren als ich erlebte. Ich war von Steve fasziniert, ich war von seinem Intellekt, von seinen Zukunftsvisionen begeistert.

Was ich dagegen nicht wußte, war, ob wir zusammen arbeiten könnten. Wie arbeitet man mit jemandem zusammen, der bereits eine Berühmtheit ist? Unsere Lebenserfahrungen, unsere Persönlichkeitsentwicklung waren so unterschiedlich. Ich mußte nach einer gemeinsamen Sprache suchen, und sie mußte auf Ideen aufbauen. Da mir jedes Computer-Know-how fehlte, beschloß ich, Gemeinsamkeiten im Kunstbereich zu suchen. Obwohl Steve keine abgeschlossene Collegeausbildung besaß, zeigte er doch einen unstillbaren Wissensdurst. Alles fiel bei ihm auf fruchtbaren Boden.

Ich sorgte dafür, daß unser Weg zum »Metropolitan Museum of Arts« führte, und ging mit Steve durch die Glastüren. Wir wandten uns nach links in die Abteilung für griechische und römische Plastiken. Ich erklärte Steve die Unterschiede zwischen archaischen Figuren aus dem 6. Jahrhundert v. Chr. und Statuen aus dem Perikleischen Zeitalter, dem

5. und 4. Jahrhundert v. Chr. Er war begeistert und zog oft Parallelen zwischen dem, was wir sahen, und Apple.

»Apple will gleichbedeutend sein mit perfektem Design«, erklärte er. »Bei allem, was Apple kreiert, wollen wir an der Spitze stehen. Es muß das Beste sein.«

Am meisten gefiel Steve das Schlichte, das Elegante. Als wir das Museum verlassen hatten, wurde mir klar, daß sich mir hier die Möglichkeit bot, Lehrer eines hochbegabten Studenten zu werden. Ich sah in ihm ein Spiegelbild meiner eigenen Persönlichkeit. Auch ich war ungeduldig, drängend, arrogant. Auch mein Kopf platzte beinahe vor Ideen, die kaum jemand nachvollziehen konnte. Auch ich hatte keine Geduld mit anderen, die meinen Ansprüchen nicht genügten.

Unsere Gesprächsthemen wechselten sprunghaft. Wir sprachen über Pepsi und Coke, über IBM und Apple, über Kunst und Musik, über New York und Silicon Valley und über unsere privaten Wünsche und Sehnsüchte. Ich erzählte ihm, daß ich gerne nach Paris reisen, mit einem Skizzenbuch am Seineufer sitzen und jeden Tag ein paar Stunden im Louvre verbringen würde. Ich bekannte, daß ich gerne Künstler geworden wäre, wenn ich nicht Geschäftsmann wäre. Steve vertraute mir an, daß er — wenn er nicht mit Computern arbeiten würde — sich vorstellen könnte, als Dichter in Paris zu leben. Wir waren so in unser Gespräch vertieft, daß wir keinen Blick für die Jogger, die Radfahrer, die Kinderwagen oder die Leute, die mit ihren Sonntagszeitungen auf Parkbänken saßen, hatten, an denen wir vorüberkamen.

Wir gingen immer weiter, verließen den Park und kamen schließlich zum Broadway, wo mir Steve bei »Colony Records« auf der 51st Street zeigen wollte, welche Musik ihm gefiel. Im Laden blätterte er durch Plastikhüllen von Bob Dylan, Joan Baez, Ella Fitzgerald und Windham Hill. Mein Geschmack war sehr viel enger umrissen als seiner. Die klassische Musik, die ich gerne hörte, war typisch für die New Yorker East Side. Es kam mir der Gedanke, daß der vollgestopfte Schallplattenladen auch so etwas Ähnliches wie ein Museum war und daß Steve mir die Art von Kunst zeigte, die er schätzte, so wie ich ihm die Plastiken und Gemälde gezeigt hatte, die mein Leben bereichert hatten.

Steve versuchte, mir klarzumachen, daß er bei Apple für mich arbeiten würde. Noch nie in seinem Leben habe er für jemanden gearbeitet, den er wirklich respektieren konnte, sagte er. Aber richtig zusammenarbeiten könne er nur mit jemandem, der genauso begabt und intelligent wie er sei. Die kommenden Jahre seien besonders wichtig für ihn, es seien vielleicht die produktivsten Jahre seines Lebens. Er habe großartige Ideen, die er der Welt vermitteln wolle, aber ihm sei bewußt, daß er noch reifer werden und noch mehr lernen müsse, um diese Ideen erfolgreich verwirklichen zu können. Und ich sei der Mensch, schloß Steve, der ihm am meisten beibringen könne.

Wir gingen den Broadway hinauf bis zum »San-Remo«-Appartement-haus, Ecke Central Park West und 75th Street, nur wenige Blocks entfernt vom exklusiven »Dakota-Haus«, wo der Ex-Beatle John Lennon, eines der großen Vorbilder von Steve, erschossen worden war. Das »San-Remo«-Haus stammte aus der goldenen Ära der New Yorker Architektur und erinnerte an vergangene Zeiten. Wir gingen am Portier und der Rezeption vorbei und nahmen den Fahrstuhl, der uns direkt in die Penthousesuite brachte, die Steve kaufen wollte. Die Suite lag in einem der beiden Türme des Gebäudes und erstreckte sich über zwei Stockwerke, etwa dreißig Stockwerke über der Erde. Früher hatte die Wohnung Jacob Rothschild gehört.

Über eine Treppe an der Außenwand des Hauses gelangte man zu einer Terrasse, die sich um den Turm herumzog. Ich mag keine hohen Gebäude und litt plötzlich unter schrecklichen Vorstellungen, daß auf einmal die Feuertür zuschlagen könnte und wir ausgesperrt wären. So blieb ich eng an der Hauswand stehen, als Steve mir die atemberaubende Aussicht zeigte: nach Westen über den Hudson bis New Jersey, nach Süden bis zur Freiheitsstatue und nach Norden bis zur George-Washing-ton-Brücke. Im Osten konnte man den ganzen Central Park überblicken und in der Ferne den LaGuardia-Flughafen erkennen. Es war, als ob wir beide hoch über der Welt stünden, über der Welt von New York, die ich kannte und die Steve entdecken wollte, und über der Welt, die er verändern wollte.

Wir waren gerade auf der Westseite der Terrasse und blickten über den Hudson, als Steve mich schließlich ganz direkt fragte: »Werden Sie zu Apple kommen?«

»Ich finde wirklich großartig, was Sie bei Apple leisten, Steve«, antwortete ich. »Ich bin sehr begeistert davon, wie könnte man auch nicht begeistert sein. Aber für mich hat es keinen Sinn, zu Ihnen zu kommen.«

Ich setzte ihm auseinander, daß das finanzielle Angebot für mich nicht attraktiv war, selbst wenn ich gerne zu Apple kommen würde. Ich erklärte ihm, daß ich eine Million Dollar Jahresgehalt verlangen müßte, dazu eine Million Startgeld und eine weitere Million garantierte Entschä-digungssumme, falls unsere Zusammenarbeit scheiterte.

»Wie kommen Sie zu diesen Zahlen?« fragte Steve.

»Es sind schöne, große, runde Summen«, entgegnete ich ihm, »und sie würden es mir sehr erleichtern, mit Kendall zu reden.«

»Selbst wenn ich das Geld aus meiner eigenen Tasche zahlen müßte – ich möchte, daß Sie zu Apple kommen«, meinte Steve. »Dieses Problem werden wir lösen, denn Sie sind der Geeignetste für den Job, den ich kenne. Ich bin davon überzeugt, daß Sie wie für Apple gemacht sind, und Apple verdient nur das Allerbeste.«

»Steve«, wandte ich ein, »ich wäre gerne Ihr Berater und würde Ihnen helfen, wo ich nur kann. Wann immer Sie in New York sind, würde ich Sie gerne treffen und mich mit Ihnen unterhalten. Aber ich habe große Zweifel, ob ich zu Apple kommen sollte.«

Steve senkte den Kopf und blickte auf das Straßenpflaster. Nach einer langen gewichtigen Pause fragte er mich so vorwurfsvoll, daß mich seine Worte noch tagelang verfolgten: »Möchten Sie wirklich den Rest Ihres Lebens damit verbringen, Zuckerwasser zu verkaufen, anstatt die Chance zu ergreifen, die Welt zu verändern?«

Es war, als ob jemand ausgeholt und mir einen harten Schlag in die Magengrube versetzt hätte. Da machte ich mir Sorgen, meine Karriere bei Pepsi aufzugeben, auf mein Altersruhegeld und meine Zusatzvergütungen zu verzichten, meine Loyalität gegenüber Kendall zu verletzen, und fürchtete, mich nicht in Kalifornien einleben zu können – alles ganz pragmatische Überlegungen für einen Mann in mittleren Jahren. Ich dachte nur an die nächste Woche und die Woche darauf. Aber Steve konfrontierte mich auf einmal mit der Feststellung, daß mein ganzes Leben an einem Kreuzweg angelangt war. Die Frage war unglaublich schwer zu beantworten – ich wußte nicht, was ich darauf sagen sollte. Mir fehlten die Worte.

Steve zeigte nicht, ob ihn meine Antwort enttäuscht hatte. Für ihn schien es das Wort »Nein« nicht zu geben. Es hatte noch nie etwas für ihn bedeutet. »Nein« ist für Steve nur ein zeitweiliges Hindernis auf dem Weg, das es zu überwinden gilt. Er verfügte über eine geradezu unheimliche Begabung, alles zu erreichen, was er sich vorgenommen hatte.

Ich hatte Steves Angebot abgelehnt. Aber als ich mich von ihm verabschiedete, wurde mir zum erstenmal in vier Monaten klar, daß ich eigentlich gar nicht nein sagen konnte.

Lektion zu Kapitel 3

»Third Wave«

Heutzutage sprechen Manager von »Dezentralisierung«, von einer »Rückkehr zu den Grundprinzipien« und vom Respekt für die »Unternehmenskultur«. Alles Rezepte zur Lösung der Probleme der amerikanischen Industrie? Wohl kaum. Hierbei geht es nicht um eine schnelle Problemlösung, vielmehr um die Erkenntnis, daß die traditionelle Unternehmensform, die mehr als fünfzig Jahre lang Gültigkeit hatte, überholt sein könnte.

Alvin Toffler sah bei seinem Blick in die Zukunft bereits weitsichtig eine neue Managementform voraus, das »Third-Wave«-Management, und John Naisbitt konnte anhand von Trendanalysen nachweisen, daß diese Managementform bereits existiere. Ich aber hatte selbst sowohl für Pepsi, eines der besten »Second-Wave«-Unternehmen des Industriezeitalters, als auch für Apple, eines der besten »Third-Wave«-Unternehmen des Informationszeitalters, gearbeitet.

Ich verschrieb mich vollständig, sowohl geistig als auch körperlich, dem industriellen Wettbewerb. Aber ich entdeckte auch eine neue Welt, in der der Wettbewerb eine geringere Rolle spielt als der Aufbau von neuen Märkten, in der Erfolg nicht in Prozentzahlen von Marktanteilen gemessen wird, sondern anhand der Vergrößerung des gesamten Spielfeldes und der Stärkung der gesamten Industrie – und dabei ist der Blick nicht nur auf das eigene Unternehmen gerichtet, und der Erfolg wird nicht nur auf Kosten des Wettbewerbers errungen.

Die Ironie der Entwicklung liegt darin, daß auch die meisten erfolgreichen Unternehmer in den Anfangsjahren des industriellen Zeitalters vor allem Baumeister und weniger Konkurrenten waren.

Die gegenwärtige Entwicklung weist in Richtung »Third-Wave«-Unternehmen, und das nicht nur im High-Tech-Sektor, sondern überall. Ganz vereinfacht gesagt, liegt die Stärke dieser Unternehmen in der *Veränderung*, in ihrer Fähigkeit, ihre Produkte und ihre Organisation wirtschaftlichen und gesellschaftlichen Veränderungen sowie Veränderungen im Verbraucherverhalten anpassen zu können. Demgegenüber liegt die Stärke eines Unternehmens des industriellen Zeitalters in der *Stabilität*. Alles ist auf Erhaltung von Stabilität ausgerichtet – die Betonung von Titel und Rangfolge, die Bevorzugung von Struktur gegenüber Flexibilität, der Anspruch, daß die Institution vor den Bedürfnissen des Individuums kommt. So ist es nicht verwunderlich, daß ein »Second-Wave«-Unternehmen nur schwerfällig auf äußere Veränderungen reagiert.

Darin besteht der grundlegende Unterschied zwischen »Second-Wave«-

und »Third-Wave«-Unternehmen. Und dieser Unterschied wird immer gewichtiger, je mehr das Tempo der Veränderungen infolge der Beschleunigung des Informationszeitalters zunimmt. »First-Wave«-Unternehmen entstanden im vorindustriellen Zeitalter. »Second-Wave«-Unternehmen, die Unternehmensform des Industriezeitalters, setzen auf Wachstum, auf das Bedürfnis nach »immer noch mehr von demselben Produkt« und nicht auf den Wunsch nach Veränderung. Denken Sie nur an die typischen Großunternehmen der sechziger und siebziger Jahre. Damals bestand die Aufgabe eines Managers vor allem darin, dafür zu sorgen, daß alles ordnungsgemäß verlief, während Wachstum sich von selbst einstellte. Es gab nur wenig Abhängigkeit von äußerlichen Faktoren. Pepsi zum Beispiel ist eine völlig autarke Organisation. Es unterhält ein eigenes Restaurant, hat einen eigenen Arzt und einen eigenen Skulpturenpark. Innerhalb eines »Second-Wave«-Unternehmens herrscht der Chef unangefochten wie ein absoluter Herrscher.

Deshalb gehen die meisten »Second-Wave«-Unternehmen auch, wenn sie expandieren, nur mit einem eingeengten, nationalen Blickwinkel auf internationale Märkte, sie gründen *multinationale* Außenstellen. Ein »Third-Wave«-Unternehmen dagegen hat immer einen globalen Blickwinkel mit einer *multilokalen* Perspektive.

»Second-Wave«-Unternehmen versuchten immer, ausländische Märkte nach heimatlichen Vorbildern zu gestalten. Wenn etwas in San Francisco funktionierte, warum sollte es nicht auch in São Paulo funktionieren? Doch diese Einstellung ist falsch. Apple paßt sich im Ausland den dort geltenden Normen und Bedingungen an. In den Worten von Mike Spindler, dem Vizepräsidenten von Apple International: »Im Körper von Apple schlagen zwei Herzen — unser kalifornisches Herz und das Herz unserer ausländischen Niederlassungen.« Ausländische Gepflogenheiten färben auch auf uns in den USA ab — Apple wurde dank seines multilokalen Prinzips die Nummer eins unter den Personalcomputerunternehmen in Frankreich. Sogar in Japan können wir explosive Wachstumsraten verzeichnen.

Dennoch können auch weiterhin »Second-Wave«-Unternehmen erfolgreich operieren: PepsiCo und IBM stellen es beinahe täglich unter Beweis. Sie sind erfolgreich, weil sie im Bereich der Wettbewerbsanalyse und der Strategie gut sind, weil sie sich auf die Erreichung quantifizierbarer Ziele und auf Leistungskontrolle konzentrieren und weil sie in allen Unternehmensbereichen Wert auf gleichbleibende Arbeitsqualität legen. Dies sind die traditionellen Stärken von »Second-Wave«-Unternehmen. Aber die Welt von heute ist nicht mehr die Welt der Mitte des Jahrhunderts, als der Stil dieser Unternehmen entwickelt wurde. Für Flexibilität und Interdependenz sind diese Unternehmen nicht gemacht, und länger-fristig könnte ihnen der Erfolg versagt bleiben, wenn es ihnen nicht gelingt, sich umzustellen.

Nur zu oft fehlen den »Second-Wave«-Unternehmen die Eigenschaf-ten, die im Informationszeitalter notwendige Voraussetzungen für Erfolg sind: Flexibilität, Kreativität und Innovation. In einem »Second-Wave«-Unternehmen kommen diese Eigenschaften nur selten zum Tragen, weil jede hierarchische Ebene des Unternehmens wie ein Filter wirkt. Jede Ebene hat das Recht, nein zu sagen, aber nur ganz selten auch das Recht zu einem Ja. Wenn gute Ideen überhaupt bis an die Spitze der Organisa-tion durchdringen, dann nur ganz langsam. Das bedeutet, daß in einem »Second-Wave«-Unternehmen die Bedeutung neuer Produkte oder neuer Märkte meist erst spät erkannt wird. Das spielte keine Rolle, als Zeit noch kein wichtiger Faktor war. Aber heute können sich nur noch wenige von uns den Luxus leisten, Zeit zu haben.

Viele High-Tech-Unternehmen gehören zur »Third Wave«. Das liegt daran, daß der technologische Fortschritt es ermöglicht, vieles besser und billiger als früher zu produzieren, und daß High-Tech-Unternehmen vor allem auf Leute, die nicht mit Erfahrungen in traditionellen Unterneh-men belastet sind, eine starke Anziehungskraft ausüben. Aber »Third-Wave«-Unternehmen finden sich nicht nur auf dem High-Tech-Sektor. Chaparral Steel ist ein Beispiel für ein Unternehmen aus einem geradezu archaischen Industriebereich, dem eine erfolgreiche Umstellung gelungen ist und dem diese Umstellung recht gut bekommt.

Flexibilität

Bei Chaparral wird die Aufgabenverteilung flexibel gehandhabt, jeder einzelne kann gleichzeitig in verschiedenen Unternehmensbereichen ein-gesetzt sein; zum Beispiel ist der Vizepräsident für Verwaltung auch gleichzeitig für die Vermittlung von Telefongesprächen zuständig. Die Organisation des Unternehmens ist unkompliziert und flexibel. Wachs-tum durch vertikale Integration wird mit Mißbilligung gesehen, und das Werk gilt als richtiges Experimentierlaboratorium. Die Arbeitsprodukti-vität ist beinahe viermal so hoch wie in anderen amerikanischen Stahlwer-ken und fast doppelt so hoch wie in Japan.

Passenderweise gibt es bei Apple nur wenige feste Wände. Es ist für die Mitarbeiter außerordentlich wichtig, in offenen Räumen mit beweglichen Raumteilen zu arbeiten, die eine Atmosphäre der Flexibilität und Dyna-mik erzeugen und die an einem einzigen Wochenende umgestellt werden

Merkmale gegensätzlicher Managementstile*

Bereich	»Second Wave«	»Third Wave«
Organisation	Hierarchie	Vernetzung
Output	Marktanteil	Schaffung neuer Märkte
Schwerpunkt	Institution	Individuum
Stil	starr	flexibel
Erfolgsgrundlage	Stabilität	Veränderung
Struktur	Autarkie	Interdependenz
Kultur	Tradition	genetischer Code**
Auftrag	Zielvorhaben/ strategische Pläne	Identifikation/ Richtungsweisung/ Wertmaßstab
Führung	Dogma	Inspiration
Qualitätanspruch	das Bestmögliche	keine Kompromisse
Erwartungen	Sicherheit	Selbstverwirklichung
Status	Titel und Rang	Differenzierung
Aktiva	»Cash«	Information
Vorteil	Qualitätsverbesserung desselben Produkts	bedeutende Neuentwicklungen
Motivation	Wettbewerb	Aufbau

* Inspiriert wurde diese Gliederung von James E. Cook, Technologe, Unternehmer und früherer Vizepräsident für Technologie bei Computervision Corp.
** Vgl. Lektion zu Kapitel 10

können. Soweit möglich mieten wir unsere Räume. Die Unternehmenskultur legt keinen Wert darauf, wie ein Büro aussieht. Das ermöglicht
uns große Flexibilität bei der Umorganisation.

Tatsächlich sehen wir jede Neuorganisation als positiv an. In vielen
anderen Unternehmen dagegen fürchtet man sich davor. Die Mitarbeiter
sind verunsichert, sie fragen sich: »Wohin komme ich? Was werden
meine Aufgaben sein?« Das gilt vor allem für Unternehmen, in denen
Entlassungen unüblich sind und die Angestellten bis zur Erreichung der
Altersgrenze ihre Arbeit verrichten. Bei Apple herrscht ständige Veränderung. Jeder erwartet geradezu, daß bei den Gebäuden, den Strukturen,
den Büros und den Mitarbeitern Veränderungen auftreten. Organisatio-
nen sollten nie dauerhaft sein.

Die vernetzte Organisation

Die Zeit ist gekommen, daß die Jugend der sechziger Jahre, die Generation mit den Vietnamkriegs-Erfahrungen, in industrielle Führungspositionen aufsteigt. Diese Generation postuliert vollkommen neue Werte
und lockert die bisher gültigen Führungsregeln, es gilt nicht mehr
Hierarchie, sondern Vernetzung.

Die Schönheit einer vernetzten Organisation besteht darin, daß sie kein
Zentrum hat. Sie besteht aus modularen Gruppierungen, die sich für
bestimmte Aufgaben zusammenfinden – nicht um Lehnsherrschaften zu
errichten wie die »Abteilungen« des alten, traditionellen Stils. Je nachdem,
wie die Situation es erfordert, kann der Leiter Mitarbeiter und Führer
zugleich sein, der inspiriert, aber keine dogmatischen Ansichten vertritt.
Manchmal bin ich gleichzeitig der Leiter einer Gruppe, aber Mitarbeiter in
einer anderen Gruppe, in der ich nur eine untergeordnete Rolle spiele, weil
andere Mitspieler viel stärker im Bereich der Produktentwicklung oder der
Fertigung sind als ich. Der Leiter eines Unternehmens muß nicht unbedingt ein Ausbund von Klugheit sein, in vielen »Second-Wave«-Unter-
nehmen ist er nur das Endprodukt eines internen Auswahlverfahrens,
dessen Maßstäbe nicht immer Talent und Ideenreichtum sind.

Worin aber besteht nun die Aufgabe und die Leistung des Leiters eines
»Third-Wave«-Unternehmens? Er schreibt immer noch die Tagesordnung vor, er bestimmt, was für das Unternehmen wichtig ist, und
entscheidet, wohin die Mittel fließen. Seine Aufgabe ist es, die vernetzte
Organisation zu bevollmächtigen. In einem »Second-Wave«-Unterneh-
men dagegen haben Vernetzungen nur informellen Status und werden
gerade noch toleriert.

Warum ist eine Vernetzung so wichtig? Weil sie dem natürlichen Ideenfluß entspricht. »Third-Wave«-Unternehmen sind so konstruiert, daß im Management diskutiert wird, daß auch gegensätzliche Meinungen gehört werden. »Second-Wave«-Unternehmen dagegen sind auf Übereinstimmung ausgerichtet, Einstimmigkeit gilt als Zeichen für perfektes Funktionieren und als Garant für Prosperität. Apple hätte nie die Prinzipien oder Produkte entwickeln können, über die das Unternehmen heute verfügt, wenn es nicht diese Begeisterung für das Aufeinanderprallen unterschiedlicher Ideen gäbe.

Eine starre Struktur kann keine dauerhafte Grundlage bilden. »Third-Wave«-Unternehmen sind nicht grundsätzlich zentralisiert oder dezentralisiert. Es gibt Zeiten, in denen es angebracht ist, Strukturen zu ändern, dann kann die vernetzte Organisation sich den Veränderungen anpassen. Unsere Vernetzungen bestehen aus Mannschaften auf Zeit, die sich je nach Bedarf bilden und wieder auflösen.

Eine vernetzte Organisation benötigt auch weniger Mitarbeiter. Da ist auf der einen Seite Digital Equipment Corp. (DEC), einer der erfolgreichsten Computerhersteller in den letzten Jahren. 1985 machte das Unternehmen 6,5 Milliarden Dollar Umsatz bei einer Beschäftigtenzahl von 89 000. Auf der anderen Seite steht dagegen Apple mit mehr als 2 Milliarden Dollar Umsatz und nur wenig mehr als 5000 Beschäftigten. Wenn wir unseren Umsatz um das Dreieinhalbfache vergrößerten, um an DEC heranzukommen, und auch unsere Mitarbeiterzahl um das Dreieinhalbfache aufstockten, kämen wir immer noch auf nicht mehr als 17 000 Beschäftigte.

Wir können deshalb so klein bleiben, weil wir über zahlreiche unabhängige Geschäftspartner verfügen: Softwarehersteller, Zusatzteilproduzenten, Großhändler und Einzelhändler. Wie ein Zuflußrohr leiten wir Kreativität und Innovation weiter. Und die wirklichen Unternehmer sind diejenigen, die aus unserer Vernetzung Nutzen ziehen.

Einige Kritiker haben den Vorwurf erhoben, daß ein solches Arrangement zur Entstehung einer »leeren Unternehmenshülle« geführt habe, einer verletzlichen Unternehmensstruktur, deren Überlebensfähigkeit vollkommen von anderen Firmen abhängig sei. Sie behaupten, daß diese nach außen so groß scheinenden Unternehmen nichts als Fassade seien – keine Fabrikation, keine Verkaufsorganisation, kaum mehr als Dienstleistungen.

Aber diese Kritiker erkennen nicht die gewaltigen Vorteile, die eine derartige Organisationsform bietet. Als Apple 1985 in die Krise geriet, erhöhte dies zwar unsere Abhängigkeit von unseren unabhängigen Partnern den Druck auf uns beträchtlich. Wenn sie uns im Stich gelassen hätten, wäre Apples Zukunft mehr als ungewiß gewesen. Aber die Flexibilität, die dieses Arrangement uns ermöglichte, wog die Nachteile bei weitem auf. Wenn wir eine größere Mitarbeiterzahl gehabt hätten, wie zum Beispiel DEC, wenn die Gebäude, die wir benutzten, unser Eigentum gewesen wären und wenn unsere Integration eher vertikal gewesen wäre, dann wäre die Krise weitaus härter und schmerzlicher verlaufen. Ein Unternehmen mit nur wenigen Beschäftigten zu sein, ist auch eine große Stärke.

Aus jedem Dollar Umsatz im Katalysatorunternehmen können bei einer externen Infrastruktur drei oder vier zusätzliche Dollar Umsatz werden. Die vertikale Integration wird auf diese Weise weniger wichtig, und die Größe eines Unternehmens spielt eine untergeordnete Rolle. Weitaus bedeutender ist die Steigerung der Flexibilität, die die Chancen zu nutzen versteht, die Veränderung und Chaos bieten können und ohne die Innovationen undenkbar sind.

Motivation

»Second-Wave«-Unternehmen wollen immer größer werden. Größe ist ihr Glaubensbekenntnis. »Third-Wave«-Unternehmen dagegen sind vor allem daran interessiert, neue und bessere Wege zu finden.

Damit kommen wir zu einer der wichtigsten Zielsetzungen eines »Third-Wave«-Unternehmens: sich selbst und die eigenen Produkte überflüssig zu machen. Kein anderer sollte dazu besser geeignet sein. Unser Macintosh machte den Lisa überflüssig, der Zweck des Apple II gS bestand einzig darin, den früheren Apple II überflüssig zu machen. Unsere Arbeit besteht darin, Wege zu finden, um dem Verbraucher einen Entwicklungspfad – aufwärts – zum nächsten Produkt zu weisen, in die Zukunft, und nicht darin, ihn mit einem alten, inzwischen überholten Produkt alleinzulassen. Und unsere Arbeit, uns selbst überflüssig zu machen, besteht darin, dem Verbraucher bedeutende Neuentwicklungen anzubieten. Das Ziel von »Second-Wave«-Unternehmen dagegen liegt ausschließlich darin, dem Verbraucher immer wieder dasselbe Produkt anzubieten, nur in verbesserter Qualität.

Individuum contra Institution

Wir bei Apple wissen, daß der Gegensatz Individuum/Institution besteht, während die meisten »Second-Wave«-Unternehmen versuchen, ihn zu ignorieren. Wir existieren nur für unsere Mitarbeiter, die unser Lebenselixier darstellen, und nicht umgekehrt.

Mitarbeiter eines »Second-Wave«-Unternehmens werden mit Hilfe von Beförderungen, Einkommen und Zusatzvergütungen motiviert. In einem »Third-Wave«-Unternehmen dagegen kommt die Motivation der Mitarbeiter über die ideologische Bindung, über den Glauben, selbst die Welt verändern zu können, über die Chance, sich selbst zu verwirklichen und als Persönlichkeit zu gewinnen.

Ein »Second-Wave«-Unternehmen bietet diese Möglichkeit nicht, weder mit dem Versprechen einer lebenslangen Anstellung noch mit der garantierten Altersversorgung. Beschäftigte in einem »Third-Wave«-Unternehmen sind deshalb viel eher bereit, Risiken einzugehen und auch Fehlschläge einzukalkulieren. Sie haben andere Wertmaßstäbe – ihre eigenen, nicht die des Unternehmens. Ihr Verhalten richtet sich nach dem Möglichen, nicht nach dem Tatsächlichen. Für die großen Risiken, die sie eingehen, müssen sie deshalb auch hohe Entschädigungen erhalten, besonders bei Aktienoptionen, da sich in deren Wertsteigerung letztendlich ihre Leistung manifestiert.

Qualitätsansprüche

Unter dem »New-Wave«-Aspekt muß der Begriff »Qualitätsanspruch« weiter gefaßt werden. Er bezieht sich nicht mehr nur auf das Produkt, sondern gilt für jeden Bereich der Organisation. Höchste Qualität, ohne jeden Kompromiß, wird bei jeder Leistung und in jeder Abteilung gefordert, im Finanzbereich genau wie im Verkauf. Jeder hat sich danach zu richten. Und jeder, der im Wettbewerb erfolgreich bestehen will, richtet sich danach – es gilt nicht, daß der Stärkere oder der Härtere siegt.

Das ist einer der Gründe, warum so viele amerikanische Unternehmen in Schwierigkeiten geraten sind. Ihre Qualitätsmaßstäbe richteten sich danach, was machbar war, das heißt, sie kalkulierten einen gewissen Grad von Fehlerhaftigkeit ein, anstatt von Anfang an auf Perfektion zu bestehen. Den Beweis für diese Behauptung liefern die Qualitätssteigerungen einiger traditioneller Unternehmen Anfang der achtziger Jahre – die Steigerungsraten sind geradezu erschreckend, nicht wegen der

Verbesserungen, die sie brachten, sondern wegen der Eindeutigkeit, mit der sie enthüllten, auf was für ein niedriges Niveau der Qualitätsstandard tatsächlich gefallen war.

＊

Was heißt das nun alles? Die Unterschiede zwischen »Second-Wave«- und »Third-Wave«-Unternehmen verlangen grundlegende Änderungen – sowohl in der Einstellung als auch im Verhalten. In der Übergangsperiode, in der wir uns gegenwärtig befinden, ist es ratsam, daß wir uns über diese Unterschiede Gedanken machen. »Third-Wave« ist ein Modell, dessen Realisierung wir bald in Angriff nehmen sollten, denn dies ist ein Gebot der Zeit.

Kapitel 4

»Der Fisch hat angebissen«

»Zuckerwasser oder die Chance, die Welt zu verändern« – ich konnte die herausfordernden Worte Steves nicht vergessen. Stundenlang, tagelang, überall verfolgte mich Steves Bemerkung.

Zum erstenmal in sechzehn Jahren hatte ich einen Blick auf die Welt jenseits von Pepsi geworfen und entdeckt, daß – so großartig auch PepsiCo war – woanders auch aufsehenerregende Dinge geschahen. Die meiste Zeit meiner beruflichen Laufbahn war ich ganz naiv davon überzeugt gewesen, daß ich mich mit der einzigen aufregenden Aufgabe, die es auf der Welt gab, beschäftigte, daß ich mit den einzigen intelligenten Menschen, die es gab, zusammenarbeitete. Auf einmal mußte ich erkennen, daß diese Überzeugung falsch war. Für jemanden, der nur selten von seiner Arbeit aufgesehen hatte, war diese Erkenntnis keine kleine Überraschung. Apples Interesse an mir zwang mich, darüber nachzudenken, was mir im Leben wirklich Freude machte.

Die Leitung großer Verwaltungsapparate war es nicht. Am meisten Freude machte es mir, mit einer kleinen Gruppe zusammenzuarbeiten, Ideen zu entwickeln, sie in Produkte oder Marketingkampagnen umzusetzen, Probleme in kleinen Unternehmen zu lösen, wie ich es zum Beispiel bei International Foods tun konnte, oder selbst Marketingstrategien zu entwickeln, wie ich es Anfang der siebziger Jahre tun konnte, als Pepsi-Cola noch ein kleines Unternehmen war.

So anregend und erfolgreich meine Arbeit bei Pepsi auch war, wahrscheinlich würde sich mir nie mehr die Gelegenheit bieten, an kleinen Gruppenprojekten selbst mitzuarbeiten. Und nun wurde mir auf einmal offeriert, die Leitung eines neuen Unternehmens in einer neuen Industrie zu übernehmen, mich wieder den Aufgaben zu widmen, die mir am meisten Freude bereiteten. Immer wenn ich von einer Zusammenkunft mit Apple-Leuten zurückkehrte, fühlte ich mich frisch gestärkt und angeregt von der Tatsache, daß ich etwas Neues gelernt hatte.

Entgegen der landläufigen Meinung, war ich nie ein prototypischer, standardisierter Manager. Während meiner Jahre bei Pepsi hatte ich immer wieder mit Konventionen gebrochen. In einer höchst standardisierten Welt war ich immer ein Außenseiter gewesen. Ich hatte eine gute Position in einer Werbebranche aufgegeben, um Kästen mit Limonade schmutzige Kellerstufen hinauf- und hinabzuschleppen. Nachdem ich die Position eines Vizepräsidenten für Marketing bei Pepsi übernommen hatte, war ich erfolgreich gewesen, weil ich die Wettbewerbsregeln geändert hatte: durch einen neuartigen Einsatz von Verpackung, Verkaufsstrategien und Werbekampagnen – und nicht weil ich mich auf sicheren, altbewährten Pfaden gehalten hatte.

Diese Position gab ich schließlich für einen Job auf, der in den Augen vieler einem Abstieg gleichkam. Als mir angeboten wurde, Präsident der Pepsi-Cola zu werden, lehnte ich zweimal ab; als ich schließlich doch einwilligte, tat ich es nur widerwillig und nach langem Ringen. Nun war ich – nach Ansicht vieler Beobachter – ein ernsthafter Anwärter auf die Spitzenposition im Unternehmen, aber ich dachte ernsthaft darüber nach, alles aufzugeben für ein viel kleineres Unternehmen – mehr als 4000 Kilometer entfernt, dessen Mitarbeiter meist nur halb so alt wie ich waren.

Meine Leistungen bei International Foods hatten mein Selbstvertrauen gestärkt, und ich war überzeugt, daß ich der Herausforderung, die die Position bei Apple darstellte, gewachsen war. Aus erster Hand wußte ich, daß es schwierig war, ein Unternehmen in einem Bereich zu leiten, der starken Konjunkturschwankungen ausgesetzt war, aber ich wußte auch, daß es nicht unmöglich war. Schon in Brasilien war es mir gelungen, und damals war nicht nur das Unternehmen, sondern auch die ganze Volkswirtschaft vollkommen aus den Fugen geraten. Diese Erfahrung stärkte meine Zuversicht, daß ich auch erfolgreich in einer so dynamischen, expandierenden Branche wie der Computerindustrie arbeiten könnte.

Mein berufliches Interesse hatte immer darin bestanden, Geschäfte, Produkte und Märkte aufzubauen. Aber zunehmend mußte ich feststellen, daß ich bei Pepsi administrative Aufgaben zu erledigen hatte.

Inzwischen hatte sich zudem Kendall wegen der Regelung der Nachfolgefrage einen Wettbewerb mit drei Kandidaten einfallen lassen. Die Kandidaten waren ich, Wayne Calloway, der Präsident von »Frito-Lay«, und Donald Smith, Präsident bei PepsiCo Food Services. Der Gewinner dieses Wettrennens sollte Kendalls Platz als Chief Executive und Chairman des Unternehmens einnehmen. Kendall war der festen Überzeugung, daß es seine Pflicht sei, mehrere Spitzenkandidaten aufzubauen, aus denen der Verwaltungsrat dann seinen Nachfolger wählen könnte. Bei Pepsi fand der Konkurrenzkampf nicht nur mit dem Wettbewerber auf dem Markt statt, sondern auch innerhalb des Unternehmens. Zum erstenmal mußte ich in direkter Konkurrenz zu einem guten Freund antreten, und das gefiel mir gar nicht.

Die Situation lenkte auch alle von der eigentlichen Arbeit ab. Offen wurde darüber spekuliert, wer gewinnen würde. Das Management kümmerte sich kaum noch um etwas anderes. Die Spannung war überall zu spüren, und auf den Gängen wurde ständig getuschelt. »Heute habe ich Pearson zusammen mit Smith gesehen«, konnte man es munkeln hören, »ich möchte wissen, was das zu bedeuten hat.«

Kendall begann zu signalisieren, daß der Wettkampf bereits vor einem Jahr begonnen habe, als er uns drei aufforderte, stärker an Unternehmensentscheidungen mitzuwirken. Wir waren zu Boardmitgliedern der PepsiCo-Foundation ernannt worden und mußten Empfehlungen aussprechen, wie die Stipendien der Stiftung verteilt werden sollten; wir waren angehalten worden, uns auch außerhalb des Unternehmens stärker zu engagieren, und unsere Leistungen innerhalb des Unternehmens waren einer genauen Prüfung unterzogen worden. Eine dieser Prüfungen hatte darin bestanden, daß wir Vorschläge ausarbeiten mußten, wie die zukünftige Entwicklung der Transportsparte von PepsiCo aussehen sollte. Zum Transportbereich von Pepsi gehörten »North American Van Lines«, ein relativ profitables Unternehmen, und »Leeway Transportation«, das in den roten Zahlen steckte.

Smith, der von Pillsburys Burger King Division zu Pepsi gekommen war, drängte darauf, daß Pepsi auch weiterhin in den Transportbereich investieren sollte. Calloway schlug vor, sich vom Transportbereich zu trennen, falls wir einen Käufer finden könnten, der uns einen guten Preis bezahlte. Mein Vorschlag war besonders umstritten. Ich empfahl, nicht nur die beiden Transportfirmen abzustoßen, sondern gleichzeitig auch »Wilson Sporting Goods« und alle anderen Firmen, die nichts mit Soft Drinks, Snacks und Dienstleistungen im Lebensmittelbereich, unseren drei Hauptgeschäftsbereichen, zu tun hatten.

Ich war überzeugt, daß man an der Börse eine solche Umstrukturierung wohlwollend aufnehmen würde und daß, was mir besonders wichtig erschien, wir dadurch die Möglichkeit erhielten, unsere freigewordenen Mittel verstärkt in das Soft-Drink-Geschäft zu investieren.

Ich stellte die ganz einfache Frage: Wenn unsere größten Chancen in unseren drei Hauptgeschäftszweigen lagen, warum sollte sich PepsiCo dann mit Sparten befassen, die nie große Umsätze bringen konnten?

Die gesetzliche Neuregelung des Lastwagentransports hatte dramatische Auswirkungen auf die Preise gehabt, und nur sehr starke Transportfirmen konnten überleben. Die Sportartikelindustrie litt daran, große Lagerbestände halten zu müssen, und die großen Gewinne, die im Soft-

Drink- und Snack-Bereich zu erwirtschaften waren, waren hier nicht möglich.

Kendall teilte meine Meinung ganz und gar nicht. »Wir haben hart daran gearbeitet, dieses Unternehmen aufzubauen, und wir werden nicht einfach Sparten verkaufen, die nur ein besseres Management brauchen.«

»Das hat nichts mit Management zu tun, Don«, versuchte ich, ihm zu widersprechen. »Es geht um die Frage, nach welcher strategischen Vorstellung wir unser Unternehmen ausrichten wollen.«

Aber ich konnte ihn nicht überzeugen. Allmählich fühlte ich mich etwas frustriert, weil ich für meine Pläne, die ich bei PepsiCo realisieren wollte, keine Rückendeckung fand. Anfang 1982 plante ich sogar, ein eigenes Unternehmen zu gründen, eine Firma, bei der man stundenweise Computer ausleihen konnte. Damals kostete ein komplett ausgestatteter Apple II etwa 3600 Dollar, und nur wenige Leute waren der Ansicht, daß sie einen eigenen Personalcomputer brauchten. In meinem Unternehmen hätten kleine Geschäftsleute tagsüber ihre Geschäftspost oder ihre Buchhaltung mit dem Computer erledigen können, und abends hätten Geschäftsleute oder Studenten mit den Programmen arbeiten können. Neben jedem Computer wollte ich Bildschirme installieren, so daß jeder Benutzer mit Hilfe einer Videokassette sich Schritt für Schritt über die Bedienung des Computers hätte informieren können.

Ich hatte sogar schon einen Entwurf für die Ausstattung meines ersten Computerzentrums angefertigt und wollte es in Greenwich in Connecticut in der Nähe einer Oberschule eröffnen, wo die Schüler bereits mit Apple-Computern arbeiteten. Aus diesem Plan ist nie etwas geworden, zum Teil, weil meine Arbeit bei Pepsi mich viel zu sehr in Anspruch nahm; aber die Tatsache, daß ich bereits über einen solchen Plan nachdachte, zeigte, wie unruhig und unzufrieden ich war.

Seit fünfeinhalb Jahren war ich Präsident, und allmählich wurde ich müde, physisch ausgepumpt von der Arbeit, die ich Jahr für Jahr zu erledigen hatte. Niemand bei PepsiCo war so lange Zeit mit Nielsen-Prozentpunkten gemessen worden. Ich wachte schon lange nicht mehr morgens voll Begeisterung für meine Arbeit auf, wie es in früheren Jahren der Fall gewesen war.

Früher hatte ich das Empfinden gehabt, mit dem Bau einer Kathedrale beschäftigt zu sein. Ich hatte mich in der Rolle eines Schöpfers neuer Marketingkonzepte gesehen, an die vor mir noch keiner gedacht hatte, und ich hatte Befriedigung in dem Bewußtsein empfunden, daß meine neuen Ideen der ganzen Industrie nutzen könnten. Größe und Macht bedeuteten mir nicht viel. Andere bei Pepsi sollten Vernichtungsfeldzüge führen.

Doch wenn ich jetzt bei PepsiCo blieb und Kendalls Nachfolger würde, müßte ich immer in seinem Schatten stehen. Niemand würde je genau wissen, ob ich den Job nur bekommen hätte, weil wir miteinander befreundet waren, oder ob ich ihn mir selbst verdient hätte. Auch dieser Gedanke beeinflußte meine Entscheidung, denn ich wollte immer nur erreichen, was ich auch verdient hatte.

Gerry wußte inzwischen, daß der Fisch angebissen hatte. Aber ihm war auch klar, daß er noch nicht gewonnen hatte. Inzwischen war deutlich geworden, daß es sich bei diesem Geschäft — wenn es zustande käme — um die größte Kopfjagd handelte, die es je gegeben hatte. Es hatte den Anschein, als ob es überall, wohin ich auch kam, telefonische Mitteilungen von Gerry an mich gäbe. Zu einer weiteren persönlichen Begegnung zwischen uns kam es am Abend des 22. März 1983, als der »New York Wharton Club« im Ballsaal des »Waldorf-Astoria« sein offizielles Jahresdinner gab. William S. Paley, der Gründer und Chairman von CBS Corp., der kurz vor seiner Pensionierung stand, sollte an diesem Abend zu Whartons »Mann des Jahres« ernannt werden, eine Auszeichnung, die auch Kendall einige Jahre zuvor zuteil geworden war.

Ich saß auf dem Podium neben John Smale, dem Präsidenten von Procter & Gamble, weil ich der Chairman von Whartons »Business Advisory Board« war. Gerry war als Boardmitglied und Freund von Bill Paley auch anwesend. Für ihn war dieser Abend wie ein Rundgang durch einen Bonbonladen. Das jährliche Dinner von Wharton war immer eine einzigartige Versammlung der einflußreichsten Topmanager ganz Amerikas. In einer Gesellschaft wie dieser konnte Gerry nicht unauffällig bleiben, immer wenn jemand dabei beobachtet wurde, wie er längere Zeit mit Gerry sprach, war das für viele andere der Anlaß, sich Gedanken zu machen. Natürlich war es das letzte, was ich mir wünschte, bei dieser Gelegenheit mit Gerry zusammen gesehen zu werden.

Als Paley vor den etwa tausend geladenen Gästen sprach, war ich sehr erstaunt zu hören, daß er, ein Symbol des amerikanischen Unternehmensestablishments, erklärte, daß die Zukunft bereits heute in Silicon Valley von einer Gruppe junger Leute vorbereitet werde. »Ich wünschte, ich wäre selbst noch einmal jung«, sagte er, »ich wünschte, ich könnte mit diesen jungen Leuten noch einmal von vorn anfangen.«

Seine Worte verfehlten ihre Wirkung auf mich nicht. Ich hielt nun Ausschau nach deutlichen Zeichen, die mir entweder signalisierten: »Du bist verrückt, hör auf!« oder: »Ergreife die Gelegenheit!«. Manchmal glaubte ich nämlich, daß Apples Anträge nur ein interessantes Zwischenspiel darstellten, das bald sein Ende finden würde, so daß ich meine

Energien in absehbarer Zeit wieder voll auf Pepsi konzentrieren könnte. Aber so war es nicht.

Nachdem die Veranstaltung beendet war und die Menge sich verlaufen hatte, zog Gerry mich zur Seite.

»Wie kann ich aus der Sache wieder herauskommen?« fragte ich ihn. »Ich habe das Gefühl, daß ich alle hingehalten habe, und möchte keinen falschen Eindruck erwecken. Von Anfang an habe ich Ihnen erklärt, daß ich an diesem Job nicht interessiert bin, aber dennoch werde ich immer wieder darauf angesprochen. Ich muß zugeben, daß ich es sehr genossen habe, Steve und Mike kennenzulernen, aber das heißt noch lange nicht, daß ich bereit bin, für Apple zu arbeiten.«

»Ich weiß genau, John, daß es für Sie eine schwere Entscheidung wäre, Pepsi zu verlassen«, sagte Gerry. »Und vielleicht entschließen Sie sich dazu, es nicht zu tun. Ich kann das gut verstehen, denn Sie sind zur Zeit der dickste Fisch in der amerikanischen Unternehmenswelt, und Sie haben eine fabelhafte Zukunft bei PepsiCo vor sich. Und wenn nicht dort, so können Sie sich überall frei aussuchen, wo Sie Karriere machen wollen. – Aber, John, Sie sollten bedenken, daß in jenem Tal einiges passiert. Ich habe viel darüber nachgedacht. Silicon Valley ist ganz anders als alles, was ich bisher kennengelernt habe. So muß Florenz in der Renaissance ausgesehen haben. Die klügsten Köpfe des Landes kommen dort zusammen, und ganz fabelhafte Dinge werden sich dort ereignen.«

Ich starrte ihn an, fast sprachlos über seinen Vergleich. Gerry wußte genau, daß ich im Herzen ein Romantiker war und daß er auf diese Weise meine Aufmerksamkeit erringen konnte.

»Wie meinen Sie das?« fragte ich ihn.

»Sehen Sie nur, was da draußen passiert. Wir sind auf dem Weg in ein Zeitalter, in dem Technologie äußerst wichtig für das Leben der Menschen wird. Steve Jobs und Mike Markkula sind zwei der Pioniere von Silicon Valley. Sie haben ganz neue Vorstellungen von der Kultur eines Unternehmens entwickelt und wissen genau im voraus, wie der Personalcomputer die Welt verändern wird. Die Genies von heute bemalen keine Marmorwände, sie arbeiten mit Chips und Software. Wenn Leonardo da Vinci heute leben würde, glauben Sie nicht, daß auch er mit diesen Dingen arbeiten würde?«

»Wahrscheinlich ja«, gab ich zur Antwort. Gerry begann, mich zu beeindrucken. Doch bevor er noch mehr sagen konnte, schnitt ich ihm das Wort ab und fragte ihn: »Gerry, können Sie diesen Leuten bei Apple nicht einen anderen Kandidaten vorschlagen?«

»Ich habe schon so viele vorgeschlagen, aber keiner begeistert sie so wie Sie«, entgegnete er. »Und ich muß Ihnen sagen, diese Leute denken gar nicht daran, schon aufzugeben. Sie sind entschlossen, Sie davon zu überzeugen, daß dieser Job der richtige für Sie ist.« Und er fuhr fort: »Es ist allein Ihre Entscheidung. Ich will Sie nicht unter Druck setzen, aber ich möchte, daß Sie wissen, daß ich Sie als Freund berate.«

»Nun gut«, sagte ich, »lassen Sie uns einmal annehmen, ich ginge zu Apple. Wie in aller Welt könnte ich diesen Schritt Don Kendall erklären? Ich habe nicht die geringste Ahnung, wie ich es anfangen sollte.«

»Das würde zweifellos nicht einfach sein«, stimmte Gerry zu. »Aber, John, Sie müssen zuerst an Ihr Leben und an Ihre Zukunft denken und daran, wo Sie am meisten leisten können.«

Inzwischen hatte Markkula Gerry ein neues Angebot vorgelegt, das annehmbar erschien. Danach sollte ich eine Million Dollar Jahresgehalt bekommen – fünfzig Prozent als Grundgehalt, fünfzig Prozent als Tantieme –, eine weitere Million Dollar als »Startgeld« zu Beginn und eine Million als Entschädigungssumme, wenn die Zusammenarbeit nicht funktionieren sollte. Apple erklärte sich außerdem bereit, die Differenz zwischen dem Verkauf meines Hauses und dem Kauf eines vergleichbaren Hauses in Kalifornien zu tragen, was das Unternehmen am Ende noch eine Million Dollar kosten sollte. Allerdings hatte Mike Gerry auch mitgeteilt, daß die Zahl der Aktienoptionen in dem neuen Angebotspaket auf 350 000 gesenkt worden sei.

Wenn ich dieses neue Angebot annahm, war meine finanzielle Unabhängigkeit gewährleistet. Immer wieder wog ich die Vor- und Nachteile gegeneinander ab. Der Job bei Apple würde mich an die vorderste Front der technologischen Entwicklung bringen, der Kreis, der in meiner Kindheit mit Faszination durch Elektronik begonnen hatte, würde sich wieder schließen. Apple war ein kleines Unternehmen in einer Industrie mit hohen Wachstumsraten, wo ich endlich wieder einmal das Gefühl haben könnte, etwas aufzubauen. Ein Wechsel nach Kalifornien brächte mich auch in die Nähe von meinen Kindern Meg und Jack. Außerdem wäre ich endlich von den zunehmenden Frustrationen bei Pepsi befreit.

Im Leben lernt man nicht oft Menschen kennen, die einem das Gefühl vermitteln, daß man von ihnen noch etwas lernen kann. Steve könnte ein solcher Mensch für mich sein. Sein Intellekt und seine Vision sowie die Aufgabe, die er für mich in der Zukunft sah, faszinierten mich. Ich konnte einen Beitrag dazu leisten, daß Steve der Henry Ford des Computerzeitalters würde. Steve pflegte häufig von Henry Ford zu sprechen und wie dieser die Bedeutung des Automobils begriffen habe – genauso wie Steve begriffen hatte, worin die Bedeutung des Computers lag.

Ford war ein Baumeister gewesen, der das Auto von einem teuren Spielzeug für die Reichen zu einem praktischen Gebrauchsgegenstand für jedermann gemacht hatte. Er hatte das Auto nicht erfunden, genausowenig wie Steve den Computer erfunden hatte. Aber durch den Einsatz von Massenproduktionstechniken war es ihm gelungen, die Kraft der Bewegung in die Reichweite des Durchschnittsbürgers zu bringen.

Steve wollte erreichen, daß der Computer, wie Henry Fords berühmtes Modell »T«, ein für jedermann erschwingliches Produkt wurde. Mit seinem Macintosh wollte er zeigen, wie der neue Personalcomputer auszusehen hatte, und jedes Einzelstück sollte vollautomatisch produziert werden. Sein niedriger Preis sollte ihn zu einem Verbrauchsgut machen. Als Marketingspezialist konnte ich dafür sorgen, daß dieser Computer direkt vom Fließband in die Hände des Durchschnittsverbrauchers kam. Ich konnte alles, was ich bei Pepsi über Verkaufsstrategien gelernt hatte, einsetzen, um Steves Vision Wirklichkeit werden zu lassen.

Die positiven Aspekte überwogen die negativen bei weitem, aber sie schienen meine Entscheidung nicht einfacher zu machen. Das Risiko, in einem ganz neuen Bereich anzufangen und zu scheitern, war hoch. Gerry hatte mir einmal erzählt, daß die Erfolgschancen eines Topmanagers, der das Unternehmen wechselt, bei etwa fünfzig Prozent lägen, daß sie aber deutlich niedriger seien, wenn es sich um einen Wechsel in eine andere Branche handele – und das galt besonders für die großen Schwankungen ausgesetzte Computerindustrie. Als Standardregel galt, daß nur knapp einer von fünf sich erfolgreich durchsetzen konnte.

»Was passiert, wenn es nicht klappt?« fragte ich Gerry. »Wie sehen dann meine Chancen bei amerikanischen Konzernen aus?«

»Ich will ganz ehrlich zu Ihnen sein, John«, antwortete Gerry. »Es wäre sehr schwierig, denn dann wären Sie als Niete abgestempelt. Heute könnte ich Ihnen beinahe jeden Job besorgen, aber wenn Sie da draußen scheitern, dann kann ich Ihnen nichts versprechen.«

»Und wenn ich mich da nicht wohl fühle, und Apple sich auch mit mir nicht wohl fühlt und ich wieder aufhöre? Was können Sie dann für mich tun?«

»Gar nichts könnte ich dann tun. Mein Vertrag mit Apple bestimmt, daß Sie dann einen anderen finden müssen, der Ihnen hilft.«

Apples Bereitschaft zu einer Entschädigungszahlung war zumindest eine kurzfristige Versicherungspolice, falls etwas schiefging. Damit bliebe mir im Ernstfall etwas Zeit, darüber nachzudenken, wie ich wieder auf die Füße kommen könnte. Das Risiko zu scheitern, war zwar objektiv gegeben, aber mein Selbstvertrauen war stark genug, um darin keinen ernsthaften Nachteil zu sehen. Viel unerfreulicher war für mich die Tatsache, daß ich mich mit Kendall und der Pepsi-Familie auseinandersetzen mußte. Die unausweichliche Unterredung mit Kendall, die mir bevorstand, so dachte ich manchmal, war schon fast Grund genug, um das Angebot von Apple abzulehnen.

Wie in aller Welt sollte ich das Gespräch führen? Meine Beziehung zu ihm war eng. Sie hatte wenig mit einem Unternehmensorganisationsplan zu tun. Er war mehr als ein Mentor, er war auch mehr als ein Freund für mich. Für Kendall war Loyalität äußerst wichtig, und auch für mich stand sie im Vordergrund. Loyalität war auch schon für meinen Vater wichtig gewesen. Vielleicht zu wichtig.

Als ich mit meinem Bruder David sprach, erinnerte er mich an Vaters Anwaltssozietät. Die Depression hatte unseren Vater gezwungen, die Columbia University zu verlassen, aber er fand eine Anstellung bei Jackson, Nash, Brophy, Barringer & Brooks. In Abendkursen machte er sein Examen an der Fordham-Universität und wurde schließlich Teilhaber der Sozietät. Er blieb dort sein ganzes Leben lang und lehnte alle Angebote ab, obwohl sie ihm größere finanzielle Sicherheit und mehr Erfolgschancen boten.

Als sich die anderen Partner aus der Sozietät zurückzogen und auch einen Teil des Kapitals abzogen, geriet die Sozietät in Schwierigkeiten. Aber unser Vater wollte aus Loyalität die Firma nicht verlassen. Sein Jahreseinkommen fiel auf 15 000 Dollar. Den Lebensstil, an den er sich während der fünfziger Jahre gewöhnt hatte, konnte er in den sechziger Jahren nicht mehr beibehalten. Er nahm hohe Kredite auf, um seine drei Söhne auf die besten Schulen zu schicken, und lebte weit über seine Verhältnisse. Der Druck, der auf ihm lastete, hinterließ Spuren. Der ständige Streß führte dazu, daß er zu trinken begann, er nahm an Gewicht zu und alterte schnell. Mit nur 55 Jahren starb er.

Kendall hatte meinen Vater gekannt und ihn geschätzt. Ich erinnere mich noch an den Trost, den er mir am Grab meines Vaters spendete. Nach der Beerdigung verließ er mit mir den Friedhof, legte seinen Arm um mich und drückte mich in seiner typischen Art fest an sich. Diese Seite von Kendall kannten nur wenige, denn im Geschäft verlangte er von allen ohne Rücksicht auf Gefühle, daß sie ihr Bestes gaben, und war nicht bereit, sich mit weniger zufriedenzugeben. Er hatte einen unfehlbaren Instinkt, jeden aufzuspüren, der ihn zu hintergehen versuchte. Ich erinnere mich noch genau an einen Besuch, den Kendall und ich in einem unserer Labors machten. Ein Wissenschaftler sprach von Zyklamaten und wie sie getestet werden sollten. Kendall spürte, daß der Mann gar nicht wußte, wovon er sprach, und blickte ihn unverwandt an. Er ließ ihn immer weiter sprechen, aber als er fertig war, sagte er: »Sie haben nicht die geringste Ahnung, wovon Sie reden, verdammt noch mal. Letzte Woche war ich in Washington, und folgendes wird passieren . . .«

Kendall trat ganz nahe auf den Mann zu, bedrängte ihn beinahe, und plötzlich brach dieser in Tränen aus. Er war fassungslos, und seine Hände zitterten.

Selten gibt es zwei Menschen, die äußerlich unterschiedlicher sind als Don Kendall und ich, aber unsere Beziehung wurde immer enger. Er ist groß gewachsen und kräftig, ich bin viel kleiner und schmaler. Er ist ein geselliger Mensch, ich bin zurückhaltend, fast schüchtern. Er begeistert sich für Sport und Bewegung im Freien, ich liebe Literatur und Malerei. Manchmal habe ich ihn auf die Jagd begleitet, aber ich habe nur selten einen Schuß abgefeuert. Ich begleitete ihn, weil ich mich gerne mit ihm unterhielt. Ich ging auch manchmal mit ihm zum Fischen, fing aber kaum etwas. Das verschlug ihm beinahe die Sprache.

Don hatte aber Verständnis dafür — sogar mehr als mein Vater —, wie wichtig für mich das Gefühl war, Wachstum mitzugestalten und erfolgreich etwas aufzubauen. Obwohl Wettbewerbssport mir nie viel bedeutet hatte, verstand ich, was aus einem gewöhnlichen Menschen einen Leistungssportler machte. Es war die Fähigkeit, die im Innern verborgenen Kräfte im richtigen Moment mobilisieren zu können. Während meiner ganzen beruflichen Laufbahn konnte ich, wie Kendall auch, auf solche inneren Kräfte zurückgreifen, selbst wenn ich schon am Rand totaler körperlicher Erschöpfung angekommen war.

Es war ein seltsamer Zufall, daß Kendall auf ähnliche Weise zu Pepsi gekommen war wie ich viele Jahre später. Kendalls Schwiegervater, Admiral Edward McDonnell, der damals Boardmitglied bei Pepsi-Cola war, hatte dafür gesorgt, daß er 1947 in der Verkaufsabteilung für den Bereich der Trinkhallen eingestellt wurde. Genau wie Kendall, damals mein Schwiegervater, meine Verbindung zu Pepsi eingefädelt hatte.

Wir waren uns auch in anderer Hinsicht ähnlich. Ich teilte Kendalls Auffassung von Arbeitsmoral, seine Besessenheit, alles perfekt zu machen ohne Kompromißbereitschaft. Ich wurde von dem Wunsch getrieben, etwas aufzubauen, und Kendall war im Grunde auch ein Baumeister. Er baute PepsiCo zu dem Unternehmen auf, das es heute ist. Er lebte geradezu auf, wenn sich ihm große Hindernisse in den Weg stellten, die es zu überwinden galt. Genau wie ich. Je ungünstiger die Situation, desto größer meine Entschlossenheit.

So wie Kendall meine Entwicklung bei Pepsi verfolgte, konnte auch ich seine Entwicklung beobachten. Als ich ihn vor 25 Jahren, 1958, kennenlernte, war er zum Beispiel noch kein eindrucksvoller Redner gewesen. Ich erinnere mich noch, wie er seine erste politische Rede zum Stapellauf eines neuen Kreuzers halten mußte, der zu Ehren seines Schwiegervaters in New Orleans auf den Namen »Admiral McDonnell«

getauft wurde. Diese Rede war nicht gelungen. Aber Kendall arbeitete hart an sich und wurde schließlich ein ausgezeichneter Redner.

Auch ich mußte viele Stunden daran arbeiten, meine Rednerfähigkeit zu verbessern. Nicht nur, daß ich als Kind mein Stottern überwinden mußte, ich mußte auch das Selbstvertrauen gewinnen, vor großen Versammlungen zu sprechen – ohne vorbereiteten Text oder Notizen. Als ich zum Vizepräsident für Marketing ernannt wurde, faßte ich den Entschluß, aus meiner ursprünglichen Schwäche eine Stärke zu machen. Ich ging häufig ins Theater, um zu beobachten, wie sich Schauspieler auf der Bühne bewegten. Stundenlang übte ich, es ihnen gleichzutun. Ich war von dem Gedanken geradezu besessen, bei öffentlichen Auftritten besser als jeder andere Geschäftsmann zu werden.

Drei Monate bevor ich meine erste Rede vor Pepsi-Abfüllern halten mußte, begann ich, meinen vierzigminütigen Auftritt zu proben, so daß ich ihn schließlich auf dem Podium vor einigen tausend Leuten ohne Spickzettel halten konnte. Jedes Dia, mit dem ich arbeitete, hatte ich im Kopf, und ich erinnere mich genau, an welcher Stelle meines Vortrags das nächste kommen mußte. Aber ich erinnere mich auch noch an mein Lampenfieber, als ich hinter der Bühne stand. Ich hatte nichts, worauf ich im Notfall zurückgreifen konnte, keine Notizen, gar nichts. Ich mußte mich zusammenreißen, vortreten und anfangen. Erst nachdem ich einige Sekunden auf dem Podium stand, fand ich die Kraft weiterzusprechen. Mein Vortrag war ein großer Erfolg.

Wie Kendall gelang es auch mir, meine Fähigkeit, vor einem großen Kreis sprechen zu können, als wirksames Managementwerkzeug einzusetzen. Vor jeder Abfüllerversammlung pflegte ich mir einen Übungsraum mit Diaprojektor zu mieten. Ich übte mit einer Sprachlehrerin, Lilyan Wilder, die Art meines Vortrags ein. Obwohl ich kein guter Sänger bin, ließ sie mich »May Way« nachsingen, weil Frank Sinatra in diesem Lied perfekt seine Worte und Sätze betonte – ein ganz wichtiges Kriterium für einen öffentlichen Vortrag. Kendall tat sich nicht leicht, aber auch ich mußte mich sehr anstrengen.

Wie sollte ich ihm sagen, daß ich gehen wollte? Die großen Summen machten es irgendwie einfacher. Einer der Gründe, warum ich auf einem so umfangreichen Angebotspaket bestanden hatte, lag darin, daß auf diese Weise Kendall klar erkennen konnte, daß mein Weggang nichts mit mangelnder Loyalität ihm oder Pepsi gegenüber zu tun hatte, sondern daß es sich um eine einmalige Chance handelte, die niemand ablehnen konnte. Es mußte eine so unglaubliche Summe sein, daß niemand sie abgelehnt hätte.

Ich beriet mich mit nur wenigen engen Freunden und Kollegen, darunter auch mit dem kürzlich pensionierten ehemaligen Chairman von General Electric, Reginald Jones. Ich kannte und respektierte Jones seit meinen Tagen als Student in Wharton. Wie Kendall war er ein Unternehmer mit staatsmännischem Verantwortungsbewußtsein, jemand, dessen Meinung ich schätzte. Als ich ihn in seinem Büro in Stanford in Connecticut aufsuchte und ihm von dem Angebot Apples berichtete, war er überrascht und erschrocken zugleich.

»John«, sagte er mir, »erst vor kurzem habe ich mit Don zusammen zu Abend gegessen, und er erzählte mir, wieviel er von Ihnen hält und daß Sie einer der Hauptanwärter für seine Nachfolge sind. Ich kann mir überhaupt nicht vorstellen, daß Sie auf einmal nach Kalifornien zu einem High-Tech-Unternehmen gehen wollen. Das ist ein großes Risiko.«

Auch mein alter Freund und Mentor Chuck Mangold war skeptisch. Heute arbeiten ironischerweise einige seiner Kinder bei IBM. »Weißt du eigentlich, auf was du dich da einläßt?« fragte er. »Du und ich, wir haben im Laufe der Jahre eine Menge gegen Coca-Cola auf die Beine gestellt, aber jetzt willst du dir IBM vornehmen, und Apple ist ein winzig kleines Unternehmen.«

Er ging dann im einzelnen auf die Vor- und Nachteile ein, erkannte aber schnell, daß ich ernsthaft daran dachte, das Angebot anzunehmen.

»Du bist ziemlich fest entschlossen, nicht wahr?« fragte er mich.

»Ja, ich glaube schon.«

»Nun gut, wahrscheinlich mußt du es tun. Geh und sprich mit Don.«

Zwar stand mein Entschluß noch nicht ganz fest, aber es fehlte nicht mehr viel. Deshalb war es an der Zeit, Kendall Mitteilung zu machen, eine weitere Verzögerung wäre weder ihm noch Pepsi gegenüber fair gewesen. Obwohl ich direkt Pearson unterstellt war, war mir klar, daß ich zuerst mit Kendall sprechen mußte. Kendall verachtete Feiglinge, und es wäre feige, irgend etwas anderes zu tun, als ihm gegenüberzutreten, ihm in die Augen zu sehen und ihm mitzuteilen, daß ich ernsthaft über das Angebot von Apple nachdachte. Er durfte es von keinem anderen erfahren. Das hätte er mir nie verziehen.

Aber ich wußte, daß mir eine der härtesten Aufgaben meines Lebens bevorstand. Ich fürchtete mich so sehr vor diesem Gespräch, daß ich ganze Tage damit verbrachte, den möglichen Verlauf unserer Unterredung immer wieder im Kopf durchzuspielen. Mehr als jeder andere bei Pepsi hatte Kendall Verständnis dafür gezeigt, daß mich schon in meiner Kindheit Elektronik fasziniert hatte. Irgendwie mußte ich versuchen, mein Interesse an Apple damit zu erklären. Auch wenn Kendall zunächst schockiert wäre, war ich überzeugt, daß er verstandesmäßig meinen Entschluß nachvollziehen könnte und sagen würde: »Ja, es stimmt, John hat sich immer für Elektronik interessiert und versteht etwas davon.« Ich war überzeugt, daß er mir gedanklich würde folgen können.

Am wichtigsten war jedoch der finanzielle Aspekt. Ich wollte nicht, daß Kendall jemals wegen meines Weggangs in eine unangenehme Situation geriet. Ich machte mir Gedanken darüber, was er auf Fragen von anderen Managern oder Politikern, mit denen er häufig gemeinsame Reisen unternahm, antworten könnte, wenn sie in ihn drangen, warum gerade derjenige fortgegangen sei, der als sein loyalster Mitarbeiter galt. Das Geld wäre dann die beste Erklärung.

Mit seinem Assistenten arrangierte ich einen Termin für Montagabend in seinem Haus. Kendall hatte keine Ahnung, warum ich ihn privat sprechen wollte. Ich hatte ihm nur gesagt, daß ich mit ihm reden wollte. Aber er wußte, daß ich in den sechzehn Jahren, die ich bei Pepsi arbeitete, noch nie um eine derartige Unterredung gebeten hatte.

An diesem Abend war ich schon früh fertig und setzte mich mit einem Buch in einen Sessel, um die Zeit totzuschlagen. Aber ich konnte mich nicht konzentrieren. Ich spielte mit dem Hund, schaute aus dem Fenster – ich tat alles mögliche, um mir die Zeit zu vertreiben. Es kam mir in den Sinn, daß ich vor 2000 Leuten ohne jedes Kribbeln im Magen sprechen konnte, daß ich aber Angst vor einem privaten Gespräch mit einem Menschen hatte, den ich schon fast die Hälfte meines Lebens kannte.

Ich wohnte nur knapp zwei Kilometer von Kendalls Haus in Greenwich entfernt, und meine Fahrt war kurz, wenn auch mühsam. Ich mußte eine kurvenreiche Straße hinunterfahren, an einem kleinen, gefrorenen Teich und schneebedeckten Feldern vorbei bis zu einem dichten Waldgelände. Auf einer Lichtung kam ich zu einer großen Auffahrt mit einem Riesenbriefkasten am Eingang, der in den Pepsi-Farben bemalt war: Leuchtendrot, Weiß und Blau. Kendall und seine Frau Bim, eine deutsche Baronin, lebten in einem großen Herrenhaus im Tudorstil, das etwa 350 Meter vom Eingangstor entfernt lag.

Ich parkte meinen Wagen abseits von der halbrunden Einfahrt im Schnee und ging zu Fuß zum großen Eingangsportal. Als ich vor der Haustür stand, klopfte mein Herz laut. Die Tür öffnete sich, und heraus trat Kendall. Er begrüßte mich herzlich mit der für ihn typischen festen Umarmung. Um in seinen Wohnraum zu gelangen, mußten wir über einen vierzig Meter langen Korridor gehen, der an ein europäisches Kloster erinnerte. An einem Ende des Korridors befand sich ein großer Holzaltar mit Intarsien, der aus der Kapelle des Familienschlosses seiner Frau in Deutschland stammte.

Wir kamen in einen viereckigen, tiefergelegenen Raum, der von zwei großen Sofas beherrscht wurde. In einer Ecke des Zimmers stand ein schimmernder Steinway-Flügel. Im Marmorkamin brannte ein loderndes Feuer. Zahlreiche Gemälde und Plastiken schmückten den Raum.

Kendall trat hinter die Bar, um uns in Ruhe die Drinks zu mixen. Ich betrachtete gequält seine langsamen Bewegungen, denn ich wollte mein Anliegen endlich loswerden. Er war äußerst sorgfältig, spülte die Eiswürfel mit Wasser ab – ein alter Pepsi-Trick, der dem Getränk mehr Geschmack gibt –, schnitt eine Zitrone in Scheiben und holte aus dem Eisfach eine Flasche »Stolichnaya«-Wodka. Diesen Wodka trank er seit 1972, als es ihm gelungen war, mit der Sowjetunion ein Handelsabkommen abzuschließen. Seitdem durfte er im Austausch für den Import und den Vertrieb von »Stolichnaya« in den USA Pepsi-Cola in die Sowjetunion exportieren.

Ich stand mit einem Glas »Perrier« in der Hand mit ihm vor dem Kaminfeuer, und wir unterhielten uns über alles mögliche. Kendall, der gerne reiste und sich für Politik interessierte, erzählte, daß er vor kurzem in Washington zu einem Mittagessen bei dem Präsidenten gewesen sei. Ab und zu nickte ich und warf ein paar Worte ein. In Wirklichkeit hörte ich ihm kaum zu. Meine Gedanken drehten sich nur um die Unterredung, die unserem belanglosen Eingangsgeplauder folgen würde.

Wir gingen sodann in Kendalls großes Eßzimmer und nahmen an einem Ende des langen Tisches Platz. Kendall saß am Kopfende des Tisches, ich saß an seiner rechten Seite, damit er mich mit seinem guten Ohr besser hören konnte. Vor fünf Jahren hatte ich schon einmal an diesem Tisch, aber unter ganz anderen Umständen, gesessen. Damals waren auch Leezy, beide Kendalls, die Gustavos und Patti Cisneros dabeigewesen, dem unsere Abfüllwerke in Venezuela gehörten, die zu den größten der Welt zählten. Es war kurz nach meiner Hochzeit mit Leezy gewesen, und Kendall hatte sich erhoben und einen Trinkspruch auf uns ausgebracht: »Ich bin sehr froh, daß John Sculley geheiratet hat«, hatte er gescherzt, »denn ich möchte keinen Junggesellen als potentiellen Chairman von PepsiCo.«

An diesem Abend aber waren wir beide unter uns, und während uns der Butler den Weißwein eingoß und das Abendessen servierte, begann ich, ihm – unter großen Schwierigkeiten – von einer einmaligen Chance zu berichten, die sich mir geboten habe, allerdings nicht bei PepsiCo. Er blickte mich scharf an, sagte aber kein Wort.

»Erinnerst du dich noch, Don, als wir uns zum erstenmal begegneten?« fragte ich ihn. »Damals gabst du mir zwei alte Fernsehapparate aus den vierziger Jahren, die in deinem Keller standen. Ich nahm sie auseinander und baute aus ihnen ein Farbfernsehgerät.«

Er nahm einen kleinen Schluck aus seinem Glas und starrte mich weiterhin unverwandt an.

»Ich habe mich immer für Elektronik interessiert. Heutzutage passieren ganz unglaubliche Sachen auf der Welt bei Computern, und alles hat mit digitaler Elektronik zu tun. Es handelt sich um eine ganz neue Art von Elektronik, mit der ich noch nie etwas zu tun hatte. Ich hatte Gelegenheit, mir das etwas näher anzusehen, und seit meinen Kindertagen war ich nicht mehr so aufgeregt.«

Dons Schweigen wurde immer drückender, als ich meinen Monolog fortsetzte.

»Mir ist die Chance geboten worden, ein Teil dieser Neuentwicklung zu werden. Da passiert etwas, da ist eine Revolution im Gange, da draußen im Silicon Valley, und mir ist angeboten worden, dabeizusein. Tatsächlich ist mir angeboten worden, ein Unternehmen zu leiten, das vielleicht das aufregendste Unternehmen von ganz Silicon Valley ist.«

Kendall saß mit unbewegtem Gesicht da und sagte immer noch nichts.

Er aß sein Kalbfleisch, starrte mich an und aß weiter, trank ab und zu einen Schluck Wein und verharrte in völligem Schweigen.

»Noch habe ich meine Entscheidung nicht endgültig gefällt, aber ich denke ernsthaft über dieses Angebot nach, denn es handelt sich um eine Aufgabe, die ich sehr gerne übernehmen würde. Ich weiß genau, was ich aufgeben würde, und ich bin mir auch bewußt, daß wir beide immer der Auffassung waren, daß Loyalität das Allerwichtigste ist. Deshalb versuche ich, einen Weg zu finden, dieses Problem mit dir zu besprechen, ohne mich unloyal fühlen zu müssen. Aber ich kann es nicht. Es ist furchtbar.«

Endlich brach Kendall sein Schweigen. »Nun«, begann er mit eisiger Stimme, »ich bin fassungslos! Ich hätte nie gedacht, daß du und ich einmal ein solches Gespräch führen würden. Wie ernst ist dir die Sache, John?«

»Sehr ernst«, antwortete ich.

»Und um welches Unternehmen handelt es sich?«

»Apple Computer.« Es war offensichtlich, daß Kendall keine Ahnung hatte, wer Apple war.

»Kannst du mir mehr darüber erzählen und sagen, was sie dir angeboten haben?« fragte er.

»Don, sie haben mir so ein fabelhaftes Angebot gemacht, wie es Pepsi nie könnte, vorausgesetzt, es gelingt uns, das Unternehmen so aufzubauen, wie es uns vorschwebt. Aber das Risiko ist groß. Es kann auch sein, daß es nicht so läuft, wie wir es uns vorstellen. Doch die Apple-Leute sind überzeugt, daß es so läuft.«

»Wieviel haben sie dir denn nun angeboten?« donnerte Kendall.

»Eine Million Dollar Jahresgehalt, eine Million Dollar, damit ich zu ihnen komme, ein Haus in Kalifornien, das meinem, das ich hier besitze, vergleichbar ist, und 350 000 Aktienoptionen auf Apple-Aktien.«

»Wie steht die Apple-Aktie heute?« fragte Don und runzelte seine buschigen Brauen.

»Bei etwa 36 Dollar, aber die Apple-Leute erwarten, daß sie auf 150 bis 200 Dollar steigt, verstehst du?«

»John«, rief er aus, »das wären ja etwa 50 Millionen Dollar!«

»Ja, das weiß ich.«

»Meine Güte, das ist ja unheimlich viel Geld, John. Wie kommst du darauf, daß du so viel Geld wert sein könntest? – Ich war immer davon überzeugt, daß du eines Tages die Chance bekommen würdest, dieses Unternehmen zu leiten. Ich habe meine endgültige Entscheidung noch nicht getroffen, aber wir beide wissen, daß du einer der Hauptanwärter bist. Ist dir klar, was du aufgibst?« Er wartete meine Antwort gar nicht erst ab. »Wenn du fortgehst, gibst du alles auf, wofür du die letzten sechzehn Jahre gearbeitet hast. Und du gehst an einen Ort, über den du nichts weißt, und in eine Branche, die ganz neu ist. Ich bin der Meinung, daß du dir die Entscheidung ganz genau und gründlich überlegen und dich nicht vom Geld blenden lassen solltest. Eine Million Dollar, zum Teufel, kannst du bei Pepsi mit den Zusatzleistungen auch verdienen. Ich finde das Angebot gar nicht so großartig, wenn ich es mir genau überlege.«

Nun führte Kendall das Gespräch.

»Das einzig wirklich Fabelhafte sind die Aktienoptionen. Aber wer garantiert dir, daß die Aktien wirklich so steigen? Ich finde, auf dieses Geld solltest du nicht zu sehr zählen, denn es ist ganz ungewiß, ob du es jemals bekommst. Du bist ein Marketingmanager, kein High-Tech-Spezialist. Ich weiß, daß du dich schon immer für Elektronik begeistern konntest, ich habe das nicht vergessen, aber ich kenne John Young von Hewlett-Packard – er hat eine Ingenieurausbildung. Hier handelt es sich um High-Tech-Industrie, und das ist ein hartes Geschäft. Wieviel weißt du über diese Leute? Sind sie vertrauenswürdig? Kannst du dich auf sie verlassen?«

»Ich habe schon viel Zeit mit ihnen verbracht. Ich bin oft bei ihnen draußen gewesen, und sie waren auch schon hier. Ich habe mich oft mit ihnen getroffen, und wir haben viel miteinander geredet. Wir sind schon seit einiger Zeit in ständigem Kontakt, Don.«

Kendall schien betroffen zu sein. Er hatte nicht geglaubt, daß Apple schon so lange um mich warb.

»Dir scheint es wirklich ernst zu sein?« fragte er und wollte es kaum glauben.

»Es ist mir ernst«, sagte ich leise. »Ich wußte, daß dies das schwerste Gespräch sein würde, daß ich je zu führen hätte, und es ist so.«

»Ich bin wirklich fassungslos, John. Ich weiß überhaupt nicht, was ich sagen soll.«

Wir beendeten unser Abendessen, gingen zurück in den Wohnraum und standen vor dem Kaminfeuer. Unsere Unterredung hatte Kendall nachdenklich gemacht. Er sprach davon, welche Ziele er sich bei PepsiCo gesetzt hatte und daß er das Unternehmen in untadeligem Zustand verlassen wollte. Da der Zeitpunkt seiner Pensionierung nur noch wenige Jahre entfernt lag, verbrachte er immer mehr Zeit in Washington, Moskau und anderen Hauptstädten. Vor kurzem war er auch selbst wieder an die Operationsfront gegangen, denn ein Skandal in einer der überseeischen Abfüllorganisationen hatte 1982 zu einem Riesenverlust geführt. Einige Manager auf den Philippinen und in Mexiko hatten ihre Bücher gefälscht, um hohe Gewinne ausweisen zu können. Kendalls Stolz war zutiefst verletzt gewesen.

»Ich habe mein ganzes Berufsleben diesem Unternehmen gewidmet«, sagte er, »und ich werde erst zurücktreten, wenn es in perfektem Zustand ist. Gegenwärtig haben wir einige große Probleme. Ich muß dafür sorgen, daß die Spitzenkräfte zusammenarbeiten. Es ist der denkbar schlechteste Augenblick, den du gewählt hast, um mir diese Neuigkeit zu eröffnen. Gerade du, den ich für meinen loyalsten und vertrauenswürdigsten Mitarbeiter bei Pepsi hielt, du mußt ankommen und mir mitteilen, daß du fortgehen willst. Ich weiß überhaupt nicht, was ich dazu sagen soll. Aber es handelt sich um deine Entscheidung. Du mußt ganz allein entscheiden, was du tun willst. Ich kann jetzt noch nicht sagen, wer der nächste Chairman von PepsiCo sein wird, entweder du oder Wayne Calloway oder Don Smith. Einer von euch sollte der nächste Chairman dieses Unternehmens werden. Ich wollte mit euch allen in den nächsten Monaten enger zusammenarbeiten. Ich bin riesig enttäuscht. Wenn du wirklich gehst, wenn es dir wirklich ernst ist, dann sorge wenigstens dafür, daß sie dir auch wirklich eine Unsumme dafür zahlen.«

Es blieb mir nur noch wenig zu sagen. Ich teilte Kendall mit, daß ich meine Entscheidung innerhalb der nächsten Tagen fällen würde. Wir verließen den Wohnraum, und er half mir in meinen Mantel. Er umarmte mich nicht mehr. Draußen war es unglaublich ruhig und bitter kalt.

Mein Atem erschien als Dunstschleier in der Luft. Alles war kalt. Meine Hände waren kalt, mein Wagen war kalt. Ich fühlte mich miserabel. Ich hatte gegen den Loyalitätskodex verstoßen. Von Anfang an hatte Kendall mich gelehrt, daß nichts wichtiger, kaum etwas erstrebenswerter sei als Integrität und Loyalität. Doch ich hatte gerade das Undenkbare begangen, ich hatte gegen unsere gemeinsame Richtschnur verstoßen. Es ging nicht so sehr um die Loyalität unserem Unternehmen gegenüber, hier handelte es sich um die Loyalität gegenüber meinem Freund und Mentor.

Plötzlich schienen mich die Ereignisse zu beherrschen. Mein Wagen fuhr mich nach Hause. Ich hatte das Gefühl, einen Film zu sehen – mit mir als Hauptperson. Die Fahrt schien ewig zu dauern. Als ich endlich zu Hause ankam, niedergeschlagen und verzweifelt, wartete Leezy auf mich. Sie wollte hören, wie der Abend verlaufen war, dem ich mit so viel Bangen entgegengesehen hatte. »Was ist passiert, John?« rief sie, als sie mein Gesicht sah.

»Ich möchte nicht darüber sprechen«, gab ich zur Antwort.

»Aber du mußt darüber sprechen. Ich werde dich nicht einschlafen lassen, bevor du nicht darüber gesprochen hast.«

Ich erzählte ihr alles über den Abend und ließ keine Einzelheit aus. Inzwischen war es schon früher Morgen, aber ich konnte nicht einschlafen. Ich fühlte mich fast krank. »Es war der schlimmste Abend meines Lebens«, sagte ich Leezy.

Am nächsten Tag rief Gerry schon wieder an. Auch er wollte wissen, wie mein Abend mit Kendall verlaufen war. Nachdem dieses Problem nun beinahe gelöst war, blieb nur noch eine offene Frage. Meine endgültige Entscheidung hing davon ab, ob Leezy bereit war, nach Kalifornien zu ziehen. Ich wußte, daß ich hart zu arbeiten und wenig freie Zeit hätte, und deshalb war es sehr wichtig, daß sie zustimmte, uns ein Heim in Kalifornien zu schaffen. Wichtig war auch, ob Laura, unsere fünfzehnjährige Tochter, eine Schule finden könnte, in der sie sich wohl fühlte.

»Meine Familie ist für mich das wichtigste, wichtiger als meine Arbeit«, teilte ich Gerry mit. »Wenn Leezy Kalifornien nicht mag und kein Haus finden kann, in dem sie sich wohl fühlt, dann kommen wir nicht.«

Schon bald hatte Leezy ein Haus gefunden, das ihr gefiel. Es war das erste, das wir in Woodside, etwa fünfzehn Minuten von Cupertino, dem Hauptquartier von Apple, besichtigt hatten. Es handelte sich um ein Haus mit elf Zimmern im englischen Tudorstil auf einem Hügel und bot einen Ausblick auf den »Menlo Country Club« und sogar auf die Diablo Range in der Ferne. Mit seinem nierenförmigen Schwimmbecken und großen Garten wirkte es mehr wie ein Haus in Greenwich als in Kalifornien.

»Das ist es nun«, stellte ich fest. »Du weißt, daß wir zu einer Entscheidung kommen müssen. Gefällt dir das Haus?«

»Ich bin bereit, hierher zu ziehen.«

Wir beschlossen, die endgültige Entscheidung noch einmal zu überschlafen. Am nächsten Morgen rief ich aber sofort Steve in seinem Haus in Los Gatos an und teilte ihm mit, daß ich nun entschlossen sei, für Apple zu arbeiten.

»Sie kommen?« rief er erregt. »Das ist phantastisch! Das ist einfach unglaublich! Das ist der schönste Tag in meinem Leben. Ich kann es gar nicht abwarten, Markkula davon zu erzählen!«

»Nein, warten Sie. Lassen Sie mich mit ihm sprechen. Er ist derjenige, der mich angeworben hat.«

Als nächstes rief ich Markkula an. Er war ebenso begeistert. Dann telefonierte ich mit Gerry. Normalerweise ist er immer sehr ruhig und kühl. Er hatte mir sogar geraten, das Angebot nicht anzunehmen, wenn ich dabei kein gutes Gefühl hätte. Deshalb ist er auch die Nummer eins in seinem Geschäft. Doch als ich ihm meine Entscheidung mitteilte, schrie er vor Begeisterung auf.

»Ich bin ganz aus dem Häuschen«, sprudelte er. »Das ist einfach herrlich. Das ist die beste Entscheidung, die Sie jemals getroffen haben. Ich bin so froh für Sie, ich bin so froh für Leezy. Und Marie, meine Frau freut sich auch für sie beide.«

Am 4. April 1983, zwei Tage vor meinem 44. Geburtstag, ging ich hinauf zu Kendalls Eckbüro auf dem Stockwerk 4/3, um ihm meine endgültige Entscheidung mitzuteilen.

»Wie lautet sie?« fragte er, wußte aber die Antwort schon im voraus.

»Ich gehe fort.«

»Das habe ich erwartet«, meinte er niedergeschlagen. »Ich wußte schon neulich abends, daß ich dich verloren hatte.«

Jetzt gab es nur noch einige Formalitäten, um die ich mich kümmern mußte. Kendall hatte Pearson meine Kündigung mitgeteilt. Doch weil es sich so gehörte, ging auch ich in sein Büro, um mich zu verabschieden. Andy Pearson war immer ein guter Vorgesetzter gewesen. Ich hatte viel von ihm gelernt. Er war tüchtig und verlangte viel. Er bestand immer auf einer logischen Gedankenführung und hatte wenig Verständnis für krause Ideen. Noch stärker als Kendall hatte Andy das Leistungsniveau seines Managements, für das PepsiCo immer bekannter wurde, angehoben.

Zu meiner Überraschung fand mein Gespräch mit Pearson in einer kalten, unpersönlichen Atmosphäre statt. Er blieb hinter seinem Schreibtisch sitzen, als er sagte: »Ich habe gehört, daß Sie fortgehen wollen.«

»Ja«, bestätigte ich.

»Nun, dann wünsche ich Ihnen Glück. Ich hoffe, daß alles so läuft, wie Sie es sich vorstellen.«

Offensichtlich war er verärgert, daß ihm Kendall die Nachricht von meiner Kündigung überbracht hatte, er stand weder auf noch gab er mir die Hand.

Die Nachricht von meiner Kündigung verbreitete sich schnell im ganzen Unternehmen. Die meisten waren schockiert. Ich war verblüfft über die Reaktion.

Meine Assistentin Nanette berichtete mir: »Die Leute sind wie vom Donner gerührt, John. Sie können es einfach nicht glauben. Sie hätten nie gedacht, daß gerade Sie einmal kündigen könnten. Sie können einfach nicht glauben, daß Sie alles aufgeben, wofür Sie gearbeitet haben, und zu einem Aufsteiger-Unternehmen wechseln.«

Obwohl Apple inzwischen den Sprung auf die Liste der 500 von »Fortune« geschafft hatte, sahen die meisten Manager bei Pepsi das Unternehmen immer noch als kleinen Aufsteiger aus einem unbekannten Tal namens Silicon Valley an. Nanette hatte elf Jahre für mich gearbeitet, und mit ihrer Entschlossenheit und ihrem Einfühlungsvermögen war sie für mich zu einer wichtigen Vertrauten geworden. Ich wollte sie gern zu Apple mitnehmen. Obwohl sie sich zunächst nicht mit dem Gedanken anfreunden konnte, willigte sie dann schließlich doch widerstrebend ein, mit mir zu gehen. »Ich arbeite so lange schon mit Ihnen zusammen, daß es wohl zu spät ist, damit aufzuhören«, meinte sie. Aber nur unter der Bedingung, daß sie zunächst nur unbezahlten Urlaub bei Pepsi nehmen konnte, für den Fall, daß es ihr nicht gefiele.

Als die Mitteilung meiner Kündigung an die Presse gegeben worden war, brach ein Sturm von Anfragen über Pepsi herein. Die Geschichte von Apple war die typische Erfolgsgeschichte eines Aufsteigers im Unternehmerzeitalter. Und die Anwerbung eines Mannes, der bei den Medien als Prototyp des Managers eines traditionellen Großunternehmens galt, war deshalb ein Ereignis, das Schlagzeilen machte.

Kendall gab eine offizielle Erklärung heraus, in der er mir Glück für meine Zukunft wünschte. »John ist ein äußerst fähiger Manager, der mit dazu beigetragen hat, daß Pepsi Spitzenpositionen in einigen Schlüsselbereichen der Soft-Drink-Industrie einnehmen konnte«, hieß es darin. »John hat sich den Respekt und die Bewunderung aller in der Pepsi-Familie verdient, und wir wünschen ihm weiterhin Erfolg bei seiner neuen, faszinierenden Aufgabe.«

Endlich war alles vorbei. Pepsi entschloß sich, mir eine Abschiedsparty zu geben. Als ich jedoch die Gästeliste sah, war ich ziemlich betroffen. Es waren nur Angehörige des Managements eingeladen. Ich dagegen wollte alle einladen, die im Laufe der Jahre zu meinen Freunden geworden waren, Sekretärinnen, Portiers, Fahrer, die Angestellten im Fitneßzentrum. Doch mir wurde gesagt, das sei nicht möglich. Daraufhin erklärte ich, dann würde ich selbst an der Party nicht teilnehmen. Plötzlich ging es doch. Aber jedermann konnte feststellen, daß weder Kendall, der damals auf einer Europareise war, noch Pearson an der Party teilnahmen. Als Abschiedsgeschenk erhielt ich von Pepsi ein großes Gemälde von James Carrow, das ein Boot zeigte, wie es bei Sturm aus einem französischen Hafen auslief, und das in meinem Büro gehangen hatte.

Es ist eine Sache, davon zu sprechen, fortzugehen, eine andere Sache ist es, wirklich zum letztenmal durch eine Tür zu gehen. Ich ging mit einem Gefühl der Leere. Als ich durch die große Eingangshalle im Erdgeschoß kam, bemerkte ich, daß mein Porträt, das immer neben denen von Kendall und Pearson gehangen hatte, bereits heruntergenommen worden war. Alle meine Bindungen waren gekappt.

Lektion zu Kapitel 4

»Die neue Loyalität«

Ich verließ eine Welt, in der Loyalität sehr viel bedeutete, für eine Welt, in der Loyalität viel weniger galt. Ich erinnere mich immer noch, wie überrascht ich war, als ich zum erstenmal jemanden sagen hörte: »Ich denke, daß ich es einmal ohne Apple versuche.« Damit meinte dieser Mann, er wolle für einige Jahre fortgehen, um ein eigenes Unternehmen aufzubauen. Seitdem habe ich gelernt, daß diese Einstellung – die eigene Entwicklung über die des Unternehmens zu stellen – für ein Unternehmen sehr viel bedeuten kann. Es handelt sich nicht mehr um ein blindes Zugehörigkeitsgefühl, um einen Sozialvertrag, sondern um eine Bindung, die auf einer neuen Ethik basiert, die die Entwicklung eines »Third-Wave«-Unternehmens vorantreibt.

Ich habe die Folgen blinder Loyalität zu genau kennengelernt, um zu wissen, daß es sich dabei mehr um einen Nachteil als um einen Vorteil handelt. Ich weiß, wieviel Loyalität meinem Vater bedeutete, aber ich sah auch, wohin sie führte: Sie raubte ihm die Lebenskraft. Es war seine Loyalität, die ihm zu einer Anstellung in der tiefsten Depression verholfen hatte, die ihn aber auch bei seiner Firma ausharren ließ, als diese in Schwierigkeiten geriet und ihm kein angemessenes Gehalt mehr zahlen konnte.

Diese Bindung zwischen Mensch und Institution repräsentierte einen Sozialvertrag, in den der Mensch seine Loyalität einbrachte, um als

Gegenleistung Sicherheit und lebenslange Beschäftigung zu erhalten. Es war ein faustischer Handel, der dem Stelleninhaber grenzenlose Wünsche zu erfüllen schien, während er ihn in Wirklichkeit seiner Freiheit, seiner Motivation und seiner Kreativität beraubte.

Dieser Sozialvertrag hat seine Gültigkeit verloren. Und das scheint mit Recht so zu sein.

Viele Mitarbeiter in »Third-Wave«-Unternehmen legen überhaupt keinen Wert auf Sicherheit. Sie legen Wert auf persönliche Entfaltung, auf eine Chance, etwas leisten zu können. Sie wollen die Vision und die Richtung eines Unternehmens kennen, sie wollen wissen, warum es im Geschäft ist und was es für unsere Gesellschaft und unsere Einstellung zur Welt bedeutet.

Die verführerischen Gegenleistungen der Loyalität – Altersversorgung, lebenslange Beschäftigungsgarantie – sind durch Neues abgelöst worden: Chancen, Anerkennung und Herausforderung. Dafür verpflichtet man sich im Gegenzug, sein Bestes zu geben. Für sich selbst und für das Unternehmen.

Als ich zu Apple kam, hatte ich das Gefühl, eine Schule abgeschlossen zu haben und in eine neue einzutreten. In diesem Sinne sollte ein Unternehmen einer Akademie gleichen. Der Lernprozeß endet nicht an den Grenzen der Institution. Er ist eine lebenslange Erfahrung.

Zu einem Unternehmen wie Apple zu gehen, bedeutet für viele dasselbe wie der Entschluß, ein Universitätsstudium aufzunehmen. Man entscheidet sich für Apple, weil man überzeugt ist, dort eine unvergleichliche, bewußtseinserweiternde Erfahrung machen zu können. Tatsächlich hat es den Anschein, als ob wir zu einer der elitärsten »höheren Ausbildungsstätten« geworden sind; denn auf eine freie Stelle, die nicht einmal öffentlich ausgeschrieben wird, melden sich mehr als fünfzig Bewerber. Die jungen Leute drängen zu uns mit der Vorstellung, für drei oder fünf Jahre zu bleiben und dann eine eigene Firma zu gründen. Und nirgendwo könnten sie eine bessere Ausbildung erhalten.

Auf das Unternehmen wirkt dieser Prozeß verjüngend, kaum anders, als das auch in der akademischen Welt der Fall ist. Der endlose Strom junger Studenten, der eine Universität durchläuft, sorgt dafür, daß die Professoren ständig aufs neue herausgefordert werden. Die Professoren müssen »jung« denken, obwohl sie viel älter als ihre Schüler sind, die sie unterrichten, die umgekehrt aber auch sie selbst unterrichten.

Und diejenigen, die das Unternehmen verlassen, schwächen es dadurch nicht. Im Gegenteil, sie helfen uns, unsere Grenzen weiter zu stecken. Die Tage, in denen Silicon Valley und andere Unternehmen darunter litten, was Tom Wolfe »abtrünniges Kapital« nannte, scheinen vorbei zu sein. Nicht weil dergleichen nicht mehr vorkommt, sondern weil sich die Einstellung geändert hat. Bei Apple betrachten wir unsere Ehemaligen als unsere Schüler; wohin sie auch gehen, sie sind im allgemeinen gute Botschafter für Apple. Die neue Loyalität hängt davon ab, wie ein Unternehmen seine Identität definiert. Sollten wir uns auf die Gruppe der gegenwärtig im Unternehmen Beschäftigten beschränken? Oder sollten wir unsere Grenzen weiter stecken, um auch unabhängige Händler und andere interessierte Dritte einzubeziehen? Ich bin der Meinung, daß ein Unternehmen gewinnt und nicht gefährdet ist, wenn es sich möglichst umfassend definiert.

Bei den meisten Unternehmen wäre es Ketzerei, wenn ein Topmanager öffentlich verkündete, daß sein oder ihr Lebensziel darin bestehe, zu einer anderen Firma zu gehen. Als jedoch Debi Coleman, die 34jährige Leiterin unserer Finanzabteilung, bekanntgab, ihr Ziel sei es, Nachfolgerin von Jack Welch, dem Chairman und Spitzenmanager von General Electric, zu werden, gratulierten wir ihr zu ihrem Ehrgeiz und ihrer Entschlußkraft. Und dazu, daß sie Apple als Ausbildungsplatz gewählt hatte, um dieses Ziel in Angriff zu nehmen.

Diese ganz andere Erwartungshaltung verlangt einen sehr viel größeren Einsatz. »Second-Wave«-Unternehmen verlangen nicht soviel von ihren Mitarbeitern; sie sind nicht mehr als ein Rädchen im System. In einem »Third-Wave«-Unternehmen dagegen wird vorangesetzt, daß man einen Teil von sich selbst für den Erfolg des Unternehmens opfert, vor allem, wenn es sich um ein kreatives Unternehmen handelt.

Als Gegenleistung gewinnt man eine Erfahrung, die die Instinkte schärft und die neuesten Entwicklungen lehrt, die zeigt, wie man sich in seiner Arbeit engagieren kann, und ganz neue Perspektiven eröffnet.

*

Was sich in diesem neuen Modell nicht geändert hat und was nicht aufgegeben wurde, das sind Integrität und gegenseitiges Vertrauen, die Grundlagen echter Loyalität. Vertrauen bedeutet für andere natürlich auch eine große Belastung, damit stellt man sozusagen ihre Integrität auf die Probe. Wenn ich anderen vertraue, knüpfe ich mit ihnen eine Beziehung an. Im Gegenzug erwarte auch ich, daß sie mein Vertrauen verdienen. Ich lege einen außerordentlich hohen Wert auf Vertrauen, denn für ein »Third-Wave«-Unternehmen ist Vertrauen die Basis, ohne die ein freier und ungehinderter Austausch von Ideen und Meinungen nicht möglich wäre.

Zielorientiertes Management ist die Methode von »Second-Wave«-

Unternehmen, an dessen Stelle setzen »Third-Wave«-Unternehmen das Vertrauen. Wenn ich jemandem vertraue, daß er seine Aufgabe vorzüglich erledigen wird, dann mache ich ihm das größtmögliche Kompliment. Und wir beide gewinnen an Zuversicht.

In den meisten traditionellen Unternehmen traut sich kaum jemand zu sagen, was er wirklich denkt; denn es herrscht kein gegenseitiges Vertrauen. Jeder denkt, er könne mit seiner persönlichen Meinung in Schwierigkeiten geraten. Ich verfüge nicht über viel Verhandlungsgeschick, ich kann oft nicht mit meiner Meinung zurückhalten. Statt dessen äußere ich mich offen und mache keinen Hehl daraus, was mir durch den Kopf geht, und das gleiche erwarte ich auch von anderen. Wenn jemand mein Vertrauen mißbraucht, möchte ich mit ihm nicht länger zusammenarbeiten.

Obwohl ich keine unbegrenzte Loyalität verlange, erwarte ich doch von meinen Mitarbeitern bei Apple, daß sie die Vision des Unternehmens teilen, solange sie dabei sind.

＊

Als Apple 1985 in die Krise geriet, mußte ich eine der schwierigsten und schmerzlichsten Erfahrungen meiner ganzen Laufbahn treffen. Ich mußte 1200 Mitarbeiter entlassen, es handelte sich um die einschneidendste Maßnahme in der kurzen Geschichte des Unternehmens.

Einer der Mitarbeiter, der von der Massenentlassung nicht betroffen war, stellte mir die einfache, harte Frage: »Wie loyal ist Apple gegenüber seinen Angestellten, wie loyal sollte das Unternehmen Ihrer Ansicht nach sein?«

Auch wir sind nicht immun gegenüber der Instabilität, die so viele »Second-Wave«-Unternehmen befallen hat. Die Vision und die Richtung eines »Third-Wave«-Unternehmens darf jedoch nie ins Schwanken geraten. Das Management trägt den Mitarbeitern gegenüber die Verantwortung, die Vision aufrechtzuerhalten und nicht zuzulassen, daß Vierteljahresergebnisse diese Vision beeinträchtigen. Das ist die Art Stabilität, auf die Topmanager heutzutage zu achten haben. In erster Linie gilt also die Verantwortung nicht dem Unternehmen, sondern seinem Ziel.

Bei einem Unternehmen wie Apple erhält man deshalb für Risikobereitschaft auch hohe finanzielle Vergütungen. Durch Aktienoptionen und Gewinnanteilprogramme nimmt man am Erfolg des Unternehmens teil. Von der eigenen Leistung wird erwartet, daß sie mit dem Unternehmen wächst, wer diesen Teil des Abkommens nicht einhält, für den lohnt sich die ganze Erfahrung nicht.

Heutzutage schuldet ein Unternehmen seinen Mitarbeitern die lohnendste Erfahrung ihres ganzen Lebens, die Chance, sich selbst zu entfalten, Leistung zu erbringen und sich vor der Welt zu beweisen. Nicht mehr und nicht weniger.

Kapitel 5

»Der Mann
aus dem amerikanischen
Unternehmensestablishment«

Noch nie hatte ich ein solches Treffen erlebt. Wirklich noch nie. Ich hatte meine neue Stelle bei Apple erst seit ein paar Tagen angetreten, als wir Cupertino verließen, um für drei Tage nach Pajaro Dunes zu fahren, einem beliebten Reiseziel für Silicon-Valley-Unternehmen, das etwa eineinhalb Fahrstunden von Cupertino entfernt am Meer in der Nähe des Highway Nr. 1 liegt, der sich an der zerklüfteten kalifornischen Küste entlangzieht.

Die Atmosphäre in Pajaro Dunes stand in gewaltigem Kontrast zu den offiziellen, spannungsgeladenen Besprechungen in PepsiCos prunkvollem Boardroom. Wir trafen uns in einer großen Strandwohnung mit einer Küche, verschiedenen Sitzgelegenheiten und einer großen Tafel. Der Blick durchs Fenster ging über den Pazifischen Ozean. Man konnte die Brandung auf dem Strand hören und das Geschrei der Seevögel.

Alle von uns waren lässig gekleidet, ohne Krawatten oder Jacketts. Steve saß im Schneidersitz auf dem Boden und spielte gedankenverloren mit seinen nackten Zehen. Einige andere hockten ebenfalls auf dem Boden und hatten sich gegen die Möbel gelehnt, wieder andere räkelten sich auf den weichen Sofas. Der »Mann aus dem amerikanischen Unternehmensestablishment«, wie ich bei einigen hieß, nahm in einem Armsessel Platz.

Von Anfang an war mir klar gewesen, daß es sinnvoll für das Unternehmen sei, eine klare Produktionsstrategie zu verfolgen, und deshalb hatte ich diesen Punkt oben auf die Tagesordnung für dieses Treffen gesetzt. Für einen Neuankömmling war dies ein logischer Einstieg. Zum ersten bekam ich auf diese Weise eine Chance, die Ansichten unseres Managements über die verschiedenen Produkte und Strategien zu erfahren. Ich hatte den Eindruck, daß Apple zu viele unvereinbare oder sich überlappende Produkttechnologien einsetzte.

Apple bestand praktisch aus vier Unternehmen, die unter einem Dach zusammengefaßt waren: der Apple-II-Gruppe, der Apple-III-Abteilung, der Lisa-Gruppe und Steves Macintosh-Team. Wir mußten dringend eine Strategie entwickeln, um Apple in jedem Schlüsselbereich des Marktes gut zu positionieren: im Klassenzimmer, im Privathaushalt und im Büro. Sollten wir weiterhin den Apple II gleichzeitig für Unterrichtszwecke und für Büroarbeiten anbieten? Warum versuchten wir, mit dem Apple III, mit dem Lisa und mit dem Macintosh drei verschiedene Produkte für den Unternehmensmarkt anzubieten?

Ich bemühte mich, die Diskussion auf diese und andere Tagesordnungspunkte zu konzentrieren, aber ich hatte wenig Erfolg. Alle redeten gleichzeitig. Wem es gelang, die Aufmerksamkeit der Anwesenden zu erringen, der hatte das Wort. Es war schwierig, zwischen Meinungen und Fakten zu unterscheiden. Auch wenn einer der Manager sprach, führten andere ihre Gespräche in kleinem Kreis weiter. Manche standen zwischendurch einfach auf, um etwas zu holen. Es war absolut unmöglich, Ordnung zu halten.

Ich hatte darum gebeten, daß jeder ein kurzes, etwa eine Seite langes Memorandum zu den Diskussionspunkten vorbereiten sollte. Statt dessen sprachen und gestikulierten alle wild durcheinander und stritten darüber, welches Diskettenlaufwerk für welchen Computer verwendet werden sollte. Eines wurde ganz deutlich: Hier handelte es sich nicht um ein Team, sondern um eine Gruppe von Individuen, von denen jeder seine eigene Aufgabe hatte, für die er sich vor allem interessierte. Jeder nahm sich die Freiheit, über alles und jeden zu sprechen, sie ließen ihren Gefühlen freien Lauf und scheuten auch nicht davor zurück, einander mit Worten zu attackieren. Sie benahmen sich fast wie die Kinder und bewarfen sich mit Schimpfwörtern.

In regelmäßigen Abständen war die Diskussion plötzlich durchsetzt von Fachausdrücken, denen ich kaum folgen konnte. Es war, als ob sie auf einmal eine mir unbekannte Sprache sprachen: Winchester Disks, Seek Times, GCR, MFM, IWM-Chip. Fieberhaft notierte ich mir diese Wörter und ihre Bedeutung in einem kleinen Notizbuch, wie ich es auch immer in Europa oder Lateinamerika getan hatte, wenn ich spanische oder deutsche Wörter während meiner Geschäftsbesprechungen gehört hatte, die ich nicht kannte. Zu einem späteren Zeitpunkt hatte ich diese Wörter dann in einem Wörterbuch nachgeschlagen.

Die Diskussion drehte sich vor allem um Diskettenlaufwerke. »Seek Time« war die Zeitspanne, die der Prozessor benötigt, um die Diskette zu erreichen, eine Information zu finden und sie auf den Bildschirm zu bringen. GCR (Group Code Recording) war die eine Methode, MFM (Modified Frequency Modulation) eine Alternative dazu. Ich mußte lachen, als ich erfuhr, daß IWM »Incredible Woz Machine« hieß und nach dem Apple-Mitbegründer Steve Wozniak benannt war, der diesen Chip entwickelt hatte. Steve versuchte, uns eine alternative Technologie aufzudrängen, ein 3½-Zoll-Diskettenlaufwerk, das Sony Corp. in Japan entwickelt hatte. Zum einen würde es uns die Sony-Diskette ermöglichen, den Computer kleiner zu bauen, was gleichzeitig auch billiger bedeutete, zum anderen könnte der Benutzer die Disketten – wie Notizbücher – in seiner Jackentasche mit sich herumtragen. Es wäre ein großer Sprung vorwärts in Richtung auf das wirklich tragbare »dynamische Buch«, wie es den Erfindern des Personalcomputers vorgeschwebt hatte. Apple hatte noch nicht viel Erfahrung mit der Entwicklung von Diskettenlaufwerken und kaufte sie lieber von anderen Produzenten. Das war der Grund für die Diskussion: ob wir selbst eine Diskettenlaufwerk-Produktion aufbauen sollten und ob wir soviel Qualität und so große Mengen herstellen könnten, daß dieser Geschäftszweig Erfolg brächte.

Obwohl wir uns intern den Termin gesetzt hatten, Lisa bis Ende April auszuliefern – bis dahin war nur noch ein Monat Zeit –, gab es immer noch beträchtliche Auseinandersetzungen darüber, mit welchem Diskettenlaufwerk der Lisa angeboten werden sollte.

Einer aus der Gruppe attackierte Steve: »Der Macintosh ist auch noch nicht fertig! Warum wartet ihr nicht, bis euer Produkt endlich auf dem Markt ist, bevor ihr den Lisa kritisiert?«

Auch andere nahmen sich Steve vor. Sie ersparten ihm keine Kritik. Bei Pepsi würde es niemand wagen, Kendall solche Worte ins Gesicht zu sagen. Der Chairman eines Unternehmens hatte schließlich gewisse Privilegien, ihm gegenüber äußerte man sich in ehrerbietigem Ton. Hier aber fielen fast alle über Steve her. Ich mußte ihm helfen, sie abzuwehren.

»Hört doch auf damit!« rief ich. »Wir wollen uns auf Probleme konzentrieren und nicht auf Personen!«

Es war ein aufschlußreiches kleines Zwischenspiel, ein passender Einstieg in das Leben bei Apple. Für jemanden, der an Disziplin und protokollarische Vorschriften in einem Großunternehmen gewöhnt war, schien es kaum begreiflich. Bei Pepsi behielt man seine Gedanken und Empfindungen für sich. Konferenzen liefen geregelt und diszipliniert ab, Diskussionen wurden geordnet geführt. Schon vor jeder Besprechung wußte man ziemlich genau, wo jeder stand und wie das voraussichtliche Besprechungsergebnis aussehen würde. Selbst unsere außerbetrieblichen Zusammenkünfte im »Lightford Club« auf den Bahamas waren immer genau geplante Veranstaltungen gewesen. Nie gab es irgendwelche Überraschungen.

Dies hier war aber keine Konferenz mehr, dies war ein Tribunal. Die Vorwürfe waren provozierend und unverblümt, oft verletzend. Es grenzte an Anarchie. Ich begriff, was einer der Werbeberater von Apple gemeint hatte, als er scherzhaft fragte: »Kennen Sie den Unterschied zwischen Apple und den Boy Scouts? Die Boy Scouts werden von einem Erwachsenen beaufsichtigt.«

Unsere Besprechung hatte gerade erst eineinhalb Stunden gedauert, als die Lampen zu flackern begannen und das ganze Gebäude erzitterte. Wir befanden uns mitten in einem Erdbeben.

»Los, zum Strand!« schrie jemand. Wir rannten aus der Wohnung. Aber als wir etwa fünfzig Schritte in Richtung Strand gelaufen waren, rief ein anderer: »Halt, wartet mal! Beim letzten Erdbeben gab es eine Flutwelle, lauft besser in eine andere Richtung!«

Die Unentschlossenheit, die widersprüchlichen Weisungen, die drohende Naturkatastrophe — alles war nur ein Vorbote dessen, was noch kommen sollte.

*

Als ich PepsiCo verließ, war mir klar, daß ich die Orthodoxie eines Großunternehmens für ein ganz neues Leben aufgab. Ich ließ mein altes Ego in einem Schrank in Greenwich, als ich einen Koffer mit Freizeitkleidung packte — nicht ein einziger Anzug war dabei. Ich flog an die Westküste, nicht in einem Firmenflugzeug mit Pepsi-Farben, sondern in einer ganz normalen Verkehrsmaschine. Leezy und Laura, unsere Tochter, ließ ich an der Ostküste zurück, nachdem wir einen kurzen gemeinsamen Urlaub auf den Bermudas verbracht hatten, denn ich wußte, daß ich mich für die nächsten Monate kopfüber in meine neue Aufgabe stürzen mußte. Apple hatte für mich ein Appartement in »Rickey's Hyatt House« angemietet, einem High-Tech-Treffpunkt, wo Investoren zusammenkamen, um neue Betriebe im Silicon Valley zu finanzieren. Das Hotel war nicht sehr einladend, düster und grau sah es aus, als ob man es direkt von einer Ausfahrt des New Jersey Turnpike hierhergebracht hätte. Jeden Morgen stand ich um 4.30 Uhr auf, fuhr über El Camino Real und arbeitete von sieben Uhr morgens bis zehn oder elf Uhr abends bei Apple.

Als ich am ersten Tag über das Gelände zu einem der Gebäude ging, um mich für einen Sicherheitsausweis fotografieren zu lassen, kam ich mir vor, als ob ich mich auf einem College-Campus befände. Überall wimmelte es von jungen, freundlichen Leuten. Viele von ihnen blieben stehen, stellten sich vor und hießen mich willkommen. Wenn ich jemanden fragte, wie lange er schon für Apple arbeitete, waren es meist nur Wochen oder Monate, selten Jahre. Diejenigen mit den niedrigsten Nummern auf ihren Sicherheitsausweisen wiesen voll Stolz darauf hin, denn es bedeutete, daß sie zu den ersten gehörten, die sich für Apples

Visionen begeistert hatten. Eine niedrige Nummer war ein Statussymbol. Unter meinem Foto auf dem Sicherheitsausweis stand die Zahl 4450, das heißt, ich war die 4450. Person, die Apple eingestellt hatte. Mit meinen 44 Jahren war ich auch einer der ältesten Mitarbeiter des Unternehmens. Das Durchschnittsalter lag bei 27 Jahren. 27 Jahre, das bedeutete in vielen Unternehmen Dienstjahre! Infolgedessen war bei Apple auch keine Altersversorgung vorgesehen.

Apple war fast ausschließlich von jungen Leuten bevölkert, die die Welt verändern wollten. Niemand hatte einen Vierzig-Stunden-Job. Alle machten bereitwillig unbezahlte Überstunden, um ihre Aufgaben zu erledigen. Sie trugen T-Shirts, die stolz ihre Einsatzbereitschaft verkündeten: »*50 Stunden in der Woche arbeiten – das macht Freude!*« Dieser Slogan war ausgestrichen, und darunter hieß es: »*70 Stunden in der Woche arbeiten – das macht Freude!*« Und auch dieser Slogan war ausgestrichen, um von »*90 Stunden in der Woche arbeiten – das macht Freude!*« ersetzt zu werden. Jedesmal, wenn ein neues Produkt in Angriff genommen wurde, wurde auch eine Serie neuer T-Shirts produziert, die das Ereignis gebührend feierten.

Schon bei meiner Ankunft spürte ich die besondere Atmosphäre, aber ich konnte sie nicht erklären. Es war, als ob es magnetische Felder gäbe, eine geistige Kraft, die alle verzauberte. Auf allen Gesichtern zeigte sich Erregung, die Blicke waren vage, wie betäubt – als ob man sich im Zentrum eines Kultes befände.

Wenn ich mit Steve den Bandley Drive hinunterging, redete er unaufhörlich von der Aufgabe eines jeden einzelnen, die Welt zu verändern.

»Wir tun etwas, was vor uns noch keiner getan hat«, sagte er mir immer wieder. »Wir haben die Chance, die Welt wirklich zu verändern, und das ist es, was die Leute hier so erregt. Wir sind eine Gemeinschaft, in der sich die klügsten Köpfe und die kreativsten Denker der Welt zusammengefunden haben. Personalcomputer werden die Welt verändern, und wir entwickeln Sachen, die alle Maßstäbe sprengen werden.«

Es gab unzählige Geschichten von Leuten, die das ganze Land im sprichwörtlichen Volkswagenbus durchquert und ihren Wagen bei der Ankunft im Silicon Valley verkauft hatten, um Geld zum Leben zu haben, und dann auf einen Job bei Apple warteten. Manche parkten sogar buchstäblich vor den Hauseingängen, um die Gelegenheit nicht zu verpassen, bei Apple einsteigen zu können.

Ein typischer Fall war Joe Hutsko, ein intelligenter, schlaksiger Junge aus New Jersey, der später mein technischer Berater wurde. Im Alter von vierzehn Jahren hatte er sich seinen ersten Computer gekauft, und auf einer Farm hatte er bei der Erdbeerernte geholfen, um sich einen Apple kaufen zu können. Er arbeitete als Computerfachmann in einem Spielcasino in Atlantic City, als er einen Artikel über den Lisa las. Er war sofort wie elektrisiert. Steve wurde sein großes Vorbild, sein Traumunternehmen wurde Apple. Einen Monat lang rief er täglich bei Apple an und bemühte sich um einen Job — irgendeinen Job. Als man ihn immer wieder abschlägig beschied, beschloß er, nach Cupertino zu fliegen, um ein persönliches Gespräch zu führen. Das nützte — mit zwanzig Jahren wurde er Mitarbeiter bei Apple.

Manchmal beschrieb Steve Apple als das Ellis Island der amerikanischen Industrie, denn es übte eine unwiderstehliche Anziehungskraft auf alle aus, die nicht in das Amerika der Großunternehmen paßten. Der rituelle Bierumtrunk am Freitagnachmittag ähnelte der Barszene im »Krieg der Sterne«, man traf Menschen jeder Nationalität, jeder Rasse, Inder mit Turban und bärtige Jünglinge aus New Jersey. Geschlecht war kein Thema. Es war nicht nur so, daß Apple gute Arbeitsplätze für Frauen bot, es kümmerte sich praktisch niemand darum, ob ein Mitarbeiter männlich oder weiblich war. Es gab genauso viele Frauen in Führungspositionen wie Männer.

Arbeit und Spaß gingen ineinander über, die Grenzen waren fließend. Mit den Kinos in der Nachbarschaft wurden Abkommen geschlossen, damit sie — als Gegenleistung für einen Apple-Computer — ab und zu eine geschlossene Vorstellung für Apple-Leute gaben, die auf diese Weise umsonst die neuesten Filme sehen konnten.

Es war eine berauschende Zeit. Der Sommer des Jahres 1983 markierte den Höhepunkt des High-Tech-Booms im Silicon Valley. Die jungen Leute lebten durch ihre Einkommen, ihre Aktienoptionen im Luxus, aber auch immer mehr auf Kredit. Sie rasten in ihren ausgefallenen Sportwagen über die Straßen und bauten sich originelle Häuser an den Berghängen. Man konnte in kein Restaurant, keine Bar, keine Hotelhalle oder keinen Laden kommen, ohne daß man Gespräche über High-Tech hörte. Wenn ich jemandem die Frage stellte: »Glauben Sie, daß dies alles Wirklichkeit ist und weiter so wachsen wird wie bisher?«, erntete ich nur ungläubige Blicke. Man betrachtete mich, als ob ich ein Ketzer sei. Wußte ich denn nicht, daß dies hier Silicon Valley war? Alle waren ganz wild darauf, die Welt mit Computern zu verändern.

Apples Aktien stiegen und stiegen — von 36 Dollar pro Aktie, als ich gekommen war, auf 63 Dollar pro Aktie im Juni. Weil Apple weitaus mehr Aktienoptionen als jedes andere große Unternehmen an seine Beschäftigten vergeben hatte, wuchs der Reichtum der Apple-Leute unaufhörlich. Stündlich wurde der neueste Aktienkurse an Schwarzen Brettern in jedem Gebäude angeschlagen. In nur fünf Monaten war der

Wert meiner Aktienoptionen auf dem Papier auf neun Millionen Dollar gestiegen. Jemand hatte ausgerechnet, daß es schon etwa 100 Leute bis zum Millionär gebracht hatten. Es gab kein Unternehmen auf der ganzen Welt, das nicht zu fast allen Zugeständnissen bereit gewesen wäre, um auch bei seinen eigenen Beschäftigten die Einsatzbereitschaft und die Arbeitsmoral zu erreichen, die die Apple-Leute zeigten.

In nur wenigen Tagen schon schien es mir, als ob meine Erfahrungen bei Pepsi aus einem früheren Leben stammten. Ich war aus einer Welt gekommen, in der Spitzenmanager relativ anonym lebten, sie waren fade Kreaturen im Vergleich zu den High-Tech-Managern, die als Superstars galten. Wir wurden mit Bitten um Interviews von der lokalen, der nationalen und der internationalen Presse geradezu überhäuft. Auch außerhalb des Apple-Geländes erkannte man mich, begrüßte mich und bat um Autogramme. Noch nie zuvor hatte ich erlebt, daß ein Geschäftsmann Autogramme gab, und ich konnte mir auch gar nicht vorstellen, warum man eins von mir haben wollte.

Ich hatte bereits mehrfach gehört, daß Apple als Traumunternehmen beschrieben worden war, und diese Bezeichnung immer für eine Übertreibung gehalten. Aber schon die ersten Monate in diesem Unternehmen überstiegen meine Erwartungen bei weitem. Jeden Abend war ich müde, am Rand der physischen Erschöpfung. Doch es war eine Art von Erschöpfung, die mich begierig auf die Anstrengungen des nächsten Tages machte.

Ich fühlte mich körperlich und geistig verjüngt, jünger, als ich mich seit Jahren gefühlt hatte. Ich glaubte, wieder auf der Universität zu sein anstatt in einem Unternehmen, das auf »Fortunes« Liste der 500 geführt war. Das einzigartige bestand nicht nur darin, daß wir zu einer relativ neuen, traditionslosen Industrie gehörten, sondern vor allem darin, daß Apple von einer neuen, von Konventionen unbelasteten Generation aufgebaut worden war. Diese jungen Leute hatten nie gelernt, Fehlschläge einzukalkulieren, und deshalb waren sie überzeugt davon, daß alles möglich sei. Trotz meiner anfänglichen Vorbehalte begannen ihre Vorstellungen schon bald auf mich abzufärben.

Ihre Blicke waren vorwärts in die Zukunft gerichtet. Sie begrüßten die Informationsgesellschaft mit offenen Armen − in all ihren Erscheinungsformen, in der Schule, am Arbeitsplatz, im privaten Bereich. Dies war wirklich ihr Platz, an dem alle zusammengekommen waren, um die Welt zu verändern. Für mich bedeutete Apple mehr als nur einen Wechsel von einem Unternehmen zu einem anderen. Ich begann buchstäblich ein ganz neues Leben.

Aber jenseits aller grenzenlosen Begeisterung hatte ich es auch mit einem völlig disziplinlosen Unternehmen zu tun, in dem größter Wert auf Unabhängigkeit gelegt wurde. Schon in meinen ersten Wochen bei Apple stellte ich die Regel auf, daß kein Memorandum länger als eine Seite sein durfte. Dadurch wird man gezwungen, präzise zu formulieren und den Stoff genau zu beherrschen – bei Apple hatte es bis dahin nur selten Memos gegeben, die nicht länger als eine Seite waren. Weil jeder einen Computer auf seinem Schreibtisch hatte, hatten alle Memos, Vorlagen und technischen Dokumente einen assoziativen Stil angenommen. Ich erstickte fast in den Papiermengen und nahm mir jeden Abend mehrere Taschen voll Unterlagen mit, um sie im Hotel durchzuarbeiten. Schließlich weigerte ich mich deshalb strikt, ein Memo durchzulesen, das länger als eine Seite war.

Es dauerte allerdings nicht lange, bis ich einsehen mußte, daß man mit einem Befehl von oben bei Apple nur wenig erreicht. Wenn der Topmanager eine Anordnung ausgab, kümmerte sich kaum jemand darum. Die Unabhängigkeit des einzelnen galt so viel, daß alle überzeugt waren, ihre eigenen Entscheidungen treffen zu können.

Apple war in ganz Silicon Valley dafür bekannt, daß man nur in Ausnahmefällen jemanden telefonisch erreichen konnte. Das lag vor allem daran, daß es keine Sekretärinnen gab. Statt dessen gab es »Area Associates«, die aber dazu angehalten wurden, eigene kreative Leistungen zu erbringen. Unglücklicherweise bedeutete das in der Praxis, daß sich kaum jemand um die Telefone kümmerte.

Beunruhigt über diese Situation, wandte ich mich an unsere Vizepräsidentin für Personalfragen, Ann Bowers, und fragte sie: »Wie können wir die Leute dazu bringen, Telefonanrufe entgegenzunehmen?«

Sie verdrehte nur die Augen und lachte: »Das ist eins von den Dingen, die Apple noch lernen muß. Aber Sie werden noch merken, daß die Versendung eines Rundschreibens dabei nicht viel nützt.«

Bei meinem ersten Besuch in Cupertino riet ich Steve, Kontakt zur Ostküste und den dortigen Managementvorstellungen zu halten. Ich hielt das für wichtig, wenn Apple seine Computer mit Erfolg auf dem Unternehmensmarkt verkaufen wollte. Wie Kalifornien das »Technologiezentrum« für Computerinnovation ist, so hielt ich ganz naiv die Ostküste für das »Managementzentrum« für Unternehmensinnovation. Ich hatte Steve gesagt: »Dort im Osten werden hochinteressante Konzeptionen von den Business Schools, den Universitäten und den Beraterfirmen entwickelt. Sorgen Sie dafür, daß Sie mit den Leuten und mit ihren Ideen in Kontakt kommen.«

Was ich damals nicht wußte, war, daß auch Silicon Valley ständig neue Managementkonzepte entwickelte. Wenn Pepsi ein typisches Beispiel für ein erfolgreiches »Second-Wave«-Unternehmen war, dann zeigte Apple, wie ein »Third-Wave«-Unternehmen aussehen sollte. Der Hauptunterschied lag in der Konzeption des »Buy-In«-Management.

Bei Apple bevorzugen wir »Buy-In«-Management, einen Entscheidungsfindungsprozeß innerhalb einer Gruppe, in der jeder einzelne respektiert wird, unabhängig davon, welche Position er im Unternehmen einnimmt. Dieser Stil unterscheidet sich grundlegend vom »Top-Down«-Management so vieler amerikanischer Unternehmen, in denen der Chef von oben einen Befehl ausgibt und seine Mitarbeiter unten dem Kommando gehorsam folgen. Er unterscheidet sich auch vom japanisch inspirierten »Consensus«-Management, das auf einem vorherigen Konsens aufbaut, um eine Entscheidung in geordneter Weise in einem Unternehmen durchsetzen zu können. Konsens bedeutet dabei oft, daß ein Unternehmen sich mit dem Mittelmaß zufriedengibt, wenn jeder damit einverstanden ist.

Der Stil des »Buy-In« dagegen erlaubt keine Kompromisse. Wenn jemand eine Idee hat, ist er verpflichtet, sie zu propagieren und andere davon zu überzeugen, daß es sich um eine gute Idee handelt. Ideen und Entscheidungen können in einem »Buy-In«-Unternehmen überall entstehen; sie laufen nicht von oben nach unten — wie in den meisten amerikanischen »Second-Wave«-Unternehmen — oder müssen sich mühsam ihren Weg durch eine starre hierarchische Struktur bahnen — wie in japanischen Firmen.

»Buy-In« ermuntert freie, ungehemmte Gruppendiskussionen über Methoden und Ideen. Entscheidungen sind das Ergebnis langer Sitzungen, in denen hart gekämpft wird. Wenn mich auch das Chaos in Pajaro Dunes verwirrt hatte, so begann ich doch einige Wochen später zu begreifen, wie gesund dieser Schlagabtausch sein konnte. Niemand hielt mit seiner Meinung zurück, und dadurch können sich Ideen viel schneller verbreiten, als wenn sie erst offizielle Filterprozesse durchlaufen müssen. Es war ein faires Spiel, jeder Angestellte hatte das Recht, sich mit jedem Vorgesetzten über jedes Thema auseinanderzusetzen.

Bei der »Buy-In«-Methode werden die schlechten Ideen aussortiert, nur die guten bleiben übrig. Der Entscheidungsfindungsprozeß mag auf diese Weise länger dauern. Aber wenn ein Team ein »Buy-In« einmal akzeptiert hat, dann werden seine Mitglieder buchstäblich alles tun und kein Opfer scheuen, um den Erfolg des Projekts zu gewährleisten. Wenn bei Apple eine Entscheidung einmal gefallen war, dann setzten sich alle zusammen und erbrachten die fabelhaftesten Leistungen. Noch nie habe ich gesehen, daß in einer Organisation Entscheidungen schneller umgesetzt wurden. Denn jeder war an der Entscheidung persönlich beteiligt und trug sie mit.

Das Besondere an einer »Buy-In«-Organisation, in der Gruppendynamik eine große Rolle spielt, besteht darin, daß jeder darauf achtet, ob auch der Kollege oder der Vorgesetzte einen wertvollen Beitrag leistet. Die traditionelle Befehlskette, in der jede Arbeit kontrolliert und schriftlich beurteilt wird und anschließend die Beurteilung an die nächsthöhere Ebene weitergeleitet wird, ist damit nicht vergleichbar. Bei Apple muß auch jeder Vorgesetzte eine sichtbare Leistung erbringen. Das Privileg, Veränderungen bewirken zu können, enthält gleichzeitig auch die Pflicht, Veränderungen zu bewirken.

Die Managementphilosophie war symptomatisch für alle anderen Besonderheiten in der Architektur des Unternehmens. Bei Apple konnte man nur selten das Wort »gewinnen« hören. Bei Pepsi hörte man kaum etwas anderes. Bei Apple sprach man darüber, wie man die Perspektiven der Menschen verändern und etwas ganz Neues erbauen würde. Bei Pepsi drehten sich alle Gespräche nur um den Konkurrenzkampf: Wie es einem Manager gelungen war, einen viertel Prozentpunkt in einer Region oder in einem Bundesstaat zu erringen. Wie einer der Firmenhelden ein ganzes Wochenende, Tag und Nacht, daran gearbeitet hatte, die Getränkeautomaten noch rechtzeitig für ein bestimmtes Ereignis umzubauen. Aber die Wahrheit ist doch, daß es nicht einen einzigen Soft Drink gibt, der über das Potential verfügt, die jungen Leute so zu verändern, wie es die Computer in den Schulen können.

Lange Zeit sah man bei Apple im Wettbewerb nur eine Begleiterscheinung neben dem eigentlichen Ziel: Märkte aufzubauen. Ich war weitaus mehr von der intellektuellen Kraft einer Idee fasziniert als davon, jemanden im Rennen um Marktanteile zu schlagen. Viele PepsiCo-Manager waren außerhalb ihrer Büros, auf dem Golf- oder Tennisplatz, genauso wettbewerbsorientiert wie bei ihrer Arbeit. Ich verbrachte meine Freizeit immer viel lieber damit, in ein Museum oder ein Konzert zu gehen oder ein gutes Buch zu lesen.

Als Markkula und Jobs den Präsidenten von Pepsi-Cola anheuerten, waren sie überzeugt, einen professionellen Manager eines »Second-Wave«-Unternehmens anzuwerben. Nach seinem Besuch in meinem Pepsi-Büro war Markkula darangegangen, mir eine beinahe hundert Quadratmeter große Bürosuite im neuen Sobratogebäude – das nach seinem Erbauer und Besitzer benannt war – einrichten zu lassen, in das das gesamte Apple-Management im Juli einziehen sollte. Markkulas Pläne für mein Büro sahen Rosenholzmöbel, Marmortische und elegante Gemälde vor. Offensichtlich wollte Markkula, daß ich mich wohl fühlen sollte.

Zwei Monate vor dem Umzugstermin zeigte mir jemand die Pläne. Ich wollte gar kein großes Büro. Es paßte überhaupt nicht zu Apple. Als Steve die Pläne für sein Büro im selben Gebäude sah, weigerte er sich, überhaupt einzuziehen.

»Das entspricht Apple nicht«, erklärte er, »wir sind viel informeller.« Statt dessen behielt er sein Büro im Macintosh-Gebäude. Ich ließ wenigstens die Wände meines neuen Büros versetzen, damit die Proportionen auf ein normales Maß reduziert wurden. Eine Wand bestand aus einer Glasscheibe, damit ich für jeden sichtbar war. Anstatt des ausgewählten Rosenholzmobiliars entschied ich mich für serienmäßige Henry-Miller-Möbel, wie sie überall im Unternehmen Verwendung fanden.

Wenn Kendall der Prototyp eines »Second-Wave«-Managers war, so repräsentierte Steve eindeutig die »New Wave«. Weder hatte er Verständnis für das Amerika der Großunternehmen noch respektierte er es. Kendall dagegen hatte immer dazugehören wollen. Die Kunst und die Skulpturen, mit denen er PepsiCos Hauptquartier ausgestattet hatte, waren zum Teil ein Versuch, Zugang zu diesem Amerika der Großunternehmen zu erlangen. Unsere Kunst bei Apple besteht in T-Shirts und Posters. Symbole der Macht, die auf Außenwirkung spekulieren, wurden bei Apple abgelehnt.

Nicht lange nachdem ich bei Apple angefangen hatte, kam Kendall nach Kalifornien und nutzte die Gelegenheit, Steve kennenzulernen. Es war, als ob zwei Raubtiere sich gegenseitig umkreisten. Kendall runzelte seine dichten Augenbrauen und blickte Steve prüfend an. Die Spannung in der Atmosphäre war mit Händen zu greifen, als die beiden belanglose Höflichkeiten austauschten.

»Sie haben mir einen meiner besten Leute weggenommen«, sagte Kendall betont, »ich hoffe, Sie bekommen Ihren Geldwert zurück.«

»Apple verdient nur das Allerbeste«, gab Steve zur Antwort, als ob er damit andeuten wollte, daß dies für Pepsi nicht galt.

Als das kurze Zusammentreffen vorüber war, teilte Kendall mir mit, daß er von Steve nicht besonders beeindruckt sei. Ich war nicht überrascht, daß Steve mir über Kendall das gleiche sagte. Beide waren Selfmademen ohne Collegeexamen, aber sie repräsentierten zwei völlig unterschiedliche Welten. Beinahe waren sie schon Karikaturen der jeweiligen Welt, aus der sie kamen.

*

Jahrelang war ich ein Wanderer gewesen, auf der Suche nach unternehmerischen Ideen und Erfahrungen. Die Freiheit und die Faszination, ein Geschäft neu aufzubauen, hatten meine Zeit bei Pepsis International Foods zu den glücklichsten Jahren meines Lebens gemacht.

Im Innern hegte ich den Wunsch, von Steve zu lernen, wie er es angestellt hatte, damit ich selbst noch einmal von vorn anfangen könnte, wenn ich ihm genug beigebracht hätte, um selbst den Präsidentenposten bei Apple zu übernehmen.

Nirgendwo konnte ich mehr lernen. Apples Wurzeln lagen tief eingebettet in der Gegenkultur und dem akademischen Klima der Universität. Die Revolution, die Apple entfacht hatte, forderte das Establishment und seine althergebrachten Konventionen heraus. Bis 1977, als Apple entstand, waren Computer nichts als institutionelle Abstraktionen gewesen. Ihr Gebrauch diente nur der Unterstützung des Establishments, der Großunternehmen und der Regierung. Doch Apple brachte diese Macht des Computers in die Reichweite des Durchschnittsbürgers.

Der Traum hatte begonnen, als sich die beiden Steves auf der Edmonton Avenue in Sunnyvale kennenlernten. Bill Fernandez, damals noch ein Teenager und heute ein Mitarbeiter von Apple mit der Ausweisnummer 4, hatte die beiden miteinander bekannt gemacht. Seine Familie kannte die Wozniaks, sie waren seit 23 Jahren Nachbarn. Bill hatte Stephen in der Schule kennengelernt. Neben Woz auf der Edmonton Avenue lebte Alfred Taylor, der als Techniker bei Lockheed Corp. arbeitete und der vor allem deshalb in der Nachbarschaft bekannt war, weil er einen kleinen Laden für elektronische Bauteile unterhielt. Als Gegenleistung für Aufräumarbeiten auf Mr. Taylors vollgestopftem Hinterhof erhielten Bill und andere Kinder aus der Gegend elektronische Bauteile. Auf einem Notizblock an der Innenseite der Garagentür schrieben sie für Mr. Taylor auf, was sie für ihn getan hatten.

Eines Tages, als Fernandez gerade mit Steve auf dem Weg zu Mr. Taylor war, trafen sie Wozniak vor Mr. Taylors Haus. Jahre später nahm Woz, der bei der ersten Zusammenkunft des »Homebrew Computer Clubs« in der Menlo-Park-Garage im Jahre 1975 dabeigewesen war, Bill und Steve manchmal zu anderen Clubtreffen mit. Der Club war ein Treffpunkt für Computerfreaks, die hier Ideen, Hardware und Kopien von Computerprogrammen austauschten.

Es war eine herrliche Zeit. Die beiden Steves, die beide ohne Examen das College verlassen hatten, waren gute Kumpel mit demselben großen Interesse für Elektronik und Telefontricks. Woz hatte die University of Colorado verlassen, nachdem er ein Jahr weitgehend mit Bridgespielen und dem Entwerfen von Computerspielen verbracht hatte. Jobs war vom Reed College abgegangen, nachdem er ein Semester lang mit Drogen, fernöstlichen Religionen und vegetarischer Ernährung experimentiert hatte. Dann arbeitete Woz bei Hewlett-Packard, und Jobs nahm eine Stelle bei Atari an. Aber er reiste auch nach Indien, wo er sich sein schulterlanges Haar abschnitt und dem Pfad Buddhas folgen wollte. Diese Erfahrungen konnten Leute wie Kendall und andere bei Pepsi wohl kaum nachvollziehen.

Aber nach einiger Zeit war Jobs vom fernöstlichen Mystizismus enttäuscht, kehrte nach Silicon Valley zurück und erneuerte seine Freundschaft mit Woz. Woz entwickelte einen Computer, dem Jobs den Namen »Apple I« gab. Wozniak sah in seiner Erfindung nicht mehr als ein nettes Spielzeug, mit dem er und seine Freunde sich amüsieren konnten. Im »Homebrew Club« gab es viele begeisterte Mitspieler, auch wenn Woz' Vorgesetzte bei Hewlett-Packard und Jobs' Bosse bei Atari den Computer als realisierbare Produktidee ablehnten.

Woz erzählte mir, wie alles anfing:

»Ich habe nie daran gedacht, Geld zu machen. Ich wollte nur einen Computer entwickeln. Ich wußte, daß ich mein Leben lang glücklich sein würde, Späße zu machen. Und dabei hatten wir auch viel Freude, zum Beispiel als wir unsere ›Blue Boxes‹ verkauften. Wenn ich genug Geld gehabt hätte, hätte ich mir einen Computer gekauft. Aber ich hatte keins, und deshalb baute ich mir meinen eigenen Computer. Als ich Steve davon erzählte, was sie im ›Homebrew Computer Club‹ alles mit Mikroprozessoren anstellten, meine Güte, er war wie elektrisiert. Ich konnte es an seinen Augen erkennen: er sah schon Produkte vor sich.

Dreimal lehnten sie bei Hewlett-Packard meine Vorschläge ab, deshalb bauten wir auf eigene Faust eine PC-Tastatur. Als ich sie meinen Freunden zeigte, sagten sie, es sei die schönste PC-Tastatur der Welt. Noch am selben Tag erhielt ich einen Anruf von Steve: ›Weißt du was? Ich war hier im Computerladen, dem ›Byte Shop‹, und sie haben mir einen Auftrag über 50 000 Dollar für unseren PC gegeben!‹ Wir hatten gedacht, höchstens 2000 Dollar damit einzunehmen, wenn wir unseren Personalcomputer an Freunde verkauften, gerade unsere Kosten, und nun das!

Einmal fuhren wir über den Highway und redeten darüber, ein Computerunternehmen aufzuziehen. Steve sagte: ›Wie wäre es mit ›Apple Computer‹?‹ Dann probierten wir andere Namen aus‹, ich machte Vorschläge, er machte Vorschläge. Aber es war klar, nichts klang so gut wie ›Apple Computer‹. Kurz vorher hatte Steve mit Freunden Ferien gemacht, auf einem Bauernhof in Oregon. Ich habe ihn nie gefragt, ob es auf der Farm auch Apfelbäume gegeben hatte, aber ich nehme es an. Bei Steve weiß man nie, woher er eine Idee hat.«

Auf Jobs' Drängen hin begannen beide schließlich, mehrere Apple I in Jobs' Garage zusammenzubauen und das Stück für 666 Dollar zu verkaufen, an jeden, der Interesse hatte, und das waren vor allem Elektronikfreaks wie sie selbst. Auf den Apple I folgte 1977 der Apple II, der erste vollständige, programmierbare Mikrocomputer, der keine Kenntnisse im Löten und Verkabeln verlangte. Ein neues Unternehmen und eine neue Industrie waren geboren. Ehemalige Mitglieder des »Homebrew Clubs« gründeten insgesamt zwanzig Firmen, aber keine war erfolgreicher als Apple.

Alles kam zusammen. Die Umgebung, die Technologie und die Menschen. »Silicon Valley ist«, um es mit der treffenden Bemerkung von Woz zu sagen, »der Ort, an dem Computertechniker und Computerfanatiker einfach aus dem Schrank geklettert kamen.« Und als sie herausgekommen waren, trafen sie auf eine Armee von jungen Leuten, die, wären sie früher geboren, gegen den Vietnam-Krieg protestiert oder in Haight-Ashbury herumgelungert hätten.

Apples Geburt und Kindheit waren so ereignisreich und spannend wie die vieler Unternehmen, die neue Wege beschritten. Doch anders als in den Geschichten der Sloanes, der Rockefellers und der Carnegies stand hier der Wunsch Pate, etwas zu verändern und nicht nur Geld zu machen. Die Personalcomputer-Industrie wurde von und für eine neue Generation ins Leben gerufen. Der Gedanke, ihr anzugehören, faszinierte mich.

Ich verwandte meine Zeit darauf, immer mehr über Apple zu lernen und zu begreifen, wie das Unternehmen funktionierte, aber gleichzeitig auch darauf, eine Produktstrategie zu entwerfen und Steve besser kennenzulernen. Immer trug ich Notizbücher bei mir, um wichtige Informationen über das Unternehmen und seine Technologie aufschreiben zu können. Es war, als ob ich wieder die Schulbank drückte. Jede Woche mußte ich mich auf eine neue Prüfung vorbereiten, mit dem einzigen Unterschied, daß nun die Prüfungen in aller Öffentlichkeit stattfanden. Ich hatte unter Beweis zu stellen, daß ich es verdiente, Präsident von Apple zu sein.

Meine Pepsi-Erziehung ließ ich schnell hinter mir. Die Gespräche bei Apple waren voll von Begriffen wie Vision oder Wertmaßstab, Begriffe, die in Purchase überhaupt nicht existiert hatten. Sie ersetzten das Vokabular des konventionellen Managers, das aus Begriffen wie Disziplin, Berechenbarkeit, Wettbewerb und Marktbedürfnissen bestand.

Bis zu diesem Zeitpunkt war mein ganzes Berufsleben in Marktanteilen gemessen worden, vor denen ich großen Respekt gehabt hatte. Doch bei Apple gab es keine Nielsens, an die man sich halten konnte. In einer Industrie, die so schnell wuchs wie die unsere und die auch so großen Schwankungen ausgesetzt war, galt die höchste Priorität der sorgfältigen und durchdachten Positionierung der Produkte. Positionierung auf dem Markt war wichtiger als Marktanteile. Wir mußten eine Produktlinie entwickeln, die Apple auf dem Unternehmensmarkt, im Ausbildungsbereich und auf dem privaten Verbrauchermarkt stark positionierte.

*

Doch je mehr das Tal glitzerte wie ein El Dorado, desto größer wurde der Wettbewerbsrausch.

Wo wir im Jahre 1983 auch hinblickten, sahen wir Konkurrenten. Hewlett-Packard brachte einen Personalcomputer auf den Markt, ebenso AT&T; Atari, ursprünglich nur auf Computerspiele spezialisiert, versuchte ebenfalls, einen preiswerten PC zu entwickeln, und auch Commodore arbeitete an einer verbesserten Version seiner einfachen Spielmaschine. Softwarehersteller wie VisiCalc und Lotus mußten inzwischen zwei unterschiedliche Programmformen herausbringen, eine für den Apple II, die andere für den IBM PC. Die Händler mußten sich entscheiden, welche Geräte sie auf Lager hielten, und die Verbraucher standen vor der schwierigen Wahl, welches Produkt wohl besser war.

Diese plötzlich aufgetretenen Schwierigkeiten in der ganzen Industrie machten die Probleme innerhalb Apples deutlich und enthüllten auch den Grund, warum man mich angeworben hatte. Da war vor allem die Tatsache, daß jeder bei Apple großartige Ideen entwickelte, aber es keine Struktur gab und niemand zur Verantwortung zu ziehen war.

Meine Gespräche mit jedem einzelnen aus dem Management ließen keinen Zweifel daran, daß die Vorstellungen über das Unternehmen, das wir gemeinsam aufbauen wollten, sehr auseinanderdrifteten. Apple bestand aus zahlreichen, miteinander konkurrierenden Herzogtümern. Eine Gruppe mit dem Namen PCSD (Personal Computer Systems Division) war verantwortlich für die Entwicklung und das Marketing des Apple II. Innerhalb dieser Division existierte aber auch noch eine kleine Splittergruppe, die die Verantwortung für den Apple III trug. Weiter gab es die Lisa-Computer-Division und Steves Macintosh-Team, das bisher noch kein fertiges Produkt vorgestellt hatte.

Allerdings war das Macintosh-Team davon überzeugt, daß sein Produkt besser als der Lisa sei und besser als alles, was Apple bisher auf den

Markt gebracht hatte. Die Apple-II-Leute ihrerseits waren höchst verärgert darüber, daß sie in ein Gebäude verlegt worden waren, das fast vier Kilometer vom Apple-Campus entfernt lag. Die Macintosh-Leute pflegten die Apple-II-Leute als »Milchbärte« zu bezeichnen, weil sie der Ansicht waren, nur bei Macintosh gäbe es wirklich gute Mitarbeiter – und alle anderen waren eben nur »Milchbärte«.

Das elitäre Bewußtsein war himmelschreiend. Das Unternehmen sorgte dafür, daß die Kühlschränke bei Macintosh immer reichlich mit frischem Fruchtsaft gefüllt waren, und stellte den Macintosh-Ingenieuren sogar eine Masseuse zur Verfügung, die ihre steifen Rücken bearbeiten sollte. Kein anderer Bereich des Unternehmens wurde so bevorzugt wie das Macintosh-Team.

Der Entwurf des Macintosh sah vor, daß er völlig inkompatibel mit anderen Apple-Produkten sein sollte, und verursachte deshalb von Anfang an Software- und Verkaufskopfschmerzen. Steves Ansicht war zwar ganz richtig, daß der Macintosh eine neue Computergeneration repräsentierte und ein neuer Standard entwickelt werden müßte. Es gab auch Versuche, eine Kompatibilität zwischen Lisa und Macintosh herzustellen, dafür waren aber große Summen nötig, die wir nicht aufbringen konnten. Unsere Forschungsanstrengungen mußten schließlich in Einklang mit unserem Ziel stehen, High-Tech-Produkte zu einem für den Durchschnittsverbraucher erschwinglichen Preis auf den Markt zu bringen.

Meine erste Prüfung als Chief Executive bestand darin, Prioritäten und Parameter für die zukünftige Produktentwicklung und das Produktmarketing zu bestimmen. Die Disziplin, die ich einzuführen versuchte, war nur noch ein schwacher Abglanz meiner Pepsi-Praxis, aber sehr notwendig. Ich konnte Steve dazu überreden, wenigstens eine Kompatibilität seines Macintosh mit dem neuen Lisa 2 zu gewährleisten, einer modifizierten Version des ursprünglichen Lisa. Ich reorganisierte die Apple-Produktlinie dahingehend, daß es nur noch zwei verschiedene Familien gab, die Apple-II-Familie und die Lisa-Macintosh-Familie, und stattete beide Familien mit einem eigenen Marketingteam aus. Der Apple II sollte wegen seiner graphischen Möglichkeiten und seines großen Softwarevolumens den Ausbildungsbereich und den privaten Verbrauchermarkt anvisieren. Mit dem Lisa und Macintosh dagegen sollten vor allem Unternehmen und Universitäten angesprochen werden.

Verschiedene neue Produktionen wurden erst einmal eingefroren, um die ganze Kraft des Unternehmens auf einige Schlüsselprodukte zu konzentrieren. Ich konnte auch Übereinstimmung darüber erzielen, größere Summen für das Marketing des Apple II aufzuwenden, um die

Existenz dieser wichtigen Produktfamilie für den größten Teil der kommenden Dekade abzusichern.

Als ich bei Apple anfing, beschäftigten sich zu viele mit derselben Sache. Es gab zum Beispiel drei oder vier Marketinggruppen. Unsere neue Produktlinienstrategie führte zu einer Neuorganisation, die zahlreiche Überlappungen beseitigte, ohne daß es zu größeren Entlassungen kam. Wir zentralisierten unser Marketing, und wir konsolidierten unsere Produktion.

Ich wollte allerdings vermeiden, mich innerhalb der Organisation zu isolieren. Ich wollte die Organisation nur so weit straffen, daß eine große Zahl von Mitarbeitern mir direkt verantwortlich war, Mitarbeiter aus dem Stab und aus der Linie, so daß ich einen Überblick hatte. Aus dreizehn autonomen Divisionen machte ich sieben, drei Vizepräsidenten mußten gehen, und ich wurde selbst Leiter der Apple-II-Gruppe. Diesen Schritt hielt ich deshalb für sinnvoll, weil ich auf diese Weise lernen konnte, wie der Arbeitsprozeß in einer Produkt-Division ablief. Zwei General-Manager berichteten direkt an mich, einer war für die technischen Abläufe, der andere für das Marketing verantwortlich.

Ich kümmerte mich um die finanziellen Einzelheiten. In manchen Fällen sah ich mir selbst die Bücher an, um festzustellen, wie es im einzelnen um Apples Finanzen bestellt war. Wir verdoppelten die Mitarbeiter in unserer internen Finanzkontrollabteilung, um eine genauere Übersicht über unsere Kosten zu gewinnen und straffe Richtlinien einzuführen. Insgesamt hoben wir die Disziplin an und verstärkten die Konzentration auf den Markt.

*

Ich war überzeugt, meinen Hausputz nicht einen Moment zu früh begonnen zu haben. Doch dann auf einmal begann der Sand einzudringen. Und nichts konnte ihn aufhalten.

Ich war noch keine sechs Monate bei Apple, als ich entdecken mußte, daß wir vor einem Riesenproblem standen. Was als phantastisches Jahr für die ganze Industrie begonnen hatte, endete in einer Krise. Bis zum Sommer 1983 konnten gar nicht genug Computer gebaut werden, um alle Verbraucherwünsche zu erfüllen. Dadurch war es zu Hunderten von Neugründungen gekommen. Und jetzt befanden wir uns auf einmal mitten in einer Baisse. Am Ende des Jahres 1983 hatten die Unternehmen, die sich auf den Homecomputer-Markt konzentriert hatten, mehr als 1,2 Milliarden Dollar Verluste gemacht, das entsprach dem fünffachen Betrag, den Apple und IBM gemeinsam bei Personalcomputern umsetzten.

Die unaufhörlichen Preissenkungen drängten Mattel, Timex-Sinclair und Texas Instruments aus dem Heimcomputermarkt, und Osborne Computer, Computer Devices und Victor Technologies mußten Konkurs anmelden. Apple, das das Jahr als Spitzenreiter der Personalcomputer-Industrie begonnen hatte, fiel leicht hinter IBM zurück.

Apple hatte das Jahr mit einem Wirbel von Aktivitäten angefangen. Die Macintosh-Gruppe arbeitete nicht nur an einem neuen Computer, sie hatte auch eine vollautomatisierte Fabrik eingerichtet, wie es sie noch nie in der Computerindustrie gegeben hatte, um den Macintosh zu produzieren. Das Zwanzig-Millionen-Dollar-Werk in Fremont sollte alle 27 Sekunden einen Macintosh fertigstellen. Mit Hilfe dieser Automatisierung hofften wir, unsere Arbeitslöhne auf nur ein Prozent unserer Produktionskosten drücken zu können.

Die Apple-II-Gruppe arbeitete fieberhaft an einem neuen tragbaren Computer, der den Arbeitstitel »E. T.« trug, nach dem außerirdischen Wesen aus dem gleichnamigen Film. Mit Steve Wozniak hatten wir einen neuen, wertvollen Mitarbeiter gewonnen, der nach zwei Jahren Abwesenheit in das Unternehmen zurückgekehrt war und für den Apple IIe eine neue Maus entwarf. Seine Rückkehr wurde von den Apple-Veteranen begeistert begrüßt.

Unter besonderen Druck setzte uns jedoch der Lisa, der seit kurzem auf dem Markt war. Auf dem Lisa ruhten unsere großen Hoffnungen, den Unternehmensmarkt gewinnen zu können. Ich hatte wenig Einfluß auf den Lisa, denn das Produkt war schon vor meiner Ankunft bei Apple der Öffentlichkeit vorgestellt worden, und die meisten Entscheidungen über Marketing und Verkaufsstrategien waren bereits gefallen. Dazu gehörte auch eine Mehrere-Millionen-Dollar-Werbekampagne, die die amerikanischen Unternehmen davon überzeugen sollten, daß Apple dieses Produkt vor allem für sie entwickelt habe. Ich stand den Lisa-Werbespots kritisch gegenüber, obwohl sie im Stil früherer Pepsi-Kampagnen aufgezogen waren.

In einem dieser Spots spielte eine junge Frau Basketball, ein anderer zeigte einen jungen Mann, der auf der Flöte musizierte — unter dem Motto »Endlich allein«. Ich war verärgert. Da hatten wir nun unser großartiges Produkt und zeigten Werbefilme, die sich eher für einen Soft Drink geeignet hätten. Ich war überzeugt, daß wir etwas Besseres vorzeigen mußten. Die Werbeagentur versuchte, sich mit dem Argument zu rechtfertigen, daß sie sich von den Filmen Dutzender anderer Computerhersteller absetzen wollten. Ihre Idee bestand darin, zu unterstreichen, daß die Benutzer von Apple-Computern Individualisten seien und das taten, was ihnen Spaß machte.

Werbung, die auf einen bestimmten Lebensstil abhebt, ist vor allem dann wirksam, wenn es sich um undifferenzierte Produkte handelt, denn in diesen Fällen kann man den Verbraucher nicht auf Besonderheiten des Produkts hinweisen, um derentwillen er es kaufen sollte. Wenn man die Farbe der Verpackung eines undifferenzierbaren Produkts verändert, kann das eine grundsätzliche, wichtige Entscheidung sein. Aber der Lisa hatte wirkliche Produktbesonderheiten aufzuweisen, und ich war der Ansicht, daß diese Besonderheiten herausgestellt werden müßten. Bei undifferenzierten Produkten werden Riesenmengen von Energie und Geld aufgewendet, um kleinste Unterschiede groß herauszustellen. Im High-Tech-Bereich dagegen ergeben sich ständig große Neuerungen. Ich war der Auffassung, daß wir mehr auf diese großartigen Neuentwicklungen und Besonderheiten auch in unserer Werbung abstellen sollten, anstatt nur »Lifestyle-Werbekampagnen« zu führen. Für das Computergeschäft war das auch deshalb besonders wichtig, weil damals erst drei bis vier Prozent aller amerikanischen Haushalte von der Computerindustrie erreicht wurden. In der normalen Verbrauchsgüterindustrie rechnet man mit ganz anderen Zahlen. Etwa 95 Prozent der amerikanischen Bevölkerung trinkt jährlich Cola. Man muß sie deshalb nicht erst davon überzeugen, ein Colaprodukt zu kaufen, man muß sie nur für eine bestimmte Marke gewinnen. Bei Personalcomputern dagegen war die Situation noch ganz anders. Die Leute mußten erst noch davon überzeugt werden, daß es sich lohnte, einen PC zu kaufen. Die Verbraucherentscheidung, für 10 000 Dollar ein Computersystem zu erwerben, ist sehr viel schwieriger zu erreichen als die Entscheidung, sich eine Coladose für 35 Cent zu kaufen.

Der Lisa war außerdem ein Produkt für den anspruchsvollen Unternehmermarkt. Es war ziemlich unwahrscheinlich, daß mit einer »Lifestyle«-Kampagne Erfolg in der Geschäftswelt zu erreichen war, wo Produkte nicht aufgrund von Emotionen erworben werden. Die meisten privaten Verbraucher kaufen gar nicht die Produkte als solche, sie kaufen die Ideen und den Lebensstil, die diese Produkte vermitteln. Dies gilt jedoch nicht für den Unternehmensmarkt, und Apple beging den Fehler, diesen Unterschied bei seiner Werbekampagne für den Lisa nicht zu berücksichtigen.

Die Auslieferung des Lisa begann erst Ende Juni, der ursprüngliche Termin von Ende April konnte nicht eingehalten werden. Aber wir hatten schon eine große Anzahl fester Vorbestellungen, und alle Medien und Fachleute waren begeistert.

Wir waren überzeugt, daß die 32-Bit-Technologie des Lisa einen Siegeszug einer neuen Computergeneration einleiten und Apple mit diesem Produkt festen Fuß auf dem so wichtigen Unternehmensmarkt fassen würde. Die Seele des Lisa und auch des künftigen Macintosh war der Motorola-68 000-Mikroprozessor. Doch kaum hatte die Auslieferung des Lisa begonnen, wurden seine Schwächen offenkundig. Er war zum Beispiel nicht so schnell wie der IBM PC, aber wir vertrauten darauf, daß die hervorragenden Graphiken des Lisa und seine einfache Bedienung diesen Nachteil wettmachten.

Aufgrund der Berechnung, daß der Lisa zu einem Eine-Milliarde-Dollar-Geschäft ausgebaut werden könnte, hatte Apple eine hundertköpfige Verkäufertruppe eingestellt, die die Unternehmen direkt ansprechen sollte. Bei diesen Verkaufsrepräsentanten breitete sich jedoch schnell Frustration aus, denn sie mußten erkennen, daß es weitaus schwieriger war, den amerikanischen Großunternehmen einen 10 000-Dollar-Computer von Apple zu verkaufen, als sie es sich vorgestellt hatten. Die Verkaufsmannschaft, die auf Provisionsbasis arbeitete, mußte feststellen, daß die Provisionen, die sie erhielten, kaum der Rede wert waren.

Sie mußten sich anhören, daß das Produkt zu teuer und zu langsam und nicht IBM-kompatibel sei und daß es möglich sein müsse, mehrere Lisas miteinander zu vernetzen. Anfangs beunruhigte uns die Kritik nicht, denn noch überstiegen die Vorbestellungen unsere Produktionskraft bei weitem. Doch Anfang August näherten sich die Vorausschätzungen von Bestellungs- und Produktionszahlen einander an. Damals fielen die Bestellungen auf 12 000 Stück. Das war entmutigend, aber noch keine Krise.

Die Vorausschätzungen jedoch sanken immer weiter. Als sich immer mehr Großunternehmen für den IBM PC entschieden und das Wachstum der Computerindustrie sich zu verlangsamen begann, machten auch viele Händler ihre Bestellungen rückgängig.

Die Grundregeln des Marktes begannen, sich immer mehr zugunsten des IBM PC zu verändern. Bis 1983 hatte noch jeder Geschäftsmann das VisiCalc-Spreadsheet-Programm benutzt, was dafür gesorgt hatte, daß der Apple II auf vielen Schreibtischen zu finden war. Aber die Entwicklung eines schnelleren und effizienteren Spreadsheet-Programms mit der Bezeichnung »Lotus 1-2-3« und die Einführung des neuen IBM XT im Sommer 1983 wirkten sich sehr zum Vorteil von IBM aus, denen es gelang, fast 28 Prozent Marktanteil gegenüber Apples 24 Prozent zu erringen.

Anfang September mußten wir einsehen, daß wir von den 11 000 Lisas, die wir bauen konnten, voraussichtlich nur 6400 verkaufen würden. Als wir öffentlich bekanntgaben, daß unser Auftragspolster verbraucht war, fielen die Apple-Aktien an einem einzigen Tag um acht Punkte. Für den Lisa hatten wir eine komplette neue Infrastruktur aufgebaut mit Fabrik und Arbeitern – und jetzt fehlten uns die Verkäufe. Noch mehr Sorgen aber bereitete uns der Apple II. Anfang Juni hatten wir noch Vorbestellungen auf die Produktion von sechs Wochen. Wir konnten kaum schnell genug mit der Fertigung nachkommen. Am Ende des Monats war jedoch das Auftragspolster fast geschwunden, und im Oktober hatten wir bereits ernstliche Schwierigkeiten, unsere Computer zu verkaufen.

Die neue Marktsituation verlangte von der ganzen Organisation größere Disziplin. Jahrelang hatte das ungestüme Wachstum alle Fehler kaschiert. Doch als die Verkaufszahlen sanken, wurden die Kosten offensichtlicher und verlangten nach einer Überprüfung. So wuchs zum Beispiel unsere Belegschaft schneller als unser Umsatz. Im Verlauf des vergangenen Jahres hatten wir pro Monat 250 neue Mitarbeiter eingestellt. Unsere Pläne sahen für September eine Zahl von 5500 Beschäftigten vor, im Jahr darauf sogar 6900. Nun aber verzichteten wir auf diese Einstellungspolitik; wurde eine Stelle frei, wurde sie nicht neu besetzt, und wir schnitten ganz überlegt unsere Belegschaft auf die Leistungsfähigsten zurück. Eine meiner unpopulärsten Entscheidungen bestand darin, daß ich das großzügige Gewinnanteil-Ausschüttungsprogramm aufhob.

Im Oktober ernannte die Titelgeschichte von »Business Week« IBM zum Sieger im Mikrocomputer-Rennen. Ich war außer mir vor Zorn, aber niemand bei Apple schien davon Notiz zu nehmen. Wenn dieser Artikel in »Computer Currents« erschienen wäre, einer Zeitschrift für Computerfreaks, hätte er vielleicht mehr Auswirkungen gehabt. Apple-Leute lasen kaum Wirtschaftsmagazine. Sie gingen so in ihrer Arbeit auf, daß sie kaum Kontakt mit der Außenwelt hielten.

Dennoch drängten uns viele, uns IBM anzupassen und Ableger zu entwickeln, die nach demselben System wie IBM operierten. Nur wenn Apple eine Nische finden könnte, die noch nicht von IBM besetzt war, dann könnte Apple überleben, so war die vorherrschende Meinung.

Ich habe nie viel Genugtuung darin gesehen, nur jemand zu sein, der überlebte. Meine Befriedigung bestand immer darin, ein Visionär und Baumeister zu sein. Wir weigerten uns deshalb, den gutgemeinten Ratschlägen zu folgen – und unsere Nettogewinne fielen um achtzig Prozent auf fünf Millionen Dollar im letzten Quartal unseres Rechnungsjahres. Unsere Aktien fielen von 63 Dollar, der Höchstnotierung im Juni, auf 23 Dollar pro Aktie Anfang Oktober.

Kendall rief mich von PepsiCo an und fragte, ob ich zu ihm zurückkehren wolle. Er ließ mich wissen, daß bei der vergangenen Verwaltungsratssitzung jemand ausgerechnet habe, daß ich in den ersten sechs Monaten bei Apple neun Millionen Dollar verdient und auch gleich wieder verloren habe. Kendall empfand Schadenfreude.

Ich konnte immer jedes Spiel nach den geltenden Spielregeln spielen – vorausgesetzt, ich verstand diese Spielregeln. Was für mich aber in dieser Situation so besonders schwierig war, war die Tatsache, daß ich die Grundregeln nicht immer begriff, weil sie sich so schnell änderten. Als ich bei Apple anfing, hatte ich mich darauf konzentriert, die Produktion zu steigern, weil die Nachfrage unersättlich schien. Innerhalb weniger Monate jedoch bestand meine Aufgabe auf einmal darin, das Gegenteil zu erreichen. Ich war noch neu in diesem Geschäft, ich begriff noch nicht, wie es funktionierte, ich wußte noch nicht, wie man es anfangen mußte, mit Schwierigkeiten fertig zu werden. Dennoch hatte ich das Gefühl, daß ich Fortschritte machte und auf dem Weg in die richtige Richtung war.

Auch IBMs Entschluß, den PC jr. herauszubringen, war keine Hilfe. Viele Fachleute waren davon überzeugt, daß dieses Produkt unser Ende bedeuten würde. Auch wir machten uns große Sorgen, daß unser Apple IIe im Vergleich zu IBMs Kraftpaket zu teuer sein könnte. Aber als Unternehmen mit so großen Problemen konnten wir es nicht wagen, den Macintosh schon im Januar auf den Markt zu bringen. Irgendwie mußten wir Zeit gewinnen und auf einen saisonalen wirtschaftlichen Aufschwung hoffen, um den Macintosh erfolgreich vorstellen zu können.

Um die Lisa-Umsätze anzukurbeln, senkten wir den Preis und verlangten nicht mehr von den Händlern, daß sie uns gleichzeitig auch die Software abnahmen. Ich hoffte, diese Strategie würde unsere Umsätze steigern, aber ich wußte auch, daß diese Maßnahmen nicht ausreichen konnten, um uns aus dem Sumpf herauszuholen. Wir mußten auf ein gutes Weihnachtsgeschäft mit dem Apple II vertrauen.

Wenn es schiefginge, wäre die Situation katastrophal. Aber wir hatten keine Wahl. Ein revolutionäres neues Produkt wie der Macintosh könnte nie zu einem Erfolg werden, wenn es von einem Unternehmen auf den Markt gebracht würde, das sich als Versager erwiesen hatte. Die Wahl des richtigen Zeitpunkts ist alles im Marketing. Nur wenige Leute würden einen Computer von einem Unternehmen kaufen, das in Schwierigkeiten steckte. Wir mußten unseren Schwung wiederfinden.

Lektion zu Kapitel 5

»Der Aufstieg des Skeptikers«

»Als ich in einem Film sah, wie Computer Behinderten helfen können, war ich sehr beeindruckt. Und dann begriff ich . . ., daß wir alle behindert sind.

Wir alle haben geistige oder körperliche Schwächen. In uns lebt eine Kraft, die mehr erreichen möchte, als wir leisten können. Der Computer gibt mir etwas zurück, was mir gehört. Das ist der Grund, warum das Apple-Zeichen so wirkungsvoll ist, es erinnert an das verlorene Paradies. Der Computer verstärkt die neuromuskuläre Koordinationsfähigkeit eines Menschen. Meine Traumvorstellung vom Computer besteht darin, daß ich über ein Meer von Daten fliege, und der Computer mir hilft, Zusammenhänge zu erkennen. Der Schlüssel zur wirklichen Intelligenz ist das Erkennen von Isomorphismen, wo andere sie nicht sehen können. Computer sind Flügel für den Geist . . .«

Nach Jean-Louis Gassée sind die Menschen stark durch die Begrenzung ihrer mentalen Fähigkeiten behindert, eine Begrenzung, die wir oft selbst nicht einmal wahrnehmen können. In den nächsten Jahren werden uns dank der Technologie die Kataloge von Bibliotheken, großen Museen und Archiven in den Schoß fallen, und wir werden Zugang zu einem überwältigenden Schatz von Informationen erhalten. Bis heute ist nicht nur unsere Fähigkeit beschränkt, Daten zu sammeln, sondern wir sind auch kaum in der Lage, sie auszuwerten und von ihnen zu lernen. Um heute eine Information zu erhalten, muß man in seinen Wagen steigen, in die nächste Bibliothek fahren, einen Bibliothekar aufsuchen, ihm die Frage erklären, zu den Regalen gehen und suchen. Bald wird das alles der Computer für uns erledigen – ohne Verzögerung, wo immer wir uns auch gerade befinden. Der Computer wird die Schranken aufheben, hinter denen die Informationen liegen, er wird die emotionalen Barrieren abbauen, hinter denen diese Schätze verborgen sind.

Nehmen wir einmal an, wir nutzen die Kraft der Information, um unsere Behinderungen zu überwinden, welche Folgen wird das für uns haben? Wie werden wir uns verändern?

»Man begreift nichts, wenn man es nicht auf mehr als eine Weise lernt«, sagt Marvin Minsky, einer der Pioniere der künstlichen Intelligenz. Ich könnte mir vorstellen, daß die größte Wirkung von Computern nicht darin bestehen wird, Raketen zum Mars zu steuern, Buchhaltungsirrtümer auszuschließen oder Herztransplantationen so genau zu überwachen, daß nichts mehr schiefgehen kann. Nein, die größte Wirkung des Computers wird darin bestehen, daß er einen neuen Typus Mensch schaffen kann – einen Fragensteller.

Die reinste, völlig unverfälschte Macht, die die Computertechnologie bieten kann, ist die Fähigkeit, in Fragestellungen zu denken. Die meisten von uns schätzen nur Antworten, eine Folge unseres »Mr.-Fix-It«-Syndroms, das ernsthaftes Nachdenken kaum noch zuläßt. Nach Sokrates sind Antworten oft nicht mehr als Ignoranz, die sich selbst für Kenntnisreichtum hält. In Wirklichkeit gibt es niemals eine richtige Antwort, nur Teilantworten. Es ist die Fähigkeit, Fragen zu stellen, die unser Wissen erweitert. Viel interessanter als Antworten sind unterschiedliche Perspektiven, neuartige Standpunkte und Meinungen, die schließlich zu einer allgemeingültigen Wahrheit führen können.

Die Technologie liefert uns eine gute Begründung, nicht alles ungeprüft zu glauben. Auf einmal stehen uns so viele Informationen zur Verfügung, daß wir beinahe mühelos selbst die Fakten herausfinden können. Wir können unsere eigenen Vorstellungen überprüfen und Alternativen untersuchen. Computer bieten uns den Anreiz, skeptisch zu werden.

Der Menschentypus des Skeptikers, der vielleicht eines Tages vorherrschend sein wird, wird von diesem Informationsreichtum und dem leichten Zugriff auf ihn leben. Vielleicht werden wir noch das Ende der Ära des kühlen, kartesianischen, rationalen Menschen erleben, für den alles Wissen die Summe von Erfahrung ist und nichts anderes. Der Skeptiker ist ein Nachkomme von Sokrates, dem großen Fragensteller, aber er ist kein Zyniker wie jene, die die Schuld an Sokrates' Verhaftung trugen.

Ziehen wir einen Vergleich mit dem Buch, das wegen seiner Form und wegen seines Inhalts so eine große Wirkung auf die menschliche Gesellschaft ausübte. Marshall McLuhan stellte die Behauptung auf, daß durch Bücher Wissen transportabel und damit zum persönlichen Eigentum wurde. Gutenberg, so sagte er, schuf das Zeitalter des Individuums, indem er es dem Menschen ermöglichte, sich von festgefügten Traditionen zu befreien.

Das Buch schuf das Zeitalter des Individuums, aber der Aufstieg und die Vorherrschaft der Institutionen – von der Kirche bis zum Großunternehmen – überlagerte in der Neuzeit die Macht des Individuums. Erst in jüngster Zeit haben die Personalcomputer damit begonnen, das Individuum aus dem mächtigen Schatten der Institutionen zu befreien.

Die Technologie gibt uns unsere Kreativität zurück, denn im Unterschied zum Fernsehen und den anderen Medien, mit denen wir uns umgeben, ist sie nicht passiv. Sie ist ein heißes Medium. Sie verlangt

Aktivität: Stelle eine Frage, erhalte eine Antwort, stelle eine weitere Frage – und so weiter. Sokrates beklagte, daß Schreiben den Menschen zwinge, einer Diskussion nur zu folgen, anstatt selbst an ihr teilzunehmen. Computer sind keine Weiterentwicklung des Buches, sie stellen ein völlig neues Medium dar und damit eine völlig neue Form der Bildung.

Die Kultur der Skeptiker wird eine neue Kultur, eine andere Kultur sein. Bisher gründete sich unser Kulturverständnis auf Umfang, auf Quantität. Wann immer wir die Aufmerksamkeit eines Zuhörers erringen möchten, sei es geschäftlich, sei es privat, sprechen wir lauter. Im Fernsehen gibt es immer mehr technische Tricks, wir benutzen immer grellere Farben, bewegen uns immer auffälliger. Wir umgeben uns mit einer Kultur, die – nach Ansicht von Asiaten – aufdringlich ist. Für uns gelten nur große Dimensionen.

Dagegen wird der Skeptiker mehr Wert auf Details legen, auf kleine Einzelheiten, die ihm die Information in großer Fülle bietet. *Der Computer wird den Schwerpunkt von der Quantität auf den Kontrast verlagern.* Mit dem Computer werden wir vergleichen wollen, nicht nur Zahlen, sondern vor allem Perspektiven.

Steve Jobs verfügte über das große Talent, ständig Perspektiven verändern zu können, zu vergleichen, sie einander gegenüberzustellen. Als er zum erstenmal Woz' PC-Tastatur gesehen hatte, begriff er, daß diese Technologie dazu dienen könnte, dem einzelnen dieselbe Macht zu vermitteln, die bisher IBM nur Großunternehmen und Regierungen zur Verfügung stellte – das war ein brillanter komparativer Gedankensprung. Aber er dachte noch weiter. Er brachte taoistische Gedanken in die Managementphilosophie ein. »Die Reise ist der Lohn« – diese Auffassung wurde eines der »Gesetze« von Apple. Steves Talent, Gegensätze aufzuspüren und weiterzudenken, machten ihn zu einem Genie.

Wäre es denn eine Katastrophe, wenn wir nichts mehr auf den ersten Blick glauben würden? Wenn wir unablässig die bekannte Welt in Frage stellten, würde dann der neue Typus des Skeptikers neue Existenzängste hervorrufen? Das glaube ich nicht, ich glaube eher das Gegenteil. Nach den Untersuchungen des Psychiaters Victor Fraenkel können nur die Menschen schreckliche Erlebnisse verkraften, die die Fähigkeit besitzen, ihre Reaktionen auf alles, was geschieht, genau kontrollieren zu können. Der Skeptiker, der Fragen stellen kann und dem Informationen zur Verfügung stehen, ist ganz frei in seiner Entscheidung, welche Richtung er einschlagen will.

Kapitel 6

»Der umwerfende Mac«

Ich erinnere mich noch gut an das erstemal, als Steve mich in sein Haus einlud.

Es lag in einer eleganten Wohngegend inmitten der Hügel von Los Gatos, einer Gegend mit »manikürten« Rasenflächen, bestens gepflegten Gärten und Kieswegen. Die einzige Ausnahme war Steves Haus. Der Rasen schien seit einem Jahr nicht mehr gemäht worden zu sein. Das Gras war dreißig Zentimeter hoch und wogte im Wind. Genau wie in alten Science-fiction-Filmen schienen Buschwerk und Unkraut das Anwesen zu verschlingen.

In der Garage stand Steves BMW-Motorrad, mit dem er manchmal an den Wochenenden allein über den Skyline Boulevard fuhr, jene Straße, die so atemberaubende Aussichten auf das Tal bot und auf der er als Kind mit dem Fahrrad gefahren war.

Steve hatte Leezy und mich gebeten, auf ein samstägliches Frühstück vorbeizukommen. Leezy brachte eine Omelettepfanne und alle Zutaten mit, um uns dreien Gemüseomelettes zubereiten zu können. Er begrüßte uns herzlich. Als wir sein im Tudorstil gehaltenes Haus betraten, bereitete er uns auf das vor, was uns erwartete.

»Ich habe leider kaum Möbel«, sagte Steve. »Ich habe einfach noch keine Zeit dafür gehabt.«

Im Inneren bot sein Heim kaum einen Hinweis auf die Existenz eines menschlichen Wesens. Das Haus schien beinahe leer und unbewohnt. Hier und da standen ein paar mickrige Pflanzen. Dennoch gab es ein paar Gegenstände, die offensichtlich sorgfältig ausgesucht worden waren. Was Steve besaß, war entweder elegant und das Beste seiner Art oder einfach nur scheußlich. In seinem Wohnzimmer standen unter einer wunderschönen Tiffanylampe einige alte Korbmöbel mit geblümten Plastikkissen.

Oben, in seinem kleinen Schlafzimmer, das gleichzeitig auch sein Büro war, hingen gerahmte Fotos von Albert Einstein und Neem Karolie Baba, dem Guru, dem Steve gefolgt war, als er in Indien lebte. Ein Laservideogerät war an ein Sony-Trinitron-Fernsehgerät angeschlossen.

Im übrigen fanden sich wenig Annehmlichkeiten für jemanden, der allein in einem so großen Haus lebte.

Der Besuch löste in mir eine lebhafte Erinnerung an mein eigenes spartanisches Leben in einem unordentlichen Zimmer in New York aus, in dem es nach verdorbener Pizza gerochen und das auch nur die notwendigsten Möbelstücke enthalten hatte. Ich lächelte bei dieser Erinnerung, und ich verstand alles nur zu gut. Vor allem spiegelte Steves Haus wider, wie wenig Zeit er für sein Privatleben hatte.

»Uns allen steht nur eine kurze Zeitspanne auf dieser Erde zur Verfügung«, sagte uns Steve am antiken Tisch in seinem Eßzimmer. »Uns bleibt nur die Möglichkeit, einige wenige wirklich überragende Dinge anzupacken und sie wirklich gut zu machen. Keiner von uns hat eine Ahnung davon, wie lange er hier sein wird, auch ich nicht, aber ich fühle, daß ich eine Menge dieser Dinge durchführen muß, solange ich noch jung bin.«

Mir sollte später noch auffallen, daß Steve überzeugt war, jung zu sterben; vielleicht hatte er immer den Wind im Rücken gespürt. Aus der Sorge um seinen Platz in der Geschichte fühlte er sich gedrängt, immer mehr und größere Dinge zu leisten.

Steve unterschied sich von Don Kendall ebensosehr, wie sich Apple von Pepsi unterschied. Bei Pepsi ließ die Etikette keine demonstrativ enge Beziehung zwischen Kendall und mir zu. Bei Apple gab es gar keine Etikette. Während ich also eine Welt betrat, die sich so sehr von allem anderen mir bisher Bekannten unterschied, schloß ich auch Freundschaft mit einem Menschen, der mir als Freund, jüngerer Bruder und selbst als Lehrer ans Herz wachsen sollte.

Steve und ich wuchsen zu seiner Seelengemeinschaft zusammen. Jeden Tag unterhielten wir uns mehrere Stunden lang. Es entstand ein ausgetretener Weg zwischen unseren Büros, die nur zwanzig Schritte voneinander entfernt lagen. Als Steve später in das Macintosh-Gebäude umzog, unterhielten wir uns häufig am Telefon. Er kam ein- oder zweimal am Tag zu mir herüber, und ich tat dasselbe. Zwischen uns bestand stillschweigend die Übereinkunft, daß jeder den anderen, egal, was er gerade tat, unterbrechen durfte. Am Ende eines jeden Arbeitstages trafen wir uns häufig zu einem »Gehirnmüllaustausch«, im Computerjargon heißt das, daß man alles, was man im Kopf hat, in den Kopf des anderen kippt.

Wir neigten dazu, in Stummelsätzen und Schlagwörtern zu reden, wobei wir von einem Thema zum nächsten sprangen: von unserer jeweiligen Vergangenheit und unserer Zukunft zu Marketing und Technologie, von Trotzki und Marx zu Coca-Cola und IBM. Das meiste aber war rein geschäftlicher Natur: Einzelheiten über neue Technologien und

Produkte. Unser Leben wurde von geschäftlichen Details völlig in Anspruch genommen. Besonders seit der Lisa-Katastrophe. Wir setzten nun alle unsere Hoffnungen und Wünsche auf Steve und seine Macintosh-Gruppe, die Apple wieder Schwung geben sollte.

Er ließ alles stehen und liegen, wenn ich mit ihm reden wollte. Er pflegte mich täglich fünf- oder sechsmal anzurufen. Er fand nichts dabei, hereinzukommen und zu sagen: »Entschuldige, daß ich dich unterbreche, aber ich muß dir nur mal sagen, was mir durch den Kopf geht. Du bist der einzige, der es verstehen kann.«

Wenn er eine Idee erklärte, war seine Stimme ruhig. Er sprach langsam und sehr differenziert im Ausdruck. Man konnte es fast hören, wie es in seinem Gehirn klickte. Dann sprang er von seinem Stuhl hoch, nahm einen Filzstift und begann, Diagramme und Achsen auf einer Folie zu skizzieren, um einen Gedanken anschaulich zu erklären. Dabei schien sein ganzer Körper zu sprechen. Seine Hände kamen zusammen, als ob er ein Produkt in ihnen hielte. Er ließ einen etwas sehen, was noch gar nicht existierte.

Obwohl ich in technischer Hinsicht nicht soviel wußte wie Steve, konnte ich zumindest seine Ideen auf ihre Logik hin testen.

»Na ja«, sagte ich dann, »das ist interessant. Aber erklär mir mal, warum diese Idee besser ist als die Alternative. Erzähl mir, wie sie in einen größeren Kontext paßt.«

Sonntags morgens trafen wir uns manchmal zum Frühstück in Palo Alto. Manchmal schlangen wir auch eine Kleinigkeit in einem japanischen Restaurant herunter oder aßen zusammen Pizza. Häufig saßen wir mittags im »Good Earth Restaurant«, einem Pseudonaturkostlokal, das man zu Fuß vom Apple-Gelände aus erreichen konnte. Wir entdeckten unglaubliche Ähnlichkeiten in der Art und Weise, wie wir dachten, und in dem Respekt, den wir vor neuen Ideen hatten. Wir besaßen gemeinsame Interessen für Kunst und Architektur sowie für Spitzenprodukte: Braun-Geräte, Sony-Fernsehmonitore, Mercedes-Benz-Limousinen. Wir benutzten sie nicht nur, wir studierten auch ihr Design und ihre Funktionsweise. Ich entdeckte einmal, wie Steve über den Parkplatz von Apple rannte und analysierte, was seine Lieblingsautos so schön machte, um anschließend diese Ideen auf das Design des Mac zu übertragen.

»Sieh dir das Styling des Mercedes an, die Proportion zwischen scharfkantigen Details und fließenden Linien. Im Laufe der Jahre haben sie die Linien weicher gestaltet, aber die Details kantiger. Das müssen wir bei dem Macintosh auch machen.« Er war so freudig erregt wie ein Kind in einem Spielwarenladen.

Steve war auch äußerst neugierig, was die Welt betraf, aus der ich stamme. Er war sehr interessiert am Unternehmensestablishment, am Marketing, an der Stadt New York, an der Kleidung, der Unterhaltung und der Lebensweise an der Ostküste. Eine Zeitlang zog er Button-down-Hemden im Oxfordstil und Khakihosen an, die ich für ihn in Maine bestellte. Wir fuhren die gleichen Wagen, einen Mecedes 380 SEC, und Steve kaufte sich schließlich auch ein Haus in Woodside, wo Leezy und ich uns niedergelassen hatten.

Steve war alles andere als langweilig. Er war arrogant, unverschämt, heftig, fordernd, ein Perfektionist. Gleichzeitig war er unreif, schwach, empfindsam, verletzlich. Er war dynamisch, visionär, charismatisch, aber auch häufig verstockt, fordernd, kompromißlos und unmöglich. Er war stets an den Lehren aus meinen eigenen Erfahrungen interessiert. Unser wichtigstes Band jedoch war unser gemeinsamer Traum von Apple-Computer und der Möglichkeit, die Arbeits- und Lebensweise der Menschen zu verändern.

Nichts beschäftigte Steves Interesse mehr und nichts schien mehr im Zentrum dieses Traums zu stehen, als die Leistungen eines Teams junger, hingebungsvoller Fanatiker, die unter einer Piratenflagge im Macintosh-Gebäude schufteten. Ihre Mission, wollte man sie unverblümt beschreiben, bestand darin, den Leuten Dampf zu machen und Normen über den Haufen zu werfen.

Steve erfand die Piratenmetapher während einer Klausur seines kleinen Mac-Teams im Frühjahr 1982. »Es macht mehr Spaß, ein Pirat zu sein, als der Marine beizutreten«, formulierte er. Steve Capps, ein Software-As, den man vom Lisa abkommandiert hatte, und Susan Kare, die technische Zeichnerin vom Mac, hatten daraufhin eine schwarze Totenkopfflagge zusammengenäht, die zum Symbol der Gruppe wurde. Das war eine spaßige Art, die Tatsache auszudrücken, daß es sich um kein traditionelles Team handelte. Diese Gruppe hatte nichts mit unternehmerischer Orthodoxie und gesellschaftlichen Konventionen im Sinn.

Am Ende eines jeden Tages pflegten Steve und ich in das Gebäude zu marschieren, das in der internen Sprache von Apple »Bandley 4« genannt wurde. Wir bummelten durch die Kojen der Ingenieure und musterten die Fortschritte des letzten Tages oder der Woche. Eine neue Software, eine Veränderung an der intelligenten Tastatur. Es war eine anregende Unterbrechung meiner administrativen Aufgaben. Ich staunte, daß der Chef des Unternehmens sich bei Apple beinahe ebenso unauffällig bewegen konnte wie ein Hausverwalter. Die eigentliche Aufmerksamkeit und die Heldentaten blieben den Produktentwicklern vorbehalten. Sie waren die Künstler.

Selbst noch um Mitternacht war dies ein Ort ungebremster Aktivität.

Junge Leute versammelten sich in der geräumigen Haupthalle des Gebäudes, die einen Fußboden aus ungebrannten mexikanischen Kacheln hatte. Die niedrigen, an Seilen hängenden Kojen waren so konstruiert worden, daß Steve, wenn er im Zentrum der Halle stand, jedes Mitglied seines Teams sehen konnte, und jeder konnte ihn sehen – genau wie der Kapitän einer Piratengaleone.

Ein Piratenpaar beugte sich über die Videospiele und bearbeitete wie rasend die Joysticks für »Defender« oder »Joust«. Ein weiteres Paar kämpfte an einer in der Nähe stehenden Platte ein lebhaftes Tischtennisspiel aus. Ein teures High-Tech-Stereosystem röhrte durch elektrostatische, fast zwei Meter hohe schmale Lautsprecher das »I'm So Excited« der Pointer Sisters. Steve hatte alle Anfang 1983 auf dem Markt erhältlichen Compact-Discs für das Mac-Team bestellt, und die Musik lief so unaufhörlich wie das Klimagerät. Zur gleichen Zeit spielte irgend jemand auf dem Bösendorfer-Flügel in der Ecke. An einer Wand lehnte Steves Motorrad. Ein kleiner Healthkit-Roboter sauste aus dem Softwareraum in die Halle. Die Szene erinnerte eher an einen Freizeitraum in einem College denn an ein Produktentwicklungszentrum eines Unternehmens.

Dies war die Generation, die nach den Beatles gekommen war. Zur Ethik der sechziger Jahre hatten diese Kinder viel später als die Woodstock-Leute gefunden, und deshalb konnten sie die Ideale jener Dekade absorbieren, ohne von ihren Tragödien Narben davongetragen zu haben. Ihr unerschütterlicher Glaube galt der Macht der Werkzeuge, die jedermann zugänglich gemacht werden konnten. Ein Mensch, ein Computer – das war der Weg, den sie eingeschlagen hatten, um die Welt zu verändern.

Arbeit wurde für dieses Team, wie Picasso einmal gesagt hat, zur allerletzten Verführung. Das Mac-Team dachte in jedem wachen Moment an das Produkt. Und es arbeitete häufig die Nacht durch, überwand die Müdigkeit in kreativer Raserei, um ein technisches Rätsel zu lösen. Wenn ich sie besuchte, waren ihre Haare häufig wild zerzaust, ihre Gesichter häufig oft von Müdigkeit zerknittert, aber ihre Augen schienen immer vor Aufregung zu funkeln. Das war so, weil Steve den Macintosh zu *ihrem* Produkt gemacht hatte. »Der Macintosh ist das Produkt, das ich mir selbst wünsche«, sagte Andy Hertzfeld, 28 Jahre alt und Angestellter Nummer acht.

»Genau dieses Produkt wünsche ich auch meinen besten Freunden, die nicht reich genug sind, sich einen der jetzigen Personalcomputer zu leisten.«

»Hallo, Andy«, begrüßte ich eines Abends Hertzfeld, »woran arbeitest du gerade?«

»Das ist wirklich niedlich, das mußt du sehen«, sagte er und zog mich heran. Andy war der Architekt für die Software von Mac. Er war gerade mit einer neuen Verfeinerung der Rollbalken groß herausgekommen und beschrieb in der Luft, wie sie funktionierten.

Die meisten Dokumente sind natürlich viel zu lang, um insgesamt auf den Computerschirm zu passen. Die Rollbalken entlang des rechten und unteren Teils des Bildschirms erlauben es dem Benutzer mühelos, sich innerhalb eines Dokuments zu bewegen. Indem man entlang der Fenster einen weißen Kasten zieht – genannt Durchblättern der Dokumente –, kann man die verschiedenen Teile des Dokuments sehen. Die Fenster, die heute als selbstverständlich gelten, kosteten Andy monatelange Anstrengungen und eine Kofferladung an mißglückten Versuchen, das Programm zu schreiben, bis es funktionierte.

Als Steve seine Konstruktion erblickt hatte, schrie er: »Das ist wirklich wahnsinnig! Schaut mal alle her, kommt mal. Seht, was Andy gemacht hat! Das ist das Größte, was ich jemals gesehen habe.«

Die Stammtruppe der Ingenieure versammelte sich um Andys Koje, damit sie die Demonstration sehen konnte. Sie wurden genauso aufgeregt wie Andy und Steve. Andy hatte sich seit 1981 mit Rollbalken auf dem Mac beschäftigt, dennoch hatte er immer wieder raffinierte Details verbessert, um Steves »irrsinnig hohes« Niveau zu erreichen.

Ich verließ das Gebäude an diesem Abend kurz vor Mitternacht, um in der Dunkelheit nach Hause zu fahren. Im Hintergrund hörte ich die dröhnende Musik, und ich konnte sehen, daß das Mac-Gebäude das einzige hellerleuchtete Haus auf dem ganzen Apple-Gelände war. Jedes andere Gebäude war schon lange geschlossen.

Steve war der Inspirator des Teams, und sie vergötterten ihn. Tom Wolfe schrieb einmal darüber, was Psychologen den »Glorienscheineffekt« nennen: »Leute mit dem Glorienscheineffekt scheinen genau zu wissen, was sie tun, und darüber hinaus bringen sie jeden dazu, daß er sie bewundert. Sie schaffen es, daß man den Glorienschein über ihren Köpfen sieht.« Darin bestand Steves Macht: Er brachte die Leute dazu, an ihn zu glauben.

Einige aus dem Mac-Team waren seine besten Freunde, wie zum Beispiel Bill Atkinson, Burrell Smith und Andy. Steve sehnte sich nach der guten alten Zeit zurück und schwelgte in Erinnerungen, wie es gewesen war, als er und Woz damals in der Garage anfingen. Und das Macintosh-Team, das zu einem großen, erfolgreichen Unternehmen gehörte, stellte für ihn eine Wiederbelebung dieser guten alten Zeit dar.

Steve traf alle Entscheidungen – ob der Computer ein Kühlgebläse erhalten sollte (er war dagegen, weil es zu laut war) bis hin zu seiner endgültigen Form: Er wollte, daß er eine »Stirn« haben und menschlich aussehen sollte. Er gab einmal zu, daß er den Lisa hasse, weil die obere Kante des Bildschirms und des Laufwerks beinahe eine Linie bildeten, was, wie er sagte, dem Gesicht des Lisa »das Aussehen eines Cromagnon« gebe.

Er schuf nichts wirklich, aber durch ihn entstand alles. Und wenn seine Entscheidungen keinen Sinn hatten, trafen die Mitglieder des Teams sie hinter seinem Rücken. »Der Macintosh«, pflegte Steve zu sagen, »ist in mir, und ich muß ihn herausholen und in ein Produkt verwandeln.«

Inmitten der Probleme von Apple gegen Ende des Jahres 1983 war der Mac unser großer Ansporn, und wir setzten auf ihn weitreichende Hoffnungen. Ungeachtet der Probleme mit der Konkurrenz oder unserer eigenen internen Schwierigkeiten erwachten immer wieder meine Lebensgeister, wenn ich in das Macintosh-Gebäude kam. Wir waren sicher, daß wir bald Zeugen eines Ereignisses von historischen Ausmaßen sein würden, der Geburt von Steves großem Traum. Hier war ein Produkt, das die kollektive Verkörperung einer kleinen Gruppe von Pionieren darstellte, die dabei waren, Neuland für den Normalbürger zu erschließen. Das Produkt hatte ihr Leben verändert, und wir glaubten fest, daß es auch das Leben anderer verändern werde, sobald es auf der Hauptversammlung unserer Aktionäre am 23. Januar sein Debüt erlebt hätte.

Vieles von der Technologie des Macintosh wurde allerdings nicht im Macintosh-Gebäude entwickelt. Tatsächlich war der Macintosh, wie zuvor der Lisa, im großen und ganzen das Ergebnis eines technologischen Weges, der bei Xerox PARC (Palo Alto Research Center) begonnen worden war. PARC war ein Paradies für Philosophen und für Intellektuelle der Computerwissenschaft, die die Grenzbereiche der Personalcomputer und der künstlichen Intelligenz erforschten.

In den frühen siebziger Jahren hatte Xerox mehr als hundert Computerwissenschaftler in sein abgelegenes Laboratorium an der Westküste gelockt, indem man ihnen großzügige Forschungsstipendien mit nur wenigen Einschränkungen gewährte. Bei PARC lümmelten sich einige der weltbesten Technologieexperten auf dem Fußboden herum und planten die Computerzukunft. Diese Gruppe konstruierte den Alto, einen der ersten Personalcomputer, bereits 1972, fünf Jahre bevor Woz ein vormontiertes Computerschaltsystem, genannt Apple I, in Steves Garage baute.

Von anderen neugierig gemacht, die aus erster Hand die Arbeit dort kannten, besuchte Steve mit einer Delegation von Apple-Leuten 1979 das

Xerox PARC. Was er sah, verblüffte ihn. Er erkannte fast sofort, was Xerox offensichtlich nicht wußte: daß die Ideen des PARC die gesamte Computerindustrie vollkommen verändern würden, wenn sie in handfeste Produkte umgesetzt werden könnten. Die Wissenschaftler von Xerox hatten eine sichtbare, unmittelbare Methode für die Benutzer entwickelt, mit dem Computer zu kommunizieren. Die Xerox-Technologie reduzierte die Frustrationen, mit einem Computer zu arbeiten, beinahe auf Null.

In gewisser Weise war Steve dem großen Erfinder und konzeptionellen Denker Thomas Alva Edison ähnlich, der Lob nur mit größtem Zögern annahm. »In Wirklichkeit«, meinte Edison, »bin ich nur ein guter Schwamm. Ich sauge Ideen auf und mache sie nutzbar. Die meisten meiner Ideen gehörten anfänglich Menschen, die sich nicht darum kümmerten, sie weiter zu entwickeln.«

Kalifornien war immer noch der Traum eines jeden Goldsuchers. Erfinder konnten zu Helden werden, aber der wirkliche Ruhm und die Belohnung wurde denjenigen zuteil, die die Fähigkeit besaßen, die richtigen Leute, die besten Ideen und die pfiffigsten Produkte aufzuspüren und zu fördern. Niemand war darin besser als Steve. Ich erinnere mich, daß ich einmal mit ihm Dr. Edwin Land, den Gründer der Polaroid Corp., in seinem Laboratorium in Cambridge besuchte. »Die Welt ist wie ein fruchtbares Feld, das darauf wartet, abgeerntet zu werden«, sagt uns Land. »Die Samen wurden gesät, und meine Tätigkeit besteht darin, hinauszugehen und dabei zu helfen, mehr Samen zu säen und zu ernten.«

Als wir im Taxi zu unserem Hotel zurückfuhren, wandte sich Steve zu mir und sagte: »Genauso empfinde ich es auch. Es ist so, wenn ich einen Raum betrete und über ein Produkt sprechen möchte, das bislang noch nicht erfunden wurde. Ich kann das Produkt sehen, als ob es mitten auf dem Tisch steht. Ich muß es materialisieren und zum Leben bringen, es ›abernten‹, wie Dr. Land sagte.«

Steve fehlte zwar das Ingenieurswissen, das es ihm ermöglicht hätte, ein Produkt selbst zu konstruieren, doch er wußte instinktiv, was konstruiert werden mußte, um Erfolg zu haben. Er bestand darauf, daß Apple den Lisa baute und viele der innovativen Ideen bei ihm anwandte, die er bei Xerox gesehen hatte. Anfänglich versuchte Steve, mit Xerox zu verhandeln, um an die Technologie zu kommen. Als das Unternehmen sich weigerte, warb er bei Xerox PARC Leute ab, unter anderem Lawrence Tessler, der die Konzeption Steve und seinen Leuten vorgeführt hatte. Tessler verließ Xerox im Mai 1980 und wurde eine Schlüsselfigur im Lisa-Entwicklungsteam, das Steve leiten wollte. Aber Mike

Scott, damals Apples Topmanager, hielt ihn für zu jung, zu unerfahren und zu schwierig im Umgang, um mit einem solchen Riesenprojekt betraut zu werden.

Steve konnte nichts gegen diese Entscheidung unternehmen. Statt dessen klinkte er sich in das Macintosh-Projekt ein und wurde kritisch gegenüber vielem, was die Lisa-Gruppe tat. Er betrachtete die Gruppe als eine Ansammlung von ehemaligen Minicomputer-Ingenieuren, deren lange Computererfahrung sie nur dazu brachte, die Dinge komplizierter als nötig zu machen. Steve war der Meinung, daß der Lisa ein hervorragendes Gerät für große Betriebe sein könnte, aber der Lisa würde die Welt nicht in der Weise verändern, wie er selbst sich das wünschte. In der »Ein-Mensch-ein-Computer«-Religion bei Apple waren »große Minis« reine Häresie. Von Anfang an waren die Fronten klar.

Steves größter Wunsch war es, wie Henry Ford ein Modell »T« zu entwickeln. Sein Ziel war, die Technologie des Lisa den breiten Massen zur Verfügung zu stellen. Siebzig Prozent der Kapazität des Lisa sollten zu zwanzig Prozent des Preises zu erwerben sein. Steves Computer sollte nicht nur preisgünstig und klein sein, so daß man ihn mit sich herumtragen konnte, er sollte auch einfach zu handhaben sein.

Alle persönlichen Computer, einschließlich Apple II, verlangten von den Benutzern, daß sie stundenlang lernten, wie man mit ihnen arbeitete. Man konnte einen solchen Computer nicht einfach aus dem Karton nehmen, ihn aufbauen und in Gang setzen, damit er Rechnungen bezahlte, Berichte schrieb, Zahlen herunterratterte. Der Macintosh sollte jedoch der erste »kurbellose« Computer sein – wie das erste »kurbellose« Automobil, ein Produkt, das im Werk montiert wird und fast unmittelbar darauf benutzt werden kann.

Wie Henry Ford, der das Modell »T« in jeder gewünschten Farbe anbot, solange es nur Schwarz war, bestand Steve darauf, den Macintosh nur in einer Bauweise zu verkaufen. Das war wichtig, um das Prinzip der Massenproduktion anwenden zu können, so daß es sich Millionen von Menschen leisten könnten, in eine neue Ära der Arbeit mit persönlichen Computern einzutreten: Er wollte den Computer zu einer geschlossenen Box machen, so fest verschlossen, daß niemand ihn ohne Spezialwerkzeuge öffnen könnte. Steve bestand auf dieser Einschränkung, weil er überzeugt war, daß die Software und nicht die Hardware in der Computerindustrie das wichtigste werden würde, deshalb, so argumentierte er, sei es nicht notwendig, Zugang zu den Innereien des Computers zu haben, um Karten und andere Bausteine einbauen zu können. Er bestand auch darauf, daß keine Cursortasten auf der Tastatur angebracht wurden, damit die Leute gezwungen waren, statt dessen die Maus zu gebrauchen.

Das Benutzen der Maus war deshalb so wichtig, weil sie komplexe Abfolgen mit den Befehlstasten durch eher intuitive Bewegungen mit der Hand ersetzte. Steve blieb der oberste Schiedsrichter, der sich durch die Technologie wühlte und dem Macintosh am Ende seine eigene Handschrift verpaßte.

Doch Abstriche waren unausweichlich. Der Macintosh sollte einen kleinen Monitor erhalten, nur ein Diskettenlaufwerk und aufgrund der Kosten weniger Speicherkapazität. Die Kosten für einen 128-KB-Chip, dem größten damals in ausreichenden Mengen gehandelten Chip, lagen bei 25,50 Dollar. Die einzige Möglichkeit, dem Gerät mehr Speicherkapazität zu verleihen, lag darin, ihm mehr teure 128-KB-Chips einzubauen. Innerhalb eines Jahres fielen die Kosten für diesen Chip auf rund elf Dollar. Heute kostet er nur noch 1,50 Dollar.

Aber die hohen Anforderungen für den Speicher bedeuteten, daß die Piraten von Mac elegante, straffe Programme schreiben mußten — vergleichbar mit der Poesie, die nur das passendste Wort oder die sparsamste Metapher toleriert. Andy Hertzfeld mußte allein achtzig Seiten mit Codes füllen — eine Aufgabe, die Monate dauerte —, nur um alle Möglichkeiten für die Rollbalken zu untersuchen, eher er sie auf zwanzig Seiten zusammenfaßte. »Auf elegante Weise einfach« war Steves Norm für alles, was die Piraten erdachten.

Steve bestand darauf, daß seine Ingenieure ihre Computerprogramme immer wieder umschrieben, um sie noch weiter zu straffen, damit der 128-KB-ROM-Speicher des Macintosh mehr Möglichkeiten erhielt. Der ROM-Speicher (Read Only Memory) ist vergleichbar mit einer Schallplatte. Man kann ihm Informationen entnehmen, ihm aber keine neuen hinzufügen. Der RAM-Speicher (Random Access Memory — der Arbeitsspeicher des Computers oder Schreib-Lese-Speicher) ähnelt einer Tonkassette. Man kann ihm Daten hinzufügen, sie verändern oder sie ihm einfach nur entnehmen.

Nur wenige hielten es für möglich, soviel Leistungsfähigkeit in einem graphischen System mit einer derartigen platzsparenden Ökonomie zu komprimieren. Das verlangte vom Macintosh-Team, das Programm entweder in Assembler- oder Maschinensprache zu schreiben, eine quälende und zeitraubende Aufgabe. »Man mußte neunzig Prozent der Arbeit wegwerfen, um die zehn Prozent zu erhalten, die wirklich gut waren«, berichtete Burrell Smith, der Hardwarezauberer bei Macintosh.

Steve inspirierte sein Team auf phänomenale Weise und stellte hohe Anforderungen, um diese Leistungen zu erreichen. Er trieb sie an ihre Grenzen, bis selbst sie erstaunt waren, wieviel sie zu leisten in der

Lage waren. Er besaß einen angeborenen Instinkt dafür, wie er das Beste aus den Leuten herausholen konnte. Er schmeichelte ihnen, indem er seine eigenen Schwächen zugab; er kujonierte sie, bis auch sie seine kompromißlose Einstellung teilten; er spornte sie mit Lob an und appellierte an ihr Ehrgefühl wie ein wohlmeinender Vater.

Große Leistungen verstand er aber auch großartig zu feiern. Als der erste Prototyp des Mac fertig war, entkorkte Steve unzählige Champagnerflaschen, um auf diese Errungenschaft zu trinken. Als Weihnachten 1983 nahte, mietete er den großen Ballsaal des klassisch-pompösen »St. Francis Hotel« in San Francisco für eine Abendgesellschaft, bei der das San-Francisco-Symphonieorchester Walzer von Strauß spielte. Und als das Produkt endlich zur Auslieferung fertig war, ließ Steve einen riesigen Lastwagenanhänger hinter das Macintosh-Gebäude ziehen, der mit hundert Computern beladen war, die mit dem Namen jedes einzelnen Teammitglieds graviert waren.

Dennoch zögerte Steve manchmal auch nicht, das Werk der Mac-Leute mit Schimpfworten niederzumachen. Ihre Gesichter erstarrten dann in Fassungslosigkeit und Verzweiflung. Doch fünf Minuten später saßen alle wieder vor der Computertastatur und begannen, ein neues Programm zu schreiben — wohlwissend, daß sie wahrscheinlich achtzig Stunden Arbeit vor sich hatten, ehe sie das Programm wieder Steve zeigen konnten.

Steve war auch noch von kleinen Detailfragen besessen. Immer wieder kamen Ingenieure zu ihm und teilten ihm mit, daß sie nicht in der Lage seien, bestimmte Plastikteile zu entwerfen, die mit der komischen Form des Macintosh-Gehäuses übereinstimmten, das nach Steves Wunsch aus einem Stück sein sollte und dessen Konstruktion in herstellungstechnischer Hinsicht einen Durchbruch darstellte.

»Steve, wir schaffen das nicht. Es ist zu kompliziert«, beschwerte sich einer der Industriedesigner.

»Das nehme ich dir nicht ab«, fauchte Steve. »Wenn du es nicht kannst, finde ich einen anderen, der es schafft.«

Als die Apple-II-Techniker behaupteten, daß sie auf billige Weise keine Maus entwerfen könnten, die sowohl für den Apple II als auch für den Macintosh-Computer benutzt werden könnte, brachte Steve Woz dazu, es zu bewerkstelligen. Als der Apple II gebaut wurde, hielt Steve unerbittlich daran fest, daß »AppleTalk« darin installiert wurde, wodurch es den Benutzern ermöglicht wurde, ihre Computer zu einem Netzwerk zusammenzuschließen, über das auf elektronischem Wege Daten ausgetauscht werden können. Die Einwände der Ingenieure, daß sie das Produkt nicht rechtzeitig fertigstellen könnten, daß es zuviel kosten würde und daß es zuwenig Belegfläche auf der Tastatur des Computers gebe, um es zu installieren, blieben unberücksichtigt.

Mit seinem Streben nach Perfektion trieb Steve viele Menschen in die Defensive. Er pflegte sie mit seinen durchdringenden dunklen Augen einschüchternd anzustarren und scharf von oben bis unten zu mustern. Es war ein Blick, der sich durch sie hindurchbohrte, der sie festnagelte wie ein Hundert-Ampere-Scheinwerfer, ein Blick, der zu sagen schien: Wieso denkst du eigentlich, du wärst so clever? Er konnte Menschen inspirieren, aber konnte sie auch zum Schwitzen bringen. Er konnte einem anderen Dinge sagen, die dieser nur selbst von sich wußte. In einer Sekunde konnte er einem Menschen jegliches Selbstwertgefühl nehmen, in der nächsten konnte er ihm schmeicheln, indem er ein paar Krümel Lob fallenließ, die plötzlich die ganze Angst irgendwie lohnenswert erscheinen ließen.

Auch Außenstehende hatten es sehr schwer mit Steve. Er ließ Leute, die extra von der Ostküste zu einem Treffen mit ihm angereist kamen, buchstäblich stundenlang warten. Das brachte einige Public-Relations-Leute von Regis McKenna, unserer externen Berateragentur in Pressefragen, zu Tobsuchtsanfällen.

»Ich will nicht mit ihnen reden«, sagte Steve einfach zu Jane Anderson, die alle Interviews von Steve und mir und unsere Vortragsverpflichtungen organisierte.

»Aber sie warten schon seit drei Stunden darauf, Sie zu sehen«, meinte Jane.

»Aber ich bin nicht zum Reden mit ihnen aufgelegt. Sagen Sie ihnen, sie sollen gehen, ich werde ein andermal mit ihnen sprechen.«

Und sie gingen weg, einige wütend, andere fassungslos. Aber irgendwie kam Apple voran, und die Leute kamen immer wieder.

Wie jeder andere bei Apple akzeptierte ich sein Verhalten, denn Steve war einzigartig. Alle machten bei ihm eine Ausnahme. Sie hielten ihn für einen jungen, intelligenten Bengel, sie betrachteten ihn nicht wirklich als erwachsen. Die wenigen, die ihm mutig entgegentraten, erwarben sich jedoch seinen Respekt. Wenn die Leute klein beigaben und sich von ihm einschüchtern ließen, verlor er all sein Interesse an ihnen.

An Steves Verhalten beunruhigte mich nichts, vielleicht sah ich in ihm mein jüngeres Selbst. Die Leute hatten auch mich häufig während meiner Anfangszeit bei Pepsi als schwierig im Umgang angesehen. Ich hatte niemals jemanden verbal angegriffen, aber immer darauf bestanden, genauso wie Steve es tat, daß alle ihr Bestes gaben. Deshalb versuchte ich, Steve auf dieselbe Weise zu formen, wie Chuck Mangold mich bei Pepsi geformt hatte.

»Du mußt lernen, ein paar Dinge für dich zu behalten«, riet ich ihm. »Du schaffst nur eine Menge unnötiger Frustrationen, was nicht gerade konstruktiv ist.«

»Du hast recht«, antwortete er. »Ich weiß das. Sag es mir immer wieder, du hast absolut recht. Ich weiß, daß ich das nicht tun sollte.«

Er versprach, sich zu bessern. Aber dann fiel er wieder zurück in seine alten Gewohnheiten. Doch wenn er mich ansah, war sein Blick voller Bewunderung, ein »Was-kann-ich-lernen-Blick«, der schrecklich einnehmend war. In Steves Augen konnte ich nichts falsch machen.

Ich spürte, daß ich ihm etwas geben konnte, was er nirgendwo anders bekommen konnte, und wurde sein Lehrer.

Er war aber auch mir ein Lehrer, der mir Dinge über Technologie und Computer beibrachte. Ich hörte vielen seiner Ideen geduldig bis zum Ende zu. Einige waren schlicht hirnverbrannt, andere dagegen waren großartig. Eines Tages, als wir gerade den Bandley Drive entlanggingen, erzählte er mir, er habe die Ideallösung für das atomare Ungleichgewicht zwischen den USA und der UdSSR gefunden.

»Wir sollten die Sowjets herkommen lassen, damit sie genau im Zentrum von Washington die größtmögliche Atombombe plazieren können«, sagte er. »Und sie müssen die Kontrolle über sie ausüben. Dann gehen wir nach Moskau, um dort auch eine aufzustellen, und wir werden die Kontrolle darüber haben. Dann wären keine Raketen mehr nötig, denn wenn einer von uns seine Bombe hochgehen läßt, wird der andere auch seine Bombe zünden. Das würde das ganze Problem lösen.«

»Steve, das ist ja lächerlich«, meinte ich.

Auf jede blödsinnige Idee kam jedoch auch ein Juwel. Es war Steve, der die Notwendigkeit voraussah, eines der größten vollautomatisierten Werke der Welt zur Herstellung von Personalcomputern zu errichten. Steve war es, der unverzüglich die Möglichkeiten für Computer in der Schule erkannte, und er hatte auch den Einfall, unentgeltlich an 9000 Schulen in Kalifornien den Apple II abzugeben.

Er war der einzige Mensch, den ich jemals kennengelernt habe, mit dem ich mich auf verschiedenen Ebenen gleichzeitig unterhalten konnte. Wir hatten das Gefühl, unser Leben stets auf mehreren Bewußtseinsebenen zu führen. Wir sprachen, dachten und arbeiteten synchron.

Von Zeit zu Zeit legte Steve eine Gesprächspause ein, preßte die Fingerspitzen zusammen und sann laut mit seiner jungenhaften Stimme nach: »Ich erlebe gerade die amüsanteste Zeit meines Lebens. Ich bin so glücklich, daß du dich entschlossen hast, zu Apple zu kommen. Du bist der Beste, den Apple jemals finden konnte.«

»So glücklich war ich noch nie in meinem ganzen Leben«, erwiderte ich. »Ich hätte es mir niemals träumen lassen, daß Apple so viel Spaß machen könnte, und ich liebe es ganz einfach, mit dir zu arbeiten, Steve.« Unsere Freundschaft war wirklich unglaublich eng.

Steve wollte, daß der Macintosh die aufsehenerregendste Präsentation erleben sollte, die jemals einem Produkt in der Welt zuteil geworden war: »Er stellt das beste Produkt dar, das ich jemals in meinem Leben gesehen habe, und deshalb soll er auch die beste Zeremonie erleben, die jemals ein Produkt bekam.«

Wir wollten ein großes Ereignis daraus machen – und die Werbung sollte eine Schlüsselrolle übernehmen. Ich war verblüfft angesichts des Ausmaßes an öffentlichem Interesse, das Apple schon auf sich zog, selbst wenn es gar kein besonderes Ereignis gab. Schon als der Lisa vom Stapel gelassen wurde – noch bevor ich zu dem Unternehmen stieß –, hatte Apple eine unglaubliche Publicity bekommen. Für den Macintosh aber wünschten wir uns etwas noch Grandioseres.

Die Entscheidung, den Mac mit einem sensationellen Reklamegag auf dem Markt einzuführen, fiel jedoch mit der Diskussion zusammen, zu welchem Preis wir das Produkt verkaufen sollten. Ich bestand auf einem hohen Preis. Steve jedoch stand unter dem Druck der Macintosh-Ingenieure, mit einem niedrigeren Listenpreis anzufangen, einem Preis, den sich die Massen eher leisten konnten.

Ursprünglich sollte der Macintosh ein 1000-Dollar-Computer sein. Kurz bevor er in die Produktion ging, war allerdings jedermann klar, daß ein Preis von 1995 Dollar realistischer sei.

Ich war der Meinung, daß wir weitere 500 Dollar aufschlagen sollten. In den ersten 120 Tagen würde das Produkt ohnehin knapp bleiben, ehe wir zur vollen Produktionsleistung in der Macintosh-Fabrik anliefen. Wir könnten so das Produkt im ersten Quartal gut plazieren, wenn die Nachfrage noch das Angebot überstieg, und wir behielten uns damit die Option vor, den Preis später zu senken. Ich war der Meinung, daß wir die Werbekosten als einen weiteren Teil der Entwicklungskosten des Produkts betrachten sollten.

Steve und ich diskutierten wochenlang über dieses Thema. Er befürchtete, daß der Macintosh bei einem Preis von 2495 Dollar die Kritik der treuen Anhänger von Apple herausfordern könnte, die Kritik der Computerfreaks, Hacker und anderer, die ihn für zu teuer halten würden.

»Na gut, aber dann gibt es keine Werbekampagne«, sagte ich. »Beides kannst du nicht haben. Ohne das Geld gibt es keine Werbung und keinen Knalleffekt.«

»Aber wir brauchen einen Knalleffekt«, insistierte Steve.

»Dann wird er eben 2495 Dollar kosten.«

Er blieb schwankend. An einem Tag bestand er auf einem Preis von unter 2000 Dollar, am nächsten war er sich mit mir über eine höhere Summe einig. Manchmal vertauschten wir sogar die Rollen, und ich forderte den niedrigeren Preis. Bei Pepsi hätte ich mich beim Wechseln von Standpunkten unwohl gefühlt. Wenn ich zu einem Entschluß gekommen war, vertrat ich ihn gegenüber Pearson und Kendall mit aller Härte. Steve und mir machte es jedoch Spaß, erst einen Standpunkt einzunehmen und ihn so überzeugend wie möglich zu vertreten, dann eine Kehrtwendung zu machen und eine andere Position zu verfechten. Spielerisch kämpften wir beständig um unsere Auffassungen von neuen Ideen, Projekten und Kollegen.

Schließlich einigten wir uns auf einen Preis von 2495 Dollar für den Macintosh. Rund sechs Monate lang würden wir sowieso nicht die volle Produktionsleistung aufnehmen können, deshalb war das Risiko klein, daß die Umsätze unter dem höheren Preis litten. Viel wichtiger war es, den Macintosh mit einem weite Kreise ziehenden Knalleffekt auszuliefern. Wenn der Macintosh zu einem Reinfall würde, würde man vielleicht nie wieder den Beweis antreten können, daß eine hervorragende Einzelleistung das ganze unternehmerische Establishment Amerikas ausbooten konnte.

Monatelang hatte die Werbeagentur Chiat/Day an einer Strategie für den Macintosh gearbeitet, die aus den Schöpfern des Computers Volkshelden machen sollte. Die Kampagne sollte sich auf Unterhaltungen mit Mitgliedern des Mac-Teams konzentrieren, die erklären sollten, wie wichtig ihnen dieses Produkt sei. Die Werbeleute brachten mitreißende Filmszenen über leidenschaftliche junge Leute an, die über den Macintosh redeten.

Ich wußte, daß eine solche Kampagne in Silicon Valley gut ankam, aber ich hatte Zweifel, ob man damit eine Menge Computer in der übrigen Welt verkaufen konnte. Meiner Meinung nach konnte man so nicht die Ostküste oder den Mittelwesten Amerikas erreichen. Wenn dieses Produkt so hervorragend war, daß es die Welt veränderte, so Steves und meine Auffassung, dann mußte es auch einen Werbefilm bekommen, der so großartig war, daß er die Ansichten der Menschen änderte. Daher baten wir Chiat/Day zu prüfen, ob es eine Möglichkeit gebe, einen Vorteil aus der Tatsache zu ziehen, daß George Orwell für das Jahr 1984 seine berühmte Vorhersage von einem totalitären Regime getroffen hatte, in dem Big Brother alle Handlungen und Gedanken der Menschen kontrolliert.

Einige Wochen später trafen wir uns dann wieder mit den Chiat/Day-Leuten.

»Wir haben ihre Direktiven befolgt, und ich meine, daß wir uns eine wirklich großartige Sache ausgedacht haben«, begann Lee Clow, einer der Direktoren von Chiat/Day. »Sie werden vielleicht der Meinung sein, daß es ein bißchen weit hergeholt ist, aber Sie müssen sich alles anhören, weil wir überzeugt sind, daß dies der beste Werbefilm ist, den wir jemals gemacht haben.«

Diese Behauptung hatte ich schon oft gehört und gelernt, ihr mit der größten Skepsis zu begegnen. Dann überließ er seinem Mitarbeiter Steve Hayden das Wort. Steve holte die »Storyboards« für den Werbefilm hervor, eine Serie von Zeichnungen, die einen visuellen Eindruck von dem zukünftigen Film vermitteln. Im Laufe meines Berufslebens habe ich schon Hunderte von Storyboards gesehen. Aber niemals zuvor war mir so etwas unter die Augen gekommen. Steve zog die erste Zeichnung heraus, und darauf waren wie Zombies aussehende Burschen in Pyjamas zu sehen, die aneinandergekettet einen Flur entlanggingen.

Dann, sagte er, weitere Zeichnungen zeigend, geht es über in eine Szene, in der man in einen großen Raum gelangt und den dramatischen Kontrast zwischen Big Brother auf dem Bildschirm, der diesen sitzenden Zombies Anweisungen erteilt, und Apple erlebt, die in der Gestalt einer Heldin mit einem Baseballschläger in den Raum stürzt, den Bildschirm zerschmettert und alle rettet.

»Das wird den Macintosh als den großen Renner herausstellen, der die Welt davor bewahrt, von all diesem langweiligen Kram überflutet zu werden, den IBM repräsentiert«, verkündete er. Steve und ich sahen uns an.

»Das ist ja irrsinnig«, sagt Steve.

»So etwas habe ich in meinem ganzen Leben noch nicht gesehen«, fügte ich hinzu. »Können Sie das auch wirklich filmen? Schaffen Sie es, das wie einen Werbefilm aussehen zu lassen? Es scheint ziemlich schwer umsetzbar zu sein.«

»Natürlich«, antwortete Lee, »wir wissen, daß wir es können. Wir haben nämlich genau den Menschen gefunden, der es schaffen kann.«

Chiat/Day hatte den britischen Regisseur Ridley Scott verpflichtet, zu dessen filmischen Verdiensten u. a. »Alien« gehörte, ein Film, der außergewöhnliche und dramatische Lichteffekte aufwies. Es sollte einer der teuersten Werbespots werden, die jemals angefertigt wurden. Das Team von Chiat/Day schätzte die Produktionskosten auf 400 000 bis 600 000 Dollar. Ein noch größeres Problem stellten aber die Sendekosten und die Frage dar, wie die Öffentlichkeit den Film aufnehmen würde. Chiat/Day schlug vor, den Sechzig-Sekunden-Spot während der Übertragung des Super Bowl, dem jährlichen Football-Endspiel, zu senden − zu voraussichtlichen Kosten von einer Million Dollar. Wir hofften auf eine Sensation, die die Welt erschüttern würde. Was wir dagegen auf keinen Fall wollten, war ein Fehlschuß, der nach hinten losging und der Einführung des Macintosh schadete.

»Nun, John, was werden wir tun?« fragte Murray, der Marketing-Manager für den Macintosh.

»Ich denke, daß wir den Spot erst einmal anfertigen lassen sollten«, meinte ich, »aber wir sollten uns die Entscheidung noch vorbehalten, ob wir ihn später auch senden. Die große Frage ist doch meines Erachtens, was passiert, wenn Apple aus diesem Quartal mit einer echten Verkaufsschlappe herauskommt. Dann können wir keinen Werbespot herausbringen, der so unerhört ist. Man wird denken, daß wir den Verstand verloren haben. Wenn wir dagegen an Weihnachten einen echten Durchbruch beim Verkauf des Apple II erzielen sollten, sieht alles natürlich ganz anders aus.«

Wir verfügten damit allerdings erst über einen einzigen Werbespot.

»Wenn ›1984‹ erst einmal jedermanns Interesse an einem phänomenal neuen Produkt erweckt hat, müssen wir, so denke ich, den Leuten auch sagen, warum das Produkt so phänomenal ist. Dieser erste große Spot zeigt das Produkt noch nicht. Wir müssen produktorientierte Werbefilme nachschieben.«

»Produktorientierte Spots sind langweilig«, sagte jemand.

»Stimmt«, warf ein anderer ein, »wir wollen keine langweiligen Spots.«

»Wer sagt hier denn irgend etwas über langweilige Spots?« frage ich. »Wenn das Produkt so phänomenal ist, weshalb kann dann das Produkt nicht der Held des Films sein? Wir können seine graphische Leistungsfähigkeit herausstellen. Es muß irgend etwas gezeigt werden, das auf dem TV-Bildschirm aufregend aussieht. Ist es nicht eine Untersuchung wert, so etwas Ähnliches wie bei der ›Pepsi-Herausforderung‹-Kampagne zu machen? Damals hatten wir ein besseres Produkt als Coke, und wir gewannen an Glaubwürdigkeit, weil wir den Menschen den Unterschied bewiesen, und es war nicht nur der Hersteller, der laut tönte.«

Die Medien schildern Neuigkeiten nur in Schwarzweißbegriffen. Deshalb brauchten wir eine Kampagne, die sich auf ein Kopf-an-Kopf-Rennen zwischen zwei Pferden zuspitzte, um Apple aus seinem »Underdog«-Status herauszuhebeln. Wenn wir ein Kopf-an-Kopf-Rennen zwischen uns und IBM auf die Beine stellen könnten, wären wir auch in der Lage, die Öffentlichkeit davon zu überzeugen, daß es in Wirklichkeit eigentlich nur zwei Computerfirmen gab, die auf dem Markt konkurrierten. Bei jeder großen Konsumgüterindustrie kennen nur wenige Menschen den dritt- oder viertgrößten Wettbewerber.

Meistens gibt es nur Raum für zwei große Markennamen, zum Beispiel

Coke und Pepsi, Hertz und Avis – und hoffentlich IBM und Apple. Wir mußten die Nummer zwei werden, indem wir uns auf Innovationen stützten, weil IBM als führender Hersteller seine traditionelle Macht in puncto Größe und Zufriedenheit der Kunden als Mittel einsetzen konnte. Unsere Werbekampagne mußte unsere Rolle als das innovativste Unternehmen der Industrie in diesem Rennen herausstreichen. Vielleicht konnten wir sogar aufgrund des riesigen Interesses der Konsumenten an Personalcomputern einen öffentlich geführten Computerkrieg, dem Cola-Krieg nicht unähnlich, provozieren.

Nicht weniger bedeutend war allerdings die Tatsache, daß Apple als Unternehmen mit einer Milliarde Dollar Umsatz enorme Vorteile hatte, die wir noch gar nicht ausgebeutet hatten. Einem Unternehmen, das nur Umsätze zwischen 50 Millionen oder 200 Millionen Dollar macht, ist es fast unmöglich, in die Art von großangelegter Fernsehwerbung zu investieren, die erforderlich ist, um überhaupt ein wenig Eindruck zu hinterlassen. Dennoch stammte das meiste Werbegetöse von Computerfirmen, denen unsere Größe fehlte. Deshalb war das Ausschöpfen unserer größeren Ressourcen entscheidend für die Erhöhungen des Wetteinsatzes, um mitspielen zu können.

Anfang November konnten wir einen ersten Blick auf das werfen, was uns schließlich dabei helfen sollte, den Macintosh zum »Meilensteinprodukt« zu machen, als das Team von Chiat/Day wieder zu Apple kam und uns das Resultat seiner Arbeit vorstellte.

Ein vor Begeisterung glühender Lee Clow erklärte: »Wir haben hier den fabelhaftesten Spot, den Chiat/Day jemals hergestellt hat.«

In den vorangegangenen Wochen hatte Chiat/Day den Spot in den Sheperton-Studios in London mit einer Besetzung von 200 Leuten gedreht, zu denen auch die Mitglieder einer britischen Skinheadgruppe gehörten. Eine professionelle Diskuswerferin war als Star engagiert worden.

Wir waren gespannt und starrten auf den Videomonitor am Ende des Raumes, als der Spot begann. Begleitet von donnerndem Lärm im Hintergrund, marschierten kahlköpfige, ausgemergelte Figuren in sackartigen Gewändern einher. Man konnte ihren Gleichschritt hören, während sie hintereinander durch lange Glasröhren liefen, die denen im Flughafen »Charles de Gaulle« in Paris ähnelten.

Die Gruppe schleppte sich in eine schwach erleuchtete, höhlenartige Halle, die in sepiafarbenes Licht getaucht war. Die anschließende Szene zeigte, wie sie alle auf harten Holzbänken saßen, umgeben von bewaffneten Wächtern, die Helme und Keulen trugen. Deutlich war zu erkennen, daß es sich hier um eine unterdrückte Gesellschaft handelte, in der die

Menschen keine eigenen Gedanken mehr hatten. Dann kam der Schnitt auf den Schwarzweißbildschirm, auf den alle teilnahmslos blickten, während ein Sprecher ein Mischmasch aus sinnvollen und unsinnigen Wörtern von sich gab. Die autoritär klingende Stimme verkündete: *»Jeder von euch ist eine Einzelzelle im großen Körper des Staates. Und heute hat sich dieser Körper seiner Parasiten entledigt. Wir haben über die gewissenlose Verbreitung von Tatsachen triumphiert. Die Schurken und Plünderer wurden verstoßen. Und das giftige Unkraut der Desinformation wurde dem Mülleimer der Geschichte übergeben. Jede einzelne Zelle möge hocherfreut sein! Heute feiern wir den ersten ruhmreichen Jahrestag der Informations-Reinigungs-Direktive. Zum erstenmal in der Geschichte der Menschheit haben wir ein Paradies der reinen Ideologie geschaffen, in dem jeder Arbeiter, geschützt vor der Pest der widersprüchlichen und verwirrenden Wahrheiten, gedeihen kann. Unsere Vereinigung der Gedankengänge ist eine mächtigere Waffe als jede Flotte oder Armee auf der Welt. Wir sind ein Volk. Mit einem Willen. Einer Losung. Einem Endzweck. Unsere Feinde mögen sich selbst zu Tode reden. Und wir werden sie zusammen mit ihrer Verwirrung begraben.«*

Die Worte erschienen auf dem unteren Teil des Bildschirms neben einem vollkommene Macht und vollkommenes Wissen ausstrahlenden Abbild des »Big Brother«. Dann, ganz überraschend, schwenkte die Kamera auf eine jugendliche, athletische Gestalt, die aus dem hinteren Teil der Halle nach vorne rannte. Sie trug hellrote Shorts, Turnschuhe und ein weißes Macintosh-T-Shirt. Der Spot baute das Ganze dramatisch auf, indem die Kamera während ihres Eintritts ständig zwischen dem Schwarzweißbildschirm, den zombieähnlichen Zuhörern und dieser jungen, blonden, sonnengebräunten Frau, die einen Vorschlaghammer mit sich trug, hin und her schwenkte. Schließlich stoppte sie vor dem Bildschirm und schwang den Hammer über ihrem Kopf, ehe sie ihn in den Bildschirm schmetterte.

Der Bildschirm explodierte mit einem blendenden Blitz. Dann, als die Kamera über die Menschenmenge schwenkte, die hypnotisiert von der Explosion dasaß, sagte eine Stimme aus dem Hintergrund: »Am 23. Januar wird Apple Computer den Macintosh vorstellen — Pause — 1984 wird nicht wie ›1984‹ sein.«

Als der Film abgelaufen war, unterbrach Steve das sekundenlange absolute Schweigen im Raum. »Wow!« schrie er. »Das ist ja unglaublich.«

Er war außer sich vor Freude. Der Spot besaß genau die Arroganz und Unverschämtheit, die ihm gefiel.

»Das ist ein wirklich unglaublicher Werbefilm«, sagte ich zustimmend nickend, voll Befriedigung.

»Das ist wirklich ein umwerfender Werbefilm«, rief Steve begeistert. »Er unterscheidet sich radikal von dem, was andere machen.«

Alle Anwesenden waren von dem Spot begeistert, aber auch etwas beunruhigt. Es war ein phantastischer Spot, er war aber auch so hypermodern, daß er alle Regeln brach. Er zeigte kein einziges Mal das Produkt. Er erwähnte Apple-Computer nur kurz in einer Szene. Möglicherweise ließen die Zuschauer diesen Film über sich ergehen, ohne überhaupt zu begreifen, daß Apple Computer herstellte.

Dennoch fing der Spot den Geist des Produkts und seine revolutionäre Machart gut ein. Und er spielte die Angst der Menschen vor Computern auf geschickte Weise herunter. Im großen und ganzen waren die meisten noch von Personalcomputern beunruhigt. Viele hielten sie für Maschinen, die Kontrolle über unser Leben ausüben, unsere Arbeitsplätze übernehmen und in unser Privatleben eindringen können. Der Spot machte sich über diese Ängste lustig, so daß es jedem, der noch nicht in die existierende Computerwelt paßte, zumindest erleichtert wurde, sie einmal auszuprobieren.

»Aber Sie wissen alle«, dämpfte ich allerdings ein wenig die Begeisterung, »daß wir noch nicht entschieden haben, ob wir den Film überhaupt zeigen sollen. Das hängt davon ab, wie wir in der Weihnachtssaison verkaufen, und es hängt davon ab, ob wir den Macintosh wie gewünscht fertigstellen.«

Dann wandte ich mich an Steve und fragte ihn: »Wie steht's um den Mac?«

»Es wird ganz schön schwierig sein«, antwortete er, »aber ich denke, daß wir es schaffen. Wir haben Probleme mit dem Maus-Zeiger, aber ich denke, wir werden es noch hinkriegen.«

Der Zeiger war ein neuartiges Teil der Software, das den Macintosh so bequem wie einen Schreibtisch machte, wenn auch unendlich viel nützlicher. Er verwandelte den Computerbildschirm in einen simulierten Schreibtisch, auf dem Ordner und Dokumente ausgebreitet sind. Durch Anklicken des Ordnersymbols konnte der Benutzer eine ganze Bibliothek von Dateien öffnen, als ob sie in Papierform auf der Schreibtischplatte lägen.

»Nun gut, die Verkaufszahlen für den IIe kommen auf Touren«, räumte ich ein. »Es sieht schon sehr viel besser aus, wir müssen es eben abwarten.«

Zu dieser Zeit hatte Chiat/Day uns bereits als Spot Nummer sechs in die zweite Hälfte der Übertragung des »Super Bowl« eingeschleust.

Steve schlug darüber hinaus vor, den Spot dem Verwaltungsrat von Apple vorzuführen, der traditionell eine bei weitem wichtigere Rolle im Unternehmen als die interesselosen Aufsichtsorgane anderer Gesellschaften spielte. Es war ein kleiner Verwaltungsrat mit nur sieben Mitgliedern, die alle über große Erfahrung verfügten. Dr. Henry E. Singleton war eine Legende im Geschäftsleben Amerikas, er hatte aus dem Nichts heraus die Teledyne Inc. zu einer der erfolgreichsten diversifizierten Aktiengesellschaften des Landes aufgebaut. Arthur Rock war eine ähnlich legendäre Figur in Risiko-Kapital-Kreisen. Er war einer der ersten, die in das Silicon Valley investiert hatten, und seine Investitionen in Fairchild Semiconductor, Intel und Apple hatten ihm Millionen eingebracht. Peter O. Crisp, aktiver Teilhaber bei Rockefellers Venrock Associates, war ein außergewöhnlich begabter und scharfsichtiger Geschäftsmann von der Ostküste, und Philip S. Schlein, damals Hauptgeschäftsführer von Macy's California, brachte ausgezeichnete Marketing-Erfahrungen im Einzelhandel in die Gruppe ein. Die drei übrigen Mitglieder waren Jobs, Markkula und ich.

Unser regelmäßiges Treffen sollte in wenigen Tagen stattfinden, deshalb sorgten wir dafür, daß Mike Murray als Marketingmanager des Macintosh den Spot vorstellte. Murray erklärte dem Verwaltungsrat, mit welchen Mitteln wir versuchen wollten, den Macintosh als ein Gerät zu lancieren, das bei einer riesigen Anzahl von Konsumenten Anklang finden würde – nicht nur bei Computer- und Apparatefreaks. Diese Betrachtungsweise sei an sich schon ein kühner Schritt. Kein anderes Unternehmen habe bisher daran gedacht, dem einfachen Verbraucher High-Tech nahezubringen. Die Menschen, so sagte Murray, schreckten vor den Computern zurück, deshalb benötigten wir etwas, das sich von dem Durcheinander der rivalisierenden Werbeaussagen abhebe.

»Wir müssen zu verstehen geben, daß eine wirkliche Revolution in der Industrie stattfindet. Also sahen wir uns nach der revolutionärsten Sache um, die wir uns überhaupt nur ausdenken konnten, und hier ist sie«, sagte er, als der Videoclip auf dem Bildschirm erschien.

Sechzig Sekunden später lastete frostiges Schweigen im Saal.

»Steve«, fragte einer, »du wirst doch dieses Ding nicht wirklich vorführen lassen, oder?«

Die meisten hielten es für den übelsten Werbefilm, den sie jemals gesehen hatten. Kein einziges externes Verwaltungsratsmitglied mochte den Film. Murray war sichtlich am Boden zerstört, vollkommen fertig.

»Wir haben noch keine endgültige Entscheidung darüber getroffen«, antwortete Steve verdattert. »Aber wir hatten vor, den Spot beim ›Super Bowl‹ aufzuführen.«

»Wieviel wird das kosten?« fragte ein Direktor.

»Rund eine Million Dollar«, antwortete Murray.

»O mein Gott!« flüsterte fassungslos ein Direktor.

»John«, fragte einer, »du bist der Werbefachmann, wie denkst du darüber?«

»Na ja, das ist der unverschämteste Spot, den ich jemals gesehen habe. Aber wir brauchen eine freche Werbung, die so revolutionär wie der Macintosh selbst ist. Ich bin der Meinung, daß Sie die endgültige Entscheidung dem Management überlassen sollten, und wir werden entscheiden, ob der Film gezeigt wird oder nicht.«

Schließlich entschlossen Steve und ich uns, die Agentur zu beauftragen, unsere Minute bei der »Super-Bowl«-Übertragung wieder zu verkaufen. Sollten sie das nicht schaffen, würden wir den Spot aufführen, aber nur, wenn unser Weihnachtsgeschäft gut gelaufen sei. Chiat/Day konnte jedoch kaum mehr als die Hälfte der Million Dollar bekommen, die wir für die Sendezeit gezahlt hatten, deshalb hielten wir an der Sendezeit während der »Super-Bowl«-Übertragung fest.

Anfang Januar standen die Dinge glänzend. Unsere Preisgestaltung und unsere Werbestrategie für den IIe funktionierten wunderbar. Allein im Dezember lieferten wir die Rekordzahl von 110 000 Computern aus, das bedeutete runde 160 Millionen Dollar Einnahmen. Auch der Lisa verzeichnete eine gewisse Umsatzsteigerung. Der PC jr. von IBM dagegen erhielt niederschmetternde Kritiken, in denen unter anderem seine unhandliche Tastatur angegriffen wurde. Auch der Macintosh wurde planmäßig fertig. Das gesamte Unternehmen setzte alles daran, ihn ausliefern zu können.

Frohgemut aufgrund des Zustroms guter Nachrichten zweifelten wir kaum mehr daran, daß es richtig war, den Werbefilm aufzuführen. ›1984‹ sollte ausgestrahlt werden. Die Agentur hatte den Film sogar bereits Ende 1983, vermutlich um drei Uhr nachts, in einigen kleinen Städten gesendet, um an den Wettbewerben für Werbespots teilnehmen zu können.

Wir hatten der Welt ein unglaubliches Produkt anzubieten, und wir wollten die Welt dies wissen lassen. Mac besaß einen 68 000-Mikroprozessor, den gleichen 32-Bit-Prozessor wie der Lisa, der, wie Steve sagte, »schon zum Frühstück 8088 CPUs ißt«. Er war der festen Überzeugung, daß genau wie die 5¼-Zoll-Diskette die Innovation der siebziger Jahre war, nun die 3½-Zoll-Diskette die Diskette der achtziger Jahre werden würde. Sie war sicherer, robuster und konnte über 400 Kilobytes auf einer Seite der Diskette speichern, die in eine Hosentasche paßt. Er hatte doppelt so viele Punkte auf seinem Bildschirm wie jeder andere im

Handel befindliche Personalcomputer seiner Generation. Das bedeutete, daß seine Auflösung und Schärfe besser als bei jedem anderen Computerbildschirm war. Und diese Leistungsfähigkeit paßte in ein Gehäuse, das nur ein Drittel der Größe und des Gewichts des IBM-PCs ausmachte.

Der Werbespot lief während des dritten Viertels des »Super Bowl«, als die »Los Angeles Riders« vor den »Washington Redskins« lagen. Selbst die Sportreporter verloren die Fassung. Einer sagte in das Mikrophon: »O Mann, was war das denn?« Die Zeitungen begannen sogar ausführlich zu recherchieren, was die Zuschauer gerade getan hatten, als ›1984‹ lief.

Der Spot wurde über Nacht zum Phänomen. Er löste eine umfangreiche Kontroverse aus. Als das Gerücht umging, daß wir fast 1,6 Millionen Dollar für einen einzigen, sechzig Sekunden langen Film ausgegeben hätten, begannen aufgebrachte Aktionäre, uns mit Briefen zu bombardieren. Sie fragten, mit welchem Recht ich das Geld der Firma genommen und es in etwas gesteckt hätte, von dem niemand bei Apple auch nur die geringste Ahnung habe. Andere sogenannte Werbe-Gurus behaupteten, daß der Spot nichts mit dem Produkt zu tun habe. Aber der Spot war auch das Kernthema der Nachrichten der drei großen Sendeanstalten, von annähernd fünfzig Lokalnachrichten-Sendungen und von unzähligen Zeitungen und Zeitschriften. Rund 43 Millionen Menschen sahen den Spot, obwohl wir ihn nur einmal ausstrahlen ließen. Der Spot gewann schließlich sogar den Großen Preis von Cannes – übrigens der erste amerikanische Werbespot sei Jahren – und noch weitere 34 internationale und nationale Preise für Werbefilme.

*

Nichts konnte uns aufhalten. Wir nicht. IBM nicht. Noch nicht einmal die Schwerkraft, wie es schien. Steve und ich verstanden uns nicht nur, wir konnten auch erfreut feststellen, daß wir gleichartig auf unsere Umwelt reagierten. Wir konnten die Sätze des anderen vervollständigen, weil wir uns auf derselben Wellenlänge befanden. Steve und ich bildeten eine Seelengemeinschaft.

Die Übereinstimmung zwischen uns war fast unheimlich, und sie war die Basis der erstaunlichen Symbiose, die wir entwickelten.

Am Vorabend der Präsentation des Macintosh arbeiteten Steve und ich wie wahnsinnig, um sicherzustellen, daß alles glattlief. Obwohl alle Leute des Macintosh-Teams erschöpft waren, lag eine unglaubliche Spannung in der Luft. Noch wenige Stunden vor dem offizellen Debüt legte das Softwareteam des Mac letzte Hand an die Demoprogramme, die dazu dienen sollten, den Macintosh Tausenden von Menschen vorzuführen.

In einem leeren und hohl klingenden »Flint-Auditorium«, einige Häuserblocks von der Apple-Zentrale entfernt, probten Steve und ich unsere Ansprachen, aber Steve war nicht zufrieden. Er bastelte an seinen Sätzen herum und wußte nicht so recht, was er sagen sollte. Er machte die Leute fast wahnsinnig, weil er bei jedem Ausrutscher in seinem Vortrag den Bühnenarbeitern die Schuld gab. Ich saß dabei und fragte mich, wie wir den nächsten Tag überstehen würden. Aber ich konnte seine Nervosität gut verstehen.

»In meinen Augen bist du wie Woz und Markkula«, hatte Steve mir kurz zuvor gesagt. »Du bist wie einer der Gründer der Firma. Sie bauten das Unternehmen gut, aber du und ich, wir bauen an der Zukunft.«

Hinter der Bühne, bevor es losging, wandte sich Steve noch einmal an mich und sagte: »Das ist der wichtigste Augenblick meines Lebens. Ich kann dir gar nicht sagen, wie ich mich fühle. Das ist die unglaublichste Geschichte, durch die ich jemals hindurch mußte, und ich bin wirklich nervös. Du bist wahrscheinlich der einzige Mensch, der wirklich begreift, wie ich mich fühle.«

Ich griff nach seiner Hand, drückte sie herzlich und wünschte ihm flüsternd alles Gute. Dann trat Steve in einem doppelreihigen dunkelgrauen Blazer und einer roten Krawatte auf die Bühne.

Er eröffnete die Versammlung mit ein paar Zeilen aus Bob Dylans Lied »The Times They are A-Changin'«.

»Her mit euch Schriftstellern und Kritikern, die ihr mit euren Federn prophezeit, / haltet eure Augen offen, denn diese Chance kommt nie wieder. / Und sprecht nicht zu früh, denn das Rad dreht sich immer noch, / und es gibt keine Erkenntnis, wer ihm seinen Stempel aufdrückt. / Denn der heutige Verlierer wird später siegen, / denn die Zeiten ändern sich.«

Anschließend ging ich aufs Podium, um über den finanziell gesunden Zustand des Unternehmens zu sprechen. Es war die typische Ansprache eines Geschäftsmannes über die Lage seiner Firma und ihre Zukunftsaussichten.

Bevor ich zum Schluß kam, wich ich jedoch vom Manuskript ab. »Das Wichtigste, was ich in diesen neun Monaten erlebte«, sagte ich, »war die Chance, mit Steve Jobs Freundschaft zu schließen. Wir beide standen vor ungeheuren Herausforderungen bei der Leitung dieser Firma, und die Beziehung und die Freundschaft zwischen uns bedeutet mir eine Menge.«

Ich stellte Steve vor, der auf die verdunkelte Bühne kam. Jetzt begann die eigentliche Show.

»Stellen wir uns vor, wir haben 1958«, erklärte er, »und IBM verpaßt die Chance, ein junges, gerade flügge gewordenes Unternehmen zu kaufen, das eine neue Technologie, genannt Xerographie, erfunden hat. Zwei Jahre später wird Xerox geboren, und IBM hat sich seitdem immer wieder Vorwürfe gemacht. Inzwischen sind nun zehn Jahre vergangen.

Wir befinden uns am Ende der sechziger Jahre. Digital Equipment Corporation und andere erfinden den Kleincomputer. IBM lehnt den Minicomputer ab, er sei zu klein für den seriösen Einsatz von Computern und daher uninteressant für ihr Geschäft. DEC entwickelt sich zu einem millionenschweren Unternehmen, ehe IBM sich schließlich doch auf dem Kleincomputermarkt engagiert.

Wieder zehn Jahre später, Ende der siebziger Jahre. 1977 erfindet Apple, ein junges, unerfahrenes Unternehmen an der Westküste, den Apple II, den ersten Personalcomputer, wie wir heute wissen. IBM lehnt auch diesen Computer ab, er sei zu klein für den seriösen Einsatz von Computern und daher uninteressant für ihr Geschäft.

Anfang der achtziger Jahre. 1981. Der Apple II ist der populärste Computer der Welt geworden, und Apple hat sich zu einem 300-Millionen-Dollar-Unternehmen entwickelt, zu der am schnellsten expandierenden Firma in der amerikanischen Wirtschaftsgeschichte. Zusammen mit über fünfzig Unternehmen, die um einen Marktanteil kämpfen, kommt IBM im November 1981 mit dem IBM PC auf den Personalcomputermarkt.

1983. Apple und IBM entpuppen sich als die größten Konkurrenten der Computerindustrie, jede Firma verkauft 1983 Personalcomputer im Werte von rund einer Milliarde Dollar.

Die Krise ist in vollem Gange. Die erste große Firma geht bankrott, während andere ums Überleben kämpfen. Insgesamt übersteigen die Gesamtverluste der Industrie im Jahre 1983 sogar die Gewinne von Apple und IBM zusammen.

Jetzt haben wir das Jahr 1984. IBM will scheinbar alles. Apple wird als die einzige Hoffnung empfunden, IBM etwas entgegenstellen zu können. Die Händler, die IBM anfänglich mit offenen Armen aufnahmen, fürchten nun eine von IBM beherrschte und kontrollierte Zukunft. Sie kehren zunehmend zu Apple zurück als der einzigen Kraft, die ihnen in Zukunft noch Unabhängigkeit sichern kann.«

Hochrufe ertönen, als Steves Stimme tiefer und schneller wird.

»IBM will alles verschlingen und richtet seine Kanonen auf Apple, das letzte Hindernis auf dem Wege zur Kontrolle der Industrie. Wird ›Big Blue‹ die gesamte Computerindustrie beherrschen, das ganze Informationszeitalter? Hatte George Orwell recht?«

Als die Zuhörer enthusiastisch »Nein« brüllten, lief der »1984«-Spot auf der riesigen Leinwand hinter Steve an. Das war eine brillante Inszenierung, der Auftakt zur offiziellen Vorstellung des Macintosh. Bis zu diesem Augenblick hatte es nur zwei »Meilensteinprodukte« auf dem Gebiet der Personalcomputer gegeben – den Apple II und den IBM PC. Der Macintosh sollte das dritte werden.

Steve öffnete eine Tasche und zog den Computer heraus, genauso theatralisch wie viele Monate zuvor, als er versuchte, einen Präsidenten von Pepsi-Cola in seine Firma zu locken.

Dann verkündete er: »Heute möchte ich den Macintosh zum allerersten Male selbst sprechen lassen.«

Mit einer sanften, etwas zittrigen Stimme, nicht annähernd so bedrohlich wie die maschinengleiche Diktion des autoritären Sprechers im Spot »1984«, sagte der Macintosh: »Hallo, ich heiße Macintosh. Es ist eine tolle Sache, aus diesem Sack herauszukommen. Da ich an öffentliche Auftritte noch gar nicht gewöhnt bin, möchte ich Ihnen nur einen Gedanken mitteilen, der mir in den Sinn kam, als ich zum erstenmal einem Großrechner von IBM begegnete: Traue niemals einem Computer, den man nicht hochheben kann! Aber jetzt möchte ich mich einfach nur zurücklehnen und zuhören und Ihnen mit beträchtlichem Stolz einen Mann vorstellen, der mir wie ein Vater war – Steve Jobs.«

Die Zuhörer gaben jubelnd ihre Zustimmung. Die ersten fünf Reihen des Saales wurden von Mitgliedern des Macintosh-Teams eingenommen – alle trugen Mac-T-Shirts –, die für die Stimmung sorgten. Doch keiner konnte sich der Hysterie entziehen. Weder die Aktionäre noch die Vertreter der Medien. Einen Augenblick lang hatte er mehr als nur ein »Wahnsinnsprodukt« geschaffen. Steve wußte, daß er sie in der Hand hatte. Er hatte eine Kirchengemeinde vor sich.

Am Vorabend hatte er zwar seine Probe verpatzt, aber nun war er ein faszinierender Redner. Jeder war von seinem Vortrag wie gebannt. Es war eine spektakuläre Präsentation. Hinter der Bühne umarmten sich die Apple-Leute vor Freude.

Während das Publikum dröhnend applaudierte, ging Steve von der Bühne. Ich packte ihn mir, und wir umarmten uns. Ich wußte, wie hart Steve für diesen Augenblick gearbeitet hatte, und ich wußte auch, wie wichtig er für ihn war. Ich war begeistert, dazuzugehören.

Mein ganzes Leben lang hatte ich noch nie ein solches Hochgefühl empfunden. Niemals zuvor hatte ich einen Freund besessen, den ich so gut wie Steve kannte.

»Steve, ich bin so stolz auf dich«, sagte ich, »du hast es wirklich geschafft.«

»Es ist wirklich eingetreten«, antwortete er verlegen grinsend. »Die Idee meines Computers ist nun Wirklichkeit geworden.«

Lektion zu Kapitel 6

»Vom Umgang mit der Kreativität«

Gesucht: Impresario, der einen Betrieb mit Zauberkünstlern leitet.

Eine solche Annonce werden Sie wahrscheinlich nicht im »Wall Street Journal« finden. Wenn ich aber mit Steve durch das Macintosh-Gebäude ging, wurde mir immer wieder klar, daß er nicht einer von diesen General Managers war, der dem Besucher eine weitere Gruppe von Angestellten vorstellt. Er und viele andere leitende Angestellte von Apple waren alles andere als Manager; sie waren Impresarios.

Das ist eine hervorragende Metapher für die Tatsache, daß sie zur Kreativität anspornten. Wie der Regisseur einer Operntruppe muß auch der Impresario mit dem kreativen Naturell von Künstlern geschickt umgehen. Gelegentlich muß er Anweisungen erteilen, weil er weiß, daß Kreativität ein Lernprozeß, kein Verwaltungsakt ist. Manchmal muß er schimpfen, weil er weiß, daß Kreativität große Einsatzbereitschaft verlangt. Der Impresario muß in der Tat sowohl hart als auch anerkennend mit seinen Leuten umgehen.

In der Welt der Kunst sorgt er dafür, daß das Bühnenbild und die Inszenierung der Produktion eines Meisterwerks entsprechen. Sein Talent besteht darin, große Ideen mit den Fähigkeiten seiner Künstler zu verschmelzen. Bei Apple stellen wir auch eine Künstlertruppe auf; wir errichten die Infrastruktur für die Bühnenbildner, die Bühnenarbeiter und Nebendarsteller; wir spenden den Leistungen unserer Truppenmitglieder Beifall, die sich häufig zu Stars entwickeln.

Hierin besteht der Unterschied zwischen der Inspiration einer wachsenden Anzahl von »Kopfarbeitern« in unserer Wirtschaft und der simplen Motivierung von Menschen. Faktisch beruhen alle unsere Motivationsmodelle auf der industriellen und postindustriellen körperlichen Arbeit. Menschen dazu zu bringen, über sich selbst hinauszuwachsen, bedeutet zu wissen, wie man Kreativität dirigiert.

In der Fachliteratur findet man so gut wie nichts über diesen Umgang mit der Kreativität. Auch nicht in anderen Büchern. Zum Beispiel schildern alle Geschichten über Harold Ross, den Gründer und Herausgeber des »New Yorker« und einen der hervorragendsten Manager der Kreativität, ausführlich, wieviel er trank, wen er bekämpfte, weshalb er seine Autoren beschimpfte — aber nichts darüber, wie er selbst Durchschnittsmenschen, die ihm unterstanden , dazu brachte, Außergewöhnliches zu leisten. Dasselbe trifft auch auf den größten Impresario aller Zeiten, Sir Rudolph Bing, zu, den langjährigen Generaldirektor der »Metropolitan Opera« in New York. Unbarmherzig forderte er von seinen Künstlern vorzügliche Leistungen, glaubte fest an die Delegierung von Aufgaben, behielt sich aber immer das letzte Wort vor und übernahm die gesamte Verantwortung. »Wenn etwas gut läuft, ist es das Ergebnis von Teamarbeit, läuft etwas schlecht, ist es mein Fehler«, sagte er.

Die traditionelle Lehre vom Management arbeitet unserem Versuch, Kreativität zu begreifen, nur entgegen. Man könnte Management und Kreativität sogar als antithetische Zustände betrachten. Während Management Konsensus, Kontrolle, Sicherheit und den Status quo fordert, gedeiht Kreativität auf ganz anderem Boden: auf Instinkt, Ungewißheit, Freiheit und Bilderstürmerei.

Die traditionelle Aktiengesellschaft ist im hohen Maße systematisiert und quantifizierbar. Der Urtyp des selbständigen Unternehmers dagegen verfällt oft der gegenteiligen Fehleinschätzung. Er ist zu ungebunden und zu bilderstürmerisch, so daß seine Manager, wenn das Unternehmen Erfolge verzeichnet, Probleme haben, die damit einhergehende Expansion zu kontrollieren, ohne gerade die Merkmale aufzugeben, die zum Erfolg führten. Um die kreativen Impulse einer jeden Organisation zu nähren, muß es eine gewisse Harmonie zwischen den beiden Zuständen geben.

Apple Computer fing mit einem offensichtlichen Vorteil an. Die Bürden eines »Second-Wave«-Unternehmens gibt es nicht: keine überholten Anlagen, keine überalterte Arbeitnehmerschaft, keine Gewerkschaften. Viele kamen zu Apple, weil sie gerade in einem andersartigen Unternehmen tätig sein wollten. Daher arbeite ich vorwiegend mit Menschen zusammen, die bereits von der Idee motiviert sind, jedem Individuum die Möglichkeiten des Computers zu erschließen. Die Aufgabe besteht nun darin, sie auf dem höchstmöglichen Niveau von Kreativität, nicht nur von Produktivität, zum Arbeiten zu bringen. Der Unterschied besteht darin, daß die Leute denken und nicht unbedingt schneller arbeiten sollen. Die Schilder mit der Aufschrift »Denke!«, die Tom Watson in den vierziger Jahren überall in den IBM-Büros aufhängen ließ, sind heute wohl kaum noch ausreichend, um Leute zu bewegen, außergewöhnliche Taten zu vollbringen.

Das Macintosh-Team bestand zum Beispiel aus jungen, grundverschiedenen Individuen, die sich alle darauf stürzten, ein Produkt fertigzustellen, das ihrer Meinung nach die Welt verändern würde. Um jeden Künstler oder jede Künstlerin dazu zu bewegen, seine oder ihre Fähigkeiten voll auszuschöpfen, ging Steve sehr weit. Er zögerte nicht, sich über schlechte Leistungen ganz offen in der Gruppe lustig zu machen, konnte sich aber auch als Meister erweisen, bahnbrechende Leistungen mit seinem Team zu feiern. Eine kleine Geste der Anerkennung erreichte viel, sie ließ einen total erschöpften Ingenieur nicht nur durchhalten, sondern auch leidenschaftlich seine Arbeit fortsetzen. Steve sorgte auch für eine inspirierende Arbeitsatmosphäre.

Tatsächlich waren große Kunst und hervorragende Künstler die Erkennungszeichen des Mac-Gebäudes. Seine Räume trugen die Namen von Picasso, Matisse, Rembrandt und anderen schöpferischen Größen. So verwandelte sich ein normales Gebäude in einen Brutkasten der Kreativität, weil all diese Besonderheiten symbolisierten, daß Apple sich auf dramatische Weise von den »Second-Wave«-Unternehmen unterschied.

Bei Apple paßte auch das Management nicht in die übliche Rolle. Steve war klar, daß die Rolle des Managements nicht darin bestand, Kreativität durch Anordnungen und verfahrenstechnische Vorgänge zu ersticken, sondern sie mit Hilfe unüblicher innovativer Methoden und Denkweisen zu fördern.

Weder beim Management noch in der Kunst gibt es todsichere Methoden. Aber es gibt allgemeine Grundsätze, mit deren Hilfe der Impresario arbeiten kann, um ein hohes Niveau an Kreativität innerhalb einer Organisation zu erreichen. Sie tragen dazu bei, die Identität und die Architektur eines Unternehmens zu umreißen. Man bedenke:

— *Je sicherer man die Umstände gestalten kann, desto höher kann man die Ansprüche schrauben.*

Das sagt jedenfalls Tim Gallwy, und er hat recht. Die Impresarios von Apple versuchen, alle hierarchischen Hindernisse zu beseitigen, aber sie sorgen auch dafür, daß Ressourcen zur Verfügung stehen, wenn sie benötigt werden. Der Impresario sorgt für die Sicherheit, die es den Künstlern gestattet, ihre Arbeit zu verrichten, ohne sich um Produktionsvorgänge zu kümmern. Wir wollen nicht, daß die Leute davor Angst haben, eine falsche Note anzuschlagen, wenn sie versuchen, ein extrem schweres Musikstück zu spielen. Aber das Stück muß schwierig sein. Wenn man das Risiko vermindert, ohne das Leistungsniveau anzuheben, erhält man nur Arroganz und Selbstzufriedenheit.

— *Setzen Sie den Leuten keine Ziele, geben Sie ihnen nur die Richtung an!*
Wir wollen die Menschen dazu führen, Ideen zu entwickeln, von denen

sie noch nicht einmal geträumt haben. Im Gegensatz zu den meisten Unternehmen versuchen wir nicht so sehr, unsere Identität zu definieren; wir versuchen, sie erkennbar zu machen, aber nicht allzu konkret zu umreißen. Deshalb reden wir endlos – und aphoristisch – über das, was wir tun: »Wir bauen Menschen und nicht Computer« oder: »Die beste Methode, die Zukunft vorauszusagen, besteht darin, sie zu erfinden.« Ich weiß, daß die meisten Kultur-Gurus wollen, daß Unternehmen ständig an ihre Unternehmenskultur denken. Wir aber definieren unsere Identität als das Unternehmen, das »hervorragende Personalcomputer baut«, während uns im gleichen Atemzug eine Festlegung unserer Vision auf präzise festgelegte Ziele widerstrebt, weil wir mit Eden Phillpott glauben, daß »das Universum voller Zauberdinge ist, die darauf warten, daß unser Denkvermögen schärfer wird«. Kreative Menschen wollen genau die Maßstäbe eines Unternehmens kennen, das ist ihnen wichtiger, als genau zu wissen, was sie dort zu tun haben.

Wir pflegen uns gerne daran zu erinnern, daß unsere Produkte das Leben des Konsumenten verändern; wenn immer das eintritt, können wir wirklich stolz sein. Deshalb sagen wir auch gern: »Wir unterstützen die Menschen in ihrem Entwicklungsprozeß«, was sich sowohl auf uns selbst, als auch auf die Konsumenten bezieht. Der Impresario muß dafür sorgen, daß solche Ziele und ihre Nuancen vollkommen begriffen werden.

– *Ermutigen Sie kontroverses Denken!*

Auch wenn der Impresario für Disziplin sorgen muß, ist dennoch immer ein gewisses Maß von Meinungsverschiedenheiten notwendig. Es sollte einen Spannungsbereich zwischen Disziplin und Anarchie geben. Ich würde mir Sorgen machen, wenn innerhalb der Organisation nicht immer ein bißchen Anarchie herrschte. Sie wirkt wie Arsen: Ein wenig ist heilsam, zuviel kann tödlich sein. Man wünscht sich ein heilsames Maß an Anarchie innerhalb des Unternehmens, damit die Leute sich frei genug fühlen, ihre Meinung ohne Angst vor den Folgen zu äußern.

Als Impresario ermutige ich kontroverse Ansichten. Wir möchten die Leute dazu befähigen, mehr zu sehen, als sie es normalerweise tun würden. Wie schon der Psychologe Jerome Bruner sagte, sind gegensätzliche Standpunkte weit besser als kategorisch gefällte Urteile. Dennoch verehren viele Topmanager heute in übertriebener Weise schnelle Entschlüsse. Ich finde den Entscheidungsfindungsprozeß weitaus wertvoller als die eigentliche Entscheidung. Es ist wichtig, zwischen unterschiedlichen Standpunkten eine Spannung aufrechtzuerhalten, um das Beste aus den Leuten herauszuholen. Meinungsverschiedenheiten provozieren Diskussionen und spornen die anderen an, scharfsinnigere Beobachtungen anzustellen. Und sie beeinflussen letzten Endes auf günstige Weise die Entscheidungsfindung.

— *Errichten Sie eine Arbeitsatmosphäre, die nicht nur die Hoffnungen der Menschen, sondern auch ihre Sensibilität steigert.*

Kreativität kann man nicht kaufen. Man muß sie wecken. Kreative Menschen brauchen die Hilfsmittel und die Umgebung, die ihrem Erfolg förderlich sind. Vor allem brauchen sie eine Atmosphäre, in der Spaß und unkonventionelles Denken gedeihen. Die Arbeitssituation muß informell und entspannt sein; man muß die Symbole des Managements entfernen, die in den herkömmlichen Firmen in der Uniform des Geschäftsanzuges, in abgeschlossenen Büros, in übermäßig vielen Titeln und Sonderleistungen für die leitenden Angestellten bestehen. Wir versuchen, all diese Symbole zu beseitigen und eine Umgebung zu schaffen, die dem Gleichheitsgedanken entspricht, weil wir glauben, daß es zwischen dem Beitrag eines einzigen Musikers und dem eines Dirigenten keinen Unterschied gibt. Aber wir gehen noch weiter.

Kreativität zu managen hat nichts mit Leuten zu tun, die um einen Konferenztisch sitzen und ein »Brainstorming« veranstalten. Diese Atmosphäre wäre viel zu steif. Wir leisten nur selten etwas Bedeutendes in unseren »Amtsstuben« – dort, wo wir uns gezwungen fühlen, rational und starr zu denken. Wenn sich das Bewußtsein mit Entspannung beschäftigt, kann das Unterbewußtsein – der Sitz der Kreativität – unbeengt funktionieren.

Auf manchen Stockwerken bei Apple gibt es einen rot gestrichenen Popcorn-Karren, so daß jedermann sogar riechen kann, wie andersartig wir sind. Es ist ein weiteres Symbol, das uns daran erinnert, daß Apple kein herkömmliches Unternehmen ist und man deshalb auch nicht in herkömmliche Denkweisen verfallen darf. Und am Ende einer jeden Arbeitswoche, am Freitag, lädt die Firma in jedem Gebäude zu Freibier ein. Das geschieht nicht, weil sich die Angestellten aufs Biertrinken verlegt haben; es ist ein wöchentlicher Treffpunkt, bei dem die Leute informell ihre Entdeckungen austauschen können, eine Methode, mit deren Hilfe ein großes Unternehmen kleiner und handlicher werden kann.

Fast jedes Gebäude steht unter einem Thema, so daß Versammlungs- und Konferenzräume nicht mit kalten, unpersönlichen Nummern gekennzeichnet werden müssen. Statt dessen werden sie von den Angestellten getauft, die sich das Thema für ihr Gebäude ausdenken. In unserem Gebäude, dem »Land of Oz«, heißen die Konferenzräume »Dorothy« und »Toto«. Unsere MIS-Gruppe hat Versammlungsräume, die Namen wie »Gier«, »Neid«, »Trägheit«, »Wollust« und der übrigen

Todsünden tragen. Es ist kein Zufall, daß viele Themen Symbole der Kindheit sind. Der Dichter William Blake war der Auffassung, daß die Menschen, wenn sie erwachsen werden, sich vom Zustand der Unschuld zu dem der Erkenntnis entwickeln und dann, wenn sie Glück haben, zu dem »höherer Unschuld« – dem kreativsten Zustand überhaupt.

– *Bauen Sie Gefühle in das System ein!*

Abwehrhaltungen sind ein tödliches Gift für jede von Leidenschaft erfüllte kreative Arbeit. Wir verringern mit verschiedenen Methoden diese Abwehrmechanismen. Der eine Weg besteht darin, über Probleme anders zu denken – zum Beispiel, ihnen keine negative Bedeutung zuzumessen. Wir ziehen in Erwägung, den Leuten Medaillen allein für das Suchen und nicht nur für das Lösen von Problemen zu verleihen. Unsere Welt ändert sich so rasch, daß immer neue Probleme auftauchen. Die Leute, die sie entdecken, besitzen enorm kreative Wahrnehmungsfähigkeiten.

Wir wenden innere Abwehrhaltungen auch mit Hilfe unseres weitgefächerten und alle einbeziehenden Belohnungssystems ab, zu dem Bargeld- und Aktienprämien, individuell zugeschnittene Forschungsbudgets, Sonderurlaube, sogar vollkommen kostenlose Skireisen gehören. Tausende von Dollars gelangen als Sonderprämien unabhängig von der Einkommenshöhe in die Hände der Mitarbeiter. So wichtig diese Anreize als Ansporn für die Mitarbeiter sind, ihre Kreativität voll auszuschöpfen, spielen sie jedoch oft gegenüber der öffentlichen Belobigung der Leistung eines Apple-Mitarbeiters nur eine untergeordnete Rolle. Das kann von einfachen Dankesworten an alle Mitwirkenden in der Rubrik »Ehrungen« zu Beginn eines Geschäftsberichts bis zur Verleihung des »Hero Award« reichen, Apples Gegenstück zur staatlichen »Medal of Honor«. Beim »Hero Award« handelt es sich um eine große Medaille aus massivem Messing mit einem breiten Ordensband in den Regenbogenfarben von Apple.

– *Stellen Sie Verantwortlichkeit über Pflichten!*

Wir verlangen von kreativen Menschen keine herkömmliche Beachtung von Pflichten, wie zum Beispiel jeden Tag von acht bis fünf Uhr im Büro zu sein; wir überprüfen sie auch nicht auf Fleiß oder Pünktlichkeit. Statt dessen werden sie für die Resultate ihrer Arbeit verantwortlich gemacht. Den Leuten wird die Möglichkeit eingeräumt, viel zu Hause zu arbeiten. Tatsächlich halten sich einige nur ein oder zwei Tage pro Woche im Büro auf. Bei uns ist es wie in einer Universität, die ihren Studenten die Freiheit einräumt, sich die Zeit selbst einzuteilen, und dennoch arbeiten die Menschen unglaublich hart.

Der Impresario muß ein klares Verständnis darüber besitzen, was wir alle hier zu tun haben. Seine Künstler brauchen sowohl Freiheit als auch Disziplin, damit ihre kreativen Ideen uns auf unglaubliche Entdeckungs- reisen führen. Wir werden es vielleicht eines Tages erleben, daß immer mehr Firmen nicht nach Managern und Angestellten suchen, sondern nach Impresarios und Zauberkünstlern.

Kapitel 7

»Das dynamische Duo«

›1984 wird nicht 1984 sein‹ wurde mehr als nur ein Werbeslogan zur Einführung des Macintosh. Für Steve und mich wurde dieser Slogan eine stehende Redensart für das, was sich als Traumjahr zu entpuppen begann. Alles schien wie am Schnürchen zu laufen. Es war ein Jahr der Hochstimmung.

In den ersten Stunden nach dem Stapellauf verkauften wir für 7,5 Millionen Dollar Macintosh-Computer, zusätzlich zu den Aufträgen über 53 Millionen Dollar von den Universitäten, die uns für die nächsten zwei Jahre sicher waren. Lange Schlangen von Kaufinteressenten bildeten sich vor den Computerläden, weil die Leute alle ganz begierig darauf waren, auf der Tastatur des Computers zu spielen. Selbst Apple-Mitarbeiter eilten dorthin, weil sie es spannend fanden, wenn der Händler Vorführgeräte des Produkts aufbaute, an dem sie jahrelang gearbeitet hatten.

Man überschlug sich fast vor Begeisterung. Händler, Software-Hersteller und die Medien stimmten mit uns überein, daß der Macintosh in technologischer Hinsicht einen Durchbruch darstelle. Laien priesen die graphische Leistungsfähigkeit des Computers, die, wie sie sagten, ohnegleichen in der Industrie sei. Einige bezeichneten ihn als das Gerät mit der besten Preis-Leistungs-Relation. Andere wiederum hielten ihn für den ersten wirklich benutzerfreundlichen Computer. Und wenn überhaupt, dann erwarteten nur einige wenige Wirtschaftsfachleute vom Macintosh, daß er alles andere als ein überragender Erfolg werden würde.

In Hochstimmung verfolgte ich, daß wir den 50 000. Macintosh nicht in den ersten hundert Tagen, wie erwartet, verkauften, sondern schon am 74. Tag. Das war ein beispielloser Start. Als faktisch noch niemand gewußt hatte, was ein Personalcomputer war, hatte es zweieinhalb Jahre gedauert, 50 000 Apple II zu verkaufen. Als dann eines der größten Unternehmen der Welt auf dem Markt erschien, benötigte es immerhin noch siebeneinhalb Monate, um 50 000 IBM PCs zu verkaufen.

Steve und ich waren der Überzeugung, im Besitz der Zauberformel zu sein, einer Kombination von revolutionärer Technologie und Marketing, um seine Vision in puncto Personalcomputer erfüllen zu können. »Als Fahrrad des Geistes« sollte der Computer ein intelligentes Werkzeug sein, das die Arbeit, das Denkvermögen und das Leben der Menschen verbesserte. Das war eine aufrührerische, sogar umstürzlerische Vorstellung: Mitte der siebziger Jahre – gerade mal zehn Jahre her – konnten sich erst wenige Menschen einen Computer leisten.

Der persönliche Computer revolutionierte alle Vorstellungen von einem Computer. Anfang der fünfziger Jahre, in der Eiszeit des Computers, bot der UNIVAC den Institutionen weniger Speicherkapazität als ein Macintosh Plus (annähernd 1500 Bytes gegenüber einer Million Bytes). Dennoch war er etwa 4,60 Meter lang, 2,30 Meter breit, 2,75 Meter hoch, wog rund fünf Tonnen und hieß allgemein »das Riesenhirn«. Der Macintosh wiegt etwas mehr als siebeneinhalb Kilogramm.

Angesichts des amerikanischen Wirtschaftswachstums in den fünfziger und sechziger Jahren benötigte die amerikanische Industrie Methoden, Daten zusammenzufassen, vor allem Finanzdaten. Der explosionsartige Einsatz von solchen Großrechnern wie dem UNIVAC machte aus »zeitaufwendiger Verarbeitung« wie Gehälterabrechnung einen Meilenstein der Produktivität. Der Computer nahm aber auch eine bedrohliche und gottähnliche Gestalt an: er wurde weggeschlossen – ein vollkommen isoliertes Werkzeug, das in einem großen Raum mit Klimaanlage und Warenhausfenstern stand, bedient von Männern in weißen Kitteln, die Magnetplatten auf Rollwagen hin und her schoben. IBMs riesige blaue Geräte kamen auf den Markt, und sie dominierten ihn schließlich. IBM wurde die größte Firma der Welt, die hauptsächlich davon lebte, große Institutionen zu beliefern.

In dem Maße, in dem die Technologie leistungsfähiger und billiger wurde, konnten sich auch kleinere Firmen Computer zulegen. Doch erst 1964, als IBM seinen System/360 einführte, die erste Generation kompatibler Computer, wurde das Computerwesen revolutioniert. Diese Neuentwicklung basierte auf einer neuen Bauweise, die aus einem größeren Speicher, größerer Speicherkapazität und größerer Übertragungsgeschwindigkeit, die in den späten sechziger und siebziger Jahren entstand, Vorteile zog. Plötzlich war der Umgang mit Computern salonfähig geworden, und große blaue Kästen mit rotierenden Magnetplatten in Hochsicherheitsräumen wurden für amerikanische Unternehmen ebenso wichtige Statussymbole wie Firmenjets. Aber der System/360 änderte auch den Wettbewerb. Indem IBM ihn auf den Markt brachte, machte das Unternehmen sowohl seine eigenen Computer als auch viele seiner Mitwettbewerber überflüssig, was es ihm erlaubte, sich von Sperry

Univac, Control Data Corporation, Burroughs und weiteren Karten-* und Rechnerherstellern abzusetzen. Auch General Electric und RCA gaben schließlich ihre Computerherstellung auf.

IBM ließ sich jedoch Anfang der siebziger Jahre überrumpeln, als Digital Equipment Corporation (DEC), eine Firma von Ingenieuren, die Laborinstrumente herstellte, den ersten Minicomputer auf den Markt brachte. Das waren kleinere, weniger teure Versionen von Rechnern, deren Verarbeitungskosten so niedrig waren, daß sie als besonders anwenderfreundlich galten. Im Jahre 1972 erzielte DEC einen Umsatz von 100 Millionen Dollar. Heute beläuft er sich auf rund 10 Milliarden Dollar. Das Epizentrum hatte sich nämlich allmählich vom alleinstehenden Computer auf »distributive Verarbeitung« verlagert, das heißt, daß die Computer zu einem Netzwerk verknüpft werden mußten.

Der Zusammenschluß von Computern wurde so wichtig, weil die Benutzer eine Methode brauchten, all ihre Computer zu verknüpfen, um Informationen austauschen zu können. Keiner der Computer von IBM konnte mit einem anderen kommunizieren. Aber die Computer von DEC konnten es.

Seit über zwei Jahrzehnten hatten sich die Hersteller von Computern auf Institutionen und nicht auf Individuen konzentriert. Steves Vision, die Macht eines Computers, die sich bis dahin nur große Aktiengesellschaften und Regierungsbehörden leisten konnten, den Individuen zur Verfügung zu stellen, versetzte Apple Computer in die Lage, eine Revolution zu entfachen. Diese auf das Individuum bezogene Einstellung machte Apple so einzigartig.

Zeitlich gesehen erwies sich Apples Vorstoß als richtig. Die verminderte Wachstumsrate in den späten siebziger Jahren und die Rezession zu Beginn der achtziger Jahre zwangen die amerikanischen Firmen, sich kritisch mit ihren großen, aufgeblasenen Verwaltungsstäben zu befassen, die kaum mehr taten, als Papierstapel hin und her zu schieben. Personalcomputer unterstützten die Unternehmen bei der Verkleinerung der Stäbe, weil sie sehr viele Verwaltungsaufgaben übernehmen konnten.

Bis zu diesem Zeitpunkt waren IBMs Vorstellungen von einem Computer eigentlich von der eigenen Großrechner-Vergangenheit bestimmt. Der PC stellte eine vollkommene Abweichung von dem dar, was die Firma in der Vergangenheit gemacht hatte. IBM kümmerte es nicht, daß ihren Geräten die graphische Leistungsfähigkeit oder Anwenderfreundlichkeit fehlte. Das Unternehmen warf 1981 einen Personalcomputer auf den Markt, weil es nicht wieder, wie bei den Minicomputern, eine neue,

* (So werden Platinen genannt – Der Übers.)

197

wichtige Chance verpassen wollte. In der Eile erkannte man aber nicht, wie sehr die persönlichen Computer die Welt verändern würden. Aber nicht nur IBM, sondern auch viele andere Hersteller, wie zum Beispiel AT&T, die ebenfalls Personalcomputer auf den Markt brachten, schätzten den Stellenwert falsch ein.

»IBM kapiert nichts«, sagte Steve wiederholt. »Ihnen sind die Menschen egal. Sie verkaufen Personalcomputer als Datenverarbeitungsmaschinen und nicht als Werkzeuge des menschlichen Geistes.«

Aber IBM hatte sich bereits in den Unternehmen verschanzt, was bedeutete, daß es für Apple keine Nische auf dem Markt gab. Apple mußte sich aufs offenen Meer hinauswagen und seine ureigene Sache aufziehen.

Es war natürlich der Apple II, der 1977 den Wandel einleitete. Nun, Anfang 1984, hatte Apple mehr als 1,5 Millionen von diesem Computer verkauft. Er war von entscheidender Bedeutung für die Firma. Einige Fachleute hatten allerdings bereits warnend darauf hingewiesen, daß der sieben Jahre alte Computer langsam überholt sei.

*

Sieben Jahre sind in der Mikrocomputerindustrie so viel wie zwei Lebenszeiten. Wenn der Apple II auch mehr als nur die Jahre überstanden hatte – unsere Preissenkungsstrategie während der Weihnachtssaison hatte sogar zu einem Lieferengpaß geführt, obwohl er zum erstenmal mit dem IBM PC jr. konkurrieren mußte –, war es nun an der Zeit, eine neue Version herauszubringen.

Am 24. April mieteten wir das »Moscone Center« in San Francisco und enthüllten den Apple IIc, eine tragbare Version unseres erfolgreichsten Computers im Aktentaschenformat. Er war glatt und glänzend – das gelungene Resultat einer Zusammenarbeit unserer Designer mit dem preisgekrönten deutschen Designer Hartmut Estlinger – und sollte nur 1295 Dollar kosten, also nur die Hälfte des Macintosh.

Weil wir die geringen Abmessungen des Computers besonders herausstellen wollten, waren rund 1000 Apple IIc's unter den Sitzplätzen der Zuschauer versteckt worden. In dem Augenblick, in dem ich das Produkt auf der Bühne enthüllte, zogen Mitarbeiter der Apple-II-Abteilung, die überall im Saal verteilt waren, diese Computer unter den Sitzen hervor und hielten sie hoch. Der Saal war ein Meer von schimmernden Apple IIc's. Dann überreichten sie den Händlern rechts und links von sich die neuen, etwas über drei Kilo wiegenden Computer. Als Herbie Hancock seine letzten jazzigen Noten in die Nacht schickte, hatten wir mehr als 50000 Aufträge für den Apple IIc in unseren Büchern.

Der Tag besiegelte einen zweifachen Pakt, den Steve und ich geschlossen hatten. Es handelte sich um eine hyperehrgeizige Angelegenheit. »Apple II auf ewig«, das Motto unserer Präsentation im »Moscone Center«, verkündete unsere Entschlossenheit, in erster Linie ein Konsumgüter-Marketingunternehmen zu werden. Das war der erste Teil des Pakts.

Consumer-Marketing verlangt mutige, große Investitionen – man wirft nicht einfach Geld auf den Markt, sondern investiert Kapital, um Kapital zu schaffen. Wir gaben 15 Millionen Dollar für die Einführung des Macintosh aus, eine Summe, die die größte Marketing-Anstrengung in der Geschichte des Unternehmens darstellte. In diesem Betrag eingeschlossen waren 10 Millionen Werbebeilagen in Wirtschafts- und Verbrauchermagazinen und zwei abendliche Werbespots während der Olympiade. Fast ein Jahr lang waren wir nicht im Fernsehen gewesen; nun waren wir wieder im großen Umfang zu sehen.

Die Präsentation des Apple IIc war eine Zwei-Millionen-Dollar-Party, die den Einsatz im Computer-Wettlauf noch erhöhte. Wir signalisierten damit unsere Bereitschaft, die größte Werbekampagne in der Geschichte des Unternehmens zu starten. Wenn wir jährlich nur zu einem weiteren Prozent der Haushalte vordringen könnten, würde das fast eine Million weitere Verkäufe aus der Apple-II-Familie zur Folge haben. Im Mai, Juni und Juli warben wir mehr als Pepsi oder Coke in Zeitschriften und Fernsehsendungen für den Apple IIc. Wir ließen achtseitige Anzeigen in »Time«, »Newsweek«, »People«, »Sports Illustrated«, »Money« und »Omni« abdrucken. Außerdem gab es eine große Rundfunkkampagne in 42 Städten, die noch von lokalen Zeitungsanzeigen unterstützt wurde. Innerhalb von zehn Wochen nach der Einführung des IIc sollten rund 34 Millionen Menschen allein durch unsere Fernsehspots zwanzigmal erreicht worden sein. Ich wollte Apple nicht nur zu einem großen Produkthersteller machen, sondern auch zu einem großen Marketing-Unternehmen.

Einer der Hauptunterschiede zwischen Computern und Soft Drinks besteht darin, daß das Geschäft mit Soft Drinks eine große Industrie ist, wo die Hauptkonkurrenten um Bruchteile von Marktanteilen kämpfen. Bei den Personalcomputern dagegen war das Wachstum so phänomenal, daß schnelle Marktanteilgewinne keineswegs so wichtig waren wie die Sorge um die richtige Positionierung in Bereichen, die auf lange Sicht wichtig werden könnten. Das Produkt und das Unternehmen richtig zu plazieren, war entscheidend. Die Menschen mußten wissen, daß Apple für Innovationen stand, daß es der Spitzenreiter in der Technologie war. Auf dieser Grundlage konnten wir uns von IBM absetzen, das vor allem durch seine Größe und seinen Kundendienst bekannt war.

Wir scheuten uns nicht, unsere eigene Version von der »Pepsi-Herausforderungs«-Kampagne durch den Äther zu schicken – kontinuierlich übermittelten wir den Verbrauchern die Botschaft, daß es sich um ein Kopf-an-Kopf-Rennen zweier Pferde handelte. Unter unseren neuen Apple-IIc-Werbespots befand sich auch ein Film, in dem ein Charlie-Chaplin-Spazierstock einen IBM PC jr. ganz fröhlich aus dem Bild schiebt, um herauszustellen, daß der Apple IIc der bessere Computer sei. Die Zuschauer stimmten uns zu: Viele verglichen bereits IBMs Angebot mit Fords verhängnisvollem »Edsel« in den fünfziger Jahren, einem Produkt, das ein Synonym für Mißerfolg wurde.

Die genialste Werbung war ein vergleichender Spot, der einen IBM PC zeigte. Der Text lautete: »Dies ist ein hochraffinierter Bürocomputer, und um ihn zu benutzen, muß man nur das hier lernen.« Daraufhin purzelten mehrere riesige Bedienungshandbücher laut krachend von oben auf den Tisch, so daß der Computer wackelte. Dann hieß es: »Dies ist ein Macintosh von Apple, ebenfalls ein hochraffinierter Bürocomputer, und um ihn zu benutzen, muß man nur das hier lernen«, woraufhin nur ein einziges schmales Bedienungshandbuch herunterschwebte und sanft auf dem Tisch landete. »Nun können Sie entscheiden, welcher raffinierter ist.«

Eine vorherrschende Auffassung des Consumer-Marketing besagt, daß es besser ist, erst einmal Marktanteile zu besitzen und dann zu überlegen, wie man Geld macht. Diese Strategie hat jedoch nicht immer funktioniert. Die Firmen, die losstürmten, um ihren Marktanteil bei Digitaluhren und Taschenrechnern auszubauen, mußten schmerzliche Erfahrungen machen. Die Strategie kann auch Nachteile haben, vor allem für kleine Computerhersteller. Wir wollten uns auf den Bereich des Geschäfts konzentrieren, wo es einen echten Unterschied gab und wo Personalcomputer nicht lediglich Spielzeuge, sondern Werkzeuge waren, die den Benutzern Macht verliehen. Deshalb plazierten wir den IIc als Computer für den »ernsthaften Benutzer«.

Die Getränkeindustrie hatte bereits den Markt saturiert. Aber nur sieben Prozent der US-Bevölkerung benutzten damals überhaupt Computer, und Personalcomputer standen nur in drei Prozent der amerikanischen Haushalte. Und diese Zahl schloß sogar schon die verhältnismäßig wenig entwickelten Systeme von Atari, Commodore und Coleco ein. Um breitere Verbraucherkreise zu erreichen, war es unumgänglich, den Computer zu entmystifizieren, ihn so leicht bedienbar zu machen wie das Telefon oder den Fernseher. Die Eroberung eines größeren Marktes hing weniger von Produktkriegen und Preissenkungen zur Gewinnung von Marktanteilen ab, sondern davon, die Amerikaner zu überzeugen, daß der Computer ein nützliches Gerät ist.

Damit Pepsi Erfolg hatte, war es nicht notwendig, daß Coke zugrunde ging. Damit Apple Erfolg hat, ist es nicht notwendig, daß IBM zugrunde geht. Tatsächlich war IBMs Einzug auf dem Personalcomputermarkt gut für Apple, denn damit kam es zu einer Existenzrechtfertigung des Personalcomputers durch die größte Computerfirma der Welt, und es wurde bewiesen, daß ein Markt vorhanden war. Apple ließ 1981, als IBM auf den Markt kam, sogar ganzseitige Werbeanzeigen drucken, in denen es hieß: »Willkommen, IBM, im Ernst!«

Ein uninteressantes Produkt kann auch das beste Marketing nicht verkaufen. Wenn das Produkt nicht gut ist, will niemand dafür Software entwickeln. Apple hatte Marketing immer eher als Kostenfaktor denn als Geldanlage betrachtet: Es war aber wichtig, einen Markennamen durchzusetzen, der einen Spitzenpreis verlangen konnte − wie wir es auch bei Pepsi getan hatten. Es gab sogar noch mehr Ähnlichkeiten. Apple verkaufte seine Computer über selbständige Händler, genau wie Pepsi seine Getränke über selbständige Unternehmer mit eigenen Abfüllanlagen verkaufte. Der große Aufschwung bei den Soft Drinks kam mit innovativen Marketingprogrammen und mit den in sie gesteckten Geldmitteln. Ich wollte das Consumer-Marketing zu einer der wichtigsten Triebkräfte des Erfolgs auch bei Personalcomputern machen.

Der zweite Teil des Pakts zwischen Steve und mir sollte erst später besiegelt werden. Es würde uns entweder von unseren Wettbewerbern befreien oder uns gemeinsam im freien Fall vom Gipfel zwingen. Ich wollte Apple groß genug machen, damit das Unternehmen es sich leisten könnte, sich seiner eigenen Technologie zu widmen. Ich wollte eine kritische Masse erreichen, das hieß in diesem Fall, ausreichende Mittel für die Forschung und die Entwicklung neuer Produkte zu besitzen. Es bedeutete auch, sich weitreichende Marketingprogramme leisten zu können. Es bedeutete weiterhin eine automatisierte Herstellung, um die Kosten zu senken und die Qualität zu verbessern. Ich war überzeugt, − wenn wir nur energisch genug vorgingen −, daß es dann keinen Raum mehr für eine Personalcomputerfirma mit weniger als einer Milliarde Dollar Einnahmen geben würde.

Ich sprach mit Steve bei der erstmöglichen Gelegenheit darüber. Der Plan würde uns alle einer doppelt so harten Belastung aussetzen, wie sie das Mac-Team nur wenige Monate zuvor durchgemacht hatte. Aber ich war mir unseres Sieges gewiß. Wir hatten ja bislang mit jeder Maßnahme Erfolg gehabt.

*

Am 3. Mai gab es ein privates Fest – nur wenige Firmenmitglieder und gar keine Außenstehenden waren eingeladen worden –, das in vieler Hinsicht ein ebenso wichtiger Wendepunkt in meinem Leben wie die Einführung des Macintosh oder des Apple IIc wurde. Nanette teilte mir mit, daß Steve mich zum Abendessen im »Le Mouton Noir« in Saratoga, ungefähr sechs oder sieben Kilometer von Cupertino entfernt, zu sehen wünsche. Ich war überrascht. Es erschien mir irgendwie ungewöhnlich, und ich hatte auch keine Ahnung, was er mit mir besprechen wollte.

Als ich ankam, sah ich in dem Restaurant nur bekannte und lächelnde Gesichter, alle Mitglieder des Verwaltungsrates und der Geschäftsleitung mit ihren Frauen waren anwesend. Leezy war auch da. Selbst Peter Crisp von Venrock Associates war quer durch das Land gereist, um an diesem Abend teilzunehmen. Alle drängten sich um mich, schüttelten mir die Hand und beglückwünschten mich zu meinem einjährigen Jubiläum bei Apple. Ein freudestrahlender Steve stand im Hintergrund.

Nach dem Begrüßungsschluck ließen wir uns zu einem hervorragenden Essen nieder. Dann stand Steve auf und hielt eine Rede.

»Jeder hier weiß, daß ich Apple mehr als alles andere in meinem Leben liebe«, sagte er. »Und die schönsten zwei Tage waren für mich der Tag, als der Macintosh ausgeliefert wurde, und der Tag, an dem sich John Sculley bereit erklärte, zu Apple zu kommen. Dieses Jahr war das tollste Jahr meines ganzen Lebens, weil ich soviel von John gelernt habe.«

Dann enthüllte er einen großen Kasten aus Acryl. In ihm befanden sich, chronologisch geordnet, Erinnerungsstücke von jenem Tag an, an dem PepsiCo meinen Weggang angekündigt hatte, einschließlich einer Miniaturausgabe von Kendalls internem Memo, das meine Kündigung bekanntgab, bis hin zu der gegenwärtigen Flut von Presseberichten über den Macintosh und den Apple IIc. Er erklärte, er habe den Kasten zur Erinnerung an die Dinge, die wir zusammen im vergangenen Jahr geleistet hätten, anfertigen lassen. Ich war zutiefst gerührt und bedankte mich.

»Ich habe in meinem Leben viele Entscheidungen getroffen«, fuhr ich fort. »Aber niemals eine, die mein Leben mehr veränderte, niemals eine, bei der ich mich wohler fühlte als bei der Entscheidung, zu Apple zu gehen. Es ist nicht nur die Arbeit für ein Unternehmen; es ist die Chance, mit Leuten zusammenzuarbeiten, die die Geschichte mitgestalten.«

Ich erzählte, auf welche Weise Steve und ich unsere Partner- und Freundschaft aufgebaut hatten, und drückte die Hoffnung aus, daß Apple von uns beiden profitiere. Es sei eine einzigartige Methode, eine Firma zu leiten. Keiner von uns beiden lege Wert auf Titel. Wir teilten die Leidenschaft, Apple zu einem phänomenal großen Unternehmen zu machen.

»Apple hat nur einen Chef, Steve und mich.«

Ich sah mich im Raum um und erblickte Steve, der strahlte. Wir waren uns geistig ganz nah. Auch der Verwaltungsrat war begeistert, weil er es irgendwie geschafft hatte, einen Außenseiter hereinzuholen, der trotz aller Unterschiede mit diesem frühreifen, quecksilbrigen Gründer zusammenarbeiten konnte.

Damals wußte ich noch nicht, daß wir an einem Wendepunkt standen. Zunehmend teilte ich mir mit Steve die Macht, die Firma zu lenken. Obwohl Steve die Firma gegründet hatte, hatte er zuvor nie die betriebliche Machtbefugnis besessen, die Firma zu führen. Anfangs hatte Markkula alle Autorität besessen, und er hatte sie auch wieder übernommen, als Mike Scott gegangen war. Und danach war ich gekommen.

Meine geringen Erfahrungen in der Computerindustrie waren der Grund gewesen, daß ich mich zu Beginn in vielen technischen Fragen Steves Ansichten gebeugt hatte. Tatsächlich besprachen Steve und ich die meisten Kernfragen und trafen die Entscheidungen gemeinsam. Wir leiteten eine Firma, in der die Entscheidungen mehr und mehr einsam an der Spitze gefällt wurden, und die Leute störten sich allmählich daran. Sie wünschten eine größere Beteiligung am Entscheidungsprozeß. Wir beide entschieden alle wichtigen Fragen und delegierten nicht genug an die Menschen in der Organisation.

Das alles führte dazu, daß Steve in eine Machtposition gehoben wurde, die er niemals zuvor besessen hatte. In dem Maße, wie sich die Macintosh-Gruppe von einem kleinen Produktentwicklungsteam zu einer vollkommen flügge gewordenen Abteilung auswuchs, nahm auch seine Macht zu. Ich beförderte ihn vom Vizepräsidenten zum geschäftsführenden Vizepräsidenten, als wir die Lisa-Abteilung kurz nach der Einführung des Mac mit Macintosh verschmolzen.

Erst im Oktober 1984 begriff ich, daß ich vielleicht einen Fehler begangen hatte. Unser Erfolg hatte uns als Team und Firma nicht nur großes Selbstvertrauen gebracht, er hatte Steve auch als Manager mächtiger gemacht. Mit meiner Billigung fing er an, sich viel hartnäckiger überall Gehör zu verschaffen − nicht nur in der Macintosh-Abteilung oder bei neuen Technologien. Er dominierte allmählich viele Gespräche und Diskussionen innerhalb der Geschäftsführung. Der sichtbarste Beweis seiner neuen Rolle in der Firma kam während einer unserer Planungssitzungen im Oktober zum Vorschein.

Das waren Routinesitzungen, bei denen Manager der mittleren Ebene und Mitglieder der Geschäftsführung Vorschläge für das kommende Jahresbudget machten. Steve schlug einen »buchhalterischen Kostentransfer« zwischen Apples verschiedenen Divisionen vor. Die zentrale Verkaufsorganisation sollte sich danach zum Beispiel um das Geschäft der Apple-II- oder Macintosh-Gruppen bemühen. Steve war der Meinung, daß dies jeder Gruppe den Anreiz verschaffe, ihre eigenen Profite zu kontrollieren. Statt nur eine von vielen Abteilungen eines großen Unternehmens zu sein, könne jede Division das Gefühl bekommen, eine eigene kleine Firma zu sein.

Steve verteidigte wortgewaltig seinen Vorschlag und versuchte, ihn in der Geschäftsführung durchzusetzen. Aber niemand wollte ihm diesen Gedanken so richtig abkaufen. Mit Blicken signalisierte man mir, ich möge ihn in Schach halten, ihn zum Sitzen und Schweigen auffordern. Aber ich tat es nicht.

Als ich später den Raum verließ, hörte ich, wie jemand flüsterte: »Warum hat Sculley ihm bloß nicht das Wort verboten?«

Das fragte ich mich langsam auch in einer Gemütsverfassung, die von nüchternen Selbstzweifeln geprägt war. Ich hatte Steve auf einen leitenden Posten gehoben, als er das gar nicht wollte, und nun hatte er sich plötzlich entschlossen, Steve Jobs, der Manager, sein zu wollen, nicht nur Steve Jobs, der Produkt-Visionär. Zum erstenmal kam mir insgeheim der Verdacht, daß Steve versuchte, die Management-Entscheidungen zu treffen, und daß ich nicht so mächtig war, wie ich es sein sollte. Ich hatte das Gefühl, die Kontrolle zu verlieren. Aber die Dinge liefen so gut, daß es nicht viel auszumachen schien. Und überdies war ich zu Apple gegangen, um Steve zu helfen, ein Manager zu werden. Aber zunehmend reizte es Steve zu demonstrieren, daß er nicht nur ein brillanter Produkterfinder, sondern auch ein Manager war.

Trotz des immensen Erfolgs, den wir zu verzeichnen hatten, sollte sich im nachhinein unsere Teamarbeit als Fehler herausstellen. Sie machte die anderen Vizepräsidenten relativ machtlos, wenn Entscheidungen über Finanzen anstanden, und verschärfte die Spannungen zwischen der Apple-II- und der Macintosh-Gruppe. Aber im ersten Jahr schien es die beste Methode zu sein, das Unternehmen zu führen.

Als der Verwaltungsrat Anfang 1985 meine Ergebnisse überprüfte, war er zufrieden mit meinen Leistungen. Aber er drückte auch seine Sorge darüber aus, daß ich das Unternehmen nicht allein leitete, daß ich mir die Macht zu sehr mit Steve teilte. Anfänglich war ich verblüfft. Ich war immer der Meinung gewesen, daß es Teil meiner Rolle sei, die Entwicklung von Steve zu fördern, so daß der Verwaltungsrat ihm eines Tages zugestehen könnte, seine eigene Firma zu leiten. Ich hatte immer im Hinterkopf gehabt, daß ein Teil meiner Arbeit darin bestand, Steves Mentor zu sein.

Tatsächlich hatte ich mir, als ich mich mit der Entscheidung herumquälte, PepsiCo zu verlassen, eine wichtige Frage gestellt. Würde ich das Angebot ausschlagen, der Mentor von Alexander Graham Bell oder Henry Ford zu werden? Sicher nicht. Deshalb empfand ich von Anfang an, daß ein Teil meiner Rolle darin bestand, Steve von einem Prinzen zu einem König zu erziehen.

*

Zu den ersten Anzeichen, daß etwas verkehrt lief, gehörte Anfang Mai ein Memo von Alan C. Kay, das auf meinem Schreibtisch landete. Der brillante Computerwissenschaftler Kay war als »Apple-Fellow« eingestellt worden, ein Posten, der von ihm verlangte, sowohl ein Computer-Visionär als auch ein Kritiker zu sein. Steve war ihm zuerst bei Xerox PARC begegnet, wo Kay als System-Entwickler »Smalltalk« erfunden hatte, eine ausgeklügelte, objektorientierte Programmiersprache für den Laien. Alan leistete auch bahnbrechende Arbeit für die Verwendung von Symbolen statt getippter codeähnlicher Wörter, die dem Computer sagen, was er zu tun hat. »Wenn ein Hund und ein Kind einen einfachen Befehl verstehen können, sollte auch ein Computer dazu in der Lage sein«, erklärte er mir einmal. Er prägte den Begriff ›Personalcomputer‹, bevor der PC überhaupt existierte. 1968 plante er den ersten wirklich tragbaren Computer auf dem Papier, den er »Dynabook« nannte, eine Idee, an der sich noch die Phantasie kommender Computerwissenschaftler entzünden sollte.

Kay, ein 44jähriger, überaus intelligenter Mann, sprach häufig über die Computerpioniere, die er in den frühen sechziger Jahren als Graduierter an der Universität von Utah kennengelernt hatte und zu denen auch Ivan Sutherland gehörte, der 1962 das erste Graphikprogramm für Computer, genannt »Sketchpad«, entwickelt hatte. Es dauerte mehr als zwanzig Jahre, bis Apple diese Idee mit »Lisa Draw« im Lisa kommerzialisierte. Ein weiteres Vorbild Kays, der Computerwissenschaftler Doug Inglebart, hatte ursprünglich die Maus entwickelt, die fast zwei Jahrzehnte nach Inglebarts Erfindung ein integraler Bestandteil des Lisa und des Macintosh wurde.

Steve blieb mit Kay in Kontakt, nachdem dieser PARC Ende 1981 verlassen hatte, um bei Atari Leiter der Forschungsabteilung zu werden. Kay blieb dort, bis Steve ihm die Stelle eines »Apple-Fellow« anbot. Dahinter steckte die Intention, daß Kay sich in den Laboratorien von Apple herumtreiben, Ideen in die Köpfe der Leute pflanzen und uns bezüglich der zukünftigen Entwicklung der Personalcomputer beraten sollte.

Mit seinem allerersten Bericht als »Fellow« löste er jedoch schon Unwillen bei Steve aus, weil er den Macintosh »eine Honda mit einem 1-Liter-Tank« genannt hatte. Der Macintosh sei eines der bestgestalteten Transportsysteme der Welt, sagte er, behauptete aber gleichzeitig, daß »es einen nur zum Selleriekauf im nächsten Eckladen und zurück bringt. Vor der Haustür macht er Eindruck, aber du kannst ihn nicht auf einer mittleren oder langen Strecke einsetzen. Ganz bestimmt würden die Japaner niemals ein so unausgegorenes Ding aus ihren Fabriken lassen.«

Trotz seiner Befürchtungen hielt Kay jedoch den Macintosh für den ersten Personalcomputer, der einer Kritik überhaupt würdig war. Mit nur einem Diskettenlaufwerk und einem Speicher von nur 128 Kilobytes hielt er ihn aber für nicht leistungsfähig genug. Er nannte das neue Diskettenlaufwerk von Sony die »Achillesferse« des Mac. »Das Bedürfnis nach einem zweiten Diskettenlaufwerk wird noch vor Ablauf einer Woche ganz offenkundig zutage treten«, sagte er. Nachdem Steve das Memo gelesen hatte, verbot er Jane Anderson, unserer PR-Verantwortlichen, Alan mit den Vertretern der Medien sprechen zu lassen.

Die geringe Speicherkapazität erwies sich tatsächlich als gravierender Nachteil, weil es den Programmierern schwerfiel, die Software für den Mac zu schreiben. Je einfacher das Programm für den Anwender ist, desto komplizierter wird es für den Programmierer. Es war auch nicht gerade förderlich, daß Apple bislang noch keine Software-Literatur veröffentlicht hatte, die es erleichtert hätte, Programme zu schreiben. Henry Singleton, der einzige im Verwaltungsrat, der selbst viel programmierte, beklagte sich über die Schwierigkeit, den Macintosh zu programmieren.

»Es ist verrückt, daß wir einen Computer herausbrachten, den niemand programmieren kann«, warf er Steve bei mehreren Sitzungen des Verwaltungsrates vor. »Wie programmieren die Leute einen Macintosh?«

»Sie programmieren auf Lisas«, erklärte Steve dann. »Aber wir werden das schon hinkriegen. Es wird kein großes Problem sein.«

Dennoch gaben einige Programmentwickler, die vorhatten, Macintosh-Software zu schreiben, ganz einfach auf; andere wiederum mußten feststellen, daß die Komplexität ihre Entwicklungsgeschwindigkeit hemmte, was zu langen Verzögerungen bei der Auslieferung führte.

Obwohl wir immer wieder Beschwerden über die fehlende Macintosh-Software hören mußten, überwogen die guten Nachrichten bei weitem alles. »Computerland«, die bedeutendste Computer-Einzelhandelskette des Landes, hatte sich entschlossen, den Macintosh zu führen. Allein diese Entscheidung führte dazu, daß der Computer in 350 zusätzlichen neuen Vertriebsstellen erhältlich war. Sie hatten sich dem Trend angeschlossen, nachdem bereits drei andere einflußreiche Computer-Einzel-handelsgruppen zu Apple-Händlern geworden waren: »Businessland«, »Sears Business Systems' Centers« und die »Genra Group«. Wir bauten eine neue Verkaufsorganisation auf, die sich direkt an unsere Händler wandte. Als wir zwei Annoncen im »Wall Street Journal« aufgaben, um 350 Menschen für diese Arbeit einzustellen, wurden wir mit mehr als 12 000 Bewerbungen überschüttet – so viele Menschen wollten für uns arbeiten. Diese Flut überschwemmte das Postamt von Cupertino eine Woche lang.

Ich legte Alan Kays Memo in meine Schreibtischschublade. Hier gibt es keinen Notstand, dachte ich. Ich nahm mir vor, seine Anmerkungen später zu lesen.

*

Die Industrie nahm einen rapiden Aufschwung – Apple auch. Wir verkauften Apple IIc und Macintosh-Computer fast so schnell, wie wir sie herstellen und ausliefern konnten. Im Juli 1984 saßen Steve und ich in seinem Büro zusammen. Wir skizzierten auf einer Tafel, wie viele Computer und Peripheriegeräte wir voraussichtlich während unseres Weihnachtsquartals, der traditionell erfolgreichsten Drei-Monats-Periode eines Apple-Verkaufsjahres, verkaufen würden.

Wenn wir es schaffen würden, in diesem einen Quartal eine Milliarde Dollar zu erreichen, könnten wir höhere Gewinne einheimsen als im ganzen vorangegangenen Jahr. Wir spekulierten auf eine Hausse und hatten schon großen Spaß daran, an diese Möglichkeit nur zu denken. Wir überprüften die damit in Verbindung stehende Bargeldlage und entdeckten schnell, daß wir eine unglaubliche Menge Geld zur Aufstok-kung unserer Lagerbestände benötigten, um das »1-Milliarde-Quartal« zu schaffen. Dies könnte über 100 Millionen Dollar von den 155 Millio-nen Dollar verschlingen, die wir flüssig hatten. Wenn wir es jedoch trotz des hohen Risikos bewerkstelligen könnten – und davon waren wir überzeugt –, würde uns das für die zukünftigen Jahre einen bedeutenden Vorsprung gegenüber unserer Konkurrenz verschaffen.

»Wir haben schon früher Risiken auf uns genommen«, sagte ich, und wir wetteten um alles, was wir besaßen. Wir setzten das gesamte Unter-nehmen auf den Macintosh, und das taten wir beim IIc auch wieder.

Steve und ich sahen uns an, und wir fragten uns, ob wir es wieder versuchen sollten.

»Jawohl, wir versuchen es«, sagte Steve. »Laß uns noch einmal das ganze Unternehmen aufs Spiel setzen.«

Steve war überzeugt, daß wir in der Weihnachtssaison pro Monat 80 000 Macintosh-Computer verkaufen könnten. Wir erhöhten daher die Produktionskapazität auf rund 110 000 Einheiten pro Monat zur Errichtung eines großen Lagerbestandes von Macs und Apple II, nachdem der Verwaltungsrat uns freie Hand gegeben hatte. Nur sehr widerwillig sah man uns dabei zu, aber im Grunde genommen waren alle einverstanden.

Die Zukunft sah ausgesprochen rosig aus. Der Heimcomputermarkt entwickelte sich noch immer sprunghaft, und wir waren auf dem Weg, den Macintosh zu einem Erfolg in der Geschäftswelt zu machen. Steves Macintosh-Gruppe — zuerst nur eine Entwurfsgruppe von 25 Leuten, dann ein Team von 100 Leuten, und jetzt eine Division mit 700 Mitarbeitern — stellte einige wichtige Produkte fertig, die dem Macintosh dazu verhelfen sollten, »zweiter Industriestandard« zu werden. IBMs Anteil am Personalcomputer-Markt wurde 1984 auf 36,1 Prozent geschätzt, während der Anteil von Apple 12,7 Prozent betrug. Der »Macintosh Office« wie wir ihn nannten, war unser Schlüsselprodukt, um in den Markt für Arbeitsplatzcomputer einzudringen. Zu Beginn des Jahres 1985 rechneten wir mit mehr als 75 Software-Paketen für Unternehmen, einschließlich eines Programms der Lotus Development Corp., genannt »Jazz«.

Zu ihnen gehörte auch ein »LaserWriter«, ein Drucker, der annähernd in Briefqualität Texte und Graphiken in »Kunstakademiequalität« druckte. Er ersetzte die lauten Punktmatrixdrucker, die in Büros verbreitet waren und nur Texte, keine Graphik drucken konnten. Wir boten auch einen Dateien-Ordner an, der praktisch einen zentralen Dateienschrank abgab, in dem Dateien abgelegt wurden, die von zahlreichen Bedienern, die an verschiedenen Macintosh-Computern in einem Büronetzwerk arbeiten, benutzt werden konnten. Der Schlüssel zu allem war »AppleTalk«, das es Gruppen bis zu 32 Benutzern erlaubte, untereinander zu kommunizieren und sich Peripheriegeräte wie Drucker und Dateien-Ordner zu teilen. Es war leichter, »AppleTalk« zu installieren, als ein Fernsehgerät mit einem Videorecorder zu verbinden. Und es kostete nur 50 Dollar, viel weniger als die 300 oder 1000 Dollar, die die Firmen damals zahlten, um ihre Geräte zu einem Netz zusammenzuschalten. In der Entwicklung befand sich darüber hinaus eine Software, mit der man einen IBM PC an ein Apple-Netz anbinden konnte, was eine Brücke zwischen dem ersten und dem zweiten Industriestandard darstellen sollte.

Wir waren der Meinung, daß der Macintosh Office nicht nur gut war. Er war einfach hervorragend. Warum also sollten wir nicht auch wirklich ehrgeizig sein? Ich bat darum Steve, in mein Büro zu kommen.

»Steve«, sagte ich, »wir denken immer noch nicht wirklich großzügig genug über dieses Ding nach. Du hast mich davon überzeugt, daß wir mit einer Technologie aufwarten können, die grundlegend die Methode verändern kann, wie die Menschen im Büro mit Papier umgehen. Aber man kann sich nur schlecht vorstellen, wie Apple aus dem kommerziellen Wert dessen, was du geschaffen hast, ohne einflußreiche Vertriebskanäle zu großen Firmen Kapital schlagen kann.«

Wir hatten bereits ein Abkommen mit General Electric Information Services Co. geschlossen, den Macintosh in ein Sortiment von Bürosystemprodukten aufzunehmen, die an große Unternehmen verkauft wurden. Auf der Suche nach Verbündeten auf dem Bürocomputermarkt hatten wir auch begonnen, Gespräche mit Roger Smith und Ross Perot von General Motors, mit leitenden Angestellten von AT&T sowie weiteren Ansprechpartnern zu führen. Steve und ich stimmten darin überein, daß wir noch andere strategische Bündnisse schmieden müßten, um eine größere Anzahl von Unternehmen zu erreichen.

»Warum sehen wir uns nicht nach Leuten um, die bereits Geschäftsbeziehungen haben? Wäre das nicht ein wirklich evolutionärer Schritt im Gegensatz zu der Tatsache, sowohl eine Infrastruktur als auch die gesamte Technologie und Produktkette selbst aufbauen zu müssen? Sollten wir uns nicht auch um den Erwerb anderer Unternehmen kümmern, die auf dem Sektor der Bürocomputer stark vertreten sind?«

»Ich schätze, daß wir wahrscheinlich einige kleinere Firmen bekommen und sie zusammenschließen können, um Apple größer zu machen«, meinte Steve.

»Wir wollen keine kleinen Firmen«, versuchte ich, ihm klarzumachen. »Wir sollten uns nach einem großen Unternehmen umsehen, das in der Lage ist, uns zu helfen, Vorteile aus dieser Technologie zu ziehen. Das nächstliegende ist für mich Xerox.«

Steve hielt jedoch nichts von Xerox. Erst drei Monate zuvor hatten wir uns privat mit dem Vizechairman von Xerox, Bill Glavin, und Bob Adams, dem Chef der Computersystem-Gruppe, getroffen, um auszukundschaften, ob wir auf bestimmten Gebieten zusammenarbeiten könnten, denn Apple besaß bereits Vertriebsbeziehungen mit Xerox in Südamerika und Kanada.

Vor unserer Zusammenkunft in »Rickey's Hyatt House« hatte ich Steve bekniet, sich von seiner besten Seite zu zeigen. Steve zögerte niemals, genau das zu sagen, was er gerade dachte. Und er hatte immer nur wenig Gutes über große, traditionelle Firmen, einschließlich Xerox, zu sagen.

»Ich weiß, daß du Xerox als Unternehmen nicht bewunderst, weil es nicht in der Lage war, seine Computerprodukte gut zu kommerzialisieren«, sagte ich zu Steve. »Aber laß uns einfach hingehen, zuhören und so offen wie möglich bleiben. Wir wollen ihnen zeigen, daß wir wirklich erwachsen sind und daß wir in der Lage sind, mit Geschäftsbesprechungen dieser Sorte umzugehen.«

»Okay«, sagte Steve, »ich verspreche dir, mich gut zu benehmen und mein Bestes zu geben. Ich werde mich anständig aufführen.«

Wir trafen uns in Glavins Hotelzimmer, aber schon nach wenigen Minuten Unterhaltung begann Steve, Xerox zu attackieren. »Ihr Burschen macht alles falsch, vollkommen falsch«, behauptete er.

Er war der festen Überzeugung, daß Xerox trotz seiner bei weitem besseren Finanzlage auf einer der besten Laserdrucker-Technologien der Industrie saß, es aber noch nicht geschafft hatte, einen Drucker herauszubringen, der so gut wie das Apple-Produkt war. Diese Tatsache frustrierte ihn, weil er glaubte, daß Xerox bereits schon bei den Personalcomputern alles »verpatzt« habe, weil das Unternehmen nicht in der Lage gewesen sei, die Erfindungen von PARC erfolgreich zu kommerzialisieren. Er war der Meinung, das nun dasselbe mit der Lasertechnologie passiere.

Adams wurde ärgerlich, und auch Glavin blickte mich über den Tisch hinweg an und verdrehte die Augen.

»Nun, wir sollten diese Frage zurückstellen und über die eigentliche Sache reden«, warf ich ohne viel Hoffnung ein.

Aber Steve konnte sich nicht zurückhalten. Ein gequälter Ausdruck erschien auf seinem Gesicht, als die Worte langsam und bedächtig aus seinem Munde kamen.

»Ich sollte das wirklich nicht sagen«, meinte er, »aber ich werde es sagen. Ihr Burschen habt ja keine Ahnung von dem, was ihr tut.«

Ich versuchte noch einzulenken, aber innerhalb von 15 Minuten war klar, daß wir nichts erreichen würden. Deshalb nahm ich Bill Glavin zur Seite und schlug vor, die Sitzung abzubrechen und sich vielleicht ein anderes Mal wiederzutreffen. Die Besprechung endete abrupt, und Steve und ich verließen den Raum. Ich war fassungslos.

»Steve«, fragte ich, »warum hast du das gemacht? Ich dachte, daß wir vereinbart hätten, daß du dich besser in der Gewalt hast.«

»Es tut mir leid, aber ich konnte nicht anders«, sagte er mit der zerknirschten Stimme eines kleinen Jungen. »Ich war einmal bei Xerox PARC und habe gesehen, daß dort unheimlich fähige Leute beschäftigt waren, die es aber nicht verstanden, ihre Ideen in die richtigen Bahnen zu lenken. Und sie verstehen es immer noch nicht. Ich glaube an hervorragende Produkte, doch sie haben mit ihrer Technologie keine großartigen

Computerprodukte gebaut. Ich konnte mich einfach nicht beherrschen. Es tut mir leid.«

Steve und ich vereinbarten kein neues Treffen mit Xerox. Nach diesem Disput erschien es unmöglich, daß wir jemals mit diesem Unternehmen zusammenarbeiten könnten. Ich war jedoch noch immer der Meinung, daß ein Bündnis zwischen Apple und Xerox phantastisch sei. Warum sollten wir Xerox also nicht kaufen, ein Zehn-Milliarden-Unternehmen erwerben, das über fünfmal so groß wie Apple war? Wir waren der Überzeugung, daß wir die Tochtergesellschaft von Xerox, das Versicherungsunternehmen Crumm & Foster, abstoßen, den Rest aber behalten könnten. Besonders anziehend war Xerox' große Verkaufs- und Kundendienstorganisation, die uns zu einem großen Sprung auf den Markt verhelfen konnte. Apples Gesamtbelegschaft betrug nur ein Fünftel von Xerox' Verkaufs- und Kundendienststab mit seinen mehr als 30 000 Menschen, den viele als den wichtigsten Aktivposten des Unternehmens betrachteten.

Xerox war ein interessantes Objekt, weil nur wenige anscheinend bisher die Tatsache begriffen hatten, daß die elektronische Textverarbeitung der Markt der Zukunft werden würde. Die Kommunikationsmöglichkeiten mußten ständig verbessert werden. Alan Kay hatte mir beigebracht, daß der Computer eher »ein Kommunikationserweiterer« sei als ein Gerät, das Zahlen runterrattert. »Ich betrachte das Flugzeug als Kommunikationsgerät. Ich betrachte auch den Photokopierer als Kommunikationsgerät«, erklärte er mir. »Eisenbahngesellschaften dachten, sie seien im Eisenbahngeschäft, und IBM dachte, sie seien im Computergeschäft, aber beide befanden sich in Wirklichkeit im Kommunikationsgeschäft.«

Steve glaubte, daß Xerox' elektrostatische Kopiergeräte schließlich von Laserkopierern abgelöst werden würden, und er sah eine Zeit voraus, in der beide Technologien zu einem Gerät verschmelzen, das die Industrie revolutioniere und dem riesigen Geschäft mit Kopierern einen tödlichen Schlag versetze. Warum sollte irgend jemand noch einen herkömmlichen Kopierer kaufen wollen, wenn er die Laserdrucktechnologie benutzen kann, um alle im Hause anfallenden Druck- und Kopierarbeiten auszuführen? Der LaserWriter stärke — ja erweitere — die Möglichkeiten des schriftlichen Mediums, genau wie die Schreibmaschine die Möglichkeiten handschriftlicher Botschaften erweitert habe.

»Wenn die Leute erst einmal den LaserWriter gesehen und begriffen haben, was sie damit tun können, wird jeder ihn haben wollen«, sagte Steve. »Niemand wird mehr auf etwas anderes zurückgreifen wollen. Ich glaube nicht, daß diese Typen bei Xerox wirklich kapieren, was geschehen wird.«

Auf die Frage, ob wir in der Lage sein würden, ein solch großes Unternehmen zu leiten, antwortete Steve: »Ja, du hast schon mal ein großes Unternehmen geleitet. Du könntest es leiten, und ich könnte den Apple-Teil übernehmen, und wir könnten die ganze Geschichte wirklich zum Funktionieren bringen.«

Aber wir bezogen auch noch andere kompetente Leute in die Diskussion ein und mußten bald erkennen, daß der Erwerb von Xerox doch ein bißchen zu gewagt sei, selbst für uns, obwohl wir Ende 1984 davon überzeugt waren, die Zukunft in der Hand zu halten. Wir entwickelten ein berauschendes, übermäßiges Selbstvertrauen. Im Oktober erschienen Steve und ich auf dem Titelbild des Magazins »Business Week« unter dem Spitznamen »das dynamische Duo«. Unsere Umsätze waren im Rechnungsjahr, das bis Ende September lief, um 54 Prozent auf mehr als 1,5 Milliarden Dollar gestiegen. Dagegen gingen unsere Nettoeinnahmen zurück, weil wir es wichtiger fanden, nach der kritischen Masse zu jagen, als die Profite bei unseren langfristig gesehenen Kosten zu vergrößern. Dennoch konnten wir im letzten Quartal des Jahres Rekordprofite melden. Wir redeten bereits davon, die Erträge in der nahen Zukunft auf fünf Milliarden zu schrauben und allein im nächsten Jahr zwei Milliarden Dollar Umsatz zu machen.

Kein einziges Unternehmen unserer Größe, die in der Liste der 500 größten Firmen des Magazins »Fortune« auftauchen, hatte jemals in einem einzigen Jahr ein solches Wachstum zu verzeichnen gehabt. Aber keines hatte meiner Meinung nach auch jemals die Möglichkeiten, die Produkte und die Leute wie wir gehabt.

Wir hatten den Macintosh als das dritte »Meilenstein-Produkt« auf dem Sektor der Personalcomputer fest verankert — hinter dem Apple II und dem IBM PC. Wir waren auf dem besten Wege, 275 000 Macintosh-Computer im Jahre 1984 zu verkaufen, und rund 150 Softwarepakete waren für ihn erhältlich. Zur Erleichterung vieler unserer Händler konnten wir auch vier Monate früher als angekündigt ein verbessertes Modell des Macintosh mit einem 512-Kilobyte-Speicher auf den Markt bringen.

Wir änderten für immer die Marketing-Grundregeln der Industrie, indem wir uns von einem kleinen werbungtreibenden zu einem der größten, am meisten beachteten, innovativsten Marketing und Werbung betreibenden Konzerne des Landes wandelten. Unsere freche Werbung führte zu dem höchsten Bekanntheitsgrad eines Markennamens auf diesem Gebiet — wir waren sogar bekannter als IBM, die viel mehr Geld als wir hinblätterten, um Charlie Chaplin zu ihrem Computer-Fürsprecher zu machen. Tatsächlich stellte ein unabhängiges Gutachten fest, daß wir trotz unseres kleineren Budgets doppelt so stark beachtet wurden wie

IBM. Das lag nicht nur an den – unserer Meinung nach – besseren Produkten und der besseren Werbung. Apple repräsentierte eben auch den kleinen, aber sehr wichtigen Unterschied im Vergleich mit anderen Unternehmen.

Apple erschien als ein Symbol der Hoffnung und der Prosperität in Amerika zu einer Zeit, da mehr Leute denn je die Fähigkeit unserer Nation anzweifelten, mit den Japanern konkurrieren zu können. Geschäftsführer und Politiker pilgerten zu unserem Firmengelände. Sogar Chryslers Präsident Lee Iaccoca besuchte Apple, um unseren Erfolg zu loben. Potentielle Präsidenten und Vizepräsidenten baten darum, uns besuchen zu dürfen, um damit ihre Kandidaturen zu unterstützen.

Fan-Post von Tausenden von Kunden, Händlern und der breiten Öffentlichkeit, die unsere alternative Vision teilten, strömte in das Unternehmen. Einer der rührendsten Briefe kam von einem sechseinhalbjährigen Jungen, der an Steve schrieb:

»Lieber Mr. Jobs,
ich machte ein Kreuzworträtsel, und eine Frage hieß: ›So amerikanisch wie ein Apfel . . .‹ Ich dachte, die Antwort heißt ›Computer‹, aber meine Mami sagte, es müsse ›Kuchen‹ heißen.«

Gegen Jahresende hatte die Apple-Generation sogar das Weiße Haus erreicht. »Als ich ein Junge war«, erzählte Präsident Reagan, »brachte man seinem Lehrer einen Apfel mit. Heute lernt man auf einem Apple oder Macintosh schon in der Schule.«

Wir zahlten aber auch einen Preis für unseren Ruhm und unsere Popularität. Wir wurden für jedermann ein Ziel, der uns um unseren Erfolg beneidete. Einmal erhielt ich eine Bombendrohung in meinem Haus in Woodside. Ein anderes Mal gab es den Versuch einer Entführung. Eines Morgens, während ich meine übliche Jogging-Runde drehte, bemerkte ich einen Wagen, der nicht weit von meiner Einfahrt entfernt hinter einem Busch versteckt stand. Im Wagen saßen zwei Männer, die aus dem Wagen sprangen und auf mich zuliefen. Ich rannte zum Tor zurück und konnte es gerade noch schließen, bevor sie mich erreichten. An einem anderen Tag erschien die Polizei völlig überraschend in der Schule unserer Tochter Laura, weil man uns mit Mord gedroht hatte. Wir ließen schließlich einen riesigen Zaun um unser Grundstück errichten. Eine Zeitlang joggte ich in Begleitung eines bewaffneten Leibwächters, und ehemalige FBI-Agenten schliefen mit entsicherten Revolvern für etwa zwei Monate in unserem Wohnzimmer. Doch niemand wurde je erwischt.

Wir hatten keinen Grund, daran zu zweifeln, daß unser Erfolg auch das Rennen des neuen Jahres bestehen würde. Das Jahr 1985 schien uns ebensoviel oder noch mehr zu versprechen als jedes andere Jahr in der Geschichte des Unternehmens.

*

Wir hatten zu diesem Zeitpunkt auch noch einen weiteren Grund, große Hoffnungen zu hegen. Ende 1984 kam es zu einem geheimen Treffen zwischen mir und Vertretern der französischen Regierung, die daran interessiert waren, für Hunderte von Millionen Dollar Computer zu kaufen. Präsident Mitterrand wollte Frankreich zu dem Land machen, das im Bildungsbereich am besten mit Computern ausgestattet ist. Er strebte an, die Vereinigten Staaten und Japan einzuholen, indem er im ganzen Land 40 000 Computer-Zentren für Schüler und Erwachsene errichten ließ. Die französische Regierung war der Auffassung, daß bis zu 70 Prozent der Bevölkerung im nächsten Jahrzehnt den Beruf wechseln müßten, und betrachtete diese Computer-Zentren als ein Mittel, Arbeitskräfte umzuschulen und eine neue Generation für das Informationszeitalter heranzubilden. Weil das französische Erziehungswesen grundsätzlich großen Wert auf mathematisch-naturwissenschaftliche Fähigkeiten legte, die entscheidend für die Entwicklung einer Software sind, glaubte die Regierung darüber hinaus, daß dieses Projekt Frankreich zu einer riesigen neuen Softwareindustrie verhelfen könne. Man hatte Mitterrand bereits den Macintosh als idealen Personalcomputer für die Pläne seiner Regierung empfohlen.

Wir waren bei dieser Nachricht total aus dem Häuschen. Unsere Geschäfte in Frankreich liefen seit einiger Zeit sehr erfolgreich. Mit den Verkäufen des Apple II waren wir dort bereits die Nummer eins, und der Macintosh verkaufte sich ebenfalls sehr gut. Tatsächlich stammte zu diesem Zeitpunkt mehr Software für den Macintosh aus Frankreich als aus den USA. Wir schätzten, daß dieses Projekt den größten Kontrakt ergeben könnte, der jemals für Personalcomputer zustande gekommen war. Die französische Regierung gab zu verstehen, daß sie mindestens 100 000 Macintosh-Computer benötigen werde. Dies schien jedoch nur der Anfang zu sein. Wenn Apple alles aus den USA exportierte, konnte der Auftrag sich schließlich auf eine Summe von über einer halben Milliarde Dollar belaufen.

Steve hatte Mitterrand Anfang des Jahres kennengelernt, als dieser zu einem Symposium nach Stanford gekommen war. Er hatte sich besonders für Steve interessiert, da Jobs bei den jungen Leuten in Frankreich als Volksheld galt. Wie üblich war Steve während seiner Unterhaltung mit

Mitterrand sehr direkt gewesen und hatte ihm an einem Punkt sogar widersprochen, als er erklärt hatte, der Präsident begreife die Dinge im Silicon Valley nicht wirklich. Die Zusammenkunft hatte Mitterrand offenkundig jedoch nicht gegen Steve oder Apple aufgebracht. Er war trotzdem von dem jungen, widerborstigen Intellektuellen und Mitgründer Apples beeindruckt gewesen.

So war man also übereingekommen, daß Steve und ich im nächsten Jahr nach Paris reisen sollten, um verschiedene Mitglieder des Kabinetts und möglicherweise sogar den Präsidenten nach den Weihnachtstagen zu treffen. Wir nahmen uns sehr viel Zeit, um uns auf dieses Treffen vorzubereiten.

Nach den Erfolgen des vergangenen Jahres baten wir unsere Werbeagentur, eine weitere Bombe mit großer Durchschlagskraft für das »Super Bowl« 1985 vorzubereiten.

Ich spielte zwar allmählich eine weniger wichtige Rolle bei der Werbearbeit für den Macintosh und zog es vor, sie an Murray, den Marketingleiter von Macintosh, zu delegieren. Aber während der letzten Monate hatte unsere Werbung eine zu starke Anti-IBM-Note angenommen. Ein Spot zeigte einen Geschäftsmann, der an einem IBM-Computer arbeitet, auf dessen Bildschirm die Wörter »Syntax Error«, »Eingabefehler«, erscheinen. Der Mann ist so frustriert, daß er seinen IBM-Computer packt und an die Wand schmettert. Ein anderer Spot präsentierte Leute, die mit einer Kettensäge ihre IBM-Computer zersägen.

Die Agentur legte uns nun aber ein weiteres Mal Storyboards vor, die demselben Schema zu folgen schienen. Es wurden Angestellte in blauen Anzügen, weißen Hemden und Augenbinden gezeigt, die im Gänsemarsch und mit den Händen auf den Schultern des Vordermannes marschierten. Sie liefen blindlings und monoton wie Lemminge auf eine Klippe am Meer zu. Bedrohliche schwarze Wolken zogen über ihre Köpfe hinweg. Als Hintergrundmusik ertönte das Lied »Hi-ho, hi-ho« aus »Schneewittchen und die sieben Zwerge«, das die Agentur in einen Trauermarsch verwandelt hatte.

Mit dem Spot sollte aufgezeigt werden, daß die meisten Führungskräfte nicht darüber nachdenken, was sie tun, daß sie es den anderen einfach nachmachen. Am Schluß des Spots linst ein Mann unter seiner Augenbinde hervor, blickt sich um und sagt: »Warum mache ich das nur?«

Als Chiat/Day uns die Storyboards zeigte, waren Steve und ich nicht angetan. Ihnen fehlte die Frechheit von »1984«, das bei den Betrachtern ein positives Bild von Apple hinterlassen hatte. Bei den »Lemmingen«

fehlte sowohl Optimismus als auch Humor. Noch störender war jedoch die Tatsache, daß viele den Spot als zu beleidigend empfinden und ihn deshalb falsch auslegen könnten. Die Zuschauer könnten denken, daß wir uns gerade über die Kunden lustig machten, die wir für den Macintosh gewinnen wollten.

Die Chiat/Day-Leute dagegen vertraten den Standpunkt, daß der Spot Menschen versinnbildliche, die ins Unbekannte, aber nicht in den Tod tappten. Wir fragten sie, ob sie irgendeine andere Idee hätten. Sie hatten keine.

»Hören Sie«, sagte einer von der Agentur, »Ihr Burschen wolltet letztes Jahr erst ›1984‹ nicht senden lassen, doch wir sendeten es, und es war ein großer Erfolg. Nun haben wir einen neuen Spot, und wir machen dasselbe noch einmal durch.«

Obwohl auch er von den »Lemmingen« längst nicht so begeistert wie von »1984« war, stand Murray der Idee des Spots doch recht wohlwollend gegenüber. »Ich glaube, daß es ein guter Werbefilm werden kann«, meinte er.

Aber das Ganze schmeckte uns nicht so recht. Dennoch ließen wir uns von den Werbeleuten überreden.

»Ich bin seit Jahren im Werbegeschäft, und hier handelt es sich wirklich um einen guten Werbespot«, meinte Jay Chiat, der Präsident und Gründer der Agentur. »Sie machen einen Riesenfehler, wenn Sie uns diesen Film nicht machen lassen.«

»Ich werde meine ganze Ehre, alles, für diesen Film einsetzen«, erklärte auch Lee Clow, der heutige Präsident der Agentur.

Fünf Wochen später kam die Agentur mit dem fertigen Film an. Nachdem ich ihn gesehen hatte, fühlte ich mich noch schlechter als während der Präsentation der Storyboards. Der Film besaß einen todernsten Tenor. Im Vergleich zu »1984« wirkte er blaß. Dem Spot fehlten nicht nur der Optimismus und Schwung, sondern auch die unterschwellige Botschaft vom Guten-gegen-das-Böse, die der Spot »1984« vermittelt hatte.

»Das ist kein guter Spot«, sagte ich. »Wirklich nicht. Ihr habt es nicht geschafft.«

Die Agentur verteidigte den Film und meinte, man könne einige Probleme durch eine bessre Bearbeitung lösen. »Sie haben eine sehr schwache Kopie gesehen«, behaupteten sie.

»Immer schön sachte«, entgegnete ich. »Ich sehe mir schwache Kopien seit zwanzig Jahren an. Dieser Spot ist meines Erachtens nicht so gut gemacht wie ›1984‹. Und das hat meine vorhandenen Befürchtungen noch vergrößert, weil er noch deprimierender wirkt, als ich mir vorgestellt hatte. Ich mag ihn nicht.«

Aber trotz ihrer Proteste wiesen wir Chiat/Day an, die Sendezeit wieder zu veräußern. Sie schafften es, sie an ABC-TV zurückzuverkaufen, übten aber in den folgenden Wochen einen starken Druck auf uns aus, in der Hoffnung, unsere Entscheidung rückgängig zu machen. Sie schlugen vor, den Spot probeweise in einer Reihe von Städten zu zeigen, statt während des »Super Bowl«. Aber auch diesen Vorschlag lehnten wir ab.

In der Zwischenzeit ging jedoch in der Werbewelt das Gerücht um, daß wir einen tollen Spot hätten und ihn nicht laufen lassen wollten. Unerwartet erhielten wir viel Publicity für einen Film, den wir nicht zeigen wollten. Es schien mehr Interesse an dem Film zu geben, der nicht laufen sollte, als an »1984«, der nur einmal gelaufen war.

»Dieser Spot verdient, daß man ihn zeigt«, erklärte Lee Clow.

»Bei keinem anderen Film war ich jemals so sicher, daß er gezeigt werden sollte«, fügte Chiat hinzu.

Steve schlug schließlich vor, Murray entscheiden zu lassen. »Mike hat wirklich ein paar großartige Dinge bei der Werbung für den Macintosh geleistet«, meinte er. »Er ist sehr in der Sache drin und hat das richtige Verantwortungsgefühl. Er muß der Agentur klarmachen, daß er derjenige ist, der darüber zu entscheiden hat.«

Ich war einverstanden. Wir gingen und teilten Chiat/Day unsere Entscheidung mit.

Unter ihrem starken Druck beschloß Murray, den Film senden zu lassen. Die Agentur konnte die Sendezeit für 900 000 Dollar zurückkaufen, für rund 100 000 Dollar weniger, als wir ursprünglich dafür bezahlt hatten. Wir ließen sogar kurz vor dem »Super Bowl« Lockanzeigen in Zeitschriften erscheinen: »Wenn Sie während des vierten Spielviertels ins Badezimmer gehen, wird Ihnen das leid tun.«

Steve und ich würden einen direkten Eindruck von der Reaktion der Öffentlichkeit auf den Film erhalten, weil wir vorhatten, uns im Januar das Spiel um den »Super Bowl« im Stanford-Stadion anzusehen und dafür gesorgt hatten, daß der Spot auch im Stadion auf einer riesigen Leinwand gezeigt wurde, die vorübergehend für das Spiel aufgestellt worden war.

Zu unseren Anstrengungen, für die Einführung des Macintosh Office Publicity zu gewinnen, gehörte auch, daß wir 85 000 Sitzkissen mit dem Apple-Zeichen auf die unbequemen Holzsitze des Stadions legen ließen. Als wir noch vor Beginn des Spiels ankamen, war das ein erhebender Anblick. Jeder Sitz war mit einem weißen Kissen mit dem Apple-Zeichen bedeckt. Das erwies sich als ein PR-Bravourstück, denn als die Fernsehkameras während der Darbietung vor dem Spiel über das Stadion schwenkten, gerieten auch die Apple-Sitzkissen ins Scheinwerferlicht. Sie wurden augenblicklich begehrte Sammlerstücke.

Da wir — wie schon einige Male vorher — wieder Bombendrohungen bekamen, wurden Steves Freundin Tina sowie Leezy und ich von sechs Leibwächtern begleitet. Aber obwohl auch kugelsichere Westen für uns angefertigt worden waren, trug keiner von uns sie während des Spiels. Sie waren uns einfach zu unbequem.

Als der Spot »Lemminge« in den Schlußsekunden des Spiels erschien, unterbrachen die Zuschauer alles, was sie gerade taten, und blickten auf den Bildschirm. Rund 90 000 Menschen waren auf einmal vollkommen still. Urplötzlich spürte ich einen schrecklichen Druck im Magen. »Das verheißt nichts Gutes«, vermutete ich und fragte mich, was wohl die 43 Millionen Menschen im ganzen Land dachten.

Als der Spot endete, gab es keine Hochrufe, nur einen Augenblick eisigen Schweigens, ehe die Zuschauer ihre Aufmerksamkeit wieder dem Ende des Spiels zuwandten. Das dürfte der einzige, vollkommen stille Augenblick in der Geschichte des »Super Bowl« gewesen sein.

»Nun ja«, sagte ich zu Steve, »da haben wir den Salat. Ich frage mich nur, was die anderen 43 Millionen Menschen davon halten.«

Er brauchte nicht zu antworten. Uns wurde im selben Moment bewußt, daß der Spot ein ausgesprochener Flop war. Uns war nur noch nicht die Tatsache bewußt, daß unser eine Million Dollar teurer und sechzig Sekunden langer Spot später als Symbol dafür stehen sollte, daß Apple außer Kontrolle geraten war.

Lektion zu Kapitel 7

»Anspruch auf ›Bewußtseinsanteile‹ erheben«

IBM — drei der berühmtesten Anfangsbuchstaben der amerikanischen Wirtschaftsgeschichte. Als ich mich von meinen Kollegen bei Pepsi verabschiedete, schienen sie bei der Aussicht, daß ich es mit einem weiteren Giganten aufnehmen wollte, beinahe sprachlos vor Erstaunen zu sein. Aber sie sahen die Situation falsch. IBM ist nicht einfach ein weiterer Gigant. Es ist das erfolgreichste Wirtschaftsunternehmen, das jemals in der Welt aufgebaut wurde.

Als Chief Executive einer »neureichen« Computerfirma in Silicon Valley fühle ich mich manchmal, als ob ich in den Schacht eines Atomraketensilos blickte. Die Zahlen sprechen für sich. IBM konnte sich mit

394 930 Beschäftigten gegenüber Apples 5000 brüsten. IBMs Umsatz von 40 Milliarden Dollar warf einen langen Schatten über unsere 1,5 Milliarden. IBMs Nettoertrag von 6,6 Milliarden Dollar, mehr als bei jedem anderen Unternehmen der Welt, standen Apples 64 Millionen Dollar gegenüber.

Diese Zahlen zeigen schon, daß man einen Angriff auf einen solchen Mammut wahrscheinlich nicht erfolgreich übersteht. Wie ich bei Pepsi gelernt hatte, kann es sich ein führendes Unternehmen kraft seiner Position häufig leisten, die Preise zu senken, eine wahre Lawine neuer Produkte zu entfesseln oder einen Werbe-»Blitzkrieg« zu entfachen.

Der Trick, dennoch erfolgreich zu sein, besteht darin, die Vorteile des führenden Unternehmens zu unterlaufen, indem man seinen eigenen Vorteil herausstreicht. Wir mußten das Interesse der Öffentlichkeit an unserem Unternehmen mit einem neuen Produkt, das die Basis eines dauerhaften Vorteils gegenüber IBM bilden konnte, anstacheln.

*

Die meisten Marketing-Strategien legen ein zu großes Gewicht auf das Produkt. »Ereignis-Marketing« dagegen geht über das Produkt hinaus. Apple mußte eigentlich nicht so sehr den Personalcomputer verkaufen, sondern das Wesen und die Auswirkung des Umgangs mit persönlichen Computern.

Jedes hochinnovative Produkt schafft neue Probleme für die Gesellschaft, die es allein lösen kann: Das Flugzeug ließ die Entfernungen zwischen den Städten länger erscheinen als noch in der Ära der Eisenbahnen und Pferdekutschen. Das Telefon ließ nur noch blitzschnelle Kommunikationsmöglichkeiten gelten. Folglich wurde der Macintosh – der Computer für jedermann – ersonnen, um die Beschränktheit herkömmlicher Kommunikationsformen aufzuzeigen. Computer lassen uns unsere Handikaps erkennen; ohne sie würden wir merken, wie ungeschickt wir im Zeichnen sind, wie oft wir uns nicht richtig ausdrücken können, wie sehr in uns jemand steckt, der nach mehr strebt, als wir erreichen können. Wer würde angesichts des Mac noch auf Vervielfältigungsgeräte und Schreibmaschinen zurückgreifen wollen?

Wenn der Mac ein Problem aufdeckte, mußten wir die Lösung verkaufen, die nur er allein liefern konnte. Und wir mußten das genau in dem Moment tun, in dem der Heimcomputermarkt explodierte. Das war das erste. Dann mußten wir das verkaufen, was eigentlich nicht verkauft werden kann, weil es nicht wirklich existiert: Wir mußten die Zukunft verkaufen, unsere Vision einer Welt, die vom Umgang mit persönlichen

Computern verbessert wird. Um unser Produkt zu verkaufen, mußten wir die Kultur ändern, das öffentliche Bewußtsein neu formen. Wir mußten, in anderen Worten, einen Anspruch auf »Bewußtseinsanteile« erheben.

Dies bescheiden oder mit konventioneller Einstellung anzugehen, hätte die Niederlage schon vor dem Start bedeutet. Wir betrachteten die Einführung des Mac, als ob wir das erste Automobil auf den Markt bringen würden. Wir brauchten ein Vehikel, das so ehrgeizig und einzigartig wie unsere Ziele war. Folglich schufen wir 1984 ein Crescendo der Aufmerksamkeit für den Apple und den Macintosh mit Hilfe des »Ereignis-Marketings«, das eines der durchgeplantesten und umfassendsten Consumer-Marketingprogramme war, die jemals entwickelt wurden.

Das Ereignis wurde zum Schlüssel. Im Zentrum jeder Information über das Produkt stand eine Feier für Apple und seine Vision. Durch eine Verschmelzung von Werbung, Promotion und Public Relations mußte das Erleben des Ereignisses unbedingt mit dem Erleben des Produktes zusammenfallen.

Wenn man diese Strategien — Verkauf der Problemlösung und der Zukunft — mit der Absicht verbindet, seine Botschaft unvergeßlich zu machen, dann hat man »Ereignis-Marketing«.

Worin konnte die Konkurrenz uns noch überbieten, wenn wir unser Produkt als faszinierend und aufregend darstellten? Im Gegensatz zum »Marktanteil« ist der »Bewußtseinsanteil« dauerhafter. An diesem Maßstab gemessen, lagen wir bereits weit vor IBM und AT&T, waren wir der Wettbewerber, den jeder für den Sieger hielt.

Bewußtseinsanteil

APPLE:	IBM:	AT&T:
Innovation	Kundendienst	»Mein Telefon funktioniert nicht«

Im Zeitraum von nur 48 Stunden hatte Apple fast der gesamten westlichen Welt mitgeteilt, daß wir mit der Entwicklung des Mac etwas Revolutionäres auf die Beine gestellt hatten, denn per definitionem müssen revolutionäre Taten umwälzend sein.

Verkauf der Problemlösung

Was wir im Sinn hatten, unterschied sich dramatisch von der Sponsortätigkeit bei besonderen Veranstaltungen, die viele Consumer-Marketing-Firmen sehr vorteilhaft genutzt haben. Diese Kampagnen, wie z. B. die Patenschaft von Kentucky Fried Chicken für ein Bluegrass-Festival oder die Unterstützung des New Yorker Marathonlaufs durch Mercedes-Benz, verbinden ein Produkt oder eine Dienstleistung mit einer Freizeitbeschäftigung. Wir wollten weit über dieses Konzept hinausgehen und einen anhaltenden Blizzard an Aufmerksamkeit entfachen.

Wir wollten den Umgang mit persönlichen Computern als die Lösung der Probleme der persönlichen Effektivität verkaufen. »Ein Fahrrad für den Geist«, nannte Steve den Computer. Jean-Louis Gassée übertraf ihn noch, als er den Begriff »Flügel für den Geist« prägte. Wir warfen das größtmögliche Netz aus, eines, das über den reinen Produktbereich hinausging.

Vor den Kampagnen »Pepsi-Generation« und »Pepsi-Herausforderung« betrachteten viele Menschen Pepsi nur als einen Coca-Cola-Ableger oder als etwas Coca-Cola Vergleichbares. Obwohl Apple der Pionier auf dem Gebiet der persönlichen Computer war, begann es, unter einem ähnlichen Schicksal zu leiden: Zu viele Konsumenten erkannten nicht den Unterschied zwischen einem seriösen Personalcomputer wie dem Macintosh und den nur 300 Dollar teuren Spielzeuggeräten. Um Apple deutlich als Konkurrenz von IBM hinzustellen und uns aus dem Wettbewerb herauszuheben, beschlossen wir, genaue Produktbeschreibungen zu ignorieren und uns auf Images von Individualität und Leistungen zu konzentrieren.

Bis zum Mac waren alle hochleistungsfähigen Computer für Institutionen und nicht für das Individuum entwickelt worden. Doch seit dieses Gerät auf dem Markt ist, können seine Benutzer innerhalb von Minuten das tun, wozu ein technisch erfahrener Mensch bei anderen Geräten 20 bis 40 Stunden braucht. Alle anderen im Handel befindlichen Computer konnte man nicht als effektive Hilfsmittel bezeichnen. Sie brachten keinen großen Nutzen, steigerten nicht immer die Leistungsfähigkeit, nahmen viel Raum ein und entsprachen in der Preisgestaltung häufig nicht den Anforderungen des individuellen Gebrauchs. Der Macintosh dagegen war anders, ganz anders.

Mit dem Macintosh besaß Apple einen großen Vorteil gegenüber dem Gerät von IBM. Das Produkt stellte eine radikale Abkehr von allen auf dem Markt befindlichen Produkten dar, abgesehen von Apples teurerem Lisa oder Xerox' sehr teurem Star. Unser Produkt unterschied sich so gründlich von allen anderen, daß IBM, falls wir es als den dritten »Meilenstein« der Industrie etablieren konnten, Jahre brauchen würde, eine eigene Version eines auf graphischer Leistungsfähigkeit basierenden, anwenderfreundlichen Computers anbieten zu können.

Produktmerkmale besonders zu betonen, mag noch Mitte der siebziger Jahre einen Sinn gehabt haben, als die meisten Käufer das »Computern« als Hobby betrieben und von der Technologie fasziniert waren. Aber heute sind die meisten Benutzer nicht mehr nur an den technischen Merkmalen eines Produkts interessiert. Sie wollen eine umfassende Problemlösung, und sie wollen ihre Fähigkeiten steigern.

Die Positionierung der Zukunft

Ein Ereignis ist ein Vehikel zur Positionierung. Marketing in einer postindustriellen Gesellschaft ist kein Marketing der Funktion: es ist das Marketing des Erlebens. Das Erregende an einem Ereignis muß das eigene Erleben mit einschließen – den »puren Sex« beim Umgang mit persönlichen Computern. Den Gefühlszustand zu verkaufen ist wichtiger, als das Gefühl zu verkaufen, hat einmal Theodore Levitt von Harvard erklärt. General Motors vermarktet traditionell das Abenteuer, einen Cadillac zu besitzen – den Gefühlszustand –, und nicht so sehr die Bequemlichkeit der Sitze, die man im Rücken spürt. Auch wir wußten, daß wir den Gefühlszustand verkaufen konnten.

Aber wir entschlossen uns, noch weiter zu gehen – nämlich die Zukunft zu verkaufen – Apples Vision und sein totales Engagement für eine aufregende Industrie. Das ist im Marketing unüblich. Zum Beispiel mögen Autokäufer eventuell zwar Loyalität gegenüber Ford oder GM als Unternehmen empfinden, aber sie neigen zu einer geradezu unverbrüchlichen Treue gegenüber Produkten, wie zum Beispiel gegenüber dem Mustang oder dem Cadillac.

Aber wie verkauft man etwas, das noch nicht existiert? Man muß seinem Ereignis-Marketing die Form einer Erklärung geben, aus der sich ergibt, wohin man sein Unternehmen auf dem Markt zu führen versucht; wir versuchten, auf einem sehr chaotischen Computermarkt an allen anderen vorbeizuziehen und ein Kopf-an-Kopf-Rennen mit IBM zu führen. Es ist totale Geldverschwendung, wenn man nur an die Öffentlichkeit geht, um zu verkünden, was man im kommenden Jahr zu verkaufen gedenkt.

Ein Ereignis muß über die simple Präsentation eines Produkts hinausgehen; es muß etwas über die Richtung des Unternehmens aussagen, man sollte nicht nur die Entwicklung seines Unternehmens verdeutlichen, sondern auch über die Richtung, in die sich die Technik entwickeln muß, sprechen.

»Ein Mensch – ein Computer«, diese Formulierung beinhaltete eine doppelte Resonanz. Sie sprach das Individuum und die Gesellschaft an. Sie umriß unsere neue Vision von einer Gesellschaft – eine egalitäre Vision von einem billigen, leistungsfähigen Informationswerkzeug. Wir wiederholten diese Botschaft bei jedem Ereignis auf verschiedene Weise.

Wir versuchten, ziemlich teure Verbrauchsgüter auf den Markt zu bringen und zu verkaufen; deshalb war es notwendig, daß die Öffentlichkeit mehr über uns wußte. Was assoziiert die Öffentlichkeit mit PepsiCo oder Procter & Gamble? Sehr wenig, außer dem Namen ihrer Produkte ist kaum etwas über die Firmen bekannt. Aber über Apple als Unternehmen wissen die Leute viel. Und es gibt einen guten Grund für diesen Unterschied. Der Konsument möchte die Gewißheit haben, daß das Unternehmen auch noch in Zukunft da ist, um ihm Problemlösungen und Verbesserungen zu bieten. Er will das Risiko minimalisieren, bevor er einen größeren Kauf tätigt.

Es war wichtig, das Unternehmen Apple Computer gleichzeitig mit dem Mac zu verkaufen. Wir verkauften mit jedem Produkt das »Eigentumsrecht« an Apple. Jeder Mac-Besitzer konnte das Gefühl haben, mit über Apples Zukunft, seine Richtung und seine Vision von einem Arbeitsplatz der Zukunft bestimmen zu können.

Bei Soft Drinks und ähnlichen Produkten konzentriert sich die Werbung intensiv auf den Produktbereich. Das ist sinnvoll, weil dieser Industriesektor ausgereift ist und sich die Produkte nicht mehr dramatisch verändern. Aber auf dem Gebiet der Personalcomputer können sich die Produkte über Nacht verändern. Folglich auch die Marketing- und Werbestrategie. Deshalb ist es so wichtig, daß man das Interesse und die Aufmerksamkeit der Öffentlichkeit auf die technologische Vision des Unternehmens, auf die Begeisterung der Belegschaft und seine Kultur konzentriert, statt sich auf die technischen Merkmale eines Produkts zu versteifen.

Sowohl im Computergeschäft als auch in anderen Industriezweigen setzt sich die Identifikation eines Unternehmens als strategische Möglichkeit durch, da die Konsumenten besser denn je informiert sind. Wir mußten uns völlig bloßstellen, uns selbst und unsere Fähigkeiten verkaufen. Das Resultat all dessen ist, daß die meisten Menschen, wenn sie an Apple denken, eher an einen »Kreuzzug« denn an ein Unternehmen denken.

Wir wußten, daß Apple als ein Unternehmen der Gegenkultur in der

Industrie galt, und daß es darüber hinaus ein großes öffentliches Interesse an der Personalcomputerindustrie gab. Aber es besteht immer das Risiko, daß ein Unternehmen auch wieder aus dem Blickfeld der Öffentlichkeit verschwindet. Ich wußte, daß niemand IBM vergessen würde. Aber ich konnte mir nicht so sicher sein, daß die Menschen auch uns nicht vergessen würden. Wir mußten versuchen, dies sicherzustellen, und dazu benutzten wir eine besondere Strategie.

Die Methode

Einige Leute neideten uns die große Aufmerksamkeit, die dem Apple-Computer zuteil wurde, und konnten nicht verstehen, wie ein sogenanntes »Ereignis« eine so überwältigend gute Presse erhalten konnte. Sie haben dabei die Szene hinter der Bühne übersehen, die vielen Stunden, Tage, Wochen und Monate der Vorbereitung. »Ereignis-Marketing« realisiert sich kaum aus sich selbst heraus.

Man muß Veränderungen als Hebel einsetzen. Das Trauma, das sich aus Veränderungen ergibt, eröffnet neue Chancen, bewirkt aber auch häufig, daß eher konventionelle Firmen, die sich nicht immer so schnell anpassen können, die auftauchenden Chancen verpassen. Wie die Cola-Kriege von den gesellschaftlichen Veränderungen profitierten, so wurden auch die Computer-Kriege in diesem rasch wachsenden Industriezweig, der die Leute neugierig machte, sehr wichtig. Die Befürchtungen, die das Herannahen von 1984 umgaben, und das gigantische Image von IBM gaben uns eine Möglichkeit, uns selbst in die richtige Position zu rücken.

Wir vermuteten, daß jeder ein Klischee von »1984« im Kopf hatte. Aber wir waren in jenem Jahr sehr früh dran, und wir hörten uns überall um, um herauszufinden, ob irgendeine andere Großkampagne rund um George Orwell gestartet werden sollte. Es gab keine einzige.

Das Resultat: Ein sechzig Sekunden langer Werbefilm, der das Bühnenbild für unser Ereignis bildete, der unterstrich, wieso sich unser Ansatz so dramatisch von dem unterschied, was IBM tat. In einer Industrie mit Hunderten von Konkurrenten katapultierte er Apple in ein Kopf-an-Kopf-Rennen mit dem führenden Computerunternehmen.

»1984« verschaffte uns mehr Beachtung, als wir mit konventioneller Werbung erreicht hätten. Der Werbefilm war unsere Rede an die Welt. Wenn wir nur für den Macintosh und seine technischen Merkmale geworben hätten, wie viele Menschen hätten sich dann noch nach dem »Super Bowl« an den Spot erinnert?

Der Spot paßte genau in unsere Marketing-Strategie, die darin bestand, das öffentliche Interesse auf unsere so ganz andere Vision davon, wie die Technologie entwickelt werden müßte, zu konzentrieren. Er verschaffte uns eine Bühne, von der aus wir unsere Geschichte an den Mann bringen konnten. Darüber hinaus erweckte er ein großes Interesse an Apple als einem innovativen Unternehmen. Das ist der Unterschied zwischen einer kurzfristigen Marktanteil-Strategie und einer längerfristigen Marktpositionierungs-Strategie. Ein Test, den ich anstellte, bestand darin, mich selbst zu fragen, ob IBM den Film »1984« hätte senden können. Die Antwort war klar. IBM wäre nicht glaubwürdig gewesen; nur Apple nahm man einen solchen Spot ab.

Obwohl IBM uns, was Ausgaben für Werbung betraf, finanziell an den Rand des Ruins drängen konnte, wurden wir doppelt so bekannt, weil wir frechere und risikoreichere Anzeigenstrategien einsetzten. »1984« war nur der Anfang. In diesem Jahr kauften wir zudem den gesamten Raum für die Reklame in einer Wahlausgabe der »Newsweek« und wurden der erste Werbetreibende, der jemals Beilagen in die großen Magazine einlegen ließ. Das waren keine kleinen Faltblätter, sondern 20 Seiten lange, extravagant aufgemachte Broschüren, die die Vorteile unseres Produkts genau schilderten.

Man muß im voraus ein festes Fundament legen. Hinter jedem erfolgreichen Ereignis stecken viele Monate der Vorbereitung. Eines der wichtigsten strategischen Elemente war Regis McKennas feste Überzeugung, daß man Fundamente frühzeitig legt. McKenna, ein langjähriger Berater von Apple, der sich das freundlich wirkende und charakteristisch vielfarbige Apple-Zeichen ausgedacht hatte, ist ein Meister der Propagandatechnik. Aber er glaubt nicht an Anzeigenwerbung. Er glaubt daran, daß sich Computer am besten durch ausgetüftelte Mundpropaganda-Kampagnen verkaufen lassen. Bei der Verbreitung der Propaganda hält sich Regis an das, was er die »90 : 10-Regel« nennt. Es bedeutet, daß 90 Prozent der Menschen von den restlichen zehn Prozent beeinflußt werden. Wenn man die Einflußreichen der Welt ansprechen kann, hat man es geschafft, auch die ganze anvisierte Zielgruppe zu erreichen. Das trifft im Grunde genommen auf alle Anbieter zu.

Mundpropaganda-Marketing beinhaltet jedoch auch Risiken. Es ist nicht immer leicht, die Einflußreichen zu beeinflussen, die potentiell zu den am besten Informierten gehören. Diese mächtigen zehn Prozent können für oder gegen einen arbeiten. Deshalb ist es wichtig, daß ein Anbieter sich auf Substanz und Glaubwürdigkeit konzentriert. Die amerikanische Öffentlichkeit durchschaut sehr schnell falsche Behauptungen von Herstellern, wie zum Beispiel die Behauptung von Detroiter Automobilproduzenten, die einmal versicherten, daß ihre Wagen den japanischen Importen an Qualität überlegen seien, als dies eindeutig nicht der Fall war. Ich wüßte nicht, wie ich einen minderwertigen Wagen vermarkten sollte, und das gilt auch für einen schlecht gemachten Personalcomputer.

Zwischen dem Hersteller und dem Endverbraucher sind verschiedene Instanzen zu beachten. Aus diesem Grund arbeiteten Regis und Mike Murray einen Plan aus, mit dessen Hilfe schon lange vor der Einführung des Geräts die Beziehungen zu diesen Instanzen kultiviert werden sollten: 1. Drittfirmen, 2. Händler, 3. anerkannte Fachleute, 4. Finanz-Analytiker, 5. Vertreter von Fachzeitschriften, Wirtschaftszeitungen und allgemeiner Presse und 6. unsere kritischen Kunden.

Zusammen ergeben sie die entscheidenden zehn Prozent, die die restlichen 90 Prozent beeinflussen. Darüber hinaus stehen alle diese Gruppen zueinander in Beziehung. Wenn ein Journalist zum Beispiel ein entsprechendes Thema in einem Artikel abhandeln will, wird er Vertreter all dieser Gruppen ansprechen. Wenn diese rechtzeitig vorher informiert werden und das Produkt gut kennen, neigen sie eher dazu, eine positive Erklärung abzugeben.

Um Drittfirmen dafür zu interessieren, Produkte zu entwickeln, die für den Macintosh geeignet sind, machten wir sie mit den Prototypen des Computers und unseren Plänen schon Monate vor seinem Debüt bekannt. Fast ein ganzes Jahr vor der tatsächlichen Einführung des Macintosh unterzeichneten wir mit 100 Softwarefirmen Verträge über die Herstellung von Software für den Macintosh.

Bei der Einführung hatten wir jedoch fast keine Software, die von außen kam, anzubieten. Deshalb packten wir die Programme »MacWrite« und »MacPaint« zusammen und benutzten »Promos« von Bill Gates von Microsoft, von Mitch Kapor von Lotus Development und von Fred Gibbons von Software Publishing, die versprachen, den Mac zu unterstützen.

Wir gewannen außerdem die Unterstützung des hervorragenden Computerwissenschaftlers Andrew J. Singer, eines Mitgründers und Vizepräsidenten der Think Technologies Inc. In enger Zusammenarbeit mit dem Mac-Team entwickelte er die Computersprache »Instant Pascal«, die die Universitäten benutzen konnten, um selbst zu programmieren. Damit eröffneten sich für Apple große Möglichkeiten, in die Computer-Fachbereiche der Universitäten einzudringen. Am »Tag 1« konnten wir verkünden, daß die »Ivy League« für über 50 Millionen Dollar Macintosh-Computer bestellt hatte.

Auch wurde eine Gruppe von anerkannten Fachleuten und Personen in Schlüsselpositionen ausgewählt, denen wir kostenlos Macs zur Verfügung stellten. Unser Jahresbericht konnte elf Persönlichkeiten aufführen, die bisher schon den Macintosh benutzt hatten: den Unternehmer Ted Turner; den Schriftsteller Kurt Vonnegut; die Schöpferin der Vietnam-Gedächtnisstätte, Maya Lin; den Ballettmeister Peter Martins; den Designer Milton Glaser; den Erfinder der »Muppets«, Jim Henson; die Bürgermeisterin von San Francisco, Diane Feinstein; den Komponisten und Lyriker Stephen Sondheim; den Art Director des »Life«-Magazins, Bob Ciano; Lee Iacocca und David Rockefeller. Rund fünfzig Personen erhielten Vorausexemplare des Macintosh, angefangen von dem Avantgarde-Künstler Andy Warhol bis zu Sean Lennon, dem Sohn des verstorbenen Beatle John Lennon.

Der Marketing-»Blitzkrieg« war eine wohldurchdachte Strategie. Deshalb bestand eine Marschroute für 1984 in Regis' Konzept, daß man Fundamente frühzeitig legen muß. Man geht nicht erst zu den Medien, wenn man sie braucht. Man muß schon lange davor die Fundamente legen. *Man muß das Mysterium schaffen und strukturieren.* Dennoch durften wir nicht zu früh unsere Hände in den Schoß legen. Um bereits vor dem tatsächlichen Ereignis Interesse und Begeisterung zu wecken, mußten wir den Boden für das Macintosh-Mysterium bereiten. Der Spot »1984« diente dem sicherlich. Er war der »Anheizer« schlechthin.

Von allen genannten Gruppen waren die Analytiker und die Vertreter der Medien die wichtigsten. Für sie veranstalteten wir im ganzen Land eine Serie von »Schnuppertagen«; alles in allem sechzig verschiedene siebenstündige Präsentationen. Darüber hinaus gab es 16 »Schnuppertage« für Gruppen bis zu zehn Personen, die Ende Oktober begannen. Dabei wurde nicht nur das Produkt gezeigt, sondern auch Steve, ich und die Mitglieder des Entwurfteams stellten sich vor und gaben Gelegenheit für Interviews.

Während dieser Phase begleiteten drei Teams unserer Marketing-Abteilung die Lastwagen, um bei einer Städtetour in acht bis zwölf Städte das Produkt an unsere Händler auszuliefern. Das war weit mehr als eine simple Präsentation. In den letzten drei Monaten vor der offiziellen Einführung schulten wir 4000 Verkäufer bei den Händlern auf dem Macintosh. Die meisten Computerfirmen kündigen ihre Produkte an, ehe sie tatsächlich lieferbar sind. Das tun sie, um im voraus den Wettbewerb zu beeinflussen. Es kann dann noch Monate dauern, bis ein Produkt auf dem Markt erscheint. Im Falle des Lisa vergingen zum Beispiel fünf Monate zwischen dem offiziellen »Stapellauf« des Computers und seiner Auslieferung an die Händler.

Der Macintosh sollte hingegen am Tage der Einführung schon in den Lagern der Händler stehen. Meist war es nur ein Ausstellungsstück, um den Appetit der Computerfans anzuregen und sie dazu zu bewegen, den

Computer zu bestellen. Auf diese Weise konnten wir schon am Tage des »Stapellaufs« von der massiven Publicity profitieren.

Man muß externe Ereignisse nutzen. Wir nutzten drei verschiedene und unzusammenhängende Ereignisse aus: die Jahreshauptversammlung unserer Aktionäre, den rapiden Wandel und die Turbulenzen im Computergeschäft und George Orwells 35 Jahre alte literarische Vision von der Welt im Jahre 1984.

Die meisten Jahreshauptversammlungen sind geregelt und halten sich streng an die Buchstaben des Gesetzes. Unsere aber war wie eine »Erweckungsversammlung«. Es waren über 2700 Personen im Saal, weitere 800 trommelten an die Türen, um hereinzukommen. Ich kann mich noch erinnern, daß Kendall die örtlichen Pfadfinder zu unseren Aktionärsversammlungen in Purchase, New York, einzuladen pflegte, weil so wenige unserer Aktionäre kamen. Mehr als die Hälfte der Leute im Saal waren natürlich total begeisterte Angestellte von Apple. Ihre unverhüllte Begeisterung steckt bei einem solchen Ereignis alle anderen Anwesenden an und fällt zweifellos der Presse ins Auge.

Man muß eigene Maßstäbe für den Erfolg festlegen. Als der Macintosh eingeführt worden war, setzten wir uns einen hohen Maßstab: Erst bei einem Verkauf von 50000 Stück innerhalb von 100 Tagen war der Macintosh als Erfolg anzusehen. Typischerweise werden Marketing-Erwartungen im allgemeinen so vage wie möglich gehalten, weil eine enttäuschte Erwartung die Durchschlagskraft einer Marke ernstlich untergraben kann. Doch wir ergriffen die Initiative und postulierten unsere eigenen Spielregeln, um den Mac als drittes »Meilensteinprodukt« zu etablieren. Das hält andere davon ab, die Richtschnur zu bestimmen, an der sich der Erfolg dann messen lassen muß. Wir setzten uns zum Ziel, 50000 Macs in den ersten 100 Tagen zu verkaufen. Tatsächlich verkauften wir 72000 Stück.

Es war natürlich kein Zufall, daß wir unseren Stichtag so festlegten, daß er mit einem weiteren Apple-Ereignis, der Einführung des Apple IIc, zusammenfiel. So wußten wir, daß wir gleich mit zwei Knüllern aufwarten konnten.

*

Wir machten uns keine falsche Hoffnungen, IBM völlig aus dem Feld zu schlagen. Unsere Strategie, auf dem Markt erfolgreich zu sein, hing nicht von der Niederlage eines Giganten ab, sondern davon, ob wir Apple und unser Produkt richtig positionieren könnten.

Als wir uns auf das Jahr 1985 zubewegten, hatten wir unsere Rolle als

stärkster Wettbewerber von IBM gesichert, weil wir »Ereignis-Marketing« und unterstützende Werbemaßnahmen auf unkonventionelle Weise
eingesetzt hatten. Wir definierten den Spielraum des Wettbewerbs neu,
wir änderten seine Grundregeln, sicherten unsere Position im Bewußtsein der Menschen und bereiteten den Boden für das bedeutsamste Jahr in
Apples kurzer Geschichte vor.

Kapitel 8

»Eine Firma in Schwierigkeiten«

Ein leichter Nebel hing dicht über dem Erdboden. Wie in so vielen Morgenstunden wartete man in Silicon Valley wieder darauf, daß die klare Sonne den Dunstschleier wegbrannte. Um neun Uhr morgens, eine volle Stunde vor Beginn unserer Jahreshauptversammlung, hatten sich bereits Hunderte von Menschen auf den Stufen des Flint Center versammelt. Um zehn Uhr war jeder Sitzplatz in dem großen Saal besetzt, und eine beträchtliche Menge Menschen mußte in ein nahe gelegenes Kino verwiesen werden, um die Versammlung per Videoübertragung verfolgen zu können.

Steve und ich enttäuschten die mehr als 2000 jubelnden Menschen nicht, die sich am 23. Januar an diesem Ort zusammendrängten. Die Medien nannten unsere Multimedia-Vorstellung spaßhaft die »Steve und John Show«.

Wir stellten uns gegenseitig als Freunde vor. Dann wurde die Bühne für eine theatralische Demonstration von »AppleTalk« verdunkelt. Mit »AppleTalk« können Macintosh-Computer miteinander kommunizieren und Daten austauschen.

Wir beide standen vor Macintosh-Monitoren, die mit einem Kabel verbunden waren, über denen ein geheimnisvoll grünes Licht schwebte. Wie durch Zauberei glitt ein bedruckter Briefumschlag sanft von meinem Macintosh-Bildschirm auf Steves.

Genau wie ein Jahr zuvor, als wir den Macintosh vorstellten, geriet die Menschenmenge in Euphorie. Die Vorstellung von einem neuen Schreibtisch-zu-Schreibtisch-Kampf mit IBM fand Anklang. Es schien, als ob wir einen weiteren Triumph erzielt hätten. Aber hinter der Kulisse sah es anders aus.

Wir konnten noch einmal zufrieden sein, weil unser Profit für das am 28. Dezember zu Ende gegangene Quartal um das Achtfache auf die Rekordsumme von 46,1 Millionen Dollar gestiegen war, während unser Umsatz sich auf 698,3 Millionen Dollar mehr als verdoppelt hatte. Die meisten Menschen bei Apple waren vollkommen hingerissen. Aber wir hatten weit höhere Einnahmen vorausgesagt und deshalb die Lagerbestände aufgestockt, um sie realisieren zu können. Wir hatten genug produziert, um uns Einnahmen von nahezu einer Milliarde Dollar zu verschaffen, rund 300 Millionen Dollar mehr, als wir tatsächlich verzeichneten. Wir hatten uns darauf versteift, 100 Millionen Dollar Bargeld in Lagerbestände zu stecken, weil wir überzeugt waren, daß Apple sich immer noch im Aufwind befand. Nun mußte ich fürchten, daß unsere Computerhändler auf riesigen Lagerbeständen unverkaufter Waren hockten.

Die Menschen brachten jubelnd ihre Zustimmung zum Ausdruck, als Steve nach der Aufführung des »Lemminge«-Spots mit verbundenen Augen auf die Bühne kam. Aber wir wußten bereits, daß der Spot ein Reinfall war. Am Tage nach der »Super Bowl«-Übertragung standen unsere Telefone nicht still, weil die Menschen wütend anriefen und erklärten, niemals wieder ein Produkt von Apple zu kaufen. Sie waren der Ansicht, daß der Spot genau die Menschen beleidigte, die wir als Kunden umwarben. Auch die Händler bestürmten uns mit Anrufen und berichteten von Beschwerden potentieller Käufer.

Unabhängige Untersuchungen ergaben, daß der Spot wirklich ein Blindgänger war. »Advertising Age« berichtete, daß weniger als 20 Prozent der Zuschauer, die behaupteten, den Spot gesehen zu haben, den Film korrekt beschreiben konnten. Eine weitere Untersuchung zeigte, daß er von 98 Spots, die während des Spiels gesendet wurden, am besten in der Erinnerung haften blieb, aber nur, weil er auf so unbestimmte Art morbide und absurd wirkte.

Und nur wenige Wochen vor diesem Ereignis hatte ich außerdem feststellen müssen, daß zwei wichtige Bestandteile des Macintosh Office nicht rechtzeitig zur Auslieferung fertig werden würden: der Dateien-Ordner, der es Benutzergruppen erlaubt, auf vorhandene Daten zurückzugreifen und untereinander in einem lokalen Netz zu kommunizieren, und eine »AppleTalk«-Karte, mit deren Hilfe man einen IBM PC an einen Macintosh Office anschließen konnte. Steve hatte mir die Hardware für den Dateien-Ordner mehrmals gezeigt – sie sah aus wie das Gehäuse eines Video-Kassettengeräts. Aber ich war damals in technischer Hinsicht zu naiv, um zu begreifen, daß der Dateien-Ordner in erster Linie ein Software-Produkt war, und die Software war alles andere als fertig.

Dennoch war ein solches Gerät wichtig, um aus dem Macintosh Office einen Erfolg zu machen. Steve erzählte uns, daß die Hardware als Prototyp bereits arbeitete, aber wir besaßen keine Software, die funktionierte. Mit unserem Laserdrucker, genannt LaserWriter, besaßen wir ebenfalls ein hervorragendes Produkt, aber wir waren uns nicht sicher, ob wir die Leute überzeugen konnten, daß ein Macintosh und ein LaserWriter genug sind, ein wirkliches Ereignis abzugeben.

Der Macintosh hungerte nach Software. An diesem Punkt mogelten wir uns wirklich vorbei.

Unglücklicherweise stellten wir das nicht besonders gut an. Anders als 1984 wirkte das »Ereignis Mac Office« lediglich übertrieben. Als immer mehr Zeit verstrich, wußten unsere Kritiker, daß unsere Ankündigung nicht den Tatsachen entsprach und verfrüht war. Die Medien stellten sich gegen uns. Wir hatten das »Anti-Ereignis« geschaffen, das sich gegen uns wandte. Einiges davon war noch die Quittung aus dem vorangegangenen Jahr. Wir hatten der Öffentlichkeit mitgeteilt, daß der Macintosh die Welt verändere. Nun versagte er.

Im Oktober waren Steve und ich noch das »Dynamische Duo« gewesen. Vier Monate später waren wir nur noch eine »Firma in Schwierigkeiten«.

Bei unseren Bemühungen, den Macintosh Office bedeutsam erscheinen zu lassen, hatten wir die Tatsache übersehen, daß der Umsatz von Apple II 70 Prozent unserer Einnahmen während der Weihnachtssaison ausmachte. Die Apple-II-Division, die sich bereits mit Steves Macintosh-Gruppe in den Haaren lag, war wütend. Kurz nach der Jahreshauptversammlung rief mich ein aufgebrachter Steve Wozniak an, der sich vor lauter Wut kaum beruhigen konnte. Woz war der Auffassung, daß Apple die Richtung verloren habe und wir ein großartiges Produkt fallenließen.

Er sagte, daß im Grunde genommen jeder in der Apple-Gruppe aufgebracht sei. Er konnte nicht verstehen, warum ich Verrat begangen hatte und nur noch den Macintosh unterstützte. Das sei nicht beabsichtigt gewesen, erwiderte ich ihm. Wir hätten dem Macintosh zu großer Beachtung verhelfen wollen, weil sein Erfolg in der Firmenwelt so entscheidend für die Zukunft des Unternehmens sei. Dennoch sei es wahr, daß der Apple II und nicht der Macintosh uns über die schwierige Weihnachtssaison gebracht habe. Die Unterredung gipfelte in Woz' Kündigung bei Apple.

Die schlechten Nachrichten rissen nicht ab. Weitere Manager der oberen und mittleren Führungsebene entschlossen sich, die Firma zu verlassen. Unser Leiter der Finanzabteilung und unser Vizepräsident für internationale Geschäfte kündigten ihren Rücktritt an. Dutzende von Ingenieuren sowohl der Apple-II-Gruppe als auch der Macintosh-Gruppe gingen ebenfalls. Wie ein Apple-Mitarbeiter der Presse erzählte, war die Stellenangebotstafel des Unternehmens voller ZEGs, was für »Zur Einstellung gesucht« stand. Der Marketingmanager der Apple-II-Gruppe wechselte so häufig, daß die Leute ein Schild aufstellten, auf dem stand: »Wenn dein Boß anruft, frage nach seinem Namen.« Einige von unseren Leuten betrachteten den Wettbewerb allmählich als »PC-Neid«, wie es einer von ihnen bezeichnete.

Ende Januar kamen unsere Auslieferungen faktisch zum Stillstand, weil die Apple-Händler auf einem Lagerbestand saßen, der für mehr als einen Monat reichte. Sie riefen uns an und baten dringend, unverkaufte Produkte an die Firma zurückgeben zu können. Manche Händler saßen noch auf Lagerbeständen vom vergangenen November. Wir mußten ihnen zum Ende der Weihnachtssaison lukrative Rabatte versprechen, wenn sie das Produkt gegenüber den Konkurrenzgeräten besonders lancierten.

IBM ging mit dem Preis für den PC Jr. während der Weihnachtstage so tief herunter, daß ich befürchtete, unser Konkurrent verschleuderte das Produkt unter seinen Herstellungskosten. Eines Tages kalkulierte ich den Preis durch und stellte tatsächlich fest, daß IBM sein Produkt auf keinen Fall verkaufen konnte, ohne dabei Geld zu verlieren. Die Händler, die anfänglich versucht hatten, den PC Jr. für 1698 Dollar zu verkaufen, gaben ihn nun für unter 900 Dollar ab. Dieser Preis unterbot den Preis für den Apple II c um mindestens 200 Dollar, und dieser Unterschied stellte noch nicht einmal die Tatsache in Rechnung, daß IBM noch einen hochauflösenden Farbmonitor für diesen niedrigen Preis dazulegte.

Wenn man hätte beweisen können, daß IBM Geräte unter den Herstellungskosten abstieß, um die Konkurrenz aus dem Feld zu schlagen, hätte man den Vorwurf erheben können, daß damit gegen die Antitrust-Gesetze verstoßen wurde. Dieser Umstand beschäftigte mich außerordentlich, aber er war schwer zu beweisen.

Zu diesem Zeitpunkt hatten wir noch keine Ahnung, daß IBM sich darauf vorbereitete, sein Produkt zu begraben. Jede öffentliche Stellungnahme von IBM lautete: »Wir lassen das Produkt nicht fallen. Wir stehen hinter dem Produkt.« Das allein machte die Preissenkungspolitik noch bedrohlicher.

Während unsere Lagerbestände vor allem bei Apple-II-Computern anwuchsen, waren während der letzten drei Monate des Jahres 1984 die Umsätze beim Macintosh so enttäuschend niedrig, daß Steve zunehmend depressiver wurde. Wir hatten angenommen, zwischen 60 000 bis 85 000 Macs pro Monat verkaufen zu können. Tatsächlich verkauften wir nur um die 20 000 Stück. Mitglieder seines eigenen Stabes kamen zu mir und erzählten, daß sie Steve noch nie so entmutigt erlebt hätten.

Er konnte nicht begreifen, weshalb wir nicht mehr Macs verkauften. Wochenlang saß Steve einfach untätig im Büro herum, in sich gekehrt und niedergeschlagen. Er schloß sich in seinem Büro ein und weigerte sich, mit irgend jemandem zu sprechen.

»Ich verstehe das einfach nicht«, sagte er immer wieder. »Warum verkauft er sich nicht? Alles läuft falsch, und ich finde nicht heraus, warum es so ist.«

Eigensinnig weigerte sich Steve zu glauben, daß mit dem Produkt etwas nicht in Ordnung war. Es mußte etwas oder jemand anderes sein – die Marketing- oder Verkaufsstrategien, die Händler oder sogar die Kunden. Es konnte unmöglich der Macintosh sein. Der Macintosh war nach seiner festen Überzeugung ein hervorragendes Produkt.

Steve und ich hielten jedoch weiter an der Hoffnung fest, daß das Geschäft, den Franzosen Macs zu verkaufen, möglicherweise der Joker sein könnte, der uns von unseren Problemen befreien würde. Die Möglichkeit, einen Auftrag von über 500 Millionen Dollar zu schnappen, erschien uns nun wichtiger denn je. Damit könnte das Vertrauen der Leute, daß der Macintosh der Computer der Zukunft sei, auf bedeutsame Weise wieder aufgebaut werden.

Wir hatten ein Team von Leuten zusammengestellt, das beratend zur Seite stehen sollte, wenn er darum ging, mit der französischen Regierung zu verhandeln: Sam Pisar, der bekannte französische Rechtsberater; Jean-Jacques Servan-Schreiber, der französische Visionär; ich und Eisenstat. Jean-Jacques, der stundenlange Spaziergänge mit Präsident Mitterrand zu unternehmen pflegte, hatte diesen davon überzeugt, daß die Computertechnologie sein Vermächtnis darstelle, genauso wie man sich an Präsident Pompidou als den französischen Staatsmann erinnere, der dazu beigetragen habe, Frankreich zu einer führenden Macht bei der Nutzung der Kernenergie zu machen. Wir trafen mit führenden Leuten aus der Industrie, der Regierung und aus dem Erziehungswesen in Frankreich zusammen. Das stellte für mich einen beträchtlichen Zeitaufwand dar, aber ich betrachtete das Ganze als einen großen Wurf, der unsere Situation wirklich ändern könnte.

Schließlich erhielten wir im Februar grünes Licht, Präsident Mitterrand im Elysee-Palast zu treffen. Steve kam im Flugzeug, um bei dem Treffen dabeizusein. Ich bat ihn wieder, sich von seiner besten Seite zu zeigen, insbesondere, da ich mich an ein vorangegangenes Treffen im Palast mit Jean-Louis Gassée, dem Chef von Apple-Frankreich erinnerte, als er sich auf seine typische Art sehr respektlos angesichts eines hohen Regierungsbeamten aufgeführt hatte.

»Wir kamen herein und Steve begann, dem Beamten klarzumachen, wie man Frankreich zu regieren habe«, erzählte mir Gassée lachend. »Also saß ich da und dachte: ›O mein Gott, sie werden uns rausschmeißen oder ins Gefängnis stecken.‹ Aber das Schöne an Steves unglaublicher Ausstrahlung ist, daß schließlich dieser Bursche anfing, sich zu verteidigen. Er hätte doch sagen können: ›Na, hören Sie mal, Sie machen Computer, wir regieren! Machen Sie gefälligst 'ne Fliege!‹«

Da ich eine solche Szene mit Mitterrand nicht wünschte, bat ich Steve, seine Meinungen, falls sie nichts mit Computern zu tun hätten, für sich zu behalten. Mit einer Limousine fuhren wir in den Innenhof des Palastes, passierten uniformierte Wachen am Eingang und wurden durch ein riesiges, ganz in Marmor gehaltenes Foyer in einen Warteraum geführt. Nach einer Weile wurden wir in einen weiteren Empfangsraum geleitet, wo wir dem Dolmetscher des Präsidenten vorgestellt wurden. Er informierte uns, wie wir den Präsidenten anzureden hatten.

Endlich betrat Mitterrand den Raum. Er war nicht sehr groß. Er trug einen blauen Nadelstreifenanzug und war sehr ernst. In seiner Begleitung befand sich Charles Saltzman, sein Berater in Wissenschaftsfragen. Wir gaben uns zur Begrüßung die Hand, und er bat uns mit einer Handbewegung in sein Arbeitszimmer, einen riesigen Raum mit üppigen grünen Seidenbrokatsesseln. Mitterrand, Steve und ich saßen in Sesseln vor dem knisternden Kaminfeuer, Saltzman, Jean-Jacques Servan-Schreiber und der Dolmetscher nahmen uns gegenüber Platz.

Nach dem anfänglichen üblichen Geplauder kamen wir beim Mittagessen zum eigentlichen Thema.

»Wir sind sehr von Ihrer Computervision begeistert, Herr Präsident«, sagte ich. »Nach allem, was wir wissen, geht sie weit über das hinaus, was sich irgendwo in der Welt, einschließlich der Vereinigten Staaten und Japan, abspielt. Wenn es Frankreich gelingt, Ihre Vision zu verwirklichen, wird Ihr Land an der vordersten Front der Computerwissenschaften stehen.«

»Ja«, meinte der Präsident, sichtlich erfreut, »das ist genau das Richtige für das französische Volk. Das ist etwas, was ihm gefallen und was es verstehen wird, denn die Franzosen haben eine Leidenschaft für Dinge, die den Intellekt stimulieren.«

Steve begann darüber zu sprechen, daß IBM Computer als Datenverarbeitungsmaschinen verkaufe, daß Apple dagegen Computer als Werkzeuge des Geistes betrachte, die die Kreativität des Individuums steigern könnten.

»Herr Präsident«, sagte ich, »ich bin mir der langjährigen Verbindungen Frankreichs zu Ländern der Dritten Welt sehr bewußt. Ich bin mir sicher, daß Sie die einzigartigen Möglichkeiten Frankreichs ermessen können, wenn ihm die führende Technologie der nächsten Generation der Personalcomputer zur Verfügung steht. Es böte eine Möglichkeit, die Dritte Welt ins 21. Jahrhundert zu holen, indem man die Computer nutzt, rasch den Erziehungs- und Ausbildungssektor in diesen Ländern auszubauen.«

Mitterrand zog die Augenbrauen hoch. »Das ist sehr interessant«, meinte er. »Wenn wir irgend etwas mit Apple zu tun haben, müßten wir natürlich das Recht haben, an die Länder der Dritten Welt verkaufen zu können. Das wäre für unsere Handelsbilanz sehr wichtig.«

Wir erklärten ihm, daß wir darauf vorbereitet seien, mit der französischen Industrie über solche Themen zu verhandeln, aber daß wir andere Verträge beachten müßten, die wir bereits geschlossen hätten.

»Ihr Land hat keine vergleichbaren Beziehungen zur Sowjetunion wie Frankreich«, sagte er dann. »Und ich glaube, daß dies eine sehr gute Gelegenheit ist, Ihre Technologie über Frankreich in die Sowjetunion zu bringen.«

»Das wäre eine Möglichkeit«, erwiderte ich, »aber wir haben die Vereinbarungen zu respektieren, die sich auf die Genehmigung unserer Regierung für Technologieexporte in die Ostblockländer beziehen.«

»Ja«, meinte Mitterrand, »ich verstehe. Natürlich würden wir erwarten, daß die französische Industrie daran beteiligt wird, weil wir in Frankreich eine sehr große und sehr leistungsfähige Industrie haben. Das wäre sehr wichtig.«

Ich erzählte ihm, daß wir bereits Treffen mit führenden Vertretern der französischen Computer- und Telekommunikationsindustrie gehabt hätten und daß wir mehr als darauf vorbereitet seien, mit ihnen in Verhandlungen zu treten, aber nicht bereit seien, Lizenzen für unsere Technik zu vergeben. In irgendeiner Form müsse ein Joint Venture durchgeführt werden.

»Das klingt gut«, meinte er. »Wir sollten es im Auge behalten.«

In der Zwischenzeit hatten uns Kellner in schwarzen Cutaways ein recht exotisches Essen, bestehend aus einer Art Innereien serviert. Es war wahrscheinlich eine französische Delikatesse, aber ich hatte noch nie so etwas gegessen. Jedesmal, wenn ich einen Bissen in den Mund nahm, dachte ich: »Mein Gott, hoffentlich kriege ich es runter.« Steve schob das Fleisch an den Tellerrand und weigerte sich, auch nur einen Bissen zu nehmen. Aber ich wollte mich gegenüber dem französischen Präsidenten nicht respektlos verhalten.

»Stimmt etwas nicht?« fragte Mitterrand mich. »Schmeckt Ihnen das Essen nicht?«

»Doch, es ist gut«, antwortete ich.

»Nein, er mag das Essen nicht«, stellte Mitterrand fest.

»Doch, doch, mir schmeckt es«, beharrte ich, weil ich ihn nicht beleidigen wollte. »Es ist vorzüglich, Herr Präsident.«

Mit einem großen Schluck Wein spülte ich die Stücke hinunter und schaffte es irgendwie, das Essen hinter mich zu bringen. Steve aß überhaupt nichts, aber Mitterrand konnte seinen Teller nicht sehen, weil eine Blumenvase davorstand. Ich saß zur Rechten des Präsidenten, deshalb konnte ich mich nicht durchmogeln. Zum Kaffee begaben wir uns wieder in sein Arbeitszimmer; nach einigen Minuten wandte Mitterrand sich an seinen Wissenschaftsberater und fragte ihn: »Nun, sollen wir es machen? Frankreich braucht so etwas. Charles, glauben Sie, daß die französische Industrie bereit ist, mit Apple zusammenzuarbeiten?«

»Ja, Herr Präsident«, antwortete Saltzman. »Es wird zwar viele schwierige Verhandlungen geben und viele Fragen, die geklärt werden müssen, aber ich denke, daß alle Parteien zusammenarbeiten können.«

»Nun, das war's«, meinte daraufhin der Präsident und stand auf. Er schüttelte uns die Hand, und wir wurden durch die verschiedenen Flure und Hallen, über die Marmortreppe zum Marmorfoyer hinausgeleitet, gingen an den Wachen vorbei und stiegen in unsere Limousine.

Steve und ich blickten uns lächelnd an. Wir fühlten uns wie zwei romantische Kinder, die gerade einen König in seinem Palast besucht haben. Einen flüchtigen Augenblick lang vergaßen wir unsere Schwierigkeiten zu Hause und glaubten, einen Marketing-Coup gelandet zu haben.

»Donnerwetter! Das war wirklich interessant. Ich glaube, daß er es wirklich tun wird«, meinte Steve.

»Wir sind hier in Frankreich«, meinte Jean-Jacques warnend. »Sie müssen vorsichtig sein. Man kann nie wissen, ob aus einem Plan etwas wird, bevor nicht alles erledigt ist.«

Es gab noch ein paar weitere Treffen mit Kabinettsmitgliedern, in denen wir das abklärten, was wir für die letzten Detailfragen hielten. Steve und Al kehrten nach Kalifornien zurück, während ich zu einem weiteren Geschäftstreffen nach London flog. Als ich gerade in meinem Londoner Hotel abgestiegen war, rief mich ein Reporter vom »Wall Street Journal« an. Unsere Besprechung mit Mitterrand sollte geheim bleiben, aber der Reporter hatte von einem Informanten aus der französischen Industrie offensichtlich etwas von unserem Treffen erfahren.

Die Führungskräfte der französischen Computerindustrie hatten wohl nie angenommen, daß die Pläne so weitreichender Natur waren. Sie waren offensichtlich verblüfft, als sie von unserem Treffen mit Mitterrand erfuhren und starteten eine machtvolle Kampagne, um unsere Pläne zu Fall zu bringen. Schließlich schafften sie es, Mitterrand davon zu überzeugen, daß ein Geschäft mit einem amerikanischen Unternehmen ein großes politisches Risiko sei. Bei einem erfolgreichen Abschluß würde es ihrer Meinung nach viele französische Arbeitsplätze vernichten, weil die Menschen sich Apple-Computer und keine französischen Computer kaufen wollten. Innerhalb weniger Wochen war das Geschäft geplatzt. Wir hatten wochenlang Zeit investiert und auf einen Abschluß gehofft, der die Welt in Erstaunen versetzen sollte. Statt dessen war es in einem kritischen Augenblick nur eine unnötige Ablenkung gewesen.

*

In Kalifornien ging der Auflösungsprozeß indessen weiter. Anfang März beschlossen wir wegen der enorm hohen Lagerbestände, alle vier Produktionsanlagen für eine Woche stillzulegen. Finanzspezialisten der Wall Street kürzten ihre Schätzungen über unsere Einnahmen im nächsten Quartal. Als der Kurs unserer Aktien täglich auf einen neuen Tiefstand stürzte, entstanden Gerüchte um eine Übernahme von Apple.

Die Medien, die sich begierig darum gerissen hatten, die romantische Geschichte von Apples Garagenabenteuer bis in die Liste der 500 von »Fortune« zu erzählen, stürzten sich nun auf die neuesten Klatschgeschichten vom Niedergang des Unternehmens. Bei Apple selbst nahmen uns zunehmend gegenseitige Schuldzuweisungen und Nahkämpfe in Anspruch. Die ausgedehnten, ziellosen Gespräche und intellektuellen Diskussionen darüber, wie die Technologie die Welt verändern würde, wurden weitaus grundsätzlicher. Zum ersten Mal seit unserer Zusammenarbeit waren Steve und ich bei wichtigen Themen total gegenteiliger Meinung.

Eine Auseinandersetzung betraf unser Vertriebssystem und hatte sich schon vor Monaten zusammengebraut, nämlich seit Oktober, als Steve sich mit Fred Smith, dem Gründer und Chief Executive von Federal Express, zu einem Abendessen getroffen hatte. Smith, ein ebenso dynamischer und ungewöhnlicher Unternehmer wie Jobs, hatte Steve offensichtlich mitgeteilt, daß Apple seine Vertriebskosten senken könne, wenn die Produkte von Federal Express direkt ab Fabrik an den Endverbraucher ausgeliefert würden.

Grundsätzlich war die Idee gar nicht schlecht, weil sie die Möglichkeit eröffnete, das Netz von Großhandelsgeschäften, die Vertriebskosten und die großen Lager dramatisch zu reduzieren. Wenn ein Apple-Händler einen Auftrag meldete, würde das den Zusammenbau des Produkts auslösen – genau wie bei einem Auftrag, den man für ein neues Auto erteilt. Sobald das Gerät das Montageband bei Apple verlassen hätte, könnte Federal Express es über Nacht ausliefern. Steve begeisterte sich für die Idee und war der Meinung, daß wir alle sechs Vertriebsstützpunkte im ganzen Land schließen sollten.

Ich neigte auch dazu, die Idee überprüfen zu lassen. Steve war aber so überzeugt, daß der Vorschlag Hand und Fuß hatte, daß er Mitglieder seines Stabes aufforderte, eine Analyse anzufertigen, die eine Entscheidung in seinem Sinne rechtfertigte. Es störte ihn nicht, daß unsere Manager der mittleren Führungsebene bereits stark beunruhigt waren, weil sie meinten, daß Steve und ich uns über ihre Entscheidungsbefugnisse hinweggesetzt hätten. Nun wollte Steve auch noch unser gesamtes Vertriebssystem demontieren, ohne daß irgendein Mensch, der direkt mit dem Vertrieb zu tun hatte, eine Chance erhielt, etwas dazu zu sagen. Es war einfach unfair, was er tat.

Deshalb drängten der Verkaufschef Bill Campbell und ich Steve, sich zurückzuhalten und den mittleren Managern die Zeit zu lassen, das Problem zu überprüfen. Aber für Steve, der von dieser Idee besessen war, war es unmöglich, sich nicht einzumischen. Die mittleren Manager richteten schließlich ihren Zorn gegen mich, weil sie annahmen, daß ich als Chief Executive in der Lage sein müßte, ihn in Schach zu halten. Als ich während eines Führungskräfte-Seminars mit einigen von ihnen sprach, stieß ich auf Feindseligkeit. Sie waren über Steves und auch über mein Verhalten empört.

Ein leitender Manager drohte sogar mit seiner Kündigung und löste damit einen offenen Streit zwischen mehreren anderen und mir während des Seminars aus.

»Wer leitet denn nun eigentlich dieses Unternehmen?« fragte mich einer. »Wenn Sie das Unternehmen leiten, warum geht Steve Jobs dann herum und sagt uns, was wir zu tun haben?«

Was das Thema Vertrieb noch unangenehmer machte, war die Tatsache, daß Campbells Team, das während der vergangenen Weihnachtssaison eine Rekordauslieferung bewältigt hatte, es nicht schaffte, Argumente gegen Steves Federal-Express-Plan zu formulieren. Sie brauchten Monate, um mit Antworten aufzuwarten. Die exakteste und schärfste Analyse bei Apple stammte von einem Team der Macintosh-Division, das von Debi Coleman geleitet wurde. Sie gehörte zu Steves intelligentesten und aggressivsten Managern und leitet heute unsere Fabrikationsanlage in Fremont.

Die Vertriebsfrage entwickelte sich zu einem entscheidenden Test unserer Firmenpolitik, dem mittleren Management mehr Entscheidungsfreiheit einzuräumen; um so schlimmer, daß es jetzt nicht entschieden gegen die Federal-Express-Idee vorging. Das Paradox war, daß Steve mehr darüber wußte, was in seiner Division vor sich ging — obwohl er sie nicht besonders gut leitete —, als die Leute, die ihn kritisierten.

Ich saß zwischen allen Stühlen. Auf der einen Seite forderten die mittleren Manager von mir, ihnen mehr Gewicht bei Entscheidungen einzuräumen, auf der anderen Seite bedrängte mich Steve, dessen Leute die benötigte Analyse lieferten, um seinen Standpunkt zu unterstützen.

Ungeachtet der Tatsache, daß ich ihn immer wieder bat, sich herauszuhalten und dem mittleren Management die Zeit zur Lösung einer Sonderaufgabe zuzugestehen, steckte er seine Nase überall hinein. »Wenn du so weitermachst und dich in jedermanns Angelegenheiten mischt, werden wir gar nichts erledigen können«, sagte ich ihm. »Du mußt dich auf den Macintosh konzentrieren und dessen Probleme beheben.«

Er gab mir dann recht — genauso wie vor unserem Treffen mit den Xerox-Leuten, als er versprochen hatte, sich mit seinen Ansichten zurückzuhalten, genauso wie er versprochen hatte, die Menschen nicht mit Worten zu verletzen, als ich ihm sagte, er müsse schonender vorgehen. Aber er konnte sich einfach nicht heraushalten. Steve mußte sich einmischen; und er mußte Macht haben.

Wohin ich auch sah, so schien es mir, entdeckte ich neue Probleme. Und wohin ich mich auch wendete, immer stärker geriet ich in einen Konflikt, den Steve verursacht hatte. Mehrere Mitglieder aus Steves Stab in der Macintosh-Division, die ihm direkt unterstanden, besuchten mich einige Male, um sich über ihn zu beklagen. Einige behaupteten, daß der Dateien-Ordner niemals ausgeliefert werden könne — daß er in erster Linie ein Softwareprodukt und kein Hardwareprodukt sei, wie Steve behauptete.

Ich hatte die Technologie immer durch Steves Augen betrachtet. Er war der Zauberer, und ich gehörte zu seinem Publikum. Ich hatte mir das »Dritte Gesetz« des Futurologen C. Clarke zu Herzen genommen, daß »jede genügend fortgeschrittene Technologie von Magie nicht mehr zu unterscheiden ist«. Mir war jedoch bewußt, daß die Entwicklung eines Dateien-Ordners auf eine Systemtechnologie angewiesen war, die alleinstehende Computer in Systeme oder Netze einband, die untereinander kommunizieren konnten. Das gehörte aber in die Welt der Minicomputer und der Großrechner, für die Steve eine Abneigung empfand.

Um technologisch besser beraten zu sein, stellte ich Mike Homer, einen Mann aus unserer eigenen Management-Informationssystemgruppe, als Berater ein und begann, Beziehungen zu weiteren Technologen außerhalb Apples zu pflegen, um eine Resonanz auf meine Vorstellungen zu bekommen. Ich wollte nicht länger voller Verwunderung einen technologischen Kniff bestaunen, ich wollte ihn selbst begreifen. Ich begann auch, Alan Kay zuzuhören.

»Steve verkörperte perfekt die Sorte Mensch, die ausschließlich visuell ausgerichtet ist, und sein Hauptfehler bestand darin, daß er sich nie davon befreien konnte. Der visuelle Geist ist recht gewandt darin, Tatsachen durch Einbildung zu verdrehen.

Sehen Sie sich den Mac einmal an! Wenn man ihn von vorne betrachtet, ist er phantastisch. Wenn man ihn von hinten betrachtet, stimmt nichts. Steve denkt überhaupt nicht in Systemen. Das ist eben eine Mentalitätsfrage. Drehen Sie den Mac einmal herum, und betrachten Sie die Ausgangsbuchsen an der Rückseite, und Sie werden sagen: ›Heiliger Strohsack, spinnen denn diese Typen? Denken sie nicht in Zusammenhängen, denken sie nicht an die Möglichkeit, sich einer größeren Welt anzuschließen?‹

Wenn man sich den ursprünglichen Mac ansieht, kann man Steve erkennen. Der Mac ist in einem gewissen Sinne wie Steves Kopf, weil er die guten und die schlechten Seiten Steves besitzt. Er verkörpert eine erstklassige Qualität, aber auch Teile, wo sein Gehirn nicht funktionierte.

Als ich zu Apple kam, bestand ihre Vorstellung von einem System darin, eine Floppy Disk in das Laufwerk einzulegen und zu sagen: ›Das ist das einzige Bindeglied, das wir jemals benötigen werden.‹«

*

»Das ist sehr viel komplizierter, als wir denken«, versuchte ich Steve klarzumachen. »Wir müssen wirklich mehr über Systeme Bescheid wissen, darüber, wie wir uns an andere Computer ankoppeln können.«

»Mach dir keine Sorgen«, antwortete er. »Bleib bei der Stange. Wir wissen, was wir tun. Wir schlagen den richtigen Weg ein.«

Wann immer ich erwähnte, daß andere Ingenieure bei Apple der Meinung waren, daß unser Weg falsch sein könnte, ging er mit einem Schulterzucken über ihre Bedenken hinweg.

»Sie begreifen es einfach nicht«, meinte er dann.

Andere Mitglieder seines Stabes erzählten mir privat, daß bislang noch keiner wisse, wie die nächste Macintosh-Generation aussehen würde – obwohl schon über ein Jahr seit der Einführung des ersten Macs vergangen war.

»John«, sagte einer, »du mußt irgend etwas mit Steve unternehmen. Er ändert beständig seine Meinung über das, was wir tun sollten. Das Resultat ist, daß wir überhaupt nicht wissen, was wir zu tun haben. Wir alle schätzen Steves Ideen sehr, aber wir können seinen Managementstil nicht länger ertragen.«

Meine Zeit wurde mehr und mehr davon in Anspruch genommen, die Leute zu beruhigen, in deren Ressorts Steve sich einmischte. Ich ging immer früher ins Büro – so gegen sechs Uhr dreißig. Dennoch konnte ich mir anscheinend meine Zeit nicht so einteilen, daß ich etwas bewirken konnte.

Als ich dazu überging, Steve zur Rede zu stellen und ihn herauszufordern, stellte sich heraus, daß wir immer seltener einer Meinung waren. Das Verheerendste an der ganzen Geschichte war, daß wir ein Unternehmen mit neuen Produkten in einem neuen Industriezweig waren und wir dennoch keine neuen Produkte mehr über die Türschwelle brachten.

Die Spannungen zwischen uns wurden offenkundig. In einem kritischen Augenblick drohte meine Assistentin Nanette Buckhout mit der Kündigung, weil sie so von Steves Stab frustriert wurde. Sie hatte elf manchmal schwierige Jahre mit mir bei Pepsi zusammengearbeitet. Sie konnte soviel Streß wie ich aushalten und hatte sich niemals zuvor überlegt, ob sie aufgeben sollte. Sie gehörte auch zu denjenigen, die Steve freimütig verteidigten, wenn die Mitglieder seines Stabes in mein Büro kamen, um sich über ihn zu beklagen.

Aber selbst sie konnte es schließlich kaum noch ertragen. Sie fand Steves Stab arrogant und bei zahlreichen Gelegenheiten auch beleidigend. Manchmal sagte dann ein Stabsmitglied, daß Steve, der immer noch darüber deprimiert war, wie glanzlos sich der Mac verkaufte, entweder ›zu müde‹ sei oder ›sich nicht gut genug fühle‹, um an einem Treffen teilzunehmen.

»Wenn ich versuche, Konferenzen für Sie und Steve zu arrangieren, dann denke ich manchmal, daß ich mich zu einem Rendezvous mit ihm verabreden möchte – es ist lächerlich«, schrieb sie. »Wenn Steve sich selbst bei Ihnen rar macht, können Sie sich dann vorstellen, wie sich die anderen Angestellten bei Apple fühlen?«

Anfang April brachte mir Bill Campbell ein weiteres größeres Problem zu Bewußtsein. Im Januar hatten wir den Lisa in Macintosh XL umgetauft und seinen Preis auf 3995 Dollar gesenkt. Wir hatten damit die Hoffnung verknüpft, daß der neue Name das Interesse der Kunden und Einzelhändler für Macintosh-Büroprodukte wecken würde. Campbell hatte jedoch entdeckt, daß wir nicht mehr in der Lage waren, das Produkt noch viel länger auszuliefern.

»Überall wird über Apple geredet, und es kommt auch unseren Händlern zu Ohren, daß wir nicht genug Einzelteile haben, um den Macintosh XL länger als rund neunzig Tage zu montieren«, sagte Campbell. »Wir werden unsere Glaubwürdigkeit an diesem Punkt total verlieren.«

Steve und mehrere Mitglieder des Macintosh-Teams waren der Auffassung, daß der ursprüngliche Entwurf des Lisa nicht gut genug sei und niemals die Qualität eines Macintosh erreiche. Sie hielten ihn nicht für ein erstrangiges Produkt und wollten es auslaufen lassen. Wir konnten jedoch ganz offensichtlich kein Produkt auslaufen lassen, das wir gerade erst eingeführt hatten. Deshalb unterließ es jemand von der Macintosh-

Division, vielleicht auch ganz bewußt, Einzelteile und Bausteine zu bestellen, die es uns erlaubt hätten, die Herstellung des Macintosh XL weiterzuführen.

Wir mußten feststellen, daß wir zusätzliche Einzelteile für das Produkt erst wieder Anfang Herbst bekommen konnten. Steve war der Meinung, daß seine Division bis dahin einen Macintosh mit Festplatte herausbringen könne, und behauptete, daß das eine bessere Lösung sei, weil das neue Produkt zuverlässiger und in der Herstellung billiger sei. Wir standen vor der peinlichen Situation, ein Produkt aufgeben zu müssen, das wir erst drei Monate zuvor eingeführt hatten. Die Außenwelt kreuzigte uns deshalb fast. Sie nahm es als ein Zeichen, daß Apple außer Kontrolle geraten war.

Seit der Einführung des Macintosh Office hatte ich langsam mein Vertrauen in Steves Fähigkeit, die Mac-Division zu leiten, verloren. Dieses jüngste Fiasko steigerte nur noch meine Besorgnis. Die Macintosh-Division war nicht mehr nur eine Produktentwicklungsgruppe, sie war eine große, komplexe Firma mit mehreren hundert Angestellten. Ich konnte mich noch an Steves frühere beharrliche Beteuerungen erinnern, es niemals zuzulassen, daß die Belegschaft der Macintosh-Gruppe auf über 100 Personen anwachse. Er meinte, daß zu viele Menschen die Gruppe ineffektiv machten, daß dann nicht mehr die Kameradschaft herrsche, die nötig sei, um das Beste aus den Leuten herauszuholen. Er wollte damals niemals ein Verwalter oder Manager werden. Er wollte an vorderster Front stehen und an jeder Entscheidung beteiligt sein.

Genau das trat jedoch ein, als die Macintosh-Gruppe größer wurde und wir den Lisa noch dazupackten. Ein Schritt, der anfänglich zur Konsolidierung der Arbeitsprozesse des Unternehmens logisch erschien, erwies sich nun eindeutig als Fehler.

Ich hatte Steve zu einer größeren Macht verholfen, als er jemals besessen hatte. Und ich hatte damit ein Monster geschaffen.

Anfänglich hatte ich Apple mit den Augen eines PepsiCo-Managers betrachtet. Frito-Lay und Pepsi-Cola konnten bequem und erfolgreich als separate Gebilde unter dem Dach von PepsiCo existieren. So konnte auch die Apple-II-Gruppe ihre eigenen Fabriken und ihre eigene Verkaufsorganisation für den Bereich der Schulerziehung und der Privatkunden haben. Und Macintosh zielte mit seinen eigenen unabhängigen Operationen auf die Universitäten und den Bürocomputermarkt. Mir wurde nur nicht bewußt, daß es nicht funktionierte. Die beiden Gruppen konkurrierten zu sehr miteinander. Das machte die Leute langsam fertig.

Aus anderen Gründen war es ebenfalls ein Fehler. Die Organisation schuf zwei Machtbasen, und ich wurde mehr und mehr von den alltäglichen Betriebsentscheidungen ausgeschlossen. In die eigentlichen Geschäfte war ich immer weniger einbezogen. Als Vorsitzender des Verwaltungsrats stand Steve über mir, als Chef einer Produkt-Division stand er unter mir. Er wußte tatsächlich mehr über die Vorgänge in der Firma als ich Bescheid, denn alle Informationen liefen durch die Produkt-Division. Sie besaßen die Macht. Der Geschäftsleitungsstab wurde zu einer machtlosen Gruppe, im großen und ganzen zu einer Finanzorganisation.

Die Spannungen, die sich zwischen den beiden Gruppen entwickelten, drohten die gesamte Firma an den Rand des Ruins zu treiben.

Mir blieb nichts anderes übrig: Ich mußte Steve von seinem Posten als Generalmanager der Macintosh-Gruppe entfernen. Es war eine schmerzliche Entscheidung, denn ich wußte, daß der Preis hoch war. Steve bezahlte den Preis, einen Job zu verlieren, den er liebte. Ich zahlte mit einer Freundschaft, denn ich wußte, daß sie meine Entscheidung niemals überleben würde. Tagelang suchte ich nach einer Alternative. Aber ich wußte genau, daß ich nicht das getan hatte, wofür man mich eingestellt hatte. Ich hatte die Verantwortung gegenüber den Aktionären, dem Verwaltungsrat und den Angestellten und mußte meine persönlichen Gefühle dem Interesse der Aktiengesellschaft unterordnen.

So suchte ich Steve auf und teilte ihm meine Entscheidung mit.

»Es gibt keinen, der deine Brillanz und Vision mehr bewundert als ich«, sagte ich. »Ich veränderte mein gesamtes Leben, als ich zu dir kam, um mit dir zu arbeiten, Steve. Aber es funktioniert nicht so richtig. Du mußt dich entweder gewaltig bessern, oder wir müssen einige Veränderungen durchführen. In den vergangenen zwei Jahren haben wir zwar ein tiefes freundschaftliches Gefühl füreinander entwickelt, aber ich habe mein Vertrauen in deine Fähigkeit verloren, die Macintosh-Gruppe zu leiten.«

Steve erschien wir gelähmt.

»Na ja, du müßtest eben auch öfters mit mir über alles sprechen«, forderte er.

Das stimmte, wir waren nicht mehr annähernd so oft wie früher zusammen, aber es war auch zeitlich nicht mehr möglich.

»Du solltest wissen, daß ich dieses Problem vor dem Verwaltungsrat zur Sprache bringen werde, und ich werde empfehlen, daß du von deinem Posten als Leiter der Macintosh-Division zurücktrittst. Das wollte ich dir im voraus mitteilen.«

»Ich glaube nicht, daß du das tun wirst«, sagte er.

»Aber ja! Ich rate dir, deine Zeit als Chairman zu nutzen und dich auf neue Technologien und Produkte zu konzentrieren, damit wir die

Zukunft ins Auge fassen können. Wir müssen die Macintosh-Division reorganisieren.«

Steve war schockiert und wütend. Er sprang von seinem Stuhl auf und rannte hin und her, sein Blick war starr und herausfordernd.

»Wenn du das tust, zerstörst du dieses Unternehmen!« rief er erzürnt. »Ich bin der einzige hier, der genug über Herstellungsfragen und Arbeitsweisen Bescheid weiß, und ich glaube nicht, daß du von diesen Dingen schon eine Ahnung hast. Du bist viel zu sehr von den aktuellen und alltäglichen Fragen des Betriebsablaufs entfernt, und wenn ich sie nicht kontrolliere, werden wir niemals ein neues Produkt herausbringen, dann werden wir niemals Erfolg haben.«

Ein heftiger Disput brach aus. Steve und ich hatten uns noch nie auf diese Weise auseinandergesetzt. Auf einmal stritten wir uns. Er war davon überzeugt, daß ich schon längst die Mitglieder des Verwaltungsrats beeinflußt hatte, und fühlte sich von mir verraten. Doch das stimmte nicht. Dennoch befanden wir uns eindeutig im Kriegszustand. Apple war nun einmal seine Firma. Er hatte mich zu Apple geholt, und nun erzählte ich ihm, daß er von der Leitung einer Division zurücktreten müsse, deren Produkt er geschaffen hatte. Andere Leute hatten mir Gerüchte zugetragen, daß er ebenfalls sein Vertrauen in mich verloren habe. Er war der Überzeugung, daß ich ebensosehr zu dem Problem beitrüge wie alles andere auch. Tatsächlich waren wir beide Teil des Problems.

Am 10. April teilte ich unseren Direktoren mit, daß sie zu wählen hätten. Ich mußte es tun.

»Ich fordere Steve auf zurückzutreten, und Sie können mich dabei unterstützen, dann trage ich die Verantwortung für die Leitung der Firma, oder wir können nichts machen, und Sie werden sich einen neuen Chief Executive Officer suchen müssen. Wir haben zu viele Probleme, und wir müssen sie sofort lösen.«

Ich war darauf vorbereitet, notfalls meinen eigenen Rücktritt anzubieten, denn ich war ursprünglich mit der Absicht zu Apple gekommen, fünf Jahre zu bleiben, Steve als Manager heranzuziehen und dann zu gehen. Ich hatte keine genaue Vorstellung davon gehabt, was ich danach tun wollte, aber ich hatte angenommen, daß ich dann finanziell abgesichert sein würde, vorausgesetzt, daß meine Apple-Aktien ihren Preis wert wären. Ich hätte mich einfach woanders umgesehen und vielleicht ein eigenes Unternehmen gegründet. Wenn ich dagegen Apple jetzt verließe, sähe die Situation ganz anders aus. Aber auch diese Probleme würde sich lösen lassen.

Ich erklärte dem Verwaltungsrat, daß es wegen der Doppelrolle Steves als Chairman und als Generalmanager von Macintosh zu problematisch geworden sei, das Unternehmen effektiv zu leiten. Steve habe mich als alleinigen Chef zu akzeptieren. Ich wolle ihn als Chairman behalten und wünsche, daß er seinen Hauptbeitrag als Produktinnovator beisteuere. Mein Vorschlag sei, eine wohlgeordnete Übergangszeit mit Steve auszuhandeln, damit Apple von seinen Produktkenntnissen weiter profitiere, während wir den besten Kandidaten wählten, der ihm als Generalmanager folgen solle.

Ich schlug vor, die Wirksamkeit des Macintosh-Marketings durch die Ernennung von Jean-Louis Gassée zum Marketing-Direktor zu stärken.

Als Divisionsleiter in Frankreich hatte Gassée Apple-France zu der ausländischen Division gemacht, die sich am schnellsten entwickelte und die die meisten Profite abwarf. Er besaß genügend Einblick in das Unternehmen, um eventuell Steves Nachfolger werden zu können, aber wir wollten darüber erst entscheiden, wenn wir sahen, wie er sich als Marketing-Direktor entwickelte. Gassée jedoch wollte den Posten nur unter der Bedingung annehmen, daß er die Zusage erhalte, Generalmanager der Mac-Division zu werden.

Steve, der anfänglich den Gedanken unterstützt hatte, Gassée in die Vereinigten Staaten zurückzuholen, meinte jetzt, daß dieser erst den Beweis antreten müsse, den Posten eines Generalmanagers auch zu verdienen. Aber schließlich stimmte er Gassées Bedingung zu, wenn wir die Dauer der Übergangszeit flexibel handhaben würden. Ich war der Meinung, daß Steve gegen Jahresende zurücktreten könne. Zum selben Zeitpunkt wollten wir mit einer neuen Produktgruppe beginnen, die Steve leiten könnte. Meines Erachtens war dies die am wenigsten traumatische und die würdigste Methode, den Wechsel in den Griff zu bekommen.

Die Sitzung des Verwaltungsrats dauerte von 18 Uhr bis 21 Uhr 30 und wurde am nächsten Morgen um 9 Uhr weitergeführt. Bei einem Tagesordnungspunkt besprachen sich die Direktoren nur mit mir, bei einem anderen zogen sie sich mit Steve zurück. Das Fazit war, daß einstimmig beschlossen wurde, Steve aufzufordern, als Vizepräsident der Geschäftsleitung zurückzutreten, aber Chairman im Verwaltungsrat zu bleiben. Man überließ es mir, die Veränderungen im einzelnen durchzuführen.

Steve war wie gelähmt und sichtlich niedergeschlagen. Er konnte es nicht fassen.

Nach Beendigung der Sitzung ging ich die Treppen zu meinem Büro hinauf und verließ es hastig wieder – ohne mich wie gewöhnlich von Nanette zu verabschieden, worüber sie sich sehr wundert. Später berichtet sie über die Vorkommnisse folgendes:

»Nach der Sitzung des Verwaltungsrats ging John sofort nach Hause.

Man konnte mit ihm nicht sprechen. Er kam einfach ins Büro, nahm seine Aktentasche und ging hinaus. Er stand völlig neben sich selbst.

Dann rief mich Mike Markkula von zu Hause an. Er wollte wissen, was John mache und ob es ihm gut ginge.

›Nanette, das war wahnsinnig hart für ihn‹, sagte er. ›Geht's ihm gut?‹

Und ich antwortete: ›Den Umständen entsprechend. Wie war's denn? Ich habe Steve nicht gesehen.‹

Und er sagte: ›Wissen Sie, Steve kann die ganze Geschichte noch nicht fassen. Er kann es nicht glauben. Und solange er es nicht begriffen hat, wird er es nicht akzeptieren. Man sollte wirklich mit ihm reden. Ich sorge mich, daß er nicht wirklich bereit ist, die Entscheidung zu akzeptieren, und daß er nicht untätig bleiben wird. Reden Sie manchmal mit ihm?‹

›Ja, gelegentlich‹, gab ich zur Antwort. ›Soll ich es versuchen? Ich weiß nicht, ob er überhaupt mit mir sprechen will, aber ich werde sehen, wie es ihm geht.‹

Ich rief in Steves Büro an, aber ich wußte nicht, wie er reagieren würde. Es überraschte mich, daß er ans Telefon ging, wenn ich bedenke, wie diese Sitzung endete und wie jeder den Raum verließ.

Aber er nahm den Hörer ab, und ich fragte: ›Steve, haben Sie ein bißchen Zeit, um zu reden? Möchten Sie reden?‹ Und er sagte: ›Ja, ich werde rüberkommen.‹ Es war kurz nach fünf Uhr. So kam er also herüber, und es war ein unglaubliches Treffen. Es war sehr emotional. Er brach einfach zusammen und weinte, und ich weinte. Mein Herz schlug ihm entgegen.

Er sagte: ›Ich kann's nicht glauben, daß es passiert ist, ich kann es nicht glauben.‹

›Es ist ein Alptraum‹, sagte ich. ›Was haben Sie gemacht? Sie und John haben zusammen soviel geleistet. Sie haben das vermasselt, Sie allein . . .‹

Ich konnte ihm nicht vergeben, was er John angetan hatte. Nur ungefähr eine Woche vorher war John ins Büro gekommen und hatte gesagt: ›Nan, ich bekam einen ganz merkwürdigen Anruf. Steve rief mich gegen elf Uhr abends an und weckte mich auf.‹ Und ich fragte: ›Was wollte er denn?‹ Und John antwortete: ›Er rief nur an, um mir zu sagen: John, du bist großartig, und ich wollte dich nur wissen lassen, daß ich es sehr schätze, mit dir zusammenzuarbeiten, und daß ich unsere Freundschaft wirklich hochhalte.‹

Nun, ich hatte mich gerade mit Al Eisenstat unterhalten, der mir erzählte, daß ihn Steve genau an diesem Abend angerufen hatte, um ihm zu sagen, daß er das Vertrauen in John verloren habe, daß er wirklich ärgerlich darüber sei, wie John die Dinge leite, und daß er daran denke, daß wir das im Verwaltungsrat zur Sprache bringen müßten.‹ Ich sagte zu

Al: ›Einen Moment mal. Um welche Zeit rief Steve Sie an?‹ Und er antwortete: ›Um neun Uhr abends.‹ Und ich teilte ihm mit: ›Al, John wurde um elf Uhr von Steve angerufen, und folgendes sagte er ihm . . .‹ Al rief aus: ›Was zum Teufel macht er?‹ Ich konnte ihm danach nicht länger vertrauen, aber jetzt tat er mir so leid.

Er war einfach sehr traurig über die ganze Geschichte. Sehr sanft. Ich sagte: ›John ist der beste Freund, den Sie jemals haben konnten, den Sie jemals hatten . . . Er war Ihnen gegenüber so loyal. Warum sind Sie ihm in den Rücken gefallen?‹ Und er fing damit an, daß John kein Führungsbursche sei oder so etwas Ähnliches. Und ich sagte: ›Warum konnten Sie das nicht mit ihm ausmachen? Er verteidigte Sie immer, und er war immer derjenige, der Sie verteidigte, wenn die Leute sich über Sie beklagten. Ich verteidigte Sie ebenfalls immer. Ich verstehe das Ganze nicht.‹

Und er wurde ein bißchen ruhiger, und ich fragte: ›Was werden Sie tun?‹ Und er gab zur Antwort: ›Ich weiß, daß er ein guter Freund war. Ich weiß das.‹ Ich glaube, daß es das war, was mich fast umhaute. Er sagte dann: ›Und ich denke, daß ich Apple definitiv verlassen sollte.‹ Er blickte mir in die Augen und wiederholte: ›Nan, ich glaube nicht, daß ich bei Apple bleiben sollte.‹

›Steve, Sie wissen, daß Sie und John zusammenarbeiten können. Apple braucht Sie. Sie müssen nicht weggehen.‹ Und er entgegnete: ›Ich glaube, ich sollte weggehen und meine Freundschaft zu John pflegen. Johns Freundschaft ist mir wichtiger als alles andere, und ich glaube, daß es das ist, was ich tun sollte, nämlich mich auf unsere Freundschaft konzentrieren. Das sollte meine Priorität sein.‹

Ich werde diese Worte nie vergessen. Er brach mir das Herz. Ich weiß nur, daß er sehr emotional war und daß es echt war. Und er wußte, daß ich am nächsten Tag zu John gehen und sagen würde: ›Steve schätzt Ihre Freundschaft mehr als alles andere, und er will sie wirklich aufrechterhalten.‹«

*

Nach außen hin gab sich Steve den Anschein, als ob er sich in die Entscheidung fügte. Er machte sich daran, unsere zerbrechliche Freundschaft wieder zu flicken und ließ mich wissen, daß er letztendlich nicht glaube, ich würde die Genehmigung des Verwaltungsrats ausnutzen, ihn aus seiner Position zu verdrängen. Er sagte, er sei bereit, alles zu tun, um auf diesem Posten zu bleiben und mir und dem Verwaltungsrat zu beweisen, daß er der Manager sei, den wir uns wünschten. Im Gegenzug würde er mir jeglichen Spielraum lassen, den ich zur Leitung des Unternehmens benötigte. Er wollte einfach die Chance haben zu beweisen, daß er es konnte.

Doch ich weigerte mich nachzugeben. Als es Steve klar wurde, daß ich nicht klein beigab, kam er Anfang Mai zu mir, um sich mit mir auszusprechen.

»Ich glaube, du hast wirklich deinen Schwung verloren«, sagte er. »Im ersten Jahr warst du toll in Form, und alles lief wunderbar. Aber dann passierte irgend etwas. Ich kann es nicht beim Namen nennen, aber es war irgend etwas gegen Ende 1984. Ich bin der Meinung, daß ich weiß, was sich bei Apple tun muß. Und ich bin wirklich enttäuscht, daß wir meinen Plänen hinsichtlich einiger Dinge nicht folgen.«

»Steve«, sagte ich erregt, »setzen wir uns, und analysieren wir die Angelegenheit. Ich denke, daß es mein Fehler ist, dich nicht besser angeleitet zu haben, denn du hast den Macintosh Office noch nicht fertiggestellt. Und du hast nicht auf den Markt gehört und auf das, was die Menschen wirklich wollen. Du wolltest nichts von Systemprodukten hören und der Notwendigkeit, zu den IBM-Produkten eine Verbindungsmöglichkeit herzustellen. Und vielleicht glaubst du es nicht, aber es gibt in der Tat mehr Personalcomputer von IBM als Macs da draußen.«

»Okay, ein hartes Geschoß«, sagte er und erhob sich. »Du wurdest angestellt, unser Unternehmen zu leiten, und sieh dir an, wo es steht. Wenn ich ein so schlechter Manager bin, wie kommt's dann, daß wir so viele Macs ausliefern und Gewinn dabei machen? Und wenn du ein so guter Manager bist, wie kommt's dann, daß wir auf so großen Lagerbeständen des Apple IIc sitzen?«

Darauf konnte ich nicht viel erwidern. Einerseits hatte er recht. Andererseits hatte er ein schlechtes Gedächtnis. Er hatte vergessen, daß wir uns einmal darüber geeinigt hatten, wie schnell wir alles durchpeitschen wollten, um das Unternehmen aufzubauen. Als die Umsätze des Apple IIc und des Macintosh während des Sommers 1984 in die Höhe schnellten, hatten wir beschlossen, es gemeinsam und mit der Absegnung des Verwaltungsrats »anzupacken«. Wir hatten das Unternehmen auf dieses Rennen verwettet, und es stellte sich heraus, daß wir verloren hatten.

*

Man hatte mich angestellt wegen meiner Erfahrungen im Consumer-Marketing. Steve sah in mir den Marketing-Fachmann, der ihm dabei behilflich sein konnte, ein neues »Gerät« in jeden Haushalt zu stellen.

Es war noch unklar, was der Durchschnittsverbraucher damit anfangen sollte. Aber wenn man die Menschen im 19. Jahrhundert gefragt hätte, wozu sie ein Telefon gebrauchen könnten, wären auch nur wenige in der Lage gewesen zu antworten. Wenn man sie gefragt hätte, was sie mit einem Automobil anfangen würden, hätten sie es einem auch nicht sagen können.

Dennoch trugen diese Industriezweige dazu bei, die moderne Welt zu formen.

Irrtümlicherweise versuchten Steve und ich, Apple in einen Marketing-Riesen für den individuellen Privatkunden zu verwandeln. Ich betrachtete Apple als wunderbares Unternehmen, das aus dem Nichts entstanden und in der Lage gewesen war, eine Liebesgeschichte mit den Konsumenten anzufangen. Die Firma rühmte sich eines eindrucksvollen Warenzeichens und Rufes. Ihre Produkte waren erschwinglich und innovativ – alles Dinge, die man sich von einem Unternehmen wünscht. Ich fragte mich selbst, wie wir Technologien vermarkten konnten, da sie niemals zuvor vermarktet worden war. Ich setzte die Techniken ein, die so gut bei Pepsi funktioniert hatten: gegen die herrschenden Lehre vorgehen, Marketing als Theater benutzen, indem man es praller als das Leben selbst macht.

Apple sollte das gewinnträchtige Ende des Marktes anpeilen, indem wir unsere starke Position in den Schulen ausbauten und darüber in die Haushalte kamen. Wir waren einhellig der Meinung, uns aus dem billigen Ende des Marktes herauszuhalten, der von Großhändlern mit Mattels Adam-Computern, Tls 99/4, dem Commodore 64 und Ataris 1200 versorgt wurde.

Meine Theorie war, das Produkt mit einem Aufgeld zu versehen, um dann einiges davon in die Werbung zu stecken und unseren Marktanteil auszubauen. Es ist immer billiger gewesen, Marktanteile zu gewinnen, wenn ein Industriezweig sich entwickelt und nicht schon stabilisiert ist. Hatten wir uns erst einmal unseren Platz erobert, würde die wirtschaftliche Lage so beschaffen sein, daß es sich keiner mehr leisten konnte, uns zu folgen. Ich erinnere mich, daß ich mich fragte, wie lange es wohl dauern würde, bis wir eine Ausgabenhöhe von 200 Millionen Dollar für die Werbung erreichen würden, weil sich kein einziges Unternehmen, mit der Ausnahme von IBM, jemals solche Ausgaben leisten konnte. Unsere wirtschaftlichen Überlegungen sollten alle diese Strategie unterstützen.

Kurz nachdem ich bei Apple angefangen hatte, erhöhte ich unseren Werbeetat von 12 Millionen Dollar auf 100 Millionen Dollar. Im Jahr zuvor hatte niemand etwas von unserer Werbung gehört oder bemerkt.

Nun aber besaß der Name Apple auf einmal den höchsten Bekanntheitsgrad von allen Computernamen des Landes. Wir beschlossen, daß unser Marketing und unsere Werbung genauso innovativ wie unser Produkt sein sollten – das war unsere Methode, uns selbst und unser Produkt von der Konkurrenz abzuheben.

Was mir entging, war die Tatsache, daß die Schlüsselzahl des Geschäfts die Bruttoverdienstspanne ist – jener Unterschied zwischen Selbstkosten und Verkaufspreis. Es war entscheidend, hohe Bruttoverdienstspannen zu erzielen, um die riesigen Ausgaben für Forschung und Entwicklung bezahlen zu können, die einer gesetzlich geschützten Technologie zugute kommen sollten. Solange unsere Zuwachsrate jährlich mit einem Schritttempo von 50 Prozent galoppierte, könnten wir es gar nicht schaffen, soviel Geld auszugeben, um uns in Schwierigkeiten zu bringen.

Ein echtes Problem würde erst auftauchen, wenn die Zuwachsrate zum Stillstand kam. Aber wir besaßen keinerlei Hinweise, daß das eintreten könnte. Es kam aus dem Nichts auf uns zu. An dem einen Tag, so schien es, war alles noch großartig. Am nächsten Tag befanden wir uns inmitten eines Orkans. Der Heimcomputermarkt, der unser Wachstum antrieb, war ein Produkt aus der Vorstellungskraft von uns allen.

Die Leute waren nicht darauf erpicht, sich 2000 Dollar teure Computer zu kaufen, um darauf ein Videospiel zu spielen, ihren Kontostand zu überwachen oder Feinschmeckerrezepte zu speichern, wie manche vorschlugen. Der Durchschnittskonsument konnte mit einem Computer nichts Sinnvolles anfangen. Darüber hinaus konnte der einzelne Haushalt auch wichtige Unterschiede zwischen den Computerprodukten nicht richtig würdigen. Die Computer sahen im großen und ganzen gleich aus und stellten für viele ein Mysterium dar. Zudem waren die Geräte zu teuer. Als wir erst einmal den Markt der Enthusiasten saturiert hatten, war es der Industrie unmöglich geworden, ihre unglaublichen Rekordzuwachsraten aufrechtzuerhalten.

Ich hatte irrtümlicherweise gedacht, die Kosten später herunterschrauben zu können, wenn Steve und ich erst einmal die jährlichen Einnahmen des Unternehmens auf zwei oder drei Milliarden Dollar gesteigert hätten. Doch an erster Stelle stand das Rennen . . . Ich achtete weder genug auf Lagerbestände noch auf Bruttoverdienstspannen. Die Lagerbestände nahmen ständig zu, und die Bruttoverdienstspannen wurden immer kleiner. Wir hatten nur noch Gewinne zu verzeichnen, weil wir die Forschungs- und Entwicklungskosten reduzierten. Im Hinblick auf die Herstellung von Gebrauchsgütern war unser Forschungs-Budget astronomisch hoch, es waren nominal 40 Millionen Dollar, die wir ausgaben. Pepsi dagegen kam mit 3 Millionen Dollar aus.

Wir kümmerten uns nicht darum, unseren Forschungs- und Entwicklungsetat zu erhöhen — wir wandten ja bereits dafür 40 Millionen Dollar auf. Die Forschung berauben, um das Geld in die Werbung zu stecken, erwies sich jedoch als riesengroßer Fehler. Wir nahmen unserem Produkt die Durchschlagskraft. Es stellte sich heraus, daß wir ein Unternehmen geworden waren, das nur noch alle ein oder zwei Jahre ein neues Produkt herausbringen konnte — und das brannte die Leute völlig aus.

Mir war die Tatsache nicht bewußt gewesen, daß Apple niemals ein Gebrauchsgüter-Unternehmen werden würde. Es war ein Computerunternehmen in einem technologischen Industriezweig. Alle anderen erfolgreichen Computerunternehmen hatten hohe Bruttoverdienstspannen, und diejenigen, die gesetzlich geschützte Technologien besaßen, gaben alle zwischen sieben und zehn Prozent ihrer Einnahmen für Forschung und Entwicklung aus. Ich hätte begreifen müssen, daß das die Dinge sind, die man beachten muß. Alan Kay sagte mir einmal, daß »ein Standpunkt einem Intelligenzquotienten von 80 entspricht«. Mir wurde klar, wie recht er hatte. Es war ein Problem der Perspektive.

Als ich zurückblickte und die 2 Milliarden Dollar Gesamtverluste der Industrie in den Jahren 1983 und 1984 betrachtete, war ich äußerst überrascht. Ich entdeckte, daß fast 100 Prozent der Verluste mit dem Lagerbestand zu tun hatten. Die Unternehmen bauten entweder einen zu hohen Lagerbestand auf, und das Wirtschaftswachstum verlangsamte sich, oder sie hatten ihre Verkäufe schlecht vorausberechnet. Bei Verbrauchsgütern sorgt man sich nicht um den Wert des Lagerbestands, weil der gewöhnlich konstant bleibt. Bei Pepsi produziert man nachts das Sodawasser und liefert es am nächsten Tag aus.

Auf die Computerindustrie trifft das nicht zu. Weil man sehr viel Geld für Forschung und Entwicklung ausgibt, müssen sich diese Kosten über den Produktpreis im ersten Jahr armortisieren. Man weiß nicht, wie lange sich das Produkt behaupten kann. In der Getränkebranche sind die Produkte nach zwei Jahren noch nicht veraltet. Mir war nicht bewußt, daß man bei der Preisgestaltung die Kosten für Forschung und Entwicklung hoch ansetzt, und daß deshalb im Laufe der Zeit die Preise für Computer ständig sinken. Das geschieht nicht nur im Hinblick auf den Wettbewerb. Die gesamte Industrie hatte die Preisgestaltung für Computer seit Jahren so gehandhabt. Aber ich hatte die ›Computer-Perspektive‹ nicht verstanden.

Nach schnellem Wachstum zu jagen, war herrlich ... solange das Wachstum anhielt. Sobald es aber aufhörte, war der Preis, den man zu zahlen hatte, astronomisch hoch. Ich war als Mann für das Consumer-Marketing eingestellt worden. Aber Apple rechtfertigte die Perspektive des Consumer-Marketings nicht. Von einer sehr oberflächlichen Warte aus betrachtet mag es so ausgesehen haben, weil das Produkt so ansehnlich war und die Leute so begeistert davon waren. Aber hier handelte es sich um ein Unternehmen, das eine Konzentration auf Forschung und Entwicklung sowie auf Lagerbestände, die schnell veralten, erforderte.

Ich war daran beteiligt gewesen, einen Mechanismus zu konstruieren, der nur Geld verlieren konnte.

*

Am Vorabend unserer auf den 24. Mai festgesetzten Geschäftsleitungskonferenz war ich bei Al Eisenstat zum Abendessen eingeladen. Jean-Louis Gassée nahm mich im Wohnzimmer zur Seite. Er erschien ernster und weniger zu Späßen aufgelegt als üblich. Er legte mir überraschenderweise nahe, meine für den nächsten Nachmittag geplante Reise nach China zu stornieren. Monate zuvor hatte ich diesen Termin vereinbart, um den stellvertretenden Ministerpräsidenten Chinas zu treffen und mit ihm über Apple-Computer im Erziehungswesen zu sprechen. Mit rund 980 000 Schulen und über 200 Millionen Schülern stellt China einen riesigen potentiellen Markt dar. Die Reise war wichtig zur Schaffung von Grundlagen, auf denen sich mit Sicherheit langfristig aufbauen ließ.

»John«, warnte er mich, »du solltest wissen, daß es massive Bestrebungen gibt, dich aus dem Unternehmen herauszuwerfen.«

»Was soll das heißen?« fragte ich.

»Ich möchte lieber nicht ins Detail gehen, aber ich rate dir, nicht nach China zu fahren. Du solltest hier bleiben.«

Als ich nachhakte, behauptete er, daß Steve plane, mich während meines Aufenthalts in China zu stürzen. Er hatte angeblich in Gesprächen mit einigen Direktoren und einigen Mitgliedern der Geschäftsleitung seine Möglichkeiten ausgelotet. Ich war entsetzt. Wenn Steve meine Führungsfähigkeit ernsthaft in Frage stellen wollte, hätte er zumindest zuerst zu mir kommen müssen — so wie ich zuerst zu Steve gegangen war, um ihm offen und im voraus mitzuteilen, daß ich plane, mir die Unterstützung des Verwaltungsrats für seine Entlassung als Chef der Macintosh-Division zu sichern.

Steve war seit der Sitzung des Verwaltungsrats am 11. April, auf der beschlossen wurde, ihn als Chef der Macintosh-Division abzusetzen, offensichtlich verbittert. Wir hatten zwar immer noch eine herzliche, wenn nicht sogar enge Beziehung, aber wir besaßen unterschiedliche

Meinungen über die zukünftige Richtung des Unternehmens, und Steve hatte mit oft klargemacht, daß er derjenige sei, der Apple aus seinen Schwierigkeiten herausführen könne.

Aber ich kam aus einer Welt, in der Vertrauen alles war. Niemand bei Pepsi hätte jemals versucht, Kendall zu hintergehen. Daran dachte keiner auch nur im entferntesten. Bei Pepsi konkurrierten wir miteinander, aber das taten wir auf einer Basis des Vertrauens. Wir konkurrierten offen und ehrlich.

Der Verwaltungsrat war inzwischen auch gegen mich aufgebracht, weil die Meinung vorherrschte, ich habe am 11. April den klaren Auftrag bekommen, Steve seines Postens zu entheben. Verschiedene Mitglieder des Verwaltungsrats wollten wissen, weshalb er bislang noch nicht abgesetzt worden sei. Einer wollte Steve sofort und vollkommen aus seinem Wirkungsbereich entfernen: Er drang darauf, Steve mit körperlicher Gewalt am Betreten des Gebäudes zu hindern, falls er sich weigere ›abzudanken‹. Ich hatte geglaubt, Steve nach und nach aus den leitenden Funktionen in die wissenschaftliche Produktentwicklung abdrängen zu können. Nun glitten mir die Dinge aus der Hand.

»Al«, fragte ich, »was hältst du davon?«

»Ich habe noch nichts davon gehört«, antwortete er.

»Jean-Louis, bis du dir dessen ganz sicher?« fragte ich.

»Ich wäre nicht an dich herangetreten, wenn ich mir nicht völlig sicher wäre«, erwiderte er.

So sehr ich Jean-Louis auch bewunderte und respektierte, wollte ich nicht glauben, daß er recht hatte. Ich dachte an alle möglichen Dinge, weshalb es nicht wahr sein könne – Jean-Louis' eigener Kampf mit Steve um die Leitung der Mac-Division, die Spannungen, unter denen wir alle gelitten hatten, die späte Stunde, der Wein . . .

Als Leezy und ich nach Hause fuhren, erzählte ich ihr von dem Gespräch. »Ich fühle mich richtig unbehaglich bei dem Gedanken, morgen in das Flugzeug zu steigen und nach China zu fliegen«, sagte ich.

»Mein Instinkt signalisiert mir dasselbe, John«, sagte sie. »Du darfst dich momentan nicht so weit entfernen, daß dich niemand erreichen kann. Was passiert, wenn der Verwaltungsrat dich sofort sprechen möchte, oder wenn die Geschäftsleitung Kontakt zu dir aufnehmen will?«

»Genau daran denke ich. Wie können sie mich erreichen? Ich bin überhaupt nicht zu erreichen.«

Am nächsten Morgen stornierte ich den Flug. Ich entschloß mich, Steve vor den Mitgliedern der Geschäftsleitung mit der Aussage von Jean-Louis zu konfrontieren. Es erschien mir unmöglich, ohne die

Unterstützung der Geschäftsleitung und des Verwaltungsrats das Unternehmen weiterhin zu leiten.

*

Alle hatten sich schon für die auf neun Uhr angesetzte Sitzung versammelt. Steve kam verspätet an. Als er sich setzte, blickte ich nervös in die Runde, um die Stimmung auszuloten. Aber ich zögerte nicht, das Thema zur Sprache zu bringen.

»Steve«, sagte ich, »wir werden heute morgen nicht der normalen Tagesordnung folgen, weil es einen wichtigen Punkt gibt, der geklärt werden muß, und ich denke, daß die gesamte Geschäftsleitung daran beteiligt sein sollte. Es ist mir zu Ohren gekommen, daß du mich aus dem Unternehmen werfen willst, und ich möchte dich fragen, ob das wahr ist.«

Die Mitglieder der Geschäftsleitung waren nicht überrascht. Steve hatte inzwischen fast jeden von ihnen gesprochen und versucht herauszufinden, ob sie ihn unterstützten. Aber sie schienen über die Tatsache beunruhigt zu sein, daß ich eine offene Konfrontation mit ihm anzettelte. Ein Augenblick frostigen Schweigens verging, als Steve zu Boden blickte und mich dann schließlich mit funkelnden Augen ansah.

»Ich glaube, daß du für Apple schlecht bist, und ich glaube, daß du die falsche Person bist, dieses Unternehmen zu leiten«, sagt er langsam mit einer angespannt wirkenden, aber beherrschten Stimme. »Du solltest dieses Unternehmen wirklich verlassen. Ich mache mir mehr Sorgen über Apple denn je. Ich habe Angst vor dir. Du weißt nicht, wie man dieses Unternehmen führt, und du hast es nie gewußt.«

»John«, fuhr Steve fort und wurde energischer, »du führst mit Hilfe von Monologen! Du hast kein Verständnis von den Produktentwicklungsprozessen. Du weißt nicht, was in der Herstellung läuft. Du bist abseits vom Unternehmen. Die mittleren Manager respektieren dich nicht. Im ersten Jahr hast du beim Aufbau des Unternehmens geholfen, aber im zweiten Jahr hast du ihm nur geschadet.«

Mir war plötzlich übel. Steve hatte ursprünglich angenommen, daß ich faktisch über jedes Detail der Arbeitsvorgänge Bescheid wissen müsse, aber ich hatte ihm gesagt, daß er sich irre. Es sei weder notwendig noch wünschenswert, daß der Chief Executive jedes Detail des Unternehmens kenne. Es sei die Aufgabe einzelner Manager, für eine gute Organisation zu sorgen.

»Es ist ziemlich eindeutig, daß wir wesentliche Differenzen haben«, fauchte ich. »Man darf sich nicht in den Einzelheiten verlieren.«

»Ich wollte dich hier haben, damit du mir bei meiner Entwicklung hilfst, und du hast es nicht geschafft, mir etwas beizubringen.«

Ich konnte nicht glauben, was ich hörte. Und viele Mitglieder der Geschäftsleitung konnten es auch nicht. Rund um den Tisch herum sah ich verlegene oder finstere Gesichter. Ich wußte plötzlich nicht, ob sie hinter mir oder Steve standen, aber in diesem Augenblick schien das auch egal zu sein.

»Ich beging einen Fehler, als ich dich mit Hochachtung behandelte«, stotterte ich. »Ich vertraue dir einfach nicht, und ich werde niemals einen Mangel an Vertrauen tolerieren.« Ich hatte seit mehr als zwanzig Jahren nicht mehr gestottert, nun spürte ich, wie ich für kurze Zeit die Fassung verlor und wieder in das Stottern meiner Kindheit verfiel.

»Wenn ich ginge, wer würde dann das Unternehmen leiten?« fragte ich herausfordernd.

»Ich denke, daß ich das Unternehmen leiten könnte«, sagte er ernst. »Ich verstehe etwas von den Dingen, die getan werden müssen.«

»Nun gut«, sagte ich. »Ich werde das Unternehmen mit Sicherheit nicht leiten, wenn ich nicht die Unterstützung des Verwaltungsrats und der Geschäftsleitung besitze. Ich möchte jetzt um den Tisch herumgehen und jedes Mitglied der Geschäftsleitung fragen, wie sie zu dem stehen, was du gerade gesagt hast. Denn wenn sie mit dir einer Meinung sind, wird es für mich sehr schwer sein, das Unternehmen zu leiten.«

Ich ging um den Tisch herum, und jedes Mitglied sagte seine Meinung. Jeder bekundete, daß er nicht erfreut sei, wie die Dinge liefen, gab aber zu verstehen, daß er sich hinter mich stelle. Immer noch hegte dennoch jeder herzliche Gefühle für Steve und seinen gewaltigen Beitrag, den er für Apple und die ganze Industrie geleistet hatte.

Campbell meinte, Steve sei die Seele des Unternehmens. »Steve muß eine Rolle haben und Teil des Unternehmens sein«, sagte er.

»Ich mag Steve sehr«, sagte Del Yocum, der die Apple-II-Division leitete. »Und ich respektiere dich, John.« Er stellte klar, daß seine Zuneigung jetzt nicht mehr ausreiche, daß wir eine starke Hand brauchten, die respektiert werden konnte.

Sie waren nicht bereit, Steves Antrag zu unterstützen, ich sollte das Unternehmen verlassen.

»Nun gut, jetzt weiß ich, wie die Dinge stehen«, sagte Steve ruhig, während seine Augen vor Erregung glänzten.

Er stürzte aus dem Raum, und wir beendeten abrupt die Sitzung. Niemand folgte Steve, um ihn zu trösten.

Steves Ausführungen schmerzten mich sehr, besonders die Bemerkungen, daß es mir nicht gelungen sei, ihm etwas beizubringen. Während der ersten anderthalb Jahre bei Apple hatte er mir stets erzählt, wieviel er von mir lerne.

Ich fühlte mich wie gelähmt, mußte mich aber nun mit einer Gruppe frustrierter Manager der mittleren Führungsebene auseinandersetzen, die ebenfalls einige Wochen zuvor ihre Wut an mir ausgelassen hatten. Ich skizzierte die Probleme des Unternehmens und die Art und Weise, wie sie zu den Lösungen beitragen könnten. Wir beschlossen, ein ›Sonderkommando‹ aus mittleren Managern aufzustellen, um ihre Mitwirkung an der Leitung des Unternehmens zu verstärken. Die Sitzung verlief positiv, und die Ankündigung eines ›Sonderkommandos‹ wurde begrüßt. Es bedeutete, daß die mittleren Manager endlich mehr Einfluß auf die Angelegenheiten des Unternehmens besaßen.

Aber nach der Sitzung fühlte ich mich total leer. Ich fragte mich, ob ich wirklich zu Apple gehörte.

Ich hatte versagt, und die Beweise lagen auf dem Tisch. Das Unternehmen war in ernsten Schwierigkeiten. Zum ersten Mal in meinem Leben standen meine Autorität, mein Prestige und mein Selbstvertrauen auf dem Spiel. Niederlagen waren mir bis dahin unbekannt gewesen. Aber nun fragte ich mich, ob ich in der Lage sei, das Unternehmen durch die Krise zu bringen, oder ob Steve recht hatte. Vielleicht war ich wirklich nicht der beste Mann für Apple.

Die wenigsten erfolgreichen Menschen denken an Niederlagen. Während meines ganzen Lebens hatte ich kaum über dieses Wort nachgedacht. Mein Vater hatte in seine drei Söhne die Ethik des Erfolgs gepflanzt, die aus seinen hohen Erwartungen resultierte, die er an uns alle stellte. Ich bemühte mich stets sehr, diesen Erwartungen zu entsprechen und dafür zu garantieren, daß seine Anstrengungen, mir eine erstklassige Ausbildung zukommen zu lassen, nicht umsonst waren. Nun stellte ich das im stillen in Frage.

Ich befand mich an einem Kreuzweg meines Lebens, so untrüglich, als ob jemand ein Schild aufgestellt hätte. Wenn ich in Panik geriete, schien die völlige Niederlage sicher zu sein. Vielleicht konnte ich aber auch eine innere Kraft aufbieten, um diesen Alptraum zu überstehen. Ich konnte es kaum glauben, zugelassen zu haben, daß mir dies widerfahren war. Der Streß war fühlbarer als alles andere, was ich jemals erlebt hatte.

Ich ging in Al Eisenstats Büro. Al war mir, seit ich bei Apple war, immer ein gleichbleibend guter Freund gewesen. Ich vertraute ihm vollkommen und respektierte ihn wegen seines vernünftigen Urteilsvermögens.

»Al«, sagte ich, »ich muß einfach mal ein bißchen mit dir herumfahren. Würde es dir was ausmachen, mit mir zu kommen, und wir fahren ein bißchen herum und reden?«

Ich sah aschfahl und mitgenommen aus, beinahe verwirrt von den Ereignissen des Tages.

Wir stiegen in seinen braunen Porsche. Ironischerweise stand auf seinem Autokennzeichen »Pepse«. Die Leute nahmen immer an, es sei mein Wagen; aber Als Spitzname seit seiner Kindheit war »Pepsi«, weil sein Onkel ein Pepsi-Abfüller in Pennsylvania gewesen war. Wir fuhren Richtung Autobahn. Innerlich war ich zerrissen. Ich hatte zwar die gewünschte Unterstützung erhalten, dennoch wußte ich, daß nur wenige über das Geschehen glücklich waren. Ich war auf eine solche Wende des Schicksals – vom Ruhm bis zur greifbar nahen Niederlage der letzten turbulenten Monate – nicht vorbereitet gewesen.

»Al«, sagte ich, »ich weiß nicht, ob ich das durchstehen kann.«

»Was meinst du damit?« fragte er.

»Ich muß dir leider sagen, daß ich glaube, nicht die innere Kraft zu besitzen, es zu überstehen. Fährst du mich jetzt nach Hause?«

Al versuchte, mich ein wenig zu trösten. Er sagte mir, daß wir das Schlimmste schon überstanden hätten, daß der Verwaltungsrat und die gesamte Geschäftsleitung zuverlässig hinter mir stünden und daß wir nun darangehen könnten, das Unternehmen wieder auf die Beine zu stellen. Aber seine Worte drangen kaum durch den Schmerz, den ich empfand.

Wir fuhren auf der Bundesstraße 280 in Richtung meines Hauses in Woodside, als ich erklärte: »Al, ich glaube, ich werde zurücktreten.«

»Du machst Witze! Du kannst jetzt nicht zurücktreten. Apple wird auseinanderfallen, wenn du jetzt zurücktrittst.«

»Al, ich glaube ganz einfach, daß das richtig wäre. Ich werde zurücktreten. Ich glaube nicht, daß ich der Richtige für das Unternehmen bin. Kannst du den Verwaltungsrat vorwarnen, daß ich mich mit dem Gedanken trage, zurückzutreten?«

»Na gut, wenn du das wirklich willst«, sagte er, »werde ich es tun. Aber ich bin überhaupt nicht deiner Meinung, John.«

Al brachte mich nach Hause. Leezy war überrascht, mich so früh am Nachmittag und so mitgenommen zu sehen. Ich erzählte ihr ausführlich von Steves Äußerungen und meiner Unsicherheit, ob ich in der Lage sei, das Unternehmen aus seinen Schwierigkeiten zu führen. Leezy hatte Steve noch nie richtig gemocht. Sie verabscheute seine nächtlichen Anrufe bei uns zu Hause, seine endlos langen Besuche und seine Aufdringlichkeit sowie meine grenzenlose Faszination ihm gegenüber. All die Abendstunden und Wochenenden, die ich mit Steve verbrachte, hatten sie zermürbt, und zu Recht. Wir waren häufig unterschiedlicher

Meinung über Steve gewesen. Sie hatte ihm nie völlig vertraut, ich hatte ihn immer verteidigt. Nun konnte ich ihr nur traurig sagen, daß sie recht gehabt hatte.

Sie hatte vielleicht das Gefühl gehabt, den Ehemann zu verlieren, nachdem sie mir an einen fremden Ort gefolgt war, wo sie neue Freunde finden und ein neues Leben vom Nullpunkt an beginnen mußte. Leezy hatte sich nie viel aus der gesellschaftlichen Hierarchie der Managerfrauen bei Pepsi gemacht. Das vermißte sie überhaupt nicht. Aber auch Silicon Valley mit seiner ›New-Age‹-Einstellung schien Frauen gegenüber, die an einer Karriere in diesem Tal nicht interessiert waren, nicht sehr offen zu sein.

Was ich ihr erzählte, machte sie nur noch wütender auf Steve.

»Leezy«, sagte ich, »ich denke, daß wir weggehen sollten. Doch mit unserer finanziellen Situation steht es nicht zum besten. Ich habe mir drei Millionen Dollar zum Kauf von Apple-Aktien geliehen, und wir können den Kredit nicht zurückzahlen, es sei denn, wir verkaufen das Haus.«

In meinem Vertrauen auf die Zukunft des Unternehmens hatte ich mir die drei Millionen Dollar geliehen, um Hunderttausende von Apple-Aktien an der Börse zu kaufen. Die Aktien waren 1983 auf 63 Dollar pro Aktie gestiegen. Jetzt stand der Kurs nur noch auf etwas über 15 Dollar pro Aktie. Ich hatte meine Anteile erstanden, als der Kurs weit höher lag.

»Als wir heirateten«, sagte sie ruhiger, als man erwarten konnte, »besaßen wir kein sehr großes Haus. Ich kann auch wieder so leben. Ich stehe vollkommen auf deiner Seite, was immer du willst. Was sollen wir also mit dem Haus machen?«

»Wir müssen es so schnell wie möglich zum Verkauf anbieten«, sagte ich. »Aber schon in der Minute, in der das geschieht, werden die Zeitungen vermuten, daß ich weggehe. Deshalb muß ich den richtigen Zeitpunkt für all diese Dinge noch herausfinden. Außerdem will ich den Verwaltungsrat im Augenblick nicht im Stich lassen, weil ich mich teilweise verantwortlich für die Probleme fühle, in denen wir stecken. Ich denke, daß wir es noch eine Weile aushalten müssen, aber wir müssen anfangen, darüber nachzudenken, was wir tun werden.«

»Na gut, was für einen Job kannst du danach bekommen?«

»Ich weiß es nicht«, sagte ich. »Gerry Roche teilte mir mit, daß ich ganz auf mich selbst gestellt sei, wenn die ganze Geschichte hochfliege; er könne dann nichts tun. Ich weiß, was ich zu leisten vermag, und hatte immer viel Selbstvertrauen, deshalb habe ich keine Angst. Mir wird schon was einfallen, was ich machen kann. Aber eins ist klar: Wir haben verloren. Ich habe versagt.«

Ich verließ das Haus und lief in unserem Garten herum, um über die

Geschehnisse nachzudenken. Selbstkritik ist eine selten praktizierte Kunst. Steve war nicht fähig, die Probleme des Unternehmens auf seine Kappe zu nehmen. Ich mußte meine Fehler eingestehen, schwerwiegende Irrtümer bei der Einschätzung der Lage, die dazu beigetragen hatten, das Unternehmen in eine Krise zu stürzen. Aber Steve hatte diese Entscheidungen mit mir getroffen, und er war es, der es nicht schaffte, die dringend nötigen Produkte auf den Markt zu bringen, die dem Macintosh zu einem Erfolg auf dem Bürosektor verholfen hätten.

Wenn Steve sich verraten fühlte, dann erging es mir ebenso. Ich intrigierte niemals hinter seinem Rücken, um ihn aus seinem betrieblichen Verantwortungsbereich zu drängen, den ich ihm in allererster Linie verschafft hatte. Auch hatte ich mir die Entscheidung nicht leicht gemacht, ihm diese Verantwortung abzunehmen. Es war die schwerste Entscheidung, die ich jemals treffen mußte.

Als ich in das Haus zurückkehrte, kam Leezy zu mir und sagte ernst: »John, du hast dein ganzes Leben lang noch nicht klein beigegeben. Du warst niemals ein Feigling. Ich habe dich während deiner gesamten Karriere beobachtet. Du hattest auch schon früher Probleme, und du hattest immer das Selbstvertrauen, dich ihnen zu stellen. Du warst immer ein Optimist, wenn alle anderen pessimistisch waren. Während unserer Beziehung habe ich dich niemals so erlebt wie heute. Ich weiß nicht, wie du dein Selbstvertrauen verloren hast, aber du kannst dich nicht drücken. Ich werde es nicht zulassen, daß du dich davonmachst.«

»Ich habe dir zuviel zugemutet«, antwortete ich. »Ich nahm dir dein Heim in Connecticut, ich brachte dich hierher, und nun gebe ich auch noch dein Privatleben der Öffentlichkeit preis. Apple ist eine Seifenoper. Die Zeitungen schreiben beständig über uns. Wir haben keine Privatsphäre. Wir müssen auf einem umzäunten Grundstück mit elektrischen Toren leben. Wir hatten Bombendrohungen, Entführungsversuche. Mit dem Resultat, daß wir jetzt bankrott sind. Alles, was ich für uns erreicht habe, sind eine Menge Schwierigkeiten. Ich hatte auch immer zuwenig Zeit für dich.«

»John«, meinte sie, »ich bin zuversichtlich, daß du diese Geschichte hinkriegst, und ich will nicht, daß du davor kneifst.«

Hier nun Leezys Darstellung:

»Es war mir klar, daß ich es tun mußte. Ich bekam mit, wie Steve über einen Freund von John versuchte, zwischen mir und John Zwietracht zu säen. Ich denke, daß Steve eifersüchtig war, daß es mich überhaupt gab. Von Anfang an hatte ich Vorbehalte gegen Steve. Schon bevor wir nach Silicon Valley kamen, sagte ich: ›Ich vertraue ihm nicht. Er gründete dieses Unternehmen. Wie kommst du überhaupt darauf, daß er dir freie Hand läßt, es zu leiten?‹

Deshalb eilte ich in sein Büro, aber er war nicht da. Man sagte mir, er sei in sein Lieblingsrestaurant ›Good Earth‹ gegangen. Ich fuhr hinüber zum ›Good Earth‹ und beschloß, im Auto auf ihn zu warten. Ich hielt es für keine gute Idee, in das Restaurant zu marschieren und vor allen während des Mittagessens eine Szene zu machen. So wartete ich also, und er kam mit Debi Coleman und einer Anzahl anderer Leute heraus, die ich nicht kannte.

Ich war wütend und leichenblaß, aber ich hatte mich unter Kontrolle. Ich wußte noch gar nicht, was ich sagen wollte. Ich hatte mir noch nichts ausgedacht. Ich hatte nicht dagesessen und mir gesagt, also, ich werde dies oder jenes sagen. Ich platzte einfach damit heraus. Aber ich wußte, daß ich ihn zur Rede stellen mußte, weil ich so wütend war. Immer wenn ich richtig wütend über etwas werde, muß ich es herauslassen. Ich gehöre nicht zu den Leuten, die sich zurücklehnen und ihre Gefühle verbergen. Ich kann das nicht. Deshalb sagt John, daß ich niemals einen Herzinfarkt oder ein Magengeschwür bekommen werde, weil ich wirklich alles herauslasse, wenn ich über irgend etwas zornig werde.

Sobald ich Steve sah, stieg ich aus dem Auto, sehr beherrscht und sagte: ›Oh, Steve, kann ich dich einen Augenblick sprechen?‹ Ihm fiel die Kinnlade herunter. Ich glaube nicht, daß er mit mir gesprochen hätte, wenn nicht so viele andere Leute dabeigewesen wären. Sie beobachteten seine Reaktion. Er stockte und sagte dann: ›Oh, Leezy!‹

Er sah ziemlich überrascht aus und schien zu denken: ›Wie komme ich aus dieser Situation heraus?‹ Ich denke, daß Steve ganz bestimmt wußte, daß ich ein ganz schön harter Brocken sein kann. Er wandte sich an seine Freunde und meinte: ›Geht schon mal voraus. Ich komme in einer Minute nach.‹

Sobald ich vor ihm stand, senkte er den Kopf. Ich begann: ›Steve, ich habe dir nur ein paar Sachen zu sagen, es wird nicht lange dauern.‹ Am liebsten hätte ich ihn geschlagen. Aber ich war ganz beherrscht.

›Hast du einen Schimmer von Ahnung, was für ein Privileg es war, einen so außergewöhnlichen Menschen wie John Sculley überhaupt kennengelernt zu haben? Er war dir wirklich ein guter Freund, aber du wirst das erst begreifen, wenn du auf dem Sterbebett liegst.‹

Ich fuhr fort: ›Steve, kannst du mir nicht in die Augen sehen, wenn ich mit dir rede?‹ Und er wiederholte immer wieder: ›Das verstehst du nicht, das verstehst du nicht.‹ Ich forderte ihn auf: ›Steve, sieh mich an, wenn du mit mir sprichst.‹ Und er sah mich an, und ich sagte: ›Laß es lieber, sieh mich nicht an. Wenn ich den Menschen in die Augen sehe, sehe ich meistens eine Seele. Wenn ich in deine Augen blicke, sehe ich einen Höllenschlund, ein leeres Loch, ein Niemandsland.‹ Und er drehte seinen Kopf weg und entgegnete: ›Du verstehst nichts.‹

Ich sagte: ›Ich glaube, ich verstehe alles, was zu verstehen ist, Steve. Du tust mir leid.‹ Ich beließ es dabei.«

*

Als ich am nächsten Morgen aufwachte, spürte ich, daß ich mehr Kraft hatte, die Dinge in die Hand zu nehmen. Es stimmte. Ich war kein Feigling. Obwohl ich nur mühsam meine lebensfrohe Einstellung wiederfand, mit der ich Monate zuvor zu Apple gekommen war, glaubte ich jetzt zumindest, das Vertrauen und die Kraft aufbringen zu können, die notwendig waren, um das Unternehmen wieder auf die Beine zu stellen.

Ich rief Al sofort zu Hause an und fragte ihn, ob er mit irgendeinem Mitglied des Verwaltungsrats bereits über meine Rücktrittsabsichten gesprochen habe. Er hatte nur Arthur Rock angerufen, der über diese Neuigkeit schockiert gewesen war.

»Na gut, ruf ihn wieder an«, forderte ich. »Ich bleibe, wenn er und die anderen das noch wollen.«

»Da bin ich mir ganz sicher«, wagte Al zu sagen.

In diesem Augenblick verspürte ich in mir einen Adrenalinstoß. Ich war mir sicher, daß wir Apple aus dem Sumpf herausholen könnten. Ich hatte gerade alle meine Kräfte aufgeboten, um meine einen Tag alte Entscheidung, Apple zu verlassen, umzustoßen, als Steve anrief. Er wollte sich mit mir am Sonntag treffen und in der Nähe der Stanford University spazierengehen. Wir hatten uns dort oft getroffen, um uns vertraulich zu unterhalten.

Wir hatten dieses idyllische Gebiet entlang der Schnellstraße 280, hinter den riesigen Radio- und Satellitenteleskopen, die dort von den Wissenschaftlern der Stanford University aufgestellt worden waren, häufig durchstreift. Hier hatte man den Eindruck, daß die Rolle des Silicon Valley als Zentrum der Technologie noch unterstrichen wurde. Die modernen Teleskope maßen die Temperatur auf der Venus, stellten fest, daß der Mond stabil genug sei, um darauf zu landen, und kommunizierten mit Satelliten und Raumfahrzeugen.

Was ich als Symbole eines neuen technologischen Zeitalters betrachtete, war in Stevens Augen jedoch nur »Niedrig-Tech-Müll«*, die die Schönheit dieses Gebietes verschandelten. Er hatte recht. Die riesige Aluminiumschüssel mit einem Durchmesser von 18 Meter, die aus der

---

* Überbleibsel einer antiquierten Technologie (A. d. Ü.)

Ferne so modern aussieht, ist in Wirklichkeit ein rostiges, 25 Jahre altes, völlig überholtes Gerät. Unsere unterschiedliche Betrachtungsweise bewies jedoch, wie fremd sich unsere Welten waren. Steve lebte im Geiste schon 25 Jahre später. Als Neuankömmling in Silicon Valley fühlte ich mich zwischen dem industriellen und dem »New-age-Zeitalter« gefangen.

Während dieser Spaziergänge war es üblich gewesen, daß Steve mir gegenüber die Rolle des Technologie-Lehrers einnahm, genauso wie ich versuchte, ihn alles über meine Welt zu lehren – Marketing und Management. Im Laufe dieser Spaziergänge hatte sich eine tiefe Freundschaft zwischen uns entwickelt. Nach einiger Zeit sprachen wir auch über das Leben und das Universum; wir tauschten Sorgen und Hoffnungen bezüglich unserer Zukunft aus sowie Hunderte von ganz privaten Gedanken.

Dieses Treffen würde jedoch ganz anders sein. Am folgenden Nachmittag, kurz nach drei Uhr, trafen wir uns. Wir sprachen darüber, wie wir die Streitfragen lösen könnten. Steve kam immer wieder darauf zurück, daß er eine Betriebsleiterfunktion bei Apple haben müsse. Ich bestand darauf, daß es nicht funktioniere. Aber Steve besaß die Fähigkeit, alles zu vergessen, was sich ereignet hatte, und das Szenarium in seinem Kopf umzuschreiben. Ihm fehlte die Unterstützung des Verwaltungsrats und der Geschäftsleitung, dennoch war er kühn genug vorzuschlagen, ich sollte die Leitung des Unternehmens aufgeben.

»Warum wirst du nicht Chairman und ich Präsident und Hauptgeschäftsleiter?« fragte er fast sachlich.

»Steve, das hat überhaupt keinen Sinn«, entgegnete ich. »Ich wurde nicht als Galionsfigur eingestellt, und das Unternehmen braucht auch keine. Wenn ich nicht der Chief Executive Officer sein soll, dann müssen wir eben einen anderen finden. Aber das alles meinetwegen umzumodeln, hat keinen Sinn.«

»Na ja, aber so denke ich darüber«, sagte er. »Ich will auch keine Galionsfigur abgeben. Ich will nicht einfach ein Chairman sein, der nur an weitreichenden Projekten arbeitet oder sich neue Visionen oder so etwas ausdenkt. Gibt es denn keine Möglichkeit, die Dinge so aufzuteilen, daß du auf der Marketing-Seite des Unternehmens arbeitest und ich auf der Produkt-Seite, und daß wir dann das Ganze wie zwei unabhängige Unternehmen betrachten und leiten?«

»Ganz ehrlich gesagt, ich weiß nicht, wie das funktionieren soll. Meiner Meinung nach muß Apple ein Unternehmen bleiben. Wir können die Firma nicht in zwei Teile zerlegen. Das Unternehmen nach Funktionsbereichen aufzuteilen ohne eine klare Leitung, würde keinem helfen. Wir stehen vor einer ernst zu nehmenden Krise. Deshalb haben wir keine Zeit für Experimente. Einer muß das Unternehmen leiten, und ich habe die Rückendeckung und du nicht.«

Es war eine quälende Unterredung. Als ich einigen Mitgliedern der Geschäftsleitung davon berichtete, waren sie erstaunt, daß sie überhaupt stattgefunden hatte. Warum ich mich auf so eine sinnlose und peinliche Sache eingelassen hätte? Vielleicht war es die Chance, unsere zerbrökkelnde Freundschaft wieder herzustellen; vielleicht war es die bloße Macht von Steves Persönlichkeit, die mich zu ihm hinzog. Wir waren vor allem deshalb so enge Kumpel geworden, weil es zwischen uns nie das Gefühl der Konkurrenz gegeben hatte. Als ich zu Apple ging, wußte ich, was ich vom Leben erwartete. Ich war der festen Überzeugung, daß das fröhliche Genie in ausgebleichten Jeans und Turnschuhen zu den bemerkenswertesten Persönlichkeiten dieses Jahrhunderts gehörte. Ich wollte ihm dabei helfen, erfolgreich zu sein. Ich hatte mir niemals vorgestellt, daß ich das Unternehmen eines Tages selbst leiten würde. Aber das war nun die Realität, und unsere Freundschaft war vorbei.

Am Montagmorgen rief ich sofort nach meiner Ankunft im Büro die Mitglieder der Geschäftsleitung zusammen. Sie weigerten sich endgültig, Steve eine größere Rolle im Unternehmen einzuräumen.

»John«, sagte einer, »wir haben das nun alle zu oft durchgemacht. Das Unternehmen wird auseinandergerissen. Sie haben unsere Unterstützung, aber wir erwarten von Ihnen, daß Sie eine starke Hand zeigen, und Sie dürfen Steve nicht wieder in die Leitung lassen.«

Ich hatte nun endlich die Möglichkeit, mich wieder auf wichtigere Aufgaben zu konzentrieren, Apple wieder nach vorne zu bringen.

Gegen Ende der Woche rief ich Steve an, um ihm die endgültige Entscheidung mitzuteilen.

»Na gut«, sagte er resigniert und deutlich verletzt, »ich denke, das war's dann.«

»Tut mir leid, Steve«, sagte ich, »aber so ist es.«

»Okay.«

Es war eine kurze Unterhaltung, ein abruptes Ende unserer Beziehung. Am 31. Mai unterzeichnete ich das Schriftstück, das seine Absetzung als Vizepräsident der Geschäftsleitung regelte.

Lektion zu Kapitel 8

»Durch die Krise führen«

Es hat mich oft erstaunt, warum Wirtschaftsblätter diejenigen Leute so über den grünen Klee loben, die Unternehmen aus der Krise herausgeführt haben. Viel zu schnell nennen sie einen Manager wunderbar, wenn er die Profite im gegenwärtigen Quartal angehoben hat. Einige der schlechtesten Entscheidungen, die jemals in der amerikanischen Geschäftswelt getroffen wurden, sind auf den Willen zurückzuführen, die Profite in einem Quartal oder auch zwei Quartalen zu steigern, um Wall Street zu gefallen. Statt »Baumeister« zu sein, sind viele leitende Angestellte »Zahlenfetischisten« und haben deshalb entweder die Zukunft ihres Unternehmens verkauft oder wurden niemals herausgefordert, etwas wirklich Hervorragendes zu vollbringen.

Die Kehrtwende bei Apple brachte mir viel Lob ein – aber häufig steckten dahinter falsche Beweggründe. Analytiker und Beobachter wiesen übereilt auf die zunehmende Rentabilität, den höheren Aktienkurs und Apples Erfolg als Aktiengesellschaft hin. Wenn überhaupt, dann ist die Kehrtwende wenig mehr als eine Fußnote in der Geschichte unseres Unternehmens. Weit wichtiger ist jedoch, was wir bewahrten und wie Apple sich auf seine Zukunft zurückbesann.

Das Unternehmen wieder auf festen Boden zu stellen, war nicht der schwierige Teil. Kosten zu senken ist kein großes Geheimnis. Eine unrentable Fabrik zu schließen, mag zwar zu den härtesten Entscheidungen gehören, die ein Manager treffen kann, ist aber auch nicht schwierig. Richtig mühsam wird es erst bei der Frage, was aus dem Unternehmen werden soll – wird es dasselbe Unternehmen bleiben, oder hat sich die Industrie so geändert, daß es ein völlig anderes Unternehmen werden muß, um überleben zu können? Aus allen Richtungen strömten während der Krise die guten Ratschläge herein. Im Rückblick betrachtet, waren die meisten Ratschläge jedoch kläglich. Wir hätten das Unternehmen zerschlagen, wenn wir sie befolgt hätten. Statt dessen hielten wir uns an unseren Traum und unsere Vision.

Selbst in den trostlosesten Momenten unserer Krise weigerten wir uns, die Dinge aufzugeben, die uns am Herzen lagen – unsere eigene Technologie, unsere Alternative zum »Standard« (IBM), unsere Konzentration auf das Individuum und die Zukunft des Personalcomputers. Wir widerstanden anhaltenden Bitten, ein weiterer Produzent von IBM-Ablegern zu werden oder unsere Technologie an andere in Lizenz zu vergeben, um in einer Art letzten Versuchs einen kurzfristigen Erfolg zu verzeichnen.

Es ist wichtig, in einer Krise von den Kostensenkungen nicht zu sehr in Anspruch genommen zu werden, sondern genug Zeit zu behalten, um sich den Wertvorstellungen, der Vision, der Identität und den gesteckten Zielen des Unternehmens widmen zu können. Das macht die Zukunft des Unternehmens aus.

Den Schaden bestimmen

Da eine außer Kontrolle geratene Firma gewöhnlich in vielen Teilen der Organisation schwere Aderlässe erlebt, ist es notwendig, den Schaden zu bestimmen und gleichzeitig Kontrollen durchzusetzen. Oft wird die Zeit knapp, um diese Angelegenheiten in folgerichtigen Schritten durchzuführen. Man benötigt zunächst seine diszipliniertesten und erfahrensten Manager in den wichtigsten Kontrollfunktionen. Amateure haben hier keinen Platz. Meine Erfahrungen bei Pepsi hatten mich gelehrt, daß eine nach dem Funktionsprinzip aufgebaute Organisation die beste Struktur bot, die Dinge schnell in den Griff zu bekommen und schnell die überflüssigen Kosten abzuschaffen.

Als nächstes muß man die unbeständigen Faktoren des Geschäfts analysieren (gewöhnlich mit unvollständigen Informationen, da man an genaue Daten in Krisenzeiten schlecht herankommt). Lagerbestände? Übermäßige Produktionskapazitäten? Absatzprobleme? Kristallisiere die Probleme heraus, um zu verstehen, weshalb das Unternehmen versagt. Wie sehen die Voraussetzungen aus, die gegeben sein müssen, um Geld zu verdienen? In welcher Weise unterscheiden sie sich von den Voraussetzungen, die geschaffen wurden? Dann kann man sein eigenes System aufbauen und nach der »roten Fahne« rufen, das heißt, revolutionäre Maßnahmen ergreifen.

Ich hatte einen Fehler gemacht, als ich Apple als einen Verbrauchsgüter-Produzenten wie Pepsi betrachtete. Diese Perspektive führte dazu, sich auf Ertragssteigerungen zu konzentrieren und die Werbung und expandierende Händlernetze als treibende Kräfte einzusetzen. Wir steigerten den Werbeetat von 15 Millionen Dollar auf 100 Millionen Dollar und vergrößerten den Vertrieb dramatisch, indem wir uns mit Computer-Land und seinen über 350 Großabnehmern zusammentaten. In der Zwischenzeit verminderte sich die Bruttoverdienstspanne (ich dachte, darauf später mein Augenmerk richten zu können, wenn wir die »kritische Masse« erreicht hatten), doch die Ausgaben für Forschung und Entwicklung blieben in Dollar gesehen gleich hoch (und deshalb prozentual niedriger im Vergleich zu den Einnahmen).

Die eigenen Erfahrungen nutzen

Wahrscheinlich wird jeder Spitzenmanager eines Tages vor einer Krise stehen; besonders dann, wenn Veränderungen, sogar radikale Veränderungen, an der Tagesordnung sind. Deshalb sollte man sich beständig dafür fit halten – körperlich und geistig. Man muß sich darüber klar sein, was man im Laufe seines Lebens aus seinen Erfahrungen gelernt hat. Ich habe herausgefunden, daß ich stets mehr aus meinen Fehlern als aus meinen Erfolgen lerne. Wenn man keine Fehler macht, hat man eben nicht genug Chancen zu ergreifen versucht.

Inmitten unserer Krise fühlte ich mich in der Lage, mit den meisten Problemen umzugehen, weil ich es schaffte, Lösungen zu erarbeiten oder in die Wege zu leiten, die mit meiner Erfahrung übereinstimmten. Zum Beispiel hatte ich bei Pepsi eine nach dem Funktionsprinzip ausgerichtete Organisation aufgebaut und wußte daher auch, was erforderlich war, damit sie richtig arbeitete. Ich verstand etwas von Kostenreduzierung und wußte, daß es notwendig war, tiefer zu schneiden, als es auf den ersten Blick erforderlich schien. So schmerzlich das auch war, so war mir doch bewußt, daß eine schnell einsetzende Verbesserung dem Unternehmen ein paar Monate später einen entscheidenden Aufschwung hinsichtlich des Selbstbewußtseins verschaffte. Und das war notwendig, wenn die wirklich harte Arbeit erst anfing, nämlich das Unternehmen zu dem zu machen, was es einmal war, und nicht bloß den Aderlaß zu stoppen. Ich wußte, wie man ein vorausplanendes Instrumentarium einsetzt, das funktioniert, weil ich auch das viele Male bei Pepsi getan hatte.

Große Risiken eingehen

Es ist zwar auch wichtig, sich in einer Krise nach gewissen Wachstumsgewinnen umzusehen, um Selbstvertrauen im Verlaufe des Kampfes zu erlangen, aber es ist lebenswichtig, große und umfassende Risiken einzugehen. Viel zu viele Manager sind zu unschlüssig und zu furchtsam, um große Risiken während einer Krise auf sich zu nehmen. Sie gehen auf Nummer Sicher. Die Ziele der Manager, die in Problemen stecken, basieren auf »kleinen Siegen«. Obwohl einem die Logik genau das Gegenteil befehlen mag, ist es manchmal wichtig, in einer hochriskanten Situation alles aufs Spiel zu setzen. Das ist ein konterintuitiver Gedanke, aber ein entscheidender.

Als wir unsere Belegschaft um mehr als 20 Prozent verringerten, war alle Welt schockiert. Keiner hatte gedacht, daß wir so einschneidende

Maßnahmen ergreifen würden. Es war eine schmerzliche und unpopuläre Entscheidung. Aber als es einmal getan war, half es dem Unternehmen weit schneller auf die Beine, als konservativere Methoden es erlaubt hätten. Unglücklicherweise lassen sich viele Manager von ihren Kollegen und der Tradition des Unternehmens in ihren Wahlmöglichkeiten und Entscheidungen einschränken. So viele Unternehmen haben in jüngster Zeit einen dramatischen Abbau ihrer Belegschaft angekündigt, nur um Monate später noch größere Reduzierungen vorzunehmen. Ihren sogenannten professionellen Managern mangelte es entweder an Weitsicht oder Courage, von Anfang an mutigere Maßnahmen zu ergreifen.

Als viele Leute sich noch nicht einmal sicher waren, ob wir im nächsten Jahr rentabel arbeiten würden, erhöhten wir die Kosten für die Produktentwicklung um 70 Prozent. Wir mußten nicht nur das Unternehmen in den Griff bekommen, wir mußten uns auch auf eine erfolgreiche Zukunft vorbereiten. Das führte auch dazu, daß wir im Januar 1985 15 Millionen Dollar in den Supercomputer Cray investierten, zu einer Zeit, da die Öffentlichkeit noch immer nicht davon überzeugt war, daß wir das Unternehmer wieder auf die Beine gestellt hatten. Wir kauften den Cray, um darauf unsere zukünftigen Produkte zu simulieren und damit die Entwicklung unserer Software-Instrumentarien zu beschleunigen – einer der Gründe für das anfängliche Versagen des Macintosh.

Neuentwurf – nicht nur Problemausschaltung

»Es gibt nichts Besseres als einen Kampf um Leben oder Tod«, sagte uns einmal Lee Iacocca, »um seine Prioritäten kompromißlos festzulegen.«

Dennoch versuchen die meisten Unternehmen, wenn sie mit Problemen konfrontiert werden, sie einfach nur auszuschalten. Sie schaffen es nicht, ein Problem oder eine Krise als Gelegenheit zu nutzen, eine neue Methode auszuprobieren. Der Instinkt sagt dem Manager zuerst, ein Problem auszuschalten, statt seine Ursache aufzudecken; ein Problem zu lösen, statt es als eine Chance zu begreifen. Bevor sie sich fragen, wie man es schöner oder besser machen könne, fragen sie sich, wie man aus dem ganzen Mist herauskommt. Es ist weit wichtiger, sich dafür zu interessieren, wie man ein Problem oder eine Krise auseinandernimmt und alles versteht, was dahintersteckt.

Hierin liegen einige der wenigen positiven Aspekte einer Krise: Sie schafft eine Umgebung, in welcher ein Manager die größte Chance hat, bedeutende Veränderungen in einem Unternehmen durchzuführen. Wer möchte schon etwas verändern, was ganz offensichtlich noch nicht kaputt ist? Und wieviel Unterstützung kann man von den am Unternehmen Interessierten erwarten – den Beschäftigten, Aktionären, Zulieferern und Kunden –, wenn ein Manager radikal das Unternehmen verändert und noch gar kein Krisenzustand erreicht ist?

Ich setzte auf die Chance, daß die unterschiedliche Truppe der Individuen im neuen Geschäftsleitungsstab es schließlich lernen würde, als ein fest zusammengefügtes Team zu handeln. Ich spekulierte ebenfalls darauf, daß die Krise eine Gelegenheit war, größere Disziplin, Berechenbarkeit und methodische Vorgehensweise – die Management-Attribute jeder erfolgreichen Organisation – durchzusetzen, ohne Apples Seele zu opfern. Die Krise machte es allen deutlich, daß wir dringend »Methode« brauchten, um ein so großes Unternehmen wie Apple zu leiten.

Im Verlauf einer Krise tritt ein Punkt ein, wo man glaubt, alles zu verstehen, und versucht ist, sofort zu handeln. Aber wenn man weiterhin genau jedes einzelne Dilemma überprüft, begreift man allmählich, daß man überhaupt nichts verstanden hat. Diese Entdeckung schafft nur weitere Wißbegierde. Statt mich weiter in das Problem zu vertiefen, begann ich statt dessen Dinge zu beachten, die absolut nichts damit zu tun hatten. Häufig liegt die Antwort ganz woanders.

Der Zusammenprall von grundverschiedenen Ideen ändert die Perspektive. Das ist der Schlüssel, unsere Tendenzen zu herkömmlichen oder oberflächlichen Denkweisen zu enthüllen, die zu stereotypen Lösungen führen. Das Geheimnis des Lebens wird nicht weniger aufregend, wenn man lernt, wie die DNS oder die Zellphysiologie funktioniert. Es wird sogar noch fesselnder, weil man eine umfassendere Perspektive gewinnt. In der Eile, ein Problem auszuschalten, denken viele Manager nicht an einen Neuentwurf.

Externe Standpunkte untersuchen

Als Mann an der Spitze muß man beständig seine Perspektiven verlagern, um das Geschäft von verschiedenen Standpunkten aus zu betrachten. Vom Standpunkt des Produkts, der Finanzen, der Fertigung, des Umsatzes, der Menschen aus. Man muß auch taxieren, wie es um die externen Bezugspunkte steht. Außenstehenden Kundenkreisen zuzuhören und sie auf dem laufenden über die Aktivitäten zu halten, ist ein unumgängliches Gebot. Die Zulieferer, Kunden und andere vermitteln einem unterschiedliche Perspektiven, die man mit seinen internen Informationen vergleichen kann. Man kann mit der Außenwelt nicht genug kommunizieren – selbst wenn man meint, es sei an der Zeit, alle externen Kontakte abzubrechen.

Niemals in Panik geraten

Wenn man sich durch eine Krise hindurchmanövriert, ist Selbstvertrauen enorm wichtig. Manchmal scheint es keine Garantien zu geben, daß man es schaffen wird. Dann ist es entscheidend, »cool« zu bleiben, nicht in Panik zu geraten und sich nach positiven Ergebnissen umzusehen, auf denen man aufbauen kann, um die Organisation weiterhin zu motivieren.

Kümmere dich nur um diejenigen Dinge, an denen man etwas ändern kann. Die Dinge, an denen man nichts ändern kann, sollten einem keine schlaflosen Nächte bereiten. Um einen klaren Kopf zu behalten, ist es wichtig, manchmal alleine zu sein. Man muß Abstand von der Krise gewinnen. Ich schaffte es, indem ich jeden Morgen um 4 Uhr 30 aufstand und lange in der kühlen Dunkelheit die Straße entlangrannte.

Nachdem die wichtigsten Entscheidungen getroffen worden waren, war ich recht gelassen – selbst in den schwierigsten und angespanntesten Augenblicken. Der Grund: Ich bekam allmählich die Dinge in den Griff, die kontrollierbar waren. Ich habe häufig von Spitzenathleten gehört, daß sie sich im Augenblick des Wettbewerbs so gelassen fühlen, daß das schon fast zu langsamen Bewegungen zu führen scheint. Mit den kurzen Augenblicken vor der Aktion wird man am allerschwierigsten fertig. Ich denke, daß das auch auf die Krise in einem Unternehmen zutrifft.

Seltsamerweise wurde ich allgemein als der »professionelle Manager« betrachtet, den ein junges Unternehmen dringend benötigte. Ich selbst betrachte mich nur als einen hinreichend guten »professionellen Manager«. Ich habe das auch nie angestrebt. Wenn es wahr wäre, würde Apple heute ganz anders aussehen. Wenn ich gekommen wäre und alles nur einfach gestrafft und gereinigt hätte, wären genau die Dinge, die Apple zu einem ungewöhnlichen Unternehmen machten, verlorengegangen, nämlich die Kreativität und Innovationslust, die dazu gehören, wenn man neue, aufregende Produkte entwickeln will, die das Denken, Lernen und die Arbeit der Menschen verändern.

Kapitel 9

»Am Rande des Zusammenbruchs«

Die Welt hat nie begriffen, wie zwei junge Burschen, die ihre College-Ausbildung abbrachen, ein großes Unternehmen gründen und zum Erfolg führen konnten. Tatsächlich taten sie das aber gar nicht. Mike Markkula war es. Der kleine, enorm verschlossene Mann war Apples unbesungener Held, der »fünfte Beatle«, der unauffällig im Hintergrund wirkte, die stabilisierende Kraft des Unternehmens.

Die drei Gründer waren völlig unterschiedliche Charaktere. Steve Jobs war der brillante, charismatische Volksheld und Visionär, der sich niemals vor Konflikten scheute. Steve Wozniak war ein sanftmütiges, stets gutgelauntes Genie, das jeglichen Konflikten aus dem Weg ging und nur daran interessiert war, »hübsche« Produkte zu schaffen. Beide besaßen keine kaufmännische Erfahrungen. Deshalb wandte sich das Paar an Mike Markkula. Auf Grund seiner Jahre als Ingenieur und Produktmanager bei Fairchild Semiconductor und Intel brachte er in die Partnerschaft unauffällig eine größere Glaubwürdigkeit und Reife ein. Sein kaufmännisches Wissen war umfassend. Wir betrachteten ihn als so etwas wie eine seltene Rasse im Valley: ein mehrsprachiges Talent, das ohne Anstrengung über Umsätze, Marketing, Finanzen oder technische Konzepte reden konnte.

Während er die beiden Steves ermutigte, als Apple-Persönlichkeiten ins Rampenlicht der Öffentlichkeit zu treten, als Symbole des jugendlichen, aufstrebenden Unternehmens, das Apple war, trat er in den Schatten. Ihn selbst interessierte die Ausübung von Macht nicht, er wollte das Unternehmen nur erfolgreich machen. Sein Einfluß war jedoch stark, besonders dann, wenn das Unternehmen am Scheideweg stand.

Als Steves ursprünglicher Geschäftsplan für das Unternehmen bei niemandem Anklang fand, war Mike es, der zu Jobs in die Garage ging, um diesen Plan umzuschreiben und dann die Risikokapitalgeber auf eine Linie einzuschwören, um den Traum der beiden Jungen in die Tat umzusetzen. Er steckte sein eigenes Geld in das Unternehmen, warb alle externen Mitglieder des Verwaltungsrats an und lockte viele der ersten professionellen Manager des Unternehmens von Hewlett-Packard, Intel und National Semiconductor weg; zu ihnen gehörte auch Apples erster Präsident, Michael Scott. Er spielte sogar den Schurken, um Wozniak, der damals zögerte, seine Ganztagsarbeit aufzugeben, das Ultimatum zu stellen: entweder Hewlett-Packard zu verlassen oder Apple zu vergessen.

Mike gehörte zu den Weisen des Silicon Valley. Er kannte gründlich das Netz der Risikokapitalgeber, der Erfinder, Avantgardisten und Aussteiger, die sich die neue Technologie zu ihrer Lebensaufgabe gemacht hatten. Mike glaubte von Anfang an felsenfest an Apple, weil ihm sofort bewußt war, daß die integrierte Schaltung* Computer für Menschen und nicht nur für Institutionen ermöglichte. Bei Intel war er Produktmanager für den 8088 gewesen, einen der ersten Mikroprozessoren. Mike entwarf persönlich einen elektronischen Rechenschieber, einen Vorläufer des Computers.

Mike arbeitete 16 Stunden am Tag und nutzte alle Beziehungen, um Apple zu einem rauschenden Erfolg zu führen. Er schrieb eines der ersten Softwareprogramme für den Apple II, und mit seinem sorgsam ausgewählten Vizepräsidenten Gene Carter begann er, landesweit ein Netz von Computerhändlern aufzubauen, das zum schnellen Wachstum Apples beitrug. Damals gab es noch kein Vertriebssystem für Personalcomputer.

Aus all diesen Gründen und noch weiteren brachte ihm der Verwaltungsrat des Unternehmens die größte Hochachtung entgegen. Als die Geschäftsleitung und der Verwaltungsrat ihr Vertrauen in Präsident Scott nach dem Fehlschlag des Apple II verloren, wandten sie sich an Markkula. Nur zögernd willigte er ein, Scotts Nachfolger zu werden, und dann auch nur für eine Übergangszeit, denn Mike hatte kein Interesse daran, das Unternehmen auf Dauer zu leiten. Markkula wurde schließlich das Recht eingeräumt, einen neuen Präsidenten einzustellen. Im Alter von 41 Jahren wollte Mike sich unbedingt endgültig aus dem Geschäft zurückziehen, um mehr Zeit für seine Familie zu haben und mit seinem Privatflugzeug herumfliegen zu können, das mit einem Apple II ausgerüstet war.

Nun, da Apple wieder in der Krise steckte, sollte Markkula als Vize-Chairman und Mitglied des Verwaltungsrats, das dem Unternehmen am nächsten stand, wieder eine wichtige Rolle im Hintergrund spielen. Ohne mein Wissen hatte Mike seine eigenen Untersuchungen angestellt, um zu ermitteln, ob ich kompetent genug sei, das Unternehmen aus der Krise zu führen. Angesichts der sich entwickelnden Führungskrise

---

* Miniaturbauweise für elektronische Schaltungen (A. d. Ü.)

schwirrten alle möglichen Anschuldigungen und emotionsgeladenen Gerüchte herum. Es war schwierig, die Wahrheit herauszufinden. Deshalb bat ich Mike um ein privates Treffen, um meine eigenen Ansichten über die Probleme Apples darlegen zu können und ihm meine Vorschläge zu einer Lösung zu unterbreiten.

Ich wollte ihn nicht beruhigen oder um seine Unterstützung bitten. Ich fürchtete nicht um meinen Job. Offen gesagt, ich war auf mich selbst wütend. Es war mir schrecklich, Mike und den Verwaltungsrat im Stich gelassen zu haben. Warum um alles in der Welt hatte ich es zugelassen, in so eine Klemme zu geraten?

Es war ein heißer kalifornischer Nachmittag. Zur Vorbereitung auf mein Gespräch mit Mike hatte ich handschriftlich ein paar Notizen zusammengetragen und sie zusammen mit unseren jüngsten Zahlen über Lagerbestände, Umsätze und Finanzen in einem Ordner abgeheftet. Schon allein die Zahlen ließen keinen Zweifel daran, daß sich das Unternehmen in einer echten Krise befand. Die Umsätze des Macintosh-Computers fielen unaufhörlich, und ein Ende schien nicht in Sicht.

In unserer optimistischsten Zeit hatten wir angenommen, 80 000 bis 100 000 Macs pro Monat verkaufen zu können. Statt dessen verkauften wir weniger als 20 000. Unsere Lagerbestände waren riesig. Tausende von Macs stapelten sich an den Wänden unserer Fabrik in Fremont und blockierten fast die Gänge und Türen.

Die Industrie sollte noch vor dem Ende der Krise 2,5 Milliarden Dollar Verluste bei den Personalcomputern verzeichnen, alle infolge von Inventarverlusten. Es erschütterte mich, daß niemand genaue Vorhersagen für diesen Industriezweig treffen konnte. Bei Pepsi konnten wir bis auf den Bruchteil von einem Prozent genaue Vorhersagen machen.

Noch schlimmer war, daß unsere Produktionskapazität ebenfalls riesig war. In Fremont konnten wir drei Schichten zur Herstellung des Macintosh fahren. Nun konnten wir kaum eine Schicht rechtfertigen. Viele Leute aus dem Fabrikationsbereich mußten für Wartungsarbeiten an den Maschinen eingesetzt werden.

Was die Zahlen jedoch nicht zeigen konnten, was aber unsere Probleme ernstlich erschwerte, war die Tatsache, daß unser Unternehmen in zwei feindliche Lager gespalten war; Apple II und Macintosh, und immer mehr Mitarbeiter wollten auf eigenen Wunsch gehen. Ich befürchtete, daß es noch schlimmer kommen würde, wenn die Leute erfuhren, daß Steve seine betriebliche Funktion verloren hatte. Trotz allem war seine Person auf engste Weise mit Apple verbunden.

Aber die internen Probleme waren im Vergleich zu den externen noch gering. Unsere Drittfirmen, die hinsichtlich der Entwicklung von Software und Peripheriegeräten für den früheren Erfolg von Apple so entscheidend gewesen waren, ließen uns im Stich und arbeiteten für IBM. Auch viele unserer Händler zogen ernsthaft in Erwägung, unsere Produkte zugunsten der Konkurrenz zu verschleudern, die schon bereitstand, neue Produkte für die kommende Weihnachtssaison auf den Markt zu bringen, während wir gar nichts hatten.

Nichts lief richtig. Unsere Hoffnungen auf das Geschäft mit den Franzosen waren zusammengebrochen, das galt auch für Verhandlungen mit General Motors, General Electric und AT&T. Statt nach Wundern zu jagen, hätte ich das Unternehmen straffen müssen. So schien es wenigstens. Wir hatten Umwege gemacht, und Umwege bringen die meisten Unternehmen in Schwierigkeiten. Aber uns war nicht bewußt gewesen, in welch prekärer Lage wir uns befanden.

Ich stieg in meinen Firmenwagen, einen schwarzen Mercedes 380 SEC, und fuhr auf den Highway 280 in nördlicher Richtung nach San Francisco, vorbei am Wohlstand von Silicon Valley, an den teuren, unbeschreiblichen Häusern derjenigen, die ihr Geld mit der Technologie verdienten. In den letzten sechs Jahren waren wie aus dem Nichts Villen aus dem Boden geschossen, wie Unkraut in einem vernachlässigten Garten. Vorbei an den idyllischen sanften Hügeln in der Nähe der Stanford University, wo die Kühe auf saftig grünen Wiesen grasten.

Überall schienen die Kontraste das Leben zu symbolisieren, das ich führte. Es war so exzentrisch, eklektisch und explosiv wie Silicon Valley. Aber es gab auch häufig die heitere Ruhe und den reflektierenden Idealismus der Stanford Hills.

Ich verließ die 280 und fuhr auf Nebenstraßen zu Mikes Haus, schaltete meine Gefühle ab und ordnete meine Gedanken für unser Treffen. Aus Erfahrung wußte ich, daß Kendall oder Pearson, wenn ich zu ihnen gekommen war, nicht nur von mir erwartet hatten, daß ich Probleme definieren, sondern auch schon mit Lösungen aufwarten konnte. Ich passierte ein elektronisch gesichertes Tor und fuhr einen langen Weg bis zu seinem Haus im Portola Valley. Wir waren für drei Uhr verabredet.

Mike begrüßte mich herzlich, und wir gingen in sein Arbeitszimmer – ein großer, gemütlicher Raum mit herrlichem Parkett, eleganten französischen Türen und vielen großen Fenstern. In den meisten Arbeitszimmern stapeln sich Bücher in den Regalen; bei Mike stapeln sich elektronische Geräte, eine ganze Regalwand voller Apparate, die von hochentwickelten Video- und Stereosystemen bis hin zu Macintosh- und Apple-II-Computern reichten. Es beeindruckte mich, daß er das Kontrollgerät selbst entworfen und das dafür erforderliche Programm selbst geschrieben hatte, mit dessen Hilfe er von seinem Schreibtisch aus alle Apparate steuerte.

Ganz anders als in meinem chaotischen Arbeitszimmer, in dem sich Bücher und Geräte auf einem Schreibtisch türmten, schien hier alles an seinem richtigen Platz zu sein. Selbst die Kabel für seine Computer liefen durch ein Bein des riesigen Schreibtisches aus Eichenholz und verbanden auf diese Weise unauffällig das Kontroll-Keyboard mit all den elektronischen Geräten an der Wand. Es war typisch für Mike, daß er die entscheidenden Kabel so unauffällig tarnen ließ. Über dem Kamin des Raumes hing ein Gemälde, das in der Decke verschwand und einen großen Fernsehbildschirm freigeben konnte. Wir setzten uns auf ein Sofa vor dem Kamin und begannen zu reden.

Seit unserer ersten Zusammenkunft vor zweieinhalb Jahren schätzte und bewunderte ich Mike. Wie jeder andere bei Apple war auch er damals ein unverbesserlicher Optimist gewesen. »Apple wird zur Jahrhundertwende eins der größten und erfolgreichsten Unternehmen der Welt sein«, hatte er mir erzählt, ohne mit der Wimper zu zucken. Er hatte mich eingestellt, weil er mich für fähig gehalten hatte, dem Unternehmen bei der Erreichung dieses Ziels zu helfen. Als Apples zweitgrößter Aktionär hinter Steve hatte Mike nun erlebt, wie der Wert seines Anteils allein im letzten Jahr um fast 200 Millionen Dollar abgenommen hatte. Wenn ich nicht so einseitig auf die Probleme Apples fixiert gewesen wäre, hätte ich mich vielleicht gefragt, ob Mike mich für diese niederschmetternden Verluste verantwortlich machte.

Ich begann einen vierstündigen Monolog über die Probleme des Unternehmens und wie wir dazu gekommen waren. Mike hörte mir zu und unterbrach mich nur gelegentlich. Ich schrieb unsere Sorgen einer Reihe von kleinen Kompromissen und einem großen strategischen Fehler zu, der zur Krise geführt habe. Die Zugeständnisse waren mir anzulasten.

Schuld an dem Dilemma war die personelle Situation. Steve waren über 1000 Mitarbeiter unterstellt, und er trat als Sprecher des Unternehmens an die Öffentlichkeit; er war Apples Spitzen-Technologe. Von Rechts wegen war ich der Chief Executive. Jedoch über mir, rein organisatorisch gesehen, schwebte ein visionärer Chairman. Unter mir aber gab es einen unentschlossenen Betriebsleiter, der für die entscheidenen Teile Apples verantwortlich war. Beide waren ein und dieselbe Person. Ich fühlte mich, als ob man mich zwischen zwei Buchstützen gepfercht hätte. Unter diesen Bedingungen war es mir fast unmöglich, effektive Leistungen zu erbringen.

Diese Konfusion führte geradewegs in die Katastrophe: eine in die Irre führende Vision, zu der ich beigetragen hatte. Apple sollte eigentlich ein wunderbares Unternehmen werden, das Verbrauchsgüter herstellt. Deshalb stellte Apple einen Burschen aus der Getränke-Industrie an die Spitze. Jetzt wußte ich jedoch, daß das ein verrückter Plan gewesen war; unser Rennen, um ihn zu realisieren, war ein Todesmarsch gewesen. Technologie-Unternehmen befinden sich nur oberflächlich betrachtet in derselben Kategorie wie die Unternehmen, die Verbrauchsgüter herstellen. Wir konnten die Realität nicht zugunsten all unserer Träume von der Veränderung der Welt beugen. Die Welt mußte auch uns ändern.

Unsere Perspektive war hoffnungslos falsch gewesen. High-Tech konnte nicht wie ein Verbrauchsgut entworfen und verkauft werden. Ganz sicherlich noch nicht jetzt. Ende 1984 war dieser Markt zusammengebrochen. Die meisten Menschen, die Computer gekauft hatten, hatten sie weggepackt, weil das Führen eines Kontos kein hinreichender Grund war, um auf den Knopf zu drücken. Die Konsumenten waren nicht bereit, die Computer so einfach wie Telefone, Kühlschränke, Fernseher oder Küchenmaschinen in ihr Heim zu integrieren. Sie waren nicht gewillt, Tausende von Dollar für ein Ding auszugeben, mit dem sie nichts anzufangen wußten.

Mehr, als wir damit gerechnet hatten, erwies sich das Geschäft mit den Computern als beängstigend saisonbedingt. Es war dem Spielzeuggeschäft zu vergleichen. Im Jahre 1984 erzielten wir nahezu 80 Prozent unserer Umsätze in der Weihnachtszeit und nur 20 Prozent der Umsätze im Rest des Jahres. Wenn man die Menge der Produkte, die man an Weihnachten verkaufen wollte, falsch einschätzte, lebte man mit diesen riesigen Lagerbeständen für den Rest des Jahres. Und noch schlimmer, man lebte mit ihnen in einem Industriezweig, in dem die Produktentwicklung nach anderthalb Jahren überholt ist. Vorhersagen zu treffen war ein enorm risikoreiches Vorhaben.

Wir müßten die gesamte Orientierung von Apple Computer dramatisch ändern, schlug ich Mike vor. Nicht die Wertvorstellungen, die Gruppen, die Umgebung – aber die Geschäftsorientierung. Wir dürften nicht mehr ein Unternehmen sein, das Haushalt und Erziehungswesen versorgt, sondern müßten zu einem Unternehmen werden, das auf Erziehungswesen und Büro ausgerichtet ist. Denn dort ist das Geld, und dort wächst der Markt am schnellsten. In diesen Bereichen könnten die Menschen auch erkennen, daß der Technologie eine gewisse Funktionalität innewohnt, für die sie dann auch gewillt sind, Geld auszugeben.

Das stellt zwar eine große Verschiebung dar, aber glücklicherweise halten wir ein schönes As in der Hand:

Was Apple so ganz anders macht und was uns weiter von unserer

Konkurrenz unterscheiden wird, ist die Tatsache, daß uns die Kronjuwelen gehören – unser eigenes Betriebssystem.* Das hat kein anderer. Und niemand kann den Macintosh nachbauen, was bei den IBM PCs der Fall sein kann. Das ist auch der Vorteil von Microsoft: sie besitzen das Betriebssytem, das IBM auf ihren Computern benutzt. Deshalb expandierte Microsoft so rasch, und deshalb wurde Bill Gates, ihr junger Gründer, der erste Milliardär der Industriebranche.

Ohne Pause beschrieb ich weiter, wie ich uns aus diesen Problemen zu führen gedachte.

Erst nach meinen Ausführungen gab Mike zu verstehen, daß er in den vorangegangenen Wochen 35 Leute von Apple befragt habe, um sich einen unabhängigen Eindruck von unseren Problemen zu verschaffen. Es wurde mir nun klar, daß man mich aus dem Unternehmen feuern würde, wenn ich Mike nicht davon überzeugen konnte, daß ich Apple im Griff hatte und genau die Probleme kannte.

Ich war zwar überrascht, aber nicht schockiert oder beleidigt. Ein gutinformierter und unabhängiger Verwaltungsrat war immer die Stärke Apples gewesen. Ein Präsident, der paranoische Ängste entwickelt, daß seine Boardmitglieder zuviel wissen könnten, leistet seinen Aktionären einen schlechten Dienst. Ganz davon abgesehen waren Mike und ich einer Meinung. Wir wollten beide nur das Beste für das Unternehmen.

Er bot mir seinen Rat und seine Hilfe an. Mike schlug vor, Steve einen eng umrissenen Posten in der Produktentwicklung zu geben, wo er zusammen mit einigen Technologen zukünftige Produktstrategien festlegen sollte. Ich sagte ihm, daß das nicht funktioniere.

»Steve muß aus solchen Funktionen rausgehalten werden. Wir können uns nicht bei jeder Frage eine größere interne Debatte darüber leisten, was wir zu tun haben. Ich kann nicht noch zusätzlich das Risiko übernehmen herauszufinden, wie man Steve führt. Wir können uns nicht den Luxus leisten, darüber zu streiten, welche neuen Produkte wir produzieren müssen; wir müssen neue Produkte herausbringen.«

Steve war nicht in der Lage gewesen, die Produkte der Macintosh-Gruppe herzustellen, die uns geholfen hätten, die Übergangszeit in den Griff zu bekommen. Es gab keinen Grund zu der Annahme, daß sich das in der nächsten Zeit änderte. Und ich war der Auffassung, daß er die Übergangszeit noch quälender machen würde, indem er über jeden Schritt auf dem Wege dorthin Debatten entfachte.

---

* Kurzform für Plattenbetriebssystem (PBS), engl. »DOS«. Will man z. B. die Software von Apple benutzen, braucht man auch das Apple-Betriebssystem, das bei IBM ein anderes ist (IBM DOS). (A. d. Ü.)

»Ja«, gestand Mike mir zu, »das klingt einleuchtend.«

Wir erörterten meine Ideen über die Reorganisierung des Unternehmens und darüber, wen ich wahrscheinlich auf die neuen Posten in einer neuen Organisation setzen würde.

»John«, meinte Mike schließlich, »ich habe Ihnen aufmerksam zugehört. Ich habe das Gefühl, Sie wissen, worüber Sie sprechen. Es gibt dennoch eine Menge Leute, die nicht gerade glücklich sind, wie die Angelegenheiten in Angriff genommen wurden. Sie sollten wissen, daß Sie meine Unterstützung haben, und ich werde dies auch im Verwaltungsrat sagen. Wir stellten Sie als Chief Executive ein, und wir wollen, daß Sie das Unternehmen leiten.«

Das waren tröstliche Worte. Mikes Unterstützung war entscheidend, obwohl sie nicht vorbehaltlos gewährt wurde. Er wurde sehr hart, als er mich rügte, zugelassen zu haben, daß die Krise ein so ernstes Stadium erreichte.

»Sie haben meine uneingeschränkte Unterstützung, aber ich bin sehr enttäuscht, daß Apple sich in dieser Situation befindet und daß Sie nicht in die Offensive gegangen sind, als Sie im April die Einwilligung des Verwaltungsrats erhielten.«

Ich hätte widersprochen, wenn ich nicht seiner Meinung gewesen wäre.

»Sie haben vollkommen recht«, sagte ich. »Als ich die Ermächtigung des Verwaltungsrats besaß, Steve zu entlassen, hätte ich nicht zögern dürfen. Ich hätte sofort handeln müssen. Ich versuchte, es Steve leichter zu machen, und alles, was ich tat, war nur, ein Riesenschlamassel herzustellen.«

Ich war genauso von mir enttäuscht wie Mike. Ich hatte Fehler gemacht und verdiente Kritik. Bei Pepsi hätte ich niemanden toleriert, der sich so verhalten hätte wie Steve. Aber dort gab es auch keinen wie ihn. Er war was ganz Besonderes. Dennoch durften wir hier nicht herumsitzen und über die Schwierigkeiten des Unternehmens lamentieren. Die Frage war jetzt, wie wir aus ihnen herauskommen konnten.

Ich verließ Mikes Haus um 19 Uhr 30 und wußte, daß es keine zweite Chance geben würde. Ich schwor mir, den Verwaltungsrat niemals mehr im Stich zu lassen. In gewisser Hinsicht war diese Zusammenkunft in fast ähnlicher Weise richtunggebend für meine Zukunft wie mein Abend bei Kendall, als ich ihm von dem Angebot Apples erzählt hatte. Ich hatte Kendalls Haus verlassen und mich schrecklich elend gefühlt, meinen Freund im Stich zu lassen. Diesmal fühlte ich mich herausgefordert. Natürlich war ich müde, körperlich müde, und allmählich ging mir auch auf, wieviel Arbeit vor mir lag. Dennoch fühlte ich mich wie neugeboren. Ich ließ die harten Auseinandersetzungen zwischen Steve und mir hinter mir. Ich wußte, was zu tun war, auch wenn die bevorstehende Aufgabe reichlich einschüchternd erschien. Mein Adrenalin begann zu fließen. Ich mußte die Angelegenheit in den nächsten sechs Monaten schaukeln, oder ich konnte nicht mehr erwarten, daß mir irgend jemand noch sein Vertrauen schenkte.

Am folgenden Tag erklärten die externen Mitglieder des Verwaltungsrats, daß sie mit Mike übereinstimmten und mich unterstützten. Aber der Verwaltungsrat drückte auch seinen Unmut darüber aus, daß ich eine Führungskrise zugelassen habe, nachdem er mir im April die Verantwortung dafür übertragen hatte, das Unternehmen unter Kontrolle zu bekommen. Mit der Unterstützung des Verwaltungsrats traf ich mich jedoch an den beiden folgenden Tagen, am 29. und 30. Mai, zu Marathonsitzungen mit den Mitgliedern der Geschäftsleitung, bei denen wir von morgens sieben Uhr bis spät in die Nacht hinein unsere Pläne für ein Comeback zusammenzimmerten.

*

Apple war in zwei sich bekriegende Unternehmen auseinandergefallen. Viele unserer besten Leute in der Apple-II-Gruppe, die verärgert über die Vorzugsbehandlung waren, die die Macintosh-Leute zu erhalten schienen, verließen das Unternehmen. Der interne Wettbewerb mußte endlich aufhören, damit wir wieder unsere Energien in andere Bereiche kanalisieren konnten.

Wie gut eine Organisation ist, erweist sich in schlechten Zeiten. Ganz eindeutig funktionierte Apples dezentralisierte Struktur nicht besonders gut. Beide Divisionen hatten eigene Verkaufs-, Marketing- und Produktentwicklungsstäbe, was zu vielen sich überschneidenden Aufgabenbereichen führte.

Es war fast unmöglich, schnell an die richtige Information zu kommen. Beständig wurde ich von neuen und beunruhigenden Entdeckungen überrascht, wozu auch die versäumte Bestellung der Einzelteile für den Macintosh XL gehörte. Die mangelnde Management-Erfahrung vieler Schlüsselfiguren bei Apple als auch meine fehlende Kenntnis auf dem Sektor der Personalcomputer hätten frühe Warnzeichen sein müssen, daß eine dezentralisierte Organisation nicht zu unserer vergänglichen Marktposition paßte. Diese Dezentralisierung zog ein System nach sich, unter dem die Menschen nur noch zum Besten ihrer Gruppe kämpften, aber nicht zum Besten des gesamten Unternehmens.

In Krisenzeiten gilt als allererste Priorität, die Kontrolle zurückzugewinnen. Aus Erfahrung wußte ich, daß eine nach dem Funktionsprinzip arbeitende Organisation mir die beste Möglichkeit bot, die Einzelheiten des Geschäfts unter Kontrolle zu bekommen. Hauptsächlich wurde eine weitgehend konventionelle Funktionsstruktur jedoch deshalb von mir eingeführt, weil sie uns helfen konnte, ein geeintes Unternehmen namens Apple zu werden.

Wir mußten sehr schnell vier Ziele erreichen. Inmitten einer Computer-Absatzkrise mußte Apple eine effizientere, weniger Kosten verursachende Firma werden. Das bedeutete, die Kosten für die Bauteile schnell zu senken. Dann, um langfristig überleben zu können, mußten wir uns zu einem rascher reagierenden Unternehmen entwickeln und die Produkte schneller als in der Vergangenheit auf den Markt bringen. Als nächstes, und das war der Schlüssel zu allem, stand eine Reorganisation an, die uns in die Lage versetzen sollte, die Produktentwicklung, die Herstellung und das Marketing, die sich auf das gesamte Unternehmen beziehen sollten, besser zu koordinieren.

Das Unternehmen nach dem Funktionsprinzip und nicht nach dem Produktprinzip zu organisieren bedeutete, fast jede Position im gesamten Unternehmen zu verändern und zusätzlich noch Einrichtungen zu schließen und Hunderte, wenn nicht sogar mehr als tausend Beschäftigte zu entlassen. Das war keine simple Veränderung – das war die Apokalypse. Ich wußte, daß das Unternehmen dadurch genau in diesem Moment in Stücke gerissen wurde, in dem es schon sehr schwach war. Und wenn wir die falschen Leute für die entscheidenden Funktionsstellen der Herstellung, des Marketing und der Produktentwicklung wählten, konnte das zur Katastrophe führen.

Als ich zum erstenmal 1971 in den Pepsi-eigenen Abfüllanlagen eine funktionelle Struktur einführte, lief es nicht so wie geplant. Ich hatte angenommen, daß eine solche Organisationsform uns zu besseren Fachkenntnissen in jeder Disziplin verhelfen werde, weil jede Person ein Spezialist sein würde. Jeder wäre gezwungen, das Marketing oder die Produktentwicklung im ganzen zu betrachten, nicht nur durch die Brille einer einzelnen Division. Anstatt die Leute passend zu den neuen Funktionsstellen auszusuchen, setzten wir zu viele Generalisten mit geringer Managementerfahrung und ohne Spezialkenntnisse in den einzelnen Fachgebieten auf diese Stellen. Unsere Stellenbesetzung basierte fälschlicherweise auf Rangfragen und nicht auf Fähigkeiten und Kenntnissen. Es war auch nicht gerade förderlich, daß unsere neuen Stellenbeschreibungen nicht an der Realität gemessen wurden. Deshalb halfen sie den Leuten auch nicht, im vollen Umfang zu verstehen, was ihre eigentliche Aufgabe war. Ein Jahr später führten wir mit anderen Leuten eine auf dem richtigen Funktionsprinzip basierende Organisation bei Pepsi ein.

Ich mache mir wenig aus einem Fehler, aus dem ich lernen kann. Aber in einer Krise wie dieser, in der wir nun mal bei Apple steckten, hat man nur *eine* Chance. Wenn man in einer solchen Situation einen Fehler macht, gibt es vielleicht später weder ein anderes Unternehmen noch eine andere Möglichkeit, es noch einmal zu versuchen! Mir stellte sich die Frage, wer waren die Besten, die man auf die neuen Spitzenpositionen des Unternehmens setzen konnte? Jedes Unternehmen besitzt seine eigene »Gene«, und man muß mit ihnen leben. Wir mußten die wertvollen Eigenschaften bewahren, die sich aus Apples quirliger Unternehmerherkunft ergeben hatten. Es war zum Beispiel lebenswichtig, daß die Menschen weiterhin in einer Umgebung arbeiten konnten, in der jeder sich als Individuum fühlen durfte. Ich war der Meinung, daß wir eine bessere Chance hätten, uns aus der Patsche zu befreien, wenn wir das als Hebel einsetzten, worin wir gut waren – unternehmerische Geschicklichkeit.

Der erfolgreiche Unternehmer sieht keine Hindernisse und findet immer einen kreativen Ausweg aus den schwierigsten und unmöglichsten Problemstellungen. Während ich mich also einem traditionellen Organisationskonzept zuwandte, griff ich nach unkonventionellen Menschen, die ich auf einige der Schlüsselpositionen setzte. Es war nicht gerade eine vorsichtige Wahl.

Es wurde darüber hinaus eine Menge Geld eingesetzt, um herauszufinden, wie man Apple zu einem großen und nicht nur zu einem bloß überlebenden Unternehmen machen konnte. Dieses Erlebnis entspricht in etwa dem eines Piloten, der eine 747 fliegt. Man hat wirklich nicht viel zu tun, wenn die automatische Kurssteuerung eingeschaltet ist. Aber wenn man die Steuerung selbst in den 60 Sekunden übernehmen muß, in denen drei der vier Motoren ausgefallen sind, unternimmt man am besten alles, ob riskant oder nicht, um das Flugzeug unter Kontrolle zu bekommen, und das Verantwortungsgefühl ist dabei überwältigend.

Wären wir auf »Nummer Sicher« gegangen, hätten wir vielleicht ein IBM-kompatibles Gerät mit dem Etikett Apple herausgebracht, was kurzfristig hätte opportun sein können. Es hätte aber unseren Vorteil hinsichtlich unserer alternativen Technologie zerstört – und sie war die Seele von Apple. Es hätte die Menschen vertrieben, die unser wichtigster Aktivposten waren, weil Apple dann nicht mehr einzigartig gewesen wäre. Das konnten wir nicht tun.

Wir hätten auch auf »Nummer Sicher« gehen können, wenn wir Ataris Beispiel gefolgt wären: unsere Größe und unsere erwarteten Einnahmen drastisch beschneiden und nur noch auf unsere eigene Technologie setzen. Atari konzentrierte sich darauf, Geld zu machen, und nicht darauf, großartige Produkte zu entwickeln. Sie wollten das billigste System in größtmöglicher Zahl verkaufen.

Die riskanteste Alternative war, den Kurs beizubehalten. Das weiterführen, was wir am besten konnten, nur noch besser. Und es *sofort* zu tun.

Zu meiner Unterstützung brauchte ich Leute, die eine außergewöhnliche Leidenschaft für Apple empfanden. Wir durften im Verlaufe unserer Reorganisation des Unternehmens unseren Traum nicht verlieren.

In den Schlüsselpositionen wünschte ich mir Menschen, die wirklich das Beste dessen darstellten, was Apple mit seiner Kreativität immer repräsentiert hatte. Keine Verwalter, sondern leidenschaftliche und brillante Anführer – selbst wenn es bedeutete, enorme Verantwortung für unerfahrene Individuen zu übernehmen und zu hoffen, daß sie sich der Prüfung nicht nur stellten, sondern sich auch auszeichneten. Wir mußten den enormen Corpsgeist, die innovative und freche Kreativität Apples intakt halten.

Ich hatte eine Bestandsaufnahme der fähigen Manager gemacht und bewunderte besonders Del Yocams Erfolg, System und Ordnung in die Apple-II-Division zu bringen, deren Generalmanager er war. Während die Macintosh-Division ein wildes Durcheinander darstellte, hatte Dels Apple-II-Gruppe das Unternehmen über die Weihnachtszeit getragen. Deshalb beschloß ich, ihn zum Gruppenleiter zu befördern, der für alle Funktionsbereiche verantwortlich sein sollte – Produktentwicklung, Verarbeitung, Absatz und Leitung der Fabrikationsbetriebe.

Das war der umfassendste und wichtigste Job in der Geschäftsleitung. Die Fabrikationsbetriebe mußten die heftigsten Veränderungen über sich ergehen lassen, weshalb ich meinen besten Manager in diesem Bereich benötigte. Del mußte die harte Arbeit übernehmen, Fabriken dichtzumachen und zu konsolidieren, Leute zu entlassen und Kontrolle über unsere Lagerbestände zu erhalten. Einige dachten, daß es ihm für diesen Job an Erfahrung mangele, aber ich hatte ihn ein Jahr zuvor zum Chef der Apple-II-Gruppe befördert, und er hatte bewiesen, daß er hart sein konnte.

Bei Apple benötigten wir dringend mehr Methodik und Kontrolle. Das machte ich deutlich, indem ich Del den Job gab. Wenn *ich* versucht hätte, den Freilauf bei Apple mit Kontrolle zu überziehen, wäre das genauso gewesen, als ob das amerikanische Industrieestablishment kollektiv über das Unternehmen herfiele. Del, einer der Apple-Originale, konnte diesen Prozeß einleiten, ohne Angst zu verbreiten. Wenn ich es getan hätte, wären die Leute zu Tode erschrocken gewesen.

Es gab nur einen Nachteil. Del war es gewöhnt, Menschen zu führen, die wie er waren, ebenso beständig und präzise. Nun verlangte ich von ihm jedoch, Menschen zu führen, die vollkommen anders waren. Darin besteht die Essenz von Menschenführung. Die Herausforderung besteht darin, Eigenschaften zu kompensieren, ohne Unterschiedlichkeiten oder Fehler mit zuviel Kontrolle zu ersticken.

Um die Disziplin auszugleichen, für die Del sorgen würde, wollte ich ein paar Außenseiter haben, die außergewöhnliche Talente für ihre Arbeit mitbrachten. Ich unterstellte Del zwei der besten unkonventionellen Denker Apples: Jean-Louis Gassée und Debi Coleman. Beide waren enorm intelligent, begabt und schlagfertig. Dennoch waren beide nicht besonders auf diesen Job vorbereitet, weil sie noch nie eine so große Organisation geleitet hatten.

Gassée, ein französischer Mathematiker, der fast allein die Apple-France zu unserer größten ausländischen Tochtergesellschaft aufgebaut hatte, war ein charismatischer Intellektueller, der zum Personalcomputer eine romantische Beziehung kultivierte. Den ehemaligen Dressman, Dichter und Philosophen konnte man leicht mit Jean-Paul Belmondo verwechseln, bis hin zu seinem Auftreten. Manchmal machte er mitten im Satz eine Pause, zog seine Augenbrauen hoch, blickte an die Decke und wartete die Reaktion auf sexuell gefärbte Metaphern ab, die er fallengelassen hatte.

»Wir müssen unseren Konsumenten immer puren Sex verschaffen«, pflegte er zu sagen. »Es ist wie bei einem Rendezvous mit einem hübschen Mädchen auf dem Rücksitz eines Autos. Das Erlebnis mit dem Personalcomputer sollte besser sein als der schönste Orgasmus, den man haben kann.« Er hatte recht. Was den Apple-Computer von anderen unterschied, war die Tatsache, daß der Benutzer tatsächlich eine Liebesaffäre mit dem Gerät hatte. Jean-Louis schätzte heftige Gefühle. Er wollte nicht der Vater eines Computers sein, der nicht die Erregung eines sexuellen Erlebnisses vermittelte.

Gassée repräsentierte Apple, wie es leibt und lebt – leicht respektlos, manchmal arrogant, aber immer unglaublich scharfsinnig und smart. Gassée besaß die Gabe, die Romantik unseres Geschäfts so auszudrükken, wie es nur wenige könnten oder wagen würden. Ein leitender Angestellter bei IBM setzt seine Karriere aufs Spiel, wenn er von der sinnlichen Natur eines Computers spricht. »Jeder Informant kann einem die Fakten verschaffen«, spöttelte einmal der politische Beobachter Teddy White. »Man braucht aber den Informanten, der einem die Metapher verschaffen kann.« Jean-Louis war niemals um eine Metapher verlegen.

»Zu den unergründlichen Geheimnissen gehört für mich unser Firmenzeichen«, sagte er einmal. »Das Symbol der Sinnlichkeit und der Erkenntnis, dem man ansieht, daß hineingebissen wurde, quer darüber die Regenbogenfarbe in der falschen Anordnung. Man könnte sich kein passenderes Firmenzeichen ausdenken: Sinnlichkeit, Erkenntnis, Hoffnung und Anarchie.«

Obwohl er in erster Linie ein Marketing-Mann ist, wirkte ich auf ihn ein, Vizepräsident der gesamten Produktentwicklung zu werden. Gassée fehlte das technische Hintergrundwissen, um eine Ingenieurgruppe zu leiten, aber auf Grund seiner grenzenlosen Begeisterung und seiner Kenntnisse auf dem Gebiet der Software stellte er eine perfekte Wahl dar. Ich brauchte Jean-Louis' Stärken in unserem Team.

Debi hatte englische Literatur als Hauptfach an der Brown University studiert und hatte ihren Magister der Betriebswirtschaftslehre an der Stanford University erworben. Sie tauschte Nabokov gegen High-Tech ein, weil sie darin ein Mittel sah, die Welt viel umfassender zu beeinflussen als jeder andere, der auf die Straße geht und gegen den Vietnam-Krieg demonstriert. Sie verkörperte die Mischung von Gegensätzen, die wir meines Erachtens von jedem in der prächtigen neuen Welt der Computer erwarten, wenn der Unterschied zwischen den »Fachidioten« und den »Ganzheitsaposteln«, wie Alan Kay es nennt, endlich verschwunden ist. »Die Fachidioten«, sagte er, »sind diejenigen mit dem Plastik in der Tasche; sie halten Shakespeare für eine ehemalige Autofirma und Frescobaldi für jemanden, der die Züge rechtzeitig fahren ließ. Die Ganzheitsapostel sind diejenigen, die Spezialisierung für ein gesellschaftliches Übel halten.« Debi verstand etwas von Wissenschaft und Geschäft und sah die Dinge vor dem Hintergrund eines größeren kulturellen Zusammenhanges.

Steve hatte Debi von Hewlett-Packard in das Macintosh-Team geholt. Sie war ein Jahr zuvor Leiterin der Herstellung in der Macintosh-Fabrik geworden. Ich hatte sie sehr genau in der Fabrik beobachtet und als allererstes bemerkt, welch guten Kontakt sie zu ihren Leuten hatte. Sie glaubte an die Automation, verstand etwas von der zeitlich genau abgepaßten Herstellung und wußte sehr gut die Macht der Information einzusetzen, um den Lagerbestand zu kontrollieren. Und sie machte sich Apple und alles, für was das Unternehmen stand, zu eigen und arbeitete 14 bis 16 Stunden täglich, auch an den Wochenenden.

»Apple ist etwas Besonderes«, sagte sie mir, als ich mit ihr über das Firmengelände ging, gespannt und immer noch leicht eingeschüchtert von dem, was ich sah. »Ich meine, daß Apple den Leuten unter der Haut sitzt. Ich habe viele Freunde, die für riesige Firmen arbeiten, die von ›Fortune‹ unter die ersten 200 Unternehmen eingereiht werden, und wenn sie morgen ein besseres Angebot bekämen, dann würden sie zupacken, ohne es sich zweimal zu überlegen. Das funktioniert hier nicht. Es ist beinahe wie mit dem Glauben. Wenn du kein Katholik bist, verstehst du es vielleicht nicht. ›Du mußt es hinnehmen. Es ist das Schicksal.‹ Das sagten uns die Nonnen immer. Sie sagten immer, daß wir es akzeptieren müßten. Ich war eine sehr schlechte Schülerin in Religion, und in Glaubensdingen akzeptiere ich niemals etwas, ausgenommen Apple.«

Wie Gassée war Debi bewußt herausfordernd, ungestüm und durchsetzungsfähig, mit einer Stimme, die keine laute Fabrikhalle ersticken konnte. Viele leitende Angestellte dürften sie und Gassée wohl für Nervensägen gehalten haben. Ich wußte jedoch, daß Debi entscheidend sein würde, wenn es überhaupt eine Chance für Apple gab, auf der Herstellungsseite einen Durchbruch zu erzielen. Debi würde nach unerwarteten Methoden der Problemlösung suchen und sich nicht nach den Lehrbüchern verhalten. Das war für unsere Zukunft und unsere langfristige Fähigkeit, mit den Japanern konkurrieren zu können, sehr entscheidend. Statt also einen erprobten und waschechten leitenden Angestellten für die Herstellung einzustellen, wählte ich sie als Vizepräsidentin, die weltweit verantwortlich für die Herstellung war.

Als nächstes verschmolz ich US-Marketing und -Verkauf und machte Bill Campbell, den ehemaligen Football-Trainer der Columbia-Universität, für diesen Bereich verantwortlich. Bill, der als Chef des US-Verkaufs von seinen Leuten sehr bewundert worden war, besaß einen starken Charakter und die Führungseigenschaften, die notwendig sind, um die Händler und die Verkaufsorganisation zusammenzuhalten. Bill war der erste, den ich in das Unternehmen geholt hatte, nachdem ich ihn davon überzeugt hatte, in London einen Job bei Eastman Kodak aufzugeben und zu Apple nach Cupertino zu kommen. Ich war der Meinung, daß seine Erfahrungen als Trainer ihn in einzigartiger Weise qualifizierten, mit unserer jungen Marketing-Belegschaft umzugehen. Bei Apple hatte er vorzügliche Arbeit geleistet, indem er unseren Verkaufsstab wesentlich verbesserte und eine 350 Personen umfassende Verkaufsgruppe im Außendienst schuf, die Kontakt zu unseren 2600 US-Händlern hielt.

Jetzt sollte seine Aufgabe noch schwieriger werden. Wir hatten keinen Verkäufermarkt mehr, sondern einen Käufermarkt, was unsere Heimcomputer-Händler immer mehr schwächte. Die Bürocomputer-Händler gaben allmählich zu verstehen, daß sie den Macintosh fallenlassen wollten, weil sie ihn nicht für ein Büroprodukt hielten. Mit einem besonderen Werbeprogramm könnte es Bill vielleicht gelingen, sie in diesem oder im nächsten Quartal bei der Stange zu halten, aber mir erschien das doch recht unwahrscheinlich. Es gab zu viele unterkapitalisierte Einzelhändler; die Computerpreise waren zu niedrig; das Angebot überstieg bei weitem die Nachfrage, so daß nur wenige Händler genug Geld zum Überleben verdienten. Allein vermittels seiner physischen Präsenz – gute 1,85 Meter groß und mit dröhnender Stimme – war Bill vielleicht in der Lage, die Leute um sich zu scharen und ihnen die Richtung einzubleuen. Er mußte es tun. Wir konnten es nicht bis zum Jahresende überstehen, wenn er es nicht schaffte, die sinkenden Verkaufszahlen aufzufangen.

Zu Beginn des Winters traf ich drei weitere wichtige Entscheidungen. Ich machte den deutschstämmigen Michael Spindler, den Marketing-Manager für Apples Europageschäfte, verantwortlich für den internationalen Verkauf. Er galt als Garant für Zuwachsraten. Er mußte nicht die Last der enorm schlechten Publicity tragen, die wir in den Vereinigten Staaten bekamen.

»Du mußt Zuwachsraten erzielen«, sagte ich ihm. »Wir können uns keine sinkenden Einnahmen leisten, weil das die Leute zu Tode erschreckt. Die Firmen, die für uns die Software entwickeln, werden sonst denken, daß wir sogar in noch größeren Schwierigkeiten stecken, und nicht mehr für uns arbeiten.«

Wir wollten unsere Abhängigkeit vom US-Konsumgütermarkt verringern, was Umsatzsteigerungen im internationalen Bereich bedeutsam machte, denn die Leute sollten nicht denken, daß Apple bankrott ging.

Des weiteren wurde Dave Barram, Apples Leiter der Finanzabteilung, die Aufgabe gestellt, Ordnung und Berechenbarkeit in unsere Finanzen zu bringen. Dave war ein erfahrener Finanzfachmann von Hewlett-Packard, der erst vor kurzem zu Apple gestoßen war. Der Sohn eines baptistischen Geistlichen sorgte sich stets wie ein Hirte um seine Schafe um unsere Leute und die Rolle Apples in der Gemeinde. Das war ein guter Ausgleich zu den einschneidenden Entscheidungen, die noch vor uns lagen.

Als Ann Bowers ging, wurde Jay Elliot ihr Nachfolger als Leiter der Personalabteilung. Er übernahm einen wichtigen Part in der Phase der Entlassungen, damit sie fair und respektvoll bei allen, die betroffen waren, vollzogen werden konnten.

Al Eisenstat, der als Sekretär des Verwaltungsrates unser Verbindungsmann zu den Direktoren war, wurde selbst zum Direktor ernannt. Ich verließ mich auf Als Erfahrung und Urteilsvermögen. Ich vertraute ihm rückhaltlos. Al konnte hart und unnachgiebig sein, dennoch war er im Innern warmherzig und mitfühlend. Ich bat ihn, eine besondere Aufgabe zu übernehmen: Steve aus den eigentlichen Geschäften herauszuhalten. Ich befürchtete, daß jede Ermutigung ihn wieder in die Funktionsbereiche hineindrängen könnte, und ich war der Überzeugung, daß wir das nicht riskieren durften. Alles, was er tat, konnte in einer solch wackeligen Zeit destruktiv sein.

»Ich bitte Sie, fühlen Sie sich in den nächsten Wochen für Steve verantwortlich. Fahren Sie mit ihm nach Europa, überall, wohin er möchte. Ich muß ein bißchen Zeit gewinnnen, um diese Organisation zusammenzuhalten. Sie wollten doch ohnehin in die Sowjetunion reisen, warum nehmen Sie ihn nicht einfach mit?«

Steve hatte Al immer bewundert, und Al hatte Steve immer gemocht. Also fuhren die beiden los und verbrachten eine Woche in Moskau.

Was war das für eine Gruppe, die Apple aus der Klemme helfen sollte! Ein Prickelwasser-Manager von der Ostküste; ein solider, aber unerprobter Apple-II-Manager; ein Football-Trainer der Ivy League; ein französischer Intellektueller; ein deutschstämmiger Denker; eine Studentin der englischen Literaturwissenschaft; ein kampferprobter Anwalt; ein baptistischer Philosoph und Surfer.

Es war eine Gruppe, die aus enorm unterschiedlichen Nonkonformisten bestand, eine Gruppe in der fast keiner wirklich auf das vorbereitet war, was getan werden mußte, um das Unternehmen umzukrempeln. Keiner von uns besaß einen einschlägig technischen Hintergrund, dennoch versuchten wir, eine technische Firma zu leiten. Wir waren ein Team von Individualisten – so paradox das auch klingen mag. Aber als solche konnten wir dramatische Veränderungen herbeiführen, während wir gleichzeitig das Unternehmen zusammenhielten.

Genauer gesagt waren wir anfangs eher eine Gruppe – kein Team, denn Vertrauen und Respekt, die Basis jedes gut funktionierenden Teams, fehlten. Wir kannten uns zu wenig und hatten zuvor noch nie als Team zusammengearbeitet, teilweise weil Steve und ich immer allein Entscheidungen gefällt hatten. Plötzlich sollten wir gemeinsam Entscheidungen fällen. Es gab auch zu Anfang wenig Grund, sich gegenseitig zu respektieren, das galt auch für mich. Ich hatte bisher wenig getan, um Apple groß herauszubringen. In einem gewissen Sinne waren wir alle noch unerprobt im Hinblick auf das, was auf uns zukam.

Aber diese Kollegen mit ihrer Begabung, ihrem Pflichtbewußtsein und ihrem Ehrgeiz – das sah doch alles ganz gut aus! Ich war der Meinung, alles wohl bedacht zu haben. Bei Pepsi hätte uns eine solche Kombination zweifellos weit nach vorne gebracht. Aber dann fing jeder bei Apple an, Fragen nach der neuen Vision des Unternehmens zu stellen.

Umsatzsteigerungen verdecken viele Sünden, und die Vision war immer die uns verbindende Kraft gewesen. Die Zuwachsraten jedoch gingen nun zurück und deckten unsere Irrtümer in der Beurteilung der Zukunft auf, sie deckten aber auch auf, daß wir eine Organisation waren, der es an der nötigen Kontrolle fehlte, das Steuer herumzuwerfen. Unsere Vision wurde nun in Zweifel gezogen, und ich war nicht darauf vorbereitet, mich darauf festzulegen, wie unsere Vision aussehen sollte, weil ich es nicht wußte. Die Leute machten sich Sorgen, weil ich nicht mehr über unsere Vision sprach. Ich sprach nur von rücksichtslosem Abbau der Lagerbestände, von Kontrollmechanismen und Entlassungen. Bevor wir überhaupt wußten, wohin das Schiff auslief, wollte ich verhindern, daß es sank. Die neue Vision würde sich schon noch rechtzeitig ergeben.

Seit dem Duell zwischen Steve und mir gingen die Gerüchte über unseren Streit durch das Unternehmen. Es war allen klar, daß Steve und ich kein Gespann mehr waren. Wir tauchten nicht mehr zusammen auf. Er erwähnte nur noch selten meinen Namen, und dann auch nur im Zusammenhang mit kritischen Bemerkungen. Auch ich sprach selten von ihm. Das gesamte Unternehmen schien sich zu fragen, wann das Zerwürfnis offiziell bekannt werden und wer gewinnen würde.

Ich wollte unserem mittleren Management am 31. Mai, nach den zwei Marathonsitzungen der Geschäftsleitung, bei denen der Kurs für ein neues Apple festgelegt worden war, die Antworten liefern. Ich mußte dem Unternehmen einige Erfolge präsentieren, denn die Moral war denkbar schlecht. Der Klatsch hörte nicht auf. Deshalb gab es alle paar Tage Besprechungen. Wenn sich ein Unternehmen in Schwierigkeiten befindet, ist nichts beunruhigender als Schweigen. Spekulationen führen immer zu negativen Übertreibungen.

An jenem Nachmittag hatten wir eine Temperatur von 33 Grad Celsius, und die Klimaanlage schaffte es kaum, den mit über 100 Menschen vollgestopften Raum zu kühlen. Einige saßen auf Stühlen, einige auf Tischen, während andere an den Wänden des großen Konferenzraumes im Erdgeschoß des DeAnza-II-Gebäudes lehnten. Ein Raum, in dem man nur traurige Gesichter sah. Alle wußten, daß ich nicht gekommen war, um ihnen gute Nachrichten mitzuteilen. Gerüchte von Entlassungen erschienen bereits mit schöner Regelmäßigkeit in den Lokalblättern.

Gerade als ich mit meinem Bericht beginnen wollte, kam Steve mit einer Handvoll Getreuer herein. Sie schlenderten ruhig in eine Ecke im hinteren Teil des Raumes, von jedermann aufmerksam beobachtet. Es war, als ob Steve beabsichtigt hätte, als letzter in den Raum zu kommen, genau wie Kendall bei so vielen Pepsi-Konferenzen über die Nielsens. Steve war bei allen großen Anlässen in der kurzen Geschichte Apples anwesend gewesen. Er mußte als Augenzeuge auftreten und an diesem neuen Wendepunkt teilnehmen — auch wenn er dabei seine öffentliche Vernichtung erlebte.

Als Steve sich gesetzt hatte, starrte er mich unablässig an. Fast hatte ich den Eindruck, daß er mich öffentlich herausforderte, zur Sache zu kommen, vor seinem Unternehmen — seinen Leuten — zu verkünden, daß er entthront sei. Wenn man noch nie so angestarrt wurde, kann man nicht verstehen, welche Gefühle Steves verächtlicher Blick auslösen kann. Er ist unnachgiebig. Man »fühlt« es — wie ein Röntgenstrahl, der sich durch die Knochen bohrt bis dahin, wo man weich und tödlich zu treffen ist.

Einen kurzen Augenblick versetzte ich mich in glücklichere Zeiten, in das Jahr 1984, als Steve und ich so etwas wie eine Pilgerfahrt nach Cambridge in Massachusetts unternommen hatten, um eins von Steves Idolen zu besuchen — Edwin Land, den Wissenschaftler und Gründer von Polaroid.

Steve bewunderte Land als Berühmtheit, er sah in ihm einen der größten Erfinder Amerikas. Für ihn war es unbegreiflich, daß Polaroid Land nach seinem einzigen großen Fehler während seiner Karriere enteignet hatte. Land war über Polavision gestolpert, ein Sofortfilmkamerasystem, das nicht mit den Videorecordern konkurrieren konnte und 1979 zu einem Verlust von fast 70 Millionen Dollar führte. »Er setzte nur ein paar lausige Millionen in den Sand, und sie nahmen ihm sein Unternehmen weg«, sagte mir Steve voller Abscheu.

Und jetzt war ich dabei, mit Steve dasselbe zu machen, öffentlich zu verkünden, daß ich für das Unternehmen verantwortlich sei und daß Steve keine leitende Rolle mehr im Unternehmen besitze. Ich spürte die Spannung, und ich fühlte mich aufs Korn genommen. Ob die Leute nun meiner Meinung waren oder nicht, ich hoffte, daß sie zumindest begriffen, was ich zu tun versuchte und weshalb ich ein neues Team für Apple ausgesucht hatte.

Während ich mich bemühte, Steves Blick auszuweichen, umriß ich die Probleme des Unternehmens, wies warnend darauf hin, daß Entlassungen und größere Konsolidierungen die Folge seien, und erläuterte dann mit Hilfe eines Dias die neue Funktionsstruktur. Ganz oben in der graphischen Darstellung der Organisation saß Steve als Chairman. Unter ihm kamen der Vize-Chairman Markkula und ich als Präsident. Unter uns dreien befanden sich alle Funktionsgruppen von der Herstellung über Marketing bis hin zum Verkauf. Zum ersten Mal besaß Steve keine duale Rolle mehr im Unternehmen. Jedermann mußte den Eindruck gewinnen, daß es einen Entscheidungskampf zwischen mir und Steve gegeben hatte und daß ich der Sieger war.

»Es gibt nur *ein* Apple«, sagte ich. »Es gab Meinungsverschiedenheiten über die Richtung, die wir einschlagen sollten. Wir leben in gefährlichen Zeiten. Aber Apple braucht *einen* Leiter und *eine* Richtung. Wir müssen *ein* Unternehmen sein.«

Es war eine schwierige, unnatürlich ruhige Zusammenkunft. Steve, der mich immer noch anstarrte, und seine Kohorten saßen schweigend da. Um seinem Blick auszuweichen, sah ich alle anderen im Raum an, einen nach dem anderen. Ihre Gesichter wirkten größtenteils verschlossen. Die Leute fragten sich wohl, wer von ihnen bald seinen Job verliere. Und was auf sie zukäme, wenn sie blieben. Uns allen erschien die Zukunft alles andere als sicher. Als die Sitzung beendet war, gingen sie alle langsam und schweigend aus dem Raum, wobei fast alle Steve und mich ignorierten, weil sie sich auf keinen von uns beiden festlegen wollten.

Am Vorabend hatte Barbara Krause, unsere PR-Verantwortliche, die Presseerklärung formuliert, mit der wir die Reorganisation bekanntgeben wollten. Nur trafen Steve, Barbara und ich uns außerhalb des Konferenzraumes, um die Erklärung durchzusehen.

In meinem Büro zeigte Barbara Steve die nur eine Seite umfassende Erklärung. Es war, als ob jemand die Chance erhielt, vor seinem Tode seinen eigenen Nachruf zu lesen. Steve überflog das Dokument und heftete seine Augen auf einen Abschnitt, in dem es hieß, daß er ». . . eine globalere Rolle hinsichtlich neuer Produkte und Produktstrategien übernehmen wird«. Die Erklärung gab auch meine Worte wieder: »Als Chairman wird er weiterhin der Schöpfer bedeutender Ideen und der Verfechter von Apples Geist sein.«

Steve wollte eine zweideutigere Formulierung haben, damit man nicht sofort merke, daß er keine betriebliche Managerrolle mehr spielte.

Er bestand nachdrücklich auf einer Änderung, aber ich blieb standhaft. Ein Zugeständnis wäre zu kostspielig geworden. Steve war nicht bereit einzusehen, daß er verloren hatte. Ich mußte es klarstellen, daß Apple nun *einen* Steuermann hatte. Ich konnte weder innerhalb noch außerhalb des Unternehmens eine Verwirrung riskieren.

Die Spannung zwischen uns hatte sich in Resignation aufgelöst. Nun betrieben wir nur noch Haarspalterei über ein paar Worte in der endgültigen Fassung einer Scheidungsurkunde. Barbaras niedergeschlagener Gesichtsausdruck spiegelte unsere Gefühle wider.

Steve fragte mich, ob er in ein Büro einziehen könne, das ein paar Türen von meinem entfernt lag und in dem damals Al Eisenstat arbeitete. Aber ich konnte seine Einmischungsversuche nicht riskieren. Wenn ich ihm ein Büro in der Nähe der anderen Mitglieder der

Geschäftsleitung gestattete, käme das einer Aufforderung zur Einmischung gleich. Steve mußte sich eben immer einmischen.

»Du hast keine betrieblichen Pflichten mehr hier, deshalb brauchst du dich auch nicht in diesem Gebäude aufzuhalten«, sagte ich. »Deine Rolle ist die eines Chairman, und wie die Presseerklärung schon sagt, wirst du eine globalere Rolle in diesem Unternehmen spielen.«

»Nun gut, wenn du es so willst«, antwortete er mit Tränen in den Augen, »dann muß es wohl sein.«

Ein paar Tage später wurde Steves Büro über das Wochenende aus dem Macintosh-Gebäude in ein anderes Gebäude am Bandley Drive verlegt.

*

Unsere mangelnde Erfahrung machten wir durch Energie und Hingabe wett. Jeden Morgen versammelten wir uns um 7 Uhr 30 in meinem Büro, Samstage und Sonntage eingeschlossen. Geburtstage, Ferien, Familienausflüge fielen in dieser Zeit aus. Wir kämpften um die Kontrolle der Elemente des Geschäfts, die uns durchgingen wie Pferde. Nachdem wir uns nun mit frischen Stabskräften geschmückt hatten, konzentrierten wir uns auf die Reduzierung der Lagerbestände, auf die Verbesserung unserer beunruhigenden Überschußlage und auf die Ankurbelung unserer Bruttoverdienstspannen auf ein Niveau, das stattliche Anstrengungen in Forschung und Entwicklung unterstützen könnte.

Jeden Morgen lieferten Del, Bill und Jean-Louis einen Bericht über die Ereignisse des vorangegangenen Tages ab und umrissen, welche weiteren Schritte an diesem Tag erfolgen sollten. Wir diskutierten nur taktische Maßnahmen. Von der Zukunft wurde wenig gesprochen. Langfristige Planung hieß bei uns, die nächsten drei oder vier Stunden zu planen. Wir stopften die Löcher und Lücken bei Apple, wie sie sich ergaben. Und im Unternehmen hielt man kollektiv den Atem an, wenn wir uns versammelten, und jeder fragte sich, welche unserer Entscheidungen ihn später wohl beträfen.

Es war beinahe eine Kriegs-Mentalität, die sich verbreitete. Ständig war die Rede von Leuten, die uns verließen, Verlustlisten wurden aufgestellt. Wir hatten unsere eigenen Kriegshelden. Und Gefallenen. Wir hörten uns Berichte über faktisch jeden Aspekt der Firma an und diskutierten auch alles ausgiebig. Niemand pflegte mein Büro zu verlassen, ehe nicht nahezu alle Entscheidungen für diesen Tag getroffen waren. Es war chaotisch. Alle zwei bis drei Tage rief ich zumindest einen unserer Direktoren an, um ihn über die Ereignisse zu unterrichten und seine Ratschläge einzuholen. Nach jeder Sitzung waren wir einzeln oder zusammen davon in Anspruch genommen, unseren Weg aus der Krise mit den nötigen Hilfsmitteln zu bewerkstelligen.

Ich griff wieder auf die fordernde Disziplin zurück, die ich bei PepsiCo an den Tag gelegt hatte, und trieb die Menschen bis an die Grenzen ihrer körperlichen Leistungskraft. Nicht nur die Leute vom Geschäftsleitungsstab, sondern jeden. Fast täglich pflegte mich einer aus der Geschäftsleitung zu warnen, wir könnten mit den Leuten nicht mehr weiter so umgehen.

Del sagte: »Wir können die Menschen nicht mehr so hart anfassen. Sie werden zusammenbrechen. Wir sind dabei, die Leute total zu erschöpfen.«

»Del, ich weiß, daß das passieren kann, aber wir haben keine andere Wahl. Wir müssen diesen Erdrutsch stoppen und das Unternehmen in den Griff bekommen. Wir müssen das Risiko übernehmen.«

Wir mußten gegen die Uhr ankämpfen und die Angelegenheiten vor Weihnachten auf die Reihe bekommen. Wenn wir nicht erfolgreich auf den Ausbildungs- und Erziehungssektor des Marktes vordringen konnten, gab es keine Möglichkeit, die in die zehn Millionen Dollar gehenden Extralagerbestände des Apple IIc zu verkaufen. Wenn das Geschäft schon platzen sollte, dann war es mir fast lieber, es würde gleich platzen.

Weil es ein Sieben-Tage-Job war, siedelte Leezy für den Sommer in unser Haus nach Maine über. Sie wußte, daß sie wenig von mir in den nächsten Tagen haben würde. Ich stand um 4 Uhr 30 morgens auf und ging während meiner Jogging-Tour durch die Stanford Hills die anstehenden Fragen des Tages durch. Bei Tagesanbruch kam ich bei Apple an, um mich auf die Stabssitzung um 7 Uhr 30 vorzubereiten, nach der ich mich einer Flut von Telefonanrufen von jedermann widmen mußte, der irgend etwas mit Apple zu tun hatte. Einige fragten sich, ob wir aus dem Geschäft aussteigen würden, andere fragten sich, wann wir aus dem Geschäft aussteigen würden. Den ganzen Tag über kamen Mitarbeiter wegen Kündigungen in mein Büro. Ich arbeitete bis spät in den Abend hinein und wußte, daß mich dasselbe Ritual am nächsten Tag erwartete, und den nächsten und übernächsten Tag ...

Unsere schmerzlichste Entscheidung betraf den im großen Umfang durchzuführenden Abbau unserer Belegschaft. Um die Betriebskosten zu senken, hatte ich bereits den Werbeetat beschnitten, unsere Fabrikationsanlagen für eine Woche geschlossen, den Lisa-Computer und einige Entwicklungsprogramme ausgesondert und rund 1500 Aushilfskräfte entlassen. Nun gingen wir faktisch jeden einzelnen Job in der neuen Organisation durch, um entscheiden zu können, wessen Posten durch die funktionale Konsolidierung überflüssig geworden war.

Aus Erfahrung wußte ich, daß man selten die Chance hat, dies zweimal zu tun. Man macht es einmal, und man muß es richtig machen. Wenn man eine größere Veränderung durchsetzen muß, dann soll man nie zaghaft sein, hatte mir Kendall einmal gesagt. Sorge dafür, daß du alles beim ersten Anlauf auf die Reihe bekommst, weil du vielleicht nie eine zweite Chance dazu erhalten wirst. Wir griffen einfach zu einem Messer, egal wie schmerzhaft es war.

Zu Apple gehörten sechs Fertigungsanlagen, aber wir konnten sie uns nicht alle leisten. Wir beschlossen, die zwei kleinsten sofort zu schließen: Unsere Anlage in Mill Street, in Irland, in der Computerzubehörteile angefertigt wurden, konnte mit unserer Einrichtung in Cork zusammengelegt werden, während unsere Anlage in Garden Grove, Kalifornien, in der die Tastatur und die Maus produziert wurden, mit einer weiteren inländischen Fabrik zusammengeschlossen werden konnte.

Noch qualvoller war die Entscheidung, ob wir entweder unsere neue Macinthosh-Fabrik in der Nähe von Fremont oder unsere Anlage in Carrolltown in Texas, wo der Apple IIc hergestellt wurde, schließen sollten. Unsere Steuern, Löhne und Kosten waren in Kalifornien höher als in Texas, und die kalifornische Anlage lag in einem Erdbebengebiet. Wenn wir in Texas zumachten, war die einzige heimische Anlage im Falle einer Naturkatastrophe schwer gefährdet. Unsere Angestellten in Texas gehörten zu den produktivsten und motiviertesten Menschen, die ich je erlebt hatte. Tatsächlich hatten wir nur wenige Monate zuvor den Vorschlag erwogen, die Anlage wesentlich zu automatisieren.

Die Aufgabe, genau zu überprüfen, welche der beiden Fabriken geschlossen werden sollte, fiel an Del und Debi. Egal, wie sie sich entschieden – ihre Entscheidung würde einen hohen Preis hinsichtlich von Entlassungen fordern. Del hatte die Fabrik in Texas mit aufgebaut und persönlich viele Arbeitskräfte eingestellt. Falls Debi die Schließung der Fabrik in Fremont empfehlen sollte, legte sie damit auch ein paar Jahre ihres Lebens ad acta, weil sie beim Aufbau dieser Anlage mitgewirkt hatte.

Im Gegensatz zu unserer Anlage in Texas, in der hauptsächlich manuell gearbeitet wurde, war Fremont ein Modellbeispiel dafür, wie amerikanische Produktionsmethoden aussehen sollten. Hereinkommende Teile werden automatisch ›entblättert‹ – wie wir die Arbeit des Auspackens nannten – und in Plastikeimer gelegt, die auf Transportbändern in die riesige, an Laufkränen hängende mehrstöckige Lagereinheit gebracht werden. Ein gigantischer Roboterarm auf Rädern wirbelt mit einer Geschwindigkeit von 95 km/h durch die Lagereinheit, wählt Teile und Bausteine aus, führt sie Robotern zu, welche die Macs auf dem Montageband zusammenbauen. Bei jeder Montagestation überwacht ein Macintosh den Fortschritt seines Neugeborenen. Nachdem der montierte Mac ein Gehirn, sein wichtiges integriertes Schaltsystem, bekommen hat, leuchtet der Monitor auf und teilt dem Menschen am Band mit, ob alles in Ordnung ist oder nicht: »Ich bin okay« oder »Repariere mich, ich habe ein Problem mit einem Laufwerk.« Wenn er repariert werden muß, wird er elektronisch in die ›Computer-Klinik‹ eingewiesen. Als nächstes werden die guten Macs in einem der beiden siebenstöckigen Metallregale einem 24stündigen Dauertest unterzogen, ehe sie von Robotern in Kartons verpackt werden. Ein einziger Mac überwacht ebenfalls diesen Dauertest.

Es kam einem wie eine Szene aus einem Science-fiction-Film vor: Maschinen, die sich selbst kopieren. Macs bauten Macs, kleine beigefarbene Gehäuse rumpelten zu Hunderten auf den Förderbändern, während andere Macs dabeistanden und Einzelheiten des Arbeitsvorgangs überwachten.

Apple hatte zur Planung der Anlage Matt Carter, Debi und andere nach Japan geschickt, um die weltbesten Produktionsanlagen zu besichtigen, und in Seminare zu solchen Produktionsgurus wie W. Edwards Deming und Philip Crosby, um die besten Produktionstechniken kennenzulernen. Die beiden befürworteten nicht nur modernste Produktionstechniken, sondern auch, die Qualität zu einem wesentlichen Bestandteil des Verfahrens zu machen, und zwar vom Design des Produkts bis hin zu seiner Auslieferung.

Das Resultat: Der Macintosh war ein hervorragendes Produkt, das in einer Anlage produziert wurde, die zu den höchstautomatisierten Einrichtungen der Welt gehörte. Darüber hinaus war Fremonts Nähe zur Apple-Geschäftszentrale entscheidend, weil unsere Konstrukteure sich bequem mit den Ingenieuren in der Herstellung beraten konnten, um Produkte zu entwickeln, die effizient produziert werden können. Letzten Endes waren wir der festen Überzeugung, daß es die höheren Steuern, Löhne und Kosten wert war, Konstruktions- und Herstellungsseite verbinden zu können.

Wir fanden sogar heraus, daß selbst ein ziemlich heftiges Erdbeben die Produktion nur ein paar Tage unterbrechen würde. In einem solchen Falle konnten wir mit Hilfe der Cupertino-Leute das Produkt in Handarbeit in der Fabrik zusammenbauen, bis die automatischen Systeme wieder funktionierten. Ein weiterer Vorteil der zeitlich aufeinander abgestimmten Fertigung besteht darin, daß nicht Unmengen von Einzelteilen aus dem Lager herumliegen, die sonst leicht beschädigt werden können.

Unsere Anlage in Texas war bei weitem nicht so automatisiert. Das hatten wir uns zwar für die Zukunft vorgenommen, aber nun waren alle diese Pläne nicht nur einfach aufgeschoben worden. Sie wurden abgewrackt und täglich ad acta gelegt. Wir beschlossen, die Fabrik in Texas zu schließen. Uns blieben noch die Anlagen in Fremont, Singapur und Cork.

Die Schließung der Fabrik in Texas war unsere größte Einzelaktion. Alles in allem verloren 1200 von 5800 Beschäftigten ihren Arbeitsplatz. Rund 60 Prozent der Entlassenen waren Beschäftigte in der Fertigung.

Mit Ausnahme des Bereichs der Forschung und Entwicklung wurden überall Kürzungen vorgenommen. Die Entwicklung neuer Produkte war schließlich unser Herzblut, und ich war nicht bereit, hier die Ausgaben drastisch zusammenzustreichen.

Am 14. Juni wollten wir die Neuigkeiten bekanntgeben: die Verringerung unserer Belegschaft um 20 Prozent, die Entlassung fast aller Mitarbeiter auf Zeit, die Schließung von drei Fabriken und die Ankündigung von Apples erstem Quartalsverlust als Aktiengesellschaft.

Lektion zu Kapitel 9

»Planen für die Zukunft«

Im Jahre 1939, meinem Geburtsjahr, fand in New York die Weltausstellung statt. Die Veranstalter, die fünfzig Jahre weiter in die Zukunft blickten, hatten versucht vorauszusagen, welche Technologien und Verbesserungen die Welt bis 1989 formen würden.

Sie malten sich aus, daß die Raumfahrt, damals noch pure Phantasie in Science-fiction-Filmen und Büchern, Realität werden würde. Sie waren der Auffassung, daß der Fernseher, damals das reinste Kuriosum, in jedem Haushalt stände. Und sie glaubten, daß die Luftfahrt die Welt viel kleiner machen würde.

Sie erwähnten noch nicht den Computer, den Laser, den Transistor oder den Mikroprozessor, aber heute ist die Zukunft überhaupt nicht mehr vorhersehbar. Niemals zuvor haben wir in einer Zeit so heftiger Veränderungen gelebt. Das macht das Planen für die Zukunft so unglaublich komplex und schwierig, und viele Unternehmen haben Millionen von Dollar verloren, da sie auf die falschen Pferde setzten.

Man denke z. B. an Videotext. In den letzten Jahren war dies das am meisten durch Forschung unterstützte Projekt der Wirtschaft. Einige der größten Aktiengesellschaften investierten Millionen, und dennoch war es eine totale Pleite. Die Erfahrungen mit Videotext und anderen Ideen demonstrieren, daß man mehr als nur rigorose Forschungs- und Planungsprozesse braucht — man braucht künstlerische Fähigkeiten.

Deshalb gehört zur Planung für die Zukunft mehr als nur analytisches Vorgehen. In der Tat sind Zahlen oft alles andere als hilfreich. Manchmal erscheint eine mit Zahlen vollgestopfte Tabelle als unerschütterlich glaubwürdig. Sie ist es aber häufig nicht. Bei der Planung von Apples Zukunft ziehe ich es statt dessen vor, von Ideen und Überzeugungen zu sprechen. Wie stimmen meine Ansichten und Ideen mit den Ansichten der Menschen von der Zukunft der Industrie überein? In welchem Umfang unterscheiden sich unsere Überzeugungen von der Analyse?

Wenn man nur die Fragen richtig stellt, erhält man häufig klare Lösungen. Viele amerikanische Unternehmen stellten in den sechziger und siebziger Jahren jedoch offensichtlich die falschen Fragen. Nicht die Qualität ihrer Planung brachte viele Unternehmen in Schwierigkeiten, sondern die Qualität ihrer Perspektive.

Die meisten Unternehmen planen für die unmittelbare Zukunft. Die Unternehmensplaner und der Leiter des Unternehmens entscheiden, welche Richtung im nächsten Jahr oder in den nächsten zwei Jahren eingeschlagen werden soll, indem sie sich an der Vergangenheit ausrichten und ihre Erfahrungen in die Zukunft extrapolieren. Auf diese Weise kann man gleich sagen, daß man eine große Zukunft bereits hinter sich hat.

Unsere Art der Planung ist ganz anders und recht simpel: Wir trennen die kurzfristige Planung für die kommenden 24 Monate von der langfristigen Planung über die Richtung Apples in den neunziger Jahren. Für die letztere versetzen wir uns weit in die Zukunft und arbeiten uns dann in kleinen Zeitabschnitten zurück. Wir fragen uns: Wie wird das Jahr 1992 aussehen? In unserer Vorstellung schaffen wir uns ein anschauliches Bild davon, wie die gesamte Wirtschaft, unser Industriezweig und unser Unternehmen aussehen wird. Dann kehren wir in die Gegenwart zurück und überlegen uns, was wir im einzelnen Schritt für Schritt unternehmen müssen, um der Zukunft gewachsen zu sein. Was müssen wir zum Beispiel 1989 tun, um unsere Vision für 1992 realisieren zu können? Wir nennen diese Art der Planung: »Eine Planung zurück in die Zukunft.«

Als wir mitten in der Krise steckten, half uns diese Art zu planen zu erkennen, daß wir trotzdem zuversichtlich sein konnten, denn wir sahen eine Computerindustrie, die sich auf graphische Leistungsfähigkeit und bessere Interfaces* für den Benutzer konzentriert. Glücklicherweise waren das unsere Stärken und IBMs wundester Punkt. Wir schätzten, einen 18- bis 24monatigen technologischen Vorsprung vor IBM zu haben. Unser Blick in die Zukunft überzeugte uns jedoch auch davon, daß wir auf beiden Gebieten mit Pionierleistungen weiterhin aufwarten mußten.

Dieser Ansatz war auch für Bill McGowan, den Chairman von MCI Corp., hilfreich. Er stellt sich vor, mit seinem Unternehmen bereits ein oder zwei Jahre weiter in der Zukunft zu stehen. Deshalb führt die Planung bei MCI dazu, daß man glaubt, sich schon im Jahr 1989 zu befinden. Aus dieser in die Zukunft verschobenen Perspektive blickt McGowan in die Gegenwart zurück und stellt sich die Frage: »Was hätte ich vielleicht 1987 anders entschieden, wenn ich gewußt hätte, was ich 1989 weiß?«

Der Präsident der Stanford University, Donald Kennedy, folgt ebenfalls dieser Methode. Nachdem er sich in das Jahr 2020 versetzt hat, um sich vorzustellen, wie die Hochschulerziehung in der Zukunft aussehen wird, blickt er zurück und fragt sich, was Stanford in den Jahren 1987 bis 2019 tun muß, um sicherzustellen, daß sich die Vision der Universität im Jahr 2020 auch realisieren läßt.

Diese Planungsmethode erweitert die zeitlichen Grenzen des Denkens, und sie liefert zwei überaus wertvolle Zutaten für eine effektive Planungsarbeit: *neue Perspektiven* und *sinnvolle Fragen*. Wir versuchen, die richtigen Fragen zu stellen und uns nicht zu sehr an den Antworten festzuklammern. Unser Navigationssextant für die Reise in die Zukunft ist die Bestimmung unserer Identität sowie die Festlegung unserer Zielrichtung und unserer Wertmaßstäbe, bei der uns Professor Steven C. Wheelright und die Stanford Business School halfen. Sie lieferten den Rahmen, innerhalb dessen Apple sich halten muß, um seine große Vision von der Veränderung der Welt zu realisieren. Einige Tage lang diskutierten rund 150 unserer Mitarbeiter aus dem mittleren Management unter Anleitung der Stanford Business School darüber, wie diese Rahmenbedingungen aussehen und was sie für Folgen haben sollten. Anschließend versuchte die Geschäftsleitung von Apple, ihre Vorstellungen darüber zu formulieren, wie Apple im Jahre 1992 aussehen sollte. Dabei beachteten wir selbst kleinste Details und diskutierten jeden Funktionsbereich des Unternehmens, noch bevor wir uns über die Realisierung der einzelnen praktischen Schritte im klaren waren.

* Elektronische Schnittstelle, über die eine Kommunikation zwischen dem Computer und seinen Peripheriegeräten (z. B. Drucker) erfolgt. (A. d. Ü.)

In jedem Einzelfall versuchten wir, von der Perspektive des Jahres 1992 auf das Jahr 1987 zu blicken und uns zu fragen, welche Änderungen schon im Jahre 1988 durchgeführt werden müßten, um auch wirklich das Unternehmen Apple aufzubauen, das uns vorschwebte. Natürlich zeigten sich auf diese Weise ganz andere Prioritäten als bei einem normalen Unternehmensplanungsprozeß. Danach versetzten wir uns immer noch weiter in die Zukunft. Indem wir uns mindestens die nächsten fünf oder zehn Jahre bildhaft vorstellen, begreifen wir, daß es einen kulturellen Bruch darstellt, über einen Dreijahresplan hinauszugehen, aber wir sind interessiert daran zu erfahren, wann sich unsere Träume schließlich erfüllen werden.

Wie sicher können wir sein, daß unsere Art Planung auch nur die geringste Zuverlässigkeit bietet? Wir wissen, daß wir eine Vision vom Einsatz des Personalcomputers haben, die mit der Zeit immer bedeutender werden wird. Wir wissen auch, daß die Zukunftstechnologien, die heute in den Laboratorien der besten Universitäten entwickelt werden, noch mindestens zehn bis fünfzehn Jahre benötigen, bis sie ausgereift genug sind, um kommerzialisiert werden zu können. Diese Technologien spüren wir auf, indem wir im Rahmen unserer Vision die Zukunft unseres Unternehmens und der ganzen Industrie mit unseren Ideen zu gestalten versuchen.

Wir fragen uns auch, was unsere Konkurrenten in der Zukunft auf die Beine stellen werden, denn wir streben ständig nach bedeutenden Unterschieden, die sich lange aufrechterhalten lassen. In der Hochtechnologie wird die Zeit komprimiert, und Vorsprünge lassen sich nicht lange halten. Wenn man versucht, sie an ein einziges Produkt oder an eine einzige Lösung zu binden, kann man einen schwerwiegenden Fehler begehen. Planung muß ein flexibler, oft auch intuitiver Navigationsprozeß werden, sie darf keine starre geregelte Prozedur bleiben, die sich nur nach Trends und Projektionen ausrichtet.

So gehen wir auch ganz anders an die Produktplanung heran. Bei Apple beginnt sie mit ungehinderten Träumereien. Wir limitieren die Ideenschöpfung am Anfang nicht durch eine Ausrichtung auf das Praktische — das kann die Möglichkeiten nur einschränken. Die grenzenlosen Träume werden erst später in pragmatische verwandelt. Als Einstein versuchte, sich seine Relativitätstheorie vorzustellen, sah er sich in der Phantasie auf einem Photon im Weltall sitzen, das sich mit 300 Kilometern pro Sekunde vorwärts bewegte.

Larry Tesler, unser Vizepräsident für wissenschaftliche Entwicklungsverfahren, reitet auch auf einem Photon. Er sucht nach neuen Technologien für Apple-Produkte. Sein Team erfindet keine Produkte, sondern technologische Objekte, die dazu beitragen, die wildesten Träume, die man sich vorstellen kann, in Realität zu verwandeln. Er sagt zum Beispiel:

»Wie Science-fiction-Schriftsteller denken wir an die verrücktesten, total unnützen Dinge. Wir sagen: ›Wäre es nicht wundervoll, wenn man zur Decke hinaufschauen und den Namen einer Person sagen könnte, die dann sofort hierherkäme?‹ Oder: ›Wäre es nicht nett, wenn man in diese Graphik an der Wand hineinfassen und diesen Silberball drehen könnte?‹ Wir denken wie die Menschen, die sich Science-fiction-Filme oder -Bücher ausdenken. Und genau diese Leute stellen wir auch ein.

Dann fangen wir an, die Idee von allen Seiten her abzuklopfen. Irgendeiner sagt vielleicht: ›Das ist verrückt. Dafür gibt es keine praktische Verwendbarkeit. Warum sollte irgend jemand etwas kaufen, das es ihm ermöglicht, in eine Graphik hineinzufassen und einen Ball zu drehen?‹ Nun, vielleicht würde er es nicht. Aber was ist mit einem Architekten in einem Unternehmen, der auf eine dreidimensionale Darstellung eines ganzen Gebäudes blickt und versucht, sich vorzustellen, wie er das Gebäude einrichtet? Wenn er in diese Darstellung hineinfassen und die Möbel und Trennwände anfassen und sie hin und her schieben könnte, würde das seinen Job sehr viel einfacher machen. Und was ist, wenn er auf die Wand zeigen könnte, mit einer Maus klickt und sehen kann, wo die Wasser- und Elektroleitungen verlaufen?

Man fängt an, sich vorzustellen, was man mit einer Idee wirklich erreichen kann. Dann vergleicht man die vorhandene Technologie mit den Möglichkeiten, ein solches Ding zu entwerfen. Wir nehmen unsere Phantasien und vergleichen sie mit dem, was die Menschen wirklich brauchen, und nähern uns schrittweise einem praktischeren Ding. Manche der völlig abwegigen Dinge werden verworfen. Schließlich wird daraus ein Projekt mit einem eigenen Leben. Dann ist es keine Vision mehr. Der Rest ist klug angewandtes Ingenieurwissen.«

Nicht weniger entscheidend ist es, daß diese Planungsarbeit ein Teil der geistigen Haltung innerhalb des Unternehmens sein muß. Unsere Leute denken die ganze Zeit an diese Dinge. Sie veranstalten keine alljährliche Konferenz, um sich einmal im Jahr Methoden zur Planung für die Zukunft auszudenken. Sie gehört zur Identität, den Wertvorstellungen und der Vision des Unternehmens und kann von jedem Apple-Angestellten rund um die Welt auswendig aufgesagt werden.

Hier handelt es sich um den Typus des weitreichenden Denkens, das die Organisation durchdringt und nichts mit dem jährlichen Abwickeln des Geschäftsplans zu tun hat (Wie übertragen wir strategische Fragen und Prioritäten in den Geschäftsplan der nächsten zwei Jahre; welche

Projekte werden wir auf den Markt bringen; wie werden wir sie durchsetzen; und welche Mittel werden wir dafür aufwenden?). Der Unterschied besteht darin, der Norm einen Rahmen der langfristigen Zukunftsplanung gegenüberzustellen.

In vielen Fällen läuft die Planung eines langfristigen Kurses im amerikanischen Geschäftsleben – das so mit Quartalserfolgen beschäftigt ist – auf einen Bruch mit der Tradition hinaus. Dennoch müssen wir, wenn wir besser für die Zukunft planen wollen, viele unserer eingefleischten Gewohnheiten ablegen.

Hören wir auf, das Geschäft und die Planung seiner Zukunft strikt nach der Bilanz zu beurteilen. Unser Blick auf das Geschäft ist gegenwärtig in jeder Hinsicht auf die Finanzen konzentriert. Laßt uns statt dessen den Kreativwert eines Unternehmens betrachten: *Wieviel unserer Einnahmen stammt von Produkten, die wir nicht im vergangenen Jahr herstellten?* Bei Apple stammen jetzt 30 bis 50 Prozent unserer Einnahmen von Produkten, die wir nicht im vorangegangenen Jahr herstellten. Das könnte man nicht machen, wenn man keine kreative Organisation ist. Dieser Maßstab der Kreativität ist wesentlich für die Planung unserer Zukunft. Wir fragen uns beständig, wie wir es schaffen können, diesen Prozentsatz aufrechtzuerhalten.

Einige andere Unternehmen richten sich nach ähnlichen Maßstäben. Ford veränderte kürzlich seine gesamte Produktionslinie. IBM hat einen kühnen Schritt unternommen und die gesamte Personalcomputerlinie völlig verändert. Wenn sie in der Wahl ihrer Produkte sorgfältig vorgehen, werden bis zu 50 Prozent ihrer Einnahmen von Produkten herrühren, die sie noch nicht im vergangenen Jahr herstellten.

Man kann ebenfalls einen Kreativitätsindex für Länder errechnen, der sich darauf konzentriert, was diese Länder in der Zukunft tun werden, und nicht, was sie in der Vergangenheit taten. Und dann würde man gerade jetzt sehen, daß Japan vielleicht in mehr Schwierigkeiten steckt, als uns bewußt ist.

Planen für die Zukunft heißt bei Apple genau das. Mehr als alles andere glauben wir, daß die beste Methode, die Zukunft vorauszusagen, darin besteht, sie zu erfinden. Wir besitzen das Selbstvertrauen, unser Schicksal selbst zu formen.

Kapitel 10

»Eine Seifenoper wird Wirklichkeit«

Als ich am 14. Juni bei Tagesanbruch in meinem Büro ankam, hatte ich ein ganz anderes Unternehmen vor mir als das, zu dem ich vor nur zwei Jahren gekommen war. Damals strahlte Apple Energie und unbeschreibliche Hoffnungen aus. Auf den Straßen, die die Gebäude verbanden, eilten junge Menschen hin und her, die unbegrenztes Selbstbewußtsein und enorme Begeisterung vermittelten. Es war ein Unternehmen, das über den höchsten Kampfgeist verfügte, den ich jemals in einer Organisation erlebt hatte. Nun war es ein zerrissenes Unternehmen, und unter den Mitarbeitern herrschte Verzweiflung.

Junge Leute mit tränennassen Augen liefen ziellos über die Straßen. Viele von ihnen, die am vorangegangenen Nachmittag von den bevorstehenden Entlassungen gehört hatten, hatten nachts nicht geschlafen.

»Waren Sie die ganze Nacht auf?« fragte ich einen Macintosh-Ingenieur, den ich kannte.

»Ich habe keine Ahnung«, antwortete er und starrte in den Himmel.

»Ich weiß, daß es wirklich sehr hart für Sie ist. Auch für mich ist es das Schlimmste, was ich jemals durchmachen mußte. Kann ich Ihnen helfen?« fragte ich.

»Nein«, sagte er, »ich will einfach allein sein.« Er murmelte etwas Zusammenhangloses und schob mich zur Seite.

Es war wie am Tag des Jüngsten Gerichts. Die Neuigkeiten kursierten auf dem Gelände. Die Leute von Apple hatten niemals zuvor eine solche Verzweiflung erlebt. Es handelte sich ja auch um junge Idealisten, von denen die meisten noch nie für ein anderes Unternehmen gearbeitet hatten. Die letzte größere Entlassung bei Apple hatte es am »Schwarzen Mittwoch« gegeben, jenem Tag im Jahre 1980, als Präsident Michael Scott kurz nach der Umwandlung der Firma in eine Aktiengesellschaft 41 Leute gefeuert hatte. Das war aber kein Vergleich zu der Tatsache, daß heute jeder fünfte — insgesamt 1200 Leute — seinen Job verlieren würde.

Gruppen von zwei, drei und vier Personen standen auf den Bürgersteigen und unter den kleinen Bäumen auf dem Apple-Gelände herum. Sie unterhielten sich aufgeregt flüsternd, und wenn ich in ihre Nähe kam, verstummten sie. Einige beobachteten unfroh, wie Freunde Kartons mit ihren Habseligkeiten in ihre Autos luden und dann wegfuhren. Viele fuhren sofort weg, nachdem sie von ihrer Entlassung gehört hatten. Es war, als ob man wehmütig Studenten beobachtet, die am Ende des Semesters nach Hause fahren. Aber diese Leute würden niemals wiederkommen.

Es war ein harter Schlag, eine absolute Katastrophe. Die Menschen schluchzten hemmungslos auf den Straßen. Fernsehteams kreuzten auf dem Bandley Drive auf. Zeitungsreporter umkreisten unsere Gebäude und versuchten, die Leute zu interviewen, die gerade ihre Jobs verloren hatten. Ich empfand fast ohnmächtige Hilflosigkeit, weil ich nicht helfen konnte, aber dennoch konnte ich mich vor der Verzweiflung auch nicht in einem Büro verstecken. Ich ging hinter den Hauptgebäuden spazieren, um der wachsenden Zahl von Reportern zu entgehen, die auf der Suche nach einer Story waren, und versuchte unbeholfen die Leute zu trösten, die entweder ihren Job verloren hatten oder deren beste Freunde von den Entlassungen betroffen waren.

Unsere Entscheidung, Arbeiter zu entlassen, schockierte und schmerzte die jungen, aufopferungswilligen Angestellten, die sich auf der Suche nach einem kollektiven Traum zu dem Unternehmen hingezogen gefühlt hatten. Aber nicht zu dem Alptraum, den wir nun hatten. War Silicon Valleys Camelot tot?

Diese Frage stellte auch ich mir. Die Medien porträtierten mich als den Sieger eines Staatsstreichs. Nichts konnte mehr von der Wahrheit entfernt sein. Mein sogenannter Sieg war die dunkelste Stunde meines Berufslebens. Mein Kampf mit Steve war auch in persönlicher Hinsicht verheerend. Weit davon entfernt, mich als Sieger zu fühlen, mußte ich nun darum kämpfen, das Vertrauen und die Unterstützung eines Unternehmens zu gewinnen, das seinen Helden verloren hatte.

Ich wurde die Hauptfigur einer lebensechten Version von »Dallas« oder dem »Denver-Clan«. Das Drama spitzte sich in dem Maße zu, wie es auch die Schlagzeilen der Medien widerspiegelten: schwere Ertragseinbußen, eine umfangreiche Reorganisation, Steves Entlassung als Chef der Macintosh-Division, die Reduzierung der Belegschaft um mehr als 20 Prozent, der erste Quartalsverlust des Unternehmens von 17,2 Millionen Dollar, Gerüchte über eine mögliche Übernahme von Apple. Jeder Vorfall schien sich öffentlich vor einer allgegenwärtigen und zunehmend feindlichen Presse abzuspielen.

Die Leute schienen an einem Sterbebett zu stehen und auf den Eintritt des Todes zu warten. Die Zeitungsartikel zeichneten ein im hohen Maße zerrüttetes Unternehmen, dessen Überlebenschancen zweifelhaft schienen. Ein Journalist schrieb, daß Apple einem an den Strand gespülten toten Wal gleiche. Ein anderer schrieb, daß sich das Unternehmen selbst das Herz herausgerissen habe. Einige Zeitschriften sagten voraus, daß das Unternehmen, falls es überlebe, nicht mehr dasselbe sein werde. Andere wiederum spekulierten, daß Steve in Erwägung ziehen könnte, seinen Aktienanteil an einen »Unternehmenshai« zu verkaufen, mit der Absicht, sich auf diese Weise wieder Kontrolle über das Unternehmen zu verschaffen.

Wenn ich mir morgens an meiner Auffahrt die Zeitungen abholte, konnte ich lesen, wie unwahrscheinlich es sei, daß Apple überleben werde. Während meiner Fahrt zur Arbeit schlugen mir die lokalen Rundfunksender noch schlimmere Nachrichten um die Ohren. Wenn ich nachts nach Hause fuhr und dann den Fernseher anstellte, hörte ich einen Sprecher sagen: »Und bei Apple verschlimmern sich die Probleme immer weiter.« Ich konnte der Flut schlechter Nachrichten nicht entfliehen, aber ich versuchte, sie zu ignorieren, nur um meinen letzten Rest an Kampfgeist und Selbstvertrauen nicht zu verlieren.

Unsere Angelegenheiten wurden so häufig erörtert wie die Frage »Wer schoß auf JR?« in einer »Dallas«-Folge. Wir wurden das Diskussionsthema von Silicon Valley. Einige Prominente im Valley schlossen sogar Wetten ab, wer gewinnen würde. Kurz nachdem ich zu Apple gekommen war, hatte Ben Rosen, ein führender Risikokapitalanleger, der Lotus auf die Beine gestellt hatte, mit dem ehemaligen Apple-Ingenieur Wayne Rosing gewettet, daß Steve mich überdauern und schließlich hinauswerfen würde. Rosing schickte mir später eine Kopie von Rosens Scheck über 100 Dollar und seinen Brief. Ich bin mir sicher, daß es eine Unmenge vergleichbarer Wetten gab.

Ich suchte mich vor dieser Lawine von Weltuntergangsgerüchten zu retten, indem ich jeden Morgen über den Campus der »Stanford University« joggte und durch ihren Skulpturengarten schlenderte. Seit vielen Jahren war die große Kunst meine Freundin – meine Orientierung und meine Inspiration. Bevor ich zu Apple stieß und herausfinden wollte, was für ein Mensch Steve war, hatte ich ihn in das Metropolitan Museum in New York mitgenommen. Ich hatte ihm etwas über das Altertum, das Goldene Zeitalter, hellenistische Skulpturen und Architektur erzählt. Er hatte mir erklärt, wie die Personalcomputer jeden dazu bringen könnten, wie ein Künstler die eigenen Vorstellungen mit Hilfe neuer Ausdrucksmöglichkeiten der Kreativität und Innovation zu erforschen. Er hatte es »die Romantik des Möglichen« genannt. Mir war damals bewußt geworden, daß wir uns alle auf derselben Reise befinden, nur nach verschiedenen Fahrplänen. Ja, in jenem Frühling war ich davon überzeugt gewesen, daß ich mit Steve an Ideen arbeiten könnte, die die Welt verändern würden.

Nun, da ich allein durch den Skulpturengarten der Universität wanderte, blickte ich auf die wunderschöne Plastik »Tor zur Hölle« und empfand die Qual und gleichzeitig die Schönheit dieses Werkes. Die Bronze wirkte fast sinnlich, und sie fing die menschliche Tragödie der Verzweiflung vollendet ein. Für mich spiegelte sie die schmerzlichen, fast tragischen Elemente des Lebens bei Apple wider. Soweit ich auch rennen wollte, da gab es immer Kräfte wie die Sirenen der Skulptur, die mich zurückzogen.

Ich befand mich seit zwanzig Jahren in so etwas wie einem Marathonlauf und arbeitete mit höchster Kraft daran, meine physische und geistige Verfassung in Bestform zu bringen. Nun versuchte ich, jedes Gramm an Wissen und Erkenntnis, das ich in den letzten beiden Jahrzehnten gewonnen hatte, auszuquetschen. Ich besaß feste Wertvorstellungen und Fachkenntnisse, aus denen ich Kraft schöpfen konnte. Kendall und Pearson hatten mich das Wesen des Wettbewerbs gelehrt, und ich war im gewissen Sinne eine hervorragend geschärfte Waffe. Ich wußte, wie man am Wettkampf teilnimmt und siegt, wie man überlebt und in einer hochpolitisierten Umgebung harte Entscheidungen fällt. Das waren Dinge, die mir einen Vorteil verschafften, als ich vor den schwierigen Aufgaben bei Apple stand.

Ich griff auf alle meine Erfahrungen aus den Jahren bei International Foods zurück, wo ich ein Unternehmen in den Griff bekommen, seine Kosten senken und seine Verluste eindämmen mußte. Ich erinnerte mich an meine Erfahrungen aus der Zusammenarbeit mit Pepsis Abfüllern, die sich nicht sehr von dem Netz der Drittfirmen und Händler Apples unterschieden. Ich profitiere aus meinen Erfahrungen bei der Positionierung von Produkten während meiner Zeit bei Pepsi, um unsere Umsätze wieder anzukurbeln. Ich hatte jetzt wahrscheinlich zum ersten Mal bei Apple die Chance, diese Kenntnisse zu beweisen. Bisher hatte ich immer Steve freie Hand gelassen und nur im Hintergrund gewirkt.

Unser Versagen als Managementteam zwang uns dazu, so viele Leute bei Apple zu entlassen, deshalb war es auch unsere Pflicht, das Unglück ein wenig aufzufangen. Es war allen wichtig, daß die Entlassungen so einfühlsam wie möglich durchgeführt wurden. Jay Elliot arbeitete die Pläne aus. Den betroffenen Angestellten in Cupertino wurden die Entlassungen mündlich von einem Manager mitgeteilt, und ihnen wurden großzügige Abfindungssummen gewährt. Psychiater setzten sich privat mit den Leuten zusammen, die unter großen seelischen Anspannungen litten. Arbeitslosenberater wurden engagiert, um allen Angestellten, nicht nur den Managern, bei der Arbeitssuche zu helfen. Ein Vermittlungszentrum wurde in einem der Gebäude eingerichtet. Es war mit Macintosh-Computern und LaserWritern ausgerüstet, damit die Leute Bewerbungsschreiben an ihre potentiellen neuen Arbeitgeber anfertigen konnten. In Garden Grove schlossen wir um zwei Uhr nachmittags unsere Büros, damit die Menschen Gelegenheit hatten, die schlechte Nachricht zu verdauen.

Aus Texas verlautete, daß die dortigen Angestellten auf die Nachricht, sie würden ihre Arbeit verlieren, ganz erstaunlich reagierten. Debi, deren Analyse eine Schlüsselrolle bei der Schließung der Anlage spielte, fuhr nach Carrolltown, um ihnen persönlich die Entscheidung mitzuteilen. Anscheinend hatten die Angestellten schon Wind davon bekommen, denn sie traten mit »Apple-II-Forever«-T-Shirts und Trauerflor am Arm auf. Einige bedankten sich bei Debi tatsächlich für das Privileg, daß sie »für das größte Unternehmen der Welt« arbeiten durften. Es gab aber erstaunlich wenig Bitterkeit oder Haß. Sie zeigten ihre Unterstützung für das Unternehmen und beschlossen, die Schließung in erstklassiger Weise über die Bühne laufen zu lassen. Das bestärkte mich in meiner Überzeugung, daß Apple es nicht verdiente, eine von vielen nur auf Kosten achtende Firma zu werden.

Tatsächlich war es uns auf Grund der Kooperationsbereitschaft unserer Mitarbeiter möglich, die Produktion unser IIc-Reihe während eines langen Wochenendes nach Fremont zu verlagern. Wir vollbrachten Dinge, die unmöglich erschienen, aber das war Apple, wie es leibt und lebt. Innerhalb von nur knapp zwei Wochen bauten unsere Angestellten 30 000 IIc pro Monat auf dem ursprünglichen Macintosh-Montageband. Um in Irland so viele Arbeiter wie möglich nicht entlassen zu müssen, ließen wir sie mit Bussen von unserer geschlossenen Mill-Street-Anlage zu der uns gebliebenen Fabrik in Cork fahren. Weil wir unsere Anlage in Garden Grove an Alps verkauften, einen japanischen Verkäufer von Tastaturen und anderen Computerprodukten, konnten wir ein Drittel der Arbeitsplätze erhalten. In Cupertino brachten wir 80 Prozent der Entlassenen innerhalb von drei Monaten in anderen Jobs unter.

Aber die Pressehetze wirkte sich enorm auf unsere Umsätze aus. Wer will denn schon Computer von einer Firma kaufen, die pleite geht? Die Krise traf uns − über die finanzielle Situation hinaus − mitten ins Herz. Sie erschütterte in ungeahnter Weise den Glauben und das Vertrauen der Unternehmen, von denen Apples Erfolg im großen Umfang abhängt. Diese und besonders die Drittfirmen hatten sich wegen unserer Konzeption der geschlossenen Gehäuse für den IIc und den Mac von uns abgewandt. Wir mußten sie davon überzeugen, daß sie Geld verdienen konnten, wenn sie Produkte entwickelten, die sich unserer Welt anschlossen.

Selbst langjährige Apple-Anhänger verloren allmählich ihren Glauben an unsere Fähigkeiten. Bill Gates, der Gründer von Microsoft, die fast die Hälfte ihrer Einnahmen für Macintosh-Software verbuchten, rief an, um zu sagen, daß er sich erst sicher sei, daß Macintosh es schaffe, wenn wir unsere Technologie so schnell wie möglich an andere Unternehmen in Lizenz vergeben würden. Er hielt das für unsere einzige Rettung. Andere Außenstehende, die davon überzeugt waren, daß IBM faktisch das Personalcomputer-Rennen gewonnen habe, rieten uns, Apples Firmenzeichen auf in Asien angefertigten IBM-Nachbauten anzubringen. Sie bestanden darauf, daß dies die einzige Möglichkeit für Apple sei, vielleicht zu überleben.

Nervös gewordene Händler, die sich mit IBMs wachsendem Schwung auf dem Markt und den Berichten von vielen neuen Produkten anderer Konkurrenten konfrontiert sahen, machten sich große Sorgen. Businessland, einer der wichtigsten Computerhändler, erwog, den Mac fallenzulassen, weil er nur zwei oder drei Prozent ihrer Einnahmen ausmachte. Andere Händler vermittelten uns dieselbe Botschaft. Einige kleinere Großabnehmer wollten den Apple zu Dumpingpreisen verkaufen und dann andere billigere Lieferanten wie Commodore und Atari in ihr Programm aufnehmen. Beide waren im Begriff, für die kommende Weihnachtssaison neue Produkte herauszubringen, von denen man erwartete, daß sie einige charakteristische Merkmale des Macintosh kopieren würden.

Händler waren der Sauerstoff des Unternehmens; ich mußte ihre Unterstützung gewinnen. Ich entschloß mich deshalb, meinen ersten öffentlichen Auftritt nach der Reorganisation dazu zu benutzen, eine neue Geschäftspartnerschaft mit ihnen zu verkünden. Ich hatte mich keinen Interviews zur Verfügung gestellt, weil ich wußte, daß sie zu einer offenen Debatte zwischen Steve und mir führen konnten, die einzig dem Unternehmen schadete. Tatsächlich bestand zwischen uns die stillschweigende Übereinkunft, uns von der Presse fernzuhalten. Deshalb war mein Erscheinen auf einem Computer-Forum Mitte Juni in San Francisco um so entscheidender.

Rund 700 Leute drängelten sich in einem Hotelsaal, obwohl nur 400 erwartet worden waren. Um der Presse aus dem Weg zu gehen, schlich ich mich durch die Hotelküche in den Saal. Als ich das Podium erreichte, hätte man eine Stecknadel fallen hören können, weil so viele Leute darauf gespannt waren, was ich sagen würde. Ich sah in ihre Gesichter und sagte: »Wir sind *ein* Unternehmen. Wir haben unsere individuelle Selbstsucht zur Seite gelegt und Teamarbeit an ihre Stelle gesetzt.«

Ich erzählte ihnen, daß Apple weder seine Vision als Unternehmen oder seine Festlegung auf die Apple-II- und Macintosh-Produktprinzipien ändern werde.

»Aber wir sind auch ein realistisches Unternehmen und begreifen daher, daß wir marktbewußter werden müssen, wenn wir unser volles Potential als ein Spitzenreiter der Personalcomputer-Industrie erreichen wollen.«

Ich kündigte zwei wichtige Verbesserungen an, um unsere Beziehungen zu zwei Schlüsselgruppen dramatisch zu stärken: zu unserer Händlerbasis und zu unseren Drittfirmen. Um unsere Händler besser zu unterstützen, bot ich unter anderem ein Programm an, das sie zu Verkäufern faktisch aller Apple-Büroprodukte machte, wodurch die großen Unternehmen für sie interessant werden würden.

»Sie sehen, daß wir Schritte unternehmen, es anderen Unternehmen zu erleichtern, ihre Produkte mit unseren zu verbinden«, sagte ich. »Diese Schritte beinhalten einen allmählichen Übergang zu wahlweisen Industriestandards und auch eine neue Priorität bezüglich der zukünftigen Ausbaufähigkeit von Arbeitsspeichern.« Diese Erklärung war besonders wichtig, weil sie das Bedürfnis in Rechnung stellte, zu »offenen« Produkten zurückzukehren, für die andere Unternehmen Peripheriegeräte, Erweiterungsplatinen und andere Geräte herstellen konnten, die ihre Leistung steigerten.

»Wir stehen fest zu unseren Verpflichtungen, fest zu unseren Produktgrundlagen und sind zuversichtlich, daß wir in einer starken Partnerschaft mit Händlern und Entwicklungsfirmen eine führende Kraft in der Personalcomputer-Industrie bleiben werden.«

Nachdem ich das gesagt hatte, schlüpfte ich rasch wieder durch die Küche in einen wartenden Wagen.

Bei Apple blieb die Situation weiterhin gespannt. Von Bill Campbell bekam ich täglich Umsatzmeldungen. An manchen Tagen verkauften wir keinen einzigen Computer. An anderen Tagen verkauften wir zehn.

»Wir müssen eine Möglichkeit finden, da herauszukommen«, beschwor ich Bill auf unseren in den frühen Morgenstunden stattfindenden Sitzungen der Geschäftsleitung. ›Nein‹ ist noch keine Antwort. Finde heraus, welche Händler auf Lagerbeständen sitzen, und konzentriere dich primär auf sie.«

Gemeinsam besuchten wir viele Händler und baten dringend so lange um ihre Unterstützung, bis wir bewiesen hätten, daß wir das Unternehmen herumdrehen konnten. Bill hatte verrückte Arbeitszeiten — häufig setzte er Frühstückstreffen auf sechs Uhr in der Frühe fest und blieb dann bis weit nach Mitternacht im Büro. Er verbrachte viele Tage damit, die

Händler bei Laune zu halten. Er rief regelmäßig in Cupertino an, um uns die neuesten Nachrichten zu übermitteln – gute oder schlechte.

Es gab Tage, an denen er mich telefonisch wissen ließ: »Wir haben gestern zwei Macs verkauft, heute keinen, das wär's.« Jedes verkaufte Stück war ein Grund zur Freude. Wie ein Politiker, der um Stimmen kämpft, mußte Bill herausfinden, wo unsere schwankenden Händler saßen, damit wir sie auf unsere Seite ziehen konnten. Bill befahl seinen Verkaufsleuten, den Laden eines Händlers erst zu verlassen, wenn er sich zu weiteren Käufen verpflichtet hatte.

Wir verdoppelten die Anzahl der Leute, die sich um den Umsatz im Ausbildungswesen kümmerten, weil ich wußte, daß wir ohne bedeutende Punktgewinne in wichtigen Schulbezirken nicht in die Weihnachtssaison gehen konnten. Die einzige Methode, wie wir den Eltern den Apple II schmackhafter als die billigeren, wenn auch weniger nützlichen Computer von Commodore und Atari machen konnten, bestand darin, daß ihre Kinder ihn auch in der Schule benutzten. Wir erweiterten unsere »Wanderpredigergruppe« – einen Stab, der externe Entwicklungsfirmen ermutigt, neue Produkte für Apple-Computer herzustellen –, und wir versprachen, einige der technischen Merkmale des Macintosh zu verändern, die bislang andere Unternehmen daran gehindert hatten, Zubehörteile für ihn zu entwickeln. Wir investierten ebenfalls mehr Geld in die Herstellung von Hilfsmitteln, die es diesen externen Unternehmen erleichterten, Softwarepakete für unsere Produkte zu entwickeln.

*

Anfang Juli hatten wir den ersten Schock, den die Entlassungen ausgelöst hatten, überwunden, aber die Moral hing jämmerlich durch. Von der Flaute desillusioniert, fragten sich die Angestellten, ob das Management seine Fähigkeit verloren habe, das Unternehmen zu leiten. Ich mußte noch immer um das Vertrauen unserer Leute kämpfen. Dafür gab es keine besseren Beweise als die Fragen, die ich vor unserem ersten Informationstreffen mit den Angestellten Apples, nachdem Steve seine betriebliche Funktion verloren hatte, erhielt. Ich hatte alle gebeten, vor unserem Treffen am 7. Juli Fragen einzureichen. Sie waren die schwierigsten und bittersten, die ich jemals erhalten habe. Sie waren auf brutale Weise offen und trafen mich hart. Ich fühlte mich schwach und elend, als ich sie las:

»Wie können Sie ein Gehalt von 1 Million Dollar rechtfertigen, wenn Sie zugegeben haben, daß Sie die Sache nicht vollkommen im Griff hatten? Meinen Sie nicht, daß es eine wahnsinnig tolle Geste wäre, angesichts unserer gegenwärtigen Finanzprobleme und Entlassungen einen Teil Ihres Gehalts zurückzugeben?«

»Von Ihrem Gehalt könnten mehr als 50 Ingenieure leben. Haben Sie jemals daran gedacht, Lee Iacocca nachzueifern und Ihr Gehalt eine Weile zum Nutzen des Unternehmens auf einen Dollar zu reduzieren?«

»Steve Jobs wird allgemein dafür verantwortlich gemacht, Sie eigenhändig ausgesucht und als Präsident eingestellt zu haben. Nun, da er gegangen ist, fühlen Sie sich noch sicher in Ihrem Job?«

»Warum ließen Sie es zu, John, daß Steve Jobs über ein Jahr lang Amok lief, ehe Sie die Kontrolle des Unternehmens übernahmen?«

Das waren harte, wenn auch berechtigte Fragen, und es fiel mir schwer, darauf die Antwort zu finden. Aber ich stellte mich. Ich hatte geplant, ein vorbereitetes Skript auf einem optischen Souffliergerät einzusetzen, aber als ich die Haufen von Fragen durchsah, wurde mir bewußt, daß die Apple-Leute es nicht gern sehen würden, wenn ich mich hinter einem vorbereiteten Skript versteckte.

Ich warf mein Skript weg, ging auf die Hauptbühne des Flint-Centers und stand dort quasi ohne Schutzschild vor 2700 Angestellten. Ich spürte ihre Feindseligkeit und ihre Angst, ihre Zweifel an meinen Führungseigenschaften, nachdem Steve nun weg war. Ungeachtet dessen, was sie von mir hielten, wollte ich selbstverständlich die von uns getroffenen Entscheidungen erklären, weshalb sie sein mußten und wie die Aussichten für die Zukunft waren.

Ich teilte keine harten Schläge aus. Zusammen würden wir einen heißen und schwierigen Sommer überstehen müssen, und wenn sich nicht jeder tüchtig ins Zeug lege, würden wir es nicht schaffen. Sie sahen ein, daß Apple nicht das einzige Unternehmen mit Schwierigkeiten war. Mittlerweile entließ jede andere Silicon-Valley-Firma Leute und schloß Fertigungsanlagen. Es war eine trübsinnige Versammlung, in der überhaupt keine Begeisterung aufkam. Niemand fühlte sich wohl angesichts dessen, was er zu hören bekam.

Es sei notwendig, sich auf vier Ziele zu konzentrieren, erklärte ich. Uns intern zusammenzuraufen; das Vertrauen unserer Zielgruppen wiederzugewinnen; die Trennung zwischen der Macintosh- und Apple-II-Gruppe aufzuheben und eine erfolgreiche Weihnachtssaison zu erreichen. Wir könnten diese Ziele nur erreichen, wenn alle sich disziplinierter und verantwortlicher verhielten.

»Wir dürfen nicht aufhören, unorthodoxe Methoden anzuwenden«, sagte ich. »Wir können immer noch ein Unternehmen sein, das so etwas wie Seele besitzt. Wir haben nicht die Absicht, das Unternehmen so zu strukturieren, daß es keinen Spaß mehr macht. Das Beste liegt noch vor uns. Wir haben gerade erst begonnen, unser Potential zu erkennen.«

Es war unmöglich, kein Wort über Steve zu verlieren. Jeder wollte etwas von mir zu diesem Thema hören; deshalb wich ich nicht aus.

»Weder Steve noch ich wissen heute, was er tun wird«, sagte ich. »Er liebt Apple heute noch genauso sehr wie vor zwei Monaten, aber es ist eindeutig so, daß er einen Klärungsprozeß durchläuft, um herauszufinden, was er machen will. Diese Erfahrung hat unsere Freundschaft auf eine Probe gestellt. Ich denke nicht, daß zwischen uns Verbitterung herrscht. Ich denke, es ist eher Kummer. Es ist ebenfalls klar, daß er weder jetzt noch in Zukunft eine betriebliche Funktion bei Apple haben wird«, fügte ich hinzu. »Deshalb wird Steve entscheiden müssen, ob es irgend etwas gibt, das ihm als Chairman Freude macht, indem er vielleicht die Dinge tut, von denen er gerade im Moment einen ersten Eindruck gewinnt . . .«

Die Gefühle gegenüber Steve veränderten sich allerdings im Laufe der Wochen. Die Mitglieder der Geschäftsführung, die seine Verantwortlichkeit vorausgesetzt hatten, wurden bitterböse auf ihn, weil sie glaubten, daß Steve uns über den Grad der Entwicklung in der Macintosh-Division falsch informiert habe. Diejenigen Entwicklungsprojekte, von denen wir angenommen hatten, daß sie bereits liefen, waren noch gar nicht angepackt worden oder standen alles andere als vor ihrer Vollendung, wie Steve uns weiszumachen versucht hatte. Wir hinkten hinter unserer neuen Macintosh-Generation weiter hinterher, als wir uns jemals vorgestellt hatten, das traf aber auch auf eine Unmenge von Peripherieprodukten und Software-Entwicklungen zu.

*

Jede Erfahrung wirkt einzigartig, wenn man in einer Krise steckt. Als Lucinda, die Tochter von IBMs Tom Watson jr., anrief, um Leezy und mich einzuladen, hatte ich keine Ahnung, weshalb. Ich war ihrem Vater zuvor niemals begegnet und wußte wirklich nicht, was mich erwartete. Ich kam auf ihrem Familienbesitz an, stieg aus und wartete auf ihn. Ein niedrig fliegendes Flugzeug, das aus dem Nichts zu kommen schien, wurde urplötzlich über meinem Kopf wieder hochgerissen. Dann vollführte es eine Todesrolle, flog in Kreiseln auf den Erdboden zu, bis es in einer Serie von Loopings und Rollen wieder nach oben gerissen wurde und in den Wolken verschwand.

Nicht lange danach erschien Watson. »Wollte euch jungen Hitzköpfen von Apple nur mal zeigen, daß wir Alten auch noch Mumm in den Knochen haben.« Obwohl er Anfang Siebzig war, flog er noch immer mit derselben Waghalsigkeit, die er bewiesen hatte, als er IBM von seinem Vater übernahm und das Unternehmen nicht nur zum Hersteller hervorragender Großrechner, sondern zu einer Institution der Weltklasse machte.

Während des Wochenendes beeindruckte mich nicht nur Watsons Mut, sondern auch seine Bescheidenheit und sein Interesse an Apple. Er erschien sehr zuversichtlich, daß wir unsere Probleme überwinden würden: »Solange Apple innovativ bleibt und die Dinge zusammenhält, an die das Unternehmen glaubt, wird es durchhalten«, sagte er. »Es wird viel Arbeit kosten, aber ihr werdet eins nicht verlieren — eure Innovation. Ihr macht es schon richtig.«

Es machte mir Mut, diesen großen Mann zu erleben und zu begreifen, daß IBM, als er es von seinem Vater übernahm, viel kleiner war als Apple im Moment. Watsons Zuspruch war besonders hilfreich, weil er mir in einem Augenblick widerfuhr, da die meisten meiner Freunde und außenstehende Verbündete sprachlos dastanden. Manchmal erhält man Trost aus völlig unerwarteten Ecken. Und diesmal kam er von dem lebenden Symbol des stärksten Gegners von Apple.

*

Gegen Ende des Sommers gab es schwache Anzeichen von Hoffnung — vielleicht das Licht am Ende des Tunnels. Aber möglicherweise gab es ja noch einen weiteren Tunnel hinter dem Licht.

Del und Debi hatten einen Plan ausgearbeitet, um die Lagerbestände abzubauen, teilweise über ein Kompensationsgeschäft in Europa, mit dem wir Tausende von Appel IIc gegen Bargeld und Sendezeiten für Reklame eintauschten. Vor allem verschaffte uns dieses Geschäft Zeit. Unsere Buchhaltungs- und Bilanzrichtlinien verlangten von uns, Lagerbestände, die über sechs Monate hinausgingen, vollständig abzuschreiben. Das Kompensationsgeschäft zog Lagerbestände ab und verminderte den Umfang unserer Abschreibungen. Indem wir unsere Kosten beschnitten und einschränkten, drückten wir unseren »Break even Point« auf nahezu 400 Millionen Dollar im Jahr herunter.

Fanatisch packte Debi ihre Arbeit in der Fertigung an und ging an unsere weltweiten Geschäfte mit völlig neuen Aspekten heran. Nachdem sie erst einmal die Anfangsphase der Konsolidierung der Fabriken hinter sich hatte, begann sie radikal neue Denkweisen hinsichtlich der Fertigung zu entwickeln. Sie schmiedete rasch Partnerschaften mit Jean-Louis'

Produktdesign-Gruppe und unseren externen Lieferanten. Ihr Ziel war es, nicht nur Probleme »auszuschalten«, sondern Verbesserungen durchzuführen, die Krise nicht nur zu nutzen, um aus der Fertigung ein Serviceunternehmen für Apples kreative Abteilungen zu machen, sondern sie zu einer strategischen Waffe an sich zu machen.

»Ich rebelliere gegen das Establishment, aber nicht mit Protesten, sondern indem ich die Macht unwiderstehlicher Ideen demonstriere«, erzählte sie den Mitgliedern der Geschäftsleitung, als sie ihre Pläne bekanntgab.

Sie arbeitete mit einem Fertigungsmodell von Steven Wheelwright (Stanford) und Robert Hayes (Harvard), um damit Fremont zum Beispiel dafür zu machen, wie die Fertigung in den Vereinigten Staaten erfolgreich aussehen kann. Das Wheelwright-Hayes-Modell, das sie beschrieb, umfaßte vier Stadien.

»Im ersten Stadium verursacht man innerhalb des Unternehmens überhaupt keine Probleme«, führte Debi aus. »Man versucht nur, die Negativa zu minimalisieren. Stadium zwei ist von außen betrachtet neutral. Man tut nur das, was die führende Kraft der Industrie auch tut. Stadium drei ist von innen betrachtet unterstützend, sofern man die Strategien, Ziele und Tendenzen des Unternehmens glaubwürdig unterstützt. Und Stadium vier ist von außen betrachtet unterstützend, wenn man einen strategischen Wettbewerbsvorteil hat, der identifizierbar und lange Zeit aufrechtzuerhalten ist. Wenn wir all dies tun, werden wir hübsche Profite haben.

Wir befinden uns jetzt im Stadium eins. Wir müssen uns keine Sorgen um Verfahren und Fertigung machen. Das läuft nicht schlecht. Aber wir betrachten sie nicht als Waffe im Wettbewerb.«

Um uns in das Stadium vier zu bringen, legte sie großes Gewicht auf Qualität und Flexibilität im gesamten Fertigungsbereich. Von Del beraten, reduzierte Debi die Anzahl unserer Lieferanten von 1500 auf unter 250. Das verschaffte den verbleibenden Zulieferern den Ansporn, sich in unserer Nähe niederzulassen und sich Möglichkeiten auszudenken, ihre Produkte an uns so auszuliefern, daß wir nicht die Last der Lagerbestände zu tragen hatten. Anstatt Einzelteile bis zu 15 Wochen im voraus zu bestellen, konnten wir sie sechs bis sieben Wochen später bestellen. Während eine herkömmliche Fertigungsanlage ihren Lagerbestand zwei- bis viermal im Jahr umschlägt, verwaltete Debi die Lagerbestände so gut, daß wir es jährlich auf 36 oder mehr Umschläge brachten (das war ein wichtiger Maßstab dafür, wie niedrig wir unsere Lagerbeständen halten konnten). Bis zum Ende des Jahres 1985 wollten wir unsere Lagerbestandsführung so weit verbessert haben, daß wir eine Viertel Milliarde Dollar in Lagerbeständen zu Bargeld verwandeln konnten.

In Fremont ließ Debi parallel laufende Montagebänder einrichten, damit die Zulieferer untereinander hinsichtlich derselben Fabrikarbeit konkurrierten. So wurde ein vollautomatisiertes IBM-Fließband in Konkurrenz zu einem weiteren von Murata aufgestellt, und jedes Unternehmen wollte beweisen, daß es das beste sei. Debi arrangierte Treffen zwischen den führenden Angestellten unserer Zulieferer, Del und mir; wir tauschten unsere Geschäftspläne und Umsatzerwartungen für das Halbjahr aus. Sie begannen sich ihre Kosten mit uns zu teilen, so daß wir Preise aushandeln konnten, die ihnen einen gerechten Ertrag verschafften, uns aber weiterhin wettbewerbsfähig machten. Das Endergebnis: Die Fertigung war auf dem besten Wege, ein strategisch wichtiger Vorteil zu werden, weil sie die niedrigst möglichen Kosten verursachte und die Zuverlässigkeit verbesserte.

Im Verkaufs- und Marketingbereich führte Bill ein Rechnungsprüfungsverfahren ein, das uns rasch davon in Kenntnis setzte, wie viele der an die Händler gelieferten Produkte an den Endverbraucher verkauft worden waren. Das war entscheidend für unsere genaueren Umsatzvoraussagen und sollte uns davor bewahren, noch einmal auf so hohen Lagerbeständen zu sitzen. Er setzte bessere Händlerschulungsprogramme ein, um die Umsätze anzukurbeln, und legte mehr Gewicht auf die Verkäufe im Erziehungswesen, der Basis von Apples Erfolgen. Anfang August hatte er endlich einige Hinweise, daß die Händler uns nicht im Stich lassen wollten und daß die Umsätze für den Macintosh langsam anzogen.

Daß wir überleben würden, wurde durch ›MacWorld‹, eine Versammlung von Macintosh-Benutzern und Software-Entwicklern, die vom 21. bis 23. August in Boston stattfand, öffentlich belegt. Ich erwartete ein glanzloses Ereignis, das die schlechte Stimmung, die allgemein bei Apple vorherrschte, widerspiegelte. Als ich dort ankam, schwärmten rund 15 000 Menschen durch die Macintosh-Ausstellung, auf der mehr als 80 neue Mac-Produkte von Drittfirmen vorgestellt wurden. Auf einmal beschäftigte die Leute nicht mehr die Frage, ob Apple überleben werde oder was mit Steve passierte. Statt dessen lobten sie den Macintosh in den höchsten Tönen. Zum erstenmal seit Monaten war ich wie beflügelt.

Den ganzen Sommer 1985 über machten Bill und ich die Runde, beknieten die Händler und Firmenkunden, uns nicht im Stich zu lassen. Auf dem Markt verbesserte sich die Situation nicht plötzlich, aber als wir durch die Ausstellung gingen, stießen wir auf den lebendigen Beweis, daß der Macintosh noch immer eine treue und hingebungsvolle Anhängerschaft besaß. Viele trugen Bluejeans, Bärte und lange Haare, die mit Gummibändern zu Pferdeschwänzen gebunden waren. Wir hatten den

Büromarkt noch nicht erreicht, aber es gab zumindest Menschen, die das Produkt liebten. Das steigerte unsere Moral wesentlich.

*

Meine Freundschaft zu Steve war im Grunde genommen schon vor Monaten zerbrochen, aber den endgültigen Schlußstrich zu ziehen, stand uns noch bevor. Wir hatten während jenes Sommers wenig Kontakt, hatten nur kurz über seine Europareise auf der Sitzung des Verwaltungsrats im Juni gesprochen und mal ein paar müde Worte ausgetauscht, ein flüchtiges »Hallo« oder »Goodbye«. Es war, als ob man einem alten Freund in einem Traum begegnet, den man nicht berühren darf, weil er sonst verschwindet. Mir kamen Gerüchte zu Ohren – daß er eine Karriere in der Politik erwog, daß er sich als ziviler Mitreisender im Space-Shuttle melden wollte –, und ich wußte, daß er für über 20 Millionen Dollar Apple-Aktien verkauft hatte. Von Freunden erfuhr ich, daß er seine Tage damit verbrachte, am Strand Fahrrad zu fahren, sich traurig und einsam zu fühlen, aber überwiegend böse auf mich zu sein.

Einem seiner Freunde erzählte er, daß er sich bei seiner Entlassung als Chef der Macintosh-Division wie ein kleines Kind in einem Footballteam gefühlt habe, das auf dem Rücken liegt und dem man noch kräftig in den Magen tritt. Ich zuckte zusammen, als ich das hörte, weil ich wußte, daß ich derjenige war, der den Schlag versetzt hatte. Steve während dieser Monate der Genesung zurückzuholen, hätte nur das Risiko erhöht, all jene schmerzlichen Sachen wiederzubeleben, die wir bereits hinter uns hatten – quer durch das gesamte Unternehmen. Vielen Beobachtern erschien mein Standpunkt als kalt, aber ich wollte mich nicht vom Fleck rühren. Die Geschäftsleitung vertrat denselben Standpunkt.

Ich hörte aber auch Geschichten über Steve, die mich ihm innerlich wieder näherbrachten. Al informierte mich über seine Abenteuer mit Steve im Ausland. Steve hatte in der Sowjetunion beharrlich darauf bestanden, über Trotzki, den Revolutionär aller Revolutionäre, zu sprechen, obwohl dieser tabu und seine Werke verboten sind. Allein diese Tatsache zog Steve schon zu ihm hin. Als er in der Akademie der Wissenschaften in Moskau vor sowjetischen Computerwissenschaftlern eine Rede halten sollte, setzte er seine Absicht durch. Er begann über Erziehung und die Zukunft der Computerindustrie zu reden und sprach von der wunderschönen Welt und der noch schöneren Zukunft, weil es Computer gibt. »Hinter Steve hingen riesige Porträts von Lenin und Marx. Dann deutete er hinter sich auf die Bilder und sagte: ›Sehen Sie, hier sind die Dinge, die wir heute noch nicht tun können. Wir wissen, woran Lenin und Marx glaubten. Wir kennen ihre Gedanken, weil sehr viel über sie geschrieben wurde und weil alles recht ordentlich dokumentiert ist. Aber eins können wir nicht: Wir können ihnen keine Frage stellen und ihre aktuelle Meinung erfahren. Aber in der Zukunft steht Ihnen künstliche Intelligenz zur Verfügung, und Sie werden Lenin oder auch Trotzki eine Frage stellen können.‹

Tiefes Schweigen. Ich war auf dem Podium und konnte die Gesichter der Zuhörer sehen. Sie befanden sich in einer Art Schockzustand. So etwas vor der erlauchtesten Gesellschaft Moskaus! Ich fand es toll.«

Als Geschichte freute mich das. Obwohl Steve seinen Einfluß verloren hatte, so hatte er doch nicht seine Unverfrorenheit verloren. Er war noch immer frech genug, auch in der Sowjetunion sich von niemandem etwas verbieten zu lassen.

Im September bat Steve mich über Al, daß ich meine Sicht zu einigen Themen, die bei der monatlichen Sitzung des Verwaltungsrates zur Sprache kommen sollten, schriftlich abfassen sollte. Ich schlug ihm brieflich vor, daß wir uns am Freitag, dem 13. September, unmittelbar nach der Sitzung des Verwaltungsrats, treffen sollten.

Ich dachte, es sei an der Zeit, sich zusammenzusetzen und herauszufinden, ob es irgendeine Möglichkeit zu einer geschäftlichen oder persönlichen Beziehung gab. Er war so talentiert und besaß noch immer so viel Energie und Lebendigkeit, daß er irgend etwas Großes schaffen mußte. Meine Priorität war augenblicklich, Apple durch einen enorm harten Sommer zu manövrieren, aber wenn es erst einmal klar war, daß das Unternehmen gesundete, dann, so hoffte ich, könnten wir beide uns überlegen, wie Steve wieder einen wirklich wichtigen Beitrag für Apple leisten könne. Aber er hatte ganz offensichtlich daran kein Interesse, denn er reagierte nicht auf mein Schreiben.

Einen ersten Hinweis auf seine Pläne erhielt ich durch die Tagesordnung für die Sitzung des Verwaltungsrats am 12. September 1985. Der letzte Punkt der Tagesordnung lautete ›Bericht des Chairman‹ und enthielt keine weiteren Anmerkungen. Ich vermutete, daß Steve die Reorganisation des Unternehmens kritisieren wollte, da mir durch die Blume zugetragen worden war, daß er unseren Tätigkeiten reichlich kritisch gegenüberstand. Aber es gab eine weit größere Überraschung.

Am späten Nachmittag erhob sich Steve, vermied es allerdings, mir in die Augen zu sehen. Undeutlich und emotionslos sagte er: »Ich habe viel nachgedacht, und es ist an der Zeit, daß ich es zu etwas in meinem Leben bringe. Ich bin dreißig Jahre alt.«

Er fuhr fort, daß ihm Erziehung und Ausbildung viel bedeuteten; wenn er auf seine Jahre bei Apple zurückblicke, dann sei sein wichtigster persönlicher Beitrag der gewesen, den Personalcomputer im Ausbildungsbereich etabliert zu haben. Nachdem er seinen Rücktritt als Chairman angeboten hatte, gab Steve bekannt, daß er vorhabe, Apple zu verlassen und ein neues Unternehmen zu gründen, das sich an den Hochschulmarkt wenden sollte. Aber er betonte, daß seine neue Aktiengesellschaft nicht in Konkurrenz zu Apple stehen würde, nur komplementär zu verstehen sei, und daß er nur eine Handvoll Personen, die sich nicht in Schlüsselpositionen befänden, mitnehmen würde. Er schlug darüber hinaus vor, daß Apple vielleicht die Vertriebsrechte für sein Produkt erwerben könne, wenn er es entwickelt habe. Steve fragte auch, ob Apple daran interessiert sei, ihm eine Lizenz für die Macintosh-Software zu geben.

Markkula schien sichtlich irritiert von Steves Bemerkung zu sein, daß weitere Apple-Leute offensichtlich mit Steve gehen würden. Er war der festen Überzeugung, daß Steve nicht das Recht habe, irgendeinen Angestellten Apples abzuwerben.

»Wie kommst du auf die Idee, auch nur einen mitzunehmen?« fragte er.

»Reg dich nicht auf«, erwiderte Steve. »Es handelt sich um Leute der untersten Stufe, die du nicht vermissen wirst, und sie werden sowieso gehen. Mach daraus keine große Sache!«

Steve wurde gebeten, den Raum zu verlassen, damit der Verwaltungsrat intern beraten konnte, ob er sein Rücktrittsgesuch annehmen wolle. Alle drückten ihr Erstaunen über Steves überraschende Ankündigung aus und fragten sich, ob er tatsächlich ein anderes Unternehmen gründen könne, das sich nicht in Konkurrenz zu Apple befände. Ein Direktor schlug vor, daß wir ihm anbieten sollten, uns an dem Unternehmen zu beteiligen. Andere stimmten ihm zu. Wir begannen darüber zu diskutieren, wie wir mit Steves neuer Firma zusammenarbeiten könnten.

Als Steve zurückkam, sagte ich: »Wir alle schätzen deine Arbeit, die du für Apple geleistet hast, und wir nehmen zur Kenntnis, daß du wieder neue Pläne schmiedest. Unter der Voraussetzung, daß deine Firma komplementär und nicht konkurrierend ist und daß du keine entscheidenden Leute von Apple mitnimmst, bitten wir dich, deine Entscheidung, von deinem Posten im Verwaltungsrat zurückzutreten, noch einmal zu überdenken.« Der Verwaltungsrat teilte ihm darüber hinaus mit, daß er daran interessiert sei, sich mit bis zu zehn Prozent an seinem neuen Unternehmen zu beteiligen.

Steve antwortete, daß er darüber nachdenken müsse, ob er im Verwaltungsrat bleibe und Apple erlaube, einen Anteil an der Firma zu erwerben. Wir einigten uns darauf, uns am folgenden Donnerstag wieder zusammenzusetzen, damit ich noch mehr über seine Pläne für ein neues Unternehmen erfahren könne. Das war ein erfreuliches und anscheinend einvernehmliches Ende der Sitzung.

Am nächsten Morgen jedoch rief mich Steve um 7 Uhr 10 in meinem Büro an und bat mich darum, mich noch kurz vor meiner stets um 7 Uhr 30 stattfindenden Sitzung der Geschäftsleitung sprechen zu können. Linkisch trat er in mein Büro und hielt mir einen Briefumschlag entgegen. Ich öffnete ihn und las den maschinengeschriebenen Brief, der folgendermaßen begann:

»Lieber John,
heute werden die folgenden fünf Angestellten von Apple Computer kündigen, um mir in mein neues Unternehmen zu folgen . . .«

Weiter hieß es, sie würden noch an diesem Morgen ihren Vorgesetzten ihre Kündigung mitteilen und es begrüßen, wenn die Angelegenheit möglichst glatt und unauffällig vonstatten gehen könne. Abschließend versicherte mir Steve, daß keine weiteren Angestellten planten, Apple zu verlasen, um sich ihm anzuschließen. Es folgte seine krakelige Unterschrift in Kleinbuchstaben.

Ich war sowohl geschockt als auch alarmiert. Die Leute, die in dem Brief aufgelistet waren, konnte man kaum in »niedrige Rangstufen« einordnen. Rich Page, ein Apple-Fellow und einer der wichtigsten Konstrukteure des Unternehmens, war für unsere nächste Macintosh-Generation verantwortlich. Daniel Lewin war Marketing-Manager für unser entscheidendes Geschäft auf dem Sektor der Hochschulerziehung und hatte unsere Pläne entwickelt, unsere wissenschaftlichen Arbeitsplatzcomputer auf dem Hochschul-Markt zu verkaufen. Bud Tribble war Manager für die Softwareherstellung für den Macintosh; Susan Barnes war Controller für das US-Marketing und den Verkauf und George Crow war ein leitender Ingenieur mit großen Macintosh-Erfahrungen.

Alle zusammen kannten sie unsere internen Arbeitspläne, unsere Finanzen und Apples zukünftige Produkte; sie wußten genau, wann wir sie einführen wollten, wie sie eingesetzt werden konnten, mit welchen Personen und Universitäten wir zusammenarbeiten würden, um ihren Erfolg zu sichern. Ihre Kenntnisse würden Steve einen entscheidenden Vorteil verschaffen, um direkt mit Apple hinsichtlich der Marketing-Möglichkeiten und des technischen und produktbezogenen Know-hows zu konkurrieren.

»Steve«, wandte ich mich an ihn, »das sind keine kleinen Fische.«

»Nun ja«, meinte er, »diese Leute wollten sowieso kündigen. Sie werden ihre Kündigung heute morgen um 9 Uhr einreichen, und ich wollte dich und die Geschäftsleitung davon höflicherweise vorher in Kenntnis setzen, weil ich weiß, daß ihr euch heute morgen trefft.«

Ich wußte, daß die Geschäftsleitung und der Verwaltungsrat wahrscheinlich genauso überrascht und geschockt sein würden wie ich. Nur wenige Stunden zuvor hatte ich die Sitzung des Verwaltungsrats mit dem Eindruck verlassen, daß dies alles gerade mal als Idee in Steves Kopf keimte und es sich gewiß nicht um ein ›fait accompli‹ handelte.

Ich fragte Steve, wie das so schnell geschehen konnte. Er sagte, daß sich sein neues Team in der vergangenen Nacht getroffen und übereinstimmend gemeint habe, daß es besser sei, alles mit einem Schlag zu erledigen, als irgendeinen Zweifel über sein Tun aufkommen zu lassen. Ich konnte mir nicht vorstellen, daß fünf Leute — einfach aus dem hohlen Bauch heraus nach einer Zusammenkunft in der vorangegangenen Nacht — sich plötzlich entschlossen haben konnten zu kündigen, und zwar ohne einen Gedanken daran zu verschwenden, dies vor dem Verwaltungsrat zur Sprache zu bringen.

Steve blieb nur kurz bei mir. Ich ging pünktlich zur Sitzung der Geschäftsleitung und händigte Al Eisenstat den Brief aus. Ich erzählte den Stabskräften, wen Steve mitnehmen wolle; diese Neuigkeit provozierte Wutausbrüche. Einige schlugen vor, man solle Steve bloßstellen. Als populärer Innovator genieße er die größte Hochachtung, und nun ginge er daran, genau das Unternehmen zu zerstören, das er mit aufgebaut habe.

»Wir müssen ihn als den Schwindler entlarven, der er ist, damit unsere Leute aufhören, in ihm einen Messias zu sehen«, schimpfte Campbell.

Unsere Fortschritte sollten im Lichte dieser jüngsten Episode bald vergessen sein. Die Nachrichtenmedien stürzten sich auf diese Story und brachten anonyme Statements von zornigen Mitgliedern der Geschäftsleitung und des Verwaltungsrats. »Ich habe in keinem der Unternehmen, in denen ich bisher gearbeitet habe, jemals eine Gruppe so entrüsteter Menschen erlebt«, hatte ein Direktor anonym dem »Wall Street Journal« mitgeteilt. »Der Verwaltungsrat und die Geschäftsleitung von Apple sind, wie ich, wütend. Wahrscheinlich glauben wir alle, daß er versucht hat, uns zu betrügen.«

Im Silicon Valley verlassen Menschen täglich ihren Arbeitgeber, um selbst Unternehmer zu werden, aber nicht jeden Tag haut ein Steve Jobs ab. Außerdem nimmt der Chairman eines Unternehmens nur sehr selten Angestellte mit. Besonders nicht, wenn er vorher den Verwaltungsrat in Kenntnis gesetzt hat, daß er niemanden von Bedeutung mitnehmen würde.

Steve trat offiziell am 17. September 1985 zurück. Das erfuhr ich, als ein Reporter des »Wall Street Journal« anrief und um einen Kommentar Apples bat. Der Reporter besaß offenkundig noch vor Apple eine Kopie des Kündigungsschreibens von Steve an Markkula. Alle Tageszeitungen brachten die Nachricht von seinem Rücktritt, und der Kurs der Apple-Aktien fiel um einen ganzen Punkt.

Erst später erfuhren wir, daß das Produkt, das er bauen wollte, im wesentlichen einem Gerät entsprach, an dem wir in der Macintosh-Division unter dem Codenamen »Big Mac« gearbeitet hatten. Wir nannten ihn die »3-M-Maschine«, denn er sollte einen 17-Zoll-Monitor mit einer Bildschirmauflösung von einer Million Pixeln, einen 1-Million-Megabyte-Speicher und eine Million Speicherzugriffe pro Sekunde besitzen. Er sollte auf einem 68 020-Mikroprozessor und Unix-Software basieren.

Bei Apple existierten bereits fest umrissene Pläne, einen Computer für den Universitätsmarkt herzustellen. Das Produkt, das wir entwickelten, war dem Produkt, das Steve entwickeln wollte, auffallend ähnlich. Die Leute, die Steve für sich gewonnen hatte, besaßen nicht nur einmalig gute Kenntnisse von unseren Plänen, das Produkt auf diesem speziellen Markt zu vermarkten, sondern auch von Apples Kostenstruktur und den Preisen, die wir für die Bausteine des Geräts bezahlt hatten.

Am Freitag, dem 20. September, telefonierte ich mit den Boardmitgliedern. Wir erörterten, ob wir Steve verklagen sollten. Keiner wollte ihn daran hindern, ein anderes Unternehmen aufzubauen und weiterhin Innovation und Kreativität in den Industriezweig hineinzubringen. Aber nach Auffassung des Verwaltungsrats durfte er dazu keine vertraulichen oder firmeneigenen Unterlagen und Informationen benutzen. Der Verwaltungsrat beauftragte mich, Steve zu verklagen, weil er als Chairman von Apple Pläne für ein neues Unternehmen geschmiedet und dem Verwaltungsrat ein falsches Bild von dem neuen Unternehmen und seinen Zielen geliefert habe. Am 23. September reichten wir gegen einen der Väter unseres Unternehmens Klage ein. Die Zeitungen nannten diesen Schritt übereinstimmend das »Ende einer Ära«.

Wenige Tage später, als einige Mitglieder unserer Putzkolonne in Steves Büro gingen, um dort sauberzumachen und seine persönlichen Habseligkeiten einzupacken, entdeckten sie auf dem Fußboden ein Schwarzweißfoto von uns beiden. Es war ein bewegendes Foto, das unsere Freundschaft sehr gut einfing: Wir beide, versunken in Gedanken, plauderten über Apples Zukunft, was wir fast jeden Tag gemacht hatten. Der Bilderrahmen war zerbrochen, als ob das Bild mit voller Wucht durch den Raum geschleudert worden wäre. Auf die Rückseite des Bildes hatte ich fast auf den Tag genau sieben Monate zuvor die Worte geschrieben:

»Auf die großen Ideen, die großen Erlebnisse und eine große Freund-schaft! John.«

Erst nach Monaten erfuhr ich von diesem Fund, weil man dachte (aber vielleicht dachte man gar nicht), daß die Zeit die Wunden heilen würde.

Lektion zu Kapitel 10

»Den genetischen Code ausleben«

Wie sehen »Third-Wave«-Unternehmen ihre Umwelt und sich selbst? »Second-Wave«-Unternehmen betrachten die Zukunft als nahtlose Fort-setzung der Vergangenheit. »Third-Wave«-Unternehmen dagegen erfin-den ihre eigene Zukunft, und nur ihr genetischer Code verbindet sie mit der Vergangenheit.

Statt uns ein Vokabular des Handelns zu verschaffen, behindert uns die Kultur mit ihrer Betonung von Tradition, Helden der Vergangenheit, Mythen und Ritualen, deren einziger Wert darin besteht, daß sie aus einer vergangenen Zeit stammen. Aber die Wirtschaft braucht dringend ein neues Vokabular, um zu begreifen, wie man die Stärken eines Unternehmens nutzt, ohne sich gleichzeitig von den Schwächen beein-trächtigen zu lassen. Ein neues Vokabular würde davor schützen, sich mit einer simplen, oberflächlichen Betrachtungsweise zufriedenzugeben. »Man zieht naheliegende Dinge noch näher an sich heran, indem man Seltsames noch seltsamer macht«, hat ein dänischer Philosoph einmal geschrieben.

Apple mußte die Vorstellung von der zentralen Bedeutung der Kultur für das Management zerstören. Obwohl das Unternehmen selbst eine starke Kultur besaß, mußte es erkennen, wie einschränkend Kultur wirken konnte. Die Notwendigkeit eines dynamischen Prozesses ist einfach nicht mit der Terminologie der Kultur auszudrücken.

Im herkömmlichen Sinn ist »Kultur« ein geschlossenes System; die Sprache ist deskriptiv, und deshalb werden Anzeichen von Dynamik und Veränderung nicht erkannt. Anthropologische Kategorien wie »Hel-den«, »Mythen« und so weiter sind statisch. Das überrascht nicht: Aufgabe der Anthropologie ist es, zu ordnen und geschlossene Systeme zu studieren. Firmen, die die Realität mit anthropologischen Begriffen wie »Helden« und »Mythen« definieren, schaffen geschlossene Systeme für sich selbst. Übertrieben verehren sie die Tradition und beten Gewohnheiten an — vielleicht unbewußt. Nach dem Motto: »Das haben wir hier immer so gemacht.« Kultur ist ein Werkzeug des Geborgenseins, ein Sortiment verhaltensmäßiger Scheuklappen; damit fühlt sich ein Unternehmen so richtig wohl mit seinen Gewohnheiten.

Zu Beginn des Jahrhunderts setzte sich der Historiker Arnold Toynbee für die Kulturstrategie ein, dem Beispiel großer Männer zu folgen. Marshall McLuhan war wahrscheinlich der erste, der diese Ansicht in Frage stellte: »Das heißt doch, das kulturelle Geborgenheitsgefühl in der Macht des Willens zu finden, statt in der Macht, Situationen adäquat erfassen zu können«, meinte er. AT&T dürfte fast das ganze Jahrhundert damit verbracht haben, seine Kundendiensthelden zu vergöttern und ihren Beispielen zu folgen. Aber wie kann AT&T seine Ergebenheit gegenüber der Kultur bewahren und sich gleichzeitig der äußerst konkurrenzbetonten Umgebung anpassen, in der es nun mal lebt? Sicher nicht, indem im Hause gezeugte Helden imitiert werden. Wir brauchen ein neues Vokabular, um Veränderungen begreifen und durchführen zu können.

In ähnlicher Weise war Apples Geschichte in der Tradition verwurzelt, nie mehrere Produkte gleichzeitig herzustellen. Wir konzentrierten uns immer nur auf ein Produkt. Dann kam zwei Jahre gar nichts, bis wir an ein neues Produkt denken konnten. Unsere Tradition arbeitete also gegen uns.

Welche neuen Wege können Unternehmen beschreiten, um über die Zukunft nachzudenken? Meiner Ansicht nach liegt das bessere Konzept in der Idee von der genetischen Veränderung. Wenn die Zellen wachsen und sich teilen, ist der genetische Code stets präsent, obwohl die Botschaft des Codes in verschiedenen Organismen auch unterschiedlich ausgedrückt wird. Die genetische Codierung prägt Vorstellungen von Identität und Wertvorstellungen, wie das auch die Kultur macht, aber sie erweckt dabei auch das Gefühl, nach vorn ausgerichtet zu sein, das Gefühl, daß alles, was heute getan wird, auch eine Investition in die Zukunft ist, nicht nur ein Ergebnis der Vergangenheit. Der Code ändert sich ein ganzes Leben lang nicht, nur die Zellen können sich verändern. Im metaphorischen Sinne wird daraus ein in die Zukunft gerichtetes Modell, dessen Perspektive darüber hinaus nicht stammesmäßig ausgerichtet ist wie die der Kultur, sondern biologisch. Im Zentrum steht primär das Individuum, die Spezies oder Gruppe ist sekundär.

Die Elemente der genetischen Codierung sehen wie folgt aus:

Vision versus Ziele

Ich mag Richtungsangaben lieber als Ziele. Während der genetische Code vorherbestimmt ist, ist er nicht so festgelegt wie Gewohnheiten/Kultur. In Amerika haben Projekte einen Anfang, eine Mitte und ein Ende. In Japan verfolgen Projekte eine Richtung, so daß das, was man anstrebt, sich immer weiter in die Zukunft hinein entwickeln kann.

Wir legen nicht soviel Wert darauf, Apples Identität formal zu definieren, statt dessen versuchen wir, sie klar erkennbar zu machen.

Metaphern versus Mythen

Unternehmenskulturen machen viel Gebrauch von Geschichten. Sie führen immer wieder die hervorragenden Leistungen ihrer Vergangenheit an. Bei Apple sind Metaphern spannender als Mythen. Metaphern, was wörtlich »Übertragung« heißt, konzentrieren sich auf Beziehungen zwischen Ideen, Bildern, Symbolen. Metaphern schaffen Spannung, den Zusammenprall von Ideen und Verschmelzung. Metaphern verschaffen einem »zwei Ideen in einer«, wie Dr. Johnson sagte. Apples Metaphern wie »Software-Künstler«, »Hardware-Zaubermeister« oder sogar »Schreibtisch-Verlag« (desktop publishing) lassen die Menschen in zwei Welten träumen.

Bei Apple verwenden wir deshalb Metaphern, weil faktisch alles, was wir tun, noch niemals zuvor getan wurde. Ich mußte nie eine Metapher verwenden, wenn ich das beschreiben wollte, was Pepsi tat.

Richtungsangaben versus Rituale

Schon bald nach der Gründung des Unternehmens wollten die Apple-Leute ihre Wertvorstellungen formulieren, gemäß der Theorie, daß Kinder das auch tun. Aber als wir keine Kinder mehr waren, mußten wir während der Reorganisation des Unternehmens unser kindisches Verhalten abschütteln. Die meisten Unternehmen müssen nicht so schnell vom Kleinkindstadium über die Jugendzeit in das Erwachsenenalter hineinwachsen wie wir. Dave Barram, ein Vizepräsident Apples, sagte, daß »Apple wie ein 1,80 Meter großer kleiner Junge ist«. Wir sahen immer weit erfahrener aus, als wir es tatsächlich waren.

Deshalb gab es Dinge, die wir abschütteln mußten, insbesondere die Rituale und Symbole. Bei der Richtung, die wir einschlugen, waren einige davon nicht hilfreich für uns.

»Wir werden nicht daran gemessen, wieviel wir lernen können, sondern daran, wieviel wir verlernen können«, sagte Alan Kay dazu.

Zum Beispiel mußten wir es durchsetzen, über Verantwortlichkeit mit derselben Hochachtung zu sprechen wie über Kreativität. So etwas Kreatives wie Architektur erfordert Disziplin, damit das Gebäude auch stehenbleibt. Wir mußten Disziplin und Kontrolle auseinanderhalten: Kontrolle war ein Begriff, der bei den Apple-Leuten negative Assoziationen hervorrief. Wir redeten deshalb nicht von Kontrolle. Wir gaben Leitsätze heraus und legten die Betonung auf Disziplin.

Japan und Europa stehen in einer langen Geschichte von Traditionen. Amerikaner dagegen haben eigentlich nicht die Tradition eines gemeinsamen Erbes, deshalb besteht unsere soziale Einigungskraft darin, daß jeder seinen Traum realisieren kann. So ist es auch bei Apple, einem Unternehmen ohne Ballast aus der Vergangenheit: eine klare Vision, eindeutige Wertmaßstäbe und Richtungsangaben für die Zukunft, das sind die Kräfte, die uns verbinden.

Helden

Den heroischen Stil – der einsame Cowboy auf dem Rücken des Pferdes – beten wir bei Apple nicht mehr an. In dem neuen Unternehmen werden einzelne Errungenschaften nicht mehr durch einen Helden personifiziert. Nun sind eher die Teams die Helden, nicht mehr einzelne Hacker und Ingenieure.

Traditionell konnten Manager immer nur versuchen, drei Dinge in einem Unternehmen zu verändern: Strukturen, Menschen, Arbeitsweisen. In einem hierarchischen Modell ist die Struktur das allerwichtigste. In einem Netzmodell ist jedoch die Arbeitsweise, der Prozeß, das entscheidendste Kriterium. In einem traditionellen Unternehmen wird man nur selten die Struktur antasten, denn auf ihr beruht die Stabilität und die Stärke des Unternehmens. Bei Apple dagegen hat die Struktur keine besondere Bedeutung, wichtig ist nur ihre Flexibilität, sich Bedürfnissen oder Umständen anpassen zu können. Auf Apples Struktur werden biologische Begriffe angewandt – sie wächst, paßt sich an, teilt sich, um zu überleben –, nicht starre hierarchische Formulierungen, wie sie bei Großunternehmen und auch der katholischen Kirche und dem Militär üblich sind.

In dem Modell einer vernetzten Organisation sind darüber hinaus die Menschen und ihre Wertmaßstäbe eins. Die Kultur bindet die Menschen an die Vergangenheit, aber der genetische Code verbindet sie mit der

Zukunft. Auch wenn eine Organisation wächst und sich verändert, bleibt ihr genetischer Code immer derselbe.

Architektur einer Organisation

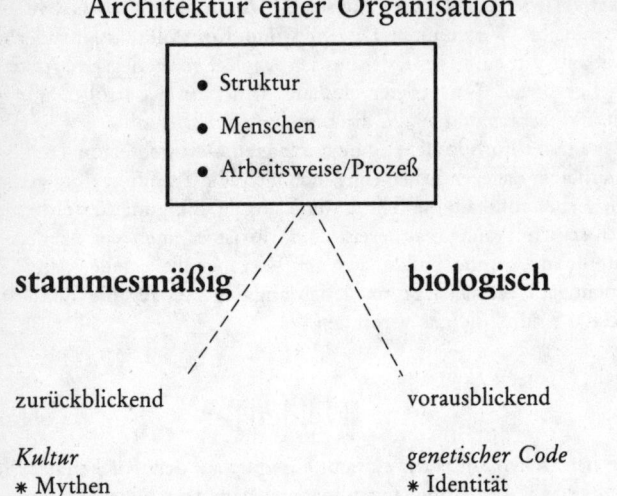

- Struktur
- Menschen
- Arbeitsweise/Prozeß

stammesmäßig

zurückblickend

Kultur
* Mythen
* Rituale
* Geschichten
* Traditionen

biologisch

vorausblickend

genetischer Code
* Identität
* Richtungsangaben
* Wertvorstellungen

Obwohl wir einige dieser Merkmale aufgaben, die typisch für die Tradition sind, stellten wir unter Beweis, daß wir unsere Grundlagen der Identität, der Richtungsangaben und Wertvorstellungen nicht verloren. Wenn man zurückblickt, liegt das Schwergewicht auf Stammesbeziehungen, blickt man nach vorne, liegt die Betonung auf dem Individuum, auf biologischen Zusammenhängen.

Die genetische Codierung hat bei Apple die zentrale Bedeutung der Kultur ersetzt.

Kapitel 11

»Der neue Geist«

Als ich 1983 nach Kalifornien kam, war das Silicon Valley das Land der Verheißung. Das Tal und millionenschwere Unternehmer ließen hoffen, daß Innovation und Kreativität noch immer im amerikanischen Wirtschaftsleben möglich waren. Je ärmer es im Stahlgürtel des Landes zuging, desto reicher wurde dieser Landesteil. Hier schossen Hunderte von neuen Unternehmen mit Zehntausenden von Beschäftigten aus dem Boden.

Ebenso ungebundene Geister, wie sie während des Goldrauschs und der Kinderjahre Hollywoods westwärts gezogen waren, machten sich in den späten siebziger Jahren auf der Suche nach ›High-Tech, High-Risk und High-Life‹ in dieses Tal in Kalifornien auf. Die Computer lockten dieselbe Art von Menschen nach Silicon Valley, die im 19. Jahrhundert westwärts zogen, um an den Flüssen der Sierra Nevada Goldnuggets herauszuwaschen – arbeitslose Träumer und Aussteiger aus der Mittelmäßigkeit. Zum erstenmal konnten sie sich für etwas engagieren, das ihnen nicht nur Geld, sondern auch Ruhm versprach.

Neureiche Unternehmer und Risikokapitalgeber fuhren in ihren Mercedes und BMWs auf den Autobahnen herum; sie flogen ihre eigenen Cessnas und Lear-Jets und ließen sich auf den Hügeln in Häusern nieder, die Millionen gekostet hatten. Der Risikokapitalanleger Don Valentine beschrieb das Tal sehr zutreffend »als ein Goldnest für Unternehmer, das so einen Menschenschlag wie Freibeuter-Kapitalisten und risikoliebende Abenteurer anzog – ein Gebiet, das wohl kaum groß genug ist, um all diese selbstsüchtigen Persönlichkeiten aufzunehmen«.

Die Firma Apple hatte in diesem Tal die krönende Erfolgsstory realisiert. Das war nun vorbei. Unser krisengebeuteltes Unternehmen symbolisierte die Untergangsstimmung, die ein einst optimistisches Land des Wohlstands durchdrang.

War denn Silicon Valley tatsächlich tot? Wenn das zuträfe, würde sein Tod sich auch hart auf andere Industriezweige auswirken. Das Valley schien die letzte große Hoffnung des Landes gewesen zu sein. Es war in einem zu Kopfe steigenden Wirbel von genialen Ingenieuren und unternehmerischer Risikobereitschaft gediehen, als die traditionellen Industriezweige des Landes sich als zunehmend verwundbar durch die ausländische Konkurrenz erwiesen. Wenn das Tal zum Untergang bestimmt war, dann auch das gesamte Land.

Nicht nur Apple und andere Personalcomputer-Unternehmen steckten in der Krise, sondern die gesamte Elektronikindustrie. Die harte Konkurrenz aus Japan zermalmte die Halbleiterhersteller des Tals. Entlassungen waren an der Tagesordnung. Ebenso die Bankrotts. Freie Gewerbeflächen, die in ihrer Ausdehnung einer Stadt wie Los Angeles entsprachen, überschwemmten den Immobilienmarkt des Tals, weil so viele Unternehmen entweder geschlossen wurden oder ihre Pläne aufgegeben hatten zu expandieren. Das Gebiet machte eine enorme Veränderung durch, und es war für alle schwierig, da mitzuhalten.

Ebenso wichtig wie die Repositionierung von Apple war die Repositionierung von John Sculley. Der Sommer 1985 stieß mich auf eine lange beschwerliche Reise durch das Dickicht der High-Technology- und Computerwelt, in das ich noch nie so weit vorgedrungen war. Als leitender Technologe des Unternehmens hatte Steve stets die Hauptkontakte zu den führenden Kräften der Industrie gepflegt. Erst nachdem er gegangen war, sah ich mich plötzlich vor diese neue Aufgabe gestellt.

Im Gegensatz zu einem Wozniak, Bill Gates oder Mitch Kapor war ich nicht in der Personalcomputer-Industrie groß geworden. Ich hatte auch nicht mein eigenes Unternehmen gegründet. Ich wurde von außen hereingeholt und mußte die Visionen und Überzeugungen anderer über die Zukunft der Industrie »adoptieren«. Jetzt war ich an einem Punkt angelangt, an dem ich eigene Überzeugungen artikulieren mußte, an dem ich mich zurückzubesinnen und tief in meinem Inneren zu wühlen hatte, um zu entdecken, woran John Sculley glaubte. Und das mußte ich zu einer Zeit tun, da die Zukunft der gesamten Industrie höchst zweifelhaft war.

In den letzten acht Monaten hatte ich viele der Industriepioniere kennengelernt, die mir dabei halfen, die neue Vision des Unternehmens zu definieren. Ich verschlang Bücher wie »The Universal Machine« von Pamela McCorduck, die mir bewiesen, daß Nichttechnologen wie ich ebenso leidenschaftlich visionär wie die Pioniere des Valleys sein konnten. Außerdem las ich »Literary Machines« und »The Mechanical Bride«, dessen Autoren davon träumten, welche Rolle die Computer in Zukunft einmal spielen werden.

Wenn ich bei Pepsi vor einer Krise gestanden hätte, wäre es mir absolut nicht in den Sinn gekommen, auf der Suche nach Lösungen ein Buch zu öffnen. Aber jetzt wollten die Apple-Leute wissen, ob es eine neue

Vision gebe. Ich mußte auf die Suche gehen, den Traum bis zu seiner Quelle zurückverfolgen. Jean-Louis liebte das »Computern«, aber hatte es nicht erfunden. Woz hatte zu seiner Erfindung beigetragen, aber niemals begriffen, wie sehr der Computer die Gesellschaft veränderte. Ich mußte deshalb die Ursprünge des Traums entdecken. Alan Kay sprach mit mir über das Leben, die Wissenschaften und alles andere – nur nicht über Computer. Mein Sohn Jack gab mir »The Mind's Eye« von Douglas Hofstadter, das meinen Horizont erweiterte. Ich suchte nach der Antwort auf die Frage, ob Personalcomputer wirklich die Welt verändern könnten oder ob sie nur eine dieser großartigen Ideen waren, denen keine lange Lebensdauer beschieden war.

»Sie werden die Antwort nur finden«, sagte Kay, »wenn Sie zu den Leuten gehen, die zu träumen anfingen. Den Traum gab es schon lange vor der Erfindung des Apple-Computers.«

Aber wir mußten auch immer noch das Vertrauen der vielen Ungläubigen gewinnen, die keineswegs von Apples Zukunft überzeugt waren.

Ich mußte mich durch die Konstellation von Unternehmen navigieren, die rings um Apple entstanden. Und das war neu für mich. Bei PepsiCo hielt Kendall es nicht für notwendig, sich durch ein externes Netz hindurchzuwühlen und nach Anhängern zu suchen, die im Interesse des Unternehmens lebenswichtig waren. Seine externen Einflußsphären waren größtenteils die Institutionen des »Big Business«: »Business Roundtable«, »Business Council« und »U. S. Chamber of Commerce«. Die Abteilungsdirektoren arbeiteten mit den selbständigen Abfüllern zusammen.

Meine neue Welt war eine ganze Galaxie, eine Welt aus vielen Kreisen. Apple, das ständig davon sprach, die Welt zu verändern, war dabei, von ihr verändert zu werden. Im ersten Kreis befanden sich die Leute, die bei den Ingenieuren des Valleys »the Suits« hießen.

Der Oktober 1985 war nicht gerade die beste Zeit für einen der mächtigsten »Suits«, das Tal zu besuchen. Aber John Akers, der frischernannte Chief Executive von IBM Corp., stattete dem Silicon Valley nach 25 Jahren wieder einmal einen Besuch ab. Er war als Marinekampfflieger vor 25 Jahren im Fliegerhorst Moffett Field bei San José stationiert gewesen. Ken Oshman, Mitgründer und Chairman von ROLM Corp., gab ein Dinner für den neuen IBM-Mann, um ihm die führenden Kräfte der Spitzenunternehmen des Valleys vorzustellen. IBM hatte kurz zuvor ROLM aufgekauft. Die Firma, die sich mit der Herstellung von Modemen (Peripheriegeräte, über die man den Computer direkt mit der Telefonleitung koppeln kann) befaßte, hatte ihren Namen aus den Anfangsbuchstaben der Nachnamen der vier Absolventen der Stanford und Rice University, die das Unternehmen gründeten, Gene Richeson, Ken Oshman, Walter Lowenstern und Bob Maxfield, gebildet.

Wir versammelten uns in Kens wunderschönem Haus in Atherton, in dessen Garten und Atrium moderne Skulpturen standen. Wir ließen uns an einer langen Tafel in seinem großen Eßzimmer nieder. Zu der Gruppe gehörten einige der wirklichen Stars des Silicon Valley: Robert Noyce, Vize-Chairman von Intel und einer der brillanten Erfinder des integrierten Chips; Jerry Sanders, der Gründer von Advanced Micro Devices, dem größten Halbleiterhersteller des Landes, der von Noyces Erfindung profitierte.

Akers erschien in einem dunklen dreiteiligen Anzug und weißem Hemd, was viele ironisch als IBMs »Standarduniform« bezeichneten. Die Firma ROLM, die für ihre lässige Kultur bekannt war, schien eine Antithese zu IBM zu sein. Sie erlaubte ihren Angestellten, ihre Arbeitszeit selbst zu bestimmen, nach sechsjähriger Firmenzugehörigkeit erhielten sie einen regelmäßig wiederkehrenden, zusätzlichen, bezahlten Studienurlaub von drei Monaten, und ROLM rühmte sich eines sündhaft teuren Freizeitzentrums mit einem Whirlpool, einem Dampfbad, einer Sauna und zwei beheizten Schwimmbecken. Als IBM ROLM zu seiner Tochtergesellschaft machte, hatte Akers zu den Angestellten spaßeshalber gesagt, daß er »den Swimmingpool nicht mit Zement auffüllen lassen werde«. Trotz der außergewöhnlichen Kultur, die bei ROLM herrschte, hatte ich Ken niemals ohne ein zugeknöpftes Jackett und einen perfekten Knoten in der Krawatte gesehen. Er sah wie ein IBM-Verkäufer aus. Das amerikanische Unternehmens-Establishment traf sich mit Silicon Valley – und ich war der Bastard.

Ken legte die Tagesordnung für das Gespräch des Abends fest. »Laßt uns ein großes Thema anpacken, an dem wir alle teilhaben können«, sagte er. »Was halten wir hier von der Zukunft des Silicon Valley?«

Sie war nach allgemeiner Einschätzung freudlos. Noyce war der Auffassung, daß Washington auf den Plan treten müsse, um die Halbleiterhersteller vor der harten japanischen Konkurrenz zu schützen. Aber niemand äußerte sich so deprimiert wie Sanders, der einst Zuversicht und herausfordernde Kühnheit ausgestrahlt hatte.

In Silicon Valley, wo die Leute im allgemeinen eher wie Professoren, Geschäftsleute oder gealterte Hippies aussehen, glich Jerry Sanders keinem von diesen Menschen. Mit seinen Goldkettchen und dem weißen Haarschopf sah er eher wie ein Filmstar aus. Er maß seinen Erfolg am Umfang des Vergnügens, das er sich kaufen konnte: einen weißen Rolls-Royce, ein Bentley-Cabrio, drei großzügige Häuser in

San Francisco, Bel Air und Malibu und unverschämt teure Weihnachtsfeiern für seine Angestellten im »Civic Auditorium« von San Francisco. Nun war er alles andere als optimistisch.

»Ich weiß nicht, warum wir uns selbst beschummeln«, stellte er fest. »Das ist keine Rezession, es ist eine Depression, und ich sehe keine Möglichkeit, da herauszukommen. Wir stehen hier vor einer Katastrophe. Die Japse machen unsere Industrie kaputt. Sie verkaufen ihre Halbleitererzeugnisse zu Dumpingpreisen, und wir können ohne Unterstützung kein Geld verdienen. Wir brauchen die Hilfe Washingtons, wir brauchen eine IBM, die eine feste Haltung einnimmt, oder es wird keine Halbleiterindustrie mehr in diesem Land geben.«

Seine Sätze, zusammen mit den allgemein bekannten Verhältnissen im Tal, ließen an diesem Abend eine recht unfrohe Stimmung aufkommen. Akers bekam auch allmählich die Auswirkungen des Preisverfalls bei den Personalcomputern bei IBM zu spüren. IBM sah sich vor die Tatsache gestellt, Marktanteile an asiatische Hersteller von IBM-Nachbauten zu verlieren. DEC, die von der Inkompatibilität der IBM-Computer profitiert hatte, rannte IBM jetzt die Türen ein. Die Profite des Unternehmens sanken seit Jahren zum ersten Mal. Aber er war doch überrascht, wie schlecht Sanders die Aussichten beurteilte. Seine eigenen Bemerkungen klangen auch nicht froh, aber kaum verzweifelt.

»Ich bin vorsichtig optimistisch, aber ich sehe keinen schnellen Aufschwung«, meinte Akers bedächtig. »Ich glaube, daß wir ein paar wirklich harte Quartale vor uns haben. Die Durststrecke wird mindestens noch ein Jahr dauern.«

Trotz all der negativen Publizität, die wir bekamen, setzte ich eine optimistischere Sichtweise dagegen. Zumindest vom Standpunkt der Personalcomputer-Industrie.

»Sehen Sie«, sagte ich, »Jerry spricht für die Halbleiterindustrie, die wirklich angeschlagen ist. Aber bei den Personalcomputern sehen wir allmählich Bewegung in unsere Umsätze kommen. Und für die späten achtziger Jahre sehen wir bessere Ergebnisse. Solange wir mit firmeneigenen Technologien weitermachen, die von den Japanern und anderen asiatischen Ländern nicht so leicht nachgebaut werden können, gibt es für unsere Industrie eine gute Zukunft. Aber wir müssen einige radikale Veränderungen durchführen und die Technologie vorantreiben. Wir dürfen uns nicht ausruhen.«

Mir war langsam klar, daß das Tal zwar nicht untergehen würde, aber eine dramatische Veränderung durchmachte. In zahlreichen Firmen übergaben die Pioniere die Leitung an die zweite Generation von Managern, die eine ganz andere Zukunft aufbauen mußten. Obgleich damit nicht soviel Renommee verbunden war, wurde doch immer noch der ganze Unternehmer gefordert.

Ich hatte Gründe für meinen Optimismus. Langsam arbeiteten wir als ein Team und lösten unsere Probleme gemeinsam. Als wir einen Hoffnungsschimmer erblickten, fingen wir an, uns zu vertrauen und uns zu respektieren, und wir hatten das Unternehmen wieder im Griff. Analytiker der Wall Street sagten voraus, daß Apple im vierten Quartal Ende September Verluste melden oder gerade eben die Gewinnschwelle erreichen würde. Wir überraschten sie mit einem Nettogewinn von 22,4 Millionen Dollar. Unterstützt von Preissenkungen für alle unsere Schlüsselprodukte, bestellten die Händler für die wichtige Weihnachtssaison mehr als erwartet. Tatsächlich beklagten sich bereits einige Händler, daß die Nachfrage das Angebot übersteige. Auch bei den international erzielten Umsätzen sahen wir Fortschritte, da Mike Spindler in Europa einige erfolgreiche Geschichten aufbaute.

Das war eins der ersten Stadien der Wende. Aber wir hatten immer noch einen langen Weg vor uns. Wir mußten die Moral wiedergewinnen, die Apple in den harten Sommermonaten verloren hatte. Wir mußten das Netz der Drittfirmen wieder aufbauen, das so entscheidend für Apples Erfolg war. Und wir mußten demonstrieren, daß zwar Apples Substanz noch immer intakt war, wir uns aber von einem Heimcomputerunternehmen zu einem Bürocomputerunternehmen umorientierten.

Um das zu erreichen, konnten wir uns nicht nur an die »ersten Adoptiveltern« wenden, jene Enthusiasten, die bereit waren, bezüglich einer neuen Technologie ein Risiko einzugehen. Wir mußten auch die »Zauderer« umwerben, Geschäftsleute, die auf der Suche nach Lösungen sind und von der Technologie an sich nicht so »angemacht« werden. Apple, das Konsumgüter-Unternehmen, mußte Apple, das Unternehmen für hochleistungsfähige Problemlösungen werden.

Eine wesentliche Änderung der Philosophie Apples stellte meine öffentliche Ankündigung dar, daß wir dazu übergehen würden, Geräte einzuführen, die es Apple-Benutzern erlaubten, sich den Kommunikationsnetzen von IBM und Digital Equipment Corp. (DEC) anzuschließen. Unsere Anstrengungen in der Vergangenheit, unseren eigenen Standard für Bürocomputer zu etablieren, hatten uns von der Fülle an Textverarbeitung, die in Büros anfällt, isoliert. Wenn wir in diesem Geschäft erfolgreich sein wollten, mußten wir in den Büros mit IBM-kompatiblen Geräten koexistieren. Das waren aufmunternde Sätze für diejenigen Unternehmen, die in Erwägung zogen, sich einen Macintosh für Büroarbeiten zuzulegen. Aber innerhalb Apples richteten sie fast eine Verwüstung an.

In ganz Cupertino schienen die Kreuzzüge wieder auszubrechen. Obwohl sie den Ruin Apples vor Augen hatten, weigerten sich die Leute weiterzudenken und fragten sich: »Wie kommt ein Prickelwasser-Manager darauf, uns in eine Richtung zu drängen, der wir nicht trauen?« Wie konnte ich von Verbindungsgliedern und Koexistenz mit dem Büromarkt IBMs reden, ihrem ewigen Feind, dem Symbol des Bösen? Zu einer Zeit, da die Moral schlecht war, löste die Repositionierung noch größere Ängste aus. Wir mußten Produkte herstellen, die mit anderen Computern verbunden werden konnten – »Systemprodukte« –, was wir zuvor nie gemacht hatten.

Die Leute rebellierten; einige weigerten sich strikt, an Produkten zu arbeiten, die es uns erlaubten, mit IBM zu koexistieren. Sie sahen in der neuen Richtung ein Anzeichen dafür, daß Apple im Begriff sei, seine einzigartige Technologie – und Philosophie – aufzugeben, die das Unternehmen zu einem innovativen Außenseiter gemacht hatte. IBM hatte immer nur die Macht von Institutionen verstärkt, Apple dagegen hatte dem Individuum ein Werkzeug für verbesserte Produktivität geliefert: Es schien einer Bankrotterklärung gleichzukommen, auf einmal für Großunternehmen arbeiten zu wollen. Das war natürlich nicht richtig. Wir versuchten nur, uns verschiedenen Märkten zu nähern, um unsere Technologie zu schützen. Ohne höhere Bruttoverdienstspannen war es unmöglich, erfolgreich voranzukommen. Viele unserer größten potentiellen Firmenkunden hatten bereits Tausende von Millionen Dollar in IBM-Computer gesteckt. Wir mußten ihnen Möglichkeiten anbieten, den Mac an sie anschließen zu können. Es gab keinen anderen Weg, auf dem Sektor der Bürocomputer erfolgreich zu sein.

Die Zeit war reif. Viele Unternehmen hatten mittlerweile genügend Computer aufgestellt, um feststellen zu können, daß ihnen nicht aus der Software oder Hardware die tatsächlichen Kosten entstanden, sondern aus den Schulungsprogrammen für ihre Angestellten. Die Macs waren bei weitem anwenderfreundlicher als die Personalcomputer von IBM, und unsere Untersuchungen ergaben, daß sie deshalb auch weit häufiger eingeschaltet wurden. Der durchschnittliche IBM-PC wird in einem Büro nur 30 Minuten am Tag benutzt, während ein Mac täglich mehr als zwei Stunden im Einsatz ist. Der durchschnittliche IBM-PC benutzt 2,2 Anwenderprogramme, der durchschnittliche Mac sechs.

Ohne die Unterstützung der Apple-Leute konnten wir aber nichts erreichen. Das Unternehmen in eine andere Richtung zu kippen, bedeutete auch, daß sich unsere Geschäftsmethoden drastisch ändern mußten. Das Marketing- und Verkaufspersonal mußte darauf trainiert werden, Lösungen zu verkaufen. Wir mußten unsere Leute in der Forschung und

Entwicklung dazu bringen, an Produkten zu arbeiten, die uns eine Koexistenz mit IBM gestatteten.

*

Jetzt waren wir darauf vorbereitet, unseren nächsten öffentlichen Kreis anzusprechen – die Verkäufer. Wir drückten noch immer die Kosten und achteten auf jeden Pfennig des Budgets, als Bill Campbell und Mike Spindler darauf drängten, unsere übliche weltweite Händlertagung Ende Oktober abzuhalten. Ich zögerte.

»Wie können wir das rechtfertigen?« fragte ich. »Wir sind noch nicht aus dem Dschungel heraus.«

»Wir müssen es tun«, beharrte Bill. »Es wird den Kampfgeist beleben und ein wichtiges Ereignis für uns sein.«

Ich gab nach, war aber offen gesagt nicht sicher, ob es gut ankäme, wenn wir, nachdem wir gerade vier Monate zuvor 20 Prozent unserer Belegschaft entlassen hatten, eine solche Tagung durchführen würden. Ich hatte unrecht. Es stellte sich als die einzig richtige Entscheidung heraus. Bill hatte eine phänomenale Arbeit geleistet und seine Truppen um sich geschart. Die Veranstaltung löste enorme Begeisterung aus.

Wir konnten mit Zuversicht über den bei Apple erzielten Fortschritt berichten, und wir konnten den Händlern eine entscheidende Überarbeitung des Mac präsentieren, der es uns nach unserer Auffassung ermöglichte, auf den Büromarkt vorzudringen. Wir entfernten uns von der Überbetonung technologischer Merkmale und verkauften Lösungen, in erster Linie ein Konzept unseres Marketings, das »Desktop Publishing«, »Schreibtisch-Verlag«, genannt wurde. Diesen Begriff hatte Paul Brainerd geprägt, der Gründer der Aldus Corp., die mit der »Pagemaker«-Software herauskamen, mit der wir den Macintosh und den LaserWriter zu einem »Schreibtisch-Verlagssystem« zusammenpacken konnten. Mit Pagemaker war es nun möglich, Zeitungsseiten, Rundschreiben und selbst Bücher in den Computer einzugeben und zu gestalten und das Ganze dann in Setzmaschinenqualität mit Hilfe eines Laserdruckers auszudrucken. Die vorzügliche graphische Leistungsfähigkeit des Macs in Kombination mit dem LaserWriter Apples verschafften uns einen bahnbrechenden Vorteil.

Instinktiv war ich überzeugt, daß »Desktop Publishing« in den Firmen gut ankommen würde. Unternehmen, die ihre Druckvorlagen laufend an externe Drucker schicken mußten, konnten dies alles unter einem Dach viel billiger als früher erledigen. Es barg in sich das Potential, das Druckereiwesen zu revolutionieren, weil es nicht mehr nötig war, Dokumente zu setzen, sie auf Kartons zu kleben und dann zu drucken. Es brachte die zentralisierte elektronische Verlagsarbeit auf den Schreibtisch — so wie Apple auch den Rechner auf den Schreibtisch gebracht hatte.

»Desktop Publishing« repräsentierte eine der sehr erfolgreichen Methoden, den Markt zu segmentieren. Das heißt, daß man nicht eine kleine Position auf einem großen Markt erringt und sich nur an simple Zahlen klammert, sondern ein spezifisches Segment dominiert. Unsere Verkäufer waren begeistert von dieser Vorstellung.

Das traditionelle Rock-Konzert mit Tanz zum Schluß der Tagung fiel mit mit dem »Halloween«-Fest, dem Abend vor Allerheiligen, zusammen, und alle Beteiligten kostümierten sich. Ich kreuzte als der »Geist Apples« in langen Wollunterhosen, einem silbern geschminkten Gesicht und vielfarbigen Sternen als Augen auf. Ich sah absolut nicht wie ein traditioneller Präsident aus. Das war der erste Hinweis dafür, daß der Geist Apples noch nicht tot war.

Meine eigene Veränderung ging nicht ohne Schwierigkeiten über die Bühne. Nur wenige Monate zuvor hatte ich bei einer Konferenz über Verkaufsstrategien in San Diego zu hundert Managern, die Bill unterstanden, gesprochen. Ich war am späten Nachmittag hingeflogen; nach einem Cocktail-Empfang machte ich dieser Gruppe klar, in was für harten Zeiten wir uns befänden.

»Bevor wir eine Chance haben, neue Produkte herauszubringen, müssen wir die Produkte verkaufen, die bereits die Firma verlassen haben. Sonst wird auch niemand die neuen Produkte kaufen«, sagte ich ihnen. An diesem Punkt hätte ich aufhören müssen. »Und das kann nur von Ihnen geleistet werden, und Sie müssen es tun. Wir müssen der Tatsache ins Auge blicken, daß wir nicht die beste Verkaufsorganisation haben. Die Händler haben mehr Respekt vor den Verkaufsleuten von IBM und Compaq als vor den Apple-Leuten.«

Ich fuhr fort und klang kritischer als in all den Monaten zuvor, denn ich war frustriert und ungeduldig, daß wir nicht noch mehr Erfolge vorzuweisen hatten.

»Das kann ich nicht akzeptieren. Wir müssen unseren Leistungsstandard steigern, und ich steigere meine Erwartungen an jeden von Ihnen. Ich bin stolz auf das, was Sie in den letzten Monaten für den Macintosh geleistet haben, aber jetzt ist nicht die Zeit, die Hände in den Schoß zu legen. Wir können keine Atempause einlegen. Wir werden uns nicht erholen, wenn wir nicht eine Menge Dinge besser machen.«

Bill konnte es nicht fassen. Wir verbrachten die ganze Nacht damit, uns zu unterhalten. Er hatte von mir erwartet, daß ich hereinkommen und seiner Verkaufsorganisation dafür danken würde, uns über die

Sommermonate hinweggeholfen zu haben. Ich hatte sie nicht ausdrücklich gewarnt, daß wir sie ersetzen würden, wenn sich die Dinge nicht besser entwickelten, aber meine Ausführungen hatten diesen Eindruck hinterlassen, weil sie in einem Moment ausgesprochen wurden, als das Unternehmen sehr anfällig war. Bill drohte mit seiner Kündigung.

Ich war in meine PepsiCo-Gewohnheiten zurückgefallen, als gerade dies nicht passieren durfte. Ich war ihnen gegenüber zu hart aufgetreten. Als wir gegen Coca-Cola kämpften, nahmen wir kein Blatt vor den Mund. Bei Pepsi zählte Härte; die Leute von Pepsi rechneten mit solchen Bemerkungen. Keiner entschuldigte sich für kritische Bemerkungen. Wenn man ein Problem hatte, schaltete man es aus. Wenn man es nicht konnte, wurde man gefeuert. Aber es war ein entsetzlicher Fehler, mit Apple-Leuten so umzuspringen. Es schuf enorme Ängste zu einer Zeit, da das Unternehmen sich kaum zusammenhalten ließ.

Es gibt Zeiten, in denen man großen Druck ausüben kann und die Leute zwar zornig auf einen werden, aber über sich selbst hinauswachsen; und es gibt andere Zeiten, in denen man großen Schaden anrichtet, wenn man zuviel Druck ausübt. Das sind dann die Zeiten, in denen man von den Managern Inspiration und Ermutigung erwartet. Vor allem bestärkte diese Erfahrung meine Überzeugung, daß die Manager von morgen sich sehr von den Managern der Vergangenheit unterscheiden müssen.

Das Image vom Topmanager als einem harten, reservierten, fast machohaften Held ist heutzutage ein Anachronismus. Die Manager des »New Age« werden nicht mit Härte, sondern mit überzeugenden Ideen führen müssen. Meine natürliche Neigung bestand darin, autoritär, kühl und distanziert zu sein. Ich wurde zu sehr davon in Anspruch genommen, ein Problem zu lösen, statt die Zukunft aufzubauen.

Doch der Manager des »New Age« muß auch seine Fehlbarkeit zeigen. Fehler zu machen ist ein wahrhaft wichtiger Bestandteil des Erfolgs. In einem herkömmlichen Unternehmen wird ein Fehler zu oft als ein Zeichen von Schwäche betrachtet. Fehler zu machen ist bei Apple der einzige Weg zu lernen. Wenn man es nicht schafft, die Vorstellung, daß man Fehler machen kann, auch in der Spitze des Unternehmens zu verankern, besteht die Gefahr, sich selbst von den Leuten zu isolieren.

*

Wenn ich noch eine weitere Lektion in puncto Sensibilität gebraucht hätte, so sollte ich sehr bald einen wichtigen Wink erhalten, als Woz zurückkam. Zusammen mit dem Apple-Fellow Alan Kay spielte er die

Rolle unseres »Goodwill«-Botschafters, er bereiste die Welt, um vor unseren Benutzergruppen zu sprechen und sich damit die Unterstützung unserer Stammtruppe begeisterter Anhänger zu sichern. In einem Zeitraum von sechs Monaten hatten Woz und Kay vor mehr als 80 Fanclubs gesprochen. Das war ein unübliches, aber lebenswichtiges Element unseres Erfolges, denn Apple besaß im Gegensatz zu IBM eine fast fanatische Anhängerschaft, die sich mit uns als einem Unternehmen der Gegenkultur identifizieren konnte. Einige Benutzer empfanden richtig liebevolle Gefühle für ihren Computer, und es war wichtig, ihren Enthusiasmus nicht zu verlieren.

Woz' Rückkehr war von großer Tragweite. Während der härtesten Zeit im Juli 1985 hatte ich während eines Apple-Picknicks in San José wieder Verbindung zu ihm aufgenommen. Ich hatte Woz seit dem vorangegangenen Winter nicht mehr gesehen, als er voller Abscheu über die sich verschärfenden Spannungen zwischen der Apple-II-Gruppe und der Macintosh-Gruppe aus der Firma gestürmt war. Unser letztes Gespräch war ein wütender Anruf gewesen; er hatte mich beschuldigt, auf der Jahreshauptversammlung unserer Aktionäre den Macintosh zuungunsten des Apple öffentlich in den Vordergrund gerückt zu haben.

»Als drittgrößter Aktionär möchte ich dir mitteilen, daß ich total sauer bin, und das trifft auch auf eine Menge anderer Leute in der Apple-II-Gruppe zu«, sagte er mir. »Diese Leute arbeiten an dem Apple II, und alles, was sie hören, ist Mac, Mac, Mac. Es schmerzt mich zu erleben, wie die Leute so demoralisiert werden. Als ich an diesem Morgen zur Arbeit kam, wollten die Ingenieure, die Manager und die Sekretäre ganz einfach kündigen, sie waren so empört darüber. Die Aktionäre mußten den Eindruck gewinnen, daß die Gesamteinnahmen des Unternehmens vom Macintosh stammen.«

»Steve«, versuchte ich, ihn zu beruhigen, »wir haben den Apple II und den Bildungssektor wirklich erwähnt.«

»Ja«, konterte er, »ich hörte das Wort zweimal während der ganzen Chose, einmal in einer Frage aus dem Publikum und ein weiteres Mal in einem Filmclip zu Beginn. Damit wurde ein falscher Eindruck erweckt.«

Woz ging, und seitdem hatte er CL-9 (Cloud 9) gegründet, um ein programmierbares Video-Fernbedienungsgerät zu vermarkten, das er entwickelt hatte, und mehr Zeit mit seiner Frau und seinen Kindern Jessie und Sarah zu verbringen.

Im Gegensatz zur allgemeinen Überzeugung hatte Steve Wozniak allerdings niemals offiziell Apple verlassen. Er bezog immer noch ein Scheingehalt, damit er sein zehnjähriges »Dienstjubiläum« feiern konnte. Das war typisch Woz. Niemals an Prestige oder Titeln interessiert, war er einfach an die Kultur Apples gebunden. Er wollte unbedingt Lehrer werden, aber dieses Ziel konnte er erst erreichen, wenn er seinen College-Abschluß in der Tasche hatte. Deshalb ging er wieder nach Berkeley, um sein Elektroingenieurstudium zu beenden. Da er incognito bleiben wollte, immatrikulierte er sich, ganz der praktische Spaßvogel, als Rocky Raccoon Clark. Clark war der Mädchenname seiner Frau, und »Rocky Raccoon« hieß sein Hund.

Als er im Juni 1986 seinen akademischen Grad erlangt hatte, hielt er vor Hunderten von Leuten die Abschiedsrede in »Berkeleys« Amphitheater. Der Dekan der Fakultät für das Ingenieurwesen stellte ihn mit folgenden Worten vor: »Wir haben heute eine Premiere, denn gewöhnlich wählen wir die Person zum Redner, die aller Wahrscheinlichkeit nach Erfolg im Leben haben wird. Dieses Jahr haben wir es umgekehrt gemacht. Unser Redner ist jemand, der bereits erfolgreich ist und sich ein Vermögen erworben hat.« Woz schlenderte zum Podium und sprach über sein Theorem des Lebens! Er übertrug es in eine Formel: $G = F^3$.

»Glück ist das Wichtigste im Leben«, sagte er. »Man kauft keinen Computer, wenn man nicht überzeugt ist, daß er eine Straße zu größerem Glück bedeutet. Alles was man im Leben tut, ist auf das Glück ausgerichtet. Das ist die einzige Methode, wie man das Leben bemessen kann, nämlich an der Zahl, wie oft man täglich lächelt. Glück ist ›Futter, Freude und Freunde‹.«

Für ihn gab es nichts Wichtigeres. Woz war nicht nur ein Computerpionier, sondern auch ein bewunderter Volksheld, und Apple brauchte ihn in einer so heiklen Lage dringend. Die Apple-Leute liebten ihn.

Während des Apple-Picknicks ging ich deshalb auf ihn zu. Ich wußte nicht, ob er mir noch böse war, daß ich im vergangenen Januar den Macintosh in den Vordergrund gestellt hatte, als seine Apple-II-Gruppe das Unternehmen über Wasser hielt. Er war es nicht. Wir saßen stundenlang mit anderen Ingenieuren zusammen und sprachen über das Hacken und technische Tricks, die er mit dem Apple-II-Mikroprozessor anstellte. Woz wurde ganz lebhaft, als es um ›software interrupts‹* und ›instruction sets‹** ging.

Einen Augenblick lang, als die anderen gingen, um sich Hot Dogs und literweise Sodawasser zu holen, waren Woz und ich allein. Ich entschloß mich, unsere Ungestörtheit auszunutzen.

»Woz, wie fühlst du dich jetzt, wenn du an Apple denkst?« fragte ich.

»Im Moment ziemlich gut«, sagte er. »Ich habe das Gefühl, daß wir

---

* software interrupts: u. a. erfolgen Betriebssystemaufrufe in der Regel über »s. i.«
** instruction set: Instruktionssatz = Befehlsvorrat eines Mikroprozessors (A. d. Ü.)

wirklich wieder Fuß fassen. Die Ingenieure machen irre interessante Dinge auf dem Apple II. Ich rede jetzt regelmäßig mit ihnen, und es macht mir Spaß, wieder bei Apple herumzuhängen.«

»Steve«, sagte ich, »ich weiß, daß du nun dein eigenes Unternehmen hast und daß du an deinen eigenen Produkten arbeitest, aber selbstverständlich würden wir dich gern noch viel häufiger bei Apple sehen. Viele Leute haben sehr viel Achtung vor dir und betrachten dich als die Seele des Unternehmens. Denkst du darüber mal nach, ob du zurückkommst?«

»Na klar, das ist ja großartig. Guck mal, ich liebe Apple immer noch. Ich interessiere mich für das, was Apple tut, und ich möchte, daß das Unternehmen Erfolg hat. Mein Problem war, daß ich annahm, daß ihr, du und Steve, aus den Augen verloren hättet, wie wichtig der Apple II ist.«

Woz' Rückkehr wurde mit donnerndem Applaus und stehenden Ovationen gefeiert, vor allem, als er mitteilte, er habe kurz zuvor Apple-Aktien im Wert von sieben Millionen Dollar erworben. Das war ein wichtiges Vertrauensvotum.

»Es ist keine Geldanlage«, erzählte er den Reportern. »Es mußte einfach sein. Ich bin ganz wild auf Apple. Die Moral ist wieder da, und die Produkte des Unternehmens marschieren in die richtige Richtung.«

*

In der Zwischenzeit stellten wir uns auf einen leistungsfähigeren Macintosh um. Während Woz und Kay die Basis beackerten, arbeiteten Jean-Louis und Debi schwer, um ein überarbeitetes Modell des Macintosh bis zum Januar herausbringen zu können und größere Verbesserungen auf längere Zeit in Angriff zu nehmen. Es war schwierig, weil viele Ingenieure aus der Firma ausgeschieden waren. Einige waren einfach ausgebrannt – erschöpft von der Hektik, mit der der Original-Macintosh auf den Markt gebracht worden war. Eine Reihe von Leuten hatte mit Steve gekündigt. Wayne Rosing, früher Generalmanager für den Lisa und einer der intelligentesten Ingenieure Apples, ging mit vielen seiner Angestellten zu Sun Microsystems.

Eine Menge Arbeit, die von Waynes Team begonnen worden war, steckte in dem offenen Macintosh II – ein erweiterungsfähiger Computer mit ungeheurer Speicherkapazität und eingebauter Festplatte –, der aber erst 1987 auf den Markt gebracht werden konnte. Ich hatte Waynes Projekt Ende 1984 unterstützt, weil ich der Meinung war, daß wir noch andere Versionen des Macintosh entwickeln müßten, die Steve damals aber nicht zu bauen bereit war.

Bei Apple wurde heftig darüber debattiert, ob zukünftige Versionen des

Macintosh »offen« wie der Apple II sein sollten. Als sogenanntes offenes Gerät könnte der Macintosh zusätzlich Bausteine aufnehmen; es wäre dann möglich, ihn einer Reihe von Anwendungen anzupassen. Steve hatte eine geschlossene Konfiguration vorgezogen, die weniger flexibel, aber zuverlässiger und billiger herzustellen ist. Das war Henry Fords Theorie für den Automobilmarkt aus dem Jahre 1908, übertragen auf die Computer der achtziger Jahre! Ein offenes System erlaubt es den Benutzern, ihre Computer den spezifischen Bedürfnissen entsprechend durch Zusatzprodukte »maßanfertigen« zu lassen.

Wir konnten uns keinen 100-Millionen-Dollar-Werbeetat mehr leisten, aber indem wir unsere gesamten Zielgruppen zusammenlegten, nämlich gerade die Leute, hinter denen unsere Konkurrenten herjagten – Grund- und Oberschullehrer, Universitätsleute, Enthusiasten, selbständige Firmen, die Software und Peripheriegeräte herstellen, und Händler –, konnten wir die »kritische Masse« für uns gewinnen. Ich war sicher, daß die Begeisterung des Kerns unserer Kundschaft auch auf andere Leute übergreifen würde. Wir hatten treue Anhänger, die den Erfolg für Apple wirklich wollten. Aber es war ein einsamer harter Winter, weil ihre Unterstützung öffentlich nicht so sichtbar wurde. Deshalb schlug ich »AppleWorld« vor, eine Sonderveranstaltung durchzuführen, auf der wir den neuen MacPlus vorstellen sollten. »AppleWorld« sollte unsere Anhänger in ihrem Vertrauen bestärken, daß sie mit ihrer Unterstützung für Apple nicht allein dastanden. Wir wollten ihnen das Gefühl geben, daß Apple eine Vision und Leidenschaft für die Romantik des Umgangs mit Personalcomputern besaß; wir wollten sie informieren und über den MacPlus und das »Desktop Publishing« reden lassen; und wir wollten ganz einfach »danke« für ihre Bemühungen sagen.

Ich überstimmte schließlich jeden, der dagegen war. Ironischerweise war die einzige Anlage, die wir für die Veranstaltung finden konnten, ein Mikrocomputercenter, dessen Bau wegen des Konjunkturrückgangs in der Computerindustrie gestoppt worden war. Um das Interesse zu verstärken und mehr Glaubwürdigkeit aufzubauen, rekrutierten wir Industriegurus wie John Naisbitt, Alvin Toffler, Sherry Turkle, den Autor von »The Second Self«, und den einzelgängerischen Volkswirtschaftler Lester Thurow, die Vorträge halten sollten. Wir finanzierten eine Reihe von Seminaren, die sich mit der Benutzung von Apple-Computern im Unterricht, im Geschäftsleben und im Haushalt befaßten. An einem einzigen Tag hielt ich elf verschiedene Vorträge, um uns Unterstützung zu sichern.

Bei der Umstellung von Apple zu einem auf den Büromarkt ausgerichteten Unternehmen wurde ich zum Symbol, denn ich war »der typische Vertreter des Unternehmens-Establishments«. Ich machte mir dieses Etikett zunutze; es war eine Möglichkeit, die negativ eingestellte Presse zu beeinflussen. Die Medien verkündeten ständig, daß der Spaß bei Apple vorbei sei, daß die Firma langweilig und zu professionell geworden sei. Ich fragte mich, wie man den Spieß umdrehen und dem Ganzen einen positiven Anstrich geben könne. Es ist, als ob man ein Boot zu wenden versucht – es ist viel einfacher, aus dem Wind zu drehen als in ihn hinein.

Die Veranstaltung »AppleWorld« selbst war ein »Spektakel der Apple-II- und Mac-Fans, vereint in einer Art religiöser Ekstase – ein nützlicher Wink, daß manche Leute gar nicht daran denken, sich einen IBM-Computer anzuschaffen«. So schrieb Jeffrey Tarter in »Softletter«. Als das Produkt schließlich vorgeführt wurde, war jedoch die einhellige Meinung: »zu klein, zu spät«. »So etwas hätten sie von Anfang an machen sollen«, sagten die Kritiker unisono. Eine entmutigende Reaktion, aber wir wußten dennoch, daß der neue Macintosh einschlagen würde. Wenigstens einmal hatte Apple auf seine Kunden gehört und viele Beschwerden berücksichtigt.

Im Januar gab es endlich einmal wieder Gutes zu berichten: Unser erstes Quartal, das den Weihnachtsumsatz einschloß, erwies sich als ungeheuer großer Erfolg. Selbst die größten Optimisten hatten gemeint, wir müßten Wunder vollbringen können, wenn wir in diesem Quartal Erträge von 50 Cents pro Aktie ausweisen wollten. Statt dessen konnten wir einen Rekordbetrag von 91 Cent pro Aktie verbuchen, und die Leute waren platt. Atari und Commodore, unsere hartgesottenen Billig-Konkurrenten, konnten uns nicht schaden. Ihren neuen Computern fehlte die Software und der Vertrieb, um zu einer echten Bedrohung zu werden. Wenige Tage später kamen wir zu einem außergerichtlichen Vergleich mit Steve, um die Vergangenheit endgültig zu begraben.

*

Der wichtigste und komplizierteste Kreis war die Infrastruktur der Personalcomputer-Industrie – drei Schichten tief. Die dickste Schicht besteht aus dem verschlungenen Netz der Einflußreichen: 2000 zumeist kleine, unkonventionelle Firmen, die von selbständigen Unternehmern, Firmen-Aussteigern und Computernarren gegründet worden waren. Apple stellt eine Technologieplattform zur Verfügung, die für Hunderte von anderen Firmen als Basis für Innovationen dient. Firmen wie AST Research, General Computers, THINK und Borland sind die echten Vorkämpfer des Geschäfts.

Für jeden Dollar Umsatz, den Apple macht, verkaufen sie Hardware- und Software-Produkte im Wert von drei Dollar. Und wer weiß, wie viele Computer wir mit Hilfe ihrer populären neuen Produkte verkaufen können? »Desktop Publishing« war beispielsweise nur möglich, weil Drittfirmen wie Aldus Corp. und Radius Inc. die Software und die Ganzseiten-Monitore lieferten.

Innerhalb dieses Netzes befand sich die zweite Schicht – Wiederverkäufer, also Firmen, die Computer und Software zu Systemen für die spezifischen Anwendungsbereiche von Ingenieuren, Ärzten, Rechtsanwälten und kleineren Geschäftsleuten zusammenstellen. Einige unserer Händler verkauften den Computer einfach als Kasten, andere, raffiniertere Einzelhändler verkauften ihren Kunden »Lösungen«. Jeder hatte andere Interessen, Überlegungen und Probleme.

Über allem lauerte eine Unmenge von Industrieberatern, akademischen Technologen, die Wirtschafts- und allgemeine Presse. Das sind die »Apple-Beobachter«, aber sie tun noch mehr: sie sitzen zu Gericht. Wir sind ihr »Premieren-Material«. Während meiner drei Jahre bei Apple hatte ich mit vielen von ihnen Kontakt. Als Leiter Apples mußte ich sie jedoch noch besser kennenlernen – und ihr Vertrauen gewinnen.

Viele in diesem Netzwerk waren mißtrauisch und stellten unsere Ernsthaftigkeit bezüglich einer neuen Partnerschaft in Frage. Wir standen in dem Ruf, eine Firma zu sein, mit der man nicht leicht zusammenarbeiten konnte. Sie entwickelten zum Beispiel Zusatzprodukte für den Apple III, und wir führten dann den Lisa ein. Und als sie Produkte für den Lisa herstellten, waren wir soweit, den Macintosh auf den Markt zu bringen.

»Die Worte klingen gut«, sagten sie, »aber wir wollen Beweise sehen.« Ihre Unentschlossenheit konnten wir uns nicht leisten. Wir brauchten ein paar große Gewinne. Sowohl die allgemeine als auch die Fachpresse ließen wissen, daß die Software-Entwickler den Macintosh aufgeben würden. »Risikokapitalanleger gehen nicht weg, nein, sie rennen dem Mac davon«, behauptete ein Software-Hersteller. Der »San Francisco Examiner« berichtete, selbst Gates von Microsoft spreche privat davon, daß seine Firma keine neuen Mac-Programme entwickeln werde. »Die Entwicklung von innovativer Macintosh-Software durch größere Software-Hersteller ist tot«, versicherte ein Wirtschaftsanalytiker.

Ich hatte also sehr diplomatisch um ihre Unterstützung zu kämpfen. Ich begann mit der Rangältesten der Industrie, Esther Dyson. Ihr »Personalcomputer-Forum« Mitte Februar war so etwas wie eine trilaterale Kommission des Personalcomputerwesens. Die Schwergewichtler der Industrie gehen hin, weil sie wissen, daß jeder, der zählt, sich dort sehen läßt. Neue Gesichter tauchen auf, Leute, die zuhören und lernen wollen. Und die Industriepioniere halten ihre Vorträge und verschwinden dann in den Hinterzimmern und Bars, um ihre Geschäfte abzuwickeln. Esther Dyson leitet das Ganze.

Für Esther Dyson ist der Computer ein Produkt, das alle spannenden intellektuellen Möglichkeiten birgt, die das Denken der Welt formen können. Esther ist hochintelligent, belesen und spricht viele Sprachen fließend, darunter Russisch, Deutsch und Französisch. Man sieht sie stets mit Rucksack, an dem ein klatschnasser Badeanzug hängt. Sie ist die Tochter des Nobelpreisträgers für Physik, Fremon Dyson, eine autodidaktische Technologin. Sie zeichnet die geistigen Auseinandersetzungen der Industrie auf und sondiert deren Grenzen sowohl als Journalistin als auch als Sprecherin der Industrie.

Ihr »Medium«, das in einem vollgestopften Büro im 25. Stockwerk eines Bürogebäudes an der Park Avenue in New York entsteht und veröffentlicht wird, ist »Release 1.0«, ein Verweis auf die erste Ausgabe eines nicht ganz perfekten Software-Produkts. Sind die Fehler erst einmal ausgemerzt, wird es wohl durch »Release 2.0« ersetzt werden. Bis dahin wird es aber das Beste sein, was es zur Zeit gibt.

Esther unterstützte meine Bemühungen bei der Reorganisation von Apple, obwohl sie ihre Zweifel an unserer Strategie hatte. »Gehört Apple wirklich auf den Büromarkt?« hatte sie erst wenige Monate zuvor gefragt. »Oder ist es wie mit Dorothy, die weit weg von Oz nach dem Glück suchte, obwohl die wahren Reichtümer doch zu Hause liegen, auf den Märkten der Kleinbetriebe und Schulen, die Apple so vertraut und wohlgesinnt sind?«

Auf der Konferenz schienen alle ihre Skepsis zu teilen. Ermuntert durch die positive Aufnahme, die wir bei »MacWorld« im August und »AppleWorld« ein paar Wochen zuvor erhielten, hatte ich damals vor allem zu den Bekehrten gesprochen. Hier jedoch galt das große Lob IBM. Jedesmal, wenn jemand das Wort »Standard« erwähnte, hätten die 400 Zuhörer am liebsten applaudiert. Und niemand bekam mehr Applaus als Rod Canion, Hauptgeschäftsleiter von Compaq Computer Corp., dem erfolgreichsten Hersteller von IBM-kompatiblen Computern.

In einer leidenschaftlichen Rede verteidigte Canion den Industriestandard. »Ganz im Gegenteil zu einer Einschränkung«, erklärte er, »sehen wir den Standard als Beschleuniger an. Jetzt können die Benutzer die Zehen ins Wasser der Innovation tauchen und sich im Industriestandard sicher fühlen. Wenn die Endbenutzer an Ihr firmeneigenes System festgekettet werden, sind sie gefangen.«

Wenige meiner Kollegen nahmen mich ernst, als ich darauf bestand, daß wir — und nicht IBM — die Richtung der Industrie mit einer neuen Computergeneration, die graphisch leistungsfähig war und bessere Interfaces für den Benutzer lieferte, neu definieren würden. Wir waren der Auffassung, daß der Standard kein fest fixiertes Betriebssystem sein dürfte, sondern daß es sich um Standards der Verknüpfung handeln müsse, damit eine Verbindung und Kommunikation zwischen DEC- und IBM-Produkten hergestellt werden könne.

»Wir sind dazu verpflichtet, die Firma mit der alternativen Technologie zu sein«, sagte ich. »Die Welt braucht keine weitere MS-DOS*-Firma. Beim Auslösen einer zweiten Revolution in der Personalcomputer-Industrie wollen wir führend sein.«

Bei einer Reihe von privaten Besprechungen in meiner Hotelsuite, zu denen die bedeutendsten Software-Pioniere der Industrie kamen, wurde die wichtigste Arbeit geleistet. Die sogenannten Drittfirmen sind kleine Unternehmen mit begrenzten Mitteln, die sich nur auf wenige Projekte konzentrieren können. Wenn verlautet, daß einer der Software-Riesen nicht an Macintosh-Projekten arbeiten will, wird auch kein anderer seinen Kopf riskieren wollen. Ich mußte die größten Software-Hersteller Microsoft, Lotus und Ashton-Tate beruhigen und darin bestärken, daß Apple noch immer die Maschinen besaß, für die sie entwickeln sollten. Wenn ich sie davon überzeugen konnte, mit ihren Anstrengungen hinter dem Macintosh zu stehen, dann hätten wir eine echte Chance. Allesamt waren sie jedoch unentschlossen.

Der Kritischste von allen war Bill Gates, Gründer und Chairman von Microsoft Corp., der größten Computer-Software-Firma. Bill ist ruhig und nachdenklich, hat wirres blondes Haar, ist zierlich gebaut und erinnert ein wenig an Woody Allen. Er hat als Lieferant unserer wichtigsten Software oft mit uns zu tun, ist aber als unser größter Konkurrent auch oft uneins mit uns, weil er das Betriebssystem für die »DOS-Welt« geschrieben hat und kontrolliert.

Im vergangenen Juli war Gates sich nicht sicher gewesen, ob der Mac bis Ende des Jahres durchhalten würde. Im November drohte ein Konflikt zwischen Apple und Microsoft, sich zu einer größeren Krise auszuweiten. Gates kam mit seinem Anwalt aus Washington angeflogen, um an einer Besprechung mit mir und Al Eisenstat noch um 22.30 Uhr im Konferenzraum von Apple teilzunehmen. Gates war dabei, ein Pro-

---

* MS-DOS = Betriebssystem u. a. von IBM. Betriebssysteme (engl. Disk Operating System = DOS) sagen dem Computer, wie er Informationen auf der Diskette unterbringt und die gespeicherten Infos wieder abrufen soll. (A. d. Ü.)

gramm namens »Windows«* zu entwickeln, das kommenden Versionen von IBM-Personalcomputern die Möglichkeit verlieh, sich mit graphischen Elementen zu schmücken, die an den Macintosh erinnerten. In jüngster Vergangenheit hatten wir die Firma Digital Research verklagt, um sie daran zu hindern, ein Produkt mit der Bezeichnung GEM herauszubringen, das den IBM-PC mit vielen Merkmalen ausstatten würde, die dem Macintosh sehr ähnelten. Das war eine äußerst unpopuläre Maßnahme und veranlaßte viele Kritiker zu dem Argument, Apple ersticke die Innovation innerhalb der Industrie. Aber wir mußten etwas unternehmen, um die firmeneigene Technologie, die die Zukunft unseres Unternehmens darstellte, zu schützen.

Vor seinem Flug rief Gates an. »Es regt mich wirklich auf, wie es zwischen Microsoft und Apple läuft«, sagte er. »Mir sind Gerüchte zu Ohren gekommen, daß Sie bereit sind, uns zu verklagen. Falls das stimmt, möchte ich es von *Ihnen* hören.«

»Zwischen unseren Firmen gibt es Probleme«, sagte ich. »Wir haben nicht die Absicht, unsere firmeneigene Technologie zum öffentlichen Eigentum machen zu lassen. Wir werden unser Eigentum schützen.«

»Was Apple zu erreichen versucht, respektiere ich«, sagte Bill. »Wenn wir uns aber auf Kollisionskurs befinden, möchte ich es wissen, damit wir die gesamte Entwicklung für Mac-Produkte stoppen können. Ich hoffe, daß wir einen Weg finden, um diese Sache zu bereinigen. Der Mac ist für uns und unseren Umsatz wichtig.«

Bevor Bill nun bei der Besprechung auftauchte, versammelte sich der Führungsstab, und die allgemeine Meinung war: wir geben nicht klein bei. Einige glaubten, Microsoft würde unsere Technologie der MS-DOS-Welt einverleiben wollen. Wir hatten zu schwer gearbeitet, um Apple auf die Beine zu bringen. Aber wir durften auch nicht zulassen, daß unsere Emotionen im Weg standen, wenn es darum ging, was für die Firma richtig war. Ein offener Krieg mit Microsoft konnte alles zerstören, was wir mit unserer Reorganisation erreicht hatten. Wenn wir unsere wichtigste Software-Firma verklagten, nähmen unsere Geschäftspartner an, wir hätten den Verstand verloren.

»Al und ich werden die Interessen von Apple wahren, ich bin aber nicht bereit, Microsoft eins auszuwischen«, sagte ich.

Im Gegensatz zu Digital Research hatte Microsoft von Xerox ein Patent für einige Attribute bekommen, die für die Windows-Technologie wichtig waren, und sie besaßen ältere Verträge mit Apple, die Gates

---

* Man nennt es auch »Fenster-Technologie«, aber meistens wird »Windows« gesagt, weil es ein gleichnamiges Programm gibt. (A. d. Ü.)

größere Flexibilität ermöglichten. Darüber, wer im Recht war, hätte man sich vor Gericht streiten können; wir konnten es uns aber nicht leisten, die einzige Firma zu verklagen, die zu einer noch turbulenteren Zeit die erfolgreiche Software für den Macintosh entwickelt hatte. Gates und ich zimmerten ein Kompromißpaket zurecht, das Microsoft zufriedenstellte, aber Apples Macintosh-Technologie schützte. Wir sicherten zu, nicht zu klagen und Microsoft eine beschränkte Lizenz für bestimmte technische Merkmale zu gewähren, die Gates seiner Meinung nach bereits besaß. Dafür gelobte Gates, »Microsoft Word«, eins der meistgekauften Text-verarbeitungsprogramme für den Mac, zu aktualisieren und sich, was den Mac betraf, noch mehr für die Software einzusetzen. Microsoft stimmte außerdem zu, Anwenderprogramme mit der Windows-Technologie für IBM frühestens ein Jahr später herauszubringen.

Das war ein wichtiges Zugeständnis. Es war genau die Zeit, die wir brauchten, um zu beweisen, daß Apple sich mit dem Macintosh im Geschäft behaupten konnte. Ich wettete, daß das »Desktop Publishing« das Mittel sei, uns in die Großunternehmen zu bringen, und daß »Excel« von Microsoft den Einsatz des Macintosh für Mehrzweck-Produktivi-tätsanwendungen erweitern würde.

Im November hatten wir Frieden geschlossen, und seitdem konnten wir unser einträglichstes Quartal verbuchen. Als Gates und ich uns privat in meiner Hotelsuite zusammensetzten, war es dennoch nicht sicher, wie weit er es rechtfertigen könne, Macintosh-Software zu unterstützen. Unsere Mac-Umsätze waren, verglichen mit IBM, noch immer ziemlich klein, und die meisten Außenstehenden äußerten große Zweifel, ob wir mit dem Macintosh auf dem entscheidenden Bürocomputermarkt erfolg-reich sein könnten.

»Ich bin nicht sicher, wohin der Mac in Zukunft läuft«, meinte er.

»Bill«, entgegnete ich, »wir steuern auf den Büromarkt zu.«

»Das mag schon stimmen, aber es wird schwierig sein. Ihr müßt wirklich zeigen, daß der Mac dieses Jahr in der Welt der Großbüros erfolgreich sein kann. Ihr habt nicht viel Zeit.«

»Hier bei Apple haben wir einen Plan, den wir ›50-50-50‹ nennen«, teilte ich ihm mit.

»Was bedeutet das?« fragte er verwundert.

»Es bedeutet, daß wir erwarten, nach einem Jahr 50 000 Macintoshs pro Monat zu verkaufen. Wir erwarten Bruttoverdienstspannen von mindestens 50 Prozent, und wir erwarten einen Börsenkurs von 50 Dollar pro Aktie.«

Ich wußte, daß ein Absatz von 50 000 Macs pro Monat erforderlich war, um Drittentwicklerfirmen langfristig bei der Stange halten zu können. Bruttoverdienstspannen von 50 Prozent waren unbedingt notwendig, um die Investitionen zu stützen, die eine firmeneigene Technologie für Forschung und Entwicklung benötigt. Und der Börsenkurs konnte natürlich nur steigen, wenn die Firma wieder gesund war. Gates lächelte.

»Das sind ziemlich ehrgeizige Ziele«, sagte er. »Ich weiß nicht, ob Sie das schaffen oder nicht, aber ich bin beeindruckt von dem, was ihr mit ›Desktop Publishing‹ gemacht habt. Wir erkennen einen Zuwachs in den Mac-Verkaufszahlen. Es könnte funktionieren.«

Gates versprach, sich an unsere Abmachung von 1985 zu halten und die Macintosh-Anwenderprogramme mit Marketing- und technischen Mitteln zu unterstützen. Wir vereinbarten außerdem, gemeinsames Marketing zu betreiben, um das »Excel«-Programm von Microsoft zu unterstützen, das von den Kritikern begeistert aufgenommen wurde. Zeichen des Erfolgs wurden sichtbar, die wir uns ursprünglich für »Jazz« erhofft hatten. »Jazz« war das erste größere Software-Produkt für den Macintosh gewesen, hergestellt von Lotus, der zweitgrößten Software-Firma. Als integriertes Programm bot »Jazz« ein elektronisches Tabellisierungsprogramm, Textverarbeitung, Graphik, Kommunikation und Database – die fünf wichtigen Software-Produkte für den Einsatz von Personalcomputern. Das Programm war jedoch eine große Enttäuschung für Lotus und auch für Apple.

Für Mitch Kapor, den charismatischen und immer fröhlichen Gründer und Chairman von Lotus, war das schon ein gewisser Rückschlag gewesen. Mitch, ein ehemaliger Diskjockey, war ein witziger, untersetzter Mann mit wallender schwarzer Haarmähne. Er beschäftigte sich mit transzendentaler Meditation, schrieb als M.I.T-Student »VisiCalc« und stand hinter dem meistgekauften Tabellisierungsprogramm von IBM, »Lotus 1-2-3«.

Mitch erzählte mir, er würde sich vom Management seiner Firma zurückziehen, aber weiterhin fest an den Macintosh glauben, trotz der Tatsache, daß »Jazz« den Erwartungen nicht entsprochen habe.

»Ich möchte, daß Lotus weiter für Macintosh entwickelt«, sagte er. »Ich muß aber noch einige meiner Kollegen überreden. Bei Lotus gibt es eine Menge Kontroversen, ob wir noch Produkte für den Macintosh machen sollen. Ich werde tun, was ich kann, damit Lotus weiterhin Mittel dafür bereitstellt. John, es tut mir leid wegen Steve, aber ich finde, ihr habt euch richtig verhalten.«

Wenn sich Kapors Rückendeckung auch nicht in echten Produkten ausdrückte, so war sie doch ein wichtiger Auftrieb für unsere Moral. Mitch hatte in der Industrie eine treue Gefolgschaft, und auf Grund dieses Gesprächs konnte ich behaupten, daß er zu den Leuten gehörte, die die Bemühungen einer reorganisierten Firma Apple auf jeden Fall unterstützten.

Bald gelobten auch weitere Mitspieler ihre Unterstützung. Aber von allen führenden Kräften, mit denen ich während der Konferenz privat verhandelte, hatte sich keiner öffentlich kritischer ausgesprochen als Philippe Kahn. Kahn, ein großer, extrovertierter Franzose mit einer Neigung zu zitierfähigen Metaphern, hatte Borland International gegründet. Er war ein ausgezeichneter Absatzfachmann für Niedrigpreis-Anwenderprogramme und machte Borland durch den Verkauf von Billigprogrammen zu der Software-Firma, die am schnellsten expandierte.

In der Vergangenheit hatte Kahn den Macintosh als ein unsachgemäß erdachtes Spielzeug ohne ausreichenden Speicher oder genügend Geschwindigkeit, mit einer zu kleinen Tastatur und ohne Festplattenunterstützung kritisiert. Doch in der Enge meines Hotelzimmers gab er zu, von den Änderungen, die wir am Macintosh Plus ausgeführt hatten, beeindruckt zu seien.

Auch Kahn versprach also, für die Entwicklung einer Programmiersprache Mittel bereitzustellen. Diese Sprache sollte für Drittfirmen sein, die Software für den Mac entwickelten. Er sagte darüber hinaus, daß er daran interessiert sei, mindestens ein weiteres Macintosh-Software-Produkt zu kaufen und zu vermarkten.

Mit vier großen Software-Entwicklungsfirmen hinter uns war ich überzeugt, daß wir ein weiteres Hindernis auf dem Weg zum Erfolg auf dem Büromarkt überwunden hatten. Es kommt immer auf den richtigen Zeitpunkt an, und getreu diesem Grundsatz war für mich nun die Zeit gekommen, auf Vortragsreise zu gehen. Bei jeder Gelegenheit besuchte ich Diskussionsveranstaltungen, Händlergruppengespräche, Industriekonferenzen und andere öffentliche Veranstaltungen und hielt wöchentlich zwei bis drei Vorträge, um unsere Repositionierung zu unterstützen. Die persönliche Ansprache, wie Regis McKenna immer wieder unterstrich, war immer noch unsere wirksamste Marketing-Waffe. Ich wußte, daß es etwa neun Monate dauern würde, bis wir alle davon überzeugt hätten, daß wir einen realisierbaren Plan mit Erfolgsaussichten besaßen. In neun Monaten schrieben wir Ende 1986, und kurz darauf würden wir unsere neuen Produkte ankündigen.

*

Die Großunternehmen machten sich weiterhin über das einzigartige Aussehen des Macintosh lustig: Sie behaupteten, er sei nur ein niedliches

Spielzeug für Erwachsene. Ich war der Meinung, unsere Werbung müsse diese Leute überzeugen, daß Apple eben gerade keine Spielwaren herstelle. Der Macintosh Plus war der neueste Beweis. Außer dieser Botschaft war es jedoch auch wichtig, den Computer nicht als Kasten, sondern als Befriedigung des Marktbedarfs nach »Desktop Publishing« zu verkaufen. Ich wollte, daß unsere Werbung sich auf zwei Ziele konzentrierte – den Verkauf von Leistungsfähigkeit und den Verkauf von Lösungen.

Die Werbung hatte bei Apple schon immer einen großen Stellenwert besessen. Von Beginn an waren Werbung und Design wesentliche Bestandteile der Konzeption des Apple II. Sie erweiterten den Computermarkt, indem sie den Computer für die Verbraucher entmystifizierten. Bis Apple auftauchte, waren die meisten Computer-Anzeigen mit technischen Spezifikationen überladen gewesen, im Grunde genommen unlesbar für den Durchschnittsverbraucher. Einige Leute meinten spaßhaft, daß Apple eigentlich »nicht mehr als eine vertikal integrierte Werbeagentur« sei. Wir betrachteten unsere Werbeagentur als so etwas wie eine strategische Marketingabteilung und weihten sie in die vertraulichsten und sensibelsten Projekte von Apple ein. Wir hatten die Werbung stets benutzt, um uns von anderen Computerfirmen zu unterscheiden, und diese Strategie hatte funktioniert.

Die Werbung mußte nun bei der Repositionierung der Firma auf dem Markt unbedingt eine entscheidende Rolle spielen. Unsere Anweisungen an Chiat/Day lauteten, eine billigere Zeitschriftenwerbung mit der Wirkung teurer Werbespots zu konzipieren. Wir hatten die Idee, in einer einzigen Zeitschrift etwa sechs Seiten zu bringen, auf denen, vergleichbar mit einem Werbespot, Geschichten erzählt werden sollten. Bruce Mowry und ich überwachten die Werbung für den Mac Plus und das »Desktop Publishing« persönlich, und die Agentur stellte mehrseitige Anzeigen auf die Beine, die beide Produkte erfolgreich verkauften. Es gab kein »1984«, keine »Lemminge« mehr. Es gab tatsächlich überhaupt keine Fernsehwerbung für Apple, hauptsächlich, weil wir die Kosten bremsen wollten. Wir stellten die neuen Produkte mit einer Werbekampagne in nur zwei Zeitungen vor – »USA Today« und »Wall Street Journal«. Chiat/Day brachte phantastische vierseitige Anzeigen, die die »Story« vom »Desktop Publishing« in Bildern erzählten.

Die Werbekampagne für »Desktop Publishing« von Chiat/Day half uns, diesen wichtigen Markt zu sichern, aber ich machte mir langsam Sorgen, daß die Werbebedürfnisse von Apple sich schneller veränderten, als Chiat/Day in der Lage war, sich diesen Veränderungen anzupassen. Chiat/Day war enorm kreativ, aber die Bedürfnisse von Apple hatten sich auch enorm verändert. Wir versuchten, den Standort einer Firma neu zu bestimmen, nicht die Welt mit umwerfender Werbung in Bann zu schlagen. Mit weniger Geld mußte unsere Werbung strategischer werden. Sie mußte spezifische Lösungen an die Benutzer in der Geschäftswelt, im Haushalt und in der Schule verkaufen und sollte keine unwesentlichen Sprüche über Fragen des Lebensstils machen.

Campbell und ich sprachen zuerst vor den Weihnachtsfeiertagen darüber. Ich glaubte nicht so recht, daß Chiat/Day begriffen hatte, wie sehr eine Veränderung notwendig war. Ihre ursprüngliche Werbung, mit der wir unsere »Desktop-Publishing«-Konzeption und den Macintosh Plus verkauften, kam ständig mit hübschen Sprüchen daher, die meiner Meinung nach die Benutzer in der Bürowelt nicht überzeugen konnten.

Während unserer Verkäufertagung im Oktober stellte die Agentur Filmentwürfe in Schwarzweiß vor, die von unserem Verkaufs- und Marketingpersonal nur mit Schweigen aufgenommen wurden. Die Werbung machte den Eindruck, als ob sie von einer ganz anderen Firma stamme. Sie hatte nichts mit dem Ziel unseres Unternehmens zu tun. Ein früherer Versuch im März, einen Spot zu produzieren, der die Frauen ansprechen sollte, hatte ebenfalls mit einem 600 000 Dollar teuren Flop geendet, der nie gesendet worden war.

Ich war der Meinung, daß man die Frauen für diesen Markt noch gar nicht entdeckt hatte. Apple konnte den Frauen Vorteile bieten. Sie könnten lernen, wie man Personalcomputer benutzt, die keine minderwertigen und erniedrigenden Produkte sind, die die Frauen zu bloßen Sekretärinnen abstempeln. IBM als das Symbol der von Männern dominierten Geschäftswelt Amerikas hätte sicherlich Schwierigkeiten, sich dem weiblichen Käufermarkt anzupreisen.

Zum Song von Cindy Lauper »Girls Just Wanna Have Fun« sollte jener Spot die Macht der Karriere-Frauen zeigen. Es sollten keine Playboy-Häschen oder »Diet-Pepsi-Girls« auftreten. Die Feministin Gloria Steinem hatte eine kleine Rolle übernommen, ebenso die Goldmedaillengewinnerin der Olympiade von 1984, Joan Benoit, sowie eine Doppelgängerin von Margaret Thatcher und Sandra Day O'Connor.

Als wir soweit waren, den Spot im Mai 1985 aufzuführen, steckten wir bereits in Schwierigkeiten. Die Wahl des Zeitpunkts war ganz falsch. Denn unser damaliges Ziel war es, die Leute, die kein Risiko eingehen wollten, davon zu überzeugen, daß man Apple in der Bürowelt vertrauen könne. Eine Werbung, die nur Frauen ansprach, hatte wenig damit zu tun. Ich begriff auch, daß Frauen nicht angesprochen werden wollen, weil sie Frauen sind, sondern weil sie klug sind. Frauen wollen genausowenig rosa Computer, wie sie rosa Autos wollen.

Wir beschlossen, einen Wettbewerb auszuschreiben. Unsere beiden führenden Agenturen, Chiat/Day in Amerika und B.B.D.O. außerhalb der Vereinigten Staaten, sollten um den 50 Millionen Dollar schweren Werbeetat von Apple kämpfen, wobei es nur einen Sieger geben sollte. Wir stellten ein vierköpfiges Auswahlkomitee zusammen − Del, Bill, Bruce und ich − und vereinbarten, den Wettbewerb durchzuführen.

Ich rief Jay Chiat an und Allan Rosenshine, den Vorsitzenden von Omnicom Group Inc., der Muttergesellschaft von B.B.D.O., der mit mir bei Pepsi gearbeitet hatte, seit er Werbetexter für die »Diet-Pepsi«-Kampagne gewesen war. Jay, der sich verständlicherweise aufregte, war unschlüssig, ob sich Chiat/Day überhaupt am Wettbewerb beteiligen sollte. Er glaubte, die Entscheidung sei schon längst gefallen, und hielt nichts davon, daß seine Firma nur eine sinnlose Übung durchexerzieren sollte. Auch Rosenshine wollte die Zusicherung, daß wir kein falsches Spiel spielten und nur versuchten, auf Chiat/Day Druck auszuüben, eine bessere Arbeit zu leisten.

Der Wettbewerb war so hart und stand derart unter Druck, daß beide Agenturen um Steve Hayden, den ehemaligen Chiat/Day-Werbetexter hinter dem meisterhaften Werbespot »1984«, warben. Hayden, der jetzt für die Tracey/Locke-Gruppe von B.B.D.O. in Los Angeles arbeitete, wurde zum begehrten Objekt, weil sowohl Chiat als auch Rosenshine wußten, wie sehr ich ihn wegen seiner früheren Arbeit schätzte. Jay Chiat witzelte in der für ihn typischen Weise, daß er Steve nur zwei Dinge anzubieten habe − »Ruhm und Reichtum«. Schließlich kehrte Steve aus Loyalität zu seiner ehemaligen Agentur Chiat/Day zurück. B.B.D.O. fürchtete plötzlich, ihr Gegner befände sich im Vorteil. Um ihr Team zu verstärken, rekrutierten sie eine Schlüsselfigur von Lord, Geller, Federico & Einstein, die die populäre »Charlie-Chaplin«-Kampagne für den IBM-PC ersonnen hatten.

Die beiden Agenturen unterschieden sich voneinander wie New York von Kalifornien. Jay Chiat, ein geistreicher Exzentriker mit Silberhaar und ewiger Sonnenbräune, herrschte über eine der undiszipliniertesten und doch kreativsten Werbeagenturen, die es je gegeben hat. Seine Leute gingen hohe Risiken ein, machten unerhörte Sachen wie »1984« und schlugen in der Zeitschriften- und Fernsehwerbung neue Wege ein. Ihre Arbeit war eine Verlängerung ihrer Persönlichkeiten. »Nicht deine Arbeit wird abgelehnt, sondern du selbst«, sagte Chiat seinen Leuten. Sie scherzten, daß sie routinemäßig acht Tage in der Woche arbeiteten, wobei der letzte Tag »Chiat-Tag« heiße. Das übliche Ergebnis: sensationelle, preisgekrönte, aus der Masse herausragende Arbeiten für Apple, Nike, Pizza Hut, Porsche und viele andere Kunden.

Im Gegensatz zu Chiat war Rosenshine ein nüchterner, bodenständiger Geschäftsmann, und B.B.D.O. war eine ernsthafte, bodenständige Agentur. Auch sie bewies, daß sie hervorragende Arbeit leisten konnte, wie sie es früher für Pepsi getan hatte, aber der Agentur fehlte die Kreativität von Chiat/Day, die über das Übliche hinausgeht.

Für den Wettbewerb gaben wir jeder Agentur 75 000 Dollar, 60 Tage Zeit und die Anweisung, kreative Lösungen zu ersinnen, mit denen wir in den Büromarkt eindringen und unseren Vorteil auf dem wichtigen Markt des Erziehungs- und Ausbildungssektors aufrechterhalten konnten. Wir brauchten Anzeigen, die unsere Bemühungen um die neue Standortbestimmung der Firma unterstützten. Die Anzeigen mußten auf alle Produkte zutreffen, für die wir werben wollten – um die Firma als »One Apple« extern und intern zu vereinen. Wir brauchten ein Motto, mit dem wir mehrere Jahre leben konnten, und es mußte etwas sein, auf das die Apple-Leute stolz sein konnten. Die Werbung sollte die Bedeutung des Individuums widerspiegeln und zudem die Leute ansprechen, die nur geringe Risiken in Kauf nehmen wollten – die Leute, auf die wir abzielten.

Gewöhnlich wird ein solcher Wettkampf zwischen fünf Agenturen ausgetragen. Aber wir wußten, daß wir Besseres aus ihnen herausholen konnten, wenn jeder eine 50prozentige Chance hatte. Ich lieferte selbst die Informationen für unsere Werbevorstellungen, weil die Werbung für die Repositionierung der Firma entscheidend war. Ich verbrachte Stunden um Stunden in Einzel- und Gruppeninterviews und Gesprächen mit den Agenturleitern und legte unsere Strategie für die neue Standortbestimmung der Gesellschaft vor. Jeder Agentur wurde ein halber Tag für ihre Präsentation gewährt – Chiat/Day am Freitag, dem 9. Mai, und B.B.D.O. am Montag, dem 12. Mai.

Der Wettbewerb erregte bereits enorme Aufmerksamkeit in der Werbewelt, war *das* Gesprächsthema und machte Schlagzeilen in den Fachzeitschriften. Mit Apple konnte man Furore machen und die besten kreativen Leute in die Agentur holen. Die besten kreativen Menschen wollen Anzeigen machen, die Millionen von Menschen sehen. Ob Soft Drinks, Bier, Autos oder Computer – alles, was eine Menge Geld für die Werbung bringt, wird zum Spitzenprodukt.

Die Nachricht von diesem Wettbewerb schockierte die Werbewelt aber auch, weil sie nicht abschätzen konnte, was in unserer Geschäftsbeziehung zu Chiat/Day schiefgelaufen war, die doch bisher immer so hervorragend kreative Arbeiten geliefert hatte. »Es war, als ob das ›perfekte Paar‹ sich scheiden ließ«, wie Hayden es ausdrückte. »Sie ist schön, er ist charmant. Beide sind reich und berühmt und begehrt. Aber niemand weiß, was hinter den verschlossenen Türen vor sich ging.«

Das Team von Chiat war in der Nacht vor ihrer Präsentation mit einem gemieteten Transporter, beladen mit Materialien, aus Los Angeles eingetroffen. Chiats Leute hatten schwarze T-Shirts mit einem Totenkopf in der Art der »Hell's Angels« geschmückt, und darunter stand: »Gott. Mut. Kreativität.« Ein weißer Apfel mit der Überschrift »Der letzte Angriff« prangte auf der Rückseite der Shirts. Sie räumten die Tische im Zimmer um und stellten ein Fernsehgerät mit großem Bildschirm und einen Macintosh auf, um die Dias für ihren Bilder- und Graphikteil projizieren zu können. Die Show begann um 9 Uhr in einem nichtssagenden Konferenzraum im Mariani-Gebäude auf dem Apple-Gelände.

Um den Auftrag zu ergattern, erschien Chiat/Day mit einem Gefolge von sieben Leuten, einschließlich Jay und dem Präsidenten Lee Clow, alle in konservativen Anzügen. Ich traute meinen Augen nicht. Jay, der häufig italienische Grobstrickpullover trug, hatte einen Anzug an. Clow, ein großer schlaksiger Mann mit langem Bart und dunkelblondem schulterlangen Haar, kam meist in Sandalen und Shorts zu Apple. Heute trug er einen dunkelblauen Anzug.

»Ich habe Sie noch nie in einem Anzug gesehen«, sagte ich leicht amüsiert.

»Wir wollen beweisen, daß wir auch erwachsen sein können«, gab Clow zurück.

Sie machten einen müden und erschöpften Eindruck, als ob sie lange Zeit nur von Kaffee gelebt hätten. Später erfuhr ich, daß die meisten von ihnen in den letzten sieben Wochen 16 bis 18 Stunden täglich in einem Zustand, der an Hysterie grenzte, gearbeitet hatten, um die Präsentation vorzubereiten.

Die Gruppe stürzte sich dennoch auf ihren »Angriff«, mit einem kurzen Videofilm mit schnellen Schwenks und Schnitten: Apple-Computer und Cowboys, Stahlarbeiter, Kinder und andere Menschen, begleitet von gefühlvoller Musik. Es handelte sich um jene Art von lieben und sentimentalen Filmen, die einen zu Tränen rühren. »Wenn Sie meinen, daß das erste Jahrzehnt von Apple etwas Besonderes war«, sagte die Stimme eines Sprechers, »dann stellen Sie sich einmal vor, was wir im nächsten schaffen werden. Zweites Jahrzehnt: Einlösung des Versprechens.«

Ein nervöser Hayden stand vor uns, um die einleitenden Worte zu sprechen. »Als dies alles begann, war Chiat/Day ganz offensichtlich etwas im Nachteil«, sagte er. »Man fordert eine Agentur nicht zu einem Wettbewerb auf, wenn alles glücklich und wunderbar läuft. Aber aus dieser schiefen Position heraus haben wir ein ebenes Spielfeld geschaffen, und wir meinen, daß wir vorangekommen sind. Wir haben extra für

Apple ein neues Team aufgebaut – die Besten, die wir hatten, und ein wenig frisches Blut.«

Spürbare Spannung lag im Raum. Jeder wußte, dies konnte das letzte Mal sein, daß Chiat/Day dem Kunden eine Kampagne präsentierte, der der Agentur geholfen hatte, sich in der Welt der Werbung fest zu etablieren. Chiat hatte für diese letzte Anstrengung, um seinen wichtigsten Kunden zu behalten, nahezu 250 000 Dollar ausgegeben. Wir saßen verstreut um den Tisch herum, Jay neben mir. Die Chiat/Day-Leute fanden es unfair, sich an diesem Entscheidungskampf beteiligen zu müssen, nachdem sie bereits einige epochemachende Anzeigen gemacht hatten. Und sie hatten Angst.

Als sie sich einzeln vor uns aufstellten, um ihre Rolle im Ausscheidungskampf zu spielen, schien es, als wäre die Präsentation vorher nie eingeübt worden. Die Leute verhaspelten sich, verloren den Faden und überzogen offensichtlich die ihnen zugeteilte Zeit. In den ersten drei Stunden widmete Chiat seine Präsentation der Gesamtstrategie, einer Analyse des Marktes und einem Medienplan über 75 Millionen Dollar, bevor er überhaupt zur kreativen, eigentlichen Werbung überging.

Hayden, der einmal das Motto »Einlösung des Versprechens« erwähnte, schluckte schwer, als sein Chef, der vielleicht spürte, daß die Dinge nicht ganz so liefen, wie er es sich erhofft hatte, witzelte: »Soll das heißen, daß wir die Idee bei Pizza Hut nicht an den Mann bringen werden?«

Als Hayden wieder an die Reihe kam, um die fast 150 Entwürfe zu präsentieren, begann er mit einer wohldurchdachten Serie von Zeitschriftenanzeigen, mit denen der Glaubwürdigkeit des Macintosh in der Geschäftswelt Nachdruck verliehen werden sollte. Die erste Anzeige bestand aus Fallgeschichten, wie große Unternehmen – von General Electric bis John Deere & Co. – den Macintosh einsetzen.

Eine riesige, dreiseitige Zeitschriftenanzeige in Farbe zeigte einen goldenen Tutanchamun auf dem Bildschirm eines Computers mit der Bezeichnung Apple IIgs, den wir später im Jahr herausbringen wollten. Die Überschrift lautete: »Das ist die Zukunft. Wissen Sie, wo Ihre Kinder sind?« Und ein Anschauungsmodell, das die ursprüngliche Vision Apples, »ein Mensch, ein Computer«, interpretierte, protzte mit dem Spruch: »Wir verändern die Welt, einen Schreibtisch nach dem anderen.«

Wir vier von Apple sahen aufmerksam zu, ließen ab und zu eine Bemerkung fallen. »Das ist heiß«, sagte Bruce, nachdem Hayden eine Kreditkartenkopie als Zeitungsbeilage vorschlug, die der Kunde zu seinem Händler bringen könne und sofort einen Kredit von 2500 Dollar erhielte. Aber Hayden hetzte durch den kreativen Teil, weil der Agentur offensichtlich die Zeit davonlief. Tatsächlich bemerkte ich, daß er mehrere Arbeiten überging, anstatt alles zu präsentieren. Als es dem Ende zuging, schob Clow ihn zur Seite, um die Entwürfe besser vorzustellen.

Obwohl das Team phantastische neue Ideen hatte, war ich der Meinung, daß die Agentur zu keinem einzigen Motto gekommen war, das sich auf die gesamte Kampagne anwenden ließ. Die »Einlösung des Versprechens« schien nicht zu passen.

Jay Chiat beendete die Präsentation, als ob er seine Hinterlassenschaft ordne: »Die Qualität der Leute, die wir für Apple versammelt haben, finden Sie einfach in keiner anderen Agentur, gleich welcher Größe«, sagte er. »Die Gesamtqualität unserer Arbeit stellt mit das Beste dar, was wir je gemacht haben. Um Apple über die nächsten zehn Jahre zu begleiten, ist Chiat/Day die einzig richtige Entscheidung.«

Clow, der an uns alle Segeltuchtaschen mit T-Shirts und Ringbüchern der Präsentation verteilte, sagte: »Wir sind bereit für die Händlertagung von Apple im nächsten Herbst, und so könnte es aussehen.«

Obwohl ich enttäuscht war, blieb ich zurückhaltend. »Vielen Dank«, sagte ich. »Ihr habt hier eine gute Arbeit geleistet.«

Del war von uns allen am meisten angetan, aber selbst er hatte gemischte Gefühle. »Es hatte seine Höhepunkte und seine schwachen Stellen«, sagte er zu Hayden. Als wir zu unseren Büros zurückkehrten, lag auf allen unseren Stühlen ein persönlicher Brief von Jay Chiat — eine letzte Bitte, mit der er erklärte, weshalb wir bei der Agentur bleiben sollten:

»Chiat/Day hat immer sehr hart für Apple gearbeitet«, schrieb er. »Vielleicht haben wir nicht immer aufmerksam genug zugehört, aber wir waren immer pflichtbewußt und leidenschaftlich bei der Arbeit. Wir haben nie härter als in diesen letzten Wochen gearbeitet. Unsere Herzen, unsere Seelen und all unser Mut stecken darin . . .

Apple half, Chiat/Day aufzubauen. Apple ist unser Vermächtnis, unser Wertsystem, unser kreatives Zentrum, unser Standard. Apple ist für uns in vieler Hinsicht der ideale Kunde. Und jetzt, da wir — mehr denn je — die Prinzipien, die Erwartungen und den Einsatz kennen, die Sie erwarten, können wir nur noch effektiver sein als in der Vergangenheit.«

Das B.B.D.O.-Team kam in einem gemieteten Jet über das Wochenende aus New York geflogen, so daß Phil Dusenberry, der Architekt der Pepsi-Kampagnen, seine Präsentation am Montagmorgen pünktlich beginnen konnte. Im Gegensatz zu Chiat/Day fegte er durch den Marketingteil der Kampagne in weniger als einer Stunde und konzentrierte sich dann sehr rasch auf die Thematik und den kreativen Teil. Phil, ein kleiner, leise sprechender Mann, ist Meister des Understatements und guten Geschmacks. Kreative Aufsteiger würden sich fast ein Bein ausreißen, um mit ihm für einen Kunden arbeiten zu können. Bei der Gestaltungsarbeit kann er aber auch knochenhart und kompromißlos sein.

Phil, der den Wert »magischer Worte« pries, geradeso wie er bei Pepsi von »magischen Augenblicken« gesprochen hatte, präsentierte den Slogan »The Power to Be Your Best«, »Die Macht besitzen, über sich hinauszuwachsen«. Wir versuchten, nicht zu lächeln, als wir das Motto hörten; mir war aber klar, daß es genau das war, wonach wir suchten.

Dusenberry sagte, er glaube, der Slogan bringe die Story herüber, daß Apple leistungsfähige, zweckdienliche Produkte für seriöse Benutzer herstelle, daß er aber zugleich auch die persönliche Leistungsfähigkeit herausstelle. Es sei ein Motto, das in viele kreative Entwürfe eingebaut werden könne. Einige seien gut, andere nicht verwendbar. Aber die Agentur demonstrierte, daß es ein Slogan war, der gleichermaßen gut auf den Heim-, Ausbildungs- und Büromarkt angewandt werden konnte.

Die beste Werbung trifft ins Mark des Produkts und enthüllt seine Seele. Das war das Schöne an »Die Macht besitzen, über sich hinauszuwachsen«. Der Slogan sagte alles aus, was wir zu werden versuchten. Er sprach die Gefühle unserer neuen Zielgruppe an, die »Power«-Leute in der Unternehmenswelt, während er gleichzeitig mit derselben Kraft den Ausbildungssektor und auch unsere Fans ansprach. Ich war der Überzeugung, der Slogan werde uns als Firma mit einer einzigen Stimme zu einer Zeit sprechen lassen, in der die Einheit zwingend und Anzeigen-Dollar knapp waren.

»Einlösung des Versprechens« hingegen klang nach arroganter Selbstüberschätzung, nach einer nichtexistierenden Kontinuität und der Erwartung, daß unser Zielmarkt von vornherein wisse, was unser Versprechen war. Die echten Apple-Enthusiasten interpretierten den Spruch vielleicht so, daß wir versprachen, wunderbare persönliche Geräte für den einzelnen herzustellen; aber den »Power«-Leuten im Geschäftsleben, die wir jetzt als Kunden zu gewinnen suchten, hätte er möglicherweise nicht gefallen. Sie betrachteten Apple als arrogante Firma, die es versäumt hatte, sich um die Bedürfnisse der Kunden zu kümmern, und die deshalb weniger leistungsfähige Heimcomputer produzierte, die auch in Schulen eingesetzt wurden. Wir litten an einem echten Mangel an Glaubwürdigkeit, nachdem wir das Versprechen, einen Macintosh Office auf den Markt zu bringen, nicht eingelöst hatten. Der Slogan von Chiat/Day wirkte aufreizend; hätte die Ford Motor Company so etwas nach Einführung ihres »Edsel« verkündet, wäre die Wirkung dieselbe gewesen.

Wir verschoben die Entscheidung um eine volle Woche, damit beide Präsentationen sacken konnten. Dann stimmten wir einstimmig für B.B.D.O. Am späten Abend des 19. Mai rief ich zunächst Jay an. Er zeigte seine Enttäuschung ganz offen, nahm die Nachricht aber wie ein Gentleman auf. Dann rief ich Rosenshine gegen Mitternacht in seinem Haus in New York an.

»Allan«, sagte ich, »wir sind zu einer Entscheidung gekommen. Wir dachten an die Möglichkeit, den Etat zwischen Ihnen und Chiat/Day zu teilen, aber wir entschieden uns dagegen.«

Es entstand eine Pause, und dann sagte ich endlich: »Allan, herzlichen Glückwunsch! Ihr habt den ganzen Preis gewonnen.«

Er war natürlich begeistert. Wenige Tage später veröffentlichte Jay ganzseitige Anzeigen, mit denen er Apple dafür dankte, daß sie Chiat/Day sieben Jahre lang beschäftigt habe. »Sie haben für uns getan, was VW für Doyle Dane Bernbach, was Hathaway für Ogilvy & Mather und was McDonald's für Needham, Harper & Steers getan haben.«

Auch das war ein Bruch mit Apples Vergangenheit.

*

Während wir die Firma repositionierten, merkte ich, daß ich mich selbst auch repositioniert hatte. Der »typische Vertreter des Unternehmens-Establishments«, der »Koste-es-was-es-wolle«-Konkurrent von Pepsi, lebte nicht mehr im Körper und Geist des John Sculley. Ich wurde sanfter, nachdenklicher, auch gesetzter. Ich fand mehr Zeit für meine Familie und für die Dinge, die mit Arbeit nichts zu tun hatten und mir Spaß machten: Segeln, Wandern und Reiten mit Leezy; Lesen und Reisen mit meinen Kindern Meg, Jack und Laura.

Leezy gehört zu den wenigen Menschen, die mich aus meiner Arbeitswut herausreißen und in die Wirklichkeit des Alltags zurückholen können. Mein Zuhause ist eine »Low-Tech-Welt« — wir haben Hühner auf dem Grundstück, Hunde und zwei herrliche Morgan-Pferde.

Nach meiner Scheidung sah ich Meg und Jack, die an der Westküste lebten, sechzehn Jahre lang alle drei Wochen. Mit Pepsi hatte ich vereinbart, daß ich so oft reisen konnte, um sie zu besuchen, wie ich wollte. Jetzt konnte ich sie öfter sehen. Mein Wechsel zu Apple brachte mich ihnen näher. Meg, die in Los Angeles als Lehrerin arbeitete, nahm oft an Apple-Veranstaltungen teil. Jack, der an der Universität Stanford angewandte Physik studierte, und ich diskutierten jetzt über Technologie, was uns einander näherbrachte.

Ich unterhielt mich gern mit ganz verschiedenen Menschen — Leuten, denen ich bei Pepsi nie begegnet wäre: Alan Kay, Marvin Minsky, Seymour Papert, Nicholas Negroponti. Das waren keine Jünglinge, sie waren älter als ich. Aber sie waren die Begründer der Computerwissenschaft und der Idee vom Personalcomputer, und sie sahen die Möglichkeiten von Computern schon, bevor Steve Jobs geboren wurde.

Mir wurde auch bewußt, wie es möglich war, die eigenen Grenzen zu überwinden, um zu erreichen, was weit über das hinausgeht, für das man sich fähig hält. David Hancock, der Generaldirektor von Apple in Großbritannien, präsentierte diese Herausforderung seinem neuen Führungsteam, um ihr Selbstvertrauen aufzubauen: »Wenn wir den höchsten Berg Afrikas besteigen können, können wir auch darauf vertrauen, jeden Berg in der Geschäftswelt zu schaffen.« Eine Gruppe von 14 Leuten – mit einer Ausnahme alles Nichtsportler –, darunter einer, der schwer an Asthma litt, erklomm auf einer sechstägigen Tour bei schlechtem Wetter den 5895 Meter hohen Kilimandscharo in Tansania. Einige krallten sich buchstäblich zur Spitze hoch, andere schafften es nur in Abschnitten von jeweils drei Metern, bis sie den Gipfel erreichten. Es war eine außerordentliche Leistung. Wie ich hatte auch Hancock einen Verbrauchsgüter-Marketing-Background, bis 1984 war er der internationale Marketingdirektor von Gilette gewesen, dann hatte er unsere britische Niederlassung übernommen. In der Zeit von 1983 bis Anfang 1985 war Apples Marktanteil in Großbritannien von 25 auf 10 Prozent zurückgefallen. Doch nach der Klettertour brachte unsere britische Niederlassung Rekordergebnisse.

Beeindruckt von dieser Leistung und dem darin zum Ausdruck kommenden Selbstvertrauen begann auch ich, weiter zu blicken und die Zukunft nach neuen Möglichkeiten abzusuchen.

Lektion zu Kapitel 11

»Geographie des Lernens«

Irgendwann Mitte der neunziger Jahre könnte es sein, daß die Presseschlagzeilen zwei Ereignisse verkünden, die das Leben unseres Landes sehr wohl verändern könnten. Bis dahin werden die Sowjets das erste bemannte Raumschiff der Welt auf dem Mars gelandet haben und zum zweiten Mal wie damals beim »Sputnik-Schock« bei uns die Angst auslösen, daß unsere Kinder nicht so viel lernen, wie sie sollten. Und in dem Augenblick werden wir feststellen, daß bis zu 35 Prozent unserer

Lehrer pensioniert sind und kaum noch jemand da ist, der unsere Kinder unterrichtet.

1957 schossen die Sowjets den Sputnik 1 in den Weltraum, überraschten die Welt und trafen die Vereinigten Staaten im Innersten. Ein solches Ereignis war notwendig, um das Land in Bewegung zu versetzen, die NASA zu gründen und Hunderte von Millionen Dollar für die technische Forschung bereitzustellen.

Das Durchschnittsalter unserer Lehrer beträgt jetzt Ende 40, und immer weniger Menschen als je zuvor in der jüngsten Vergangenheit werden Lehrer. Frauen, die jahrelang den stärksten Nachwuchs bei den Lehrern stellten, verfolgen jetzt andere Karrieren. Und leider hat unsere Gesellschaft aus dem Lehrerberuf eine gering geachtete, schlecht bezahlte Arbeit gemacht. Viele unserer Lehrer, deren Moral unglaublich gesunken ist, sind nur noch Babysitter in großen städtischen Schulen.

Diese beiden unzusammenhängenden Ereignisse könnten zu einem allgemeinen Erwachen und der Erkenntnis führen, daß Amerika nicht nur seine technische Spitzenstellung in der Welt verloren hat, sondern daß der einzige Ausweg aus dieser Krise bei der Jugend des Landes liegt, einer Generation, der es wahrscheinlich an der notwendigen Zahl an Lehrern fehlen wird, um das zu schaffen. Aber vielleicht wird das nicht so schlimm sein.

Als Nation scheinen wir nur in der Lage zu sein, auf eine Krise zu reagieren. Unser Problem mit der Ausbildung liegt darin, daß wir es überhaupt erst einmal in seinem ganzen Umfang begreifen müssen. Etwa 23 Millionen amerikanische Erwachsene sind praktisch Analphabeten. Ungefähr 13% unserer Teenager können nicht lesen. Von 1963 bis 1980 fand ein praktisch ununterbrochener Rückgang bei den durchschnittlichen schulischen Leistungen statt. Im Vergleich mit Studenten von 19 anderen industrialisierten Staaten nahmen amerikanische Studenten siebenmal den letzten Platz ein, und wir haben niemals den ersten oder zweiten erreicht.

Der Personalcomputer ist kein Allheilmittel für dieses Problem, aber er ist ein Werkzeug, mit dem nach Lösungen gesucht werden kann. Auf diese Art werden Computer wirklich die Welt verändern, nämlich indem die Kinder verändert werden, die wiederum unsere Ansichten von der Welt verändern werden. Computer werden bestimmt einen größeren Einfluß auf Kinder ausüben, als sie es jemals auf die gradlinigen, mit Büchern gefütterten Menschen meiner Generation tun werden. Der Personalcomputer stattet uns mit einem besseren »Buch« aus, das eher aktiv (wie das Kind) als passiv ist. Zukünftige Generationen des Personalcomputers werden dieselbe, die Aufmerksamkeit fesselnde Macht des

Fernsehens ausüben, aber besser durch das Kind kontrolliert werden können als die Sender.

»Es kann wie ein Piano sein«, meint Alan Kay. »Ein Produkt der Technologie, ja, aber eins, das ein Werkzeug, ein Spielzeug, ein Ausdrucksmittel, eine Quelle unendlichen Vergnügens und der Freude sein kann und wie die meisten technischen Errungenschaften in unerfahrenen Händen eine schreckliche Plage!«

Die Verheißung, die der Personalcomputer verkörpert, ist noch weit davon entfernt, erfüllt zu werden. Die meisten Computer in den Schulen werden heute für einfache Drillübungen und zum Auswendiglernen benutzt. Wir bereiten unsere Kinder immer noch auf dieselben alten Routinejobs des Industriezeitalters vor, genau auf die Jobs, die täglich verschwinden. Statt dessen sollten wir sie auf die Berufe der Zukunft vorbereiten. Berufe, die Denkfähigkeiten erfordern und nicht nur auswendig Gelerntes und Routine.

Computer mit ihrer Bücherei an Wissen, das den Studenten auf einen Fingerzeig hin zugänglich ist, werden es den Kindern ermöglichen, Spaß am Lernen zu haben, weil sie Forscher und aktive Teilnehmer an Lernabenteuern sein können. Aber wir können Computer nicht einfach in den Schulen abladen, damit einfache Drill- und Routineübungen damit ausgeführt werden, wie Sherry Turkle gesagt hat. Wir müssen Computer in den Hauptlehrplan einbauen.

Die Carnegie Foundation hat das Potential schnell erkannt: »Die (neuen) Technologien müßten es ermöglichen, den Lehrern einen großen Teil ihrer Last, den Studenten Informationen mitzuteilen, abzunehmen, und ihnen statt dessen die Gelegenheit geben, sie zu trainieren, Lernschwierigkeiten zu diagnostizieren, für die Studenten kreative und zur Problemlösung geeignete Fähigkeiten zu entwickeln und an der Schulverwaltung teilzunehmen. Die wesentlichen Produktivitätsvorteile, die von der Computeranwendung erwartet werden können, ergeben sich nicht dadurch, daß Lehrer durch Maschinen ersetzt werden, sondern durch wesentlich verbesserte Leistungen der Studenten, wenn gute Lehrer durch korrekt angewandte Technologien noch unterstützt werden.«

Einige der interessantesten Arbeiten zum Thema Lernen finden heute im Center for Arts and Media des MIT statt. Die Experimente des Centers mit gemischten Medien, die Textfenster, Videofilme in TV-Qualität und Sprache als Bestandteile interaktiver Lernwerkzeuge kombinieren, haben die Fachwelt in Erstaunen versetzt. Kinder können, im Gegensatz zur Meinung ihrer Eltern, Radio hören und »Miami Vice« im Fernsehen ansehen, während sie mit einem aufgeschlagenen Buch vor sich auf dem Fußboden ihre Hausaufgaben in Mathematik lösen. Statt von dem Medienbombardement abgelenkt zu werden, helfen ihnen die »gemischten Mitteilungen« eher beim Lernen.

Wenn Menschen relevante Informationen aus verschiedenen Medien gleichzeitig empfangen können, werden sie weitaus effektiver lernen können. Das ist die Fähigkeit, die MIT herauszufinden versucht; eine technologische Möglichkeit der Nutzbarmachung. Es ist lange her, daß Henry James Balzac dafür kritisierte, daß er »zu viele Fakten . . . Ideen und Bilder« präsentiere. Balzac, klagte er, »wird schon wegen seiner Angewohnheit, zu viele Episoden parallel zu beschreiben, unverständlich«, da sie die Leser wegen der Quantität und Intensität ablenkten. Für die Computergeneration sind das beides Pluspunkte.

Warum sollten wir schließlich auch alle auf dieselbe Art lernen? Jeder Mensch lernt unterschiedlich: durch Lesen, durch das Anschauen von Bildern oder durch Zuhören. Die Personalcomputer der neunziger Jahre werden in der Lage sein, sich den Lernprozessen so anzupassen, daß sie den spezifischen Bedürfnissen der Menschen bestmöglich entsprechen werden. Manche lassen sich bei Eignungsprüfungen durch Mathematik einschüchtern, obwohl sie beim Preisvergleich im Supermarkt Zahlen im Kopf zusammen- und abziehen können. Wenn wir sogar scheinbar schwierige Informationen in einen interessanten, nicht einschüchternden Zusammenhang bringen können, sind sie nicht so bedrohlich. Das genau ist unser Ziel für die Personalcomputer der neunziger Jahre. Die MIT-Experimente werden uns helfen, Personalcomputer zu entwerfen, mit denen Kinder, die mehrere Dinge gleichzeitig tun können, besser werden arbeiten können als wir.

An der Westküste sponsert Apple mittlerweile eine der interessantesten Forschungen darüber, wie Computer in den Lehrplan integriert werden können. Das alles findet in einem alten, verwohnten Gebäude in Los Angeles statt, hinter dem sich ein Asphaltdschungel-ähnlicher Spielplatz befindet – dennoch ist es eine der innovativsten Schulen der Welt. Das Computerprojekt namens »Vivarium« wird von Alan Kay geleitet, der nach Wegen sucht, wie künstliche Intelligenz, Computergraphiken, das Interface und der Lehrplan geändert werden können, um den Menschen das Lernen zu ermöglichen.

Die Kinder, beginnend mit der 6. Klasse, werden Tiere zeichnen und Biotope pflanzen, um ihr Verständnis für das, was sie gelernt haben, zu prüfen, zu schärfen und zu erweitern. Die große Frage lautet, wie wird es für neue Benutzer sein, wenn sie in der Lage sind, ihre eigenen Computerwerkzeuge zu schaffen, halbintelligente Prozesse, die Aufgaben ausführen, Quellen herausfinden und ihre Benutzer beraten und unterrichten können?

Alan ist dabei, Kindern die Möglichkeit zu geben, ihre eigenen Computerwerkzeuge für künstliche Intelligenz zu schaffen – Prozesse, die Funktionen ausführen, die normalerweise mit menschlichen Intelligenzleistungen wie Lernen, sich Anpassen, Beurteilen und automatischer Selbstkorrektur assoziiert werden. Die Kinder lernen jetzt erst einmal, ihre eigenen Dinosaurier-ähnlichen Kreaturen zu entwerfen. Noch benutzen sie Macintoshs und einfache Werkzeuge wie Papier, Buntstifte und Scheren. Bald werden sie aber schon die Hilfe eines Hochleistungscomputers in Anspruch nehmen können. Kay hat sich damit ein schwieriges technisches Problem ausgesucht und daraus ein großes Projekt gemacht, das einige der intelligentesten Künstler, Ingenieure und Computerwissenschaftler der Welt anzog: unter anderen den »Muppets«-Designer Jim Henson, Paul MacCready, den Erfinder der ungewöhnlichen Flugmaschine »Gossamer Condor«, und Marvin Minsky, einen der wirklichen Pioniere der künstlichen Intelligenz.

Warum werden Kinder auf das Projekt losgelassen? Die Durchbrüche bei Personalcomputern, die Alan ursprünglich erreichte, schaffte er mit Schülern der 5. und 6. Klasse am Xerox PARC, und diese Experimente führten zu vielen Charakteristika bei den Interfaces des Macintosh. Kinder sind unvoreingenommen. Sie passen sich leichter an die neue Technologie an, und bei ihnen ist es wahrscheinlicher, daß ihnen neue Möglichkeiten einfallen, das System zu benutzen, weil sie noch nicht an Althergebrachtes gewöhnt sind.

Die Experimente werden uns bei unserem lebenslangen Lernprozeß helfen – ein weiteres Bildungsziel, das an Bedeutung gewinnen wird, wenn eine Erneuerung der Qualifikation notwendig wird, um Menschen auf die vier oder fünf Berufe vorzubereiten, die sie ergreifen werden. In der Zukunft werden die Menschen, die es versäumen zu lernen, möglicherweise feststellen, daß sie von der wohlhabenden Mittelklasse des Landes ausgeschlossen bleiben. Der Begriff der Mittelklasse, deren Grundlage hauptsächlich eine ökonomische ist, wird sich vielleicht dahingehend ändern, daß ihre Grundlage Information und Wissen sein wird.

Leider brauchen wir vielleicht erst eine Krise, um uns in Bewegung zu setzen. Aber wenn das der Fall ist, kann sich der Ausbildungsprozeß zu einem Neuland entwickeln, so wie die Wissenschaft in der ersten Hälfte dieses Jahrhunderts ein Schauplatz für Entdeckungen und Aufklärung war. Eine Neuerung erfordert nicht nur eine Bildungsreform, sondern auch eine Reform unserer Lern-, Arbeits- und Managementkonzepte. Dazu ist es notwendig, die Lernsituation spannend zu machen, eine Atmosphäre des Lernens zu schaffen, die Spaß macht, und Werkzeuge zur Verfügung zu stellen, die die Technologie so transparent wie möglich machen.

Die wirkliche Computerrevolution wird erst nach Jahren in der Generation unserer Kinder stattfinden, nicht mehr in unserer. Ungefähr 50 Jahre nachdem das einmillionste Ford-T-Modell 1919 vom Fließband rollte, veröffentlichte Jack Kerouac seine Hippie-Novelle ›On The Road‹. Obwohl es schon seit fünfzig Jahren Autos gab, gehörte Kerouac zur ersten Generation, die sich die Kraft des Autos zu eigen machte, und er schrieb anschaulich über das Bedürfnis nach Spontaneität und Tatendrang. Das Auto wurde von einem Gegenstand zu einem Teil der Seele der Hippie-Generation: Es bedeutete Leben und Ausweg für Kerouac. Dasselbe wird wahrscheinlich der Personalcomputer für diese neue Generation von Kindern sein.

Kapitel 12

»Neue Apple-Dimensionen«

In der Dunkelheit eines wunderschönen Juniabends bewegte sich auf einer Länge von fast einem Kilometer langsam ein Zug glänzend polierter Limousinen auf das prächtig beleuchtete Hauptquartier von PepsiCo zu. Eingetaucht in helles Licht schienen sich die Erdmans, Moores und Mirós, die über das Firmengelände verstreut waren, zwanglos unter die Gäste zu mischen. Man konnte den frisch gemähten, perfekt gepflegten Rasen riechen. Die Bäume im Hof funkelten, sie waren vollgesteckt mit kleinen Lämpchen.

Ein Mitglied des Wachpersonals, das uns mit Taschenlampen heranwinkte, steckte den Kopf in unser Auto.

»John Sculley«, sagte er überrascht. »Wie schön, Sie zu sehen!«

Der Mann mit dem freundlichen Gesicht hieß Leezy und mich mit einem schnellen Gruß willkommen und winkte uns durch das große Eisentor.

Meine letzte Erinnerung an Pepsi war meine Abschiedsparty vor drei Jahren, die verhältnismäßig bescheiden gewesen war und an der ein Teil der Führungskräfte nicht teilgenommen hatte.

Alles wies darauf hin, daß dieser Abend, der 25. Juni 1986, ein anderes Ereignis werden würde — eine offizielle Dinnerparty zu Ehren von Don Kendall, der als Präsident der PepsiCo zurücktrat. Es war das erste Mal, daß ich wieder bei PepsiCo oder in Purchase war, seit ich zu Apple gewechselt hatte. Als wir das Hauptgebäude der Gesellschaft erreichten, näherte sich ein Firmenchauffeur unserem Wagen und bestand darauf, uns über den mit Kopfsteinen gepflasterten Fußweg direkt vor den Haupteingang zu fahren. Das Angebot war höchst ungewöhnlich. Niemand außer Kendall oder einem geladenen Würdenträger hatte je dieses Privileg gehabt. Aber es war schwierig für eine Frau mit hohen Absätzen, auf den sorgfältig mit der Hand gehauenen Pflastersteinen, die aus Europa importiert worden waren, zu laufen. So nahm Leezy das Angebot an, während ich mit anderen Gästen hinaufbummelte.

Während ich an diesem lauen, zauberhaften Abend den holprigen Weg entlangging, hatte ich einen Augenblick lang das Gefühl, als hätte ich

Pepsi nie verlassen. Jeder – und wirklich alles – jenseits der doppelten Glasschiebetüren sah genauso wie damals aus. Ich fragte mich, ob Apple nichts als ein Traum gewesen war. Und dann sah alles genauso plötzlich viel kleiner aus, so wie bei der Rückkehr in eine alte Heimatstadt oder Schule, wenn alles wie eine Miniaturausgabe dessen, woran man sich erinnert, auszusehen scheint.

Ein Butler kündigte unsere Namen an, als wir das geräumige Empfangszimmer betraten. Eine lange Reihe Offizieller begrüßte die Neuankömmlinge, während Kellner in Uniform Dom Perignon ausschenkten. Herzlich schüttelte ich Wayne Calloway, dem neuen Präsidenten der PepsiCo und Kendalls Nachfolger auf dem Posten, um den ich mich in einem anderen Leben jahrelang beworben hatte, die Hand. Don war der nächste in der Reihe der Begrüßenden, und er strahlte. Dieses war sein Galaabend, sein Abschied und ein Ereignis, das alle anderen extravaganten Feierlichkeiten, die jemals bei PepsiCo stattgefunden hatten, übertraf. Es war der krönende Abschluß einer brillanten Karriere.

Die Party signalisierte das Ende einer der beeindruckendsten Leistungen in der amerikanischen Unternehmensgeschichte. Als Chief Excecutive von PepsiCo in 21 aufeinanderfolgenden Jahren, von 1965 bis 1986, hatte Kendall die Umwandlung von einem glanzlosen Soft-Drink-Hersteller in einen 9,3 Milliarden Dollar schweren Verbrauchsgüterriesen herbeigeführt. PepsiCos Gesamteinnahmen, die dem Unternehmen einen Platz unter den 50 größten Gesellschaften der Vereinigten Staaten verschafften, übertrafen sogar den Gegner Coca-Cola Co., der Pespi einst in praktisch jeder Hinsicht dominiert hatte.

»Big John«, dröhnte Kendall, als er mich mit einer kräftigen Umarmung vom Boden hob. »Ich bin so glücklich, daß du heute abend kommen konntest. Du weißt gar nicht, wieviel das für mich bedeutet.«

»Ich hätte das um nichts auf der Welt verpassen mögen, Don, du weißt, wie sehr ich dich schätze, und das ist ein ganz besonderer Abend. Ich wollte unbedingt mit dir feiern.«

Ich ging die Reihe entlang, schüttelte jedem Direktor der Firma die Hand und begab mich in den Raum, der bevölkert war von der Wirtschaftselite des Landes. Die meisten waren ehemalige Chairmen oder Präsidenten einiger der mächtigsten Unternehmen der Welt, ein personifiziertes ›Wo's Who‹ des modernen Kapitalismus, vertreten durch General Motors, IBM, Exxon, General Electric, RCA, Johnson & Johnson, Union Carbide, Pan Am, Union Pacific, General Foods, Goldman Sachs und Citicorp.

Die 400 Gäste versammelten sich später in einem großen weißen Zelt, das in der Nähe des künstlichen Sees und der angestrahlten PepsiCo-

Fontäne aufgestellt worden war. Atemberaubende Blumenarrangements dekorierten das riesige Zelt, in dem die Gäste nach Prestige und Rang Platz genommen hatten. Die Juniorvizepräsidenten der Gesellschaft und ihre Frauen saßen am äußersten Rand des Zeltes, während die eigentliche Führungsgruppe vorne Platz genommen hatte. Es wurde klassische Musik – Mozart, Copland und Prokofjew – von dem vierzigköpfigen »Philharmonia Virtuosi Orchestra« gespielt. Der Popsänger John Denver, ein persönlicher Freund von Kendall, trug einige mitreißende Lieder vor, die Don gewidmet waren.

Der Unterschied zwischen dem Fest und den Partys bei Apple war enorm. Bei Apple stellten wir manchmal auf dem asphaltierten Parkplatz hinter dem Gebäude für ein Betriebsfest ein großes Zelt auf, zu dem die Leute in Bluejeans erschienen und sich zu der dröhnenden Rockmusik von »Jack Mack and the Heart Attacks« schweißnaß tanzten. Bei den wenigen offiziellen Gelegenheiten, die selten genug stattfanden, zogen sich die Apple-Leute geliehene pastellfarbene Smokings an und trugen Faltenhemden. Alan Kay kam vielleicht mit einem schwarzen, seidenen Zylinder und Stock. Andere mit schwarzer Krawatte und Nike-Turnschuhen mit Klettverschluß. Sich herauszuputzen war ein Spiel bei Apple, so als würden sich die Leute für eine »Halloween-Parade« anziehen. Hier bei Pepsi war es ein Zeichen des Arriviertseins, des Erfolges.

Doch der Unterschied ging noch viel, viel weiter. Er spiegelte große Differenzen zwischen den Firmen der »Third Wave« und der »Second Wave« wider, wo Führungskräfte Institutionen genauso umständlich und steif leiteten wie die katholische Kirche oder die US-Armee. In diesem Augenblick erst wurde mir klar, wie viele Chief Executives von »Second-Wave«-Unternehmen früher Jagdflieger oder Militärs gewesen waren, wie John Akers von IBM, James E. Burke von Johnson & Johnson oder selbst Don Kendall. Was sie verfolgten, war eine Religion der *Strategie*, des *Schlagens* der Konkurrenz – Kriegsspiele, übertragen auf die Geschäftsebene. Krieg war eine schlecht geeignete Metapher für das, was ich tat, denn Strategie hatte in der »Third Wave« wenig mit Erfolg zu tun. In der Welt, die ich mir bei Apple zu eigen gemacht hatte, lag die *Romantik* des Geschäfts täglich in dem, wie wir lebten und wofür wir lebten.

Während die Kellner für einen Trinkspruch in die Gläser der Gäste »Stolichnaya Wodka« einschenkten, schritt Calloway zur vorderen Rednerbühne, um eine Rede zu halten.

»Ich bin mehrmals gefragt worden, ob ich derjenige bin, der Don Kendall ersetzt«, sagte er. »Niemand kann Don Kendall ersetzen. Ich übernehme bloß seinen alten Job. Ich möchte Ihnen mitteilen, daß Sie uns alle dabei helfen, die Firmengeschichte neu zu schreiben, denn dieses ist das letzte Mal, daß jemand die PepsiCo-Skulpturgärten besucht.«

Da mir Calloways Plan schon vorher bekannt gewesen war, beobachtete ich Don aufmerksam. Nach einer Pause fuhr Calloway fort, und seine Stimme wurde immer aufgeregter. »Wir ändern den Namen dieser wunderschönen Anlage um in die ›Donald M. Kendall Skulpturgärten‹, und zwar ab sofort.«

Das war ein wunderschönes Geschenk für Don. Er war gerührt. Die Gärten stellten ein Symbol für die ganze Stärke und Macht der PepsiCo dar, für alles, was Kendall während seiner glänzenden Firmenkarriere erreicht hatte. Kendall war es gewesen, der darauf bestanden hatte, daß PepsiCo sich der schönen Künste als Schirmherr, öffentlicher Wohltäter, Kritiker und Kenner annehmen sollte. Gleich von Anfang an hatte er die Energien der Firma auf die Sammlung bedeutender Skulpturen des 20. Jahrhunderts konzentriert, und bei seinem Rücktritt konnte Kendall ein wirkliches Museum ohne Mauern mit seinen 39 Werken der modernen Bildhauerei – die er alle persönlich ausgewählt oder in Auftrag gegeben hatte – mit Recht sein eigen nennen.

Später traf ich in der Herrentoilette auf Pearson. Bei unserer letzten Zusammenkunft hatte er hinter einem PepsiCo-Schreibtisch gesessen, als ich ihm mitgeteilt hatte, ich würde die Firma verlassen. Mit steinernem Gesicht und kurz angebunden hatte er sich sogar geweigert, aufzustehen und mich zu verabschieden; es war ein frostiger Abschied für jemanden gewesen, der die Firmenloyalität verraten hatte. Aber jetzt war er ein ganz anderer Pearson. Nachdem er bei PepsiCo wegen einer Professur an der Harvard Business School Abschied genommen hatte, war er nun freundlich und aufgeschlossen und fasziniert von der Westküstenfirma, von der er noch ein paar Jahre zuvor kaum etwas gehört hatte.

Aber mir wurde schnell klar, wie weit ich inzwischen von dem Geschäft, das mich einst besessen hatte, entfernt war. Meine Freundschaft mit Kendall war größer als je zuvor und genauso mein Respekt für seine Leistungen. Aber PepsiCo gewann mir nur noch wenig Interesse ab. Ich hatte meine Entscheidung, die Firma zu verlassen, nie bereut, und diese Reise bestätigte das nur. Irgendwie hatte ich das Gefühl, als wenn ich nicht mehr dazugehörte.

Ich hatte zuviel gesehen, mich zu sehr verändert. Meine dreieinhalb Jahre bei Apple hatten merkwürdigerweise größere Spuren in meinem Leben hinterlassen als die etwa 16 Jahre hier. Irgendwann wird mir jemand ein Foto aus den Pepsi-Tagen zeigen, und ich werde mich ernsthaft fragen, ob das wirklich ich war oder jemand anderes. Pepsi war ein Teil einer großen Industrie. Apple ist eine Art zu leben.

Ich war jetzt Bestandteil von etwas Wichtigem, das auf der Welt passierte. Nur wenige Topmanager würden jemals die Gelegenheit bekommen, die Erfahrung kennenzulernen, die ich gerade durchlebte. Silicon Valley und seine Bewohner waren so unvereinbar mit den Großunternehmen in den Vorstädten von New York City und ihren zugeknöpften Führungskräften wie Sodagetränke mit dem ungeheuren Potential von Computern. Kein Wunder, daß mir PepsiCo bei meiner Rückkehr so klein erschienen war.

*

Kaum jemand verkörperte so sehr das Neue, den Unterschied zu meiner Vergangenheit, wie der Apple-Technologe Bill Atkinson, der mir sagte: *»Ich kaufte den Traum, ich kaufte den Traum, einen Eindruck zu hinterlassen. Ich kaufte ihn nicht nur, sondern ich kostete ihn und wußte, daß er richtig war. Ich sah mir das Leben um mich herum an, begann mit den Sternen im All und dachte über unseren Planeten und unser kleines Team nach, und was wir als Teil der Schöpfung tun können. Ich dachte, was kann ich dazu beitragen? Ich hatte so unglaublich viel Glück und bin mit so vielen Möglichkeiten gesegnet, daß ich mich zurücklehnen und für den Rest meines Lebens faulenzen kann, solange das Geld reicht. Aber ich habe einige Talente, die ich beitragen kann.*

Nachdem ich ›MacPaint‹ gemacht hatte, arbeitete ich an der Idee, die ich für einen Laptop-Computer* namens Magic Slate hatte. Zwei Freunde hatten mit mir im Haus daran gearbeitet. Aber die Technologie gab es nicht und würde es auch innerhalb der nächsten fünf Jahre nicht geben. Ich bringe gern Zeug heraus, ich mag nicht nur träumen. Ich bin ein produktiver Mann. Ich bekam richtige Depressionen bei der Erkenntnis, daß wir dieses Ding nicht bauen konnten. Ich machte das für Apple. Ich durchlebte eine Dürreperiode, in der ich nicht programmieren und überhaupt nicht viel tun konnte, und ich ging zu Bud Tribble, meinem Manager, und sagte: ›Hör mal, ich bin nicht mehr an diesen Computern interessiert. Ich kann nichts damit anfangen. Ich habe das Gefühl, ich sollte so lange kein Gehalt mehr beziehen, bis ich wieder etwas produziere.‹

---

* Laptop-Computer: netzunabhängige, häufig zusammenklappbare Computer, die ein Manager z. B. ins Flugzeug mitnehmen kann, also auf dem Schoß (lap) halten kann. (A.d.Ü.)

Er setzte sich mit mir hin und sagte: ›Die Arbeit, die du machst,
nämlich herumzulaufen und den Leuten zuzuschauen und sie über unser
Benutzer-Interface zu unterrichten, ist mehr wert als dein Gehalt. Darum
mach dir keine Sorgen über dein Gehalt und hör auf, Schuldgefühle zu
haben. Geh und mach, wozu du Lust hast.‹

So begann ich, Bücher über Kosmologie und solches Zeug zu lesen.
Ich arbeitete nicht viel – ich machte meine Runden und sprach mit
Leuten, aber das war alles. Diese Dürreperiode war richtungweisend
für mich. Ich begann zu erkennen, daß ich eine große Gelegenheit
verpaßte, etwas beizutragen. An einem bestimmten Punkt begann ich,
die Dinge umzudrehen. Statt zu suchen, was ich aus der Welt heraus-
holen könnte, dachte ich, mein Gott, ich bin so gesegnet gewesen, was
kann ich zurückgeben? Das war der Zeitpunkt, als ich erkannte, daß,
ausgehend davon, wer ich war, was ich wußte, wen ich kannte und
wer mir zuhören würde, es das Klügste wäre, was ich tun könnte,
wenn ich weiterhin bei Apple arbeitete und ein Mittel erfände, um
Informationen auszutauschen.

Ich habe eine gewisse Möglichkeit, Menschen zu erreichen, weil Apple
mich vielen Menschen bekanntmacht. Ohne eine solche Unterstützung ist
es für einen Menschen wirklich schwer, eine Menge anderer Leute zu
beeinflussen. Meine Arbeit erreicht eine Million Menschen. Das ist eine
glänzende Gelegenheit, die Welt zu verändern. Ich bin der Meinung, daß
das nicht nur eine Verpflichtung ist, sondern auch eine erfreuliche Gele-
genheit. Eine großartige Sache.

Nachdem ich also zur Genüge Anerkennung bekommen hatte und
mich fragte, worauf es wirklich ankäme und wie ich die Dinge
verändern könne, fragte ich mich, was für mich wirklich wichtig
sei.«

Bei PepsiCo habe ich nie jemanden wie Bill kennengelernt. Bill, ein
einsachtzig großer, drahtiger Mann mit lockigem, hellbraunem Haar, ist
Apples kosmischer Denker. Wenn er ernst ist, flüstert er fast. Sein Blick
schweift hinaus in Galaxien, die uns Lichtjahre voraus sind. Bill glaubt
wie viele andere Technologen, daß er einen Beitrag zu der Intelligenz
kommender Spezies leistet, die eines Tages den Planeten, wenn nicht das
Universum übernehmen werden. In seinem Büro hängt das Motto: »Jetzt
ist die Zeit für alle guten Männer und Frauen, ihren Mitmenschen zur
Hilfe zu kommen.«

Es gab eine Zeit, da wollte er Schriftsteller werden. Bei Apple hat er
jetzt das Gefühl zu kommunizieren.

»In tausend Jahren«, glaubt er, »wird die vorherrschende Intelligenzform auf dem Planeten Erde eher von unserer gegenwärtigen Computer-generation abstammen als von unserer DNS.*

Es mögen vielleicht nicht einmal mehr als 2000 Jahre vergehen, bis es einen Computer gibt, der wesentlich intelligenter ist als ein Mensch. Wir befinden uns an einem Scheideweg der Evolution, an dem eine Art ausstirbt und eine andere zur Welt kommt. Das wird nicht passieren, solange wir noch leben, aber wir tragen zu etwas bei, das viel größer ist als wir. Wir sind nicht der Gipfel der Intelligenz. Wir sind ein schönes Beispiel dafür, wie weit es auf diesem Planeten gekommen ist, aber es wird eine andere Intelligenz geben.«

Nie hatte ich bei Pepsi solche Gedanken gehört. Doch waren solche Gedanken nicht ungewöhnlich in Silicon Valley, wo der Kreativität und den Gedanken wenig Grenzen gesetzt waren. Aus den Tausenden von Computerprogrammierern im Tal ragte Atkinson jedoch als einer der wenigen Technologen hervor, der träumen, der sich ein Produkt ausden-ken, der es entwickeln und herausbringen konnte.

1987, im Alter von 35 Jahren, war Bill bereits eine Legende. Nachdem er 1978 seine eigene kleine Firma aufgegeben hatte und angeworben worden war, wurde ihm die Dienstnummer 51 ausgestellt, und er erhielt sofort die Abteilung »Software-Anwendung«. Seine erste Aufgabe war ein 30-Seiten-Programm in BASIC, einer Computerprogrammierspra-che, die es den Apple-II-Benutzern ermöglichte, gespeicherte Daten auf einem Monitor abzubilden. Atkinson war auch verantwortlich für das Benutzer-Interface des Lisa-Computers, der einzigartigen Möglichkeit, in der ein Computerbenutzer mit dem Computer kommunizieren kann.** Er wurde Ehrenmitglied des Macintosh-Teams, da er viele Merkmale des Computers entworfen hatte, die vom Lisa übernommen wurden, einschließlich der Bearbeitungsfelder, der Einknopf-Maus und des Graphikprogramms »Quickdraw«. Er schrieb eins der straffsten und elegantesten Programme, die jemals für einen Computer geschrieben worden sind.

Steve überredete Bill dazu, »MacPaint« zu schreiben, indem er ihm versprach, es jedem umsonst als Paket anzubieten, der den Macintosh kaufe. Ähnlich einem Dichter, der hauptsächlich daran interessiert ist, daß seine Worte so viele Menschen wie möglich erreichen, wünschte Bill sich nichts dringlicher, als daß seine Arbeit ein möglichst breites Publi-kum erreichte.

»Wenn du ein Künstler bist, dann möchtest du, daß die Menschen

---

* Desoxyribonukleinsäure (A. d. Ü.)
** Das kann z. B. über sog. interaktive Dialogfelder geschehen. (A. d. Ü.)

deine Arbeit mögen, und du willst Einfluß auf das Leben der Menschen nehmen«, erklärte er mir. »Du möchtest deine Werke öffentlich ausstellen und nicht in irgendeinen Schrank einschließen. Ich benutze den Computercode als ein künstlerisches Medium, um mich auszudrücken, um mir in der Welt ein Denkmal zu setzen und sie so zu beeinflussen, daß ich meinen Enkeln werde sagen können, daß ich einen kleinen Beitrag geleistet habe.«

Im Oktober 1985 jedoch suchte ein sehr desillusionierter Atkinson mich auf. Er war nicht länger der typisch unbekümmerte Atkinson, den ich aus den Macintosh-Tagen kannte, als er von Obstsaft und Big Macs lebte, 20 Stunden am Tag arbeitete und dabei aufblühte. Jetzt wirkte er niedergeschlagen und fast am Boden zerstört. Apple hatte ohne mein Wissen beschlossen, »MacPaint« nicht als Paket zu verkaufen, und Bill nicht davon unterrichtet. Er befürchtete, daß seine gegenwärtige Arbeit an einem neuen Programm namens »HyperCard« genausowenig gewürdigt werden würde.

»Ich brauche eine Atmosphäre der Unterstützung und des Vertrauens«, sagte Bill. »Das, was ich tue, erfordert von mir einen immensen Aufwand an Energie, und ich bin dazu nur bereit, wenn meine Arbeit nicht vernichtet wird. Wenn das der Fall sein wird, dann will ich das jetzt wissen, und ich werde etwas anderes tun.«

Ich war sowohl schockiert als auch überrascht. Atkinson hatte schon fast zwei Jahre mit der Entwicklung von »HyperCard« verbracht, und als er erklärte, was man damit alles machen könne, wurde mir klar, daß es eins der aufregendsten Produkte war, die ich in meiner mehr als dreijährigen Tätigkeit bei Apple gesehen hatte. In seiner elementarsten Form ist »HyperCard« ein Database-Programm, das die Rolodex-Karte als bildlichen Ausdruck zur Speicherung von Informationen im Computer benutzt.

Doch »HyperCard« wird den Menschen auch den Zugang zu Informationen von CD-ROMs* ermöglichen, kleinen Kompaktdisketten, die praktisch Enzyklopädien an Wissen speichern können. Mehr noch, »HyperCard« wird es sogar einem Laien ermöglichen, einfache Programmierungen am Computer durchzuführen. Bei der Beschreibung der Möglichkeiten wurde Atkinson ganz lebhaft, und seine Begeisterung war

---

* ROM (Read Only Memory). Der Text des Computer-Speichers, in dem die Startinformationen für das System abgelegt sind. Das ROM wird bereits bei der Fabrikation fest programmiert und kann nicht mehr verändert werden. Für CD-ROMs braucht man Extraeinbauten oder Geräte, auf die der Computer zurückgreift.

ansteckend. »Das wird es sogar deiner Großmutter ermöglichen, Computerprogramme zu schreiben«, sagte er.

Das war mehr als nur ein weiteres Programm von einem der wahrhaft guten Computer-Hexenmeister des Tals. Es war eine persönliche kreative Leistung, die aus Gefühlen und Traumata entstanden war. Nachdem der Macintosh herausgebracht worden war, hatte Bill versucht, einen kleinen Laptop-Computer für uns zu entwickeln, den er Magic Slate nannte. Als das Mac-Team sich zerstreute und Bills erste Hoffnungen auf sein neues Produkt sich nicht verwirklichen ließen, wurde er immer deprimierter und stürzte in eine Krise.

»Ich durchlebte eine Dürreperiode, in der ich weder Programme schreiben noch sonst viel tun konnte«, berichtete er mir.

»Das dauerte ungefähr sechs Monate«, fuhr Bill fort. »Dann verbrachte ich eine Nacht auf einer Parkbank am Ende der Straße, in der ich wohnte, und starrte die ganze Nacht die Sterne an. Das war das erste Mal, daß ich es wirklich verstand, daß wir, so wunderlich es auch ist, nicht wirklich allein sind. Ich fühlte mich sehr klein, aber auch sehr stolz. Das war die Motivation, die mich in Gang brachte. Sie kommt aus meinem Inneren. Sie kommt nicht wegen des Ruhms und des Glanzes. Sie kommt auch nicht wegen des Geldes. Davon habe ich genug. An dem Punkt hielt ich inne und fragte mich, was ich tun und wie ich einen Beitrag leisten könne. Ich wußte, daß ich ein wirklich guter Programmierer bin, und plötzlich dämmerte mir, daß ich ein wenig von dem, was ich weiß, anderen näherbringen könnte.«

Bills Sinnsuche unter dem nächtlichen Sternenhimmel im Januar 1985 rüttelte ihn aus seiner sechsmonatigen Krise heraus und trieb ihn zu hektischen Aktivitäten in puncto »HyperCard« an. Seine Arbeitsgewohnheiten sind zwanghaft produktiv. An einem typischen Tag plagt er sich gut 16 bis 20 Stunden in einem überheizten, unordentlichen Zimmer in seinem Haus auf den Hügeln von Los Altos. Sein Arbeitsplatz ist ein imponierender Ramschladen von alten und neuen Technologien. Ausgeschlachtete Computergehäuse und ihre Innereien liegen herum. Die Holztische an den Wänden sind bedeckt mit Fragmenten elektronischer Zubehörteile, einer Ersatztastatur, einem Gewirr von Drähten und Teilen von Schalttafeln. Computerzeitschriften, Computerpapier und dicke Bände mit Programmen sind in hohen Haufen auf dem Boden aufgetürmt.

Wegen Apples Beschluß, »MacPaint« getrennt zu verkaufen, und wegen des mangelnden Interesses an »HyperCard« machte Bill sich jetzt Sorgen, daß seine Arbeit umsonst gewesen war. Ich beschloß, die Führungskräfte zusammenzurufen und Bill eine Chance zu geben, seine

Geschichte persönlich vorzutragen. Ich drang auf Unterstützung des Projekts, und schließlich einigten wir uns auf ein Abkommen mit Bill, nach dem Apple sich entweder damit einverstanden erklären sollte, »HyperCard« mit jedem Computer als Paket zu verkaufen, oder Bill die alleinigen Rechte zu übertragen, das Programm nach Gutdünken selbst zu vertreiben.

Ich war so sehr daran interessiert, für sein Projekt einzutreten, da ich über Monate hinweg seinen Fortschritt beobachtet und auch dabei geholfen hatte, es mitzubestimmen. Indem ich mich in die Rolle des Endverbrauchers versetzte, frage ich mich, wofür die Leute das Programm wohl gern benutzen würden. Ursprünglich konzipierte Bill »HyperCard« als ein Programm, das ihm bei der Organisation seines eigenen Lebens helfen könnte. Was ihm fehlte, war, daß es nicht als Werkzeug für Programmierer und als Interface für optische Medien zu gebrauchen war. Ich drängte Bill, beides hinzuzufügen, weil es dem Programm neue Dimensionen verleihen würde. Mit Joe Hutsko, meinem technischen Berater, saß ich abends bei mir zu Hause und spielte mit dem Programm, um zu sehen, welche Verbesserungen wir daran vornehmen könnten. Ich sagte Bill nicht, wie sein Programm aussehen sollte, sondern wie es aussehen könnte.

*

Bei Apple kam der Kampfgeist allmählich zurück. Unser Lebensblut sind unsere Produkte – und davon rollte eins nach dem anderen aus der Firma. Wir bewiesen, daß in der Apple-II-Produktlinie viele Möglichkeiten steckten, als wir im Oktober 1986 den Apple IIgs lancierten, einen Computer mit erstaunlichen Graphik- und Tonleistungen. Esther Dyson war eine seiner vielen Fans. Und wir sollten auch bald die Hoffnungen, die der Macintosh-Computer geweckt hatte, erfüllen. Auch die Presse begann von unserem Comeback zu berichten. Ein lokaler Rockmusiksender, KMEL, begann, mir den Spitznamen »Skullman« zu geben. Sehr oft, wenn KMELs »Zoo-Mannschaft« die problembeladenen täglichen Nachrichten vortrug, schlug einer der Disjockeys vor, daß »Skullman« vielleicht eine Lösung dafür habe – von den Handelsdefiziten bis zu Landstreichern in San Francisco, von zu hohen Steuern bis zu einer Vereinbarung über Atomwaffen. Wer hätte zehn Jahre vorher geglaubt, daß Firmenchefs als Berühmtheiten betrachtet werden würden? Niemand auf der Welt war grauer und langweiliger als ein Geschäftsmann gewesen. Jetzt machte sogar ein Rockmusiksender schmeichelhafte Bemerkungen über mich.

Die Briefe und Telefonanrufe veränderten sich auch. Investoren und Apple-Fans schickten Briefe und riefen mich persönlich an, um mir zu der Leistung der Firma zu gratulieren. In Briefen aus Osteuropa wurde ich gebeten, Leuten Unterlagen über Apple-Produkte zu schicken, so daß sie sie sich wenigstens ansehen konnten, weil sie wußten, daß sie nie in ihrem Leben Computer haben würden. Das war etwas ganz anderes als damals, als die Aktienkurse ins Bodenlose fielen. Da riefen täglich zwischen 50 und 100 Leute an und fragten mich schimpfend, was ich tun würde, um ihnen ihr verlorenes Geld zurückzuzahlen.

Die Drittfirmen, die noch ein Jahr zuvor abwartend zugeschaut hatten, waren auch wieder da. Bill Gates lieferte eine neue, bessere Version des Word-Programms von Microsoft.

Philippe Kahn, der den Macintosh einst »einen totalen Flop« genannt hatte, kaufte eine Macintosh-Software-Gesellschaft in San José, die ein hochentwickeltes Database-Programm schuf. Und er erzählte stolz den Leuten, daß er im vergangenen Jahr mehrere Produkte für den Macintosh in der Entwicklung hatte. Ashton-Tate zog als letzter der »drei großen« Software-Hersteller für Personalcomputer, der Software für den Macintosh anbot, nach, als sein Präsident, Edward Esber, mit seinem Versprechen folgte, ein Database-Managementprogramm für den Macintosh herauszugeben.

»Desktop-Publishing« war mittlerweile ein großer Erfolg geworden. Weit entfernt davon, nur eine unbedeutende Nische einzunehmen, wie Kritiker anfänglich behaupteten, entwickelte es sich für Apple zu einer entscheidenden Einstiegsmöglichkeit in die Geschäftswelt. Für weniger als 12 000 Dollar konnten viele der Vorteile zentralisierter elektronischer Gestaltungs- und Druckarbeit angeboten werden, was 1984 noch 250 000 Dollar gekostet hatte. Es wurde erwartet, daß der Markt für »Desktop-Publishing«-Systeme 1987 auf etwa 750 Millionen Dollar steigen, seinen Umfang vom vorherigen Jahr verdoppeln und gegen Ende des Jahrzehnts auf 4,8 Milliarden Dollar hochschnellen würde.

Während es offensichtlich war, daß Konstruktionsbüros, Werbeagenturen und Zeitungsverleger das »Desktop-Publishing« unbedingt haben wollten, wußten wir, daß das System weit über diesen Markt hinausreichen müßte, um mehr als ein Randprodukt zu bleiben. Große Unternehmen hatten ihren Ingenieuren schon immer graphische Gestaltungsmittel der Spitzenklasse zur Verfügung gestellt. Ihre technischen Geschäftsführer hatten häufig die Befugnis, unabhängig von der Abteilung, die für die Beschaffung von Informationssystemen zuständig war, Computer zu kaufen. Wir schickten unsere kleine Direktverkäufertruppe zu den großen Luftfahrtgesellschaften, und ich selbst wurde zum Verkäufer und war bereit, unseren potentiellen Kunden persönliche Besuche abzustatten, um ihnen zu zeigen, daß sie uns vertrauen konnten. Jedesmal kultivierten wir sorgfältig unsere Beziehungen zu den Chefs der MIS-Abteilungen, denn obwohl wir mit unserem »Desktop-Publishing« durch die Hintertür gekommen waren, wußten wir, daß wir schließlich wegen weiterer Aufträge durch die Vordertür kommen müßten.

Frühe Erfolge bei Gesellschaften wie Boeing, Hughes Aircraft, General Dynamics, McDonnell Douglas und TRW benutzten wir als Werbung für weitere Verkaufsmöglichkeiten. Nachdem diese Systeme erst einmal eingesetzt waren, um dem innerbetrieblichen Bedarf größerer Unternehmen an Druckerzeugnissen zu dienen, wurde der Macintosh allmählich auch für andere Zwecke benutzt. Weitere große Firmen wie Arthur Young & Co., Peat Marwick and Mitchell, SeaFirst Bank und DuPont waren einige unter vielen, die bereits mehrere tausend Macs gekauft hatten. Die Plessey Co., eine von Großbritanniens größten Aktiengesellschaften, erklärte sich bereit, mehrere tausend Macs für ganz Europa zu erwerben.

Solche Unterstützung demonstrierte, daß wir ein Marketingunternehmen für Systemlösungen anstatt eine Vertriebsgesellschaft von Waren geworden waren. Wir strebten nicht nach dem niedrigsten Preis, sondern nach dem höchsten Wert. Das sollte auch die Basis sein für solche Dinge wie »Desktop«-Kommunikation, die Möglichkeit für Menschen, über ein miteinander verbundenes Netz von Personalcomputern in Gruppen zu arbeiten.

»Desktop-Publishing« ist eigentlich erst der Anfang einer neuen Generation von Intelligenzwerkzeugen, die uns helfen werden, die Art, in der wir Arbeit ausführen, neu zu überdenken. Die weit bedeutendere Revolution, die durch sie angetrieben wird, ist noch nicht eingetreten. Je mehr wir auf die Informationswirtschaft zusteuern, wird das »Desktop« und nicht die Fabriketage der Arbeitsplatz der Zukunft sein. In zunehmendem Maße sitzen Arbeiter an Schreibtischen und gebrauchen ihren Verstand, statt an Fabrikationsmaschinen ihre Hände zu benutzen.

Das ist erst der Anfang und zeigt, wie Apple zwar eine kleine, aber wichtige Rolle bei der Neudefinition von Arbeit spielt. Wir haben die Möglichkeit, die Textverarbeitung weiter auszuweiten, indem unsere Personalcomputer mit Arbeitsgruppen verbunden werden, die miteinander über das »Desktop« kommunizieren können. Wir werden ungeheure Möglichkeiten haben, die Produktivität zu steigern, indem die Art, in der Menschen arbeiten, verändert wird.

Seit mehr als 30 Jahren nach der Einführung des ersten Computers haben sich die Menschen darauf konzentriert, wie die Maschine genutzt werden kann, um die Arbeit zu beschleunigen. Der Computer erleichterte es den Firmen, die Lohnabrechnungen zu bearbeiten, den Verkauf von Flugtickets abzuwickeln oder die Verkehrskontrolle durchzuführen. Doch die bedeutendsten und wichtigsten Produktivitätssteigerungen werden wirklich erst erreicht, wenn die Menschen *anders* arbeiten, nicht schneller.

Das Konzept von Arbeitsgruppen wird Menschen auf der ganzen Welt miteinander verbinden und in den Teams Kreativitätsreserven mobilisieren, die vorher niemals hätten zum Vorschein kommen können. Unabhängig von der Entfernung werden sie in der Lage sein, gemeinsame Quellen zu nutzen — einander Botschaften übermitteln, Zugang haben zu ungeheuren Datenbanken an Informationen und Analysen und Nutzen ziehen aus der Ideenkollision, die in einer Teamatmosphäre auftritt. Das Ergebnis ihrer Arbeit wird in einem »intelligenten Dokument« sichtbar werden, intelligent, weil es topaktuelle Daten enthalten wird, die Entscheidungen beeinflussen werden. Diese »intelligenten Dokumente« werden sich selbst automatisch auf den neusten Stand bringen und an alle Benutzer im Netzwerk verteilen; auf diese Weise werden sie die Organisation und den Entscheidungsprozeß in Unternehmen in der Zukunft gewaltig verändern.

Apples Veränderungen fanden nicht ohne einen gelegentlichen Tumult statt. Als ich anfing, von unserer erweiterten Rolle als kleiner Computersystemgesellschaft zu sprechen, rebellierten viele in unserem mittleren Management. Ich wußte, daß die Datenkommunikation unter Computern eine wachsende Bedeutung bekam und daß es lebensnotwenig für Apple war, sich an die groß angelegten Anlagen der Computer von IBM und Digital Equipment Corp. anzuschließen. Apple mußte eine friedliche Koexistenz mit diesen Welten eingehen, da die Firmenwelt bereits riesige Investitionen in sie gesteckt hatte. Niemand konnte von einer Firma erwarten, IBM-Geräte im Wert von Tausenden von Dollar wegzuwerfen, um einen Macintosh aufzustellen.

Doch dieses Vorhaben war bei den Apple-Leuten unglaublich unpopulär. Es verwickelte mich und jeden, den ich bat, daran zu arbeiten, in heftige Kontroversen. Wir machten auf eine große Zahl von Computerwissenschaftlern mit Systemerfahrung aufmerksam, die demonstrierten, daß wir Benutzer mit fremden Geräten genauso elegant verbinden könnten, wie wir Benutzer mit ihren alleinstehenden Maschinen verbanden.

Aber das war eine große philosophische Hürde für ein Unternehmen, das immer alles für sich allein gemacht hatte. Schon allein das Wort »System« suggerierte, daß wir die Prinzipien anderer annehmen müßten, um verschiedene Produkte miteinander verbinden zu können. Die Apple-Leute hatten die sogenannten »System«-Produkte lange Zeit für öde und langweilig gehalten. Für sie repräsentierten Systeme den Ausverkauf der Dinge, die sie an Computern zu verändern versuchten.

Gegen Ende 1986 forderte mich sogar eine Gruppe mittlerer Manager zu einem Treffen und Entscheidungskampf auf. Sie wollten nicht für eine Systemgesellschaft arbeiten und revoltierten. Doch der Büromarkt und der Bildungssektor forderten eine Verbindung. Ich mußte sie überzeugen, daß unsere primären Ziele sich nicht verändert hatten.

Ich erklärte ihnen, daß ich Apple als eine Gesellschaft betrachte, die sich selbst ständig neu erfinde, und daß wir jetzt auf dem Weg seien, uns als »kleine Computer-Gesellschaft« neu zu erfinden. Das bedeute nicht, daß man aufhöre, ein großartiges Personalcomputer-Unternehmen zu sein, das sich auf Individuen konzentriere. Es bedeute dagegen, daß wir sehr mächtige Systeme bauen würden — Desktop-Computer und Terminals —, die mit anderen Terminals verbunden werden könnten, die entweder unsere eigenen waren oder fremde. Ich hatte mit dem Begriff »System« ein falsches Wort gewählt, und es erschreckte Leute bei Apple. Als ich erklärte, was wir wirklich zu tun versuchten, um aus unserer Außenseiterposition herauszukommen, war die Krise abgewendet.

Apple würde noch immer die Welt verändern, davon war ich überzeugt. Aber wir mußten zugeben, daß die Welt auch uns verändert hatte.

✳

Es gab weiterhin gute Nachrichten für uns.

Bei unserer Verkäufertagung im »Boca Raton Hotel« in Florida im Oktober 1986 wurden B.B.D.O.s erste Werbeentwürfe vorgeführt. Als wir den Film im Hörsaal einer nahegelegenen Universität ablaufen ließen, applaudierte die in die Hunderte gehende Menge und überraschte Phil Dusenberry. Dies waren keine gewöhnlichen Werbespots; es waren spannende kleine Dramen mit gut strukturierten Dialogen und kinogerechten Effekten. Die Szenen waren spannend, es gab sinnvolle Pausen, die Schauspieler wirkten nicht wie Schauspieler, und die Dialoge fesselten den Zuschauer sogar schon, ehe das Bild erschien. Um den Macintosh an einflußreiche Geschäftsleute zu verkaufen, betonten sie die Wirkung, die ein Firmenchef erlangen könnte, wenn er seine Ideen mit Hilfe eindrucksvoller Graphiken, die das »Desktop Publishing« des Macintosh ermöglichte, an sein Management weiterleitete.

Einer der Werbespots mit dem Titel »Red Eye« zeigte zwei Geschäftsleute in der ersten Klasse eines Nachtfluges. In der Szene erhascht der ältere Mann einen Blick auf einen Bericht, den der jüngere Mann studiert. Er zeigt sich äußerst überrascht, als der jüngere Geschäftsmann ihm erklärt, daß er ihn selbst geschrieben habe – sogar mit Graphiken ausgestattet –, und zwar nicht auf einem teuren Computersystem oder mit einem Graphiksystem für Freiberufler.

»Wenn ich das als Druckauftrag vergeben müßte, könnte ich mir diesen Flug nicht leisten«, sagte er. B.B.D.O. hatte sich bei der Herstellung dieses Werbespots sehr viel Mühe gegeben, bis in die Details.

Unter dem Motto »Die Macht besitzen, über sich hinauszuwachsen« hatte B.B.D.O. insgesamt elf Werbespots hergestellt, einschließlich eines Films mit Assoziationen von machtvoller Kraft. Darin waren sekundenlange Kraftanstrengungen festgehalten, die Druckwelle eines Düsenflugzeuges beim Start, ein olympischer Schwimmer beim Sprung ins Wasserbecken, ein mit Höchstgeschwindigkeit dahinrasender Zug, und in alle Szenen waren subtil Bilder von Apple eingeblendet, die in einer einfachen, äußerst wirkungsvollen Bewegung ihren Höhepunkt fanden: Eine menschliche Hand bewegt sich auf die Tastatur des Mac zu.

1987 würden wir nur etwa 45 Millionen Dollar für Werbung ausgeben, weniger als die Hälfte dessen, was wir 1984 ausgegeben hatten. Obwohl ich nicht viel Geld für Werbung zur Verfügung hatte, wollte ich, daß trotzdem über B.B.D.O.s Werbung geredet wurde. Daher hatte ich die Idee, sie einer Pressekonferenz in New York öffentlich vorzustellen, die Werbung also zu lancieren, als wäre sie ein neues Produkt.

Um das Ereignis noch spannender zu machen, baten wir die Filmkritiker Gene Siskel und Roger Eibert, sich kritisch zu äußern. Das war ein riskantes Spiel, denn die Kritiker mußten in der Lage sein, vor einer Gruppe der hartnäckigsten Reporter des Landes ihren ehrlichen Eindruck zu vermitteln. Aber ich bin der Meinung, daß das Marketing ein Schauspiel ist, und dieses war ein weiteres Beispiel dafür, wie man aus einer typischen Marketingangelegenheit ein Ereignis machen kann.

Siskel und Eibert waren die unabhängigen Schiedsrichter, vergleichbar den Menschen, die den Geschmack von Pepsi im Vergleich zu Coke testeten und unserer Werbung eine größere Glaubwürdigkeit und Aufmerksamkeit verliehen. Dies war aber auch eine kontroverse Entscheidung. Bill Campbell war total dagegen. Er fürchtete, daß man Apple gerade zu einem Zeitpunkt, da die Firma ihre Glaubwürdigkeit wieder zurückgewann, den Vorwurf machen würde, die Dinge zu übertreiben. Er fand auch, daß die Risiken die Vorteile bei weitem übertrafen. Was wäre, wenn die Filmkritiker die Werbespots den Medien gegenüber verrissen?

Andere Mitglieder der Geschäftsleitung machten sich ebenfalls Sorgen.

Ich war anderer Meinung: »Wir haben ein paar großartige neue Werbespots. Es gibt viel Aufruhr wegen des Wechsels der Agentur. Seit einem Jahr ist Apple nicht mehr im Fernsehen. Ich will nicht, daß die Werbung bei der Einführung des Produkts untergeht. Es gibt ein Risiko, und wenn wir versagen, könnt ihr alle mit dem Finger auf mich zeigen. Ich werde die Schuld auf mich nehmen, aber ich glaube, daß das Risiko es wert ist.

Wenn wir nicht glauben, daß unsere Werbung gut genug ist, um ihrer Kritik standzuhalten, warum lassen wir dann diese Werbekampagne überhaupt laufen?« fragte ich sodann. »Warum haben wir uns soviel Mühe gemacht, sie zu bekommen? Wir wollen ein neues Motto plazieren, und das wäre um einiges leichter, wenn die Leute im Werbegeschäft eine Gelegenheit hätten, es von uns zu hören.«

Es gab natürlich nur wenige Firmen, die eine Pressekonferenz abhielten, um ihre neue Werbung vorzustellen. Unsere Einladungen verschickten wir in großen Filmblechdosen im Hollywoodstil, die Popcorn, einen Filmstreifen von einem der Werbefilme und eine formelle Einladung enthielten. Und wir beabsichtigten, jeden einzelnen Werbespots der B.B.D.O. zu zeigen, bis auf einen.

Der einzige Werbespot, der bei unserer Verkäufertagung keine begeisterte Reaktion hervorgerufen hatte, war eine 60 Sekunden lange Montage von Assoziationen von Kraft, zwischen die subtile Hinweise auf Apple eingestreut waren. In mancher Hinsicht entsprach das zu sehr einem üblichen Werbespot, zu viele Bilder waren fast gewalttätig, und er hinterließ nicht die richtige Botschaft. Der Stil überwog die Werbebotschaft und erinnerte fast an abgedroschene Phrasen. Das hätte auch eine Werbung für »ABC Sports« sein können. Es war, als versuchte man, mit einem neuen großen Knalleffekt den Rest der Werbespots als Serie einzuleiten.

Ich bat die Agentur, eine andere Fassung des Werbespots herzustellen, einige der gewalttätigen Bilder herauszuschneiden und mehr Hinweise auf Apple einzublenden, wobei ich ihnen meine Entscheidung, den Film unseren New Yorker Filmkritikern vorzustellen, vorenthielt. Als B.B.D.O. wenige Tage vor dem New Yorker Ereignis mit einer neuen Version kam, ließen wir sie mehrmals über die Leinwand laufen.

Jeder schien die neue Version zu mögen. Ich mochte sie auch, aber ich beschloß, mich mit meiner Begeisterung zurückzuhalten. Der Werbespot war auf informeller Ebene weder einer Zielgruppe noch den Apple-Angestellten gezeigt worden. Ich fand, daß es gut wäre, wenn B.B.D.O. sich noch etwas mehr anstrenge, um die Unterstützung von anderen zu bekommen, bevor ich das endgültige Startzeichen gab.

»Die Version ist besser«, sagte ich, »aber ich weiß nicht, ob sie gut genug für eine Aufführung ist.«

Sie überarbeiteten den Werbespot nochmals, und wir zeigten ihn tatsächlich in New York. Doch die Zuschauer waren skeptisch. War das eigentlich nur ein erneutes Beispiel für die Unverfrorenheit der Firma von der Westküste, daß sie nach New York kam, um ein »Ereignis« zu inszenieren, für das es keinen Anlaß gab? Ich geriet ins Schußfeld. Jeder wollte sehen, was B.B.D.O. produzieren konnte, nachdem Apple eine der heißesten und kreativsten Agenturen des Landes gefeuert hatte. Hatte ich einen Fehler gemacht?

»Wir sind eine Firma, die die Dinge anders handhabt«, erklärte ich. »Wir sind dafür bekannt, daß eine Firmenabteilung geschlossen ins Kino geht, wenn es neue Filme wie ›Krieg der Sterne‹ oder ähnliches in der Stadt gibt. Weil wir gute Filme mögen, war es ganz normal für uns, daß gute Filmkritiker kommen und ihre Meinung über unsere Werbespots äußern. Doch da gibt es einen Haken. Wir mußten Siskel und Eibert dafür bezahlen, daß sie hierhergekommen sind, und wir haben nicht die geringste Ahnung, was sie sagen werden.«

Bis zu diesem Zeitpunkt hatten sich nur wenige im Raum zu einem Lächeln hinreißen lassen. Doch nun leuchteten ihre Augen bei dem Gedanken, daß zwei der schärfsten Filmkritiker uneingeschränkt eine 6 Millionen Dollar teure Werbekampagne verreißen durften. Ich stellte die beiden vor, und Roger Eibert erklärte, wie sie die Werbespots bewerten würden. Eine Vier gab es für den absolut besten Film, während jede Drei für einen hervorragenden Film stand. Jede Note über drei würde jedoch eine ziemlich gute Entschuldigung sein, um zum Kühlschrank zu gehen und sich einen Imbiß zu holen. Bei weniger als zwei Punkten, riet Ebert den Leuten, sollten sie Vorkehrungen treffen, außerhalb der Stadt zu sein, wenn der Werbespot gesendet würde.

Wir begannen mit dem Werbespot, von dem ich glaubte, daß er der populärste sein würde – der mit den Assoziationen von Kraft. Ebert sagte ein paar nette Dinge und bewertete ihn mit zweieinhalb Punkten. Ich dachte nur: »O mein Gott. Wenn das unser bester Werbespot ist und er ihn nur mit zweieinhalb Punkten bewertet, was soll dann noch kommen?« Dann gab Siskel demselben Film dreieinhalb Punkte. Doch dann wurden die Urteile immer besser. Am Schluß sagten die beiden, die in der Vergangenheit für die Zeitschrift »Advertising Age« Werbeaktionen rezensiert hatten, daß es die beste Kampagne sei, die sie jemals besprochen hätten.

Die Journalisten stützten sich auf das, was Siskel und Eibert gesagt hatten. Wir erhielten damit eine Menge Publizität, und es fiel kaum ein negatives Wort. Als die Werbespots ausgestrahlt wurden, zeigte eine unabhängige Umfrage, daß sie wirklich beim Zuschauer ankamen. Einen

Monat nachdem wir die Spots bei der Baseball-»World Series« lanciert hatten, erreichten wir im November den höchsten Bekanntheitsgrad von allen Firmen. Obwohl unsere Konkurrenten uns mit ihren Ausgaben weit übertrafen, erreichten wir einen Bekanntheitsgrad, der doppelt so hoch war wie der von IBM und fast zehnmal höher als der von Tandy Radio Shack.

Die Werbekampagne bereitete die Bühne für unser zehnjähriges Firmenjubiläum im Jahre 1987, ein Jahr, das wir feiern wollten, indem wir noch mehr neue Produkte auf dem Markt bringen wollten als jemals zuvor in der Firmengeschichte.

*

Der 2. Februar 1987 begann vor der Dämmerung. Um 3 Uhr 30 morgens war ich aufgestanden, um gegen 4 Uhr 45 in eine Limousine zu steigen, die mich und eine kleine Gruppe von Apple-Anhängern in ein Fernsehstudio in Los Angeles bringen sollte, um die guten Nachrichten zu verbreiten.

Allein die glänzende schwarze Limousine war ein Beweis für unsere Anstrengungen, der Welt mitzuteilen, daß Apple wieder da war. In allen Morgenzeitungen – »Wall Street Journal«, »Los Angeles Times«, »New York Times« und »USA Today« – standen Berichte über die neuen Produkte, die Apple herausbrachte, um seinen Anteil auf dem Personalcomputer-Markt zu erhöhen. Sogar Stan, unser Fahrer, erzählte uns, daß er im »National Public Radio« schon vor dem Morgengrauen einen Bericht über Apples neue Produkte gehört habe.

Die neuen Produkte repräsentierten die zweite Generation der Macintosh-Familie – den Macintosh II, ein offener Macintosh, der für die moderne Anwendung mit einem Farbmonitor und mit Anschlüssen für das Telefonleitungsnetz geplant und IBM-kompatibel war, sowie den Macintosh SE (Systemerweiterung), von dem man erwartete, daß er aufgrund der zusätzlich eingebauten Speicherkapazitäten und Belegflächen für zusätzliche Funktionen Apples gängigstes System für professionelle Benutzer werden würde.

Die Bande der Technologiepiraten, die den ursprünglichen Macintosh entwickelt hatte, hatte immer erklärt, daß sie den Computer für sich selbst geschaffen habe. Das Team, das schließlich die Technologie mit diesen neuesten Extras vorangetrieben hatte, entwickelte ihn weiter, wie einer der Ingenieure sagte, »für den Rest von uns«. Das war keine gewöhnliche Produkteinführung: in Wirklichkeit war es die Geschichte eines Comebacks. Jean-Louis drückte das am besten aus, als er die zwei neuen Computer herausbrachte: »Es waren die Leute von und bei Apple, die aufgrund ihres Mutes und Verstandes den Willen und die Fähigkeit fanden, die Firma wieder auf die Füße zu stellen.«

Der Macintosh war ein Produkt, das seiner Zeit um Jahre voraus war. Erst jetzt kamen wir an den Punkt, wo wir diese Computer so leistungsfähig und kostengünstig bauen konnten, daß die Menschen wirklich nützliche Maschinen erhielten. Und die Menschen hinter diesen neuen Computern waren die neuen Helden und Führungskräfte von Apple Computer. Wie einer der jüngsten Ingenieure es ausdrückte: »Wir gehören alle zur Firmenleitung, weil wir alle das Beste für das Unternehmen wollen. Das ist nicht von oben angeordnet. Es ist kein Befehl von John Sculley, der von oben herab sagt: ›Du sollst gute Produkte machen.‹ Wir tun es, weil wir gute Produkte machen wollen.«

Jetzt saß ich während der frühen Morgenstunden, mit Kabeln versehen, vor zwei Fernsehkameras in einem kleinen Studio, das via Satellit eine Reihe von Live-Interviews an eine Flut von Fernsehgesellschaften ausstrahlte: »Canada AM«, »Financial News Network«, »Cable News Network«, »Hearst«-Sender in Boston und Baltimore, CBS-Zweigstellen in Detroit und Denver und lokale Sender in Philadelphia, Dallas, Knoxville, New Orleans und Indianapolis.

Ich konnte ihnen allen die Geschichte von unserem Comeback erzählen. Jetzt waren wir nicht mehr wie einst zuvor abhängig von einem einzigen Markt, unser Nachschub an neuen Produkten reichte bis Anfang 1990. Finanziell war die Gesellschaft nie stärker gewesen, und heute würden wir die neuen Produkte einführen, um noch einen größeren Erfolg zu erreichen.

Der Schauplatz für dieses Ereignis sollte das Amphitheater der »Universal Studios« in Los Angeles sein, wo wir am 2. März die zweite »AppleWorld«-Konferenz eröffneten. Etwa 3000 Ausbilder, Geschäftsleute, Regierungsbeamte, Händler, Benutzer, Konstrukteure, Finanzexperten und Presseleute kamen zu diesem zweitägigen Ereignis in Los Angeles zusammen. Ungefähr 200 Reporter und Finanzexperten versammelten sich für die Eröffnungsveranstaltung und die Einführung unserer neuen Computer im Orchestergraben vor der Bühne des Amphitheaters.

Dieses Ereignis hatte keinerlei Ähnlichkeit mit der ersten »AppleWorld«-Veranstaltung. Ein Jahr zuvor hatten wir unsere Stellung behaupten müssen. Da hatten wir um Unterstützung kämpfen müssen, um unser Überleben zu sichern. Unseren Kundenkreis hatten wir um uns versammelt, um zu zeigen, daß Apple noch lebte. Jetzt hatten wir ihn zusammengerufen, um zu zeigen, wie weit wir fortgeschritten waren und wieviel Möglichkeiten die Zukunft für uns alle bereithielt.

Die Presseberichterstattung fiel erstaunlich positiv aus, von den allgemeinen Medien bis hin zu unseren Industriegelehrten. »Das war ein gutes Jahr für John Sculley«, bestätigte Esther Dyson. »Was im letzten Jahr nach unerhört zuversichtlichen Erklärungen klang, hat sich als wahr erwiesen. Der Mac hat eine solide, wenn auch begrenzte Anhängerschaft in der amerikanischen Geschäftswelt gefunden, und seine Aussichten sehen von Monat zu Monat besser aus . . .«

Gemessen an den »50-50-50«-Zielen, die wir uns auf der Höhe der Krise von 1985 gesetzt hatten, hatten wir jedes Ziel erreicht oder überschritten. Ende 1985 erreichten wir das gesetzte Ziel von einer 50prozentigen Bruttoverdienstspanne und steigerten sie bereits Anfang 1987 auf circa 53 Prozent. Das Macintosh-Ziel von 50 000 Stück pro Monat erreichten wir Anfang 1987, und der Börsenkurs stieg steil an, bis er Anfang 1987 einen Kurs von 50 Dollar pro Aktie erreichte. Unmittelbar vor der Einführung unserer neuesten Produkte auf der »AppleWorld«-Konferenz erreichten unsere Aktien mit 70 Dollar pro Stück den bisher höchsten Kurs. Im Frühjahr 1987 stieg der Marktwert unseres Unternehmens auf 5,5 Milliarden Dollar – im Vergleich zu weniger als 900 Millionen Dollar im Juni 1985.

Bei der zehnjährigen Geburtstagsparty im »Santa-Clara-Kongreßzentrum«, für die das Tragen eines Smokings vorgeschrieben war, trafen sich 55 000 Apple-Angestellte zu einem Abendessen und Konzert mit der Rockgruppe »Huey Lewis and the News«. Unter dem Motto »Über dem Regenbogen« war die Kongreßhalle in die »Emerald City« umgewandelt worden. Schauspieler hatten sich als Gestalten aus »Der Zauberer von Oz« verkleidet und schlenderten über eine nachgebaute »Ziegelstraße«. Für viele von uns bei Apple war es in der Tat ein Märchen, das Wirklichkeit geworden war.

*

Vor zehn Jahren begann eine Revolution, die die Welt veränderte. Es war eine Revolution, die den Menschen unglaublich mächtige Werkzeuge in die Hände gelegt hat – nicht den Computerexperten, sondern gewöhnlichen Menschen, die entdecken sollten, daß sie ungewöhnliche Dinge leisten konnten. Ich hatte das Glück, an dieser Revolution teilzunehmen, die in hohem Maße die Art und Weise verbesserte, in der Menschen lernen, denken, arbeiten, organisieren und kommunizieren.

Wenn ich zurückblicke auf Markkulas ursprünglichen Geschäftsplan für Apple Computer vom 18. November 1976, dann kann ich in der Tat nicht anders, als großen Stolz empfinden, daß die Gesellschaft in praktisch allen Bereichen die anfänglichen Träume der drei Gründer übertroffen hat.

Als wesentliche Ziele hatte Markkula erhofft, die Firma würde:

1. einen Marktanteil erreichen, der größer oder sogar zweimal so groß sei wie der des nächsten Konkurrenten;

2. 20 Prozent oder mehr Gewinn vor Steuerabzug realisieren;

3. innerhalb von 10 Jahren auf einen jährlichen Umsatz von 500 Millionen Dollar kommen;

4. ein Betriebsklima schaffen und erhalten, das das menschliche Wachstum und die Entwicklung fördere;

5. weiterhin bedeutende technologische Beiträge für die Heimcomputerindustrie leisten;

6. die Gesellschaft (möglichst) so zu strukturieren, daß die Gründer innerhalb von 5 Jahren leicht aussteigen könnten.

Unter Schlüsselstrategien hatte Markkula aufgeführt:

1. Es ist äußerst wichtig für Apple, daß die Firma als tonangebend auf dem Heimcomputermarkt anerkannt wird.

2. Kontinuierlich müssen periphere Produkte für den Basiscomputer auf den Markt gebracht und dadurch Umsätze erreicht werden, die genauso groß oder größer sind als die anfänglichen Umsätze mit dem Computer.

3. Genügend Mittel müssen für die Forschung und Entwicklung zur Verfügung gestellt werden, um zu garantieren, daß die technologische Entwicklung mit den Marktanforderungen im Einklang steht.

4. Absolut hervorragendes Personal muß gewonnen und gehalten werden.

5. Erobert werden muß der Hobbymarkt als erstes Sprungbrett zum hauptsächlichen Markt.

6. Besondere Anstrengungen bei der Herstellung müssen aufrechterhalten werden, um kontinuierlich die Produktionskosten zu senken.

7. Die Wachtumsraten müssen denen des Marktes entsprechen.

8. Der Computer muß so entworfen und vermarktet werden, daß er wirtschaftlicher ist als ein für bestimmte Verwendungszwecke entworfenes System, selbst wenn nicht alle Eigenschaften des Apple benutzt werden.

In vieler Hinsicht haben wir fast alle Ziele und Strategien, die zu Papier gebracht wurden, als Apple kaum mehr war als ein Traum, der in einer Doppelgarage beherbergt war, erreicht und übertroffen. Als Apple gegründet wurde, waren auf der ganzen Welt wahrscheinlich erst insgesamt weniger als 50 000 Computer gebaut worden. Heute werden täglich mehr als 50 000 Computer gebaut und verkauft. Innerhalb eines Jahrzehnts nahm der Traum eines Amateurs die Gestalt einer 46-Milliarden-Dollar-Industrie an.

Apple half, die Welt zu verändern, und die Welt half, Apple zu verändern.

Zum ersten Mal in seiner Geschichte hat die Firma nicht nur für das nächste und übernächste Jahr neue Entwürfe, sondern sie reichen bis Anfang der neunziger Jahre. 1987 investierte Apple 185 Millionen Dollar in die Forschung und Entwicklung neuer Produkte, mehr als viermal soviel wie die 40 Millionen Dollar, die 1983 für Forschung und Entwicklung ausgegeben wurden. Ungefähr 20 Prozent des Geldes wird in Ideen investiert, die nichts mit den Produkten der nächsten zwei oder drei Jahre zu tun haben. Wir rechnen damit, daß wir um 1990 weit über 300 Millionen Dollar pro Jahr für die Forschung und Entwicklung ausgeben werden, um das Unternehmen, das dann einen Wert von 4 Milliarden Dollar darstellen müßte, zu unterstützen. Wir erwarten, daß Apple sich im Jahr 2000 einem jährlichen Einkommen von 20 Milliarden Dollar nähern und mehrere Niederlassungen auf der ganzen Welt haben wird – die alle von der Vision getragen werden, die Welt zu verändern.

In Debi Colemans Worten machten wir eine »totale Transformation« durch:

»Wir haben eine Metamorphose durchgemacht. Sie ist vergleichbar mit der Raupe, die zum Schmetterling wird, nur waren wir wirklich häßliche, schleimige Raupen, ehe wir so etwas wie ein schöner Schmetterling wurden. Wir haben uns auf fast jeder Ebene, in jeder Funktion und jeder Hinsicht verändert. Ich glaube, die Leute sind wirklich erwachsen geworden. Das mittlere Management von Apple fühlt sich heute von neuem gestärkt. Vorher gab es keinerlei Beteiligung des mittleren Managements. Wir streiten uns beinahe leidenschaftlich über alles, angefangen von der Farbe des Produkts bis hin zur Art der Verpackung.

Es gibt nicht weniger Auseinandersetzungen als früher. Es gibt nicht weniger Aufregung oder Gefühlsausbrüche bei irgendwelchen Anlässen, aber ich glaube, es besteht mehr Bereitschaft, der anderen Seite zuzuhören und nicht nur um des Sieges willen zu kämpfen, sondern wirklich zu warten, abzuwägen und Abstriche zu machen. Aber keine Kompromisse, denn die Leute dulden noch immer keine Kompromisse. Das ist eine Sache, die sich nicht verändert hat.

In den ersten Jahren waren wir unter dem Deckmantel der Kompromißlosigkeit und Integrität tatsächlich sehr häufig intellektuelle Angeber. Und in manchen Fällen intellektuelle Terroristen, würde Jean-Louis sagen. *Die Leute glauben jetzt wirklich daran. Niemand ist dazu gezwungen worden oder mußte etwas aufgeben, weil das von ihm erwartet wurde. Es ist so, als beteiligte man sich an den Olympischen Spielen, weil das ein wunderbarer Wettbewerb des Geistes, des Körpers und der Flexibilität ist, und wir werden schneller, angesehener und stärker, wenn wir daran arbeiten.«*

Wir sind, wie Thoreau es so redegewandt ausdrückte, keine Edelmänner, aber ein edles Dorf von Männern und Frauen. Wir versuchen, eine Modellfirma für die Zukunft aufzubauen. Keine Gesellschaft für die rationale Welt, die ich verlassen habe, eine Welt, die zu sehr von Macht und Konkurrenz erfüllt war, eine Welt, die die Menschen für die Schaffung von Firmenimperien belohnte und nicht für die Schaffung von Schönheit.

Dieses neue Unternehmensmodell wird man beim Militär oder der katholischen Kirche genausowenig finden wie in Japan, einem Land, das uns in diese neue Wirklichkeit getrieben hat. Die Schlüssel und Inspirationen für die Unternehmenssysteme der Zukunft werden aus neuen Disziplinen und neuen Paradigmen entstehen. Aus biologischen Zelltheorien, aus dem Tao, aus der Architektur und aus der Kunst.

Bei meiner Reise habe ich auch noch andere wichtige Entdeckungen gemacht. Nur durch eine radikale Änderung unserer Denkweise können wir es schaffen, ein neues Zeitalter zu erreichen, was den Menschen ungeahnte Möglichkeiten eröffnet. Das erfordert nichts anderes als den kompletten Bruch mit den traditionsgebundenen Wegen der Geschäftsführer und Manager des Industriezeitalters. Dafür ist eine wesentliche Bildungsreform notwendig, so daß das Lernen weniger eine Übung im Auswendiglernen, sondern eine Möglichkeit zum Lernen und zum Entdecken wird.

Wenn wir in die Falle geraten, klug begründete Klischees zu übernehmen, wie ein Management am besten auszusehen habe, werden wir im nächsten Jahrhundert als zweitklassiges Land enden. Wenn wir unfähig sind, die Kreativität unserer Leute zu erschließen, werden wir versagen. Wenn es uns an der Fähigkeit mangelt, hervorragende Ideen als eine wirkliche Energiequelle zu betrachten, werden wir vielleicht die Zuschauer sein, wenn andere Nationen die Spitzenreiterstellung einnehmen.

Die Geschichte, die Apple zu erzählen hat, ist die Lehre der Innovation. Dies ist der Zeitpunkt, an dem man aufhören muß, die Technologie dafür zu benutzen, um die bisherige Art, mit Dingen umzugehen, einfach zu systematisieren. Apple liefert eine neue Sichtweise für Produktivität und Innovation. Es begann mit den Menschen, nicht mit

Einrichtungen der Regierung oder der Geschäftswelt. Geben Sie den Menschen aufregende neue Werkzeuge zum Arbeiten, Werkzeuge, die sowohl leicht anzuwenden als auch interessant sind, und sie werden bessere Möglichkeiten entwickeln, um zu arbeiten und zu lernen.

Wir wollen, daß die Technologie die Quelle für neue Werkzeuge zur Schaffung einer neuen Welt wird. Die neue Welt, die wir innerhalb von Apple bereits geschaffen haben, wo die Kreativität unsere Arbeitsatmosphäre in jeder Hinsicht beherrscht, ist nur ein kleines Beispiel dafür, wie aufregend ein neues Unternehmen im Informationszeitalter aussehen kann.

So, wie wir sie kennen, wird die Computerindustrie nicht lange existieren. Die Antriebskraft wird eine technologische Informationsindustrie sein, in deren Mittelpunkt Systeme stehen, die auf personifiziertem Wissen basieren. Apple wird eine Firma bleiben, die sich auf eine Gruppe intelligenter, talentierter Leute stützt, denen es Spaß macht, innovative Dinge zu tun. Leute wie Bill Atkinson, Alan Kay und andere, deren Leidenschaft für den Personalcomputer grenzenlos ist. Wir werden ein von der Kreativität angespornstes Team bleiben, das an die Gleichheit glaubt und sich darauf konzentriert, brauchbare Werkzeuge für die Menschen zu bauen.

Wenn man einmal überlegt, wie sehr der Personalcomputer unsere Welt im vergangenen Jahrzehnt verändert hat, kann man sich vorstellen, wie weit er uns im nächsten bringen kann. Wenn ich auf die letzten vier Jahre zurückschaue, die ich bei Apple verbracht habe, dann bin ich glücklich, daß ich an allem teilnehmen konnte.

Der Traum geht weiter.

Lektion zu Kapitel 12

»Spinouts«

Der Film »Logan's Run« spielt im 23. Jahrhundert, in dem es niemandem erlaubt ist, länger als bis zu seinem 30. Geburtstag zu leben. Diejenigen, die versuchen, diesem Schicksal zu entkommen, werden in ihrer perfekten, mit einer Kuppel verschlossenen Stadt von einer Spezialpolizei gejagt.

Das Durchschnittsalter der Angestellten von Apple beträgt heute 29 Jahre. Nicht, weil wir die Leute über 30 mit der Polizei jagen, sondern weil wir ein neues Managementmodell entwickelt haben, das dafür sorgt, daß die Arbeitskräfte jung sind, ihr Unternehmergeist groß, die Gruppen klein und äußerst motiviert: Wir haben mit der Schaffung dessen angefangen, was wir »Spinout« nennen.

Das könnte eine der aufregendsten Alternativen für eine Firma wie Apple sein. Weil wir glauben, daß ein enger Zusammenhang – ein Netzwerk kleinerer Firmen – eine wesentliche Quelle der Kraft ist, spinnen wir von der Muttergesellschaft Apple aus in Form von neuen Firmen ein Netz von neuen Ideen und neuen Geschäftseinrichtungen. Während viele frühere Angestellte von Apple fortgegangen sind, um selbst Gesellschaften zu gründen, hat Apple zum ersten Mal eine eigene gegründet, und es werden wahrscheinlich weitere folgen. Unser Ziel ist es, die Stärken unserer Leute zu fördern, Stärken, die seit zehn Jahren typisch für Apple waren.

Unser erster Sprößling, den wir dieses Jahr aus der Taufe hoben, ist »Apple Software«. Dieses »Spinout« füllt für uns eine Lücke auf dem Markt, weil die drei größten Computer-Software-Unternehmen jetzt den größten Teil ihrer Einnahmen durch den Verkauf von Produkten für die IMB-Welt erhalten. Wir wollten es ermöglichen, daß weit mehr Apple-Software hergestellt wird: Das ist das Privileg des neuen »Spinout«. Denn das war kein Auftrag, den Apple selbst direkt übernehmen konnte. Wenn wir einen großen Teil der Software unter dem Apple-Markenzeichen verkauft hätten, wären die Hersteller unserer Drittfirmen im Nachteil gewesen, und das hätte sie davon abgehalten, neue Produkte für uns zu schaffen. Wir wollten ihre Unterstützung nicht gefährden, und so lagerten wir die Gesellschaft einfach aus, damit sie eigenständig arbeitet und Software unter verschiedenen Markenzeichen produziert.

Im ersten Jahr beabsichtigen wir, dieses neue Kind zu hegen, bis wir ihm schließlich seine Unabhängigkeit als selbständige Gesellschaft ohne den Apple-Namen gewähren. Aber »Spinouts« sind noch unter manch anderen Gesichtspunkten als einfachen Marketing-Aspekten nützlich.

Für aufgeweckte, ehrgeizige Leute ist so ein »Spinout« eine traumhafte Möglichkeit. Es kombiniert den Reiz eines kleinen, aber intensiven Neustarts mit dem Zauber von Apple. Wie die Bewohner der Welt der Unterdreißigjährigen in »Logan's Run« schicken wir einen unserer ältesten Manager aus, um jede neue Zelle anzuleiten – ob sie zu 100 Prozent uns gehört oder eine Rechtsform ist, an der Apple nur mit einer Minderheit beteiligt ist. Für »Apple Software« übertrugen wir Bill Campbell die Verantwortung, dem leitenden Vizepräsidenten für den Verkauf und das Marketing und einer unserer Führungskräfte »über 30«. Bill wird ein Team aus etwa 200 Apple-Angestellten rekrutieren, die sich sofort um die Gelegenheit, an einem Neustart mitzuarbeiten, bewarben – daher werden sie auch Apples genetischen Code auf diese neue Zelle übertragen.

Aus finanziellen Gründen möchte jede Firma Investoren auf etwas Neues aufmerksam machen. »Spinouts« können daher sehr wohl eine Möglichkeit bieten, den Marktwert der Muttergesellschaft zu steigern, und es des weiteren ermöglichen, daß das Unternehmen größer wird und seine Position stärkt, ohne mit der Gewohnheit traditioneller Konglomerate dick und fett zu werden.

Das letzte Ziel ist es, das Netz noch weiter auszuspannen, als es bisher geschehen ist. Für die Zukunft stellen wir uns einen Bund von Unternehmen vor, die von der Muttergesellschaft zum Beispiel mit Systemproduktionsbereichen, Märkten wie Maschinenbau oder mit Lehrwerkstätten vernetzt werden.

Wir stellen ein Netzwerk her, weil es eine günstige Gelegenheit ist. Wir glauben, daß wir stärker, schneller und flexibler werden und mehr kreative Leute festhalten können, wenn wir eine Föderation schaffen. Ihre Bindungen an die Muttergesellschaft müßten vergleichbar sein mit unseren Bindungen an Drittfirmen, wenn wir klar angeben, in welche Richtung wir gehen, so daß die »Spinouts« einen Platz in unserer Zukunft haben und nicht nur in unserer Gegenwart. Der Unterschied zu unabhängigen Gesellschaften ist der, daß wir die Richtung der »Spinouts« direkter beeinflussen können. Die Muttergesellschaft leitet die Föderation aufgrund der Bindungen aus der gegenseitigen Abhängigkeit.

Warum sind »Spinouts« so geeignet für diese Zeiten?

Eine Reihe großer Unternehmen hat in den letzten Jahren Niederlassungen und Abteilungen ausgesondert, um dann festzustellen, daß sie nur gedeihen, wenn sie vernetzt sind. Ein Grund dafür ist unter anderem der, daß große Gesellschaften nur wenige Dinge gleichzeitig tun können. Alle Mittel und die ganze Konzentration der Gesellschaft richten sich auf diese wenigen Dinge. Wenn man etwas anderes machen möchte, arbeitet die Gesellschaft nicht für einen – sondern die Bürokratie und Kosten der Gesellschaft arbeiten gegen einen.

Anders betrachtet liegt der Unterschied nicht in einer Zellteilung, sondern in einem Zellzusammenschluß. Die Föderation entwickelt sich wie ein Weichtier, ein lebendiger Organismus, der durch den Zusammenschluß vieler einzelner Zellamöben gebildet wird – und nicht durch die traditionelle Zellteilung –, um eine höhere Entwicklungsstufe zu erreichen. Während kleine Dinge nicht unbedingt besser sind, sind kleinere immer besser. Einer der Gründe für den ungeheuren Erfolg der Japaner liegt in der Neigung dieses Volkes, Dinge auf ihre kleinste und einfachste Form zu reduzieren. Das ist ein Bestandteil der japanischen

Kultur. Das Wesentliche der japanischen Betrachtungsweise dieser Welt besteht darin, sie zu reduzieren, um sie zu verstehen, zu erklären und zu manipulieren. Angefangen bei den Bonsai-Zwergbäumen bis hin zu den winzigen Transistoren, die es den Japanern ermöglichten, nach dem Krieg in den internationalen Markt einzubrechen, haben die Japaner eine angeborene Neigung, Dinge zu verkleinern. Im Design und in der Philosophie ist Apple von den Japanern inspiriert worden. Es war kein Zufall, daß der Macintosh, als er auf den Markt kam, der kleinste »Desktop«-Computer war, der jemals hergestellt wurde.

Selbst die japanische Dichtung oder das Kubuki-Theater bestehen in der laufenden Verbesserung und Vereinfachung von Ideen. Diese Formen werden bis auf den Punkt reduziert, an dem sie eher symbolisch als wirklich repräsentativ sind. Es ist eine amerikanische Eigenschaft, die Dinge in der Realität zu betrachten – wir wollen anfassen und fühlen können. Wir mögen Kunst, die realistisch ist. Die Japaner mögen Kunst, die stilistisch ist.

Der Japaner, sagt O-Young Lee, ein südkoreanischer Professor und einer der besten Kenner Japans, »bewertet den Zwerg höher als den Riesen . . . Wenn eine Gesellschaft größer wird, dann wird sie mehr und mehr abstrakt, und es wird schwieriger, direkten Kontakt zu halten. Als Folge dessen ist eine steigende Tendenz bei großen japanischen Gesellschaften zu verzeichnen, ›Tochtergesellschaften‹ zu gründen. Manchmal übertreffen diese Tochtergesellschaften ihre Mütter, so wie Victor Japan, ein Abkömmling von Matsushita Electric, das die VHS-Videokassette entwickelte.«

Die Muttergesellschaft versucht damit nicht nur, die Kreativität und Erneuerung in »kleineren« Firmen zu erhalten, sondern sie strebt danach, die Struktur und die weitere Entwicklung zu vereinfachen. Es ist eine Tatsache, daß neue oder kleine Firmen dabei erfolgreicher gewesen sind als große. Wir möchten die natürliche Tendenz, daß das Unternehmen Apple institutionalisiert wird, aufschieben. Durch die Gründung einer Föderation kann Apple die Mutter der Erfindung werden, ohne die Werte einer kleinen Firma, auf die wir stolz sind, aufgeben zu müssen. Das schönste Paradox hierbei ist, daß die kleineren Firmen Apple einen breiteren Wirkungskreis geben. Unsere idealen Arbeitseinteilungen beruhen auf der »Gaia-Hypothese«, der zufolge angenommen wird, daß der Planet selbst der Mittelpunkt eines einzigen, vereinten Lebenssystems ist. James E. Lovelock, der britische Biologe und Erfinder, der sich das ausdachte, betrachtet die Erde als ein sich selbst kontrollierendes Gesamtsystem und nicht als ein Konglomerat von unzusammenhängenden Teilen und Funktionen. Wir gründen nicht einfach eine Firma hier

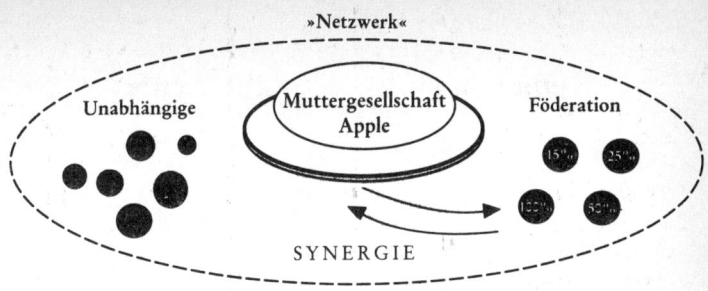

oder eine Firma da, sondern eine größere Zelle, um die herum alle ihre Teile miteinander verbunden sind.

Das ist der charakteristische Unterschied zwischen den in der amerikanischen Geschäftswelt häufiger vorkommenden »Spinoffs« und einem »Spinout«. Ein »Spinoff« bedeutet »Auf Wiedersehen und viel Glück«. Dabei wird ein Bestandteil der Firma abgegeben, an der die Muttergesellschaft kein Interesse mehr hat. Unsere »Spinouts« bleiben ein lebenswichtiger Bestandteil des Netzwerkes von gegenseitigen Abhängigkeiten. Statt »Auf Wiedersehen und viel Glück« zu sagen, streben wir eher nach einer langfristigen Beziehung zu unseren »Spinouts«, denn wir glauben, daß sie für den Erfolg der Muttergesellschaft unentbehrlich sind.

Das »Gaia-Modell« ist, wie ein Wissenschaftler es ausdrückte, »ein brillantes Organisationsprinzip, um Leute zusammenzubringen«. Das Lebensblut des »Spinouts« ist der freie Austausch von Informationen und gegenseitiger Unterstützung. Jede einzelne Einheit ist nur so stark, wie die anderen Teile sie machen. Innerhalb dieses lebenden Organismus betätigen sich nicht nur Einheiten, die teilweise in Apples Besitz sind, sondern auch völlig unabhängige, deren Überleben aber von der Muttergesellschaft abhängig ist.

Anders als der Film »Logan's Run« spielt diese Szene in diesem Jahrhundert.

Epilog
»Renaissance im 21. Jahrhundert«

»Silicon Valley ist ganz anders als alles, was ich bisher kennengelernt habe. So muß Florenz in der Renaissance ausgesehen haben. Die klügsten Köpfe des Landes kommen dort zusammen, und ganz fabelhafte Dinge werden sich dort ereignen.«

Dieses Versprechen, das mir ein »Headhunter« vor mehr als vier Jahren gab, stellte sich als wahr heraus. Weil ich in meinem Innersten ein Romantiker bin, begab ich mich voll Hoffnung auf die Reise, eine Odyssee, die noch lange nicht zu Ende ist. Es ist eine Reise, die sich nun dem 21. Jahrhundert nähert und von dem Traum bestimmt wird, daß Apple dazu beitragen kann, die nächste Generation mehr zu verändern, als wir unsere eigene verändert haben. Ich bin optimistisch genug zu glauben, daß wir es schaffen werden. Der Grund liegt vielleicht darin, daß Apple ein neues Unternehmen in einem neuen Industriezweig ist, gegründet von einer Generation, die einen großen Teil ihres Arbeitslebens noch im nächsten Jahrhundert verbringen wird.

Nun mache ich mich aber auch zu einer neuen Reise mit neuen Zielen auf. Es ist eine Reise der Phantasie, die mich in die Zukunft bringt. Vielen Menschen erscheinen zehn Jahre als eine lange Zeit. Ich habe versucht, mich — und Apple — in das 21. Jahrhundert zu versetzen, von dem wir nur noch 13 Jahre entfernt sind. Navigatoren ›peilen die Sonne an‹, um ihre Richtung auf der Karte einzuzeichnen; ich wählte einen entfernten Punkt am technologischen Horizont aus und blickte weit nach vorne — so habe ich versucht, den Kurs von Apple festzulegen. Selbst an dieser kaum erforschten Front gibt es bereits Fußstapfen, in die man treten kann. Der japanische Industrielle Konosuke Matsushita, der bereits in den Neunzigern ist, bereitete jüngst nicht den Fünf- oder Zehnjahresplan seines Unternehmens vor, sondern den Plan für die nächsten 150 Jahre.

Was ich sehe und höre, erfüllt mich für die Zukunft unseres Landes und unserer Welt mit großen Hoffnungen. Ich glaube mehr denn je, daß sich im 21. Jahrhundert in den Vereinigten Staaten eine zweite Renaissance abspielen kann. Ich bin in jeder Hinsicht ein technologischer Optimist geworden.

Aber eine so glorreiche Zukunft kann noch nicht als garantiert gelten.

Es ist keineswegs klar, daß die Vereinigten Staaten die nächsten hundert Jahre ebenso bestimmen werden, wie sie es mit den vergangenen taten. Wie die meisten meiner Zeitgenossen wuchs ich in einer Welt auf, die ganz anders aussah als die heutige – damals wurde die Wirtschaftshierarchie von den USA angeführt. Das ist heute nicht mehr der Fall.

Die amerikanischen Manager müssen sich den Vorwurf gefallen lassen, den globalen wirtschaftlichen Abstieg der Vereinigten Staaten mitverursacht zu haben. Zwischen 1952 und 1980 vergaben amerikanische Unternehmen über 32 000 technische Lizenzen an japanische Firmen. Die geschätzten Entwicklungskosten für diese Technologien beliefen sich auf über 500 Milliarden Dollar. Sie betrafen wichtige Technologien wie Transistoren, Halbleiter und Roboter. Wir verkauften alle diese Technologien an Japan zu einem skandalösen Schleuderpreis von etwas mehr als 9 Milliarden Dollar. Japan bemächtigte sich nicht nur dieser Technologien, sondern verwandelte sie auch geschickt in hochwertige Produkte. Und wir haben aus dieser Erfahrung noch immer nichts gelernt: Wir fahren fort, unsere technischen Erfindungen an Ausländer zu vergeben, und sie vergrößern in bedeutendem Umfang ihren Anteil an den technologischen Innovationen und Ideen. Vor rund zwanzig Jahren wurden nur 16 Prozent aller US-Patente an Ausländer vergeben; heute gehen 45 Prozent an Erfinder und Wissenschaftler außerhalb der Vereinigten Staaten.

Unser Erziehungs- und Ausbildungssystem geht ebenfalls den falschen Weg. Es bereitet die Schüler und Studenten nach wie vor auf rein mechanische Jobs vor, die bald nicht mehr existieren werden, weil amerikanische Unternehmen ihre Fabriken im Lande automatisieren und immer mehr Fertigungsbetriebe ins Ausland verlagern, dabei aber immer mehr Marktanteile an ihre weltweiten Konkurrenten abgeben müssen. Nur neun Prozent der amerikanischen Arbeitnehmer arbeiten heute noch in Fabriken. Geistige Fähigkeiten ersetzen im New Age manuelle Fertigkeiten. Dennoch wird in den Klassenzimmern immer noch mehr Wert auf Auswendiglernen und Wiederholen gelegt als auf wirkliches Lernen.

Am meisten bedroht von dieser Entwicklung ist Amerikas wohlhabende Mittelschicht, die Quelle unserer Macht und unseres Einflusses in der Weltwirtschaft.

Von Natur aus bestand die Stärke der amerikanischen Wirtschaft im Industriezeitalter in der Kaufkraft unserer wohlhabenden Mittelschicht. Sie ermöglichte und unterstützte mit ihrem Geld den enormen wirtschaftlichen Aufbau in Amerika, von der Autoindustrie in Detroit bis zu den Stahlwerken in Pittsburgh. Amerikanische Unternehmen erwarben Rohstoffe zu günstigen Preisen in unterentwickelten Ländern und steigerten ihren Wert durch den Einsatz von Technologie- und Produktions-Know-how. Diese Massenkonsumgüter verkauften wir dann nicht nur auf dem inländischen Markt, sondern auch in den unterentwickelten Ländern, an unsere Rohstofflieferanten. Wir finanzierten ihnen sogar ihre Importe, wie Japan das heute bei uns macht.

Heutzutage ist das Produktions-Know-how, über das früher nur wenige verfügten, in vielen Ländern vorhanden, unter anderem auch in den jungen Industriestaaten Japan, Korea, Taiwan und Singapur. Heute können wir der Welt oder dem amerikanischen Verbraucher nicht mehr das Einzigartige anbieten, worauf sich der Wohlstand unserer Mittelklasse gründete. Und als Gesellschaft sind wir nicht mehr produktiv genug, um den Lebensstandard aufrechtzuerhalten, den so viele als selbstverständlich voraussetzen. Als kurzfristiges Heilmittel griff man zu immer größerer Verschuldung, sowohl der einzelne als auch die ganze Nation.

Aber die Mittelklasse muß erhalten bleiben. Sie ist für einen Staat so wichtig wie der Regenwald in Brasilien – Quell der Macht, aber auch Nutznießer der Macht. Bis zu 80 Prozent des Sauerstoffes auf der Welt entsteht in diesen Regenwäldern – sie sind das perfekte Ökosystem. Ein Zusammenbruch unserer wohlhabenden Mittelklasse hätte weltweit verheerende Auswirkungen, die den Folgen der Vernichtung des tropischen Regenwaldes gleichkämen. Seit Jahrzehnten haben wir weltweit die Industrie angekurbelt, unser Lebensstandard wurde zum Vorbild für viele Länder. Wir müssen unsere Mittelklasse-Erwartungen neu definieren und lernen, unser gefräßiges Konsumverhalten abzubauen. Das Ergebnis braucht kein weniger befriedigender Lebensstil zu sein, nur ein anderer. Könnten wir nicht unter Umständen auf den Zweit- oder Drittwagen, auf einen zusätzlichen Fernsehapparat und andere unnötige Konsumartikel verzichten, wenn wir dafür die 4-Tage-Woche und eine deutlich höhere Lebenserwartung eintauschen könnten?

Wir werden uns allerdings unsere wohlhabende Mittelklasse nicht mehr lange leisten können, wenn es uns nicht gelingt, die entsprechenden größeren Werte zu schaffen, mit denen wir unsere teuren Konsumgewohnheiten bezahlen können. Doch wie kann die amerikanische Industrie größere Werte schaffen, wenn die hierarchische Struktur verschwindet, in der wir die Spitzenposition einnahmen, und sich statt dessen eine Netzwerk-Struktur ausbreitet, in der unser Land nur noch eines von vielen ist?

Unsere Hoffnung liegt in der Innovation. Wir müssen innovativer werden, vor allem am Arbeitsplatz und im Klassenzimmer. Ein ausgeglichenes Budget oder eine günstigere Handelsbilanz können nur kurzfristige Ziele sein. Größere Werte im Informationszeitalter zu schaffen, verlangt umfassende Reformen − sowohl bei unserer Art zu lernen als auch bei der Art, wie wir arbeiten.

Wie Fritjof Capra und andere betont haben, ist dazu »ein kulturelles und politisches Umdenken nötig, von einer mechanistischen und patriarchalischen Weltanschauung müssen wir zu einer Weltsicht gelangen, die von ganzheitlichen, ökologischen und post-patriarchalischen Konzeptionen und Wertmaßstäben bestimmt wird«. Die mechanistische Weltsicht, die davon ausgeht, daß alles präzise funktioniert, mußte der Einsicht Platz machen, daß die Welt eher unfaßbar und chaotisch ist.

Lange lebten wir in einer Welt, die zum großen Teil noch von Erkenntnissen aus dem 17. Jahrhundert beherrscht wurde. Galilei, Sir Francis Bacon, Descartes und Sir Isaac Newton stellten sich ein Universum vor, in dem alles erklärbar war. Es gab nur das Problem, das Puzzle richtig zusammenzusetzen und die dahinterstehende Ordnung zu erklären, es stellte sich nicht die Frage, ob ein rational geordnetes Universum tatsächlich existierte. Graduell entwickelte sich jedoch in der Wissenschaft ein neues Paradigma. Der deutsche Physiker Werner Heisenberg bewies, daß wir nie alles mit vollständiger Genauigkeit wissen können. Bei der Untersuchung atomarer Teilchen fand er heraus, daß wir um so weniger über die Geschwindigkeit eines Teilchens wissen, je genauer wir seine Position bestimmen können.

Später führte Einstein den Begriff der Zeit als eine Dimension ein, die Newtons Denkgebäude in Frage stellte und die gesamte Disziplin der Physik veränderte. Diese einfache und doch mächtige Idee veränderte unsere gesamte Welt. Erst seit kurzem interessieren Entdeckungen wie Heisenbergs Unschärferelation diejenigen, die immer noch in der Welt des siebzehnten Jahrhunderts mit ihrem mechanistischen Kram leben.

Wir befinden uns augenblicklich auf dem Kamm einer Woge ähnlicher Entdeckungen und Innovationen − sowohl in philosophischer als auch technischer Hinsicht − in der Volkswirtschaft und der Geschäftswelt, die unsere Vorstellungen und Begriffe, wie man im Informationszeitalter eine Firma leitet und wettbewerbsfähig bleibt, verändern. Diese fundamentalen Veränderungen erfordern neue Methoden des Denkens, Lernens und Arbeitens, wenn wir die Verheißung des New Age in die Tat umsetzen wollen.

Wenn Innovation unsere einzige Chance ist, dann wird uns nur die Achtung vor der Kreativität des Individuums zu dieser Innovation führen. Unsere Zukunft wird in dem Mehrwert zu finden sein, den die Amerikaner Produkten und Dienstleistungen mit Hilfe von Erfindungsgabe, Wendigkeit und Flexibilität verleihen können − alles Eigenschaften der individuellen Perspektive. Um unsere Institutionen umzugestalten, müssen wir die in uns steckende natürliche Intuition fördern. Wir benötigen dringend neue Werkzeuge, die uns dabei helfen, weit kreativer zu werden, die uns Zugang zu umfassenderen Wissensgebieten verschaffen, uns neue Standpunkte erschließen und unsere Experimentierfreudigkeit ermutigen.

Wenn wir erst einmal Tausende von Ideen tatsächlich umsetzen können, haben wir vielleicht noch einmal die Chance, eine Renaissance herbeizuführen, die vielleicht genauso bedeutend wie die erste sein wird. Sie würde eine Wiedergeburt und Wiederbelebung des Lernens und der Kultur repräsentieren, ausgelöst von neuen Technologien und der Wiederentdeckung der Tatsache, daß Kunst und Wissenschaft ein und dieselbe Disziplin sind. Die Technologie würde dann nicht den Weg für den künstlich-bionischen Menschen des 21. Jahrhunderts bereiten, der im Schatten von Institutionen und Bürokratien lebt, wie George Orwell es vorhersagte, sondern für einen Renaissance-Menschen, dessen Existenz in einem neuen Zeitalter des Individuums gefeiert wird.

Wie können wir die Menschen davon überzeugen, daß Innovationen der Schlüssel zu allem sind? Indem wir uns die erste große Renaissance zum Vorbild nehmen, die die Bedeutung des Individuums in der Gesellschaft deutlich hervorhob. Im Europa des Mittelalters waren die Menschen den Institutionen der Kirche und Regierung unterworfen. Vor allem Gutenbergs Erfindung des Buchdrucks mit beweglichen Lettern löste eine Revolution des Denkens, der Gewohnheiten und des Verhaltens aus, wodurch das Ende des Mittelalters eingeläutet wurde.

Im Jahr der Erfindung der beweglichen Buchstaben konnte nur ein Prozent der Menschen lesen. Und die wenigen, die diese Fähigkeit besaßen, lasen Latein, die Universalsprache der Elite. Um das Jahr 1500 herum konnten sich bereits 80 Prozent das Wissen aus Büchern erschließen, die damals in der Umgangssprache des Volkes publiziert wurden. Mehr als acht Millionen Bücher wurden innerhalb von fünfzig Jahren nach Erfindung der Druckerpresse gedruckt.

Die Druckerpresse demokratisierte im 15. Jahrhundert nicht nur das Wissen. Sie richtete den Blick der Menschen auch auf das Goldene Zeitalter des fünften und sechsten Jahrhunderts vor Beginn unserer Zeitrechnung: eine Zeit, in der es noch keine künstliche Trennung zwischen den Disziplinen der Kunst und Wissenschaft gab. Ethik, Kultur, Kunst und Mathematik waren damals ein Fachgebiet. So wurde der Renaissance-Mensch geboren, dessen Kultur von mannigfaltigen Gesichtspunkten und einer Konzentration auf das Individuum geprägt war. Auch in der Kunst vollzog sich ein dramatischer Wandel. Sie entfernte sich von der intensiven Beschäftigung mit Glaubensfragen, wobei die meisten berühmten Maler große religiöse Ereignisse dargestellt hatten und die wichtigsten Figuren dabei immer auch als die größten erschienen waren. Plötzlich nahm alles eine logische Größenordnung an, und das Element der Perspektive trat hinzu, das heißt, die Welt wurde vom Standpunkt des individuellen Betrachters aus gesehen.

Die Druckerpresse war ein Werkzeug des Geistes, das einigen wenigen die Macht gab, die Welt der Mehrheit zu verändern. Das Resultat war ein neues Selbstwertgefühl des Individuums. Eine Explosion der Erfindungsgabe. Eine Begeisterung für die Macht wunderbarer Ideen. Nur wenige außergewöhnliche Menschen waren in der Lage, diese neuen Werkzeuge und Ideen einzusetzen, um die für ihre Zeit typischen Muster dramatisch zu verändern. Sie veränderten die Kunst. Sie veränderten die Wissenschaft. Sie veränderten die Literatur, den Handel und die Medizin. Sie führten neue Ideen in die Philosophie und Religion ein.

Heute ist unsere Gesellschaft ebenfalls hoch institutionalisiert. Mit Beginn des Industriezeitalters setzten die Institutionen die Bedeutung des Individuums herab. Sie hielten Arbeiter um Arbeiter davon ab, sich sinnvoll und wahrnehmbar voneinander zu unterscheiden. Obwohl die großen Institutionen zum phänomenalen Wachstum des Landes beitrugen, verursachten sie gleichzeitig den Verlust der menschlichen Sichtweise. Deshalb wird heute das Individuum von Kräften überwältigt, die sich seinem Einfluß und erst recht seiner Kontrolle entziehen.

In vielen Unternehmen sind die Menschen zu bloßen Papierstaplern und gedankenlosen Körpern bei Versammlungen geworden. Häufig fehlt ihnen die Autorität, Ideen und Projekten zuzustimmen, obwohl sie unfairerweise die Last der Verantwortung für sie tragen. Einmal hatten die drei größten Automobilhersteller sage und schreibe zehn Stabsebenen zwischen den Fabrikarbeitern und dem Präsidenten der Geschäftsleitung. (Bei einem Unternehmen gibt es immer noch acht Ebenen!) In vielen Schulen haben wir die Anzahl der Lehrkräfte beträchtlich erhöht, aber die Klassen haben sich nicht entsprechend verkleinert. Die meisten dieser Aufstockungen gingen nicht in die Klassenräume, um eine intimere Lernsituation zwischen Schülern und Lehrern herzustellen, sondern in die Verwaltung.

Viele von uns wollten gerne genau wissen, weshalb wir in den achtziger Jahren in der Informationstechnologie nicht mehr Produktivitätssteigerungen erreichen konnten, da doch die Kosten für diese Technologie kontinuierlich und drastisch sinken, während der Einfluß und die Leistung eben dieser Technologie sich bedeutsam steigerten. Der gesunde Menschenverstand legt die Vermutung nahe, daß wir versucht haben, das falsche Problem zu lösen. Wenn wir wollen, daß unsere Institutionen produktiver werden, dann müssen wir erstens lernen, den Einfluß der Informationstechnologie nicht auf die Institutionen selbst zu konzentrieren, sondern auf die Individuen innerhalb dieser Institutionen. Wir sollten nicht versuchen, die Institutionen zum schnelleren Arbeiten zu bringen, sondern den Menschen dabei zu helfen, phantasievolle neue Methoden zum besseren Arbeiten zu entdecken. Es ist keineswegs eine abwegige Idee für Mitarbeiter in einem »Third-Wave«-Unternehmen, ihre Arbeitswelt aufregend und interessant zu finden und dabei tatsächlich Spaß zu haben!

Zweitens können wir die Auswirkungen der Vorherrschaft von Institutionen in der Zunahme der Überspezialisierung in unseren Universitäten und unseren Firmen spüren. Noch vor Jahren wollten die meisten Medizinstudenten praktische Ärzte werden. Heute werden sie Spezialisten. Während wir auf bestimmten Gebieten unser Wissen erfolgreich vertieft haben, haben wir gleichzeitig die Chance verloren, Gegensätze und Vergleiche zwischen den verschiedenen Wissensgebieten aufzustellen. Die Spezialisierung hat zu einer Einengung unserer Perspektiven und Optionen geführt. Sie unterstützt mechanistische und lineare Denkweisen.

Wenn Sie wie ich glauben, daß die Perspektive eine der Quellen neuer Ideen und Kreativität ist, dann beschränkt die Spezialisierung nur die Vision des Individuums. Sie erweitert sie nicht und erlaubt es dem Geist nicht, neue und völlig andere Horizonte zu erforschen.

Drittens hat die Zeitkompression nahezu unsere Fähigkeit verkrüppelt, mit Änderungen fertig zu werden. Die Technologie hat die Welt klein und schnellebig werden lassen, so daß die schwerfälligen und stabilen Institutionen nicht mehr zurechtkommen. Unternehmen, die es schaffen, Ideen und Informationen rasch durch ihre Organisationsstruktur zu schleusen, werden deutliche Wettbewerbsvorteile vor den anderen genießen. Im nächsten Jahrhundert wird die Welt sogar noch kompakter werden, da die Computer Synchronübersetzungen erlauben. Die Aufhebung der Sprachenbarriere wird sich wahrscheinlich genauso revolutionär auswirken wie die Entwicklung des Flugzeugs und des Satelliten, und die Welt zu einem kleineren, schnellebigeren Ort machen.

Bedauerlicherweise ist es unwahrscheinlich, daß wir unsere wohlhabende Mittelklasse allein durch graduelle, evolutionäre Reformen in der Wirtschaft erhalten können. Doch in einer Demokratie kommt es nur dann zu einer wirklichen Revolution, wenn das Mißbehagen oder die Krise so unerträglich geworden sind, daß genügend Menschen eine Änderung verlangen. Und friedliche Revolutionen sind in einer Demokratie nur dann erfolgreich, wenn die angebotene Alternative zweifellos besser als der Status quo ist.

Zu Beginn des 21. Jahrhunderts könnte die Krise im Geschäftsleben und Erziehungswesen so schwerwiegend geworden sein, daß größere Veränderungen in unserer Gesellschaft unausweichlich werden.

Wenn diese Probleme — Strangulierung durch Institutionen, Vorherrschaft der Überspezialisierung und rapider Wandel — die Auslöser einer neuen Renaissance werden sollen, dann mangelt es uns heute noch an einer positiven katalytischen Kraft. Die Gesellschaft braucht wieder ein bahnbrechendes Werkzeug — genauso wirkungsvoll wie die Druckerpresse —, ein Werkzeug, das die individuelle Kreativität ansport, indem es uns auf neue Blickwinkel hinweist und uns Zugang zu mehr Wissen verschafft als jedes andere Hilfsmittel.

Die Reise, die vor uns liegt, hat den Zweck, den Stammvater eines Werkzeugs zu kreieren, das im nächsten Jahrhundert entscheidend für uns sein könnte. In diesem Zusammenhang gewinnt unser Traum von der Veränderung der Welt mit Personalcomputern wie dem Apple II und dem Macintosh besondere Bedeutung. Deshalb sehen wir uns in der Rolle von Künstlern und Artisten. Und deshalb tragen wir auch voll Stolz T-Shirts mit Slogans, die die Leidenschaft und die Romantik unserer Reise verherrlichen.

Der Macintosh der Zukunft, den es Anfang des 21. Jahrhunderts geben wird, könnte eine wunderbare Phantasiemaschine namens »Knowledge Navigator« sein, ein Entdecker neuer Welten, ein ebenso wunderbares Werkzeug wie die Druckerpresse. Der einzelne könnte es einsetzen, um durch Bibliotheken, Museen, Datenbanken und Regierungsdokumente zu »fahren«. Dieses Werkzeug würde das Individuum nicht nur an die Schwelle dieser großen Reichtümer geleiten, wie das heutige hochentwickelte Compuer können, es würde ihn tief in die Geheimnisse hineinziehen, indem es die Informationen interpretiert und so in Wissen verwandelt.

Stellen Sie sich vor, daß der Knowledge Navigator zwei Joysticks an jeder Seite hat, wie die Steuerknüppel eines Piloten, die es Ihnen erlauben, sich durch verschiedene Fenster und Menüs zu steuern, um Galerien, Büchermagazine und anderes mehr zu öffnen. Sie werden sogar keine Tastatur mehr haben und Ihre Befehle eingeben, indem Sie den Navigator ansprechen. Was Sie auf dem großen, flachen Bildschirm sehen, wird wahrscheinlich farbig sein, in hochaufgelöster Fernsehbildqualität, volle Textseiten, vom Computer erzeugte Graphiken und Trickfilme. Was Sie hören, wird HiFi-Klang, Sprachsynthese und Spracherkennung verknüpfen. Sie werden in der Lage sein, gleichzeitig an mehreren dieser Fenster zu arbeiten und die unterschiedlichsten Dinge zu vergleichen, z. B. die Struktur lebender Zellen mit dem Netzwerk der Weltwirtschaft, die Tiefen der Zen-Philosophie, deren Schönheit im Detail liegt, mit den architektonischen Feinheiten des Parthenons oder dem Design einer japanischen Kamera. Ganz wichtig dabei ist, daß der Navigator Ihnen das Wissen maßgeschneidert liefert – er lernt während der Benutzung und macht das Navigieren durch Informationen und Ideen so interessant und verständlich wie nur möglich. Wenn Sie visuell orientiert sind, können Sie mit bebilderten Fenstern arbeiten, wenn Sie besser mit Texten zurechtkommen, können Sie in erster Linie mit einem Textmodus arbeiten.

Das Aussehen des Navigators ist nicht so wichtig wie seine Leistungsfähigkeit. Im Laufe der nächsten Dekade werden Personalcomputer geradezu »unsichtbar« werden, wie ein Motor, und in eine Maschine passen, die nicht größer als ein Taschenrechner ist. Der Apple-II-Chip ist schon jetzt so klein wie ein Ohrring. Weitaus wichtiger als seine Form ist die Art, in der dieses neue Werkzeug unsere Lern-, Denk-, Arbeits-, Kommunikations- und Lebensgewohnheiten verändern und aus der Computer-Industrie, die bisher nur Hard- und Software produziert, Hersteller von maßgeschneidertem Wissen für die breite Bevölkerung machen wird.

Neue Kommunikations- und Informationstechnologien bieten uns nicht nur neuen Stoff zum Denken, sondern auch ganz neue Mittel, mit deren Hilfe wir denken können. Die heutige Generation der Personalcomputer hat gerade erst die Möglichkeiten, die in »Ideen-Prozessoren« liegen, angedeutet. Bill Atkinsons »HyperCard« ist ein wichtiger Schritt vorwärts. Schon heute arbeiten wir an einigen der Grundtechnologien, die in sehr viel fortgeschrittener Form in unseren Personalcomputern im 21. Jahrhundert auftauchen werden. Der Benutzer wird dann folgendes gewinnen:

Die Macht einer neuen Perspektive

Die Bedeutung einer neuen Perspektive besteht darin, zu vergleichen und gegenüberzustellen und auf diese Weise die Beschränkungen abzuschütteln, die uns die Spezialisierung auferlegt. In den Worten von Marvin Minsky: »Man begreift nichts, wenn man es nicht auf mehr als auf eine Weise lernt.«

Im 21. Jahrhundert werden die Barrieren zwischen den Spezialgebieten fallen — in der Wirtschaft, in der Ausbildung und im Leben. Schon heute haben einige der Spitzenuniversitäten Computer-Networks installiert, um unterschiedliche Bereiche, zum Beispiel Geistes- und Naturwissenschaften, zusammenzuschalten.

An der Brown University haben Technologen gewisse Wörter in Shakespeares Dramen »computerisiert«. Wenn zum Beispiel eine Passage die kalten Nächte erwähnt, in denen König Richards Soldaten kämpfen mußten, kann man über den Computer einiges über die Klimabedingungen während der Shakespeare-Zeit erfahren, aber auch über die Fehden zwischen den Herrschern und über den Zustand der britischen Wirtschaft in den kalten Wintern des 16. Jahrhunderts. Durch diese politischen, sozialen, wirtschaftlichen Zusatzinformationen kann man seine intellektuelle Bandweite verbreitern *und* vertiefen.

Ansätze wie »Marketing als Theater« oder der Management-Stil eines Impresarios könnten für Studenten an Business Schools wertvoll sein. Die Studenten benötigten dazu leichten Zugang zu Informationen aus dem Kunst- und Theaterbereich. Der Navigator wird all dies leisten können — im Universitätsbereich und weit darüber hinaus.

Mit Hilfe der Analogie können völlig neue Perspektiven entstehen. Wir können neue Metaphern finden, denn wir werden in der Lage sein, in riesige Wissensbereiche zu navigieren. Als ich ins Silicon Valley kam, war ich überrascht von der Vielzahl von Metaphern, die dort verwandt wurden. Aber schon bald begriff ich, daß der Gebrauch von Metaphern die perfekte Methode war, Menschen zu inspirieren, ganz neue Ideen aus ihnen hervorzulocken, indem man ihnen Analogien zu Gedanken, die bereits gedacht worden waren, aufzeigte. Anfang des 21. Jahrhunderts wird alles Wissen der Welt in Computern gespeichert sein. Der Prozeß hat bereits begonnen. Zugang werden zunächst die Universitäten haben, aber nach einigen Jahren werden diese Informationen voraussichtlich jedermann zugänglich sein.

Zum ersten Mal in unserer Geschichte wird die Menschheit mit dem Navigator ein Werkzeug besitzen, daß nicht nur Informationen liefert, sondern echtes Wissen. Alle werden über die Macht verfügen, durch Jahrhunderte von Wisen zu wandern. Wir können nur die Oberfläche abschöpfen, aber wir können auch in unglaubliche Tiefen eintauchen, wenn wir nur wollen.

Unsere Fähigkeit, die Perspektive zu ändern, wird nicht auf die Substanz beschränkt bleiben, sie wird auch den Stil beeinflussen. Wir werden unsere Imaginationsfähigkeit steigern können, indem wir uns die interessantesten Wege aussuchen, auf denen wir durch das Wissen navigieren, und jeder einzelne wird begeistert sein. So können wir zum Beispiel ein Thema auf verschiedene Weise betrachten – durch die verschiedenen Fenster auf dem Bildschirm.

Die Macht der Simulation

Die Simulation könnte das Endziel der Arbeit mit dem Computer sein. Damit könnten wir sagen: »Was passiert, wenn wir dies probieren . . .?« – auf der Basis einiger Annahmen, die wir festlegen können. Schon heute können Personalcomputer dies in etwa leisten, aber in der Zukunft wird man noch sehr viel Bemerkenswertes durchführen können.

In der Zukunft wird ein raffiniertes 3-D-System mit beweglichen Graphiken und Spezialeffekten, die so eindrucksvoll wie heutige Fantasy-Filme sind, von jedem einzelnen zu benutzen sein. So wird zum Beispiel ein Modeschöpfer seinen gezeichneten Entwurf in den Computer eingeben können, und der Computer zeigt ihm dreidimensional, wie das Modell am menschlichen Körper aussehen wird.

Simulationen verleihen uns die Stärke, Risiken einzugehen, zu experimentieren, zu scheitern und es wieder zu versuchen. Sie werden uns außergewöhnliche Dinge in komprimierter Zeit tun lassen. Das sind enorme Stimuli für Kreativität und Innovation.

Die Macht der Ideen

Um mit Hilfe der eingebauten künstlichen Intelligenz an sämtliches Quellenmaterial heranzukommen und Verbindungen zwischen den Ideen aus total unterschiedlichen Gebieten zu ziehen, braucht ein Gerät wie der Navigator ein Netz von »Informations-Autobahnen«, so wie das Automobil Straßen und Autobahnen brauchte, um als Transportmittel zu dienen. Die Einrichtung einer Superautobahn des Wissens wird eine neue ebenso nachhaltige Wirkung auf die amerikanische Wirtschaft haben wie die Entwicklung des nationalen Straßennetzes Mitte des 19. Jahrhunderts und des bundesstaatlichen Autobahnnetzes in den späten fünfziger Jahren.

Schließlich werden Sie in der Lage sein, sich an eine Telefon-»Autobahn« (ein intelligentes Netz) anzuschließen, um wahre Ströme von Informationen abzurufen – Stimme, Text und Bilder –, simultan über einen einzigen Draht. Heute schränken uns noch langsam arbeitende Modeme, lange Ladezeiten und schwer auswendig zu lernende Befehle ein, so daß wir nur aus wenigen Quellen teure Informationen beziehen können. Anfang des nächsten Jahrhunderts werden jedoch nur noch wenige Beschränkungen vorhanden sein, und der gesamte Prozeß wird transparent werden. Die Benutzer werden sogar keinen einzigen Gedanken darauf verschwenden müssen, woher die Informationen stammen – das »Werkzeug« wird sich allein durch diese »Autobahnen« hindurch navigieren, um an sie heranzukommen.

Der Navigator wird nicht nur über die Autobahnen fahren. Er wird ebenfalls die Informationen inhaltlich analysieren, was bedeutet, daß er die Information auf Ihre Bedürfnisse präzise zurechtschneidert. Das ist ein wichtiger Gesichtspunkt, weil sich die Menge der Informationen weltweit alle drei bis vier Jahre verdoppelt. Entweder meistern wir diesen Umstand, oder wir werden davon zermalmt. Zu Beginn des 21. Jahrhunderts wird die Welt unter der Informationsüberfrachtung leiden, wenn wir es nicht schaffen, unsere Methoden, mit der wachsenden Menge von Fakten, Zahlen und Meinungen umzugehen, in bedeutsamer Weise zu ändern.

Dieses »Maßschneidern« von Informationen könnte einen Quantensprung in der Methode, wie wir denken und Computer benutzen, bedeuten – insbesondere, da so viele Unternehmen, Industriezweige und Institutionen es noch immer nicht schaffen, von der bereits vorhandenen Technologie im vollen Umfang zu profitieren. Jedes unserer hochentwikkelten Kriegsschiffe erfordert zum Beispiel Papier und Aktenschränke mit einem Gewicht von über 9000 Kilogramm, um die Ausbildung, den Nachschub und die Unterhaltskosten zu dokumentieren. All dies könnte jedoch auf einigen kleinen Disketten mit einem Gewicht von einem Kilogramm oder weniger gespeichert werden.

Künstliche Intelligenz wird beim Knowledge Navigator eine große Rolle spielen. Im Inneren der Seele des Computers werden sich intelligente Software-»Agenten« befinden. Mit der Zeit werden sie pfiffig genug werden, um Ihre Gewohnheiten zu kapieren und zu wissen, daß Sie bestimmte Arten von Informationen gerne in bestimmter Weise vorgeführt bekommen wollen. Der »Agent« wird mit Ihnen zusammen lernen und unsichtbar arbeiten, indem er die Informationen in nützliches Wissen für Sie umwandelt. Dieser »Agent« ist ihr Entscheidungsgehilfe, der letztlich entscheidende objektive Beobachter. Er wird durch Dutzende von Datenbanken wandern und zusammentragen, was auch immer für Sie interessant sein könnte. Sie müssen nie mehr umständlich die Regale der Bibliotheken durchforsten – die größte Bibliothek der Welt wird auf Ihrem Schreibtisch oder Schoß existieren.

In der Vergangenheit war das Erzählen von Geschichten die einfachste Methode, das Wissen einer Generation an die nächste weiterzugeben. In schriftlicher Form können Geschichten Informationen illustrieren, erhellen und personalisieren. In der Zukunft könnten »Agenten« in der Lage sein, Informationen so zurechtzuschneiden, daß sie unsere Phantasie anregen und dazu beitragen, sowohl das Lernen wie das Arbeiten interessant und fröhlich zu machen.

Indem wir das Wissen auf jeden von uns individuell zuschneiden, können wir unser eigenes Lerntempo bestimmen, zumal dieses neue Personalcomputer-Gerät ein Werkzeug sein wird, das Spaß macht und bequem in der Anwendung ist. Wie Sie von einem Auto überall dorthin gebracht werden können, wohin sie möchten, ohne daß Sie sich Gedanken darüber machen müssen, wie der Zündschlüssel den Motor startet, so wird der Knowledge Navigator Sie durch sämtliche verfügbaren Speicher des Wissens führen.

Aber Innovationen werden in unserer Gesellschaft niemals Fuß fassen, wenn nicht eine Revolutionierung des Lernens am Anfang der Bildung eines jeden Individuums steht. Wenn wir schon morgen den Navigator hätten, würde sich daher nichts ändern. Weitreichende Veränderungen, insbesondere in der Erziehung, müssen zuerst eintreten, ehe es eine zweite Renaissance gibt.

Mich hat die Erkenntnis der Erzieher, daß die Schüler unserer Oberschulen wenig Interesse am Lernen zeigen, betroffen gemacht. Einige Lehrer sind so resigniert, daß sie die Schüler nur noch von einer Klasse in die nächste schaufeln möchten. Im Vergleich zu den sechziger Jahren, als es nur 500 Colleges gab, gibt es heute rund 2000 staatliche Colleges, aber sie sind hauptsächlich damit beschäftigt, die Lücken unserer schlechten Schulerziehung zu schließen.

Wenn das Lernen wieder Spaß macht, wird dies auch das Selbstwertgefühl unserer Erzieher stärken. Lehrer wollen das Gefühl haben, etwas Wichtiges zu tun, wenn sie das Leben ihrer Studenten mitformen. Die Diskussion um die Erziehung kreist viel zu sehr um Budgetfragen, während ungenügend vorbereitete Schüler in höhere akademische Grade gehievt werden und die Disziplin an unseren Schulen zusammenbricht. Das Erlebnis des Lernens muß wieder wichtig und von der Gesellschaft respektiert werden. Der Prozeß des Vermittelns von Wissen muß als Prozeß der Weiterentwicklung des Menschen wieder Anerkennung gewinnen. Hier handelt es sich um die Wurzeln unserer Gesellschaft, und nur eine tiefgehende Revolutionierung des öffentlichen Bildungswesen wird unsere Position als innovativer Spitzenreiter im 21. Jahrhundert wiederherstellen. Wenn wir die Schulen in einen Quell verwandeln wollen, der die Talente unseres Volkes fördert, dann ist es wichtig, das Erlebnis des Lernens wieder interessant zu gestalten.

Die Macht der Kreativität

Die hinter dem Knowledge Navigator stehende Prämisse besagt, daß Innovation unsere beste Möglichkeit ist, in einem dynamischen Weltwirtschaftssystem zusätzliche Werte zu schaffen, wobei unser Ziel sein muß, die ökonomische Bedeutung der wohlhabenden Mittelschicht Amerikas zu schützen. Innovation erfordert außergewöhnliche persönliche Kreativität. Der Navigator ist ein Werkzeug, unsere Kreativität zu steigern. In diese Richtung müssen wir die Informationstechnologie lenken – zu einem personalisierten Wissenssystem für die Massen mit einer transparenten Technologie.

Wenn wir es richtig anstellen und solche Werkzeuge schaffen und in Massenproduktion herstellen, können wir die Stärken des Individuums wieder wecken. Wir könnten die Spezialisierungen überbrücken und wieder ein Gleichgewicht zwischen vertieftem Wissen, Generalisierung und abstraktem Denken herstellen; wir könnten Begeisterung für verschiedene Standpunkte wecken. Indem er die Erforschung des Wissens interessant und fröhlich gestaltet, wird der Navigator eine größere Anzahl von Menschen für die »größeren Mysterien« qualifizieren, was uns helfen wird, eine neue Renaissance herbeizuführen.

Am Ende könnten wir eine Gesellschaft von »Informationsteilhabern« werden. Ein Werkzeug wie der Navigator könnte auch eine der größten Beschränkungen der Druckerpresse aufdecken, indem er den Millionen von Menschen die Türen zum Wissen öffnet, die bislang noch nicht in der Lage waren, von einer der größten Erfindungen der Welt zu profitieren. Neil Postman bemerkt hierzu: »Das große Paradox der Verbreitung der Fähigkeit, zu lesen und zu schreiben, bestand darin, daß sie im gleichen Zuge, wie sie Geheimnisse zugänglich machte, auch Hindernisse aufbaute. Für die Geheimnisse des Buches muß man sich erst qualifizieren, indem man sich den Härten der Schulerziehung unterwirft. Man muß langsam voranschreiten, Schritt für Schritt, und sogar unter mancherlei Kummer, während sich die Fähigkeit zum begrifflichen Denken nach und nach vertieft und erweitert.«

Mein Traum ist es, zu erleben, daß der Knowledge Navigator der legitime Nachfolger des Macintosh wird. In den letzten fünfzehn oder zwanzig Jahren sind wir in der Computerindustrie so weit vorangekommen! Das beweist, daß wir in den nächsten beiden Jahrzehnten die Technologie mindestens genauso weit entwickeln können.

Seymour Cray, der Gründer und Pionier von Cray Computer, drückte dies am besten aus:

»Ich übertreibe nur ein bißchen, wenn ich Ihnen diese Geschichte erzähle, aber ich denke, daß sie einen wahren Kern hat, und ich möchte die Ereignisse im Personalcomputer-Geschäft mit denjenigen im Supercomputer-Geschäft vergleichen ... Wenn sie heute für 10 000 Dollar einen Personalcomputer kaufen — damit gehört er zur oberen Preisklasse —, erhalten sie eine Speicherkapazität von vier Millionen Bytes. Das ist dieselbe Speichergröße, die wir (1976) mit dem CRAY-1 lieferten. Diese Tatsache erstaunt mich etwas.

In diesem Industriezweig findet eine Revolution statt, die ebenso eindrucksvoll wie die in unserem ist, vielleicht sogar noch mehr ... Ich benutze einen Macintosh von Apple, und Apple hat gerade das Erscheinen eines Macintosh II angekündigt. Einige von Ihnen haben ihn vielleicht gesehen. Wissen Sie, was sie über ihre zukünftige Speicherkapazität sagten, die sie bis Anfang der neunziger Jahre erweitern wollen? Sie sagten, sie werde zwei Gigabytes betragen. Wissen Sie, was zwei Gigabytes sind? Das ist genau die Größe, die der heutige CRAY-2-Speicher aufweist. Also plant Apple, in wenigen Jahren einen Speicher zu liefern, der dem Speicher unseres gegenwärtigen Supercomputers entspricht. Nur wäre der Prozessor wahrscheinlich nicht so schnell, aber er würde auch nicht so viel kosten. Aber sie planen auch, Multi-Prozessoren in ihr Gehäuse einzubauen, und deshalb frage ich, was das zu bedeuten hat.

Nun, meiner Meinung nach wird das zu einer echten Revolution führen, weil Menschen mit minimalen Mitteln, Individuen ohne viel Geld in der Tasche, in der Lage sein werden, in wenigen Jahren Simulationen auf ihren Personalcomputern durchführen zu können, für die sie gestern oder heute noch einen Supercomputer benötigen würden. Und was das für eine Revolution sein wird! Statt von wenigen Kunden für diese Art von Arbeit reden wir über Hunderttausende!«

Erstaunlicherweise sind nur wenige größere technologische Durchbrüche zu meistern, um dies zu erreichen — es ist weitgehend eine Frage des Errichtens der kritischen Masse von Technologien, die bereits in Angriff genommen wurden, um aus dem Computer ein auf personalisiertem Wissen basierendes, massenhaft genutztes System zu machen. »Massenhaft« heißt, daß es erschwinglich sein muß. »Personalisiert« heißt, daß es leicht den individuellen Bedürfnissen und Aufgaben angepaßt werden kann. »Auf Wissen basierend« suggeriert einen großen Sprung weg von der alleinigen Vermittlung von Informationen. Weisheit, Reflexion,

Standpunkte und Meinungen werden von der neuen Technologie zur Verfügung gestellt. »System« bedeutet, daß wir eine Infrastruktur von intelligenten Informationsnetzen brauchen, analog zu der Infrastruktur von Autobahnen, die wir brauchten, um die Automobilindustrie in ein personalisiertes Massentransportsystem zu verwandeln.

Diejenigen, die sich für Technologie interessieren, sind von den Einzelheiten, die wir tun können und die wir bald in der Lage sein werden zu tun, fasziniert. Wir werden eine »distributive Datenbank« brauchen, auf deren gesamte Informationen der Navigator Zugriff hat, ungeachtet der Tatsache, in welchem Teil der Welt sich diese Daten befinden. Schon bald wird die notwendige »distributive« Datenverarbeitungstechnologie zu einer kommerziellen Realität geworden sein, und die neue Datenbanktechnologie bietet eine der aufregendsten Wachstums- und neuen Anwendungsmöglichkeiten für den Umgang mit Personalcomputern in den neunziger Jahren unseres Jahrhunderts.

Um mit all diesen Informationen besser umgehen zu können, brauchen wir auch eine drastische Senkung der Kosten bei den Festspeichern und der Massendatenträgertechnologie. Auf diesen beiden Gebieten können wir in den kommenden dreizehn Jahren berechtigte Erwartungen hegen.

Bei den Datenträgern steht eine Revolution kurz bevor, da die optischen Medien eine kommerzielle Realität werden. Das optoelektronische Medium in der Form von CD-ROMs, die wie eine Stereo-Compaktdiskette aussehen, ist eine der aufregendsten Entwicklungen, die vor uns liegt. Eine einzige CD-ROM kann mehr als 500 Megabytes speichern, was dem Gegenwert der gesamten 26bändigen Ausgabe einer Enzyklopädie auf einer einzigen Diskette entspricht! Große Bibliotheken, bestehend aus Text, Klang und Bildern in TV-Qualität, können nun auf kleine Plastikscheiben mit Hilfe von Präzisionslaserstrahlen »geätzt« werden.

Als nächstes möchten wir, daß alle wichtigen Informationen der Welt digitalisiert (d. h. gerastert oder in Computer getippt werden) und elektronisch bearbeitet werden, damit Personalcomputer sie abrufen können. Das mag zwar jetzt merkwürdig klingen, aber zu Beginn des 21. Jahrhunderts wird das wahrscheinlich möglich sein. Schon jetzt kaufen gewitzte Investoren die Rechte für viele Datenbanken auf, weil sie der Überzeugung sind, daß sie im nächsten Jahrhundert sehr wertvoll sein werden, wie Geldanleger vor kurzem noch die Rechte von alten Filmarchiven aufkauften.

Wir sollten uns ebenfalls auf ein breitgefächertes Angebot von digitalisierten Medien — von der Sprache über Text zu computererzeugten Bildern und farbigen Videos in hochaufgelöster TV-Bildqualität — auf einem Computerbildschirm einstellen. Stellen Sie sich vor, daß Sie eine

Nachrichtensendung in einem Fenster Ihres Knowledge-Navigator-Bildschirms sehen, während Ihr Computer gleichzeitig wichtige Fakten und ergänzende Informationen zu weiteren Aspekten derselben Geschichte, die er berichtet, liefert. Aus seiner Erfahrung in der Zusammenarbeit mit Ihnen weiß der Computer, was Ihnen gefallen könnte, und darauf wird er sich konzentrieren.

Die Anwendung solcher »mixed media« wird dann multiple Prozessoren erforderlich machen, die zur selben Zeit arbeiten. Der Microprozessor ist das Gehirn des Computers. Zu Beginn des 21. Jahrhundert wird dieses Gehirn hundertmal schneller sein und dennoch nicht mehr kosten. Wenn wir jedoch mehrere von ihnen in jeden Computer einbauen, können wir die Leistung in sogar noch ungeahntere Höhen schrauben, da mehrere Prozessoren sich die Aufgabe teilen können, die Daten in einem einzigen Programm zu bearbeiten. Das kann den Prozeß bei langen, komplexen Aufgaben bedeutsam beschleunigen und wird besonders bei 3-D-Bildern, Spracherkennung und hochaufgelösten Trickzeichnungen wichtig sein.

Die parallele Datenverarbeitung ist jedoch keine leichte Aufgabe. Programme für Computer mit parallel arbeitenden Prozessoren schreiben zu lernen, erweist sich als eine der größten Herausforderungen, denn unsere gesamte Computerwissenschaft wurde auf die einfache lineare Prozessor-»Architektur« ausgerichtet, die sich zuerst Turing und von Neumann vor nahezu fünfzig Jahren ausmalten. »Co-Processing« dagegen kann eher Realität werden. Bei dieser Technologie müssen mehrere Prozessoren separat programmiert werden, damit sie mehrere unterschiedliche Aufgabenstellungen unterstützen können, die auf dem Personalcomputer zur selben Zeit bearbeitet werden können.

Zusätzlich gibt es bereits Bestrebungen, die zu einer möglichen Annäherung der Telekommunikation und des Personalcomputerwesens führen werden. Die dafür erforderlichen weltweit geltenden Kommunikationsstandards wurden bereits formuliert. Diese notwendigen Anstrengungen werden von allen großen Telekommunikations- und Computerfirmen rund um die Welt unterstützt.

Schließlich wollen wir nicht irgendwelche Informationen, sondern nur Zugang zu besseren Daten, die uns individuell interessieren. Was wir uns wirklich wünschen, ist, in der Lage zu sein, besser begreifen zu können. Idealerweise sollte der Computer die schwere Aufgabe übernehmen herauszufinden, was wichtig ist, Beziehungen zwischen den Daten unterschiedlichster Quellen herstellen und daraus Analysen anfertigen. Was wir dann brauchen, ist ein sehr hochentwickeltes Niveau eines auf Wissen basierenden Systems, das besser bekannt ist unter dem Begriff »künstliche Intelligenz«.

Hier müssen noch bedeutende Durchbrüche erzielt werden, damit der Navigator Realität werden kann. Aber an den besten Universitäten, in Laboratorien und aufstrebenden Unternehmen ist man mit Forschungen beschäftigt, um Anfang des 21. Jahrhunderts der Verwirklichung nähergekommen zu sein. Es braucht jedoch immer zehn bis fünfzehn Jahre, bis ein derartiges Projekt aus den Forschungslaboratorien zur kommerziellen Umsetzung gelangt. Computerpioniere im ganzen Land arbeiten fieberhaft mit Konzeptionen und Ideen, die noch vor kurzem nichts als Träume waren.

In der Zwischenzeit wird sich eine explosionsartige Entwicklung bei »Expertensystemen« ergeben. Ein Expertensystem greift auf das Wissen einzelner Experten zurück und entwickelt, auf ihre Erfahrung zurückgreifend, einen ganzen Regelkatalog, der auf unterschiedliche Bedingungen abstellt. Aber die Intelligenz eines Expertensystems ist notwendigerweise beschränkt auf die eingegebenen Erfahrungen und Regeln.

Während Expertensysteme ein wichtiger Schritt sind, muß der Navigator eine eigene »angeborene« Intelligenz haben. Der wahre Unterschied zwischen Expertensystemen und künstlicher Intelligenz besteht in der Fähigkeit des Computers, aus seinen eigenen Erfahrungen zu lernen. Nur eine echte künstliche Intelligenz wird es den Computern ermöglichen, mit der Zeit klüger zu werden. Seit mehr als drei Jahrzehnten träumen die Computerwissenschaftler von den Möglichkeiten der künstlichen Intelligenz. Je mehr sie jedoch lernen, desto mehr begreifen sie auch, wie wenig wir erst wissen.

Dennoch eröffnen diese Forschungen fortwährend faszinierende Entwicklungen. Einige der hervorragendsten Forscher auf diesem Gebiet haben am MIT gerade gelernt, digitalisierte Küchenschaben zu schaffen, die auf unglaubliche Weise ihre eigenen, sorgsam überlegten Wege durch ein programmiertes Gelände wählen. Natürlich sehen diese Schaben primitiv, fast dümmlich aus. Ihre langsamen, schwerfälligen Bewegungen können noch nicht einmal mit den legendären Possen der einfachsten Disney-Figuren verglichen werden. Aber Mickey und Minnie Mouse sind Puppen, die vollkommen dem Willen ihres Zeichners folgen – nicht ihrem eigenen! Diese Schaben sind die »prähistorische« Inkarnation unserer »Agenten«.

Marvin Minsky und Seymour Pappert, die sich am MIT seit langer Zeit mit der künstlichen Intelligenz beschäftigen, versuchen herauszufinden, wie der menschliche Verstand funktioniert. Sie konzentrieren sich vor allem auf den Verstand des Kindes, weil er weniger durch Erfahrungen geprägt ist und deshalb weniger kompliziert arbeitet als der des Erwachsenen. Minsky beschreibt in seinem Buch »The Society of Minds« den

Verstand als eine riesige Gesellschaft sehr kleiner und sehr einfacher Module, von denen jedes die Fähigkeit besitzt, spezifische Aufgaben zu erfüllen. Denken Sie an den Bienenstock: Jede Arbeitsbiene besitzt eine relativ geringe Intelligenz, aber wenn man Tausende von ihnen zusammenpackt, erreichen sie ein hohes Niveau an Brillanz. Die künstliche Intelligenz könnte auf Grund derselben Prämisse funktionieren: Anhäufungen von »Agenten« werden höhere Intelligenzgrade erreichen. Indem Minsky das Rätsel zu enthüllen versucht, wie diese »Agenten« untereinander in Verbindung treten, hofft er zu entdecken, wie intelligente Computer der Zukunft aussehen müssen, um ebenso zu funktionieren. Aber diese Theorie auf das Niveau des menschlichen Verstandes anzuheben ist eine enorm große Aufgabe. Man schätzt, daß das menschliche Gehirn über 10 Milliarden Neuronen − einzelnen Prozessoren entsprechend − mit über 10 Billionen Verbindungsstellen (Synapsen, d. h. Nervenübergangsstellen) besitzt. Roger Schank, Psychologe an der Universität Yale, weist darauf hin, daß »für unser Begriffsvermögen unsere Fähigkeit grundlegend ist, den relevantesten ›Speicher‹ genau im richtigen Augenblick zu finden.« Er definiert eine Gedächtnisorganisation als eine, die auf einer Auflistung fehlgeschlagener Taten basiert. Einfach gesagt, wir lernen am besten dadurch, daß wir uns an unsere Fehler erinnern. Schanks Arbeit konzentriert sich auf das Abfassen kleiner Abhandlungen über »Trial and Error«, »Versuch-und-Irrtums«-Erfahrungen, um das dynamische Wesen des menschlichen Gedächtnisses zu verstehen.

Myriaden von Schritten sind erforderlich, um dorthin zu gelangen, und sie werden quer durch das gesamte Land von Hunderten von Pionieren unternommen. Denken Sie an die Entwicklung von Danny Hillis' »Connection Machine«. Nur halb im Scherz sagt er: »Wir wollen einen Computer bauen, der stolz auf uns sein wird.« Er ist auf dem besten Wege dazu. Ein Software-Programm mit dem Namen »Indexor« ist nun in der Lage, in weniger als einer Sekunde jedes Wort eines langen Romans in ein Verzeichnis aufzunehmen. Das ist eine entscheidende Technologie für inhaltliche Analysen riesiger Datenbanken, da wir die Möglichkeit haben müssen, jedes Wort mit jedem anderen Wort zu verknüpfen, um logische Schlüsse aus dem Inhalt ziehen zu können. Der Computer könnte demzufolge nach Mustern sich wiederholender Ideen und verwandten Themen in unterschiedlichen Dokumenten suchen, was ohne ihn physisch schwierig, wenn nicht sogar unmöglich wäre. Die »Connection Machine« arbeitet mit dem sogenannten massiven Parallelismus oder buchstäblich mit Hunderttausenden von Microprozessoren in einem Computer. Heutige Personalcomputer arbeiten alle mit einem

Prozessor. Der Personalcomputer von morgen wird wahrscheinlich mehrere besitzen.

Eine weitere Alternative zur künstlichen Intelligenz ist das Neuralnetz. Es erfordert eine völlig andere Vorgehensweise. Sie basiert auf der Beobachtung, daß das menschliche Gehirn aus Milliarden von Neuronen besteht, die durch Nervenübergangsstellen verbunden sind, wobei jedes Neuron als ein potentieller chemischer Transmitter fungiert. In einem Neuralnetz-Computer sind viele selbständige Prozessoren, Perzeptronen genannt, miteinander verknüpft. Als Grundlage dient der statistische Mittelwert, um Gruppen und Strukturen einzelner Prozessoren zu bestimmen, welche entweder Aktivitäten fördern oder hemmen. Die herkömmliche Computerlogik erzwingt Antworten der Kategorien richtig oder falsch. Neuralnetze können dagegen Annäherungsurteile fällen.

Es gab bereits erfolgreich verlaufende Experimente mit Neuralnetzen, die aus ihren eigenen Fehlern und Erfahrungen lernen. Sie beginnen recht einfach, aber in wenigen Stunden sind sie in der Lage, ziemlich perfekt in solchen Aufgaben wie Handschrift- und Spracherkennung zu werden.

Vor zwanzig Jahren entwickelte Alan Kay den »Dynabook«, der zum Vorläufer des Personalcomputers wurde. Der Dynabook war ein kleiner, kompakter Computer, den man wie ein Notizbuch unter den Arm klemmen konnte. Er konnte Handschriften lesen und über Funkfrequenzen große Computer anzapfen. Kay baute das Produkt nie, aber ihn und andere regte die Vision, was man damit machen könne, dermaßen an, daß eine Revolution im Computerwesen ausgelöst wurde.

»Vivarium« wird vielleicht wie der Dynabook auch niemals fertig werden. Aber Kay und die anderen, die sich mit diesem Projekt beschäftigen, werden im Verlauf ihrer Arbeit die notwendigen Entdeckungen machen, um uns die Bauteile zu verschaffen, mit denen wir den Navigator vollenden. Auch Bill Atkinsons »HyperCard«, der nächste logische Schritt, um die Computer wirklich allen Menschen zur Verfügung stellen zu können, ist ein weiterer Baustein für die kommende Revolution.

Der aufregendste Teil der Odyssee liegt noch vor uns. Sie ist jedermanns Odyssee. Aber wir müssen jetzt etwas tun, weil es im 21. Jahrhundert keine Zeit mehr geben wird. Wir müssen unsere Institutionen revolutionieren und unsere Technologien und unsere Menschen als riesige Ressourcen nutzen. Wenn Amerika seine Konkurrenzfähigkeit wiedergewinnen will, muß es die Initiative bei Innovationen und Kreativität wieder an sich ziehen. Es dauert vielleicht eine ganze Generation, mindestens jedoch zwanzig Jahre, bis das eintritt — eine Perspektive, die sich anscheinend nur wenige Amerikaner vorstellen können.

Man denke an die Kathedralen des 12. Jahrhunderts. Für jede brauchte man mehr als hundert Jahre bis zur Fertigstellung, und die Arbeiter bauten oft ein ganzes Leben lang daran, ohne selbst den Beginn oder das Ende der Bauzeit zu erleben. Dennoch waren die Kathedralen Spiegel ihres Zeitalters — einer Zeit, die nicht in Jahren, sondern in Jahrhunderten gemessen wurde. Sie waren Projekte des Experimentierens. Die Konstruktionsform fand man nicht mit Hilfe mathematischer Formeln über Belastungsfaktoren und Spannungsausgleich, sondern in einem Prozeß von »Trial and Error«, der von Steinmetzmeistern geleitet wurde, die reich an praktischer Erfahrung waren. Die hinter diesen Projekten stehenden Baumeister hatten keine klar definierten Ziele im Sinn, nur die Richtung, in die sie gehen wollten. Während der Konstruktionszeit betrachteten sie ihr Werk niemals als vollendet; sie trieben ihre Ziele über alle Grenzen hinaus. Das war »Management by Direction« und kein »Management by Objectives«.

Auch wir müssen bereit sein, eine neue Richtung einzuschlagen — mit Hilfe riskanten praktischen Herumprobierens, mit Hilfe von Arbeitnehmern, die stolz auf das sind, was sie tun, und die sich darauf vorbereiten müssen, unter Umständen eine Reise anzutreten, die länger als ihr Leben dauern wird. Solche Hilfsmittel, solche Bestrebungen können uns helfen, das Potential der besten Elemente unserer Gesellschaft zu nutzen.

Die Vereinigten Staaten haben die Chance, eine Renaissance im 21. Jahrhundert zu verwirklichen . . . wenn wir es lernen, aus dem heterogenen Charakter unseres Landes wieder einen Aktivposten zu machen. Trotz der Schwächen unseres staatlichen Schulsystems im Elementar- und Sekundarbereich haben wir als Nation ein außergewöhnlich gutes Hochschulsystem. Das ist eine Tatsache, die von der großen und wachsenden Zahl von Ausländern anerkannt wird, die an unseren besten Universitäten studieren. Es ist ebenfalls nicht überraschend, daß der größte Einzelbeitrag zur wirtschaftlichen Stabilität einer Region die Anziehungskraft ihrer Schulen und Universitäten ist. Silicon Valley entwickelte sich teilweise auf Grund der Nähe zur Stanford University so schnell aus seinem Aprikosen- und Pflaumenplantagen-Status. Harvard und das MIT haben einen ähnlichen Effekt auf die Entstehung von Bostons Nationalstraße 128 als Sammelplatz unternehmerischer Aktivitäten gehabt.

Wenn die künstlichen Mauern unserer großen Universitäten durch die Technologie fallen und elektronische Netze den Einflußbereich der Universitäten ausdehnen, dann wird sich auch der Einflußbereich der Hochschulbildung vergrößern. Wie schon erwähnt, werden Bibliotheken nicht länger undurchdringlich von Ziegelsteinen und Mörtel umgeben, sondern auf elektronischem Wege mit Studenten verbunden sein, die sich weit entfernt vom Universitätsgelände befinden. Die Lehrfähigkeiten der besten Professoren an den besten Universitäten werden über »Schablonen« jedem zur Verfügung stehen, der lernen will. Die Universitäten, in ein Netz gegenseitiger Abhängigkeit gebunden, können dann tatsächlich zu Modellen der neuen Institutionen in dieser zweiten Renaissance werden.

Wenn die nächste Renaissance auf einem neuen Zeitalter des Individualismus basiert, dann besitzen die Vereinigten Staaten viele der richtigen Attribute, um weltweit die Bedeutung des Individuums zu steigern. Es gehört von Natur aus nicht zur rigiden Gesellschaftsordnung Japans, das Individuum in den Mittelpunkt zu stellen. Obwohl die japanischen Teamleistungen, ihr Stolz und ihre Moral außergewöhnlich sind, werden die Japaner höchstwahrscheinlich nie die Durchbrüche kosmischen Umfangs eines Bill Atkinson oder Alan Kay erreichen. Die Rigidität der japanischen Gesellschaft und die Überalterung der Bevölkerung lassen einige Zweifel an der Fähigkeit des Landes aufkommen, sich schnell neuen Lern-, Arbeits- und Kommunikationsmustern anzupassen. Dennoch dürfen wir nicht den hohen Grad an Respekt übersehen, den die Japaner Erziehung und Familie entgegenbringen, sowie ihre Fähigkeit, von außen kommende neue Philosophien zu assimilieren, ohne ihre eigenen Traditionen aufzugeben.

Europa erscheint noch weniger gemacht für eine neue Renaissance. Obwohl mit einer intelligenten, gebildeten Bevölkerung und einer reichen Kultur gesegnet, bleibt Europa überinstitutionalisiert und an nahezu unerschütterliche Traditionen gefesselt, die nur rückwärts und nicht vorwärts gerichtet sind. Europa vergeudet beständig seine Energien, weil es hin- und hergerissen ist zwischen der Aufsplitterung in nationalistische Interessen und dem gesamteuropäischen Gedanken, der allerdings kaum den hochfliegenden Träumen entspricht.

Es ist interessant, daß die Sowjetunion das einzige Land mit hohem Bildungsstand ist, in dem die Renaissance nie stattfand – hauptsächlich, weil es ein Land ist, das vor dem Individuum keinen Respekt hat. Noch bis vor zehn Jahren wurden in diesem Land selbst die Kopiergeräte unter Schloß und Riegel gehalten.

Amerikas genetischer Code soll von den unterschiedlichsten Revolutionären und Einwanderern bestimmt worden sein. Sie könnten auch zukünftig, wie bereits in der Vergangenheit, unser Quell der Stärke und Macht sein. Wir Amerikaner haben immer noch die beste Chance, eine neue Renaissance entstehen zu lassen, wenn wir den Ernst der bevorstehenden Krise – des Verlustes unserer wohlhabenden Mittelklasse – begreifen und das Richtige tun, um sie zu überwinden.

Die Japaner haben uns gegenüber scheinbar viele Vorteile – ihr Verständnis von der Weltwirtschaft, ihre Anwendung der Technologie und selbst ihre Kreativität. Es ist naiv, sie als reine Kopisten zu bezeichnen, was viele Kritiker unterstellten. Ihre Kreativität mündet in die Miniaturisierung von Produkten und die höchste Steigerung der Qualität. Sie finden die Schönheit Buddhas im Detail, während wir in Amerika Kreativität auf einer breiter angelegten, eher ins Auge fallenden Ebene sehen.

Aber Japan, das nun von seinen weniger entwickelten Nachbarn hart angegangen wird, stützt sich nur auf den Intellekt und die Kraft einer Hälfte seiner Arbeitnehmer. Obwohl viele Japanerinnen in Büros oder am Fließband arbeiten, wurden sie noch nicht als bedeutende Quelle für Führungsaufgaben entdeckt.

Je mehr wir uns auf eine Arbeitswelt zubewegen, die es lernt, Intuition und kreative Fähigkeiten höher zu bewerten, desto häufiger werden Frauen als wichtigster, bislang versteckter Aktivposten des Landes auftauchen. An den besten Business Schools des Landes sind rund 30 Prozent der Studenten heute Frauen. Ein unverhältnismäßig großer Teil von ihnen erhält hohe Ehrungen und Auszeichnungen an unseren Universitäten. Bei Apple, wo 50 Prozent unserer Führungskräfte weiblich sind, gingen letztes Jahr sogar rund 70 Prozent unserer Auszeichnungen für Managementleistungen an Frauen.

Wenn Kreativität und Innovation wichtig sind, um weltweit unsere Konkurrenzfähigkeit wiederzugewinnen, können weibliche Führungskräfte sich als ideal geeignet für die Erneuerung unseres Landes erweisen. Viele Eigenschaften der Führungskraft des New Age finden sich unter den typischen weiblichen Charaktereigenschaften.

Steve Jobs wird für die Reise, die aus diesem Jahrhundert hinausführt, für uns alle von besonderer Bedeutung sein. Seine Überzeugungen und Taten beeinflussen unseren Traum, wie wir die Stärke des Individuums in einer von Institutionen bestimmten Gesellschaft wiederherstellen könnten. Seine motivierende Vorstellung – wir könnten die Welt eines Tages unter dem Motto »Ein Mensch – ein Computer« verändern – war grundsätzlich richtig. Das haben Apple und viele andere bewiesen und beweisen es immer noch.

Ich möchte, daß Apple in gewisser Weise die lebendige Werkstatt für das Modellunternehmen dieses neuen Jahrhunderts abgibt. Wenn neue Entdeckungen auftauchen, werden sich innerhalb des Unternehmens neue Ideen durchsetzen. Die Ideen werden sich im Laufe der Zeit ständig erneuern. Andere Unternehmen, wie zum Beispiel AT & T, konzentrieren sich nun darauf, all die Dinge abzubauen, die sie davon abhalten, sich zu echten Unternehmen des 21. Jahrhunderts zu mausern. Ob wir Erfolg haben werden oder nicht, ist nicht so wichtig wie die Tatsache, daß wir diese Richtung anstreben und die dazu passenden sinnvollen Fragen stellen.

Bei Apple denken wir in »Paradigmen«, um uns an Veränderungen anzupassen und uns an die plastische Natur von Kategorien zu erinnern; das trägt zu unserem Bewußtsein bei, daß wir alle Scheuklappen tragen, die von unser Kultur, unserer Sprache und unseren Gewohnheiten verursacht werden. Thomas Kuhn beschreibt in seinem Werk »The Structure of Scientific Revolutions«, daß Sir William Herschels Entdeckung Ende des 18. Jahrhunderts, daß der Uranus kein Komet, sondern ein Planet sei, den übrigen Astronomen die Augen für die Existenz neuer Planeten öffnete.

Seine Entdeckung hatte weitreichende Konsequenzen: Sie löste eine Verschiebung der Paradigmen aus. Vor dieser Entdeckung hatte jeder Wissenschaftler eine von flüchtigen Kometen besiedelte Galaxie gesehen: plötzlich aber mußten sie in Begriffen der längeren Dauerhaftigkeit von Planeten denken. In den ersten fünfzig Jahren des 19. Jahrhunderts wurden zwanzig »neue« Planeten entdeckt. Die Astronomen schienen fast in einer anderen Welt zu leben. Auch wir stehen heute am Rande einer ungeheuren Verschiebung des Paradigmas.

Unser Übergang in diese »neue Vision der Realität« war eine heftige Berg- und Talfahrt — jedoch eine, die zu einem wesentlichen Teil der neuen Realität beständigen Wandels entspricht. Ilja Prigogine, der in Rußland geborene Nobelpreisträger, beschrieb es vielleicht am besten, als er sich auf die Welt der Physik bezog und meinte, daß Ordnung häufig dem Chaos folgte. Instabilität erzwingt revolutionäre Veränderungen, selbst wenn Verwaltungen vielleicht nur bereit sind, Veränderungen der Zuwachsraten anzustreben. Diese Unordnung führt zu dem, was Prigogine als Gabelungspunkt bezeichnet, an dem die Organisation entweder im Chaos zugrunde geht, wie es vielen Firmen erging, oder sich zu einem höheren Niveau der Ordnung aufschwingt. Krisen können häufig sehr wertvoll sein, weil sie Veränderungen erzeugen. In einem gewissen Sinn hatte Apple seinen Gabelungspunkt während des bedrohlichen Geschäftsrückgangs erreicht. Unser Chaos führte zu der Errichtung eines neuen, andersartigen und stabileren Gebildes, dessen Ursprünge jedoch unversehrt blieben.

Apple ist im Geschäft, um Werkzeuge für das Individuum herzustellen. Diese Werkzeuge können nur immer besser und sehr wohl der Schlüssel zu einer Erziehungsreform werden, wenn sie Kreativität und individuelle Flexibilität als unsere wichtigsten natürlichen Ressourcen im Informationszeitalter wieder einführen. Ich bin der Überzeugung, daß Innovation die einzige Möglichkeit ist, mit der Amerika die Initiative in einer dynamischen Weltwirtschaft wieder zurückgewinnen kann. Der Weg, unsere Produktivität zu erhöhen, besteht darin, die Menschen kreativer, erfindungsreicher und veränderungsfreudiger zu machen — bei allem, was sie tun.

Das bedeutet für das Land, eine mit klarem Verstand durchdachte Kurve zu vollziehen, was mindestens eine Generation dauern wird. Aber die Belohnung kann möglicherweise in einer neuen Renaissance und einer ungeheuren Produktivitätssteigerung bestehen, mit der andere Nationen schwer Schritt halten könnten. Die Wurzeln unserer amerikanischen Gesellschaft sind vielleicht besser für diesen Wandel der Grundregeln des weltwirtschaftlich ausgerichteten Konkurrenzkampfes geeignet als die jedes anderen Landes der Welt. Die Amerikaner sind von Natur aus ein individualistisch veranlagtes und erfinderisches Volk, wenn sie erst einmal klar den Weg erkannt haben.

Ich überlege mir manchmal, wo die Welt vor Apple stand und wie weit wir mittlerweile gekommen sind ... Es ist, als ob wir bereits ein Unternehmen des 21. Jahrhunderts wären, das es auf wunderbare Weise bewerkstelligte, in die letzten Jahre des 20. Jahrhunderts zurückzukehren, um sicherzustellen, daß wir nicht versagen oder bei unserer Mission Kompromisse eingehen.

Aber mir ist auch bewußt, wie weit wir alle noch gehen müssen, um die Modelle des Industriezeitalters in puncto Volkswirtschaft, Betriebswirtschaft und Erziehung ad acta zu legen und sie durch neue Ideen und Paradigmen des Informationszeitalters zu ersetzen. Ich bin mir sicher, daß die kommenden dreizehn Jahre die Welt verändern werden. Wir befinden uns immer noch ganz am Anfang des Informationszeitalters.

Als Napoleon Bonaparte den Einflußbereich seiner Armee ausdehnen wollte, beschloß er, sie in der Sommerhitze marschieren zu lassen. Die Sonne war aber so heiß, daß er vorschlug, die Hauptstraßen Frankreichs mit schattenspendenden Bäumen zu versehen.

Einer seiner Minister antwortete vollkommen schockiert: »Aber Kaiser Napoleon, es wird dreißig Jahre dauern, bis sie groß genug sind!«

Der Abenteurer, der ein französisches Imperium schuf, antwortete: »Dann dürfen wir keine einzige Minute verschwenden!«

Über das Buch

Der Romancier John Gardner sagte einmal, daß es in der gesamten Literatur nur zwei Handlungsschemata gebe: Jemand geht auf Reisen, oder ein Fremder kommt in die Stadt. Vielleicht spürten die Verleger beide Themen in meinen Erlebnissen. Das könnte der Grund dafür sein, daß sie mich seit Ende 1984 gebeten haben, ein Buch zu schreiben. Als ich zu Apple kam, wünschten sie sich eine moderne Version von »Ein Yankee aus Connecticut am Hofe König Arthurs«. Anfang 1986 erwarteten sie ein Buch über Apples Fähigkeit, den Tumult zu überleben: Welche Lektionen wurden im Laufe der Zeit gelernt, die anderen Geschäftsleuten helfen könnten?

Das Problem bestand darin, daß einige Erfahrungen der damaligen Zeit für mich so schmerzlich waren, daß ich mir nicht sicher war, ob ich mich der Anstrengung stellen könnte, sie wiederzugeben. Dennoch spürte ich allmählich, daß sich aus meinem Innersten heraus langsam ein Buch entwickelte. Aber die Geschichte war noch lange nicht zu Ende, und der interessanteste Teil des Abenteuers sollte noch kommen.

Schließlich erklärte ich im Sommer 1986 Harriet Rubin von Harper & Row in New York mein Einverständnis zu einem Buchprojekt. Bei ihr stieß ich auf denselben Enthusiasmus, dasselbe Talent und denselben Schwung, der so charakteristisch für die Leute bei Apple war. Und sie zeigte ebensoviel Begeisterung für meine Management- und Marketingideen und meine Zukunftsvorstellungen wie für die Schilderung meiner Reise. Von Anfang an waren wir entschlossen, ein Buch zu schreiben, das sich von anderen Managergeschichten unterschied. Eben kein weiteres Traktat eines selbstbewußten Spitzenmanagers, sondern ein Buch, das meine Fehler und Verletzlichkeiten enthüllte und offenlegte, was ich aus ihnen gelernt hatte. Zu viele Bücher hatten schon die Erfolge von Führungskräften gefeiert und ihre Biographien für viele Leser nicht nachvollziehbar gemacht. Das Gegenteil zu leisten bedeutete allerdings, mich Unbekannten gegenüber in einer Weise offen zu zeigen, wie ich es noch niemals zuvor getan hatte. Bei Apple kam ich als Samurai mit der entsprechenden Panzerung an. Jetzt, da ich immer noch meine Wunden leckte, konnte ich da meine eigenen Fehler und Verwundbarkeiten offenbaren? Konnte ich mich genügend öffnen, um zu erzählen, was ich im Laufe der Zeit gelernt hatte?

Harriet und ich überzeugten dann John A. Byrne, den Chefredakteur von »Business Week«, die nächsten elf Monate seines Lebens dieser Geschichte als Mitautor zu widmen. Von Anfang an handelte es sich um ein echtes Teamprojekt. Wir arbeiteten die Grundzüge des Buches aus und stürzten uns dann in die Arbeit des Interviewens, des Recherchierens, des Organisierens, Schreibens und Überarbeitens. John und ich trafen uns in Florida, New York, Boston, Los Angeles, San Francisco und Cupertino; wir rekonstruierten selbst die Schrittzahl meines Spaziergangs mit Steve Jobs im Central Park. Harriet bereicherte meine Ideen und forderte mich häufig heraus, mit neueren und bisher unbekannten Sichtweisen bezüglich meiner eigenen Erlebnisse und Erfahrungen aufzuwarten.

In mehreren hundert Stunden werteten wir mehr als 2000 Seiten Unterlagen aus und trugen zusätzliches Material aus den Hunderte von Seiten umfassenden Reden und Aufsätzen zusammen, die ich während meiner Zeit bei Apple verfaßt hatte. Wir führten Interviews mit den Mitgliedern der Geschäftsführung von Apple, mit ehemaligen Kollegen bei Pepsi und mit anderen durch, um möglichst viele Perspektiven der Ereignisse zusammenzutragen. Viele Ideen ergaben sich aus meinem Notizbuch und den Konferenzen mit Apple-Leuten. Das Projekt diente mir als nützliche Antriebskraft, um mich über die Richtung äußern zu können, die Apple und der Industriezweig insgesamt einschlugen. Häufig befand ich mich in der Situation, gerade eben für das Buch entwickeltes Material als Grundlage meiner neuen Ideen bezüglich der Arbeit bei Apple umzusetzen, und ich ging allmählich auch dazu über, neue Ideen für das Buch bei Apple zu entleihen.

Harriet und John waren so großartige Teamgefährten, daß die härteste Erkenntnis darin bestand, daß die Arbeit schließlich abgeschlossen war. Die größte Belohnung bei einer kreativen Unternehmung liegt in der Arbeit selbst, nicht in ihrer Fertigstellung. Die Maßstäbe, die wir uns selbst setzten, verstärkten nur unsere intellektuelle Neugier.

Wir haben versucht, die Prinzipien des neuen Lernens in diesem Buch anzuwenden, indem wir meine Erlebnisse und Erfahrungen für den Leser so interessant und amüsant wie möglich schilderten, während wir gleichzeitig hoffentlich wertvolle Lektionen und Erkenntnisse über den Industriezweig in den Text einbetteten. Die Darstellung der Ereignisse dient als »Straßenkarte« meiner Reise. In ihr findet der Leser »Anschlagzettel« in der Form von Miniaturabhandlungen über Management, Marketing und Technologie, die verschiedene Stationen der Reise hervorheben. Dahinter steht die Absicht, die Erfahrungen des Abenteuers zu vertiefen und ihnen eine Perspektive zu verleihen.

Der Leser wird wahrscheinlich an diesen wichtigen Stationen weniger Antworten als scharfsinnige Fragen finden. Vor allem haben wir versucht, den Leser für eine weitere Reise zu gewinnen – eine Odyssee des Bewußtseins, bei der die Ideen hoffentlich Herausforderer finden. Wenn wir nur eine Handvoll Menschen überzeugen können, mit Konventionen zu brechen und selbständig nach unterschiedlichen Ideen und Perspektiven zu suchen, dann wird dieses Buch seinen Zweck erfüllt haben.

Nach meinem Bruch mit Steve Jobs im Sommer 1985 hatte ich auch einen neuen Lehrer gefunden: den Apple-Fellow Alan Kay. Er führte mich auf eine außergewöhnliche Reise, indem er mich in viele seiner einzigartigen und schöpferischen Ideen einweihte. Vielleicht trug Alan mehr als andere dazu bei, meinen Horizont zu erweitern. Wir trafen uns regelmäßig einmal in der Woche zu Diskussionen, die gewöhnlich damit endeten, daß er mir die Lektüre von ein oder zwei Büchern empfahl. Wenn ich die aufregendsten und ausgefallensten Ideen, die hinter der Computerrevolution stehen, zurückverfolge, führen fast alle Spuren zu Alan. Er war auf dieser Reise mein Freund und Mentor.

Ohne die gewaltigen Anstrengungen meines Geschäftsführungsstabes und aller Mitarbeiter von Apple gäbe es keine Geschichte zu erzählen. Ihre Anstrengungen waren wirklich besonders bemerkenswert.

Wie so viele Dinge in meinem Leben wurde auch dieses Buch zu einem Projekt, von dem ich geradezu besessen war, und ein großer Teil meiner geringen Freizeit, die sonst meiner Familie gehört hätte, wurde von der Arbeit an diesem Buch beansprucht. Leezy und meine drei Kinder Meg, Jack und Laura hatten jedoch großes Verständnis und unterstützten mich sehr.

Mein guter Freund Albert Eisenstat stand mir als Berater zur Seite und verwandte viele Stunden darauf, Entwürfe zu lesen und Verbesserungen anzuregen.

Meine stets loyale Assistentin Nanette Buckhout, die mir quer durch das Land gefolgt war, half mir mit ihrem klaren Blick und ihrer Ausgeglichenheit in einigen der schwierigsten Situationen. Einen wahren Freund erkennt man daran, daß er da ist, wenn man ihn braucht.

Jane Anderson und Barbara Krause opferten viele Stunden ihrer Freizeit, um Einzelheiten herauszufinden und publizierte Unterlagen und Zitate aufzuspüren. Ihre Begeisterung für das Buch war eine starke Motivation.

Joe Hutsko, mein 23jähriger technischer Assistent, half mir, die wunderbaren Leistungen zu entdecken, zu denen unser Macintosh fähig ist.

Amy Bonetti und Nancy Kelly erbrachten logistische Glanzleistungen bei der Koordination von Manuskriptseiten, Akten, Redevorlagen und Artikeln. John Michel gab große Unterstützung bei Harper & Row, ebenso wie das ganze Harper-Produktions-Team: Dorothy Gannon, Antonia Rachiele und Jean Turoff.

Die Apple-Niederlassung in New York wurde während meiner Fahrten an die Ostküste zu meinem Arbeitsplatz. Jeder war außerordentlich hilfsbereit, aber besonders möchte ich Ken Landau, Susan DiClemente und Francina Roe erwähnen.

Ohne die Macintosh-Technologie wäre dieses Buch niemals möglich gewesen. Fast jeden Morgen stand ich früh auf, um einige Seiten zu schreiben, bevor ich zu Apple ging. Mit einem Klick auf meiner Macintosh-Maus schickte ich meine Zeilen via AppleLink, einem elektronischen Kommunikationsnetz, an John und Harriet an der Ostküste. Mit Hilfe ihres Macintosh-Systems empfingen sie meine Zeilen zu Hause. John, der in New Jersey lebt, übermittelte dann seine Arbeit über dasselbe Netz zur Überarbeitung an Harriet, die in Virginia lebt. Der Macintosh wurde, wie sie sagten, zu einer »Präsenz« in ihrem Leben – sein Bildschirm leuchtete von frühmorgens bis spätabends und erinnerte damit ständig sowohl an das Buch als auch an die Segnungen der Technologie.

Abschließend möchte ich es nicht versäumen, auch meiner beiden Hunde, Rudder und Tinker, zu gedenken, die immer treu an meiner Seite waren, sei es, daß ich an meinem Macintosh arbeitete, oder sei es, daß ich mit Leezy über die Hügel von Stanford wanderte.

Das Lohnendste an dieser Reise war, daß ich sie mit so vielen Freunden gemeinsam unternehmen konnte.

Bibliographie

Bücher waren immer wichtig für mich. So möchte ich meine private Bibliothek für meine Leser öffnen und jene Werke nennen, die in meinem Leben eine entscheidende Rolle gespielt haben.

Abegglen, James C., u. George Stalk jr.: *Kaisha: Das Geheimnis des japanischen Erfolgs* (ECON)

Berger, John: *Das Leben der Bilder oder die Kunst des Sehens* (Wagenbach)

Blofeld, John: *Gateway to Wisdom* (Shambala Publishers)

Buzan, Tony: *Use Both Sides of Your Brain* (E. P. Dutton)

Capra, Fritjof: *Das Tao der Physik* (Barth-Scherz)

ders.: *Wendezeit* (Scherz)

Christopher, Robert C.: *The Japanese Mind* (Linden Press)

Clarke, Arthur C.: *Ein Tag im 21. Jahrhundert* (Ullstein)

Cohen, J. Bernard: *Revolution in Science* (Belknap–Harvard Press)

Davies, Paul: *Gott und die moderne Physik* (Bertelsmann)

Dawkins, Richard: *Der blinde Uhrmacher* (Kindler)

Drucker, Peter, F.: *Zaungast der Zeit* (ECON)

Feigenbaum, Edward A., u. Pamela McCorduck: *Die fünfte Computergeneration* (Birkhäuser)

Feynman, Richard P.; *Sie belieben zu scherzen, Mr. Feyman!* (Piper)

Gallwey, W. Timothy: *Tennis und Psyche* (Wila)

Gassée, Jean-Louis: *The Third Apple* (Harcourt Brace Jovanovich)

Gazzaniga, Michael, S.: *The Social Brain* (Basic Books)

Gregory, R. L.: *Eye and Brain* (World University Library)

Guile, Bruce R. (Hrsg.): *Information Technologies and Social Transformation* (National Academy of Engineering)

Hayes, Robert H., u. Steven C. Wheelwright: *Restoring Our Competitive Edge* (Wiley)

Hofstadter, Douglas R.: Gödel Escher Bach: *Ein endlos geflochtenes Band* (Klett-Cotta)

Hofstadter, Douglas R., u. Daniel C. Dennett: *Einsicht ins Ich* (Klett-Cotta)

Humphrey, Nicholas: *Consciousness Regained* (Oxford University Press)

Jaynes, Julian: *The Origin of Consciousness in the Breakdown of the Bicameral Mind* (Houghton Mifflin)

Kozmetsky, George: *Tansformation Management* (Ballinger)

Kriegel, Robert, u. Marilyn Harris Kriegel: *The C Zone* (Doubleday Anchor)

Kuhn, Thomas C.: *Die Struktur wissenschaftlicher Revolutionen* (Suhrkamp)

Labier, Douglas: *Modern Madness* (Addison Wesley)

Loye, David: *Gehirn, Geist und Vision* (Sphinx)

McLuhan, Marshall: *The Mechanical Bride* (Vanguard Press)

Minsky, Marvin: *The Society of Mind* (Simon & Schuster)

Naisbitt, John: *Megatrends* (Hestia)

Naisbitt, John, u. Patricia Aburdene: *Megatrends des Arbeitsplatzes* (Hestia)

Negroponte, Nicholas: *The Architecture Machine* (MIT Press)

Nelson, Ted: *Literary Machines* (Theodor Holm Nelson)

Peters, Thomas J., u. Robert H. Waterman: *Auf der Suche nach Spitzenleistungen* (Moderne Industrie)

Pinchot, Gifford III: *Intrapreneuring* (Betriebswirtschaftl. Vlg.)

Porter, Michael E.: *Wettbewerbsvorteile* (Campus)

Postman, Neil: *Wir amüsieren uns zu Tode* (Fischer)

ders.: *Das Verschwinden der Kindheit* (Fischer)

Prigogine, Ilya: *Order Out of Chaos* (Bantam)

Sanders, Sol: *Honda: The Man and His Machines* (Charles E. Tuttle Co.)

Schank, Roger C.: *Explanation Patterns* (Lawrence Erlbaum Associates)

ders.: *Dynamic Memory* (Cambridge University Press)

Schein, Edgar H.: *Organizational Culture and Leadership* (Jossey Bass Press)

Stevens, Anthony: *Archetypes* (Morrow)

Suzuki, Shinichi: *Nurtured by Love* (Exposition Press)

Toffler, Alvin: *Die Zukunftschance. Perspektiven für die Gesellschaft des 21. Jahrhunderts* (Goldmann)

Wriston, Walter: *Risk and Other Four-Letter Words* (Harper & Row)

Namen- und Sachregister

Heinz Commer
Manager-Knigge
— Moderne Umgangsformen im beruflichen Alltag —

256 Seiten, broschiert

Commers Benimm-ABC — nach Stichworten aufgebaut, wie ein Lexikon — erspart in der Alltagsarbeit viel Nervenkraft und unnützen Zeitaufwand. Es gehört auf jeden Schreibtisch, und es kommt genau zum richtigen Zeitpunkt; denn in einer Welt harten Konkurrenzkampfes wird das persönliche Verhalten zu einem der wichtigsten Erfolgskriterien.

★

Heinz Commer
Knigge International
— Richtige Umgangsformen, erfolgreiche Verhandlungsmethoden und optimale Geschäftsbeziehungen in allen Ländern der Welt —

316 Seiten, broschiert

Nicht nur Geschäftsreisende stehen im Ausland ständig vor folgenden wichtigen Fragen: Wie soll ich mich verhalten, kleiden, sprechen, um optimal »anzukommen«? Wie erhalte ich die zweckmäßigsten und oft entscheidenden Informationen und Kontakte für optimalen beruflichen und privaten Erfolg im Ausland? Dr. Heinz Commer beantwortet diese Fragen für alle Länder. Sein Auslands-ABC ist ein unentbehrlicher Ratgeber für jeden Auslandsreisenden.

ECON Taschenbuch Verlag
Postfach 30 03 21 · 4000 Düsseldorf 30